Gestão de Projetos

Dados Internacionais de Catalogação na Publicação (CIP)

G453g Gido, Jack.
Gestão de projetos / Jack Gido, Jim Clements, Rose Baker ; tradução de Solange A. Visconte. - São Paulo, SP : Cengage, 2018.
472 p. : il. ; 28 cm.

Inclui bibliografia, índice e apêndice.
Tradução de: Successful project management (7. ed.).
ISBN 978-85-221-2801-3

1. Administração de projetos. I. Clements, James. II. Baker, Rose. III. Visconte, Solange A. IV. Título.

CDU 658.012.2
CDD 658.404

Índice para catálogo sistemático:
1. Administração de projetos 658.012.2

(Bibliotecária responsável: Sabrina Leal Araujo - CRB 10/1507)

Gestão de Projetos

Tradução da 7ª edição norte-americana

JACK GIDO
Penn State University

JIM CLEMENTS
Clemson University

ROSE BAKER
University of North Texas

Tradução:
Solange A. Visconte

Revisão técnica:
Silvio B. Melhado
Professor Associado na Escola Politécnica
Universidade de São Paulo

CENGAGE

Austrália • Brasil • México • Cingapura • Reino Unido • Estados Unidos

CENGAGE

Gestão de Projetos – Tradução da 7ª edição norte-americana

3ª edição brasileira

Jack Gido, Jim Clements e Rose Baker

Gerente Editorial: Noelma Brocanelli

Editora de Desenvolvimento: Gisela Carnicelli

Supervisora de Produção Gráfica: Fabiana Alencar Albuquerque

Título original: Successful Project Management – 7 e (978-1-337-09547-1)

Tradução da 5ª edição norte-americana: EZ2 Translate

Tradução dos trechos novos da 7ª edição norte-americana: Solange A. Visconte

Revisão técnica: Silvio B. Melhado

Cotejo e revisão: Luicy Caetano de Oliveira e Fábio Gonçalves

Índice remissivo: Casa Editorial Maluhy

Diagramação: PC Editorial Ltda.

Projeto gráfico: Megaart Design

Capa: Buono Disegno

Imagens da capa: Gorodenkoff/Shutterstock; Monkey Business Images/ Shutterstock; dotshock/Shutterstock; FrameStockFootages/ Shutterstock; LightField Studios/Shutterstock

ISBN-13: 978-85-221-2801-3
ISBN-10: 85-221-2801-4

Cengage Learning
Condomínio E-Business Park
Rua Werner Siemens, 111 – Prédio 11, Torre A, cj. 12
Lapa de Baixo – CEP 05069-900 – São Paulo – SP
Tel.: (11) 3665-9900 – Fax: (11) 3665-9901
SAC: 0800 11 19 39

Para suas soluções de curso e aprendizado, visite **www.cengage.com.br**

Impresso no Brasil.
Printed in Brazil.
1ª impressão – 2018

Sumário

Prefácio ix

Sobre os autores xvii

Capítulo 1 **Conceitos de gestão de projetos** 1

Atributos do projeto 3
Equilibrando as restrições do projeto 5
Ciclo de vida do projeto 7
Processo de gestão de projetos 12
Envolvimento dos stakeholders 17
Gestão de projetos globais 19
Associações de gestão de projetos 20
Benefícios da gestão de projetos 20
Resumo 22
Questões 23
Pesquisa na internet 24
Referências 25

PARTE 1 **Iniciando um projeto** 27

Capítulo 2 **Identificando e selecionando projetos** 29

Identificação do projeto 31
Seleção do projeto 32
Termo de abertura de projeto 35
Preparando uma chamada de propostas 39
Solicitando propostas 45
Resumo 48
Questões 49
Pesquisa na internet 49
Referências 50

Capítulo 3 **Desenvolvendo propostas de projetos** 51

Construindo relações com clientes e parceiros 53
Marketing pré-CDP/proposta 56
Decisão de desenvolver uma proposta 56
Criando uma proposta vencedora 58
Preparação da proposta 60
Conteúdos da proposta 61
Considerações de precificação 65
Proposta de projeto simplificada 66
Apresentação e acompanhamento da proposta 68
Avaliação de propostas por parte do cliente 69
Contratos 71
Mensurando o sucesso da proposta 73
Resumo 75
Questões 77

Pesquisa na internet 77
Referências 78

PARTE 2 Planejamento, execução e controle do projeto 79

Capítulo 4 Definindo escopo, qualidade, responsabilidades e sequência de atividades 81

Estabelecer o objetivo do projeto 83
Definir o escopo do projeto 85
Planejar a qualidade 88
Criar a estrutura analítica do projeto 89
Delegar responsabilidades 93
Definir atividades 93
Atividades sequenciais 96
Planejando o desenvolvimento de sistemas de informação 101
Sistemas de informação de gestão de projetos 104
Resumo 108
Questões 109
Pesquisa na internet 110
Referências 110
Apêndice: *Microsoft Project* 110

Capítulo 5 Desenvolvendo a programação 117

Estimar recursos das atividades 120
Estimar duração das atividades 121
Estabelecer datas de início e de coclusão do projeto 122
Desenvolver a programação do projeto 123
Processo de controle do projeto 135
Efeitos do desempenho real da programação 137
Incorporar alterações na programação 138
Atualizar a programação do projeto 139
Controlar a programação 140
Programando o desenvolvimento de sistemas de informação 144
Sistemas de informação de gestão de projetos 151
Gestão ágil de projetos 151
Resumo 156
Questões 158
Pesquisa na internet 160
Referências 160
Apêndice 1: *Durações probabilísticas das atividades* 161
Apêndice 2: *Microsoft Project* 170

Capítulo 6 Utilização de recursos 177

Planejamento com recursos limitados 179
Planejamento de necessidades de recursos 180
Nivelamento de recursos 183
Programação de recursos limitados 184
Necessidades de recursos para o desenvolvimento de sistemas de informação 189
Sistemas de informação de gestão de projetos 191
Resumo 192
Questões 193
Pesquisa na internet 194
Referências 194
Apêndice: *Microsoft Project* 195

Capítulo 7 Determinando custos, orçamento e valor agregado 203

Estimar os custos das atividades 206

Determinar o orçamento do projeto 208
Determinar o custo real 212
Determinar o valor do trabalho realizado 214
Analisar o desempenho do custo 216
Estimar o custo final do projeto 218
Controlar os custos 220
Administrar o fluxo de caixa 222
Estimativa de custo para o desenvolvimento de sistemas de informação 224
Sistemas de informação de gestão de projetos 226
Resumo 227
Questões 228
Pesquisa na internet 230
Referências 230
Apêndice 1: *Balanceamento Tempo-Custo* 231
Apêndice 2: *Microsoft Project* 234

Capítulo 8 **Controlando riscos 245**

Identificar riscos 247
Avaliar riscos 249
Planejar respostas a riscos 249
Monitorar riscos 250
Controlando riscos para o desenvolvimento de sistemas de informação 252
Resumo 255
Questões 255
Pesquisa na internet 255
Referências 256

Capítulo 9 **Encerramento do projeto 257**

Ações de encerramento do projeto 259
Feedback do cliente 264
Encerramento antecipado do projeto 266
Resumo 268
Questões 269
Pesquisa na internet 269
Referências 270

PARTE 3 **Pessoas: a chave para o sucesso do projeto** 271

Capítulo 10 **O gestor de projetos 273**

Responsabilidades do gestor de projeto 275
Habilidades do gestor de projeto 276
Desenvolvendo as competências do gestor de projeto 286
Delegação 287
Gestão de mudanças 289
Resumo 295
Questões 296
Pesquisa na internet 297
Referências 297

Capítulo 11 **A equipe do projeto 299**

Reunindo a equipe do projeto 301
Desenvolvimento da equipe do projeto 303
Reunião inaugural do projeto 307
Equipes eficazes do projeto 309
Comportamento ético 320

Conflito nos projetos 322
Solucionando problemas 326
Gestão de tempo 329
Resumo 332
Questões 334
Pesquisa na internet 335
Referências 335

Capítulo 12 **Comunicação e documentação do projeto 337**

Comunicação pessoal 339
Reuniões 343
Apresentações 350
Relatórios 353
Acompanhamento das alterações do documento 356
Plano de comunicação do projeto 357
Comunicação com as partes interessadas 358
Ferramentas colaborativas de comunicação 359
Resumo 362
Questões 364
Pesquisa na internet 365
Referências 365

Capítulo 13 **Estruturas organizacionais da gestão de projetos 367**

Estrutura organizacional funcional 369
Estrutura organizacional de projeto autônoma 372
Estrutura organizacional matricial 374
Vantagens e desvantagens de estruturas organizacionais 378
Resumo 381
Questões 383
Pesquisa na internet 383
Referências 384

Estudo de casos 385

Apêndice A – Sistemas de informação para gestão de projetos 415

Características dos sistemas de informação para gestão de projetos 415
Critérios para a seleção de sistemas de informação de gestão de projetos 420
Vantagens do uso de sistemas de informação de gestão de projetos 421
Preocupações a respeito do uso de sistemas de informação para gestão de projetos 421
Vendedores de sistemas de informação de gestão de projetos 422
Resumo 422
Questões 422
Pesquisa na internet 422
Referências 423

Apêndice B – Sites sobre gestão de projetos 424

Apêndice C – Associações de gestão de projetos 425

Apêndice D – Siglas 427

Reforce sua aprendizagem – respostas 428

Glossário 440

Índice remissivo 444

Prefácio

Existem aqueles que fazem as coisas acontecerem, aqueles que deixam as coisas acontecerem e aqueles que se perguntam o que aconteceu.

Esperamos que o livro *Gestão de Projetos* ajude-o a ter uma experiência agradável, empolgante e bem-sucedida à medida que for crescendo em empreendimentos de projetos futuros. Que este seja o catalisador que permita que você **faça as coisas acontecerem**!

Os melhores votos de alegria, satisfação e sucesso em tudo aquilo que fizer.

Jack Gido
Jim Clements
Rose Baker

Nossa abordagem

A gestão de projetos é mais que meramente delegar atribuições de trabalho a indivíduos e esperar que, de alguma forma, eles alcancem o resultado desejado. Na realidade, projetos que poderiam ter sido bem-sucedidos muitas vezes fracassam em função de abordagens que precipitadamente têm o bom resultado como certo. Os indivíduos necessitam de informações concretas e habilidades reais para trabalhar com êxito no ambiente de um projeto e para atingir seus objetivos. Este livro foi escrito a fim de equipar seus leitores com ambas habilidades, explicando conceitos e técnicas e usando diversos exemplos para mostrar como eles podem ser habilmente aplicados.

Embora o enfoque do livro seja justamente os aspectos práticos sobre os quais os leitores precisam ter conhecimento para prosperar em ambientes de projetos, o livro não deixa de abordar a aprendizagem objetiva; simplesmente desafia os leitores a pensar de forma crítica a respeito dos princípios da gestão de projetos e a aplicar esses princípios no contexto do mundo real. Durante anos, apreendemos lições gerindo projetos, ensinando a gestão de projetos e escrevendo extensivamente sobre o tema.

Este livro é destinado a estudantes, bem como a profissionais e voluntários atuantes. O livro foi desenvolvido para apresentar as habilidades essenciais de que os leitores necessitam a fim de contribuir de forma eficaz e ter um impacto imediato na realização de projetos nos quais estão envolvidos. Ele provê os estudantes de competências versáteis e valorizadas profissionalmente e os envia ao mercado de trabalho prontos para aplicar o conhecimento sobre gestão de projetos. Apoia também o desenvolvimento do talento do empregador e de programas de aprendizagem vitalícios para desenvolver e treinar funcionários para que trabalhem de maneira eficaz em equipes multifuncionais e para aplicar ferramentas e técnicas da gestão de projetos com a finalidade de atingir os objetivos do projeto com êxito.

O livro foi escrito para todos aqueles envolvidos na área de projetos, não apenas para gerentes de projetos. Projetos com gerentes bons ou mesmo ótimos podem, ainda assim, não ter êxito, de modo que os esforços de todos os envolvidos são essenciais. Todas as pessoas da equipe devem ter as habilidades e o conhecimento necessários para trabalhar juntas em um ambiente de projeto. As pessoas não se tornam gestores de projeto lendo livros, mas, antes de tudo, sendo membros eficazes da equipe de projeto. Este livro oferece os fundamentos dos quais os indivíduos precisam para ser membros de equipes de projeto eficazes e, desse modo, aumenta o potencial de todos para superar o desafio de gerenciar tais equipes e projetos.

Para os leitores assimilarem a terminologia de gestão de projetos gradativamente, o livro foi escrito em um estilo direto e de fácil compreensão, com uma quantidade mínima de termos técnicos. A matemática é mantida de forma simples propositalmente. Não são utilizados teorias ou algoritmos matemáticos complexos para descrever as técnicas de programação, nem foram incluídos projetos altamente técnicos como exemplos. Uma abordagem excessivamente técnica pode criar barreira à aprendizagem de indivíduos que não possuem profunda compreensão de matemática avançada ou formação técnica.

Capítulos	Áreas de conhecimento de gestão de projetos do PMBOK®									
	Integração	Escopo	Agenda	Custo	Qualidade	Recursos	Comunicações	Risco	Aquisição	Partes interessadas
1. Conceitos de gestão de projetos	✓									✓
2. Identificando e selecionando projetos	✓								✓	
3. Desenvolvendo propostas de projetos									✓	
4. Definindo escopo, qualidade, responsabilidades e sequência de atividades	✓	✓	✓		✓					
5. Desenvolvendo a programação	✓		✓							
6. Utilização de recursos			✓			✓				
7. Determinando custos, orçamento e valor agregado	✓			✓						
8. Controlando riscos								✓		
9. Encerramento do projetos	✓									
10. O gestor de projetos	✓					✓				✓
11. A equipe do projeto						✓				
12.Comunicação e documentação do projeto	✓					✓	✓			✓
13. Estruturas organizacionais da gestão de projetos	✓					✓				

Apêndices separados são fornecidos para aqueles leitores que desejam uma abordagem mais aprofundada de considerações de probabilidade e balanceamento de tempo-custo. Nosso livro inclui uma ampla variedade de exemplos de fácil compreensão que se baseiam em projetos encontrados em situações do dia a dia. Exemplos do mundo real incluem: conduzir um levantamento de mercado, construir um sistema de informação e organizar um festival comunitário.

Novidades desta edição

Com base nos excelentes comentários que recebemos, temos o prazer de incorporar as seguintes novidades a esta edição do livro *Gestão de Projetos*:

- Foram revistos os conceitos e conteúdos dos capítulos para servir de base para as áreas de conhecimento de gestão de projetos de acordo com a sexta edição do *Project Management Body of Knowledge* (*guia PMBOK®*).
- Todas as seções "Gestão de Projetos no Mundo Real" foram atualizadas, com casos que discutem uma variedade de aplicações e setores da indústria, tanto nos Estados Unidos como ao redor do mundo.
- Os apêndices do Microsoft Project® dos Capítulos 4 a 7 foram aprimorados e atualizados com base no **Microsoft Project® 2016**, incluindo novas figuras de capturas de tela (imagens com a interface do programa em inglês).
- Foi feita uma série de pequenas mudanças nos capítulos para oferecer base para áreas de conhecimento de gestão de projetos de acordo com o *guia PMBOK®* e para garantir consistência de conceitos e terminologia entre os capítulos.
- Os apêndices B e C foram atualizados.

Características distintivas

Este livro possui muitas características distintivas para melhorar a aprendizagem e desenvolver habilidades.

Suporte ao guia PMBOK® (PMBOK® Guide) – Os conceitos nos capítulos fornecem a base para as áreas de conhecimento de gestão de projetos de acordo com o guia *PMBOK®* do Project Management Institute.

Resultados de aprendizagem – O começo de cada capítulo identifica os resultados de aprendizagem que o estudante vai alcançar após estudar o material.

Seção "Gestão de projetos no mundo real" – Cada capítulo contém exemplos do mundo real que ilustram seus tópicos. Esses exemplos não apenas reforçam os conceitos do capítulo, mas também estimulam os leitores à discussão e despertam seu interesse pelas aplicações da gestão do projeto.

Exemplos e aplicações – Exemplos e aplicações relevantes específicos do mundo real são incorporados ao longo deste livro para reforçar os conceitos apresentados.

Reforce sua aprendizagem – Perguntas breves aparecem ao lado do texto para garantir que os estudantes assimilem conceitos-chave e que os fundamentos não sejam ignorados. Essas perguntas aparecem ao longo do livro para oferecer reforço positivo e ajudar a avaliar a compreensão do material.

Fatores essenciais para o sucesso – Cada capítulo contém uma lista concisa dos fatores importantes que os gerentes e membros de equipes precisam conhecer a fim de ajudar no êxito de seus projetos.

Linhas gerais do capítulo – Cada capítulo é iniciado com um resumo dos tópicos-chave que serão abordados. Essas linhas gerais esclarecem as expectativas e permitem que os leitores visualizem o fluxo de informações rapidamente.

Gráficos e modelos – Inúmeras apresentações e modelos aparecem no livro para ilustrar a aplicação de conceitos importantes e ferramentas de gestão de projetos.

Resumos dos capítulos – No fim de cada capítulo, há um resumo conciso do material apresentado – uma apresentação final dos principais conceitos.

Questões – Cada capítulo possui um grupo de perguntas e problemas que testam e aplicam os conceitos de seu conteúdo, auxiliando os resultados de aprendizagem e reforçando a compreensão e a assimilação.

Pesquisa na internet – Cada capítulo possui um conjunto de exercícios que estimula os estudantes tanto a pesquisar e a rever informações em aplicações do mundo real de diversos tópicos da gestão de projetos quanto a resumir aquilo que encontraram. Todos os sites sugeridos para pesquisa estão em inglês.

Estudos de caso – No fim do livro, para cada capítulo, estudos de caso fornecem situações que incentivam a reflexão, tanto para análise individual quanto em grupo. A variedade nos formatos dos casos garante que todos os estudantes possam se relacionar com as situações apresentadas. Os casos são divertidos e se destinam a provocar debates interessantes. Ao promover a discussão de diversos pontos de vista, os casos oferecem oportunidade para que os participantes expandam seu pensamento sobre como agir de forma bem-sucedida quando visões divergentes surgem no ambiente de trabalho. Portanto, os estudantes adquirem uma compreensão valiosa a respeito de que é o trabalho de equipe.

Microsoft Project® 2016 – Exemplos de como usar e aplicar o Microsoft Project® 2016 estão incluídos nos apêndices dos Capítulos 4 a 7. Instruções detalhadas e uma série de capturas de tela de exemplo estão incluídas.

Sistemas de informação de gestão de projetos – Um apêndice discute o uso dos sistemas de informação de gestão de projetos como uma ferramenta para planejar, acompanhar e gerenciá-los. Características comuns desses sistemas são discutidas com critérios de seleção.

Sites de gestão de projetos – Um apêndice com sites de gestão de projetos é fornecido como um bom recurso para a obtenção de informações adicionais, aplicações, ferramentas e pesquisa a respeito da gestão de projetos.

Associações de gestão de projetos – Uma lista de associações de gestão de projetos em todo o mundo é fornecida em um apêndice para aqueles que desejam contatar essas organizações a respeito de desenvolvimento profissional, ter acesso a periódicos e a outras publicações, ou a oportunidades profissionais.

Organização e conteúdo

O livro *Gestão de Projetos* é composto por 13 capítulos mais apêndices: um capítulo fundamental de abertura sobre os conceitos de gestão de projetos e 12 capítulos restantes divididos em três partes:

- A Parte 1, *Iniciando um projeto*, discute a identificação e a seleção de projetos e o desenvolvimento de propostas de projetos.
- A Parte 2, *Planejamento, execução e controle do projeto*, aborda a definição de escopo, qualidade, responsabilidade e sequência da atividade; desenvolvimento da programação; utilização de recursos; determinação de custos, orçamento e valor agregado; controle de riscos; e encerramento do projeto.

- A Parte 3, *Pessoas: a chave para o sucesso do projeto*, trata do gerente, equipe de comunicação e documentação e estruturas organizacionais da gestão do projeto.

O Capítulo 1, *Conceitos de gestão de projetos*, é um capítulo básico que discute a definição de um projeto e seus atributos; a gestão de um projeto dentro das restrições de escopo, qualidade, programação, orçamento, recursos, riscos e satisfação do cliente; o ciclo de vida do projeto, compreendendo início, planejamento, execução e encerramento, bem como monitoramento e controle do projeto, além da gestão de mudanças; a definição e as etapas do processo de gestão do projeto; envolvimento dos interessados; implicações da gestão de projetos globais; associações da gestão de projetos; e os benefícios da gestão de projetos. Os conceitos deste capítulo são a base para a área de conhecimento de gestão de projetos de acordo com o *guia PMBOK®* em relação à gestão de integração e à gestão das partes interessadas do projeto.

A Parte 1, *Iniciando um projeto*, discute a identificação e seleção de projetos e o desenvolvimento de suas propostas. Ela inclui dois capítulos:

- Capítulo 2, *Identificando e selecionando projetos*, aborda como os projetos são identificados, selecionados, autorizados e terceirizados. O termo de abertura do projeto também é discutido. Os conceitos deste capítulo são a base para duas áreas de conhecimento de gestão de projetos de acordo com o *guia PMBOK®*: integração do projeto e gestão de aquisições.
- Capítulo 3, *Desenvolvendo propostas de projetos*, trata do desenvolvimento de relações eficazes com clientes e parceiros; estratégias de marketing de propostas; tomada de decisão para ir adiante com uma proposta; criação de propostas vencedoras; preparação da proposta e conteúdos, incluindo propostas simplificadas; considerações de precificação; avaliação da proposta por parte do cliente; tipos de contratos; e mensuração do sucesso dos esforços da proposta. Os conceitos deste capítulo são a base para duas áreas de conhecimento de gestão de projetos, de acordo com o *guia PMBOK®*, em relação à gestão de aquisições do projeto.

A Parte 2, *Planejamento, execução e controle do projeto*, abrange as técnicas e ferramentas de gestão de projetos. Ela inclui seis capítulos:

- Capítulo 4, *Definindo escopo, qualidade, responsabilidades e sequência de atividades*, discute claramente como definir o objetivo do projeto; a preparação de um documento do escopo do projeto; a importância do planejamento de qualidade; a criação de uma estrutura analítica do projeto; a atribuição de responsabilidades para os elementos da equipe do projeto; a definição de atividades específicas e a criação de um diagrama de rede. Os conceitos deste capítulo são a base para cinco áreas de conhecimento de gestão de projetos de acordo com o *guia PMBOK®*: integração, escopo, qualidade, recursos e gestão de cronograma.
- Capítulo 5, *Desenvolvendo a programação*, aborda a estimativa de recursos e durações das atividades; o desenvolvimento de uma programação que indique datas de início e término mais cedo e mais tarde para cada atividade; e a determinação da folga e identificação do caminho crítico das atividades. Ele também explica o processo de controle do projeto, incluindo o progresso do monitoramento; os efeitos do desempenho real; a atualização da programação; abordagens para o controle da programação, e gestão ágil de projetos. Este capítulo também inclui um apêndice a respeito do uso de durações da atividade probabilística. Os conceitos deste capítulo são a base para três áreas de conhecimento de gestão de projetos de acordo com o *guia PMBOK®*: integração de projetos, recursos e gestão de cronograma.
- Capítulo 6, *Utilização de recursos*, aborda a consideração sobre limitações de recursos ao desenvolver um plano de rede e a programação do projeto; a preparação de um plano de necessidades de recursos; o nivelamento do uso de recursos no período de duração de um projeto; e a determinação da menor programação possível de um projeto quando o número de recursos disponíveis é limitado. Os conceitos deste capítulo são a base para duas áreas de conhecimento de gestão de projetos de acordo com o *guia PMBOK®*: recursos de projeto e gestão de cronograma.
- Capítulo 7, *Determinando custos, orçamento e valor agregado*, trata da estimativa dos custos das atividades; criação de um orçamento em fases; acumulação de custos reais; determinação do valor agregado de acordo com o trabalho realmente executado; análise do desempenho de custo; estimativa de custos do projeto em sua conclusão; abordagens sobre o controle de custos; e gestão do fluxo de caixa. Este capítulo também inclui um apêndice sobre o balanceamento de tempo-custo. Os conceitos deste capítulo são a base para duas áreas de conhecimento de gestão de projetos de acordo com o *guia PMBOK®*: integração do projeto e gestão de custos.
- Capítulo 8, *Controlando riscos*, inclui a identificação e a categorização de riscos e seu potencial impacto; a avaliação da probabilidade de ocorrência e o grau do impacto; priorização de riscos; preparação de planos de resposta a riscos; criação de uma matriz de avaliação de riscos; e controle e monitoramento de riscos. Os conceitos deste capítulo são a base para áreas de conhecimento de gestão de projetos, de acordo com o *guia PMBOK®*, em relação à gestão de riscos.

- Os capítulos 4 a 8 incluem exemplos integrados multicapítulos contínuos e estudo de casos que aplicam os conceitos e ferramentas discutidos. Os exemplos e estudo de casos são introduzidos no Capítulo 4 e se desenrolam ao longo dos capítulos 5, 6, 7 e 8. Os capítulos 4 ao 7 também incluem apêndices sobre o Microsoft Project®, que ilustram como usá-lo e aplicá-lo a um dos exemplos integrados a multicapítulos.

- O último capítulo da Parte 2, Capítulo 9, *Encerramento do projeto*, discute quais medidas devem ser tomadas para encerramento de um projeto; a condução de uma avaliação pós-projeto; a importância de documentar e comunicar as lições aprendidas; a organização e o arquivamento dos documentos do projeto; a obtenção de *feedback* dos clientes; e encerramento antecipado dos projetos. Os conceitos deste capítulo são a base para áreas de conhecimento de gestão de projetos, de acordo com o *guia PMBOK®*, em relação à gestão de integração e de aquisição do projeto.

A Parte 3, *Pessoas: a chave para o sucesso do projeto*, enfoca a importância das pessoas envolvidas em um projeto. Ela inclui quatro capítulos:

- Capítulo 10, *O gestor de projetos*, discute as responsabilidades do gestor; as habilidades necessárias para gerenciar os projetos de maneira bem-sucedida; formas de desenvolver a competência; abordagens para a delegação eficaz; e como gerenciar e controlar as mudanças no projeto. Os conceitos deste capítulo são a base para duas áreas de conhecimento de gestão de projetos de acordo com o *guia PMBOK®*: gestão de integração do projeto, de recursos humanos e de partes interessadas.
- Capítulo 11, *A equipe do projeto*, aborda o desenvolvimento e o crescimento das equipes; a reunião inaugural do projeto; características de equipes de projeto eficazes, barreiras à eficácia da equipe, membros de equipe eficazes, construção da equipe e valorização da diversidade da equipe; comportamento ético; fontes de conflito durante o projeto e abordagens para lidar com conflitos; resolução de problemas, incluindo *brainstorming*; e gestão eficaz de tempo. Os conceitos deste capítulo são a base para áreas de conhecimento de gestão de projetos, de acordo com o *guia PMBOK®*, em relação à gestão de recursos do projeto.
- Capítulo 12, *Comunicação e documentação do projeto*, aborda a importância da comunicação eficaz, verbal e escrita, incluindo sugestões para o aprimoramento da comunicação pessoal; escuta eficaz; tipos de reuniões de projeto e sugestões para reuniões produtivas; apresentações do projeto e sugestões para que estas sejam eficazes; relatórios de projeto e sugestões para sua preparação de forma útil; controle de alterações nos documentos do projeto; criação de um plano de comunicação para o projeto; e ferramentas de comunicação colaborativas. Os conceitos deste capítulo são a base para quatro áreas de conhecimento de gestão de projetos de acordo com o *guia PMBOK®*: gestão da comunicação, de integração, de recursos e de partes interessadas.
- Capítulo 13, *Estruturas organizacionais para gestão de projetos*, explica as características, vantagens e desvantagens das estruturas organizacionais autônomas, funcionais e matriciais do projeto e discute o papel do departamento de gestão de projetos. Os conceitos deste capítulo são a base para duas áreas de conhecimento de gestão de projetos de acordo com o *guia PMBOK®*: gestão de integração do projeto e de recursos do projeto.

O Apêndice A, *Sistemas de informação para gestão de projeto*, discute as características comuns dos sistemas de informação; critérios para a seleção de um sistema de informação; e vantagens das preocupações sobre o uso de tais sistemas. O Apêndice B fornece uma lista de sites que são boas fontes para informações adicionais, aplicações, ferramentas e pesquisa a respeito da gestão de projetos. O Apêndice C apresenta uma lista de associações de gestão de projetos ao redor do mundo. O Apêndice D fornece uma lista de siglas comuns da gestão de projetos. O livro também inclui respostas às perguntas da seção "Reforce sua aprendizagem" de cada capítulo e um glossário dos termos de gestão de projetos usados aqui.

Agradecimentos

Somos muito gratos às pessoas que nos ajudaram na publicação deste livro. Também somos especialmente gratos a Wes Donahue e Beth McLaughlin, da Penn State University Jason Oakman realizou um trabalho meticuloso na preparação dos gráficos originais. Queremos agradecer também a todos os membros da equipe de projeto da Cengage Learning/South-Western que ajudaram a direcionar nossa visão para a realidade e contribuíram para a conclusão bem-sucedida deste projeto. Reconhecimentos especiais vão para Aaron Arnsparger, gerente de produtos, Tara Slagle, gerente sênior de conteúdo de projeto na MPS North America, e Sharib Asrar, gerente associada de programas na Lumina Datamatics Inc.

Gostaríamos de agradecer as contribuições do Project Management Institute por impulsionar a profissão de gestão de projetos e, particularmente, aos muitos voluntários e funcionários por seu trabalho diligente nas edições anteriores e na atual do *guia PMBOK®*.

Gostaríamos de agradecer as importantes contribuições dos revisores a seguir pelos comentários construtivos e incentivadores para o aprimoramento desta 7ª edição:

Dennis Agboh
Morgan State University

Michael P. Allison
Embry-Riddle Aeronautical University

Charles Almond
West Virginia University Parkersburg

Hilary Barnes
Lubbock Christian University

Graceful Beam
Georgia Northwestern Technical College

Sonja Bickford
University of Nebraska Kearny

Don Carpenter
Colorado Mesa University

Kuan-Chou Chen
Purdue University Calumet

Vivian Derby
Ottawa University (Ottawa, Kansas)

Dianna Dodd
Brown Mackie College

Karina Dundurs
West Valley College

Ahmed Eshra
Monroe College

Ephram Eyob
Virginia State University

Judy Field
Ridgewater College

James Gibbs
Mount St. Joseph University

Bob Gregory
Bellevue University

Donna Hanks
Western Dakota Technical Institute

Catherine Harris
Lone Star College

Morris Hsi
Lawrence Technical University

F. Kirk Keller
Wayne Community College

Jessica Kitchen
Rogue Community College

Frances Kubicek
Kalamazoo Valley Community College

J. Howard Kucher
Stevenson University

Changyue Luo
Governor's State University

Hiral Shah
St. Cloud State University

Ben Shaw
Cape Fear Community College

Clara Spenny
Embry-Riddle Aeronautical University

Carrie Stevick
Baker University

William Tawes
Stevenson University

Ed Weckerly
Penn State University

Somos gratos também aos seguintes revisores das quatro primeiras seis edições por seus comentários valiosos que continuamente enriqueceram e contribuíram com o texto:

Dennis Agboh
Morgan State University

Dr. Stephen O. Agyei-Mensah
Clarion University of North Pennsylvania

Basil Al-Hashimi
Mesa Community College

Michael Anderson
Simpson College

Kwasi Amoako – Gyampah
University of North Carolina at Greensboro

Ed Arnheiter
Rensselaer Polytechnic Institute – Hartford

Fred K. Augustine Jr.
Stetson University

Mehmet Barut
Wichita State University

Ervin H. Baumeyer, PE
Lone Star College-North Harris

Catherine Beise
Salisbury University

Charles Bilbrey
James Madison University

Vicki Blanchard
Gibbs College of Boston

Blaine Boxwell
University of Bridgeport

Daniel Brandon
Christian Brothers University

Dr. Dorothy Brandt
Brazosport College

Daketima Briggs
Saint Mary's University of Minnesota

Tyson Browning
Texas Christian University

James Browning
Brunswick Community College

Victoria Buenger
Texas A&M University

Thomas Bute
Humboldt State University

Tim Butler
Wayne State University

John H. Cable
University of Maryland

David T. Cadden
Quinnipiac University

Michael Cathey
George Washington University

Paul Chase
Becker College

David E. Clapp
Florida Institute of Technology

Robert Cohn
Long Island University-C.W. Post

Comfort Cover
Adams State College

Craig Cowles
Bridgewater State College

Sam DeWald
Penn State University

Charlene A. Dykman, Ph.D.
University of St. Thomas-Houston

Bari Dzomba
Penn State University

Geoffrey Egekwu
James Madison University

Ike Ehie
Southeast Missouri State University

Mike Ensby
Clarkson University

Lynn Fish
Canisius College

James Ford
Ford Consulting Associates

Okiechi Geoffrey Egekwu
James Madison University

Philip Gisi
DePaul University

Adrienne Gould-Choquette
State College of Florida

Richard Gram
Worcester Polytechnic Institute

Valarie Griep
Metropolitan State University-Minneapolis

Joseph Griffin
Northeastern University

Ronald Grossman
Central Connecticut State University

Ken Gyure
University of Arizona

Darryl S. Habeck
Milwaukee Area Technical College

Mamoon M. Hammad
The George Washington University

Michael Hashek
Gateway Technical College

William Hayden
State University of New York-Buffalo

Vish Hedge
California State University-East Bay

Andrew Henderson
Barstow Community College

Joan E. Hoopes, Ph.D
Marist College

O Brien Hughes
Lone Star College

Kimberly Hurns
Washtenaw Community College

Margaret Huron
Lone Star College-North Harris

Bhushan L. Kapoor
California State University, Fullerton

Barbara Kelley
St Joseph's University

Laurie J. Kirsch
University of Pittsburgh

Brian M. Kleiner
Virginia Tech

Shawn Krest
Genesee Community College

Francis Kubicek
Kalamazoo Valley Community College

Ram Kumar
University of North Carolina Charlotte

Richard E. Kust
California State University, Fullerton

Chung-Shing Lee
Pacific Lutheran University

Lois M. Lemke
Northeast Wisconsin Technical College

Ardeshir Lohrasbi
University of Illinois-Springfield

Changyue Luo
Governor's State University

Larry Maes
Davenport University-Warren

Mary Jo Maffei
MQ Associates

Nicoleta Maghear
Hampton University

Reza Maleki
North Dakota State University

David M. Marion
Ferris State University

James Marlatt, PMP
University of Colorado

Kirsten Mast
Albertson College of Idaho

William Milz
Northeast Wisconsin Technical College

Kathryn J. Moland, Ph.D., PMP
Livingstone College

David Moore
Colorado School of Mines

Janet C. Moore
Penn State University

Herbert Moskowitz
Purdue University-West Lafayette

William A. Moylan
Eastern Michigan University

Jim Murrow
Drury University

Dr. Philip F. Musa
The University of Alabama at Birmingham

Rakesh Narayan
Mid-State Technical College

Carl Nelson
Polytechnic University

Hameed G. Nezhad, Ph.D.
Metropolitan State University

Robert Niewoehner
US Naval Academy

Tony B. Noble
Mohave Community College

Michael Okrent
University of Bridgeport

John Olson
DePaul University

Shrikant S. Panwalkar
Purdue University

Fariborz Y. Partovi
Drexel University

Reed E. Pendleton
DeVry University-Fremont

Joseph A. Phillips
DeVry University

George Radu
Chancellor University

Tim Ralston
Bellevue Community College

William Ramshaw, PMP
Whitworth University

H. Dan Reid
University of New Hampshire

Pedro M. Reyes
Baylor University

Sandra Robertson
Thomas Nelson Community College

Eltgad Roces
Penn State University

Carl R. Schultz
University of New Mexico

Sophia Scott
Southeast Missouri State University

Steven Segerstrom
College of Lake County

Wade H. Shaw
Florida Institute of Technology

Kevin P. Shea
Baker University

Dr. Yosef S. Sherif
California State University, Fullerton

William R. Sherrard
San Diego State University

P.K. Shukla
Chapman University

Al Skudzinskas
Towson University

Anne Marie Smith
La Salle University

Taverekere Srikantaiah
Dominican University

Jimmy C. Stallings
Webster University

Christy Strbiak
New Mexico State University

Fredrick A. Tribble
California State University, Long Beach

Anthony P. Trippe
Rochester Institute of Technology

Sudhi Upadhyaya
Bemidji State University

Henri Van Bemmelen
University of Bridgeport

Linda Volonino
Canisius College

Agnieszka K. Waronska
Colorado State University-Pueblo

Cindy Wessel
Washington University

Gostaríamos de agradecer a todas as pessoas com as quais trabalhamos na área de projetos e a todos que participaram de nossos vários cursos e *workshops* de gestão de projetos. Eles propiciaram um ambiente de aprendizagem para testar as lições práticas incluídas neste livro.

Sobre o revisor técnico

Sílvio B. Melhado é professor associado na Escola politécnica da Universidade de São Paulo (USP); graduou-se em Engenharia Civil pela (USP) (1984), cursou mestrado em Engenharia Civil pela Universidade de São Paulo (1990) e doutorado em Engenharia Civil, na mesma universidade (1994), além de ter realizado pós-doutoramentos na França, no Canadá e na Inglaterra. É coordenador do curso de pós-graduação de Projetos na Construção, oferecido anualmente pela Escola Politécnica da USP. Tem experiência na área de Engenharia de Construção Civil, com ênfase em construção de edifícios, atuando principalmente nos seguintes temas: gestão do processo de projeto, gestão de empresas de projeto, gestão da qualidade, sistemas de gestão e certificação de sistemas.

Material complementar

Na página deste livro no site da Cengage estão disponíveis para download os seguintes materiais de apoio:

Para professores:

- Manual do instrutor (em inglês)
- Slides de Power Point

Para alunos:

- Slides de Power Point

Sobre os autores

Jack Gildo foi recentemente diretor de Desenvolvimento Econômico e da Força de Trabalho e diretor do PennTAP, Pennsylvania Technical Assistance Program, da Penn State University. Nesse cargo, ele dirigiu um programa, obtendo financiamento e liderando uma equipe estadual que oferece assistência tecnológica e desenvolvimento da força de trabalho para que empresas e indústrias da Pensilvânia aprimorem sua competitividade global. Jack possui 20 anos de experiência na gestão industrial, incluindo a gestão de melhoria da produtividade e projetos de desenvolvimento tecnológico. Fez MBA pela University of Pittsburgh e é bacharel em Engenharia Elétrica pela Penn State University. Jack é membro do Project Management Institute e antigo presidente do Upstate New York Chapter, além de ministrar cursos sobre gestão de projetos.

Jim Clements atua hoje como o 15º presidente da Clemson University. Antes de se tornar presidente da Clemson University Jim foi presidente da West Virginia University. Anteriormente, ele foi reitor e vice-presidente de Assuntos Acadêmicos, vice-presidente de Desenvolvimento Econômico e Extensão Comunitária, chefe do Departamento de Ciências da Computação e da Informação e professor emérito da Robert W. Deutsch de Tecnologia da Informação na Towson University. Ele é Ph.D em Análise de Operações pela University of Maryland, Baltimore, mestre em Ciências da Computação pela Johns Hopkins University e bacharel e mestre em Ciências da Computação pela University of Maryland, Baltimore. É autor de mais de 75 publicações científicas. Durante os últimos 25 anos, o Dr. Clements atuou como consultor em uma série de organizações públicas e privadas. Ele também foi quatro vezes ganhador do Faculty Member of the Year Award oferecido pelos alunos da Towson University.

Rose Baker é professora assistente no Departamento de Tecnologias de Aprendizado, na Faculdade de Informações da University of North Texas. Antes de ingressar no corpo docente da University of North Texas, Rose foi membro do corpo docente e dirigia pesquisas e centros educacionais na Penn State University. Liderou projetos em agências locais, estaduais e federais; em instituições acadêmicas; corporações e empresas; e também em organizações sem fins lucrativos. Rose tem mais de 25 de experiência em gestão de projetos e tem autoria em solicitações de propostas, encaminhamento de propostas de concorrências, relatórios de pesquisas e publicações de pesquisas. Ela tem um título de Ph.D. em Sistemas de Instrução e um título de M.Ed. em Teoria e Prática da Educação de Adultos pela Penn State University; obteve o bacharelado em matemática e química pela Washington e Jefferson College. Rose é membro do Project Management Institute e uma certificada Project Management Professional (PMP®).

Para minha família maravilhosa: minha esposa, Rosemary;
meus filhos, Steve e Jeff; nossas "filhas", Teresa e Wendy;
e nossos maravilhosos netos, Matthew, Alex, Allison, Meghan e Sophie.
J. G.

Para minha maravilhosa esposa, Beth,
e nossos quatro filhos incríveis – Tyler, Hannah, Maggie e Grace.
Amo muito todos vocês.
J. P. C.

Para minha família imensamente solidária: meu falecido marido, Frank;
meu filho, Dan; minha filha, Francie; e a meus amigos que me ajudaram
a conquistar meus objetivos profissionais.
R. B.

1 Conceitos de gestão de projetos

Syda Productions/Shutterstock.com

- Atributos do projeto
- Equilibrando as restrições do projeto
- Ciclo de vida do projeto
  - *Iniciação*
  - *Planejamento*
  - *Realização*
  - *Encerramento*
- Processo de gestão de projetos
- Envolvimento dos interessados
- Gestão de projetos globais
- Associações de gestão de projetos
- Benefícios da gestão de projetos
- Resumo
- Questões
- Pesquisa na internet
- Referências

Os conceitos abordados neste capítulo apoiam as seguintes áreas de conhecimento de gestão de projetos do *PMBOK® Guide*

Gestão de integração do projeto
Gestão dos stakeholders do projeto

GESTÃO DE PROJETOS NO MUNDO REAL

Gestão da cultura para o sucesso do projeto

Considere a palavra cultura. Ela traz à mente muitas ideias relacionadas à cultura no local de trabalho, culturas em diferentes companhias ou em países. A cultura é um modo de pensar que distingue um grupo de pessoas de outro. A cultura de inovação de uma organização é o apoio a novas ideias, riscos e fracassos. Comportamento e atitudes são influenciados pela cultura. Ações como assertividade, coletivismo ou orientação humana podem ser definidas para diferentes culturas e influenciar o modo como um gerente de projetos toma decisões relacionadas à gestão de um projeto e aos membros de uma equipe de projeto.

Qual impacto você acredita que as práticas culturais têm no sucesso de projetos?

Drew é gerente de projeto em uma empresa que tem equipes de projeto em quatro países, Áustria, Canadá, Finlândia e Coreia do Sul. Cada uma das equipes interage com Drew e a equipe na sede corporativa por intermédio de vídeo on-line, chamadas telefônicas, e-mails e, às vezes, reuniões locais.

Como parte do desenvolvimento profissional da companhia, Drew participou de uma sessão de treinamento sobre a compreensão da diversidade e da cultura a fim de aprender a respeito da cultura de inovação corporativa e sua relação com a assertividade, o coletivismo e a orientação humana. Um dos módulos no programa indicava que a gestão entre culturas pode ser influenciada por práticas de gestão e outros fatores organizacionais. Atividades de inovação geralmente incluem programas de apoio, incentivos a novas ideias e também recompensas monetárias e não monetárias. O material de treinamento descrevia que empresas com grande cultura de inovação também tinham trabalhadores que mostravam altos níveis de comportamento analítico e considerável orientação para a resolução de problemas. Drew esperava inspirar as equipes e receber mais apoio para uma cultura de inovação a fim de aumentar a eficiência na solução de problemas ou evitar problemas nos projetos das equipes.

Como resultado do treinamento, foi implementado um estudo para aprender mais sobre as equipes em cada um dos países referente à assertividade, ao coletivismo e à orientação humana, os três fatores mais relacionados a alterações na cultura de inovação corporativa.

Drew havia aprendido a respeito de cada um desses fatores durante o treinamento. Descobriu-se que a assertividade estava vinculada ao encorajamento no sentido de tomar iniciativas e recompensar o desempenho. Coletivistas expressavam orgulho, lealdade e coesão com os outros em seu grupo ou sua organização. Aqueles com capacidade de orientação humana encorajavam ou recompensavam outros por sua justiça, generosidade, atenção e bondade.

As descobertas do estudo indicaram que as equipes nos quatro países eram diferentes umas das outras. A equipe da Áustria teve as maiores pontuações em assertividade e a equipe da Finlândia, a menor pontuação. A equipe da Coreia do Sul teve a maior pontuação referente ao coletivismo e a equipe da Finlândia apresentou a menor pontuação. A equipe do Canadá teve a maior pontuação quanto à orientação humana e a equipe da Áustria, a menor.

Drew tomou decisões sobre o que fazer com base nas pontuações. Maior capacitação dos líderes individuais e incentivos monetários e não monetários adicionais foram dados à equipe da Áustria como meio de estimular a cultura de inovação corporativa porque essas práticas foram vistas favoravelmente por aqueles com mais assertividade em suas relações sociais. A ideia de fornecer recompensas materiais não se mostrou totalmente compatível com culturas com pouca assertividade; portanto Drew concedeu recompensas não monetárias à equipe da Finlândia. Ela concedeu maior capacitação à equipe da Coreia devido a sua alta pontuação pelo coletivismo em grupo para reforçar o sucesso da equipe, em vez de o sucesso individual. Os mesmos procedimentos de capacitação foram seguidos para a equipe do Canadá e da Coreia porque os altos níveis de orientação humana não valorizam o alto aprimoramento, o poder e os bens materiais tanto quanto a pouca orientação humana. O retorno adicional das equipes ajudou Drew a descobrir que aprimorar análises e práticas é mais apropriado para organizações com alto grau de coletivismo no grupo, elevada assertividade e pouca orientação humana.

A partir do trabalho de Drew, foi aprendido que a cultura corporativa deve ser compatível com as práticas culturais nacionais para aumentar o potencial de sucesso do projeto. Os fatores de sucesso que Drew experimentou são sucessos que você, como gerente de projeto, pode experimentar. As habilidades que Drew aplicou são aquelas que você aprenderá ao longo deste livro.

Baseado em informações de Unger, B. B., Rank, J. J., e Gemünden, H. H. (2014). Cultura da inovação corporativa e as dimensões do sucesso do portfólio de projetos: o papel moderador da cultura nacional. *Project Management Journal, 45*(6), 38 57.

Este capítulo apresenta uma visão geral de conceitos de gestão de projeto. Você ficará familiarizado com:

- Definição de um projeto e seus atributos.
- Restrições-chave dentro das quais o projeto deve ser gerido.
- Ciclo de vida de um projeto.

- Definição de gestão de projetos.
- Elementos do processo de gestão de projetos.
- Identificação e envolvimento das partes interessadas.
- Implicações da gestão global de projetos.
- PMI – Project Management Institute.
- Benefícios da gestão de projetos.

RESULTADOS DE APRENDIZAGEM

Após o estudo deste capítulo, você estará apto a:

- Definir o que é um projeto.
- Listar e discutir seus atributos.
- Explicar o que significa "objetivo de projeto".
- Definir o que significam as entregas (*deliverables*) de projeto.
- Dar exemplos de projetos.
- Discutir suas restrições.
- Descrever suas fases de ciclo de vida.
- Definir e aplicar gestão de projetos.
- Discutir as etapas do processo de planejamento.
- Identificar os três elementos do processo de execução.
- Criar um registro de partes interessadas.
- Discutir qual é o compromisso de cada parte interessada.
- Discutir algumas implicações da gestão de projetos globais.
- Discutir sobre o PMI.
- Listar os benefícios de técnicas de gestão de projetos.

Atributos do projeto

Projeto é um esforço para se alcançar um objetivo específico por meio de um conjunto único de atividades inter-relacionadas e da utilização eficaz de recursos.[1] Os atributos a seguir ajudam a definir projeto:

- Um projeto tem **objetivo** claro, que estabelece o que deve ser realizado. É o produto final tangível que a equipe deve produzir e entregar. O objetivo do projeto geralmente é definido em termos de *produto final* ou *entrega, cronograma* e *orçamento.* Isso implica completar seu escopo de trabalho e realizar todas as entregas no tempo estipulado e dentro do orçamento. Por exemplo, o objetivo de um projeto pode ser o lançamento de um novo eletrodoméstico portátil para cozinha em dez meses e dentro de um orçamento de $ 2 milhões.

  O objetivo do projeto deve também incluir um demonstrativo dos *benefícios e resultados* desejados que serão alcançados em sua implementação. Esta é a razão pela qual ele está sendo feito. Por exemplo, um projeto com objetivo de desenvolver um novo produto deve ter o resultado esperado para vender um número estipulado de unidades desse novo produto em um ano ou aumentar a quota de mercado em um percentual específico. O objetivo do projeto poderia ser expandir a quota de mercado em 3% ao introduzir um novo eletrodoméstico portátil para cozinha em dez meses e dentro de um orçamento de $ 2 milhões. Nesse caso, o resultado de quota de mercado aumentada seria desconhecido por um período decorrido após a finalização do novo projeto de desenvolvimento de produto. Outro exemplo é um projeto com o objetivo de organizar um evento para arrecadar fundos

[1] No Brasil, o termo "projeto" é empregado tanto no sentido adotado neste livro (que equivale ao termo *project*, em inglês) quanto no sentido de concepção técnica (*design*). Em determinados setores de negócios, o emprego do termo "empreendimento" pode ser mais adequado (em substituição a *project*), reservando-se, nesses casos, o uso do termo "projeto" para designar o conjunto dos elementos descritivos das soluções técnicas adotadas, ou seu processo de desenvolvimento. Isso ocorre, por exemplo, no setor da construção civil. Feita esta ressalva quanto à terminologia, observe-se que todos os conceitos e métodos da gestão de projetos são aplicáveis a qualquer setor, indiscriminadamente. (NRT)

para uma causa particular, como pesquisa de diabetes, mas o benefício esperado do evento é levantar determinada quantia de dinheiro, como $ 20.000. Nesse caso, a realização do projeto – organização do evento de arrecadação de fundos – possibilita o ganho do benefício.

- O projeto é executado por meio de uma série de *atividades interdependentes* (também denominadas *tarefas*) – que é um número de atividades não repetidas que devem ser concluídas em determinada sequência a fim de se alcançar o objetivo do projeto.
- Um projeto utiliza vários *recursos* para executar as atividades. Tais recursos podem incluir pessoas diferentes, organizações, equipamentos, materiais e instalações. Por exemplo, para realizar uma série de operações cirúrgicas complexas, um projeto deve envolver médicos com competências especiais, enfermeiras, anestesistas, instrumentos cirúrgicos, equipamentos de monitoramento, próteses ou órgãos para transplante e instalações cirúrgicas especiais.
- Possui um *período específico* ou *tempo de vida finito*. Tem data de início e data em que o objetivo deve ser concluído. Por exemplo, a reforma de uma escola de ensino fundamental deve ser encerrada entre 20 de junho e 20 de agosto.
- Deve ser um *esforço único, realizado uma só vez*. Alguns projetos, como planejar e construir uma estação espacial, são únicos, porque nunca foram experimentados previamente. Outros projetos, como desenvolver um novo produto, construir uma casa ou planejar um casamento, são únicos em razão da personalização exigida. Por exemplo, um casamento pode ser uma ocasião informal e simples com alguns amigos em uma capela ou um evento espetacular, preparado nos padrões da realeza.
- Possui um **patrocinador** ou **cliente.** O patrocinador/cliente é a entidade que fornece os fundos necessários para a realização do projeto. Pode ser uma pessoa, uma organização ou uma parceria de duas ou mais pessoas ou organizações. Quando uma empreiteira constrói o anexo de uma casa, o proprietário da casa é o cliente que está financiando ou pagando pelo projeto. Quando uma empresa recebe fundos de uma agência governamental para desenvolver um dispositivo robótico para manuseio de material radioativo, o patrocinador é a agência governamental. Quando um conselho de administração de uma empresa fornece fundos para uma equipe de empregados a fim de aprimorar o sistema de informação dessa empresa, o conselho é o patrocinador do projeto. Neste último caso, o termo *cliente* pode tomar uma definição mais ampla, incluindo não apenas o patrocinador do projeto (a administração da empresa), mas também outras *partes interessadas* (*stakeholders*), assim como as pessoas que serão os usuários finais do sistema de informação. A pessoa encarregada da gestão e a equipe do projeto devem alcançar com sucesso seu objetivo para satisfazer o patrocinador, bem como os usuários do produto final – um sistema de informação aprimorado.
- Finalmente, um projeto envolve um *grau de incerteza*. Antes de seu início, um plano é preparado e baseado em algumas hipóteses e estimativas. É importante documentar essas hipóteses, porque elas influenciarão o desenvolvimento do escopo do projeto, programação e orçamento. Um projeto é baseado em um único conjunto de tarefas e estimativas interdependentes com relação ao tempo que cada tarefa deve levar, vários recursos e hipóteses sobre a disponibilidade e a capacidade desses recursos e estimativas de custos associadas aos recursos. Essa combinação de hipóteses e estimativas causa a incerteza da conclusão total do objetivo do projeto. Por exemplo, o escopo do projeto deve ser cumprido na data-alvo de realização, mas o custo final poderá ser muito maior do que o previsto, em razão das estimativas iniciais baixas para o custo de determinados recursos. Com o decorrer do projeto, algumas das hipóteses serão refinadas ou substituídas por informação real e atualizada. Por exemplo, uma vez que o projeto conceitual de um relatório anual de uma empresa for finalizado, a quantidade de tempo e custos necessários para finalizar o projeto detalhado e produzir o documento final poderá ser estimada de maneira adequada.

Reforce sua aprendizagem

1. Quais são os atributos de um projeto?

A seguir estão alguns exemplos de projetos:

- Realizar uma produção teatral.
- Desenvolver e introduzir um novo produto.
- Desenvolver um conjunto de aplicativos para transações comerciais por telefones celulares.
- Planejar um casamento.
- Projetar e implementar um sistema de computador.
- Modernizar uma fábrica.
- Consolidar duas fábricas de produção.
- Transformar um porão em quarto de família.
- Organizar e sediar uma conferência.
- Projetar e produzir um panfleto.
- Executar a limpeza ambiental de um local contaminado.
- Realizar uma reunião do ensino médio.
- Construir um shopping center.
- Realizar uma série de cirurgias em uma vítima acidentada.
- Organizar um festival comunitário.
- Reconstruir uma cidade após um desastre natural.
- Fazer um jantar para 20 pessoas.
- Projetar um programa de estágio de negócios para estudantes do ensino médio.
- Construir uma casa na árvore.

Reforce sua aprendizagem

2. Identifique três projetos em que você ficou envolvido durante a vida.

Equilibrando as restrições do projeto

A realização bem-sucedida do objetivo do projeto pode ser condicionada por diversos fatores, incluindo *escopo, qualidade, programação, orçamento, recursos, riscos* e *satisfação do cliente* e *apoio das partes interessadas*.

O **escopo** de projeto é o trabalho que deve ser feito com a finalidade de produzir todas as suas entregas ou *deliverables* (itens, produtos ou serviços tangíveis a serem fornecidos), satisfazer o cliente, de maneira que a entrega esteja de acordo com os requisitos e critérios de aceitação, e realizar o objetivo do projeto. Por exemplo, o escopo do projeto de uma construção deve incluir todo o trabalho envolvido em limpar o terreno, construir uma casa e realizar o paisagismo para as especificações acordadas entre a empreiteira contratada e o comprador; ou um projeto de instalação de equipamento de automação especializado de alta velocidade em uma fábrica pode abranger o projeto do equipamento, sua construção, sua instalação e seu teste, para garantir que atenda aos critérios de aceitação, treinamento de trabalhadores para operar e manter o equipamento e fornecimento de toda a documentação técnica e operacional para esse mesmo equipamento.

Expectativas de **qualidade** devem ser definidas no início do projeto. O escopo de trabalho do projeto deve ser realizado visando à qualidade e especificações adequadas. Por exemplo, em um projeto de construção de casa, o cliente espera que a mão de obra seja da mais alta qualidade e que todos os materiais atendam às especificações. Finalizar o escopo de trabalho deixando janelas que sejam difíceis de abrir e fechar, torneiras que vazam ou um ambiente cheio de entulho resultará em um cliente insatisfeito e provavelmente terá dificuldade de receber o pagamento ou haverá contestação jurídica do contrato. Mecanismos, como padrões, inspeções, auditorias, e assim por diante, devem ser colocados em prática para assegurar que as expectativas de qualidade estejam sendo atendidas durante o projeto, e não apenas verificadas ou inspecionadas ao final dele, já que seria mais caro ter de corrigir tudo ao final. Todas as entregas de um projeto devem ter critérios de aceitação quantitativos.

A **programação** para um projeto é o cronograma que especifica quando cada tarefa ou atividade deve começar ou terminar. O objetivo do projeto geralmente declara o tempo em que seu escopo deve ser finalizado de acordo com a data estipulada entre o patrocinador e a organização encarregada de sua realização. A programação do projeto indica as datas nas quais as atividades específicas devem ser iniciadas e finalizadas para atender à data de conclusão do projeto (por exemplo, quando uma nova ponte precisará estar pronta para ser aberta ao tráfego ou quando um novo produto deverá ser lançado em uma exposição industrial).

O **orçamento** de um projeto é a quantia que os patrocinadores ou clientes concordaram em pagar pela prontidão razoável do projeto. É baseado em custos estimados associados às quantidades dos diversos recursos que serão usados para sua realização. Este deve incluir os salários das pessoas que irão trabalhar, materiais e suprimentos, equipamentos, aluguel de instalações e honorários das subcontratadas e dos consultores que irão realizar algumas tarefas de tal projeto. Por exemplo, para um projeto de casamento, o orçamento deve incluir custos estimados das flores, vestido, terno, fornecedor, bolo, aluguel de limusine, cinegrafista, local da recepção etc.

Vários **recursos** são necessários para a realização das atividades do projeto, a produção dos resultados do projeto e a conclusão de seu objetivo. Recursos incluem pessoas, materiais, equipamento, instalações e assim por diante. Recursos humanos incluem pessoas com competências e habilidades específicas. Determinadas quantidades de profissionais com competências específicas são necessárias em períodos também específicos no decorrer do projeto. De maneira similar, equipamentos específicos podem ser necessários durante uma parte do projeto, como os equipamentos apropriados para escavar o terreno antes que se possa começar a construção de um novo prédio de escritórios. As necessidades de recursos para um projeto devem estar alinhadas com os tipos e quantidades de recursos disponíveis nos períodos em que são necessários.

Pode haver **riscos** que afetam de forma adversa a realização do objetivo do projeto. Por exemplo, projetar um sistema de informação usando a mais nova tecnologia pode gerar um risco de esta não funcionar como esperado. Ou pode haver o risco de um novo produto farmacêutico não receber aprovação regulamentar. Um plano de gestão de risco deve ser desenvolvido de forma que identifique e avalie riscos potenciais e sua probabilidade de ocorrência e impacto potencial, e que estabeleça ações para lidar com esses riscos potenciais, caso ocorram.

Finalmente, a responsabilidade do gestor do projeto é garantir que **o cliente esteja satisfeito**. Isso vai além de apenas realizar o escopo do projeto dentro do orçamento estipulado e cumprir prazos, ou ainda perguntar se o cliente ou o patrocinador está satisfeito ao final do projeto. Significa não somente atender às suas expectativas, mas também desenvolver e manter uma excelente relação de trabalho durante o projeto. Isso requer comunicação contínua com o cliente ou patrocinador para mantê-lo informado e detectar se as expectativas mudaram. Reuniões programadas regularmente ou relatórios de progresso, discussões por telefone e e-mail são exemplos de como realizar tal comunicação. Satisfação do cliente requer envolvê-lo como parceiro no resultado bem-sucedido do projeto por meio de uma participação ativa durante o processo. O gestor de projetos deve estar constantemente atento ao grau de satisfação do cliente. Ao manter a comunicação regular com este, o gestor de projetos demonstra preocupação real sobre suas expectativas; isso também previne futuras surpresas desagradáveis.

O gerente e a equipe do projeto precisam construir uma relação e também envolver os vários **stakeholders** que possam influenciar ou ser afetados pelo projeto a fim de obterem seu apoio. Veja a seção sobre o envolvimento dos interessados, posteriormente neste capítulo, para uma análise mais aprofundada.

Completar com êxito o projeto requer terminar o escopo de trabalho dentro do orçamento e de um período estipulado enquanto é administrada a utilização de recursos, atendendo às especificações de qualidade e administrando riscos; e tudo deve ser feito de modo que garanta a satisfação do cliente ou do patrocinador e também no sentido de lidar com as dúvidas e preocupações das partes interessadas e conquistar seu apoio. Durante o projeto, algumas vezes é desafiador equilibrar ou conciliar esses fatores que, com frequência, se restringem e podem prejudicar a realização do objetivo do projeto. Veja a Figura 1.1. Para ajudar a garantir o alcance do objetivo do projeto, *é importante que se desenvolva um plano antes de iniciar o trabalho do projeto*, em vez de entrar de cabeça e começar sem um plano. A falta de plano diminui as chances de realizar com êxito todo o escopo do projeto dentro do orçamento e da programação.

Uma vez iniciado o projeto, circunstâncias não previstas podem prejudicar o alcance de seu objetivo no que se refere a seus escopos, orçamento e programação. Elas incluem, por exemplo:

- Custo de alguns dos materiais maior que o estimado previamente.
- Atrasos causados por problemas climáticos.
- Modificações e reestruturações de um novo instrumento médico sofisticado necessário para fazê-lo atender às especificações e requisitos de qualidade governamentais.
- Entrega de um componente crítico para um sistema de controle de aviação atrasada por vários meses.
- Contaminantes ambientais são descobertos quando se faz escavações para a construção de um novo edifício.
- Um membro essencial da equipe de projeto, com conhecimento técnico único, que decide se aposentar e que cria uma lacuna na competência essencial.

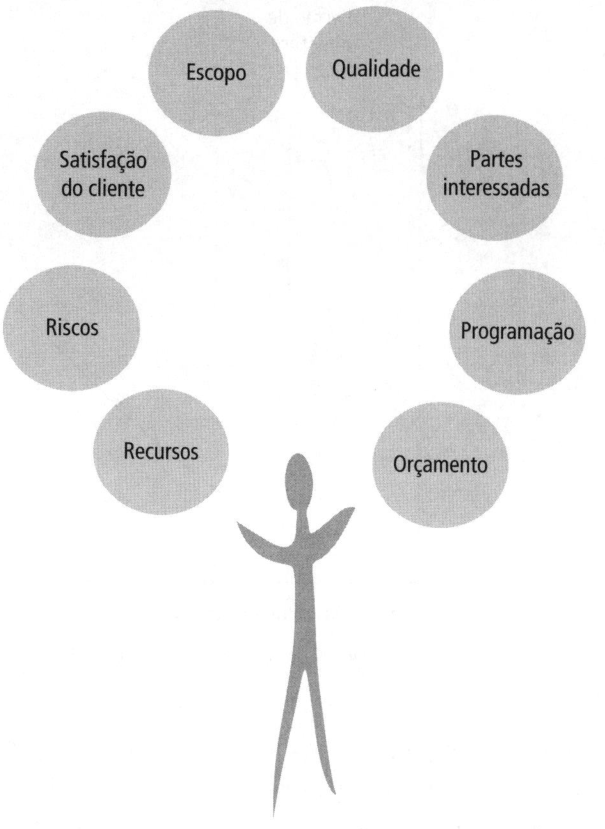

FIGURA 1.1 ▪ Sucesso de projeto de restrição.

Qualquer um dos exemplos acima poderia afetar o equilíbrio do escopo, da qualidade, da programação, do orçamento, dos recursos, dos riscos e da satisfação do cliente e do apoio das partes interessadas (ou impactar esses fatores individualmente), prejudicando a conclusão bem-sucedida do objetivo do projeto. O desafio para o gestor de projetos não é somente equilibrar constantemente esses fatores durante o desempenho do projeto, mas também prevenir, antecipar e superar tais circunstâncias se e quando ocorrerem. *Bom planejamento e boa comunicação* são essenciais para a prevenção de problemas ou para minimizar seus impactos na realização do objetivo do projeto, quando eles ocorrerem. O gestor de projetos deve ser proativo no planejamento e na comunicação e prover liderança para a equipe do projeto de modo que mantenha esses fatores restritivos em equilíbrio e conclua seu objetivo.

Reforce sua aprendizagem

3. Quais são os oito fatores que restringem o êxito de um objetivo de projeto?

Ciclo de vida do projeto

O **ciclo de vida** genérico **do projeto** tem quatro fases: iniciação, planejamento, realização e encerramento. A Figura 1.2 mostra as quatro fases, o nível relativo de esforço e o tempo dedicado a cada fase. A duração temporal de cada fase e seu nível de esforço irão variar dependendo do projeto específico. Ciclos de vida de projeto podem ter duração de poucas semanas até vários anos, dependendo de seu conteúdo, complexidade e magnitude.

Na **fase de iniciação**, os projetos são definidos e selecionados. Logo após, são autorizados por meio de um documento denominado **termo de abertura do projeto.** A **fase de planejamento** inclui definir o escopo do projeto, identificar recursos, desenvolver a programação e orçamento e identificar riscos que, somados, estruturam o **plano-base** para execução do trabalho. Na **fase de realização**, o plano de projeto é executado e atividades de trabalho são realizadas a fim de produzir todas as **entregas do projeto** e atingir seu objetivo. Durante essa fase, o

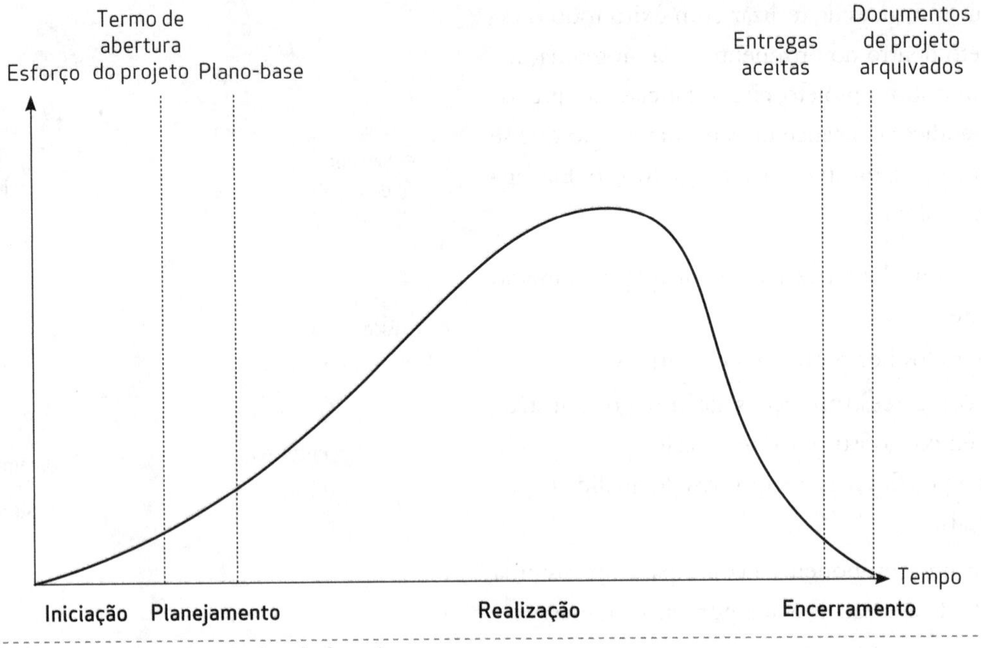

FIGURA 1.2 ▪ Esforço de ciclo de vida de projeto.

progresso do projeto é monitorado e controlado para garantir que o trabalho permaneça dentro da programação e do orçamento; o escopo é completamente atendido de acordo com especificações e todas as entregas atendem aos critérios de aceitação. Da mesma forma, quaisquer mudanças necessitam ser documentadas, aprovadas e incorporadas dentro de um plano-base atualizado, se necessário. Na **fase de encerramento**, avaliações do projeto são conduzidas, lições aprendidas são identificadas e documentadas para ajudar a melhorar o desempenho em futuros projetos, e os **documentos de projeto** são organizados e **arquivados.**

INICIAÇÃO

Esta primeira fase do ciclo de vida do projeto envolve a identificação de uma necessidade, um problema ou uma oportunidade e pode resultar na autorização do projeto pelo patrocinador para atender tais demandas. Projetos são iniciados quando uma necessidade é identificada pelo patrocinador – as pessoas ou a organização que deseja fornecer fundos para ter essa necessidade satisfeita. Por exemplo, uma empresa pode precisar reduzir a alta taxa de sucata de seu processo de fabricação, o que torna seus custos mais elevados e aumenta o tempo de produção em relação a seus competidores, ou uma comunidade com uma população em crescimento pode precisar construir uma nova escola. Em alguns casos, pode levar vários meses para definir claramente uma necessidade, coletar dados e definir o objetivo do projeto. A gestão de um hospital, por exemplo, pode criar uma creche no local para os filhos de seus empregados como parte de sua estratégia para atraí-los e retê-los. No entanto, pode levar um tempo para coletar dados referentes à necessidade e analisar várias soluções para atendê-las. É importante definir a real necessidade. Por exemplo, a necessidade é prover uma creche no local ou fornecer cuidados maternais às crianças dos funcionários do hospital? Isto é, fazer a creche "no local" é realmente uma parte dessa necessidade?

Reforce sua aprendizagem

4. Combine as fases do ciclo de vida do projeto, listadas previamente, com as descrições seguintes:

– Primeira fase
– Segunda fase
– Terceira fase
– Quarta fase

A. Planejamento
B. Execução
C. Iniciação
D. Encerramento

A necessidade de projetos é frequentemente identificada como parte de um processo de planejamento estratégico de uma organização. Projetos são formas de implementar elementos de estratégias específicas ou ações, tais como construir uma fazenda eólica em alto-mar, estender um programa de assistência nutricional em um país desenvolvido, construir uma nova fábrica na América do Sul ou implementar um programa de treinamento on-line de extensão corporativa. As organizações podem ter interesse em muitos projetos, porém elas são limitadas em razão da quantidade de fundos disponíveis. Apesar de um indivíduo precisar de um acréscimo para reformar sua casa, de um novo carro ou querer fazer uma viagem de duas semanas, ele pode não ter o dinheiro para fazer todas essas coisas. Por isso, organizações devem empregar um processo para selecionar quais serão os projetos a serem desenvolvidos. Uma vez que os projetos forem selecionados, eles são formalmente autorizados por meio de um documento denominado *termo de abertura do projeto.* Esta autorização deve incluir a justificativa para o projeto, o objetivo e os benefícios esperados, os requisitos gerais e condições – tais como quantidade de fundos autorizada, data de realização requerida, entregas cruciais, análises exigidas e aprovações – e hipóteses-chave.

Reforce sua aprendizagem

5. Um projeto é autorizado por meio de um documento chamado ____________ ____________.

Se a organização decidir usar recursos externos para executar o projeto (uma contratada), deve preparar um documento chamado *edital de chamada de propostas* que define as exigências do projeto e é utilizado para solicitar propostas das empresas que podem ser contratadas para realizá-lo. Por meio do edital, o patrocinador ou o cliente pede às empresas interessadas que submetam propostas sobre como devem atender suas necessidades, informando os custos associados e a programação. Um indivíduo que precise de uma casa nova pode gastar tempo identificando requisitos – tamanho da casa, estilo, número de quartos, localização, quantia máxima que quer gastar e data em que gostaria de se mudar para lá. Ele, então, deve escrever esses requisitos e pedir a várias empresas de construção que forneçam projetos residenciais e respectivos custos estimados. Uma companhia que tenha identificado a necessidade de desenvolver uma campanha de propaganda multifacetada para um novo produto alimentício deve documentar seus requisitos em um edital e enviá-lo a diversas agências de propaganda. As agências submetem propostas à companhia e esta avalia as propostas da concorrência e seleciona uma delas (a contratada) para fazer a campanha de propaganda (o projeto), assinando um acordo ou contrato com aquela empresa.

Reforce sua aprendizagem

6. O resultado da fase de planejamento é um ____________ ____________.

PLANEJAMENTO

Antes de começar um projeto, a equipe ou a contratada deve ter tempo suficiente para planejá-lo adequadamente. É necessário dispor de um roteiro ou planejamento que mostre como o escopo do projeto será realizado dentro do orçamento e da programação. Tentar realizar um projeto sem plano é como tentar montar um móvel sem ter lido as instruções. Indivíduos que pensam que planejamento é desnecessário ou desperdício de tempo invariavelmente precisarão perder tempo mais adiante para refazer as coisas. É importante *planejar o trabalho e então trabalhar no plano.* De outra forma, caos e frustração ocorrerão, e o risco de falha do projeto será maior. Uma vez que o projeto estiver autorizado e/ou um contrato for assinado com uma contratada externa, a próxima fase do ciclo de vida do projeto é elaborar um planejamento detalhado de como cumpri-lo. O planejamento envolve determinar *o que* deve ser feito (escopo, entregas), *como* será feito (atividades, sequência), *quem* o fará (recursos, responsabilidade), *quanto tempo* será necessário (duração, programação), *quanto* custará (orçamento) e quais são *os riscos.* O resultado deste esforço é um *plano-base* que consiste de um conjunto de documentos integrados que mostram como o escopo do projeto será realizado de acordo com o orçamento e o cronograma e é utilizado como uma referência com a qual o desempenho real pode ser comparado.

Aproveitar o tempo para desenvolver um plano bem pensado é crucial para a realização bem-sucedida de qualquer projeto. Muitos projetos excedem seus orçamentos, excedem suas datas de realização ou atendem parcialmente suas especificações técnicas porque não tiveram um plano-base viável estabelecido antes de serem iniciados. É importante que as pessoas envolvidas na realização do projeto também participem no planejamento do trabalho. Elas, geralmente, são as que conhecem detalhadamente as atividades a serem feitas. Também, ao participar no planejamento do trabalho, esses indivíduos tornam-se comprometidos em realizá-lo conforme o plano. Participação constrói comprometimento.

REALIZAÇÃO

A terceira fase do ciclo de vida do projeto é sua realização. Uma vez que o plano-base estiver elaborado, o trabalho pode continuar. A equipe, liderada pelo gestor de projetos, executará o plano e fará as atividades para realizar todas as entregas e concluir o objetivo do projeto. O ritmo da atividade aumentará assim que mais recursos diversos surgirem e forem envolvidos na execução das tarefas do projeto. Durante o curso da realização do projeto, tipos diferentes de recursos serão utilizados. Por exemplo, se o projeto envolver planejar e construir um edifício de escritórios, o esforço do projeto deve primeiramente englobar uma equipe de arquitetos e engenheiros na concepção e desenvolvimento de desenhos e documentos para a sua construção. Depois, no decorrer da construção, os recursos necessários aumentarão substancialmente, gerando a necessidade de incluir armadores, carpinteiros, eletricistas, pintores e outros profissionais. O nível de esforço diminuirá depois que a construção estiver finalizada e outros profissionais concluirão, então, o paisagismo e os acabamentos finais.

Esta fase resulta na conclusão do objetivo do projeto, deixando o cliente satisfeito com todo o escopo do trabalho e as entregas feitas de acordo com as especificações, dentro do orçamento e no prazo. Por exemplo, a fase de realização estará concluída quando uma equipe de projeto de uma companhia completar o projeto que consolidou duas de suas instalações em uma, ou quando uma contratada externa completar a instalação de um sistema de informação customizado que satisfaça testes de desempenho e seja aceito pelo cliente.

Reforce sua aprendizagem

7. Na fase de execução, o plano de projeto é __________ para produzir todas as __________ e alcançar o __________ __________.

Enquanto o trabalho estiver sendo realizado, é necessário *monitorar e controlar o progresso* do projeto para assegurar que tudo está evoluindo de acordo com o plano e que o objetivo será concluído. Isso envolve medir o progresso atual e compará-lo ao progresso planejado de acordo com o plano-base. Para medir o progresso atual, é importante manter um acompanhamento de quais tarefas foram iniciadas e concluídas, quando foram iniciadas e concluídas, o valor agregado do trabalho completado, se as entregas do projeto estão atendendo aos critérios de qualidade esperados e quanto dinheiro já foi gasto ou comprometido. Se, a qualquer momento, a comparação entre o progresso atual e o planejado revelar que o projeto está atrasado, excedendo o orçamento ou não atendendo às especificações técnicas, ações corretivas devem ser tomadas para regularizá-lo.

Antes que a decisão seja tomada para implementar ações corretivas, talvez seja necessário avaliar diversas alternativas para assegurar que tal ação trará o projeto de volta ao escopo, programação e restrições orçamentárias que fazem parte do objetivo do projeto. Esteja atento, por exemplo, ao fato de que a adição de recursos para compensar o tempo perdido e se manter dentro da programação pode resultar em excesso de orçamento planejado.

Se um projeto ficar fora de controle, talvez seja difícil concluir seu objetivo sem sacrificar o escopo, o orçamento, a programação ou a qualidade. Como foi dito, a chave para um controle eficaz do projeto é medir o progresso atual e compará-lo ao progresso planejado em uma base oportuna e adequada durante a fase de execução e tomar imediatamente qualquer ação corretiva necessária. Esperar que um problema desapareça sem intervenção corretiva é uma atitude ingênua. Quanto mais cedo um problema é identificado e corrigido, melhor. Baseando-se no progresso atual, é possível prever a programação e o orçamento para realização do projeto. Se esses parâmetros estão além dos limites do objetivo do projeto, ações corretivas necessitam ser implementadas imediatamente.

Mudanças ocorrerão durante a fase de execução. Então é importante *administrar e controlar mudanças* para minimizar qualquer impacto negativo na conclusão bem-sucedida do objetivo do projeto. Um sistema de controle de mudanças deve ser estabelecido para os processos e procedimentos que definem como as mudanças serão documentadas, aprovadas e comunicadas. Um acordo deve ser feito entre o patrocinador ou cliente e o gestor de projetos ou contratado, bem como entre o gestor de projetos e sua equipe no que se refere ao tratamento dado às mudanças. Os procedimentos devem abordar a comunicação entre o gestor de projetos e o patrocinador ou cliente e entre o gestor de projetos e sua equipe. Se as mudanças são consentidas verbalmente em vez de aprovadas por escrito e não é dada indicação do impacto que elas terão no escopo, no orçamento ou na programação do trabalho, provavelmente haverá problemas no decorrer do projeto. Membros da equipe do projeto devem ser cautelosos sobre concordar casualmente com mudanças sem saber se necessitarão de horas/pessoas adicionais para o trabalho. Se o cliente não concordar em pagar por um esforço extra, a contratada deve absorver os custos adicionais e também arriscar custos excedentes para uma atividade particular ou para o projeto.

Algumas mudanças são triviais, mas outras podem afetar de maneira significativa o escopo, o orçamento ou a programação do trabalho. Decidir mudar a cor de um quarto antes que ele seja pintado é uma mudança trivial. Decidir que você quer uma casa de dois andares depois que a empresa de construção contratada já detalhou o projeto para uma casa de um andar é uma grande mudança e certamente aumentaria o custo e provavelmente atrasaria a data de finalização.

O impacto que uma mudança tem na conclusão do objetivo do projeto pode ser evitado quando a mudança é identificada. Geralmente, *quanto mais tarde essas mudanças forem identificadas, maiores serão seus efeitos na conclusão do objetivo do projeto*. Os aspectos mais prováveis de serem afetados são o orçamento do projeto e a data de entrega. Isso é particularmente verdadeiro quando um trabalho que já foi finalizado necessita ser "desfeito" para acomodar a mudança necessária. Por exemplo, seria muito caro mudar os eletrodutos ou a fiação de um prédio novo depois que as paredes e o teto estão acabados, pois teriam de ser quebrados para instalar os novos. Entretanto, se tal mudança fosse feita mais cedo no projeto – por exemplo, enquanto o prédio estava ainda sendo projetado –, a acomodação seria mais fácil e mais econômica. Os desenhos poderiam ser modificados e, assim, eletrodutos e fiação teriam sido instalados corretamente da primeira vez.

O gestor de projetos, a equipe de projeto, o contratante ou o patrocinador/cliente devem iniciar as mudanças. Algumas mudanças poderiam ser necessárias como um resultado da ocorrência de um risco previamente definido, como um desenvolvimento de produto novo que não atende certos critérios de teste, os quais significariam trabalho de replanejamento adicional.

Quando é determinado que ações corretivas ou mudanças são necessárias, decisões sobre como atualizar o plano-base devem ser tomadas. Essas decisões frequentemente significam uma compensação que envolve tempo, custos, escopo e qualidade. Por exemplo, reduzir a duração de uma atividade requer um aumento de custos ao pagar por mais recursos ou diminuir o escopo da atividade (e, possivelmente, não atender aos requisitos técnicos do cliente). De maneira similar, reduzir custos do projeto pode levar a usar materiais de qualidade inferior em vez de os especificados originalmente. Uma vez que uma decisão é tomada sobre quais ações devem ser conduzidas, elas devem ser incorporadas dentro da programação e do orçamento. É necessário desenvolver uma programação revisada e determinar o orçamento caso as medidas corretivas planejadas ou as mudanças resultem em programação e orçamento aceitáveis. Se não, revisões ulteriores devem ser feitas até que um plano-base revisado aceitável seja acordado.

A fase de execução do ciclo de vida do projeto termina quando o patrocinador ou o cliente ficam satisfeitos com o fato de o objetivo do projeto ter sido concluído e os requisitos atendidos e aceita a entrega do projeto.

ENCERRAMENTO

A fase final do ciclo de vida do projeto é o encerramento. O processo de encerramento envolve várias ações, incluindo coletar e fazer pagamentos finais, avaliar e reconhecer pessoas, conduzir uma avaliação pós-projeto, documentar lições aprendidas e arquivar documentos.

A organização do projeto deve garantir que cópias apropriadas da documentação sejam adequadamente organizadas, arquivadas e guardadas, assim elas podem ser prontamente recuperadas para uso no futuro. Por exemplo, usar algum custo atual ou informação de programação de um projeto finalizado pode ser útil ao desenvolver a programação e os custos estimados de um projeto novo.

Uma tarefa importante durante esta fase é avaliar o desempenho do projeto. A equipe deve identificar lições aprendidas e fazer recomendações para melhorar o desempenho em futuros projetos. Para encorajar o uso dessa informação, deve ser estabelecido um sistema de base de conhecimento que inclua fácil acesso a um repositório para recuperar lições aprendidas e informações de projetos anteriores.

Um *feedback* do patrocinador e do cliente também deve ser obtido para determinar se os benefícios antecipados do projeto foram alcançados, avaliar o nível de satisfação do cliente e obter qualquer retorno que possa ser útil em relações de negócios posteriores com esse cliente e outros.

Reforce sua aprendizagem

8. Gestão de projeto envolve primeiro __________ __________ e então __________.

Processo de gestão de projetos

Gestão de projetos significa planejar, organizar, coordenar, liderar e controlar recursos para concretizar o objetivo do projeto. O processo de gestão de projetos envolve *planejar o trabalho e trabalhar no planejamento*. Uma equipe técnica pode levar horas preparando um único plano para um jogo; a equipe então executa o plano para tentar realizar o objetivo "vitória". De forma semelhante, o processo de gestão de projetos envolve duas funções maiores: primeiro *estabelecer o plano* e então *executá-lo* para concretizar o objetivo do projeto.

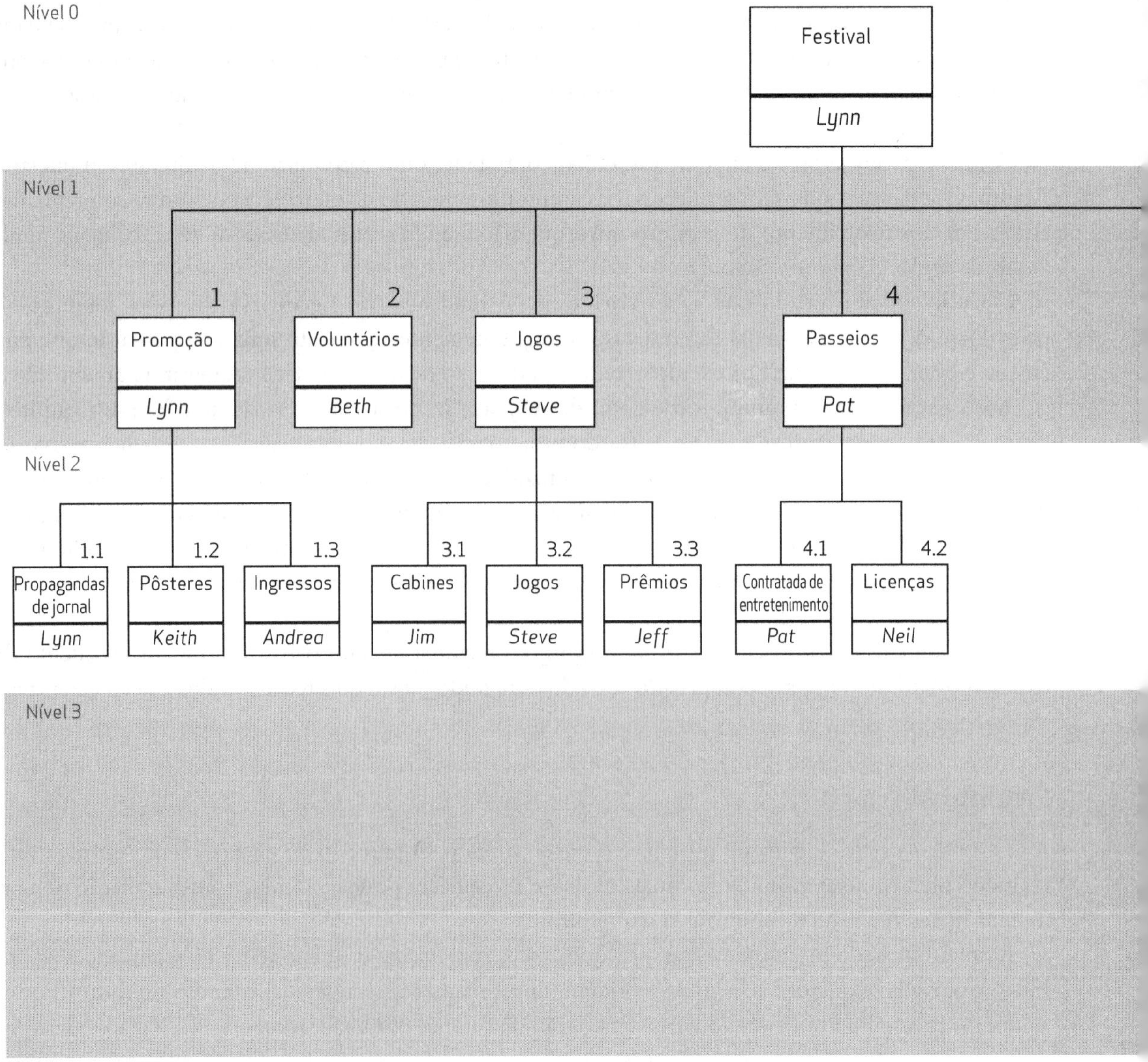

FIGURA 1.3 ▪ Estrutura analítica de projeto.

Tendo o patrocinador preparado o termo de abertura do projeto, o esforço em geri-lo deve ser focado em estabelecer um plano-base realista que contenha um conjunto de documentos integrados que mostram como o escopo do projeto será realizado de acordo com o orçamento e o cronograma estabelecidos. O objetivo do projeto estabelece o que deve ser concretizado. O processo de **planejamento** determina *o que* é necessário ser feito (escopo, entregas), *como* será feito (atividades, sequência), *quem* o fará (recursos, responsabilidade), *quanto tempo* será necessário (durações, programação), *quanto* custará (orçamento). Isso inclui os seguintes passos:

1. *Estabelecer o objetivo do projeto.* O objetivo deve ser acordado entre o patrocinador ou cliente e a organização que irá realizar o projeto.
2. *Definir o escopo.* Um documento de escopo de projeto deve ser preparado. Isso deve incluir exigências dos clientes, uma especificação do trabalho, assim como uma lista de programações e critérios de aceitação associados que possam ser utilizados para validar que o trabalho e as programações atenderam às especificações.
3. *Criar uma estrutura analítica do projeto.* Subdividir o escopo do projeto em partes ou **pacotes de trabalho**. Apesar de projetos parecerem opressivos quando vistos por completo, uma forma de melhor visualizá-los é desmembrá-los em componentes menores. Uma **Estrutura Analítica do Projeto (EAP)** é a decomposição hierárquica do escopo do projeto em pacotes de trabalho a serem executados pela equipe de projeto que realizará as programações. A Figura 1.3 é um exemplo de EAP.

Reforce sua aprendizagem

9. O ________ do projeto deve ser acordado entre o ________ e o cliente ou a organização que irá ________ o projeto.

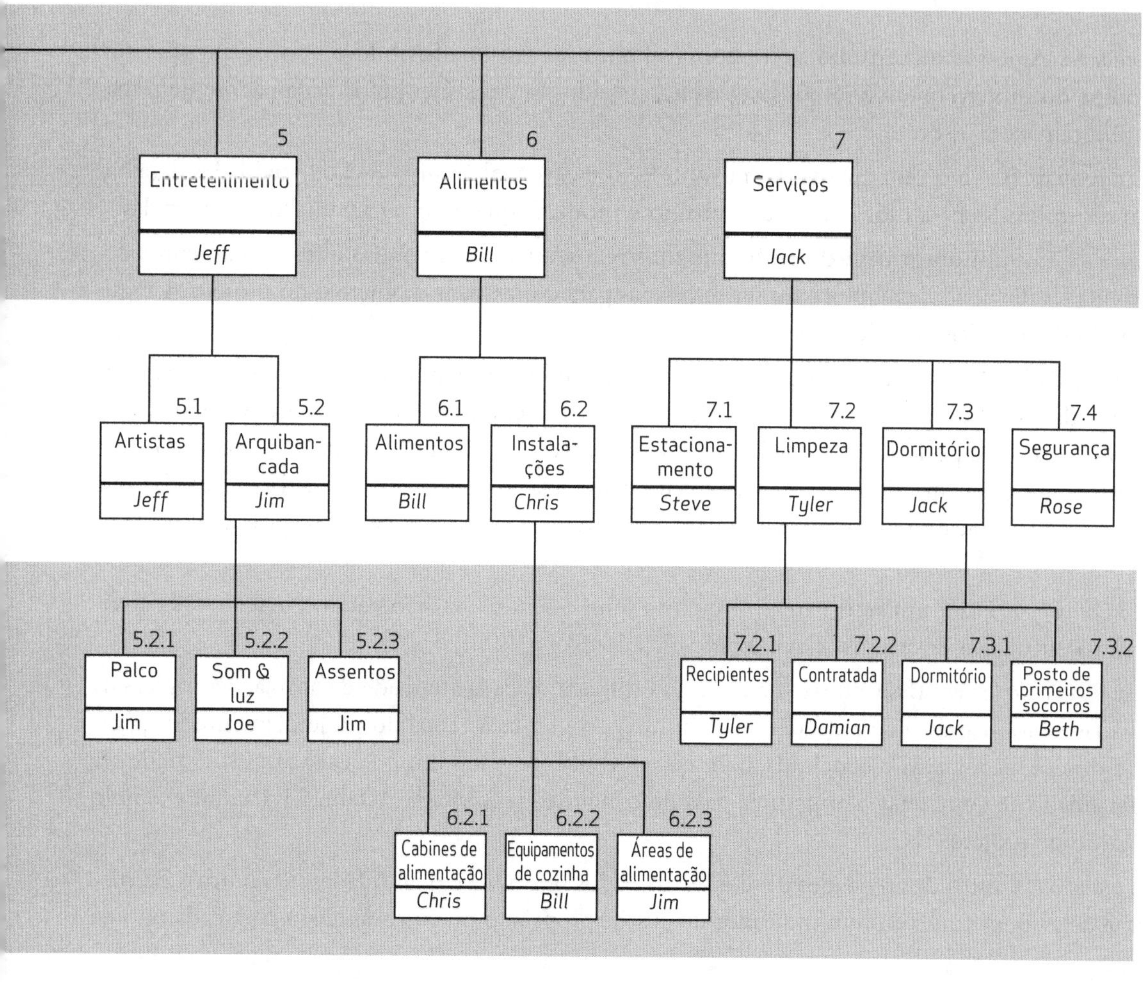

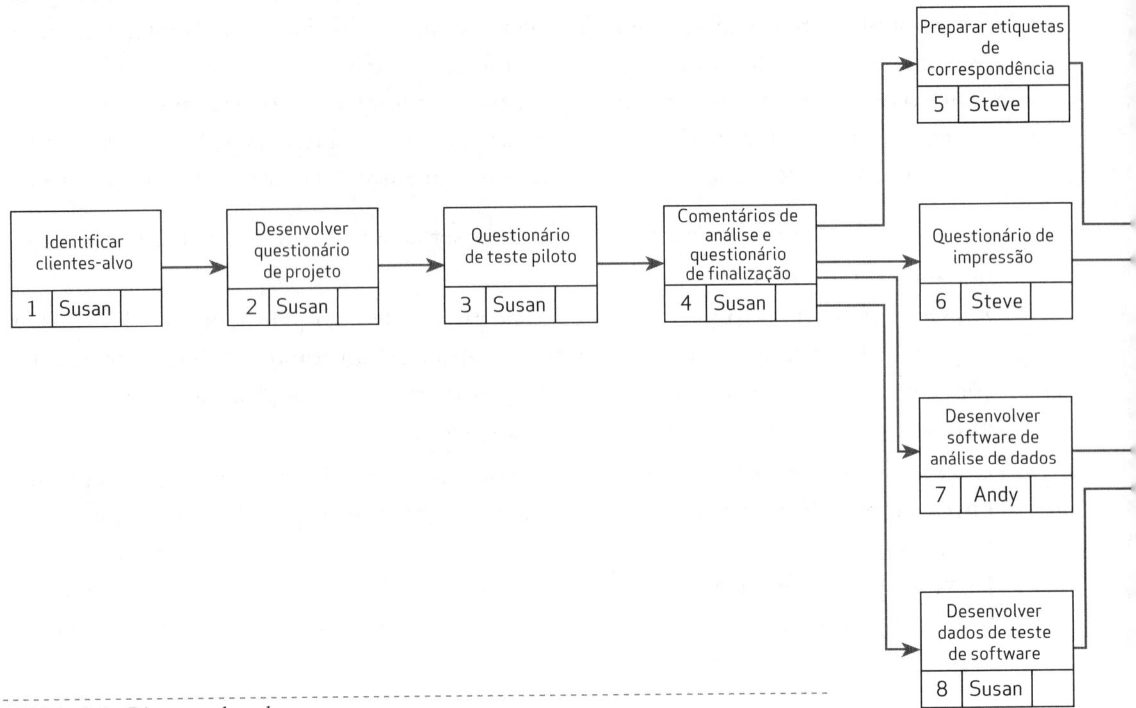

FIGURA 1.4 ▪ Diagrama de rede.

4. *Delegar responsabilidades.* A pessoa ou organização responsável por cada item na EAP deve ser identificada a fim de informar à equipe do projeto quem é responsável e encarregado do desempenho de cada pacote de trabalho e quaisquer programações associadas.
5. *Definir atividades específicas.* Revisar cada pacote de trabalho EAP e desenvolver uma lista de atividades detalhadas que precisam ser realizadas para cada pacote de trabalho e produzir quaisquer programações requeridas.
6. *Atividades sequenciais.* Criar um **diagrama de rede** que mostre a sequência necessária e relacionamentos dependentes das atividades detalhadas que precisam ser realizadas para concretizar o objetivo do projeto. A Figura 1.4 é um exemplo de um diagrama de rede.
7. *Estimar recursos de atividade.* Determinar os tipos de recursos, bem como as habilidades ou competências exigidas para realizar cada atividade e a quantidade necessária de cada recurso. Recursos incluem pessoas, materiais, equipamentos etc. que podem ser essenciais para realizar cada atividade. Recursos estimados devem considerar a avaliação de cada tipo de recurso, seja ele interno, seja externo (como as subcontratadas) e a quantidade disponível na duração do projeto. Designar um indivíduo específico como responsável para cada atividade.
8. *Estimar durações da atividade.* Fazer uma estimativa de quanto tempo será necessário para completar cada atividade, baseando-se na estimativa dos recursos que serão aplicados.
9. *Desenvolver a programação do projeto.* Baseando-se na duração estimada de cada atividade e nas relações lógicas da sequência de atividades no diagrama de rede, desenvolver uma programação total do projeto, incluindo quando cada atividade deverá ser iniciada e concluída, bem como as últimas datas em que cada atividade pode ser iniciada com a finalidade de completar o projeto na data de conclusão requisitada. A Tabela 1.1 é um exemplo de uma programação de projeto.
10. *Estimar custos da atividade.* Custos de atividades devem ser baseados nos tipos e quantidades de recursos estimados para cada uma delas, bem como em um indicador de custo apropriado ou custo unitário para cada tipo de recurso.

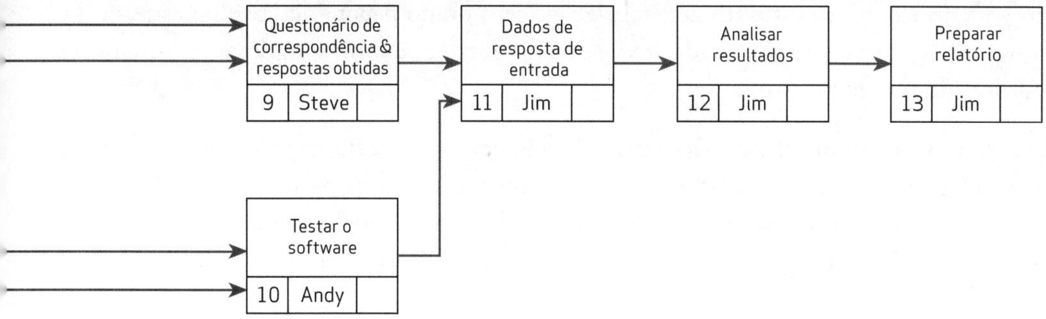

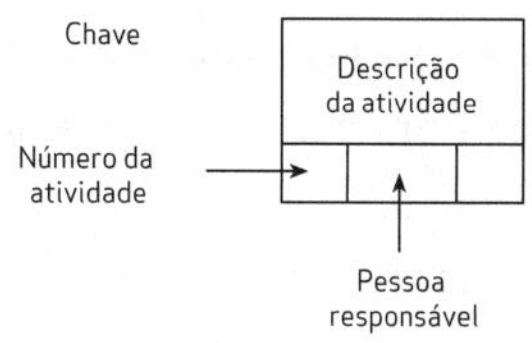

	Atividade	Responsa-bilidade	Dur. estim.	Mais cedo Início	Mais cedo Término	Mais tarde Início	Mais tarde Término	Folga total
1	Identificar clientes-alvo	Susan	3	0	3	-8	-5	-8
2	Desenvolver questionário de projeto	Susan	10	3	13	-5	5	-8
3	Questionário de teste piloto	Susan	20	13	33	5	25	-8
4	Comentários de análise e questionário de finalização	Susan	5	33	38	25	30	-8
5	Preparar etiquetas de correspondência	Steve	2	38	40	38	40	0
6	Questionário de impressão	Steve	10	38	48	30	40	-8
7	Desenvolver software de análise de dados	Andy	12	38	50	88	100	50
8	Desenvolver dados de teste de software	Susan	2	38	40	98	100	60
9	Questionário de correspondência & respostas obtidas	Steve	65	48	113	40	105	-8
10	Testar o software	Andy	5	50	55	100	105	50
11	Dados de resposta de entrada	Jim	7	113	120	105	112	-8
12	Analisar resultados	Jim	8	120	128	112	120	-8
13	Preparar relatório	Jim	10	128	138	120	130	-8

Tabela 1.1 ▪ Programação de projeto.

11. *Determinar o orçamento.* O orçamento total do projeto pode ser desenvolvido ao agregar as estimativas de custo a cada atividade. De modo semelhante, orçamentos podem ser determinados para cada pacote de trabalho na estrutura de análise ao agregar os custos estimados às atividades detalhadas para cada pacote. Outros custos, como o projeto ou a administração organizacional indireta, ou custos elevados também devem ser incluídos no orçamento e ser apropriadamente alocados em cada atividade e pacote de trabalho. Uma vez que o orçamento total for determinado para o projeto todo ou para cada pacote de trabalho, um orçamento de tempo escalonado precisa ser elaborado para distribuir os custos no decorrer do projeto ou do pacote de trabalho baseado em sua programação para o período inicial e final de cada atividade. A Figura 1.5 é um exemplo de orçamento de projeto de tempo escalonado no tempo.

Uma vez que a programação do projeto e o orçamento são desenvolvidos, deve ser determinado se este pode ser completado dentro do tempo exigido, com os fundos alocados e com os recursos disponíveis. Se não, ajustes devem ser feitos no escopo do projeto, no recurso de atividade e nas estimativas de duração ou atribuições de recurso até se obter um **plano-base** real e alcançável, o roteiro para conclusão do escopo do projeto dentro do orçamento e do cronograma estabelecido.

O resultado do processo de planejamento é um plano-base. Utilizar o tempo para desenvolver um plano bem pensado é crucial para a realização bem-sucedida de qualquer projeto. Muitos projetos têm excedido seus orçamentos, perdido suas datas de conclusão ou atendido parcialmente seus requisitos porque não havia plano-base viável antes de seu início.

O plano-base pode ser exibido em formato gráfico ou tabular para cada período de tempo (semana, mês), desde o início do projeto até sua conclusão. Planos são discutidos e ilustrados nos Capítulos 4 a 7. As informações devem incluir:

- As datas de início e de conclusão de cada atividade.
- As quantidades dos diversos recursos que serão necessários durante cada período.
- O orçamento para cada período, bem como o orçamento acumulado desde o início do projeto ao longo de cada período.

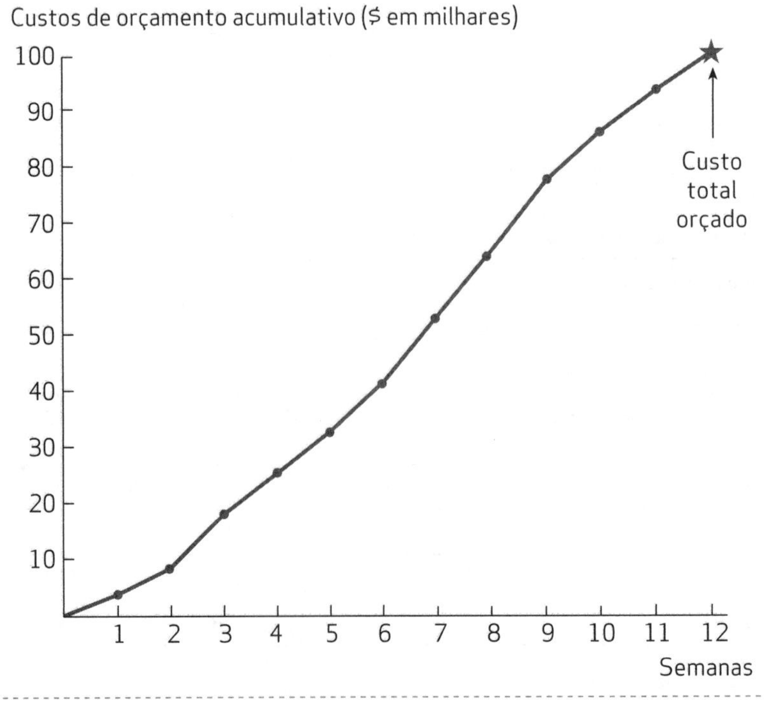

FIGURA 1.5 ■ Orçamento de projeto escalonado no tempo.

Uma vez que um plano-base tenha sido estabelecido, ele deve ser executado. O processo de execução envolve realizar o trabalho de acordo com o plano, monitorar e controlar o trabalho e mudanças administrativas, de forma que o escopo do projeto seja alcançado dentro do orçamento e da programação para a satisfação do cliente. Isso inclui os seguintes elementos:

1. *Realizar o trabalho.* Todas as atividades no plano-base, como retratadas no diagrama de rede, devem ser realizadas de acordo com a programação do projeto e com as especificações técnicas. Todas as entregas devem ser feitas e atender seus critérios de aceitação. Realizar essas ações requer coordenação da equipe do projeto, incluindo recursos externos e comunicação regular com as partes interessadas (*stakeholders*) em conjunto com o patrocinador e o cliente, para garantir que as expectativas estão sendo correspondidas.

2. *Monitorar e controlar o progresso.* Enquanto o trabalho do projeto está sendo realizado, é necessário monitorar o progresso para garantir que tudo está ocorrendo conforme o planejado. É também necessário medir o progresso atual e compará-lo ao progresso planejado. Se, a qualquer momento, a comparação entre o progresso atual e o progresso planejado revelar que o projeto está atrasado, excedendo o orçamento ou não atendendo às especificações técnicas, ações corretivas devem ser tomadas para colocá-lo novamente dentro das especificações de escopo, programação e restrições orçamentárias do objetivo do projeto. Esteja atento, por exemplo, ao fato de que a adição de recursos para compensar o tempo e se manter dentro da programação pode resultar em acréscimos ao orçamento planejado. Se um projeto ficar fora de controle, talvez seja difícil concluir seu objetivo sem sacrificar o escopo, o orçamento, a programação ou a qualidade. A chave para um controle de projeto eficaz é medir o progresso atual e compará-lo ao progresso planejado em uma base oportuna e adequada e tomando qualquer ação corretiva necessária imediatamente. Esperar que um problema desapareça sem intervenção corretiva é uma atitude ingênua. Baseando-se no progresso atual, é possível prever a programação e o orçamento necessários para realização do projeto. Se esses parâmetros estão além dos limites do objetivo do projeto, ações corretivas necessitam ser implementadas imediatamente.

3. *Controlar mudanças.* Durante a realização do trabalho, mudanças devem ocorrer por diversas razões inesperadas, como algumas atividades demorarem mais que o previsto, recursos não disponíveis quando necessários e materiais custando mais do que o esperado ou a ocorrência de riscos identificados. Também, o gestor de projetos, a contratada ou o cliente/patrocinador pode requerer mudanças no escopo do projeto, baseando-se em nova informação ou no resultado de comentários do projeto. Mudanças são boas se o cliente e o gestor do projeto ou a contratada concordarem com elas e ambas as partes estiverem conscientes do impacto que podem ter no escopo, na programação, no orçamento e na concretização do objetivo do projeto. É importante administrar e controlar mudanças para minimizar qualquer impacto negativo na conclusão bem-sucedida do objetivo do projeto. Um sistema de controle de mudanças deve ser estabelecido para os processos e procedimentos que definem como as mudanças serão documentadas, aprovadas e comunicadas. Deve ser estabelecido um acordo com o patrocinador ou cliente sobre esse sistema, e este precisa ser comunicado a todos os participantes do projeto.

Tentar realizar um projeto sem antes estabelecer um plano-base é imprudente e audacioso. É semelhante a começar uma viagem sem roteiro, sem itinerário e sem orçamento. Você pode acabar no meio do nada, sem dinheiro e com prazo esgotado.

Envolvimento dos stakeholders

Interessados no projeto são pessoas ou entidades envolvidas ou que podem influenciar ou serem afetadas por um projeto, como o cliente/patrocinador; a equipe do projeto, incluindo o gerente de projeto, subcontratadas e consultores; usuários finais ou consumidores; e grupos defensores. Além do cliente/patrocinador e da equipe de projeto incluindo subcontratadas e fornecedores, os interessados podem ser organizações ou grupos de pessoas que podem ser solidárias ou adversárias ou podem querer se manter informadas sobre o projeto por causa de seu impacto potencial. Exemplos de partes interessadas para vários projetos incluem:

Profissionais de determinada prática médica que utilizarão um novo sistema eletrônico de registros na área da saúde.

Comunidade ou vizinhança que será afetada pelo percurso de uma nova rodovia.

Pequenos varejistas próximos da área de construção de um novo shopping.

Grupo de ativistas que está preocupado com o impacto ambiental e com a segurança causados pelas novas instalações de uma indústria química.

Grupos de consultores, como pais que contribuem para a concepção de novas áreas de recreação em uma creche, ou a equipe de uma sala de emergência que colabora para reprojetar e expandir seu ambiente de trabalho.

Agências reguladoras governamentais que se preocupam com o cumprimento das leis, testes com medicamentos farmacêuticos ou a realização de fóruns públicos para solicitar que os cidadãos comentem certos tipos de projetos.

É importante identificar os interessados em um projeto o quanto antes no seu ciclo de vida. O patrocinador do projeto pode identificar partes interessadas específicas no termo de abertura do projeto. Além disso, o gerente do projeto pode solicitar a realização de um debate com a equipe para identificar partes interessadas, ou talvez a criação de grupos de consultores para fornecer informações e orientações para o projeto ou partes dele. O gerente do projeto também pode criar uma rede com outras organizações, como grupos comunitários, organizações sem fins lucrativos, organizações profissionais ou membros do governo local para ajudar a identificar partes interessadas em potencial com a finalidade de evitar futuros imprevistos. Por exemplo, se determinado grupo identificar um problema específico com um projeto e não tiver sido informado a esse respeito antecipadamente, o grupo poderá criar uma situação adversa e tornar mais difícil a criação de uma relação de confiança.

À medida que potenciais acionistas são identificados, deve ser criada uma lista que inclui as principais informações de contato, funções ou tópicos de interesse específicos, expectativas, quaisquer problemas que sejam conhecidos, e áreas de potencial influência para cada interessado. Algumas vezes, este documento é denominado **registro de partes interessadas**. Durante a realização do projeto, as informações sobre as partes interessadas podem ser modificadas ou outros interessados podem ser identificados. O registro do interessado é uma ferramenta conveniente para manter consolidadas e atualizadas todas as informações sobre as partes interessadas.

O gerente e a equipe de projeto precisam construir uma relação com cada parte interessada, que seja adequada aos seus interesses específicos no projeto. A equipe do projeto tem de ser proativa e tomar a iniciativa de contatar e envolver cada interessado, ouvir seus interesses, expectativas e preocupações, em vez de esperar que as partes interessadas façam essa abordagem para depois agir de modo reativo ou defensivo. Boas relações são construídas com base na confiança e no respeito; e a confiança e o respeito são fundamentados na honestidade, na ética e no cumprimento de promessas. A equipe de projeto deverá ser receptiva à colaboração, ao envolvimento, discussões e debates de cada parte interessada. Ela criará o suporte necessário ao projeto. As preocupações das interessadas precisam ser acolhidas antecipada e positivamente, de maneira oportuna, e nunca devem ser confrontadas, adiadas, ignoradas ou rejeitadas. O gerente de projeto precisa proporcionar oportunidades de uma regular comunicação de "mão-dupla" com cada interessado, não somente quando um problema for identificado. O gerente e a equipe de projeto devem saber ouvir, ter a mente aberta, ser atenciosos e se comportar profissionalmente, sem dominar as discussões, demonstrar reações exageradas, ficar na defensiva ou perder o controle de suas emoções. Na maioria das situações, cada parte interessada deverá ser abordada separadamente porque cada uma delas tem interesses e preocupações únicos, em vez de lidar com todas as partes interessadas como um grupo.

Deve ser criado um **registro de problemas** para as preocupações, dúvidas ou problemas específicos que vários interessados identifiquem, de modo que o gerente de projeto, a equipe de projeto, ou o patrocinador/cliente possam resolvê-los e assegurar que eles não sejam esquecidos ou ignorados sem um acompanhamento e resposta adequados. A equipe deverá manter o registro de problemas atualizado indicando o *status* de quais problemas têm de ser abordados ou resolvidos, quais novos problemas precisam ser acrescentados, e quais deles possam requerer negociação a fim de solucionar divergências específicas. Se determinado problema de qualquer parte interessada não puder ser satisfeito ou resolvido, é importante que se forneça uma explicação clara e detalhada para que o interessado conheça as razões ou o raciocínio que fundamenta a decisão, mesmo que ele não concorde.

O envolvimento e o apoio do interessado são importantes para a realização bem-sucedida de um projeto e para a conclusão do objetivo do projeto. Comunicação aberta e frequente, confiança, respeito, mente liberal e uma atitude positiva em que ambas as partes ganham são aspectos fundamentais para o envolvimento bem-sucedido da parte interessada.

Reforce sua aprendizagem

10. Quais são as chaves para a gestão bem-sucedida dos interessados?

Gestão de projetos globais

A globalização acrescenta uma dimensão excepcional na gestão de projetos. Muda as dinâmicas do projeto e acrescenta um nível de complexidade que pode afetar de maneira adversa seu resultado, caso os participantes não estejam cientes do que podem encontrar considerando diferenças culturais e transações econômicas multinacionais. Por exemplo, pode haver um requisito de terceirização contratual para gastar um percentual do orçamento do projeto em salários e materiais no país do cliente ao empregar trabalhadores nativos para realizar algumas tarefas e usar fornecedores de materiais do próprio país. Fatores externos ao projeto em si, ou às organizações/clientes, podem criar uma dinâmica e talvez um ambiente instável para a vida do projeto, introduzir riscos e afetar seu sucesso. Tais fatores influentes podem incluir:

- Flutuações de moeda e taxas de câmbio.
- Códigos e regulações trabalhistas específicas do próprio país, como carga horária, férias e festas religiosas.
- Parcerias e *joint ventures* entre empresas criando entidades com presença e instalações em diversos países.
- Relações políticas entre os países.
- Disponibilidade de competências profissionais de alta demanda.

Eventos internacionais grandes, como as Olimpíadas, ou reconstruir uma região depois de um desastre natural requerem equipes de projeto multilíngues. Projetos globais podem ser multinacionais e multilíngues, com participantes de vários países e que falam diferentes línguas. Esses aspectos podem criar barreiras para a comunicação, o desenvolvimento de equipe e o desempenho do projeto.

A gestão de projetos globais necessita de um conjunto adicional de competências. É útil para o gestor de projetos e para a equipe terem habilidades em línguas estrangeiras e também conhecimento e compreensão de outros países e outras culturas, bem como de geografia, história mundial e economia mundial (moedas, taxas de câmbio, transações de exportação/importação etc.) É preciso estar ciente da cultura, dos costumes (horário de refeição, contato visual, possíveis diferenças na atuação de homens e mulheres, códigos de vestimenta, práticas religiosas, linhas de autoridade, protocolos de comunicação etc.) e da etiqueta (por exemplo, em alguns países, cruzar as pernas ao se sentar é considerado um insulto, ou cumprimentar com as mãos ou tocar alguém do sexo oposto é inaceitável) dos países dos vários participantes do projeto (equipe do projeto, cliente, subcontratadas e fornecedores). Também é vital conhecer o ambiente geopolítico dos países dos vários participantes do projeto, particularmente o país do cliente, ou onde o projeto está sendo entregue ou implementado.

A tecnologia permite aos participantes do projeto estar apenas a "um clique de distância", apesar de, na verdade, estarem a milhares de quilômetros. Também ajuda a reduzir o impacto na comunicação do projeto que as diferenças de fusos horários nas localizações dos diversos participantes do projeto possam trazer. Uma forma de facilitar a comunicação em equipes de projeto multilíngues é utilizar um software que traduza e-mails e documentos entre as línguas dos participantes do projeto.

A globalização e a internet propiciam novas oportunidades às empresas, vistas em elementos de trabalho de projeto de multiterceirização para participantes mais competitivos mundialmente, assim como em compras de materiais e serviços dos fornecedores ao redor do mundo.

Reforce sua aprendizagem

11. ___________ e sensibilidade não são somente importantes como também ___________ para o sucesso da gestão de projeto ___________.

Conscientização cultural e sensibilidade não são somente importantes como também imperativas para o sucesso da gestão de projeto global. Aprender e entender a cultura e os costumes dos participantes do projeto demonstra respeito, ajuda a construir confiança, desenvolver uma equipe de projeto eficaz e é fundamental para o sucesso da gestão de projetos globais.

Veja na seção Valorizando a Diversidade da Equipe no Capítulo 11 e na seção Ferramentas Colaborativas de Comunicação no Capítulo 12 informações correlatas adicionais. Veja também no Apêndice C a lista de associações de gestão de projeto ao redor do mundo.

Associações de gestão de projetos

Fundado em 1969, o PMI tem aproximadamente 500 mil membros em mais de 200 países e cerca de 280 representantes em mais de 90 países. Adicionalmente, o PMI tem mais de 30 comunidades on-line em que grupos colaboram em tópicos específicos de interesse.

O PMI publica o *PMBOK® Guide*, o qual fornece a estrutura conceitual de processos e guias para a aplicação dos conceitos, práticas e técnicas de gestão de projeto. A associação também criou o *Código de Ética e de Conduta Profissional do PMI*, que estabelece padrões e expectativas em relação ao comportamento profissional.

O PMI oferece um programa de certificação que fornece certificados em várias disciplinas de gestão de projetos. Há mais de 750 mil indivíduos ao redor do mundo que detêm certificados do PMI. Informações adicionais e atuais sobre o PMI podem ser encontradas no site http://www.pmi.org.

Há também outras associações de gestão de projeto ao redor do mundo. O Apêndice C fornece uma lista de aproximadamente 60 associações que adotam a mesma causa.

Benefícios da gestão de projetos

O maior benefício em implementar técnicas de gestão de projetos é conseguir a satisfação do cliente – mesmo se você for cliente do seu próprio projeto, como remodelar seu porão, ou um negócio (contratado) pago por um cliente para realizar um projeto. Completar todo o escopo do projeto de uma forma qualitativa, no prazo e dentro do orçamento, proporciona uma grande sensação de satisfação. Para a contratada, isso poderia levar a negócios adicionais com o mesmo cliente no futuro ou a negócios com clientes indicados por aqueles que ficaram previamente satisfeitos.

"Opa! Muito bom para o cliente, mas e eu? O que há nisso para mim?" Se você é o gestor do projeto, tem a satisfação de saber que liderou um esforço bem-sucedido. Também aumentou sua reputação como gestor de projetos e posicionou-se bem para oportunidades de crescimento na carreira. Se é um membro da equipe de projeto que realizou com êxito seu trabalho, você sente a satisfação de fazer parte de um grupo vencedor. Não contribuiu somente para o sucesso do projeto, mas também provavelmente expandiu seu conhecimento e aumentou suas habilidades ao longo do caminho. Se escolher permanecer como contribuinte individual, você estará apto a fazer uma contribuição maior no futuro, em projetos mais complexos. Se eventualmente você estiver interessado em gerir projetos, estará em posição de assumir responsabilidades de projeto adicionais. Quando os projetos são bem-sucedidos, todos vencem!

GESTÃO DE PROJETOS NO MUNDO REAL

A gestão de projetos promovendo aumentos de produtividade

Descobriu-se que pequenas e médias empresas correspondem a entre 70% e 90% das companhias na Organização para Cooperação e Desenvolvimento Econômico, uma organização composta de 39 países ao redor do mundo, que representam 80% do comércio mundial. Na Austrália, mais de 90% de todas as empresas eram de pequeno e médio porte, que empregavam a maioria das pessoas que lá trabalha.

Diversos estudos revelaram que utilizar técnicas de gestão de projetos traz benefícios para as organizações. Algumas companhias experimentaram maior sucesso em seus projetos, e outras mostraram retorno de seus investimentos. Uma equipe no Departamento Australiano de Pesquisas Estatísticas queria saber sobre as características e os fatores relacionados à gestão de projeto que afetavam as empresas de pequeno e médio porte e seu sucesso. Para responder à questão, eles coletaram dados durante um período de cinco anos.

Ficaram empolgados com o resultado de que mais de 15% das companhias que relataram utilizar técnicas de gestão de projetos também revelaram um aumento na produtividade em relação às companhias que não recorriam à gestão de projetos. Mesmo este sendo um resultado promissor, a equipe do Departamento sabia que estas não eram evidências suficientes para sustentar a afirmação de que a gestão de projetos leva a uma maior produtividade. Eles precisavam fazer novos testes com esses dados para determinar se as habilidades de gestão de projetos eram mais importantes do que as habilidades relacionadas à engenharia, habilidades científicas e de pesquisa, profissionais de TI, técnicos de suporte de TI, comércio, transporte, operações de fábrica e maquinário, marketing, gestão de negócios ou financeira.

O primeiro resultado revelou que cerca de 68,9% do aumento na produção foi devido a habilidades em gestão de projetos, habilidades científicas e de pesquisa, profissionais de TI, comércio, marketing e financeiras. O segundo resultado descobriu que cerca de 69,4% do aumento da produção decorreu das habilidades em gestão de projetos, habilidades científicas e de pesquisa, profissionais de TI, operação de instalações e máquinas, marketing e financeiras.

Uma análise mais aprofundada dos dois resultados indicou que as organizações geralmente gastam 10% ou mais do seu orçamento em marketing. A equipe do departamento calculou o que aconteceria se os orçamentos para marketing e gestão de projetos fossem equilibrados. Eles determinaram que a gestão de projetos era uma opção viável para aumentar a produtividade. Um trabalho posterior determinou que os entrevistados no estudo que relataram utilizar a gestão de projetos para os principais processos de negócios tinham maior probabilidade de reportar um aumento na produtividade em comparação com as empresas que relataram que sua produtividade permaneceu a mesma. O uso da gestão de projetos teve maior impacto no aumento da produtividade do que recorrer a profissionais de TI, ter habilidades de marketing, habilidades científicas e de pesquisa, e também financeiras.

As evidências das descobertas também indicam que investir em gestão de projetos tem potencial para um maior aumento na produtividade em comparação com o investimento em gestão de negócios; assim, sugere-se que as empresas devam contratar menos pessoas com mestrado em administração e mais com diploma ou experiência equivalente em gestão de projetos.

Baseado em informações obtidas a partir de Pollack, J. J., e Adler, D. D. (2014). Does project management affect business productivity? Evidence from Australian small to medium enterprises. *Project Management Journal, 45*(6), 17 24.

FATORES ESSENCIAIS PARA O SUCESSO

- Planejamento e comunicação são fundamentais para a gestão de projetos bem-sucedida. Previnem a ocorrência de problemas ou minimizam seu impacto na realização do objetivo do projeto.
- Reservar tempo para desenvolver um plano bem pensado antes de iniciar o projeto é crucial para a realização bem-sucedida de qualquer projeto.
- Um projeto deve ter um objetivo claro do que deve ser realizado e definido em termos de produto final ou entregas, programação e orçamento e acordado pelo cliente.
- Envolver o patrocinador ou cliente como parceiro no resultado bem-sucedido do projeto por meio de participação ativa durante sua execução.
- Promover a satisfação do cliente requer comunicação contínua para mantê-lo informado e para verificar se as expectativas mudaram.
- A chave para um controle de projeto eficiente é medir o progresso atual e compará-lo ao progresso planejado em uma base oportuna e adequada por toda a fase de realização, e tomar qualquer ação corretiva imediatamente, se necessário.
- Após a conclusão de um projeto, sua realização deve ser avaliada para aprender o que poderia ser melhorado se um projeto semelhante for realizado no futuro. Um *feedback* deve ser obtido do patrocinador ou do cliente e da equipe do projeto.
- Identificar, engajar e construir relações com os interessados assim que possível a fim de obter seu apoio.
- Conhecer e entender a cultura e os costumes dos participantes do projeto demonstrará respeito, ajudará a construir confiança e a desenvolver uma equipe de projeto eficaz fundamental para uma gestão de projetos globais bem-sucedida.

! RESUMO

Projeto é um esforço para atingir um objetivo específico por meio de um conjunto único de atividades inter-relacionadas e da utilização eficaz de recursos. Tem um objetivo claro que estabelece o que deve ser concretizado em termos do produto final e da entrega, da programação e do orçamento. Um projeto também tem atividades interdependentes, usa recursos variados, tem um período de tempo específico, é uma iniciativa exclusiva e envolve um grau de incerteza. A realização do objetivo do projeto com sucesso pode ser limitada por muitos fatores, incluindo escopo, qualidade, programação, orçamento, recursos, riscos, satisfação do cliente e apoio aos interessados.

O ciclo de vida do projeto tem quatro fases: iniciar, planejar, realizar e encerrar. Na fase de iniciação, projetos são identificados e selecionados. Eles são, então, autorizados, usando um documento denominado *termo para abertura do projeto*. A fase de planejamento inclui definir o escopo do projeto, identificar recursos, desenvolver a programação e o orçamento e identificar riscos, os quais fazem parte do plano-base para realizar o trabalho do projeto. Na fase de realização, o plano de projeto é executado e tarefas de trabalho são realizadas para produzir todas as entregas do projeto e para alcançar seu objetivo. Durante essa fase, o progresso do projeto é monitorado e controlado para garantir que o trabalho permaneça dentro da programação e do orçamento, o escopo é completamente preenchido de acordo com as especificações e todas as entregas atendem aos critérios de aceitação. Da mesma forma, quaisquer mudanças necessitam ser documentadas, aprovadas e incorporadas dentro de um plano-base atualizado, se necessário. Na fase de encerramento, avaliações do projeto são conduzidas, lições aprendidas são identificadas e documentadas para ajudar a melhorar o desempenho em projetos futuros e documentos são organizados e arquivados.

Gestão de projetos significa planejar, organizar, coordenar, liderar e controlar recursos para concretizar o objetivo do projeto. O processo de gestão de projetos envolve duas funções principais: primeiro estabelecer o plano e então executá-lo para concretizar o objetivo do projeto. O processo de planejamento inclui os seguintes passos: estabelecer o objetivo do projeto, definir o escopo, criar uma estrutura analítica de projeto, atribuir responsabilidade, definir atividades específicas, estimar recursos de atividade, estimar duração da atividade, desenvolver uma programação de projeto, estimar custos e determinar o orçamento. O processo de realização envolve três elementos: realizar o trabalho, monitorar e controlar o progresso e controlar as mudanças.

As partes interessadas no projeto são pessoas ou entidades envolvidas ou que podem influenciar ou ser afetadas por um projeto. Elas podem ser organizações ou grupos de pessoas que podem ser solidárias ou adversárias, ou podem querer se manter informadas sobre o projeto por causa do seu impacto potencial.

É importante identificar as partes interessadas em um projeto o quanto antes no seu ciclo de vida. Deve ser criado um registro de partes interessadas, que inclua as principais informações de contato, funções ou tópicos de interesse específicos, expectativas, quaisquer problemas que sejam conhecidos, e as áreas de potencial influência para cada interessado. O gerente e a equipe do projeto precisam construir um relacionamento com cada parte interessada que seja adaptado aos interesses específicos de cada um deles no projeto. O envolvimento e o apoio das partes interessadas são importantes para o desempenho bem-sucedido de um projeto e a realização do objetivo do projeto. Uma comunicação frequente e aberta, a confiança, o respeito, ter a mente aberta e uma atitude positiva segundo a qual ambas as partes ganham são atitudes fundamentais para o envolvimento bem-sucedido das partes interessadas.

A globalização muda as dinâmicas de um projeto e acrescenta uma camada de complexidade que pode adversamente afetar seu resultado, se os participantes não estiverem cientes do que devem encontrar, considerando diferenças culturais e transações econômicas multinacionais. Fatores externos ao projeto em si, ou às organizações/clientes, podem criar uma dinâmica e talvez um ambiente instável para a vida do projeto, expor os recursos ao risco e afetar o sucesso dos projetos. Projetos globais podem ser multinacionais e multilíngues, com participantes que são alocados em vários países e que falam diferentes línguas. A tecnologia (por exemplo, computadores, acesso à internet) permite aos participantes do projeto estarem apenas "a um clique de distância", apesar de estarem fisicamente a milhares de quilômetros. A gestão global de projetos necessita de um conjunto de competências adicional. Conscientização cultural e sensibilidade não são somente importantes como também imperativas para sucesso na gestão de projetos globais. Aprender e entender a cultura e os costumes dos participantes do projeto demonstra respeito, ajuda a construir confiança, a desenvolver uma equipe de projeto eficaz e é importante para o sucesso da gestão global de projetos.

O Project Management Institute (PMI) é uma associação não beneficente mundial para profissionais atuantes em gestão de projetos. O PMI publica o *PMBOK® Guide*, que fornece modelo de processos e guias para a aplicação dos conceitos, práticas e técnicas de gestão de projetos.

O maior benefício de implementar técnicas de gestão de projetos é a satisfação do cliente, mesmo se for você o cliente do seu próprio projeto ou um negócio (contratada) pago por um cliente para realizar um projeto. Completar todo o escopo do projeto de forma qualitativa, no prazo e dentro do orçamento, proporciona uma grande sensação de satisfação.

? QUESTÕES

1. Defina "projeto".
2. Defina o termo "objetivo de projeto" e dê alguns exemplos.
3. Cite alguns exemplos de recursos que são usados em um projeto.
4. Qual o papel que um cliente tem durante o ciclo de vida do projeto? Por que é importante satisfazer o cliente?
5. Quais aspectos de um projeto devem envolver algum grau de incerteza? Por quê?
6. Defina escopo, programação, custo e satisfação do cliente. Por que esses itens são considerados restrições?
7. Cite e descreva as principais fases do ciclo de vida do projeto.

8. Cite e descreva os passos requeridos para desenvolver um plano-base.
9. Por que o gestor deve monitorar o progresso do projeto? O que pode ser feito se um projeto não está ocorrendo de acordo com o plano?
10. Pense em um projeto no qual você esteve envolvido e identifique as partes interessadas e a participação que cada um tinha no projeto.
11. Descreva por que um projeto global pode ser mais complexo que um projeto realizado dentro de apenas um país. Como esses elementos podem afetar o resultado bem-sucedido do projeto global?
12. Cite alguns benefícios de usar técnicas de gestão de projetos.
13. Considere um projeto no qual você foi envolvido recentemente.
    a. Descreva os objetivos, os escopos, a programação, os custos e quaisquer hipóteses feitas.
    b. Onde você está no ciclo de vida do projeto?
    c. Esse projeto tem um plano-base? Se sim, descreva-o. Se não, crie-o.
    d. Você ou alguém está monitorando o progresso do projeto? Se sim, como? Se não, como poderia fazê-lo?
    e. Descreva algumas circunstâncias esperadas que possam prejudicar o sucesso do projeto.
    f. Descreva os benefícios antecipados do projeto.

PESQUISA NA INTERNET

1. Usando um site de busca pesquise "Gestão de Projetos". Certifique-se de procurar em sites de vídeos durante sua pesquisa; uma série de vídeos relacionados aos processos e técnicas de gestão de projetos está disponível on-line e integrada nos sites. Explore pelo menos cinco dos links que sua pesquisa produzir. Forneça os endereços de rede de cada site e descreva que informações cada um contém.
2. Faça diversas buscas acrescentando a "Gestão de Projetos" algumas das palavras-chave listadas neste capítulo. Por exemplo, pesquise "Objetivos da Gestão de Projetos", "Ciclo de Vida da Gestão de Projetos", "Processo de Gestão de Projetos", "Estruturas Analíticas de Projeto", e assim por diante. O que você encontrou?
3. Desde que foi fundado em 1969, o Project Management Institut (PMI) chegou a 500 mil membros em mais de 200 países. O PMI localizado na Pensilvânia é, de longe, a associação de profissionais sem fins lucrativos líder na área de gestão de projetos. Ela estabelece padrões, seminários de patrocinadores, desenvolve programas educacionais, tem um programa de certificação profissional e publica o *Project Management Journal PMI Today* e a *PMI Network*. Verifique no site do PMI informações referentes a filiação, certificação, educação e publicações. Descreva os benefícios de ser associado. Solicite filiação on-line se tiver interesse (verifique as taxas).
4. O PMI é uma organização internacional com divisões ao redor do mundo. Busque por "Congressos Mundiais de PMI" e eventos. Descreva o que você encontrar, incluindo as próximas conferências internacionais. Explore também o *link* da divisão de sua localidade e imprima as informações. Adicionalmente, explore o *link* "Knowledge Center". Navegue por Virtual Library e outros *links*. Selecione um artigo que seja interessante, localize-o na biblioteca on-line e faça um resumo de uma página.
5. A "Executive Planet™" provém dicas valiosas sobre etiqueta de negócios, alfândegas e protocolo para fazer negócios pelo mundo. Acesse o site da organização e explore os guias de cultura de negócios para três diferentes países. Resuma os pontos-chave referentes a etiqueta e alfândega para cada um dos três países.

REFERÊNCIAS

Alderton, M. (2016). The next atomic age. *PM Network, 30*(2), 38 43.

Burba, D. (2016). The Chinese factor. *PM Network, 30*(3), 58 67.

Cox, F. (2016). The hidden success factor. *PM Network, 30*(2), 26 27.

Davies, A., Dodgson, M., e Gann, D. (2016). Dynamic capabilities in complex projects: The case of London Heathrow Terminal 5. *Project Management Journal, 47*(2), 26-46.

Fernandes, G. G., Ward, S. S., e Araújo, M. M. (2014). Developing a framework for embedding useful project management improvement initiatives in organizations. *Project Management Journal, 45*(4), 81-108.

Gale, S. F. (2016). For the people. *PM Network, 30*(3), 30-35.

Gemünden, H. G. (2014). Project management as a behavioral discipline and as driver of productivity and innovations. *Project Management Journal, 45*(6), 2-6.

Hicks, J. (2016). Special service. *PM Network, 30*(3), 26.

Hunsberger, K. (2016). Nigeria. *PM Network, 30*(1), 54-61.

Laursen, M., e Svejvig, P. (2016). Taking stock of project value creation: A structured literature review with future directions for research and practice. *International Journal of Project Management, 34*(4), 736-747.

O'Brochta, M. (2016). Why project ethics matter. *PM Network, 30*(1), 29.

Pollack, J. J., e Adler, D. D. (2014). Does project management affect business productivity? Evidence from Australian small to medium enterprises. *Project Management Journal, 45*(6), 17-24.

Project Management Institute. (2017). *A guide to the project management body of knowledge (PMBOK® Guide)* (6th ed.). Newtown Square, PA: Author.

Project Management Institute, Inc. (2017). Retrieved from http://www.pmi.org.

Unger, B. B., Rank, J. J., e Gemünden, H. H. (2014). Corporate innovation culture and dimensions of project portfolio success: The moderating role of national culture. *Project Management Journal, 45*(6), 38-57.

Williams, T. (2016). Identifying success factors in construction projects: A case study. *Project Management Journal, 47*(1), 97-112.

PARTE

1 Iniciando um projeto

istockphoto.com/clubfoto

Capítulo 2

Identificando e selecionando projetos

Discute como os projetos são identificados, selecionados, autorizados e terceirizados.

John Buxton/Alamy StockPhoto

Capítulo 3

Desenvolvendo propostas de projetos

Discute relacionamentos construídos com clientes e explica o desenvolvimento de propostas vencedoras.

Os conceitos abordados nos capítulos contidos nesta parte do livro apoiam as seguintes áreas de conhecimento de gestão do *PMBOK® Guide:*[1]

Gestão de integração do projeto (*Capítulo 2*)
Gestão de aquisições do projeto (*Capítulos 2 e 3*)

A fase de iniciação do ciclo de vida do projeto envolve identificar uma necessidade, um problema ou uma oportunidade e pode resultar na autorização do patrocinador para que se trate uma necessidade identificada ou se resolva um problema. Projetos são iniciados quando uma necessidade é identificada pelo patrocinador – pessoas ou organização que fornecerá fundos para ter uma necessidade satisfeita. A necessidade por projetos é frequentemente identificada como parte do processo de planejamento estratégico de uma organização. As organizações podem ter interesse em muitos projetos, porém, elas são limitadas em razão da quantidade de fundos disponíveis. Por isso, organizações devem empregar um processo de seleção de projetos. Assim que estes forem selecionados, são formalmente autorizados por meio de um documento denominado *autorização para início de projeto*. Se a organização decidir usar recursos externos (uma contratada) para executar o projeto, ela preparará um documento chamado *edital de chamada de propostas*. Fornecedores interessados oferecem propostas ao cliente, que decide qual delas será admitida para realizar o projeto e assinar um contrato.

---

1. PMBOK – Project Management Body of Knowledge.

Identificando e selecionando projetos

2

iStockphoto.com/clubfoto

- Identificação do projeto
- Seleção do projeto
- Termo de abertura do projeto
- Preparando uma chamada de propostas
- Solicitando propostas
- Resumo
- Questões
- Pesquisa na internet
- Referências

Os conceitos abordados neste capítulo apoiam as seguintes áreas de conhecimento de gestão de projetos do *PMBOK® Guide*

Gestão de integração do projeto
Gestão de aquisições do projeto

GESTÃO DE PROJETOS NO MUNDO REAL

Licitação para estabelecer a estratégia de uma equipe única

Iniciada em 2004, a Building Schools for the Future (BSF) incluiu em seu projeto o objetivo de construir novas escolas e reformar as já existentes, de modo que cada uma das escolas secundárias no Reino Unido fosse reformada ou nova. O plano era projetar novos espaços de aprendizagem e incluir a tecnologia mais recente para atender aos padrões do século XXI referentes à educação.

Processos de licitação aperfeiçoados foram necessários para mais de 300 edifícios que deveriam ser totalmente construídos ou remodelados. Na visão geral do projeto estavam os métodos diferenciais de licitação; novas escolas permitiriam uma combinação de iniciativas de financiamento privado sob a forma de parcerias público-privadas, ao passo que as remodelações exigiram a aquisição tradicional. Em todo o Reino Unido, as solicitações regionais de propostas foram feitas para contratos de longo prazo, com a finalidade de construir escolas novas ou reformá-las em áreas locais. O controle governamental do projeto determinou que a existência de propostas e contratos para prédios de escolas particulares não era eficiente ou efetiva.

Uma das empresas vinculadas ao contrato referente ao projeto foi o Sewell Group. Uma companhia com 140 anos, sediada em Hull, no Reino Unido, o grupo local era pequeno o suficiente para propiciar um bom envolvimento das partes interessadas, tanto na cidade como na comunidade mais próxima, mas suficientemente grande para assumir um projeto da magnitude necessária para realizar o trabalho regional com sucesso. Um dos benefícios do tamanho da organização foi que os gerentes do projeto se conheciam e ajudaram a transformar as equipes do projeto em uma única equipe organizacional coesa. Com foco na realização do projeto, em vez de em sistemas e processos, cada funcionário estabeleceu um acordo de desempenho que se estendeu para além do seu perfil tradicional e permitiu um maior envolvimento do cliente.

A licitação para o Sewell Group não abrangeu apenas seu trabalho regional e a parceria público-privada, o grupo precisava fazer licitações com fornecedores. A filosofia de uma equipe única permeou toda a empresa e incluiu o envolvimento antecipado com o cliente e as partes interessadas, e uma estreita relação com as equipes de construção.

Um aspecto importante do projeto foi o anúncio e a seleção de um arquiteto que estivesse culturalmente alinhado com a empresa e com os usuários finais dos edifícios escolares. O arquiteto trabalhou com equipes de aprendizado para coletar informações da administração, das equipes de projetos, dos subcontratados e das partes interessadas para assegurar o melhor design e o estabelecimento dos principais indicadores de desempenho do projeto.

Em um esforço para ampliar a cultura de relacionamentos e de parcerias estreitas da empresa, a equipe de gestão do Sewell Group implementou o processo de procurar primeiro localmente em sua estratégia de licitação. Os subcontratados selecionados participaram de encontros prévios a reuniões, reuniões específicas para sites e reuniões posteriores, como um meio para desenvolver a estratégia de equipe única. Os subcontratados foram incluídos na licitação quando o projeto avançou, e o trabalho adicional foi contratado nos sites locais.

Um projeto com a complexidade da construção ou remodelagem de mais de 300 edifícios depende de estabelecer relacionamentos de longo prazo com as empresas que têm capacidade de gerenciar projetos regionais em grande escala e procurar fornecedores e subcontratados que possam atender às necessidades das partes interessadas. O Sewell Group implementou as principais habilidades que você aprenderá neste capítulo relacionado à identificação de um projeto, priorização e seleção de projetos, desenvolvimento de um termo de abertura de projeto e solicitação de pedidos de propostas. O estabelecimento de uma única equipe ajudou o Sewell Group a ser bem-sucedido, pois suas equipes de projeto trabalharam em conjunto com a administração, com os fornecedores, contratados, e também com as partes interessadas para desenvolver ambientes de aprendizagem destinados a atender aos padrões de educação do século XXI em uma atmosfera de confiança e compromisso mútuo.

Com base em informações de Williams, T. (2016). Identifying success factors in construction projects: A case study. *Project Management Journal*, *47*(1), 97-112.

Este capítulo discute a fase inicial do ciclo de vida do projeto. Você ficará familiarizado com as seguintes ideias:

- Como os projetos são identificados e selecionados.
- Um termo de abertura do projeto.
- Terceirização de projetos usando uma chamada de propostas.
- O processo de chamada de proposta.

RESULTADOS DE APRENDIZAGEM

Após o estudo deste capítulo, você estará apto a:

- Discutir como os projetos são identificados.
- Explicar como são priorizados e selecionados.
- Identificar e descrever ao menos oito elementos de um termo de abertura.
- Preparar um termo de abertura do projeto.
- Preparar uma chamada de propostas.

Identificação do projeto

A fase inicial do ciclo de vida do projeto começa com o reconhecimento de uma necessidade, um problema ou uma oportunidade para a qual um projeto ou projetos são identificados a fim de abordar necessidades. Os projetos são identificados de diversas maneiras: durante o planejamento estratégico de uma organização – como parte de suas operações empresariais normais –, em resposta a eventos inesperados ou como resultado de um grupo de indivíduos que decide organizar um projeto para tratar uma necessidade em particular.

Reforce sua aprendizagem

1. A fase inicial do ciclo de vida do projeto começa com o reconhecimento de um ____________, ____________ ou ____________

Estratégias empresariais podem ser motivadas por oportunidades de mercado, concorrência e/ou tecnologia. Por exemplo, pode haver uma oportunidade de mercado emergente para um projeto de desenvolvimento de um novo produto educacional para crianças em idade pré-escolar. Ou uma companhia que está perdendo sua participação no mercado para um concorrente pode precisar de um projeto para desenvolver novamente seu produto a fim de incorporar a tecnologia mais recente e mais recursos favoráveis ao cliente. Outra empresa pode ver um mercado crescendo rapidamente para os seus produtos na Ásia, e, portanto, identificar a necessidade de um projeto para construir uma fábrica na Índia para atender à demanda por seus produtos. Organizações ou associações sem fins lucrativos também podem definir estratégias a fim de fazer sua missão progredir. Com base em um levantamento feito com seus membros, uma associação nacional pode precisar de um projeto para desenvolver um novo site para melhor atendê-los. Uma fundação filantrópica pode querer abordar a necessidade de assistência médica fundamental em determinado país e, assim, precisar de um projeto para a construção de uma clínica.

Projetos também podem ser identificados como parte das necessidades operacionais ou de manutenção normais de uma companhia. Por exemplo, uma empresa precisa reduzir seus custos indiretos e identifica a necessidade de um projeto para consolidar seu espaço físico de vários locais em um único. A fim de reduzir o risco de não conformidade com novas regulamentações governamentais, uma companhia identifica um projeto para instalar um novo sistema de tratamento de esgoto.

Existem circunstâncias em que projetos são identificados como resultado de eventos inesperados – como um terremoto que causou o colapso de uma ponte – que criam a necessidade de sua realização – nesse caso, construir uma nova ponte. Outra situação é, por exemplo, se um incêndio destruir uma escola e forem necessários projetos para determinar como continuar a lecionar e construir uma nova escola.

Em alguns casos, voluntários podem se unir e decidir se desejam fazer um projeto por um motivo em particular. Poderia ser a arrecadação de fundos para um banco de alimentos local ou a organização de um festival para celebrar o aniversário da fundação da cidade.

Projetos são identificados de diversas maneiras por organizações diferentes. É importante que se defina claramente a sua necessidade. Isso pode exigir a coleta de dados sobre a necessidade ou oportunidade a fim de ajudar a determinar se vale a pena prosseguir. Por exemplo, se uma companhia precisa alterar o *layout* de sua fábrica para disponibilizar espaço para novos equipamentos de produção que devem ser incorporados ao fluxo de produção, o gerente da fábrica pode simplesmente pedir que um dos supervisores monte uma proposta para "o que será necessário para reconfigurar a linha de produção". Ou se uma empresa desejar buscar um novo mercado para um dos seus produtos, pode primeiro conduzir uma avaliação ou pesquisa de mercado. É importante tentar quantificar a necessidade para ajudar a avaliar se os benefícios esperados da implementação de um projeto superam os custos ou consequências de conduzi-lo. Uma vez que a magnitude dos benefícios ou melhorias esperadas foi estimada, a organização precisa estimar o custo para um projeto implementar a melhoria. Por exemplo, se uma empresa estima que poderia economizar $ 100.000 por ano reduzindo sua taxa de refugo de 5% para 1%, ela pode estar disposta a fazer um investimento de $ 200.000 em novos equipamentos de produção automatizados, dessa forma, atingindo o ponto de equilíbrio após dois anos de operação. No entanto, a empresa pode não estar disposta a gastar $ 500.000 por uma solução. As empresas dispõem de uma quantia limitada de fundos e, portanto, normalmente desejam gastar esses fundos em projetos que proporcionarão o maior retorno possível sobre o investimento ou benefícios gerais.

Às vezes, as organizações identificam algumas ou muitas necessidades, porém, possuem recursos e pessoal limitados à disposição para dar continuidade a projetos em potencial que podem não contemplar todas as suas necessidades. Nesses casos, a companhia deve passar por um processo de tomada de decisão a fim de priorizar e selecionar aqueles projetos que resultarão no maior benefício geral.

Seleção do projeto

Reforce sua aprendizagem

2. A seleção do projeto envolve __________ projetos potenciais e, então, __________ quais deles devem ser levados adiante para serem __________.

A **seleção do projeto** envolve avaliar projetos potenciais e, então, decidir quais deles devem ser levados adiante a fim de serem implementados. Os benefícios e consequências, vantagens e desvantagens, prós e contras de cada projeto devem ser considerados e avaliados. Eles podem ser quantitativos e qualitativos, tangíveis e intangíveis. Benefícios quantitativos podem ser financeiros, tal como o aumento nas vendas ou a redução nos custos. Também pode haver benefícios intangíveis associados a um projeto, tal como melhorar a imagem pública da companhia ou o moral dos funcionários. Por outro lado, existem consequências quantitativas associadas a cada projeto, como o custo necessário para sua implementação ou o prejuízo para a produtividade enquanto o projeto está sendo implementado. Algumas consequências podem ser menos tangíveis, como, por exemplo, as barreiras legais ou a reação de um grupo de defesa em particular.

As etapas do processo de seleção do projeto incluem:

1. *Desenvolver um conjunto de critérios em relação aos quais o projeto será avaliado.* Esses critérios serão utilizados para avaliar potenciais projetos e dar suporte à seleção de projetos, e provavelmente incluirão fatores quantitativos e qualitativos. Por exemplo, se uma companhia farmacêutica tiver identificado vários projetos potenciais para desenvolver novos produtos, pode avaliar cada projeto potencial em relação aos seguintes critérios:

   - Conformidade com as metas da companhia.
   - Volume de vendas esperado.
   - Aumento na participação de mercado.
   - Estabelecimento de novos mercados.
   - Preço de venda previsto.
   - Investimento necessário.
   - Custo de fabricação por unidade esperado.
   - Desenvolvimento tecnológico esperado.
   - Retorno sobre investimento.

- Impacto sobre os recursos humanos.
- Reação pública.
- Reação dos concorrentes.
- Duração esperada.
- Requisitos para aprovação.
- Riscos.

Às vezes, os projetos potenciais podem não ser semelhantes, como vários produtos alternativos novos. Eles podem ser muito diferentes e todos competirem pelos fundos limitados de uma companhia. Um projeto pode ser a colocação de um novo telhado na fábrica, outro, a implementação de um novo sistema de informação e um terceiro, o desenvolvimento de um novo produto para substituir algum que tenha se tornado obsoleto e cujas vendas estejam caindo rapidamente.

2. *Listar as hipóteses* que serão usadas como base para cada projeto. Por exemplo, se um projeto consiste em construir uma creche ou um centro de cuidados para parentes idosos de funcionários da companhia, uma hipótese é a empresa obter um empréstimo bancário para sua construção.
3. *Coletar dados e informações para cada projeto* a fim de ajudar a garantir uma decisão inteligente com relação à seleção do projeto. Por exemplo, pode ser necessário reunir algumas estimativas financeiras preliminares associadas a cada projeto, como projeções de receita estimadas e custos operacionais e de implementação. Esses dados podem, então, ser analisados por meio de alguns modelos financeiros com base matemática de modo que os projetos possam ser comparados em uma base de igualdade. Esses modelos financeiros ou econômicos podem incluir metodologias usadas para calcular a recuperação de investimento simples, fluxo de caixa descontado, valor presente líquido, taxa de retorno interna, retorno sobre investimento ou custos do ciclo de vida associados a cada projeto.

   Além de coletar dados quantitativos, também pode ser necessário obter outras informações concernentes a cada projeto potencial. Isso pode incluir a obtenção de informações de diversas partes interessadas que seriam afetadas pelo projeto. Essas partes podem ser funcionários, consumidores ou moradores da comunidade, dependendo do projeto específico. Métodos para a coleta de tais informações podem incluir pesquisas, grupos de discussão, entrevistas ou análise de relatórios disponíveis. Por exemplo, se os projetos em análise tiverem relação com a introdução no mercado de vários produtos alternativos para a preparação de alimentos, pode ser válida a realização de alguns grupos de discussão com consumidores a fim de determinar suas necessidades e preferências. No caso da construção de uma creche ou centro de cuidados, pode ser interessante a realização de uma pesquisa com os funcionários para determinar quantos deles usariam a creche ou o centro de cuidados para parentes idosos e com que frequência (em período integral, no segundo turno, antes ou depois da escola), as idades das crianças, as necessidades de cuidados médicos dos parentes idosos e assim por diante.
4. *Avaliar cada projeto em relação aos critérios.* Uma vez que todos os dados e informações foram coletados, analisados e resumidos para cada projeto potencial, eles devem ser entregues a todos os responsáveis pela realização da avaliação. É benéfico ter vários indivíduos envolvidos no processo de avaliação e seleção para que se tenha diversos pontos de vista. Cada pessoa na equipe ou comitê de avaliação e seleção deve ter uma bagagem e experiências diferentes para trazer ao processo de tomada de decisão. Pode haver alguém de marketing que conheça as preferências do consumidor; alguém do financeiro que saiba dos custos e da condição financeira da companhia; alguém da produção que entenda quais alterações no processo e nos equipamentos podem ser necessárias; alguém da área de pesquisas e desenvolvimento que possa oferecer conhecimentos sobre quanto desenvolvimento tecnológico adicional pode ser necessário; e alguém de recursos humanos para representar qualquer impacto sobre a força de trabalho ou sobre a comunidade.

Reforce sua aprendizagem

3. Quais são as quatro etapas no processo de seleção do projeto?

Embora possa levar mais tempo e ser mais estressante chegar a um consenso grupal a respeito das prioridades e seleção do projeto, provavelmente essa será uma decisão mais acertada do que se fosse tomada por apenas uma pessoa. A aceitação da decisão também será maior.

Uma abordagem para o processo de avaliação e seleção seria a realização de uma reunião do comitê de avaliação e seleção para desenvolver um conjunto de critérios. Eles também podem desenvolver algum tipo de sistema de classificação (tal como Alto-Médio-Baixo, de 1 a 5, de 1 a 10) a fim de avaliar cada projeto potencial em relação a cada critério. Então, devem ser fornecidos a cada membro do comitê quaisquer dados e informações que tenham sido coletados, analisados e resumidos. Antes que todo o comitê se reúna, cada membro pode avaliar individualmente os benefícios e consequências de cada projeto em relação aos critérios de avaliação. Isso dará a cada membro tempo suficiente para uma preparação cuidadosa antes da reunião de todo o comitê.

É aconselhável desenvolver um formulário de avaliação do projeto listando os critérios, com espaço para comentários e uma caixa de classificação para cada critério. Todos os membros do comitê de avaliação e seleção podem, então, preencher um formulário para cada projeto antes de comparecerem à reunião do comitê. A Tabela 2.1 é exemplo de um formulário de avaliação e seleção de projeto adequado para fazer a comparação e seleção entre projetos semelhantes, como, por exemplo, no caso de uma companhia estar decidindo optar por um de três projetos potenciais de desenvolvimento de um produto para três de suas linhas de itens de utilidades domésticas. Dentre os projetos potenciais apresentados na Tabela 2.1, qual você escolheria? Quando os projetos potenciais não são semelhantes, esse formulário pode não ser útil, uma vez que os critérios de avaliação podem ser diferentes para cada projeto e pelo fato de poder ser difícil identificar um conjunto de critérios que seja apropriado para todos os projetos potenciais que estão sendo avaliados. Um exemplo é tentar identificar critérios comuns para a avaliação e comparação de projetos não semelhantes, tais como uma campanha de marketing, um sistema de controle de produção, a troca da mobília dos escritórios da companhia, um site, a construção de um novo almoxarifado e o desenvolvimento de um novo produto farmacêutico.

Na maioria dos casos, a seleção do projeto terá como base a combinação de avaliação quantitativa com aquilo que cada pessoa identifica com base em sua experiência. Embora a decisão final possa ser responsabilidade do proprietário ou presidente da companhia, ou ainda do chefe do departamento, ter um processo de avaliação e seleção bem compreendido e um comitê bem equilibrado aumentará as chances de tomar a melhor decisão, que resultará no maior benefício geral possível.

Avaliação e seleção do projeto

Critérios de avaliação	Projeto A	Projeto B	Projeto C
Investimento ($)	$ 700.000	$ 2.100.000	$ 1.200.000
Retorno sobre investimento	9,1%	18,3%	11,5%
Tempo para comercialização	10 meses	16 meses	12 meses
Aumento na participação de mercado	2%	5%	3%
Risco	Baixo	Alto	Médio
Chance de sucesso	Alta	Média	Alta

Comentários

Projeto A: o principal concorrente já tem um produto similar e pode reduzir o preço.

Projeto B: uma nova tecnologia pode não funcionar conforme o esperado.

Projeto C: as características do produto podem não ser aceitas em alguns mercados internacionais.

TABELA 2.1 ▪ Formulário de avaliação e seleção do projeto.

Após a decisão da seleção do projeto ser tomada, o próximo passo é a preparação de um termo de abertura do projeto pelo patrocinador para autorizar que o projeto seja levado adiante. Se for determinado que o trabalho do projeto deva ser terceirizado para um fornecedor ou um consultor em vez de utilizar os recursos internos da própria organização, então, uma chamada de propostas também deverá ser preparada para solicitar propostas de potenciais fornecedores.

Termo de abertura do projeto

Uma vez que um projeto é selecionado, ele é autorizado formalmente por meio de um documento denominado **termo de abertura do projeto**, às vezes chamado *autorização do projeto* ou *documento de inicialização do projeto*. Nesse documento, o patrocinador concede a aprovação para a continuidade do projeto e confirma o seu financiamento. *O termo de abertura do projeto* também sintetiza as condições e parâmetros-chave para o projeto e estabelece a estrutura para o desenvolvimento de um plano-base para a sua realização. O conteúdo e o formato do termo de abertura ou autorização não são padronizados, variando de acordo com a companhia ou organização. Normalmente inclui muitos dos seguintes elementos:

Reforce sua aprendizagem

4. Um __________ __________ é usado para formalmente __________ um projeto e sintetizar os __________ chaves e as __________ para um projeto.

1. *O título do projeto* deve ser conciso e criar uma visão para o seu resultado final, como, por exemplo, "Implementação de um sistema de gestão do relacionamento com o cliente" ou "Instalação de parque eólico para dar suporte às necessidades de energia das instalações de bioprocessamento na Europa". Se houver uma preocupação à respeito da confidencialidade ou de informações competitivas confidenciais, a companhia pode dar um título genérico, como "Expansão de capacidade", ou um órgão militar governamental pode nomear um projeto como "Projeto 824", por razões de segurança.
2. A *finalidade* resume a necessidade e a justificativa do projeto. Pode fazer referência a documentos anteriores concernentes à base lógica para sua seleção.
3. A *descrição* fornece um detalhamento de alto nível do projeto. Pode incluir uma descrição das principais tarefas ou elementos de trabalho, ou ainda fases do projeto, ou até mesmo uma versão preliminar da estrutura analítica do projeto (EAP), delineando seus principais itens. Para desenvolver um projeto e lançar um novo produto alimentício, os principais itens da EAP podem ser desenvolvimento do conceito, análise de viabilidade, seleção de participantes, projeto preliminar, desenvolvimento de protótipo, projeto final, produção de lote amostral, teste de mercado, reformulação final, produção, suporte ao marketing, treinamento e distribuição e logística. O termo de abertura do projeto pode fazer referência a outros documentos mais detalhados que estão disponíveis concernentes aos principais requisitos de desempenho, estudos prévios etc.
4. O *objetivo* é uma declaração daquilo que se espera que seja *realizado* – o produto final ou entrega. Pode indicar o tempo requerido para sua conclusão (como uma data específica ou duração em semanas, meses etc.) e a quantia de fundos autorizados para o projeto. Um objetivo pode ser lançar um site em oito meses com orçamento que não exceda $ 100.000.
5. *Critérios para o sucesso ou benefícios esperados* indicam os resultados ou benefícios quantitativos esperados que resultarão da implementação do projeto. Eles descrevem as expectativas do patrocinador com relação às medidas que definirão o sucesso do projeto. Exemplos incluem atingir um volume de vendas de 500 mil unidades dentro de 12 meses após o lançamento de um produto, reduzir o tempo de espera para pacientes na sala de emergência em 40%, reduzir os custos anuais de energia em 50% após a instalação do parque eólico ou tratar de 10 mil casos em uma nova clínica em seu primeiro ano de funcionamento.

6. O *financiamento* indica a quantia total de fundos autorizados pelo patrocinador para o projeto. Às vezes, os fundos são liberados em estágios, dependendo do progresso do projeto. Por exemplo, podem ser autorizados $ 2.000.000 para um projeto, sendo $ 500.000 liberados para a primeira fase durante o projeto preliminar. O financiamento para fases subsequentes será baseado no progresso satisfatório e nos resultados de fases anteriores.
7. As *principais entregas* são os principais produtos finais ou itens que se espera serem produzidos durante e ao término da realização do projeto, tais como esboços conceituais para um novo zoológico, um site, uma simulação do fluxo de trabalho para o sistema de produção em uma nova fábrica de motocicletas, as fotos ou o texto final para um relatório anual, um sistema eletrônico de registros médicos ou um vídeo promocional.
8. Os *critérios de aceitação* descrevem os critérios quantitativos de cada entrega importante; eles serão usados pelo patrocinador para validar se a entrega atendeu a determinadas especificações de desempenho e são a base para a aceitação por parte do patrocinador em relação à entrega ter sido feita corretamente e atender às suas expectativas. Por exemplo, uma nova linha de produção atingirá um tempo de atividade de 99% durante um período de teste de aceitação de 30 dias, um sistema de informação processará até 10 mil transações por segundo sem nenhuma degradação no tempo de resposta ou o texto de um panfleto de marketing não excederá 400 palavras e será escrito em um nível de leitura e compreensão de sexto ano.
9. A *programação de eventos importantes* é uma lista de datas ou horários-alvo (também denominadas *datas importantes*) para a realização de eventos-chave (também denominados *eventos importantes*) no cronograma do projeto. Para a construção de uma nova instalação administrativa, os eventos importantes e seus tempos de realização podem ser:

Plano-base	mês 1
Concepção arquitetônica	mês 2
Projeto e especificações preliminares	mês 4
Encomendar itens de longo tempo de produção	mês 5
Especificações do projeto final	mês 8
Concluir escavação e alicerce	mês 10
Concluir as estruturas de aço e o trabalho com concreto	mês 14
Concluir o exterior	mês 16
Concluir sistemas prediais	mês 18
Concluir o interior	mês 20
Concluir o paisagismo	mês 20
Concluir a mobília	mês 22
Mudar-se	mês 24

Alguns projetos são segmentados em fases. Por exemplo, um projeto para desenvolver e construir um site pode ter como alvo os seguintes eventos importantes para a conclusão de cada fase:

Fase 1 – Projeto preliminar	31 de março
Fase 2 – Projeto detalhado	30 de junho
Fase 3 – Construir site	31 de agosto
Fase 4 – Teste e aceitação	15 de setembro

10. *Hipóteses-chave* incluem aquelas em que a base lógica ou a justificativa do projeto se baseia, como um novo dispositivo médico que receberá aprovação de um órgão regulador. Ou poderia ser sobre recursos para o projeto,

como, por exemplo, a companhia será capaz de garantir o financiamento para o projeto de construção a uma taxa de juros de 5% ou menos.

11. *Restrições* podem incluir a necessidade de concluir o projeto sem interromper o fluxo de trabalho atual, ou ter de terceirizá-lo em função de a organização não possuir os conhecimentos ou a capacidade necessária para realizá-lo com seu próprio pessoal. Outra restrição pode ser os membros da equipe de determinado projeto terem de obter um nível específico de certificado de segurança governamental para trabalharem em partes secretas do projeto.
12. Os *riscos principais* são qualquer risco que o patrocinador acredita ter uma alta probabilidade de ocorrer ou um elevado grau de impacto potencial que poderia afetar o cumprimento bem-sucedido do objetivo do projeto. Por exemplo, se um projeto exigir a integração de várias tecnologias de uma forma jamais feita, pode haver um risco significativo de isso não dar certo e causar atraso, além de custos adicionais em função da necessidade de realização de um novo projeto, ou até mesmo resultar em seu encerramento.
13. Os *requisitos de aprovação* definem os limites de autoridade do gestor do projeto, como a aprovação de todas as ordens de compra ou subcontratos de mais de $ 25.000 que requerem a aprovação da diretoria. As aprovações também podem exigir que um projeto passe de uma fase para a próxima. Por exemplo, ao término da fase 1, o fornecedor externo deve apresentar os resultados dessa fase ao comitê executivo do patrocinador e obter sua aprovação antes de dar início à fase 2.
14. O *gerente de projetos* é um indivíduo que foi identificado na organização para ser o gestor do projeto. Seu trabalho inicial é organizar uma equipe principal para fazer o planejamento do projeto. Se o projeto for terceirizado para um recurso externo (fornecedor), então o patrocinador preparará edital de chamada de propostas (CDP). Também é comum que o patrocinador conheça o gestor do projeto logo na fase inicial do ciclo de vida do projeto. O gestor participa da preparação do termo de abertura.
15. *Requisitos de comunicação* informam a frequência e o conteúdo de relatórios e análises do *status* do projeto. Por exemplo, o gestor do projeto deve fornecer mensalmente relatórios por escrito desse *status* ao patrocinador ou realizar reuniões trimestrais com este para análise de tal relatório.
16. O *representante do patrocinador* é a pessoa por ele designada para agir em seu nome. É aquele com quem o gestor do projeto se comunica e a quem se reporta. O patrocinador também pode autorizar o seu representante a assinar a aceitação das entregas do projeto. Se a diretoria de uma corporação patrocinar um projeto de $ 10 milhões para a implementação de um novo sistema de relatórios financeiros, ela pode designar o diretor de informação da corporação para ser seu representante e supervisionar o projeto em nome da diretoria; o gestor do projeto se reportaria a essa pessoa.
17. A *assinatura e a data de aprovação* indicam que o patrocinador autorizou oficial ou formalmente o projeto. Dependendo da quantia de financiamento para o projeto, nível de risco, ou estrutura de comunicação organizacional, a assinatura pode ser do presidente da companhia, do diretor de marketing ou do gerente do departamento de tecnologia da informação, por exemplo, ou pode ser ainda a assinatura do diretor executivo de uma organização sem fins lucrativos ou do vice-secretário de um órgão governamental. A data de aprovação no termo de abertura do projeto é importante, por ser considerada o momento em que o relógio começa a contar para a execução dos principais eventos até suas datas-alvo.

Reforce sua aprendizagem

5. Liste pelo menos oito elementos que poderiam ser incluídos no termo de abertura do projeto.

O termo de abertura do projeto é um documento importante. Ele não apenas autoriza o prosseguimento do projeto, mas também fornece as condições e parâmetros-chave que são a estrutura para o gerente e a equipe do projeto desenvolverem um plano basal detalhado para a sua realização. O Quadro 2.1 mostra um exemplo de termo de abertura do projeto.

Termo de abertura do projeto

Título do projeto: Criar a Universidade on-line da ASTRA Corporation

Finalidade: Atualmente, a ASTRA Corporation oferece programas educacionais e de treinamento a seus funcionários em salas de aula, de forma presencial. O treinamento on-line foi solicitado pelos funcionários da ASTRA nas seis localizações da companhia na América do Norte e em cinco localizações na Europa. Foi autorizado o projeto para a criação da versão on-line da ASTRA University, um componente de educação e treinamento que oferecerá programas on-line aos funcionários.

Descrição: A ASTRA emitirá uma chamada de propostas para selecionar um fornecedor externo para projetar, desenvolver, entregar e avaliar o ambiente on-line para 20 cursos que foram identificados como informações essenciais para a maioria dos funcionários da ASTRA. A empresa identificou os 20 temas com base nos cursos presenciais oferecidos no catálogo de treinamento corporativo. O idioma de ensino será o inglês. O *feedback* para os seis cursos iniciais disponíveis on-line será avaliado com relação à viabilidade, aos requisitos para experiências síncronas e assíncronas e à eficácia durante o piloto inicial de três meses. Ao término do piloto de seis cursos, o fornecedor irá entregar um relatório por escrito e fará uma apresentação ao vice-presidente de recursos humanos da ASTRA concernente aos resultados da avaliação e alterações recomendadas para viabilidade, experiência de treinamento e eficácia. Os 14 cursos restantes estarão disponíveis on-line ao término do piloto. Aos seis meses, nove meses e um mês depois da conclusão do primeiro ano do oferecimento de treinamento, o fornecedor apresentará relatórios de matrículas e avaliações dos cursos.

Objetivo: Projetar, desenvolver, ministrar e avaliar 20 cursos on-line em 25 meses, com um orçamento de $ 500.000 para a elaboração, o desenvolvimento e a avaliação, e de $ 375.000 para o primeiro ano de realização.

Critérios para o sucesso ou benefícios esperados: Espera-se que a implementação da versão on-line reduza os custos da apresentação das informações para os 20 cursos em 26% no primeiro ano e ofereça treinamento a todos os novos funcionários dentro do período de experiência e nova certificação a todos os demais funcionários uma vez ao ano.

Financiamento: A quantia total de fundos autorizada para este projeto é de $ 500.000 para a concepção e desenvolvimento dos 20 cursos e $ 25 por matrícula feita. As matrículas projetadas são 15 mil (3 mil funcionários, cinco cursos cada).

Principais entregas: O fornecedor deve projetar, desenvolver, entregar e avaliar 20 cursos on-line, fornecer relatórios por escrito e apresentá-los trimestralmente e oferecer suporte técnico em todos os momentos durante o ano após o piloto inicial.

Critérios de aceitação: O ambiente de treinamento on-line deve estar em conformidade com as normas da ASTRA na Publicação AOU nº 7. O treinamento será feito em inglês. O vice-presidente de recursos humanos da ASTRA dará a aprovação final a todos os cursos antes de serem disponibilizados on-line.

Programação de eventos importantes: Cronograma do projeto para eventos importantes em meses corridos a contar da data após a assinatura do contrato com o fornecedor:

1. Plano-base do projeto preparado	mês 1
2. Seis cursos piloto concebidos	mês 3
3. Seis cursos piloto desenvolvidos	mês 7
4. Avaliação concebida	mês 7
5. Iniciar a entrega dos seis cursos piloto	mês 8

QUADRO 2.1 ▪ Termo de abertura do projeto.

6. Concebidos os 14 cursos restantes	mês 10
7. Avaliação completa dos seis cursos piloto	mês 11
8. Desenvolvidos os 14 cursos restantes	mês 12
9. Iniciar a entrega dos 14 cursos restantes	mês 12
10. Avaliação de todos os cursos	mês 18
11. Avaliação de todos os cursos	mês 21
12. Primeiro ano de treinamento completo	mês 24
13. Avaliação final completa de todos os cursos	mês 25

Hipóteses-chave: O fornecedor utilizará o sistema de desenvolvimento de cursos já desenvolvido e testado pelos sistemas de informação da ASTRA Corporation.

Restrições: Os cursos devem apresentar as informações dentro dos temas desenvolvidos selecionados pela ASTRA. Estratégias instrucionais apropriadas devem ser usadas para a apresentação das informações dentro dos ambientes on-line. O sistema de gestão de cursos da ASTRA contém tecnologias Web 2.0, mecanismos de testes, sistema de calendário, capacidade de vídeo e monitoramento da atividade do participante.

Principais riscos: O fornecedor deve assinar um acordo de confidencialidade para não revelar nenhuma informação dentro dos 20 cursos a fim de evitar a divulgação de processos e práticas que a ASTRA Corporation desenvolveu para ter uma vantagem competitiva.

Requisitos de aprovação: Todos os cursos devem ser aprovados pelo vice-presidente de recursos humanos da ASTRA nos eventos importantes e antes de sua ativação de oferta inicial.

Gestor do projeto: Marie Kerba é a gestora do projeto designada pela ASTRA e é a responsável por ele. Ela é o ponto de contato com o fornecedor e supervisionará o seu desempenho.

Requisitos de comunicação: O gestor do projeto da ASTRA deve preparar relatórios por escrito e enviá-los por e-mail ao vice-presidente de recursos humanos da ASTRA uma semana antes da apresentação oral. Essa apresentação pode ser à distância.

Autorizado por: Ida Trayna, vice-presidente de recursos humanos. Data: 1º de junho.

Reforce sua aprendizagem

Deve-se ressaltar que nem todos os projetos utilizam um termo de abertura. Projetos informais (que não são feitos dentro de um ambiente empresarial formal) ou feitos em resposta a um evento inesperado podem não ser apropriados para este documento. Bons exemplos são o projeto de reforma de uma casa, um casamento, a organização de um evento da comunidade ou a resposta a um desastre natural.

QUADRO 2.1 ▪ Termo de abertura do projeto (continuação).

Preparando uma chamada de propostas

Em alguns casos, a organização não possui os conhecimentos ou a capacidade de pessoal para planejar e executar o projeto ou partes importantes dele, e, portanto, decide terceirizar o trabalho para um recurso externo (**fornecedor**). Um **edital de chamada de propostas (CDP)** é um documento, preparado pelo patrocinador/cliente, que define os requisitos do projeto e é utilizado para solicitar propostas de potenciais fornecedores que pretendem realizar o projeto. Uma **proposta** é um documento que inclui uma abordagem, um cronograma e um orçamento visando atender aos requisitos e cumprir com a finalidade do projeto.

Uma boa CDP permite que os fornecedores compreendam o que o cliente espera de modo que possam preparar uma proposta minuciosa que satisfará as necessidades do cliente a um preço realista. Por exemplo, uma CDP que simplesmente solicita que os fornecedores apresentem uma proposta para a construção de uma casa não é específica o bastante. Os fornecedores nem sequer podem começar a preparar propostas sem informações sobre o tipo desejado de casa. Uma CDP deve ser abrangente e fornecer informações suficientemente detalhadas para que um fornecedor ou equipe de projeto possa preparar uma proposta inteligente que atenda às necessidades do cliente.

Reforce sua aprendizagem

6. Qual é a finalidade de uma chamada de propostas?

Eis, a seguir, algumas diretrizes para a elaboração de um edital de chamada de propostas (CDP) formal a fornecedores externos:

1. *A CDP deve informar o objetivo ou a* ***finalidade do projeto***, incluindo quaisquer informações racionais ou antecedentes que possam ser úteis para que os fornecedores possam preparar propostas completas e adequadas.
2. *Uma CDP deve fornecer uma* ***declaração de trabalho (DT)*** que descreve as principais tarefas que o cliente quer que o fornecedor ou a equipe do projeto desempenhe para concluir o escopo do projeto e produzir os resultados desejados. Por exemplo, se a CDP for para uma casa, o fornecedor precisa saber se ele deve projetar e construir a casa inteira, construí-la de acordo com o projeto do cliente ou incluir o acabamento do porão e a colocação do carpete. Se um cliente precisar de um panfleto de marketing, a CDP deve informar se o fornecedor deve apenas conceber o panfleto ou conceber, imprimir e enviá-lo.
3. *A CDP deve incluir as* ***solicitações do cliente***, que definem *especificações* ou *capacidades* funcionais, operacionais e de desempenho que devem ser atendidas. As solicitações compreendem tamanho, quantidade, cor, peso, velocidade e outros parâmetros físicos ou operacionais que a solução proposta pelo fornecedor deve satisfazer. Para o panfleto de marketing, as solicitações podem ser um aerograma de três partes, impresso em cartões em duas cores, com uma tiragem de 10 mil exemplares. Solicitações para a construção da casa podem incluir um tamanho total de 900 metros quadrados com quatro quartos, dois banheiros, garagem para dois carros, ar-condicionado central e lareira.

   Algumas solicitações podem ser a respeito do desempenho. Se a CDP for para um sistema automatizado de faturamento e cobrança, as solicitações de desempenho podem incluir a capacidade de processamento de 12 mil transações por dia e provisões para funções especiais, como múltiplas faturas consolidadas para clientes individuais e geração automática de segundas vias de faturas para pagamentos não recebidos dentro de 30 dias após a emissão da fatura inicial.

   As solicitações também podem fazer referência a normas e códigos que devem ser usados e cumpridos.
4. *A CDP deve informar quais* ***entregas*** *o cliente espera que o fornecedor faça*. Entregas são os itens tangíveis que o fornecedor deve entregar durante o projeto e também em sua conclusão. Com o exemplo do panfleto, pode haver duas entregas: o *layout* conceitual e suas 10 mil cópias. Com o sistema de faturamento e cobrança, pode-se esperar que o fornecedor ofereça o hardware (computadores), software, manuais do operador (eletrônicos e cópias impressas) e sessões de treinamento. Entregas também podem incluir relatórios de progresso regulares ou um relatório final, o qual o cliente exige que o fornecedor entregue.
5. *A CDP deve informar os* ***critérios de aceitação*** a serem usados pelo cliente para determinar se as entregas do projeto são feitas de acordo com as solicitações dele. Por exemplo, o fornecedor terá de realizar testes no sistema automatizado de faturamento e coleta para validar se atende às solicitações de desempenho antes de o cliente aceitá-lo e fazer o pagamento final ao fornecedor.
6. A *CDP deve listar quaisquer itens fornecidos pelo cliente*. Por exemplo, a CDP pode informar que o cliente fornecerá uma cópia de seu logotipo para que seja usado no panfleto. Se a CDP for para um equipamento automatizado para a realização de testes de placas de circuitos eletrônicos, ela pode declarar que o cliente fornecerá

determinada quantidade de placas para que o fornecedor utilize durante os testes de fábrica do equipamento antes que este seja enviado a ele.

7. *A CDP pode informar as aprovações solicitadas pelo cliente.* Por exemplo, o cliente da casa pode querer rever e aprovar os projetos detalhados antes de a construção ter início. O cliente do panfleto pode desejar rever e aprovar seu *layout* antes de a impressão ser iniciada.
8. *Algumas CDPs mencionam o tipo de contrato que o cliente pretende usar.* Este poderia ser um contrato de preço global, caso em que o cliente paga ao fornecedor uma quantia fixa, independentemente de quanto o trabalho realmente custará a este último (o fornecedor aceita o risco de ter um prejuízo). Ou o contrato pode ser por administração. Neste caso, o cliente pagará ao fornecedor o equivalente aos custos reais. Por exemplo, se a CDP for para a reforma de um porão, ela pode declarar que o fornecedor será pago pelas horas trabalhadas e pelo custo dos materiais.
9. *Uma CDP pode informar os termos de pagamento que o cliente pretende usar.* Por exemplo, o cliente do panfleto pode ter a intenção de fazer um pagamento no fim do projeto. Por outro lado, o cliente da casa pode especificar pagamentos de acordo com o progresso, com base na porcentagem do preço total, que são feitos à medida que determinados eventos importantes forem cumpridos – 25% quando o alicerce estiver terminado, mais 25% quando a estrutura estiver completa e assim por diante, até que todo o projeto esteja concluído.
10. *A CDP deve conter a* ***programação requerida*** *para o término do projeto e eventos principais.* Ela pode informar simplesmente que a casa deve estar pronta em seis meses ou pode incluir uma programação mais detalhada. Por exemplo, o sistema de faturamento e cobrança pode ser projetado e desenvolvido e uma reunião de análise do projeto ser conduzida em quatro meses a partir de seu início. Logo, o sistema deve ser instalado e testado dentro de quatro meses a serem contados da análise do projeto e, finalmente, o fornecedor deve fornecer toda a documentação do sistema e treinamento ao operador dentro de um mês após a instalação de tal sistema. Além da data estabelecida para a conclusão do projeto, a CDP também pode indicar as datas determinadas para os eventos importantes durante o projeto.
11. *A CDP deve fornecer instruções para o formato e conteúdo das propostas do fornecedor.* Se o cliente for comparar e avaliar propostas de vários fornecedores, é importante que elas sejam consistentes no que diz respeito ao formato e conteúdo, de modo que uma avaliação justa possa ser feita. As instruções devem conter uma descrição ou um índice requerido, o número máximo de páginas, as solicitações específicas para o fornecimento de uma descrição analítica pormenorizada dos elementos de custo ou até mesmo o tamanho da fonte e das margens da proposta.
12. *A CDP deve indicar a* ***data limite*** *para que fornecedores potenciais enviem propostas.* Os clientes desejam receber todas as propostas até determinada data para que possam compará-las e avaliá-las ao mesmo tempo. Por exemplo, um cliente pode dar aos fornecedores potenciais 30 dias corridos após a emissão formal da CDP para que enviem uma proposta. Os clientes normalmente declaram na CDP que quaisquer propostas enviadas após a data limite não serão consideradas, pois seria injusto dar um tempo adicional a alguns fornecedores.
13. *Uma CDP pode incluir os* ***critérios de avaliação****.* Estes são os critérios que o cliente utilizará para avaliar propostas de fornecedores concorrentes a fim de selecionar aquele que executará o projeto. Os critérios podem incluir:

    a. A experiência do fornecedor com projetos semelhantes. Quão recentemente o fornecedor realizou projetos semelhantes? Eles foram concluídos dentro do orçamento e do prazo? Os clientes ficaram satisfeitos?

    b. A abordagem técnica proposta pelo fornecedor. Que tecnologia será usada? Que tipo e configuração de computadores serão usados? Qual é a abordagem do projeto para a base de dados? Qual idioma de software será usado para o desenvolvimento do sistema de informação de gestão?

    c. A programação. O fornecedor será capaz de atender ou de antecipar a programação estabelecida?

d. Os custos. Se a estimativa se basear no tempo e nos materiais, os custos são razoáveis? Algum item foi deixado de fora? Aparentemente, o fornecedor apresentou uma estimativa de baixo custo, porém, adicionará custos após o projeto estar em andamento, resultando em custos finais muito mais elevados que a estimativa original?

14. *Em raros casos, uma CDP indicará os fundos de que o cliente dispõe para gastar no projeto.* Normalmente, o cliente espera que os fornecedores apresentem uma proposta que atenda às exigências da CDP com o custo mais razoável possível. Em algumas situações, no entanto, pode ser útil para o cliente indicar uma quantia estimada a ser gasta. Por exemplo, informar na CDP que o custo da construção da casa deve girar em torno de $ 300.000 poderia ser útil. Os fornecedores podem, então, apresentar propostas que sejam apropriadas a esse nível de financiamento, em vez de apresentar propostas para casas que custam muito mais do que o valor de que o cliente dispõe. Do contrário, todos os fornecedores podem apresentar propostas com preços muito mais elevados do que o financiamento disponível e o cliente frustrado terá de pedir que todos os fornecedores reenviem propostas para uma casa mais barata.

Reforce sua aprendizagem

7. Cite alguns elementos que podem ser incluídos em uma chamada de propostas.

Uma CDP simples é mostrada no Quadro 2.2. Exemplos adicionais de solicitações de propostas podem ser encontrados na internet, buscando-se por "Chamada de propostas".

1º de fevereiro
A quem possa interessar:

A AJACKS Information Services Company está em busca de propostas de fornecedores com experiência relevante na condução de uma pesquisa de mercado sobre as necessidades de informações técnicas de indústrias atuantes no país. Os objetivos deste projeto são:

1. Determinar as necessidades de informações técnicas de indústrias atuantes no país; e
2. Recomendar abordagens para a promoção da compra e utilização dos Serviços de Informação da AJACKS por essas empresas.

Este projeto deve fornecer informações adequadas à AJACKS Information Services Company a fim de determinar:

- Produtos ou serviços de informação futuros; e
- Os melhores métodos para o fornecimento desses produtos ou serviços a seus clientes.

O conteúdo desta chamada de propostas deve ser considerado informação confidencial.

1. **Declaração de trabalho**
   O fornecedor executará as seguintes tarefas:
   Tarefa 1: Identificar as necessidades de informações técnicas de indústrias
   Conduzir uma pesquisa com indústrias em todo o país para determinar suas necessidades específicas de informações técnicas externas (para suas indústrias). A avaliação deve determinar os diversos tipos específicos de informações técnicas necessárias e a frequência com que cada tipo de informação é necessário.

QUADRO 2.2 ▪ Chamada de propostas.

Tarefa 2: Determinar as melhores abordagens para a promoção da compra e utilização dos serviços de informação da AJACKS por empresas

A pesquisa deve incluir uma identificação das percepções das empresas em relação às abordagens de marketing diretas e indiretas mais eficazes que exercem influência sobre suas decisões para a compra e utilização de serviços e produtos específicos, em particular, serviços de informação.

2. **Exigências**

A pesquisa deve determinar os diversos tipos específicos de informações técnicas necessários e a frequência com que cada tipo de informação é necessário.

Deve identificar as fontes atuais dos diversos tipos de informações técnicas usados por indústrias, sua frequência de uso e a percepção da indústria sobre o valor (benefício, custo, precisão, oportunidade) de cada fonte. Ela deve determinar os diversos métodos usados atualmente pelas empresas para avaliar essas fontes de informação. A pesquisa deve determinar a média e o índice de fundos (internos à empresa e taxas externas) que as indústrias atualmente gastam para a obtenção dos diversos tipos de informações técnicas.

A avaliação deve fornecer detalhes suficientes para permitir um planejamento de produto orientado pela demanda por parte da AJACKS Information Services Company. Portanto, ela deve incluir: (1) o conteúdo das informações necessárias com mais frequência para as empresas; (2) as aplicações para as quais as empresas utilizam as informações; as pessoas (cargo, nível de habilidade) responsáveis por acessar e utilizar as informações; e os canais que as empresas usam para acessar os diversos tipos de informações.

A AJACKS Information Services Company está interessada em desenvolver e fornecer produtos e serviços que são valorizados pelos usuários (indústrias). Com tais interesses em mente, o fornecedor deve gerar informações sobre quais empresas (distinguidas por tamanho, setor, localização ou outros fatores importantes) podem obter maior benefício de produtos e serviços de informações ou representar os mercados mais apropriados para esses produtos e serviços.

O fornecedor deve determinar o tamanho do mercado para os diversos tipos de informações técnicas e a sensibilidade desse mercado ao preço, oportunidade, precisão e mecanismos de entrega para essas informações. A metodologia da pesquisa deve incluir grupos de discussão e pesquisas por correspondência.

As discussões em grupo devem ser categorizadas por setores industriais importantes e pelo tamanho multissetorial da empresa (grande, médio, pequeno).

Com base nos resultados dos grupos de discussão, um esboço do questionário de pesquisa por correspondência deve ser desenvolvido e pré-testado em empresas representativas. Esse instrumento de pesquisa deve ser finalizado após a realização de pré-testes suficientes.

O fornecedor deve entregar por correspondência um projeto amostral para a pesquisa que seja estratificado por setor e tamanho da empresa, que represente toda a população de indústrias e que seja suficientemente grande para apresentar os resultados da pesquisa para cada estrato ao nível de confiança de 90%.

3. **Entregas**
   a. Um relatório detalhado dos resultados da Tarefa 1 deve ser preparado, identificando e analisando os resultados para todos os participantes e também fornecendo análise detalhada (1) para cada setor e (2) pelo tamanho da empresa. O fornecedor deve apresentar uma cópia eletrônica e 20 cópias impressas do relatório. A base de dados das respostas da pesquisa utilizado na análise deve ser entregue em um formato adequado para uma análise mais aprofundada por parte da AJACKS Information Services Company.
   b. Com base nas análises das Tarefas 1 e 2, deve ser fornecido um relatório detalhado de recomendações das abordagens mais eficazes e custos associados para promover serviços de informação técnica a indústrias com o objetivo de fazer essas empresas comprarem e usarem tais serviços. Devem ser discutidas quaisquer diferenças nas abordagens com base no setor ou tamanho da empresa. O fornecedor deve entregar uma cópia eletrônica e 20 cópias impressas do relatório.

QUADRO 2.2 ▪ Chamada de propostas (continuação).

c. Relatórios sobre o *status* do progresso do projeto devem ser enviados por e-mail para a AJACKS Information Services Company no 15º e 30º dias de cada mês. Os relatórios devem ser breves e focados no progresso comparado ao plano e programação originais do fornecedor. Esses relatórios devem abordar atividades, eventos importantes realizados, planos para o mês seguinte, obstáculos encontrados ou previstos e horas e dinheiro gastos. Para quaisquer itens de trabalho cujo progresso esteja atrasado em relação à programação, um plano deve ser proposto para a conclusão do projeto dentro da programação e do orçamento originais.

4. **Critérios de aceitação**

   Os relatórios identificados nos itens A e B da seção 3 (Entregas) devem conter todas as informações mencionadas na seção 2 (Exigências) a fim de que sejam aceitas pela AJACKS Information Services Company. O pagamento final, conforme informado na seção 10 (Termos de pagamento) não será feito até que a AJACKS esteja satisfeita em relação aos relatórios nos itens A e B da seção 3 que devem incluir todas as informações e dados de apoio solicitados e em formato adequado à AJACKS.

5. **Itens fornecidos pela AJACKS Information Services Company**

   A AJACKS oferecerá ao fornecedor informações detalhadas sobre seus serviços e produtos de informação atuais, bem como informações estatísticas concernentes à sua base de clientes atual.

6. **Aprovações requeridas**

   O fornecedor deve obter a aprovação da AJACKS para a versão final do instrumento de pesquisa antes de sua implementação.

7. **Tipo de contrato**

   O contrato será de preço fixo para todo o trabalho que o fornecedor propõe a fim de atender a todas as exigências deste edital de chamada de propostas (CDP).

8. **Data de vencimento**

   O fornecedor deve enviar uma cópia eletrônica e cinco cópias impressas da proposta à AJACKS Information Services Company no dia 28 de fevereiro ou antes.

9. **Programação**

   A AJACKS Information Services Company espera selecionar um fornecedor até 30 de março. O período requisitado para a realização deste projeto é de seis meses, de 1º de maio a 30 de outubro. O relatório identificado no item A da seção 3 (Entregas) deve ser fornecido à AJACKS até 30 de setembro e o relatório identificado no item B da seção 3 (Entregas) deve ser fornecido à AJACKS até 15 de outubro.

10. **Termos de pagamento**

    A AJACKS Information Services Company fará pagamentos ao fornecedor de acordo com a programação a seguir:

    - 20% da quantia total mediante aprovação pela AJACKS do instrumento de pesquisa final.
    - 35% da quantia total quando o relatório identificado no item A da seção 3 (Entregas), for aceito pela AJACKS.
    - 35% da quantia total quando o relatório identificado no item B da seção 3 (Entregas), for aceito pela AJACKS.
    - 10% da quantia total quando a AJACKS Information Services Company estiver satisfeita em relação ao fato de o projeto estar 100% concluído e de o fornecedor ter cumprido todas as obrigações contratuais.

11. **Conteúdos da proposta**

    Como parâmetro mínimo, a proposta do fornecedor deve incluir:

QUADRO 2.2 ▪ Chamada de propostas (continuação).

a. **Abordagem**
Discussão que indique que o fornecedor entende claramente a CDP e o que é esperado. Além disso, apresentação minuciosa da abordagem do fornecedor na condução do projeto e descrição detalhada de cada tarefa, além de como ela será realizada.

b. **Entregas**
Descrição de cada entrega a ser feita pelo fornecedor.

c. **Programação**
Um gráfico de barras ou diagrama de rede mostrando a programação semanal das tarefas detalhadas a serem realizadas a fim de concluir o projeto até a data de término estabelecida.

d. **Experiência**
Discussão sobre projetos semelhantes recentes que o fornecedor executou, incluindo nomes, endereços e números de telefone dos clientes.

e. **Pessoal**
Os nomes e currículos dos indivíduos específicos que serão designados para trabalhar no projeto e ênfase em sua experiência em projetos similares.

f. **Custos**
O preço fixo total deve ser informado e corroborado por uma análise detalhada das horas e uma taxa de custo por hora para cada pessoa que será designada ao projeto. Adicionalmente, uma lista de itens de todas as despesas diretas deve ser incluída.

12. **Critérios de avaliação da proposta**
A AJACKS Information Services Company avaliará todas as propostas de fornecedores respeitando os seguintes critérios:

a. **Abordagem (30%)**
A abordagem e a metodologia das propostas de fornecedores na condução da pesquisa e análise dos resultados.

b. **Experiência (30%)**
A experiência do fornecedor e do pessoal designado ao trabalho na realização de projetos similares.

c. **Preço (30%)**
O preço fixo da proposta do fornecedor.

d. **Programação (10%)**
A duração detalhada e total da programação proposta pelo fornecedor para a conclusão do projeto na data de término estabelecida ou antes dela.

QUADRO 2.2 ▪ Chamada de propostas (continuação).

Solicitando propostas

Após a preparação da CDP, o cliente solicita propostas informando a fornecedores potenciais que ela está disponível. Um modo de os clientes fazerem isso é por meio da identificação prévia de um grupo selecionado de fornecedores e envio de uma cópia da CDP a cada um deles. Por exemplo, um cliente que tenha preparado uma CDP para o projeto e produção de uma peça personalizada de um equipamento de teste automatizado pode enviá-la a várias companhias renomadas (fornecedores) especializadas na produção desse equipamento. Outra abordagem para a solicitação de fornecedores potenciais consiste em o cliente disponibilizar informações em determinados sites e em jornais de uma empresa relevante, notificando que a CDP está disponível e dando instruções sobre como os fornecedores interessados podem obter ou baixar uma cópia. Por exemplo, órgãos governamentais federais anunciam suas CDPs no site da Federal Business Opportunities.

Reforce sua aprendizagem

8. Deve-se tomar cuidado para não fornecer __________ a apenas alguns dos __________ que não sejam oferecidas a todos os interessados, pois isso poderia dar a alguns deles uma __________ __________.

Clientes e fornecedores empresariais consideram a CDP/processo de proposta uma situação competitiva. Os clientes devem ter cuidado para não fornecer a um ou mais competidores informações não divulgadas a todos os fornecedores interessados. Portanto, durante a fase de desenvolvimento da proposta, os clientes podem não querer responder individualmente perguntas de fornecedores que estejam preparando propostas por receio de dar a estes uma vantagem competitiva injusta em relação aos outros que não possuem a mesma informação. Clientes empresariais ou governamentais podem realizar uma reunião de licitantes para explicar a CDP e responder perguntas de fornecedores interessados.

Deve-se notar que *nem todos os ciclos de vida de projetos incluem a preparação de uma chamada de propostas por escrito pelo cliente e envio subsequente de propostas de fornecedores.* Alguns empreendimentos vão direto da fase inicial – em que um projeto é identificado e selecionado – para as de planejamento e execução de seu ciclo de vida. Esse processo ignora as etapas de CDP e proposta. Por exemplo, quando uma companhia decide iniciar e implementar um projeto para atender a certa necessidade ou solucionar um problema em particular, pode utilizar seu próprio pessoal e equipe de projeto em vez de fornecedores externos. Ou quando um grupo de voluntários decide realizar um festival artístico municipal de uma semana, os participantes podem optar por fazer todo o trabalho sozinhos. Quando uma vítima de um acidente requer uma série de cirurgias de reconstrução, uma equipe de cirurgiões pode determinar o que precisa ser feito e, então, planejar e executar uma série de operações em um período de vários anos. Em todos esses exemplos, solicitações de propostas de fornecedores não seriam apropriadas.

Existem outros projetos nos quais as necessidades não são escritas em uma CDP formal, mas comunicadas a vários fornecedores. Por exemplo, no planejamento de um casamento, a noiva e o noivo podem definir suas necessidades para a recepção, jantar, flores e outros itens e, então, pesquisar para selecionar os fornecedores que mais combinem com suas necessidades e seu orçamento.

Embora os projetos possam ser metódicos ou informais, todos começam com a identificação de uma necessidade, de um problema ou de uma oportunidade e, então, prosseguem para que o patrocinador defina (por escrito ou verbalmente) o escopo, as necessidades, o orçamento e a programação para o que deve ser feito.

GESTÃO DE PROJETOS NO MUNDO REAL

A consciência quanto à segurança pode ser selecionada em um fornecedor?

Os projetos de construção estão repletos de perigos. Os locais têm equipamentos grandes, peças móveis, deslocamentos de terra ou lugares altos. Os acidentes de trabalho na indústria chinesa da construção resultaram na morte de mais trabalhadores do que em qualquer outra indústria, incluindo mineração de carvão, e em todo o mundo, o setor de construção é responsável por ter as maiores taxas de lesões ocupacionais.

Funcionários do governo chinês queriam saber se havia características particulares das empresas de gestão que pudessem resultar em menos acidentes e em menor número de mortes devido a lesões ocupacionais. Eles examinaram a cultura de segurança de projetos de uma série de empresas de construção especializadas em projetos de ferrovias de alta velocidade na China. As questões que os funcionários levantaram visavam determinar quem havia conseguido garantir a segurança e quem havia fracassado, registrando um maior número de ferimentos e mortes por razões ocupacionais.

A Companhia A (nome fictício) recebeu contratos para desenvolver seções das ferrovias de alta velocidade na China. Durante o período de realização do projeto, uma série de mortes ocupacionais resultou em que a empresa e as equipes do projeto enfatizassem a prevenção de acidentes e introduzissem cláusulas de saúde e segurança ocupacional no projeto. A avaliação das interações das equipes de projeto com a administração revelou um desalinhamento quanto ao comprometimento entre a gestão e as ações dos subordinados. Foi identificado que os conceitos de segurança não foram divulgados às equipes do projeto, e os gerentes de construção demonstraram falta de liderança quanto à segurança. As mortes ocupacionais representam um custo alto e diminuem o sucesso de um projeto; se uma empresa experimentar muitas mortes ocupacionais durante um projeto, este pode ser encerrado.

As companhias B e C (nomes fictícios) também atuaram como contratadas nos projetos de construção de ferrovias de alta velocidade. Cada uma delas relatou menos lesões e mortes por razões ocupacionais em relação a outras empresas que realizaram tarefas com riscos similares. Quais foram as diferenças entre fracasso e sucesso? Por que essas empresas tiveram menos problemas de segurança?

Para responder a essas questões, sete empresas, incluindo as Companhias A, B e C, foram examinadas quanto às suas práticas de segurança. As empresas com menos mortes ocupacionais demonstraram comportamentos característicos socializados, incluindo altruísmo, comunicação de valores de segurança básicos, apoio aos funcionários com hábitos de trabalho seguros, responsabilização e prestação de contas quanto a incidentes envolvendo segurança e identificação de práticas seguras.

Os programas de treinamento dos gerentes de projeto nas empresas com menos lesões ocupacionais enfatizaram esses comportamentos positivos socializados. As equipes de projetos nas organizações proprietárias, bem como nas organizações de subcontratados com menos relatórios de incidência de ferimentos e fatalidades mantiveram canais de comunicação efetivos nas suas equipes e também com as partes interessadas. Os gerentes de projetos e a administração das organizações responderam às necessidades e demandas das equipes e das partes interessadas.

A consciência quanto à segurança pode ser um elemento importante no critério de seleção. Nas solicitações de propostas, podem ser solicitados critérios para fornecer evidências da liderança em segurança e quanto à cultura de segurança de projetos. Todas as dimensões da liderança em segurança influenciam as práticas de trabalho seguras. Equipes de projeto com líderes que servem de modelo e praticam liderança carismática têm a maior influência na segurança do projeto. Os objetivos de segurança devem ser incluídos no escopo e nos requisitos do projeto.

Com base nas informações de Wu, C., Wang, F., Zou, P. X. W., e Fang, D. (2016). How Safety Leadership Works Among Owners, Contractors and Subcontractors in Construction Projects. *International Journal of Project Management*, *34*(5), 789-805.

FATORES ESSENCIAIS PARA O SUCESSO

- A necessidade deve ser esclarecida antes que a chamada de propostas seja preparada (CDP).
- Ao selecionar um projeto entre muitas necessidades e oportunidades, a decisão deve ser baseada naquele capaz de oferecer mais benefícios comparados aos custos e possíveis consequências.
- Ter uma avaliação bem esclarecida, um processo de seleção e um comitê experiente aumentarão as chances de tomar as melhores decisões para a seleção do projeto.
- Estabelecer critérios quantitativos para o sucesso do projeto ou dos benefícios esperados.
- Uma boa CDP permite ao fornecedor entender a expectativa do cliente para, desse modo, estar apto a preparar uma proposta abrangente que corresponda às suas necessidades e exigências.
- A chamada de propostas deve incluir declaração de trabalho, exigências do cliente, resultados esperados e os critérios pelos quais o cliente vai avaliar as propostas.
- Uma CDP deve oferecer instruções para o formato e o conteúdo das propostas, de modo que o cliente esteja apto a estabelecer comparação e avaliação consistentes e justas de todas as propostas.
- Os clientes devem ser cuidadosos para não fornecerem informações a apenas alguns dos fornecedores, porque isso proporcionaria a eles uma vantagem competitiva desonesta na preparação de suas propostas.

RESUMO

A fase inicial do ciclo de vida do projeto começa com o reconhecimento de uma necessidade, um problema ou uma oportunidade para o qual um projeto ou projetos são identificados. Podem ser classificados de diversas maneiras: durante o planejamento estratégico de uma organização – como parte de suas operações empresariais normais – em resposta a eventos inesperados, ou como resultado de um grupo de indivíduos que decide organizá-lo para tratar uma necessidade em particular.

Às vezes, as organizações identificam algumas ou muitas necessidades, porém, possuem recursos e pessoal limitados à disposição para dar continuidade a projetos em potencial que podem não contemplar todas as suas necessidades. Nesses casos, a companhia deve passar por um processo de tomada de decisão para priorizar e selecionar aqueles projetos que resultarão no maior benefício geral.

A seleção envolve avaliar projetos potenciais e, então, decidir quais deles devem ser levados adiante. As etapas do processo de seleção consistem em desenvolver um conjunto de critérios em relação aos quais o projeto será avaliado, listar hipóteses acerca de cada, coletar dados e informações sobre eles e avaliá-los de acordo com esses critérios. Ter um processo de avaliação e seleção bem compreendido e um comitê bem equilibrado aumentará as chances de tomar a melhor decisão, que resultará no maior benefício geral possível.

Uma vez que um projeto é selecionado, é autorizado formalmente por meio de um documento denominado termo de abertura de projeto, às vezes chamado de autorização do projeto ou documento de inicialização do projeto. Nesse documento, o responsável concede a aprovação para a continuidade do projeto e confirma o seu financiamento. O termo de abertura do projeto também sintetiza as condições e parâmetros-chave e estabelece a estrutura para o desenvolvimento de um plano basal para sua realização.

Em alguns casos, a organização não possui os conhecimentos ou pessoal capacitado para planejar e executar o projeto ou partes importantes dele, portanto, decide que o trabalho seja feito por um recurso externo (fornecedor). Uma chamada de propostas (CDP) é um documento, preparado pelo patrocinador/cliente, que define os requisitos do projeto e é utilizado para solicitar propostas de potenciais fornecedores que pretendem realizar o projeto. Uma **proposta** é um documento que inclui uma abordagem, um cronograma e um orçamento visando atender aos requisitos do projeto e cumprir com sua finalidade. Uma boa CDP permite que os fornecedores compreendam o que o cliente espera, de modo que possam preparar uma proposta minuciosa, que satisfará as necessidades do cliente a um preço realista.

As CDPs podem incluir o objetivo ou propósito do projeto; uma declaração de trabalho; exigências dos clientes quanto às especificações ou capacidades funcionais, operacionais e de desempenho que precisam ser atendidas; critérios de aceitação para as entregas, uma lista de todos os itens fornecidos pelo cliente, quaisquer aprovações solicitadas pelo cliente, o tipo de contrato que o cliente pretende usar, os termos do pagamento, a programação estabelecida para a conclusão do projeto, instruções para o formato e conteúdo das propostas de fornecedores, a data de vencimento até a qual o cliente espera receber propostas de fornecedores, e critérios pelos quais as propostas serão avaliadas.

Após a preparação da chamada, o cliente solicita propostas notificando fornecedores potenciais de que a chamada está disponível. Clientes e fornecedores empresariais consideram a CDP/processo de proposta uma situação competitiva. Os clientes devem ter cuidado para não fornecer a um ou mais fornecedores informações não divulgadas a todos os fornecedores interessados.

Nem todos os ciclos de vida de projetos incluem a preparação de uma chamada de propostas por escrito e envio subsequente de propostas de fornecedores. Alguns empreendimentos vão direto da fase inicial – em que um projeto é identificado e selecionado – para as fases de planejamento e execução de seu ciclo de vida.

QUESTÕES

1. Por que é importante a realização de um trabalho minucioso e detalhado de identificação de necessidades?
2. Descreva uma situação em sua vida na qual fez a identificação de necessidades.
3. Por que é importante selecionar o projeto certo antes de começar a trabalhar?
4. Descreva como uma empresa seleciona em quais projetos trabalhará quando existem vários que poderiam ser feitos.
5. Quais elementos de um termo de abertura você usaria para ajudar no planejamento caso tivesse um projeto que não requeresse um termo de abertura? Por quê?
6. Dê exemplos de situações nas quais uma empresa pode desenvolver uma chamada de propostas.
7. Dê exemplos de situações nas quais um indivíduo pode desenvolver uma chamada de propostas.
8. Por que é importante para uma empresa tentar quantificar os benefícios esperados de implementar uma solução para um problema?
9. O que deve conter em uma declaração de trabalho?
10. O que são exigências do cliente? Por que elas devem ser precisas?
11. Por que uma CDP declararia as aprovações que serão requeridas durante o projeto? Dê alguns exemplos.
12. Por que um cliente daria instruções a fornecedores na CDP para enviarem suas propostas de acordo com um formato-padrão?
13. Desenvolva uma CDP para um projeto, como fazer o paisagismo de um terreno circundando um escritório empresarial, construir um *deck* para sua casa ou fazer uma grande festa de formatura. Seja criativo ao especificar suas necessidades. Sinta-se livre para apresentar ideias originais para a CDP.

PESQUISA NA INTERNET

Para responder às seguintes perguntas, pesquise "Chamada de Propostas", usando o seu site de busca favorito.

1. Com base nos resultados de sua pesquisa, encontre uma CDP que tenha sido postada na internet. Que companhia a desenvolveu e o que ela pretende fazer?
2. Avalie a eficácia dessa CDP com base em informações que você estudou neste capítulo. Discuta seus pontos fortes e fracos. Existe algum item que deveria ter sido incluído?
3. Baixe a CDP e, com base no que você aprendeu neste capítulo, revise-a. Destaque as áreas que você revisou. O que torna a sua CDP revista melhor que a original?
4. Localize um site que forneça sugestões para o desenvolvimento de CDPs. Compare e contraste-as com o que foi apresentado no capítulo.
5. Faça uma busca por sistemas de software que possam ajudá-lo a desenvolver uma CDP. Forneça um endereço e um breve resumo de três dos sistemas que você encontrou. Se possível, baixe uma cópia de demonstração de, pelo menos, um.

REFERÊNCIAS

Badewi, A. (2016). The impact of project management (PM) and benefits management (BM) practices on project success: Towards developing a project benefits governance framework. *International Journal of Project Management, 34*(4), 761-778.

Cilli, M., Parnell, G. S., Cloutier, R., e Zigh, T. (2015). A systems engineering perspective on the revised defense acquisition system. *Systems Engineering, 18*(6), 584-603.

Garland, D. (2016). *Request for proposal RP014-16: Provide executive search firm services for information technology positions*. Gwinnett County, GA: Department of Financial Services Purchasing Division. Retrieved from https://www.gwinnettcounty.com/static/upload/bid/735829/RP014-16%20INV.pdf

Gransberg, D. D. (2016). Comparing construction manager-general contractor and federal early contractor involvement project delivery methods. *Transportation Research Record Journal of the Transportation Research Board, 2573*. Doi:10.3141/2573-03

Hobbs, B., e Besner, C. (2016), Projects with internal vs. external customers: An empirical investigation of variation in practice. *International Journal of Project Management, 34*(4), 675-687.

Kossova, T., e Sheluntcova, M. (2016). Evaluating performance of public sector projects in Russia: The choice of a social discount rate. *International Journal of Project Management, 34*(3), 403-411.

Laine, T., Korhonen, T., e Martinsuo, M. (2016). Managing program impacts in new product development: An exploratory case study on overcoming uncertainties. *International Journal of Project Management, 34*(4), 717-733.

Project Management Institute. (2017). *A guide to the project management body of knowledge (PMBOK® Guide)* (6th ed.). Newtown Square, PA: Autor.

Rabadi, A. (2016). The Red Sea – Dead Sea desalination project at Aqaba. *Desalination and Water Treatment*. Doi:10.1080/19443994.2016.1157991

Rajbhoj, A., e Saxena, K. (2016). Early experience with systems dynamics modeling for organizational decision making. *2nd Modeling Symposium (ModSym2016) colocated with ISEC 2016*. Goa, India: ModSym.

Sarmento, J. M., e Renneboog, L. (2016). Anatomy of public-private partnerships: their creation, financing and renegotiations. *International Journal of Managing Projects in Business, 9*(1), 94-122.

Schachter, D. (2004). How to manage the RFP process. *Information Outlook, 8*(11), 10 12.

Tilk, D. (2016). The new sponsor. *PM Network, 30*(1), 22-23.

Williams, T. (2016). Identifying success factors in construction projects: A case study. *Project Management Journal, 47*(1), 97-112.

Wu, C., Wang, F., Zou, P. X. W., e Fang, D. (2016). How safety leadership works among owners, contractors and subcontractors in construction projects. *International Journal of Project Management, 34*(5), 789-805.

Desenvolvendo propostas de projetos

3

JohnBuxton/Alamy Stock Photo

- Construindo relações com clientes e parceiros
- Marketing pré-CDP/proposta
- Decisão de desenvolver uma proposta
- Criando uma proposta vencedora
- Preparação da proposta
- Conteúdos da proposta
  - *Seção técnica*
  - *Seção de gestão*
  - *Seção de custos*
- Considerações de precificação
- Proposta de projeto simplificada
- Apresentação e acompanhamento da proposta
- Avaliação de propostas por parte do cliente
- Contratos
  - *Contratos por preço global*
  - *Contratos por administração*
  - *Termos e condições do contrato*
- Mensurando o sucesso da proposta
- Resumo
- Questões
- Pesquisa na internet
- Referências

Os conceitos abordados neste capítulo apoiam as seguintes áreas de conhecimento de gestão de projetos do *PMBOK® Guide*

Gestão de aquisições do projeto

GESTÃO DE PROJETOS NO MUNDO REAL

Requisitos de uma proposta de design e construção para um edifício carbono zero

O uso de um contrato estruturado para design e construção, com preço fixo, possibilitou ao Laboratório Nacional para Energia Renovável (NREL, na sigla em inglês) e ao Departamento de Energia dos Estados Unidos (DOE, na sigla em inglês) procurar ofertas detalhadas em resposta à sua solicitação de propostas para projetar e construir, no Colorado, Estados Unidos, uma "vitrine" de âmbito nacional para a construção de Instalações de Apoio a Pesquisas (IAP) caracterizadas por seu alto desempenho e por serem esteticamente agradáveis. As propostas deveriam incluir um custo inicial competitivo para a construção e projeções para os custos do ciclo de vida com o objetivo de ser um edifício zero carbono e de obter a certificação Platinum quanto à Liderança em Design Ambiental e de Energia (LEED™, na sigla em inglês), conforme definido pelo sistema de certificação LEED do Conselho para Edificações Verdes dos Estados Unidos. A expectativa quanto à demanda de energia para a construção durante toda a operação era utilizar menos de 79 kWh por metro quadrado por ano.

Além da adequação aos padrões ENERGY STAR, o edifício deveria incluir espaços de trabalho para 800 profissionais do DOE e do NREL, teria de conter aproximadamente 20.500 metros quadrados utilizáveis, apresentar espaços especiais de alta prioridade e espaços de trabalho compartilhado, além de servir como um local que ajudaria a otimizar o desempenho humano, aumentar a criatividade e auxiliar no recrutamento posterior de mais mão de obra. O design deveria apresentar avanços em tecnologia de eficiência em energia de acordo com um design integrado com todo o edifício, com controles avançados e desempenho ambiental.

O processo de propostas foi conduzido em duas fases. Durante a Fase I, os potenciais concorrentes deveriam participar de duas reuniões individuais, responder aos requisitos de um CDP com um objetivo de trabalho proposto, conforme definido pela lista de verificação dos objetivos do projeto e sua proposta de preços. O objetivo da lista de verificação do trabalho incluiria três níveis de características de projeto: missão crítica, altamente desejável e possível. Os critérios de avaliação foram desenvolvidos para analisar a abordagem conceitual, os custos preliminares do projeto e a proposta de custos. Para compensar os concorrentes mal-sucedidos por seu tempo, foi pago um valor de $ 200.000 aos que desenvolveram propostas. Se um concorrente desistiu de participar sem apresentar uma proposta completa para a Fase I, a compensação foi cancelada.

Na Fase II da solicitação, o concorrente bem-sucedido selecionado na Fase I obteve um subcontrato para desenvolver uma proposta de projeto preliminar juntamente com o pessoal do DOE e do NREL. A proposta final teria de incluir preço fixo, o verdadeiro objetivo do trabalho com definições das programações para a lista de verificação dos objetivos do projeto, o número planejado de ocupantes de acordo com a lista de verificação das unidades de planejamento e a fundamentação do projeto preliminar. Se o ofertante selecionado para a Fase II, o DOE e o NREL não conseguissem negociar um bom subcontrato para o desenvolvimento do projeto e construção preliminares, o concorrente selecionado para a Fase II seria compensado por seu tempo e pelo desenvolvimento da proposta com o mesmo valor recebido pelos ofertantes mal-sucedidos na Fase I, $ 200.000, mais metade do valor fixo do projeto preliminar.

A proposta de projeto incluiu uma série de aspectos específicos, tais como subcontratos para pequenas empresas, gestão de salários e pagamentos de acordo com um valor justo de mercado, fontes de fornecimento de materiais de construção e aspectos relacionados à proteção contra incêndio, contra roubo e manutenção da estrutura e das fundações.

A proposta de projeto para este edifício de alto desempenho é bastante complexa. Como gestor de projeto, você tem o potencial para trabalhar com propostas e projetos para edifícios ou outros trabalhos tão complexos quanto este projeto de construção. Independentemente do tamanho do projeto ou da complexidade da proposta requerida, os principais elementos da proposta são necessários para comunicar o objetivo do trabalho a ser realizado, como ele será gerenciado e concluído, e os custos do trabalho em um tempo determinado.

Com base nas informações de Zhao, X., Pan, W., e Lu, W. (2016). Business models innovation for delivering zero carbon buildings. *Sustainable Cities and Society*. Doi:10.1016/j.scs.2016.03.013 e NREL-Research Support Facilities. (2008). *Appendix A, conceptual documents. Solicitation* nº RFJ-8-77550. Recuperado do site: http://www.nrel.gov/sustainable_nrel/pdfs/rsf_rfp_conceptual_docs.pdf.

Este capítulo aborda o desenvolvimento de propostas por concorrentes interessados em responder a um pedido de proposta (CDP) de um cliente. Uma proposta é um documento que inclui uma abordagem, um cronograma e um orçamento, com a finalidade de atender aos requisitos e alcançar os objetivos do projeto. Quando o cliente decide qual concorrente envolver na execução do projeto, ele e o vencedor da concorrência assinam um compromisso (contrato).

Em muitas situações, um edital de chamada de propostas (CDP) não envolve a competição de empresas externas. Por exemplo, suponha que a gestão da empresa veja a necessidade de desenvolver novos materiais de marketing (brochuras, vídeos, sites, anúncios de TV ou para a internet, ou CDs de amostra de software) ou reformular o *layout* do escritório. A administração pode simplesmente pedir a alguém de seu próprio pessoal ou equipe interna que prepare uma proposta que defina o que deve ser feito, quais recursos da empresa seriam necessários, quanto custaria e quanto tempo demoraria. Uma vez que a pessoa ou a equipe preparou a proposta, a administração pode decidir se quer ir em frente com o projeto, talvez modificando-o no processo. Uma vez que a decisão tomada é seguir em frente, o projeto passa diretamente para as fases de planejamento e execução de seu ciclo de vida: a criação de um plano detalhado para o projeto e, em seguida, a implementação desse plano para atingir seu objetivo.

Para alguns projetos, não há nem um edital de chamada de propostas (CDP), nem uma proposta real; em vez disso, após a necessidade ser identificada, o projeto vai direto para as fases de planejamento e execução de seu ciclo de vida. Exemplos disso são um projeto que uma ou duas pessoas fazem para si mesmas, como transformar um porão em um quarto familiar; ou um projeto realizado por um grupo de voluntários, como a organização de um evento de angariação de fundos.

Você ficará familiarizado com as seguintes ideias:

- Construir relações com clientes e parceiros.
- Estratégias de marketing da proposta.
- Tomar decisões para desenvolver uma proposta.
- Criar propostas vencedoras.
- O processo de preparação da proposta.
- Elementos que podem ser incluídos na proposta.
- Considerações sobre preços.
- Avaliação de propostas por parte do cliente.
- Tipos de contrato entre o cliente e o contratado.
- Mensurar os esforços de sucesso da proposta.

RESULTADOS DE APRENDIZAGEM

Após o estudo deste capítulo, você estará apto a:

- Desenvolver relações com clientes e parceiros.
- Decidir se deve preparar uma proposta em resposta à CDP de um cliente.
- Criar uma proposta confiável.
- Determinar um preço justo e razoável para uma proposta.
- Discutir como os clientes avaliam as propostas.
- Explicar os tipos de contratos e os vários termos e condições.
- Mensurar o sucesso dos esforços para elaborar uma proposta.

Construindo relações com clientes e parceiros

Clientes e organizações parceiras preferem trabalhar com pessoas que eles conhecem e em quem confiam.

As relações estabelecem as bases para o financiamento de sucesso e oportunidades de contrato. A construção de relacionamentos exige proatividade e engajamento. Exige ficar fora do escritório e ter contato presencial. Não pode ser feita de forma tão eficaz apenas por meio de comunicações eletrônicas ou telefonemas. Por exemplo, se

Reforce sua aprendizagem

1. ______________ estabelecem as bases para o sucesso do financiamento e ______________ de contrato.

Reforce sua aprendizagem

2. A construção de relacionamentos exige ______________ e ______________.

você solicitasse propostas de vários empreiteiros para uma casa que você quisesse que eles construíssem, conseguiria decidir qual empreiteiro selecionar baseando-se apenas em trocas de mensagens eletrônicas ou conversas telefônicas? Provavelmente não. Você gostaria de encontrar os possíveis contratados pessoalmente.

Os proponentes devem conhecer as pessoas das potenciais organizações clientes de forma pessoal. A construção de relacionamento exige que seja um bom ouvinte e um bom aprendiz. Quando você está com os clientes, faça perguntas e ouça. Discuta a respeito deles, não de você. Você irá aprender mais ouvindo do que falando. Tente descobrir algumas informações pessoais sobre eles – de onde são, sua carreira e atribuições de trabalho anteriores, onde estudaram, seus *hobbies* e interesses, sua família etc. –, sem parecer intrusivo. Procure aspectos que vocês possam ter em comum: conhecem pessoas de uma mesma cidade, têm interesses comuns (esportes, jardinagem, livros, filhos de idades semelhantes etc.), ou frequentaram a mesma universidade? Você pode armazenar essas informações para mais tarde recordá-las em encontros futuros. Comece cada diálogo mostrando interesse pessoal e faça perguntas particulares, tais como: "como vai o time de futebol da sua filha?" ou "como sua mãe está se recuperando da cirurgia no quadril?". Se você mostrar um interesse natural, os clientes ficarão impressionados ou lisonjeados por você ter se lembrado. Faça-os se sentirem bem. Tenha empatia com os seus problemas, sejam eles de negócios, sejam pessoais. Procure oportunidades de parabenizá-los ou consolá-los. Se eles se casaram, tiveram filhos ou se houve uma morte em sua família, envie-lhes um cartão com uma nota manuscrita. Se você sabe que um cliente tem um interesse particular ou de negócios, tais como alpinismo, colecionar antiguidades, a Guerra Civil norte-americana ou uma tecnologia como mídia digital ou de biocombustíveis, envie-lhe todos os artigos que você encontrar, com uma nota afirmando: "eu pensei que isso poderia ser de seu interesse". O toque pessoal é especial e cativante. O envio de uma mensagem eletrônica com um link para um artigo em um site também seria um bom gesto.

Contatos com clientes potenciais devem ser frequentes, e não apenas quando há uma oportunidade real para financiamento ou apenas antes de eles emitirem uma (CDP). Sempre que você estiver na cidade em que um cliente está localizado, planeje com antecedência suas atividades para agendar um almoço, ou talvez apenas uma parada no escritório para dizer "olá". Se você parar para uma visita de improviso e o cliente não estiver disponível, certifique-se de deixar o seu cartão de visita e uma nota para que saiba que você passou por lá. Durante esses almoços ou encontros breves, não fale só de negócios, mas também discuta interesses pessoais que vocês tenham em comum, tais como esportes específicos, filmes, férias recentes, eventos de notícias atuais etc. No entanto, evite alguns assuntos, tais como política, que poderiam levar a fortes divergências, a menos que você conheça bem as posições do cliente.

Durante os contatos, não se concentre em discutir oportunidades de contratos potenciais. Se você falar muito de negócios ou fizer perguntas demais sobre CDPs futuras ou oportunidades de financiamento, o cliente vai saber que você está apenas tentando arrancar informações dele. Quando o negócio for discutido, tente ouvir e entender as necessidades do cliente e determinar se você ou sua empresa podem ajudar a empresa dele a alcançar seus objetivos e ser bem-sucedida. Depois de se encontrar com um cliente, sempre expresse o seu apreço e agradeça-lhe por ter reservado o tempo para se encontrar com você. Ofereça-se para fornecer qualquer ajuda ou informação de que o cliente precisar, ou convide-o para visitar você e sua empresa. Deixe a porta aberta para continuar o diálogo e desenvolver uma relação mais forte.

Estabelecer e construir confiança é essencial para desenvolver relacionamentos eficazes e bem-sucedidos com clientes e parceiros. Uma maneira de promover isso é manter sempre a sua palavra; seja confiável e receptivo. Se você disser a um cliente que irá lhe enviar uma informação particular até o final da semana, certifique-se de fazê-lo. Cumpra o que prometer, mas faça promessas realistas.

Comportamento ético no trato com clientes e parceiros também é imperativo para a construção de confiança. Nada pode estragar uma relação comercial mais rápido do que fazer ou dizer algo que o cliente considere antiético. Em encontros com clientes e parceiros, não faça nada que possa dar a impressão de que você está tentando evitar alguma coisa ou agir de forma suspeita ou dissimulada. Não exagere nem aumente a verdade. Seja justo e sempre faça a coisa certa. Não seja intrometido nem tente arrancar informação privilegiada ou confidencial deles. Por exemplo, não pergunte sobre o orçamento detalhado de um contrato recente que o cliente atribuiu a um de seus concorrentes. Da mesma forma, se o cliente pede informações confidenciais, você deve dizer a ele que não pode divulgá-las; ele vai respeitá-lo por ser honesto e verdadeiro e ter ainda mais confiança em você. Não espalhe fofocas, rumores ou boatos e depois diga ao cliente que ele deve mantê-los confidenciais. Você estaria pedindo a ele que fizesse algo que você mesmo não pode fazer – manter um segredo –, e o cliente perderá a confiança em você. Também não faça comentários negativos sobre outras pessoas ou organizações, mesmo que o cliente o fizer; não se junte ao arrebatamento. Tenha cuidado com o que diz em conversas ou em seu telefone celular quando estiver em elevadores, escadas, banheiros e restaurantes, nunca se sabe quem pode estar perto e ouvir o que você diz.

Reforce sua aprendizagem

3. Estabelecer e construir __________ é essencial para desenvolver __________ bem-sucedidos e __________.

A primeira impressão que você passa a um cliente é fundamental para o desenvolvimento de uma relação contínua e frutífera. Faça contato visual direto e demonstre uma atitude e um comportamento positivo, amigável, cortês, respeitoso e profissional na interação ou discussão posterior. É importante controlar suas emoções, ser discreto e não ser agressivo nas discussões com os clientes. Não dê respostas rápidas e automáticas de que você possa se arrepender mais tarde. É melhor pensar mais sobre uma questão contraditória e fornecer uma resposta melhor no dia seguinte. Aprenda a orientar as conversas com o cliente, saber quando calar, quando não responder, quando emitir a sua opinião (ou não emitir prematuramente) e quando mudar o tema da discussão. Se você responder previamente a um comentário de um cliente antes de ele terminar de falar, sua resposta pode ficar totalmente sem fundamento em relação a onde ele queria chegar com seu comentário. Também tenha cuidado e sensibilidade para fazer ou responder a comentários ou brincadeiras que possam ser inadequados. Por exemplo, contar uma piada sobre uma pessoa com determinada crença religiosa ou sobre uma pessoa com deficiência, ou fazer uma observação indelicada sobre o sexo oposto pode estar em desacordo com o cliente e acabar com a relação, descartando sua empresa de futuras oportunidades de negócios com esse cliente. Evite palavrões, gírias e jargões. Sendo assim, pense antes de falar, você não pode anular algo que tiver dito.

Mantenha uma atitude positiva e otimista em suas relações com clientes e parceiros. Não seja negativo e não fique insistindo em por que as coisas não irão funcionar ou não podem ser feitas. Em vez disso, tente sugerir abordagens criativas de como elas podem ser feitas. Os clientes querem trabalhar com pessoas que podem resolver problemas, e não com aquelas que apenas os identificam.

Construa credibilidade baseada no desempenho. Não basta dizer que você pode fazer algo, prove. Faça todo o possível e exceda as expectativas.

Sempre coloque o cliente em primeiro lugar. Os clientes querem ter certeza de que todos os projetos que fazem com um contratado serão bem-sucedidos, envolverão um bom relacionamento de trabalho com o contratado e os ajudarão a alcançar seus objetivos de negócios.

É aconselhável não contar com um bom relacionamento apenas com um indivíduo em uma organização, mas construir relacionamentos com várias pessoas importantes, uma vez que elas podem sair e outros podem tornar-se mais influentes.

A construção de relações eficazes e bem-sucedidas leva tempo e trabalho, e não acontece de um dia para o outro.

Reforce sua aprendizagem

4. A construção de relações eficazes e bem-sucedidas exige __________ e __________.

Marketing pré-CDP/proposta

Interessados cujo "sustento" depende da criação de propostas vencedoras em resposta a CDPs de negócios ou do governo não devem esperar até que solicitações formais de CDP sejam anunciadas pelos clientes antes de começar a desenvolver as propostas. Em vez disso, esses interessados precisam desenvolver relacionamentos com clientes potenciais muito antes de eles prepararem uma CDP.

Devem-se manter contatos frequentes com os clientes antigos e atuais e iniciar contatos com futuros clientes potenciais. Durante esses contatos, os interessados devem ajudar os clientes a identificar as áreas em que poderiam beneficiar-se com a implementação de projetos que atendam às necessidades, problemas ou oportunidades. Trabalhar em conjunto com o cliente potencial coloca o concorrente em uma posição melhor para ser selecionado e, eventualmente, como o vencedor quando este cliente emitir uma CDP. Um concorrente que está familiarizado com as necessidades do cliente, seus requisitos e expectativas, pode preparar uma proposta mais claramente focada em resposta à sua CDP. Esses esforços pré-CDP ou pré-proposta são considerados de desenvolvimento de marketing ou de negócios e são realizados sem nenhum custo para o cliente. Espera-se que o pagamento ao interessado por esses esforços venha mais tarde, quando for selecionado como o vencedor em resposta à CDP.

Reforce sua aprendizagem

5. Os interessados precisam ______ ______ com os clientes potenciais ______ de os clientes prepararem uma CDP.

Durante essa atividade pré-CDP/proposta, o interessado deve aprender o máximo possível sobre as necessidades, os problemas e o processo de tomada de decisão do cliente. Deve pedir ao cliente informações, dados e documentação sobre a necessidade ou problema identificado. Ele poderá, então, desenvolver alguns conceitos pré-proposta ou abordagens e apresentá-los ou revê-los com o cliente. Ao obter as reações dos clientes a tais conceitos, o interessado pode começar a compreender e esclarecer o que o cliente espera, bem como desenvolver uma imagem sensível e favorável aos olhos do cliente. Ele pode, inclusive, convidar o cliente a visitar outro de seus clientes, que tinha uma necessidade ou problema semelhante e para o qual ele propôs e implementou uma solução com sucesso. Essa visita pode melhorar a reputação do contratado com o cliente.

Em alguns casos, o interessado pode preparar uma *proposta não solicitada* e apresentá-la ao cliente. Se este estiver confiante de que a proposta atenderá à sua necessidade ou resolverá seu problema a um custo razoável, pode simplesmente negociar um contrato com ele para implementar o projeto proposto, eliminando, assim, a elaboração de uma CDP e o processo subsequente de proposta competitiva. Ao fazer um bom trabalho de marketing pré-CDP/proposta, o interessado pode obter um contrato de um cliente sem ter de competir com outros concorrentes.

Reforce sua aprendizagem

6. Qual é o resultado de um esforço de marketing pré-CDP/proposta bem-sucedido?

Se o objetivo for ganhar uma CDP competitiva ou obter um contrato não competitivo, os esforços *pré-CDP/proposta de um interessado são cruciais para estabelecer a base para, eventualmente, ganhar um contrato com o cliente.*

Decisão de desenvolver uma proposta

Como o desenvolvimento e a preparação de uma proposta levam tempo e podem ser caros, os interessados em apresentar uma proposta em resposta a uma CDP devem ser realistas sobre a probabilidade de serem selecionados como vencedor. Avaliar se deve avançar com a preparação de uma proposta algumas vezes é definido como a decisão de **licitar/não licitar**. Um interessado pode considerar os seguintes fatores na decisão de desenvolver uma proposta em resposta a uma CDP:

1. *Competição.* Que outros concorrentes também podem apresentar uma proposta em resposta à CDP? Algum desses concorrentes tem uma vantagem competitiva, em razão de trabalhos de marketing pré-CDP, trabalho anterior ou reputação com o cliente?

2. *Risco.* Existe um risco de que o projeto não tenha êxito – técnica ou financeiramente? Por exemplo, há muitas incertezas sobre a viabilidade tecnológica de desenvolvimento de um circuito eletrônico integrado que vai atender às necessidades do cliente? Ou o cliente quer que concorrentes apresentem uma proposta baseada em um contrato por preço global para um projeto que envolve um trabalho de investigação e desenvolvimento com uma chance de apenas 50% de sucesso técnico?

3. *Missão.* O projeto proposto é coerente com a missão do negócio do interessado? Por exemplo, se o negócio de um interessado é desenvolver e implementar sistemas automatizados para aplicações orientadas para algumas áreas – tais como contabilidade, controle de pedidos ou relatório financeiro –, o desenvolvimento de um sistema automatizado para monitoramento, testes e controle de um processo químico para uma empresa farmacêutica não estaria dentro dessa missão do negócio do interessado.

4. *Ampliação de capacidades.* Será que o projeto proposto fornece ao interessado uma oportunidade de ampliar e reforçar as suas capacidades? Por exemplo, se um interessado vem fornecendo sistemas de controle de estoque automatizados para os mercados de alimentos individuais, uma CDP para fornecimento um sistema de controle de estoque integrado para uma cadeia de supermercado de dez lojas pode oferecer ao interessado a oportunidade de ampliar suas capacidades e expandir seus negócios para uma base maior de clientes.

5. *Reputação.* O interessado tem projetos concluídos com êxito para o mesmo cliente no passado ou houve problemas que deixaram o cliente insatisfeito? O interessado participou de CDPs do cliente sem sucesso no passado?

6. *Os recursos de clientes.* O cliente realmente tem fundos disponíveis para avançar com o projeto? Ou ele está em uma "*fishing expedition*" – emitindo uma CDP sem saber se o projeto será financiado? O cliente pode emitir uma CDP com a melhor das intenções, mas, prematuramente, prevendo que o conselho de administração aprovará o financiamento. No entanto, se a empresa estiver passando por dificuldades financeiras, o conselho pode decidir adiar o projeto indefinidamente, mesmo depois de ter recebido propostas de interessados. Um bom marketing da CDP por parte do interessado vai ajudar a determinar a viabilidade de um projeto. Os interessados não devem gastar tempo respondendo a CDPs com o desenvolvimento de propostas de projetos que provavelmente não serão financiados.

7. *Recursos das propostas.* Recursos apropriados estão disponíveis para preparar uma proposta de qualidade? Não é suficiente para um interessado apenas preparar uma proposta. É imperativo que a proposta seja de qualidade suficiente para ter uma boa chance de ganhar. Para preparar uma proposta de qualidade, o interessado deve ter pessoal adequado, isto é, recursos para trabalhar com ele. Se a organização do interessado não tem os recursos necessários disponíveis para preparar uma proposta de qualidade, ele deve tomar providências para garantir outros recursos para oferecer a melhor proposta possível. O interessado não deve usar recursos inadequados para preparar uma proposta apenas para poder apresentá-la. Apresentar uma proposta de má qualidade pode deixar o cliente com uma impressão negativa, o que prejudicará as chances do interessado de ganhar contratos futuros com ele.

8. *Recursos do projeto.* Recursos apropriados estão disponíveis para executar o projeto se o proponente for selecionado como vencedor? Os proponentes precisam ter certeza de que as pessoas apropriadas dentro da sua organização estarão disponíveis para trabalhar no projeto. Se, depois de ter ganhado o contrato, o proponente descobrir que a equipe deve ser composta de indivíduos que não são os originalmente planejados para o

Reforce sua aprendizagem

7. Quais são alguns dos fatores que o interessado deve considerar ao decidir se deve responder a uma CDP?

Reforce sua aprendizagem

8. Os interessados precisam ser ______________ quanto à sua capacidade de elaborar propostas e à ______________ de ganhar o contrato.

projeto, as chances de concluí-lo com sucesso podem diminuir. O resultado poderia ser um cliente insatisfeito que não vai pedir ao contratado que responda a CDPs futuras. Se o proponente não tem certeza de que tem os recursos para realizar o projeto, ele deve ter um plano para garantir os recursos necessários para executar o projeto com sucesso (como a contratação de pessoas, a terceirização de alguns elementos de trabalho para subcontratados, ou a parceria com outras empresas).

Os interessados precisam ser realistas quanto à sua capacidade de elaborar propostas e sobre a probabilidade de ganhar o contrato. O processo de seleção de propostas é competitivo – o cliente irá selecionar um vencedor entre propostas concorrentes. Para um proponente, sucesso é ganhar o contrato, e não a mera apresentação de uma proposta. Submeter um monte de propostas não vencedoras em resposta a CDPs pode ferir a reputação de um proponente. Assim, embora muitas vezes seja a coisa certa a fazer, o interessado deve decidir-se por não submeter uma proposta – mesmo que isso pareça muito difícil.

A Figura 3.1 é um exemplo de lista de verificação sobre participar/não participar que o contratado pode usar para decidir se deve apresentar uma proposta para responder ao CDP. Essa lista de verificação pode ser usada pelos tomadores de decisão na organização do contratado a fim de chegar a um consenso. A lista de verificação na Figura 3.1 ilustra o consenso de especialistas de uma empresa de consultoria de treinamento e resume suas deliberações sobre a possibilidade de concorrer em uma CDP da ACE Manufacturing, Inc., para conduzir um programa de treinamento substancial para os funcionários de supervisão em sete fábricas espalhadas por todo o país. Você acha que eles devem apresentar uma proposta para a ACE?

Criando uma proposta vencedora

É importante lembrar que *o processo de proposta é competitivo*. Um cliente utiliza uma CDP para solicitar propostas de interessados. Cada proponente, portanto, deve ter em mente que sua proposta vai competir com as de outros contratados. Apresentar uma proposta que atenda à declaração de trabalho e às exigências do cliente contidas na CDP não é suficiente para garantir sua escolha como vencedora. Muitas ou todas as propostas provavelmente cumprirão esses requisitos. O cliente irá selecionar aquela que ele espera que irá lhe fornecer o melhor valor.

Uma *proposta é um documento de venda;* não é um relatório técnico. Na proposta, o contratado tem de convencer o cliente de que ele:

Reforce sua aprendizagem

9. O processo da proposta é um processo ______________. Uma proposta é um documento de ______________.

- Entende o que o cliente está procurando.
- Pode realizar o projeto proposto.
- Garantirá o melhor valor para o cliente.
- É o melhor contratado para atender à necessidade e resolver o problema.
- Irá capitalizar sua experiência de sucesso com projetos anteriores relacionados.
- Fará o trabalho profissionalmente.
- Atingirá os resultados esperados.
- Concluirá o projeto dentro do orçamento e da programação.
- Satisfará o cliente.

Em uma proposta, o proponente deve destacar os fatores únicos que a diferenciam das propostas de concorrentes. A proposta deve enfatizar os benefícios para o cliente caso ele o selecione para executar o projeto.

Lista de verificação sobre apresentar/não apresentar proposta

Título do projeto: Programa de treinamento de supervisão

Cliente: ACE Manufacturing, Inc. Data de conclusão: 31/05

Pontue cada fator como Alto (A), Médio (M) ou Baixo (B)

Fator	Pontuação	Observações
1. Competição	A	A universidade local forneceu a maior parte dos treinamentos para a ACE no passado
2. Risco	B	Os requisitos na CDP são bem definidos
3. Consistentes com nossa missão	A	Treinamento é o nosso negócio
4. Oportunidade de ampliar nossas capacidades	A	Algumas tarefas exigem videoconferência, o que não fizemos antes
5. Reputação com o cliente	B	Não fizemos nenhum treinamento para a ACE antes
6. Disponibilidade de recursos financeiros	A	A ACE tem recursos orçamentários para implementar o treinamento
7. Recursos disponíveis para preparar uma proposta de qualidade	M	Lynn terá de reprogramar suas férias. Provavelmente terá de trabalhar no fim de semana do Memorial Day para concluir a proposta
8. Recursos disponíveis para realizar o projeto	M	Teremos de fazer subcontratações para vários tópicos de formação específica

Nossas vantagens, pontos fortes ou capacidades distintas:

- Bom histórico na formação de supervisão – temos muitos clientes recorrentes.
- Mais flexível do que a universidade local para atender às necessidades da ACE para treinamento no local durante as operações de mudança 2 e 3.

Nossas fraquezas:

- A maioria dos nossos clientes é do setor de serviços, como hospitais. A ACE é uma fabricante.
- O presidente da ACE é um graduado da universidade local e um grande contribuinte dela.

FIGURA 3.1 ▪ Lista de verificação apresentar/não apresentar proposta.

Os principais parceiros e subcontratados podem complementar a especialidade do proponente. Identificar e incluir parceiros adequados ou subcontratados para executar tarefas essenciais específicas em um projeto proposto pode oferecer uma vantagem competitiva significativa, especialmente se essas organizações têm conhecimento técnico específico, que é essencial para o projeto; têm uma excelente reputação ou já tenham boa credibilidade com o cliente.

As propostas devem ser redigidas de forma simples e concisa; não devem ser prolixas ou redundantes. Devem usar a terminologia que o cliente conhece e evitar abreviaturas, siglas, jargões e outras palavras que o cliente pode não conhecer ou entender. Ilustrações simples e

Reforce sua aprendizagem

10. Em uma proposta, o proponente deve destacar os fatores ____________ que a ____________ de propostas de ____________.

gráficos devem ser utilizados sempre que possível. Ilustrações excessivamente complexas devem ser evitadas; vários gráficos simples provavelmente seriam de mais fácil compreensão para o cliente do que um gráfico complicado. Quando um apontamento é feito ou uma abordagem ou conceito são propostos, devem ser sustentados por lógica, raciocínio e/ou dados. As propostas devem abordar especificamente as necessidades do cliente, conforme estabelecido na CDP. Propostas escritas em generalidades farão que o cliente questione se a contratada realmente entende o que precisa ser feito e como fazê-lo. Por exemplo, suponhamos que um dos requisitos da CDP é o desenvolvimento de uma peça de maquinaria especializada que irá produzir 20 partes por minuto. Uma proposta afirmando que "a máquina a ser construída produzirá 20 partes por minuto" é mais convincente do que uma afirmando que "o mecanismo será concebido para produzir o número máximo de peças por minuto". O cliente ficará em dúvida sobre a última declaração, porque "máximo" pode significar menos de 20 peças por minuto.

Finalmente, as propostas devem ser realistas em termos do âmbito proposto, do custo e do cronograma aos olhos do cliente. Propostas que prometem muito ou são excessivamente otimistas podem parecer inacreditáveis e, novamente, levantar dúvidas sobre se o proponente entende o que precisa ser feito e como fazê-lo.

Preparação da proposta

A preparação da proposta pode ser uma tarefa simples executada por uma pessoa, ou pode ser um trabalho que requer uso intensivo de recursos, exigindo uma equipe e indivíduos com habilidades e conhecimentos diversos. No caso simples de projetar e imprimir um relatório anual, uma gráfica comercial experiente (o proponente) – após uma reunião com o cliente sobre os requisitos – pode ser capaz de preparar uma proposta dentro de um curto período, sem envolver outros indivíduos. No entanto, no caso em que um órgão do governo emitiu uma CDP para um projeto de milhões de dólares para desenvolver e construir um novo sistema de trânsito rápido regional, cada interessado poderá montar uma equipe de muitos indivíduos, subcontratados e/ou parceiros para ajudar a desenvolver a proposta. Em tais situações, o proponente pode designar um *gerente* que coordene os esforços da equipe para garantir que uma proposta coerente e consistente seja preparada até a data de vencimento estabelecida na CDP.

O desenvolvimento de uma proposta abrangente para um grande projeto deve ser tratado como um projeto em si; assim, o gerente da proposta precisa se reunir com a equipe para desenvolver um cronograma para concluir a proposta na data de vencimento estabelecida pelo cliente. A programação deve incluir as datas em que várias pessoas da equipe já tenham esboços das etapas atribuídas a elas, datas de realização de avaliações, bem como a data de sua finalização. Essa programação deve reservar tempo para revisão e aprovação pela administração na organização do proponente. Deve haver tempo hábil também para preparar quaisquer ilustrações gráficas, digitação, cópia e entrega da proposta para o cliente, que pode estar a centenas de quilômetros de distância do proponente.

Propostas para grandes projetos técnicos podem ser documentos de vários volumes, que incluem desenhos de engenharia e centenas de páginas de texto. E, sim, muitas vezes têm apenas um prazo de 30 dias a contar da emissão da CDP! Proponentes que participam de projetos dessa envergadura costumam fazer marketing pré-CDP, então eles podem ter uma proposta de projeto já elaborada antes de o cliente emitir uma CDP formal. Em tais casos, durante o período de resposta de 30 dias, o proponente pode rever o primeiro projeto de proposta para incorporar todos os requisitos não previstos e depois usar o tempo restante para "empacotar" uma proposta profissional de primeira classe.

Os clientes igualmente não pagam interessados para elaborar propostas. Eles absorvem tais custos como custos de comercialização normal dos negócios, na expectativa de conseguir contratos e obter lucros.

Como dito anteriormente, uma proposta é um documento de venda, não um relatório técnico. Pode consistir em várias páginas ou vários volumes, contendo centenas de ilustrações e tabulações. Uma proposta deve conter detalhes suficientes para convencer o cliente de que o proponente garantirá o melhor valor a ele. Muitos detalhes em uma proposta, no entanto, podem sobrecarregar o cliente e aumentar desnecessariamente os custos de preparação dela para o proponente.

Conteúdos da proposta

As propostas são muitas vezes organizadas em três seções: técnica, gestão e custos. Para propostas de grande porte, essas seções poderão compreender três volumes separados. A quantidade de detalhes que o proponente inclui dependerá da complexidade do projeto e dos conteúdos da CDP. Algumas CDPs declaram que as propostas do proponente que excedam determinado número de páginas não serão aceitas pelo cliente. Afinal, os clientes estão ansiosos para fazer uma avaliação imediata de todas as propostas apresentadas e podem não ter tempo para analisar grande número de cópias volumosas.

SEÇÃO TÉCNICA

Reforce sua aprendizagem

11. Uma proposta deve abordar três tópicos ou conter três seções. Quais?

O objetivo da seção técnica da proposta é *convencer o cliente de que o proponente entende a necessidade ou problema e pode fornecer a solução menos arriscada e mais benéfica*. A parte técnica deve conter os seguintes elementos:

1. *Compreensão da necessidade.* O proponente deve declarar a sua compreensão do problema ou necessidade do cliente com as próprias palavras. Não deve apenas reafirmar a declaração do problema que aparece na CDP. Essa primeira parte da seção técnica deve mostrar ao cliente que o proponente entende completamente o problema a ser resolvido ou a sua necessidade e estabelecer a base para a solução proposta posteriormente na seção técnica. O proponente pode querer descrever, em narrativa ou de forma gráfica, a condição atual do cliente. Por exemplo, se o problema é uma taxa elevada de refugos de um processo de fabricação, o proponente pode querer incorporar um fluxograma do processo de fabricação atual que indica onde o refugo está ocorrendo e que outros problemas podem estar causando, como gargalos de produção. Os clientes vão se sentir mais confiantes trabalhando com um contratado que, eles acreditam, realmente entende a sua necessidade.

2. *Abordagem ou solução proposta.* Algumas necessidades prestam-se a uma solução proposta específica – por exemplo, uma CDP para reconfigurar um grande escritório para acomodar 10% a mais de pessoas. Outros problemas, no entanto, não. Um problema pode exigir que uma tarefa de análise e de desenvolvimento seja realizada como parte do projeto proposto antes que uma solução específica possa ser descrita em detalhes. Em tais casos, a proposta do proponente deve descrever a abordagem ou metodologia que seria utilizada no desenvolvimento da solução. Por exemplo, se uma CDP for feita para um sistema especializado de inspeção sem contato para medir certas características de um produto complexamente moldado, feito de material avançado, seria irreal para o cliente esperar que os contratados projetassem tal sistema como parte da proposta em si; em vez disso, tal projeto de engenharia e desenvolvimento seria feito como parte do projeto proposto. No entanto, na proposta, o proponente tem de convencer o cliente de que a abordagem feita para a concepção, o desenvolvimento e a construção de um sistema desse tipo é lógica e realista e levaria o proponente a fornecer um sistema que atenderia às suas exigências. Essa parte da seção técnica pode conter o seguinte:

   a. Uma descrição de como o proponente iria coletar, analisar e avaliar os dados e informações sobre a necessidade ou problema.

   b. Uma descrição dos métodos que seriam utilizados pelo proponente para avaliar soluções alternativas ou desenvolver a solução proposta para o problema. Poderia incluir também uma discussão de várias experiências, testes, modelos físicos – ou no computador – que o proponente usaria ou que já tenha usado em projetos semelhantes.

c. A justificativa para a abordagem proposta ou solução. Essa justificativa pode estar baseada em experimentos realizados anteriormente pelo proponente, a experiência do proponente na resolução de problemas semelhantes ou uma tecnologia exclusiva e patenteada que o proponente usaria para atender à necessidade.

d. A confirmação de que a solução proposta ou abordagem atenderia a cada um dos requisitos funcionais, operacionais e de desempenho estabelecidos na CDP. Por exemplo, se a CDP para a concepção e construção de uma creche afirma que determinado mobiliário deve estar em uma altura específica para acomodar crianças com menos de 48 centímetros de altura, a proposta deve indicar que o proponente atenderá a essa exigência. Não abordar cada um dos requisitos do cliente vai fazê-lo ter dúvidas sobre a solução proposta e poderia prejudicar as chances de um proponente ganhar o contrato, especialmente se as propostas dos contratados concorrentes afirmarem que eles vão cumprir os requisitos.

Se o proponente não pode atender a um requisito específico, esse fato deve ser declarado na proposta. Uma variação dos requisitos especificados é conhecida como **exceção**. Para cada exceção feita a uma exigência do cliente, o contratado deve explicar por que o requisito não será ou não poderá ser atingido e propor uma alternativa. Embora os contratados devam evitar fazer exceções aos requisitos do cliente, pode haver circunstâncias em que uma exceção é apropriada. Por exemplo, se o cliente requer um sistema de aquecimento elétrico para um prédio comercial, o proponente pode fazer exceção a isso e mostrar na proposta que os custos iniciais e operacionais para um sistema de aquecimento a gás natural seriam menos dispendiosos para o cliente. No entanto, este pode ter boas razões, além de custos, para exigir um sistema de aquecimento elétrico e, consequentemente, rejeitar propostas que façam exceções a essa exigência.

3. *Benefícios para o cliente.* O proponente deve indicar a forma como a abordagem ou a solução proposta iria beneficiar o cliente e atingir os critérios de sucesso do projeto ou os resultados esperados. Os benefícios podem ser quantitativos ou qualitativos e incluir redução de custos, tempo de processamento e estoques reduzidos, melhor atendimento ao cliente, menos sobras, refugos ou erros, melhores condições de segurança, informação mais oportuna e manutenção reduzida. Essa parte da proposta deve ajudar a convencer o cliente do valor da abordagem indicada em comparação com as propostas que este pode receber dos concorrentes.

Reforce sua aprendizagem

12. Qual é o objetivo da seção técnica de uma proposta?

SEÇÃO DE GESTÃO

O objetivo da seção de gestão da proposta é *convencer o cliente de que o proponente pode fazer o trabalho proposto (o projeto) e alcançar os resultados esperados.* A seção de gestão deve conter os seguintes elementos:

1. *Descrição de trabalhos.* O proponente deve definir as principais tarefas que serão executadas para a realização do projeto e fornecer uma breve descrição do que cada tarefa principal inclui. É importante que não apenas reafirme a declaração de trabalho incluída na CDP do cliente. A proposta não precisa ter uma longa lista de atividades detalhadas; tal lista deverá ser desenvolvida durante a fase de planejamento detalhado, apenas depois ter ganhado o contrato.
2. *Entregas.* O proponente deve incluir uma lista de todos os resultados (produtos tangíveis ou itens) que serão oferecidos durante o projeto, tais como relatórios, desenhos, manuais e equipamentos.
3. *Cronograma do projeto.* O proponente deve fornecer um cronograma para a execução das principais tarefas necessárias para completar o projeto. O cronograma deve mostrar que o proponente pode concluir o projeto

dentro do prazo estabelecido na CDP. Pode ser oferecido em qualquer um dos vários formatos: uma lista de tarefas com seu início estimado e as datas de conclusão; um gráfico de barras, muitas vezes chamado de gráfico de Gantt, com a duração estimada de cada tarefa representada por uma barra horizontal ao longo de uma linha do tempo; ou um diagrama de rede, em que as tarefas são retratadas de forma gráfica, mostrando a sequência e interdependência entre elas.

Além das tarefas principais, a programação pode incluir datas para outros eventos marcantes, como importantes reuniões de avaliação, atividades de aprovação de clientes e conclusão de itens a entregar, tais como relatórios de progresso, esboços conceituais, desenhos, manuais, bancos de dados ou equipamentos.

4. *Organização do projeto.* O proponente deve descrever como o trabalho e os recursos serão organizados para a execução do projeto. Para grandes projetos, que envolvam muitas pessoas e subcontratados ou parceiros, pode ser apropriado incluir um organograma que mostre as funções principais de cada um, com o nome da pessoa a quem será atribuída a responsabilidade em cada função. Currículos de especialistas que serão designados para o projeto devem ser incluídos para convencer o cliente de que suas experiências significativas relacionadas ao projeto serão usadas para garantir o sucesso. Além de um organograma, ou para substituí-lo, o proponente pode incluir uma matriz de responsabilidades, que lista as tarefas principais do projeto e designa o indivíduo, a organização ou a empresa subcontratada responsável pela realização de cada tarefa.

5. *Experiência relacionada.* Para ajudar a convencer o cliente de que pode realizar o projeto, o proponente deve fornecer uma lista de projetos semelhantes que tenha concluído. Deve descrever brevemente cada projeto e explicar como a experiência obtida será útil para realizar com sucesso o projeto proposto. O valor em espécie do contrato também deve ser fornecido para dar ao cliente a sensação de capacidade do proponente para gerenciar projetos do tamanho daquele proposto. A probabilidade de ganhar o contrato de um projeto de um milhão de dólares não é muito alta se toda a experiência anterior do proponente relacionada for em projetos de $ 20.000 ou menos. Para cada projeto similar anterior, o proponente pode incluir o nome, cargo e número de telefone de uma pessoa com quem o cliente atual possa entrar em contato para verificar o seu desempenho. Cartas de referência de clientes satisfeitos também podem ser incluídas. Esse tipo de informação será particularmente útil se o proponente tiver um histórico de bom desempenho.

   Além disso, se as principais tarefas são propostas para serem entregues a subcontratadas ou parceiros, a experiência relevante dessas organizações também deve ser declarada, incluindo o porquê de terem sido selecionadas para fazer parte da equipe do projeto proposto. Currículos de seus especialistas também podem ser incluídos.

6. *Equipamentos e instalações.* Alguns projetos requerem que o proponente utilize ou tenha acesso a equipamentos exclusivos ou materiais, tais como computadores de alto desempenho, software específico, equipamentos de fabricação ou instalações de testes. Nesses casos, o proponente pode fornecer uma lista dos equipamentos e instalações especiais que possui a fim de convencer o cliente de que ele realmente tem os recursos necessários.

Reforce sua aprendizagem

13. Qual é o objetivo da seção de gestão de uma proposta?

SEÇÃO DE CUSTOS

O objetivo da seção de custos da proposta é *convencer o cliente de que o preço contratado para o projeto proposto é realista e razoável.* Muitas vezes, o cliente exige que o proponente forneça uma análise detalhada dos elementos de custos. No entanto, em alguns casos, ele pode desejar somente o preço total do projeto. Alguns clientes também querem conhecer os custos de itens opcionais. Por exemplo, um casal que está pedindo a vários empreiteiros a apresentação de propostas para a construção de uma casa pode estar procurando o custo total mais os custos opcionais, tais como paisagismo, cobertura, porão decorado, piscina ou uma cerca em torno do quintal.

A seção de custos geralmente consiste em tabulações de custos estimados para elementos, tais como:

1. *Mão de obra.* Essa parte dá uma estimativa dos custos dos diferentes tipos ou classificações de pessoas que se espera que trabalhem no projeto. Pode incluir a estimativa do número total de horas e o pagamento por hora de

trabalho de cada pessoa ou classificação, como engenheiro, *designer* gráfico, mecânico, programador, eletricista ou pintor. As estimativas do número de horas devem ser realistas. Se forem muito altas ou muito "gordas", o custo total estimado pode ser maior do que aquele que o cliente está disposto a pagar. Por outro lado, se as horas estimadas forem muito baixas, o proponente pode perder dinheiro no projeto. A taxa horária do trabalho é geralmente baseada no salário anual de cada pessoa ou no salário médio anual para cada classificação, além de um porcentual adicional para cobrir os benefícios indiretos dos empregados (seguro de saúde, aposentadoria, e assim por diante). Esses salários são, então, divididos pelo número de horas normais de trabalho em um ano (por exemplo, 40 horas por semana vezes 52 semanas é igual a 2.080 horas) para determinar a taxa de trabalho por hora para cada pessoa ou classificação.

2. *Materiais.* Essa parte informa o custo dos materiais que o proponente precisa comprar para o projeto. Por exemplo, o custo de materiais para um projeto de remodelação pode incluir madeira, novas janelas, materiais elétricos e hidráulicos e carpetes.

3. *Equipamentos.* Alguns projetos requerem equipamentos que devem ser adquiridos como parte do projeto. Podem incluir itens como computadores e máquinas. Por exemplo, um projeto de construção de uma clínica médica incluiria a aquisição de vários tipos de equipamentos. Ou um projeto para otimizar uma fábrica pode incluir a compra de novas máquinas para produção. Ou um escritório novo pode incluir a compra de novos sistemas de computadores.

4. *Instalações.* Alguns projetos podem exigir instalações especiais ou espaço adicional para a equipe de projeto, por razões de segurança, para armazenar materiais ou para construir, montar e testar o produto final do projeto (entrega). Se tais instalações são necessárias, o custo estimado para alugar o espaço precisa ser incluído.

5. *Subcontratados e consultores.* Quando os contratados não têm os conhecimentos ou recursos para realizar certas tarefas do projeto, eles podem terceirizar parte do trabalho para subcontratados ou consultores que possam executá-las. Por exemplo, um projeto para transformar o porão de uma igreja em uma creche pode exigir o envolvimennto de uma empresa subcontratada para remover amianto e um consultor para prestar aconselhamento sobre os regulamentos estaduais e códigos para creches. O proponente pede geralmente aos subcontratados e consultores que apresentem uma proposta de escopo do trabalho e o custo de suas tarefas. Em seguida, inclui esses valores no custo total do projeto.

6. *Viagem.* Se for necessário viajar (além de viagens locais) durante o projeto, os custos de transporte, como passagem aérea, hospedagem e refeições devem ser incluídos. O proponente deve estimar o número e a duração das viagens. Por exemplo, se o cliente é uma agência do governo em Washington, DC, e o proponente está na Califórnia, os custos associados a viagens a Washington para reuniões de avaliação com o cliente precisam ser incluídos.

7. *Documentação.* Alguns clientes querem que o proponente apresente separadamente os custos associados às entregas de documentação do projeto. Seria o custo de impressão de manuais, desenhos ou relatórios, ou da produção de vídeos ou DVDs, por exemplo.

8. *Despesas gerais.* O proponente deve adicionar uma porcentagem dos custos nos itens 1 a 7 para cobrir as **despesas gerais** normais – os **custos indiretos** de fazer negócios, como seguros, depreciação, contabilidade, administração geral, marketing e recursos humanos. É claro que, em projetos informais, como a organização de uma festa da cidade por voluntários, tais custos indiretos não são aplicáveis.

9. *Escalonamento.* Para grandes projetos, para os quais se espera levar vários anos para sua conclusão, o proponente deve incluir os custos de escalonamento nos salários e custos de materiais ao longo de sua duração. Por exemplo, em um projeto de três anos, o proponente pode querer antecipar um aumento de 3% nos salários em cada um dos últimos dois anos do projeto. Se o mesmo projeto exige que o contratado compre a maior parte dos materiais durante o terceiro ano, as estimativas de custos dos materiais atuais podem necessitar um aumento de uma determinada porcentagem para cobrir seu custo esperado no momento em que serão comprados.

10. *Contingência.* Também denominada **gestão de reservas** ou **reserva de contingência** é o montante que o contratado pode desejar incluir para cobrir situações inesperadas que possam surgir durante o projeto, como itens que tenham sido esquecidos quando o escopo inicial do projeto foi definido, atividades que precisem ser refeitas ou custos para cobrir uma grande probabilidade de risco de alto impacto.
11. *Lucro.* Os itens 1 a 10 são custos. O contratado deve agregar os elementos de custo e, em seguida, adicionar uma quantidade para obter o lucro desejado. O custo total agregado dos itens 1 a 10 mais o lucro é o **preço** do contratado para o projeto proposto.

Se possível, é uma boa ideia pedir à pessoa que será responsável pelas tarefas de trabalho importantes que estime os custos associados. Isso compromete essa pessoa e evita que qualquer tipo de preconceito possa surgir por ter alguém que estime todos os custos do projeto. Em outros casos, o contratado pode designar várias pessoas experientes para estimar os custos para certos grupos ou tipos de tarefas. Se o contratado executou projetos similares no passado, e manteve registros dos custos reais de vários itens, esses dados históricos podem ser usados como guia na estimativa de custos para o projeto proposto.

Reforce sua aprendizagem

14. Qual é o objetivo da seção de custos de uma proposta?

As estimativas de custo devem ser razoáveis e realistas. Não devem ser tão "exageradas" a ponto de incluir fundos de contingência para cada coisa que poderia surgir ou dar errado. Se as estimativas de custos forem excessivamente conservadoras, o preço para o projeto pode ser maior do que o cliente tenha autorizado ou do que o dos concorrentes. Por outro lado, se os custos estimados forem excessivamente otimistas e algumas despesas inesperadas surgirem, é provável que o contratado perca dinheiro (em um contrato por preço global) ou tenha de sofrer o constrangimento de voltar ao cliente para pedir fundos adicionais para cobrir o excesso de custos não previstos.

Reforce sua aprendizagem

15. Que elementos cada uma das três seções de uma proposta pode conter?

Considerações de precificação

Quando contratados preparam uma proposta, eles geralmente estão competindo com outros para ganhar um contrato. Por isso, precisam ter cuidado para não exagerar o preço proposto; caso contrário o cliente pode selecionar um contratado de preço menor. No entanto, os contratados devem ser igualmente cuidadosos para não subvalorizar o projeto; caso contrário, podem perder dinheiro em vez de obter lucro, ou podem ter de pedir fundos adicionais ao cliente, o que pode ser embaraçoso e prejudicar a reputação do contratado.

Ao determinar o preço para o projeto proposto, o contratado deve considerar os seguintes itens:

1. *Confiabilidade das estimativas de custo.* O contratado tem a confiança de que o custo total do projeto proposto é completo e preciso? Deve ter tempo para pensar sobre o projeto e estimar os custos em um nível detalhado, em vez de fazer uma estimativa aproximada. O ideal é que os custos sejam baseados em um projeto recente e semelhante ou, no caso dos custos de materiais, nas listas de preços atuais, catálogos ou cotações. Pode ser aconselhável pedir a indivíduos experientes ou especialistas que ajudem a estimar o esforço do trabalho. Em geral, quanto mais detalhadas as estimativas de custo, melhor.
2. *Risco.* Se o projeto proposto envolve um esforço que não foi realizado antes, como um projeto de pesquisa e desenvolvimento para se chegar a um medicamento para controlar uma doença, pode ser necessário incluir uma grande verba de contingência ou para reserva de gestão.
3. *Valor do projeto para o contratado.* Pode haver situações em que o contratado está disposto a aceitar um preço apertado ou baixo. Por exemplo, se o contratado tiver alguns outros projetos, ele pode precisar demitir trabalhadores, a menos que novos contratos sejam obtidos. Nesse caso, o contratado pode incluir apenas uma ta-

xa muito pequena a fim de aumentar as chances de ganhar o contrato e evitar a demissão de pessoas. Outro exemplo que pode ser particularmente útil para o contratado é um projeto que ofereça oportunidade de ampliar as capacidades ou expandir-se para novos tipos de projetos. Por exemplo, um empreiteiro que tem feito apenas reformas pode querer entrar na área de construção efetiva de casas e estar disposto a obter um lucro menor a fim de garantir sua entrada no mercado e estabelecer uma reputação.

4. *Orçamento do cliente.* Um proponente que sabe quanto dinheiro o cliente tem disponível para um projeto não deve apresentar um preço que o exceda. Aqui é onde o bom marketing pré-CDP revela-se importante. Ao ajudar o cliente potencial a identificar uma necessidade ou submeter uma proposta não solicitada com custos estimados, o proponente pode também auxiliar o cliente a determinar um orçamento para o projeto. Então, se este emitir uma chamada de propostas (e não revelar o valor orçado para o projeto), o proponente com a informação de "inteligência" do orçamento do cliente pode estar em uma melhor posição para apresentar uma proposta com preço mais aceitável que os concorrentes que não fizeram pesquisas semelhantes.
5. *Competição.* Se muitos proponentes devem apresentar propostas em resposta a uma CDP ou se alguns concorrentes estão com "fome" de trabalho, pode ser necessário apresentar um preço que inclui apenas um pequeno lucro a fim de aumentar as chances de ganhar o contrato.

Reforce sua aprendizagem

16. Quais são alguns itens que um proponente precisa considerar ao determinar o preço para um projeto proposto?

Proposta de projeto simplificada

Projetos grandes, complexos e muito caros, que são terceirizados pelos clientes por meio de uma CDP, resultam em proponentes preparando e apresentando propostas abrangentes que podem ser volumosas e detalhadas e que incluem muitas das informações discutidas em seção anterior (Conteúdos da proposta). No entanto, projetos menores ou menos complexos podem não exigir propostas tão abrangentes. Em outros casos, os proponentes podem ainda apresentar uma proposta não solicitada antes da preparação de uma CDP pelo cliente. Em ambas as situações, uma proposta simplificada ou básica pode ser adequada e suficiente. Essa proposta deverá incluir, no mínimo, os seguintes elementos:

1. *Declaração de necessidade do cliente.* Esta deve descrever claramente a compreensão do proponente sobre a necessidade ou problema e fazer referência a qualquer informação ou dados para apoiá-lo. Por exemplo, se o cliente tem necessidade de expandir seus negócios por meio da construção de um ponto de venda em uma determinada região geográfica, o proponente pode fazer referência a alguns dados sobre as tendências emergentes para tal ponto de venda ou aos dados demográficos da região onde a loja será localizada. Isso vai demonstrar que o proponente se preocupou em reunir dados de base em relação à necessidade do cliente. Nesta seção da proposta, o proponente deve tentar quantificar a condição ou oportunidade atual do cliente a fim de estabelecer uma linha de base para medir o sucesso do projeto.
2. *Suposições.* Às vezes, o cliente pode não fornecer certas informações na definição de sua necessidade, pode ser involuntariamente ambíguo a respeito de um item ou talvez não consiga resolver um problema, o que o proponente considera importante e necessário para executar o projeto com sucesso. Em tais casos, é adequado para o proponente indicar quaisquer suposições que possam afetar o escopo, horário ou preço. Como exemplo, o cliente poderia aceitar a atualização da interface do usuário de todas as estações de trabalho dos teclados atuais para a tecnologia *touch screen*. Outro caso pode ser uma suposição de que todo o trabalho de reconfiguração do espaço do escritório seria feito no fim de semana para minimizar a interrupção do fluxo de trabalho durante as horas de trabalho normais. Listar as suposições também pode ser um caminho para o proponente tratar de temas que podem tornar a sua proposta mais competitiva que a de outro concorrente.

3. *Escopo do projeto.* Deve descrever a abordagem do proponente para atender a necessidade do cliente ou solucionar o problema, definir especificamente que tarefas de trabalho se propõe a fazer e a descrever como espera que o cliente esteja envolvido em todo o projeto. Esta é a seção mais importante da proposta. Deve conter detalhes suficientes para convencer o cliente de que o proponente tem uma abordagem bem pensada, viável, prática e que será bem-sucedida. Precisa destacar as características únicas de abordagem do proponente e como elas irão beneficiar o cliente. Um exemplo é afirmar que irá incorporar uma técnica de projeto única ou usar materiais de sua propriedade, o que resultará em custos do ciclo de vida significativamente mais baixos para o novo sistema. Ou pode ser que o proponente mencione como vai capitalizar seu conhecimento adquirido na conclusão de projetos semelhantes com sucesso nos últimos cinco anos.
4. *Entregas.* O proponente deve listar todos os produtos tangíveis ou itens que irá proporcionar ao cliente durante a execução do projeto. Dependendo do projeto, pode incluir itens como relatórios de progresso, projetos conceituais, protótipos ou maquetes, especificações, livros, vídeos, brochuras, site, banco de dados, hardware, construções, móveis, oficinas, equipamentos, e assim por diante. O proponente precisa garantir que todas as entregas serão feitas de acordo com as especificações do cliente, os códigos de construção ou as normas da indústria etc., e que eles passarão pelos critérios de aceitação do cliente. Quanto mais descritivo e quantitativo o proponente puder ser sobre os resultados, melhor ele vai demonstrar seu conhecimento e confiança em realizar o objetivo do projeto.
5. *Recursos.* Deve discutir os tipos de conhecimentos e habilidades que o proponente irá utilizar no projeto, incluindo quaisquer subcontratados, consultores ou contratados fundamentais. Esta seção fornece outra oportunidade para o proponente indicar quaisquer vantagens exclusivas ou competitivas, tais como destacar as especializações ou experiência de indivíduos específicos que serão designados para o projeto. Outros recursos a serem mencionados podem incluir a disponibilidade de equipamentos únicos, tais como equipamentos de produção de alta precisão para a fabricação de componentes, que devem atender às rigorosas especificações do cliente, ou uma câmara de teste ambiental autenticada para realizar testes de aceitação necessários. Essa parte da proposta é muito importante, porque oferece uma oportunidade que o proponente convença o cliente de que ele tem o tipo certo de recurso disponível e a gestão adequada para realizar com êxito o seu projeto e que uma excelente relação de trabalho será estabelecida, baseada na comunicação oportuna e aberta, o que evitará quaisquer surpresas desagradáveis.
6. *Programação.* Deve incluir uma lista de etapas fundamentais, com datas-alvo ou tempo de ciclo, desde o início do projeto. Quanto mais detalhada, mais fácil será para o cliente considerar o plano bem pensado. Fornecer uma descrição gráfica da programação na forma de um diagrama de rede ou gráfico de barras pode aumentar a confiança do cliente na capacidade do proponente de gerenciar o projeto e de fornecer todas as entregas de acordo com suas necessidades.
7. *Preço.* O proponente precisa indicar o preço final para executar o projeto. Também é importante incluir uma discussão para convencer o cliente de que o preço é justo e razoável para o trabalho que se propõe a fazer. A ênfase deve ser no valor fornecido, e não em quão baixo ou "barato" é o preço. Por exemplo, o proponente deverá descrever as características únicas que ele traz para o projeto que agreguem valor.

   Às vezes, o proponente pode sugerir diversas alternativas ou opções para necessidades básicas do cliente, e, portanto, também fornecer um preço para cada uma delas para o cliente considerar. Um exemplo pode ser uma opção para aumentar a resistência estrutural de um edifício durante sua construção a fim de tornar menos onerosa a adição de vários andares a mais no futuro.
8. *Riscos.* Se o proponente tem preocupação com os riscos que têm uma alta probabilidade de ocorrência ou um alto grau de impacto potencial, então esses riscos devem ser apontados para o cliente. Isso vai mostrar a ele que o proponente tem experiência e uma abordagem realista para executar o projeto e quer evitar surpresas desagradáveis. Um exemplo de tal risco é o local onde o cliente quer construir uma creche, que pode ter alta pro-

babilidade de grandes formações rochosas sob a camada superficial do solo, o que pode prolongar a escavação da fundação, impactar a drenagem e afetar o custo do projeto. Outro caso pode ser a exigência do cliente de usar sua linguagem de software em um projeto para atualizar seu sistema de informação, o que pode criar o risco de o sistema se tornar obsoleto, o que tornaria mais cara a manutenção do sistema de informação e poderia encarecer a contratação de pessoas com conhecimento do software ultrapassado.

9. *Benefícios esperados.* Este é um ponto importante da proposta, porque o proponente pode reunir informações das seções anteriores e fazer juízo de "valor" de sua proposta em termos de benefícios quantitativos esperados, como retorno sobre o investimento, reembolso, economia de custos, aumento de produtividade, redução do tempo de processamento, redução no tempo para colocação do produto no mercado, e assim por diante. Essa é uma excelente maneira de concluir a proposta com um tom positivo, enfatizar suas características distintivas e indicar os benefícios qualitativos e quantitativos que o cliente irá obter se selecionar este proponente para executar o projeto.

Reforce sua aprendizagem

17. O foco da proposta deve estar na ____________ do ____________, em vez de no ____________ de páginas.

O foco da proposta deve estar na qualidade do conteúdo – que deve ser claro, conciso e convincente, em vez de apresentar apenas um grande número de páginas. Muitas propostas de projetos simplificados variam de quatro a oito páginas e geralmente têm menos de 20 páginas. É conveniente incluir anexos para itens como currículos de especialistas que serão designados para o projeto, cópias de detalhes para estimativas de custo ou uma lista dos últimos projetos relacionados e referências associadas.

Apresentação e acompanhamento da proposta

A CDP normalmente fornecerá instruções sobre a data de vencimento de apresentação de propostas e o nome e as informações de contato da pessoa a quem elas devem ser enviadas. Alguns clientes querem que o proponente forneça uma cópia eletrônica e/ou várias cópias impressas da proposta, pois será distribuída a vários indivíduos na organização para análise e avaliação. Do ponto de vista do cliente, é mais fácil e mais econômico que o proponente faça as cópias necessárias. Isso é especialmente válido para grandes projetos, em que as propostas podem ter centenas de páginas e incluir desenhos grandes ou gráficos. As agências governamentais são muito rigorosas a respeito do prazo para apresentação das propostas; aquelas que forem apresentadas com atraso não serão aceitas e os esforços do proponente terão sido desperdiçados. Em vez de confiar no e-mail, alguns contratados apresentam as propostas em mãos para garantir que cheguem a tempo. Outros contratados são conhecidos por enviar dois conjuntos de propostas por serviços de correio expresso diferentes para garantir que, pelo menos, um conjunto chegue ao seu destino a tempo. Tais precauções são geralmente tomadas para projetos multimilionários ou quando milhares de horas foram gastas em marketing pré-CDP e preparação da proposta. Os clientes podem solicitar que as propostas sejam submetidas apenas eletronicamente. Essa abordagem pode gerar economia de tempo e custos associados a impressão, correspondência e distribuição.

Os proponentes devem continuar a ser proativos, mesmo após a proposta ser apresentada. Devem ligar para o cliente para confirmar se a proposta foi recebida. Depois de alguns dias, devem contatar o cliente novamente e perguntar se tem alguma dúvida ou precisa de esclarecimentos sobre qualquer item da proposta. Esse acompanhamento precisa ser feito de forma profissional a fim de causar boa impressão ao cliente. Se o proponente parecer agressivo, o cliente pode considerá-lo um intruso, que tenta influenciar o processo de avaliação da proposta. O proponente sempre deve considerar o quão agressivamente outros concorrentes estão acompanhando o cliente após as propostas serem apresentadas.

Reforce sua aprendizagem

18. Os contratados devem continuar a ser ____________, mesmo após a proposta ser apresentada.

Clientes industriais e, principalmente, governamentais geralmente não respondem a tentativas de comunicação, de modo que nenhum proponente obtém vantagem injusta, influenciando o processo de avaliação da proposta. Esses clientes é que iniciam qualquer comunicação necessária. Normalmente, na forma de uma lista de perguntas específicas que precisam ser respondidas ou pontos que devem ser esclarecidos sobre a proposta de um determinado proponente e que exige resposta por escrito até uma data específica.

Avaliação de propostas por parte do cliente

Os clientes podem avaliar propostas de diversos modos. Alguns olham, em primeiro lugar, os preços das várias propostas e selecionam, por exemplo, apenas as três de menor custo para futura avaliação. Outros inicialmente filtram as propostas com preços acima do seu orçamento ou aquelas cuja seção técnica não cumpre todos os requisitos estabelecidos na CDP. Outros clientes, especialmente em grandes projetos, criam uma equipe de análise de proposta, que usa uma tabela de pontuação para determinar se cada proposta atende a todos os requisitos da CDP e avaliá-las com os critérios pré-definidos.

A Figura 3.2 ilustra uma tabela de pontuação para avaliação de proposta. Essa tabela foi usada pela AJACKS Information Services Company para analisar as propostas de contratados apresentadas em resposta à CDP contida no Capítulo 2 (Quadro 2.2). É uma avaliação da proposta da Galaxy Market Research, Inc., um dos cinco proponentes que submeteram propostas à AJACKS. Cada pessoa da equipe de avaliação completa uma tabela de pontuação para cada uma das propostas. Essas tabelas são, então, utilizadas pela equipe para se chegar a um consenso sobre qual proponente selecionar como o vencedor, se houver. As tabelas de pontuação não são o único mecanismo para avaliar propostas e selecionar o vencedor. Elas normalmente são utilizadas como entrada para o processo de tomada de decisão.

Às vezes, as propostas técnicas e de gestão são avaliadas primeiro, sem consideração de custos. Essas propostas com os pontos mais altos da revisão técnica/gestão são, então, avaliadas pelos seus custos. O cliente pesa o mérito técnico/gestão em relação aos custos para determinar qual proposta oferece o melhor valor.

Alguns dos critérios que podem ser utilizados pelos clientes na avaliação de propostas de contratados incluem:

- Conformidade com a declaração de trabalho e requisitos contidos no CDP.
- Compreensão do proponente da necessidade ou problema do cliente.
- Solidez e praticidade da abordagem proposta para resolver o problema.
- A experiência do proponente e seu sucesso em projetos semelhantes.
- A experiência de especialistas que serão designados para trabalhar no projeto.
- Capacidade de gestão, incluindo a capacidade do proponente de planejar e controlar o projeto para garantir que o escopo do trabalho seja concluído dentro do orçamento e da programação.
- Realismo da programação do proponente. É realista, considerando os recursos que pretende atribuir ao projeto? Ela atende ao cronograma do cliente como estabelecido na CDP? Quão detalhada é a programação?
- Preço. Os clientes podem avaliar não somente o preço total do proponente para o projeto, mas também os custos detalhados na seção de custos da proposta. Clientes preocupam-se com a razoabilidade, realismo e perfeição dos custos do contratado. O proponente usou boa metodologia de estimativa de custos? As horas de trabalho, classificações e taxas são adequadas ao tipo de projeto? Algum item foi esquecido? O cliente quer ter certeza de que o proponente não está "reduzindo" o preço para ganhar o contrato, esperando voltar mais tarde ao cliente para pedir fundos adicionais se o projeto ultrapassar os custos de sua proposta. É antiético e pode ser ilegal os contratados reduzirem intencionalmente o preço.

Avaliação da proposta da AJACKS Information Services Company

Título do projeto: Necessidades de informações técnicas dos fabricantes

Contratada: Galaxy Market Research Inc.

Pontue todos os critérios em uma escala de 1 (baixo) a 10 (alto)

Critérios de avaliação	Peso A	Pontuação B	Pontos A x B	Comentários
1. Abordagem	30	4	120	Descrição superficial da metodologia
2. Experiência	30	3	90	Pouca experiência com empresas de manufatura
3. Preço	30	9	270	Proposta de menor preço apoiada por detalhes
4. Programação	10	5	50	A programação é excessivamente otimista
Total	100		530	

Vantagens dessa proposta:

- Esta é a proposta de preço mais baixo recebida. Parece que os salários do pessoal da Galaxy são baixos quando comparados aos de outros proponentes.

Preocupações com essa proposta:

- A Galaxy pode não compreender plenamente os requisitos.
- Baixos salários no seu orçamento podem refletir baixos níveis de experiência na equipe que a Galaxy planeja usar.
- Cronograma otimista (três meses) para o projeto completo pode indicar que a Galaxy não compreende totalmente o escopo do trabalho.

FIGURA 3.2 ▪ Tabela de pontuação de avaliação de proposta.

Em alguns casos, especialmente quando um grande número de propostas é recebido, o processo de avaliação poderá produzir uma pequena lista de propostas que o cliente considera aceitáveis e de bom preço. Ele pode, então, pedir a cada um dos proponentes que faça uma apresentação de sua proposta. O que oferece a oportunidade adicional para cada proponente convencer o cliente de que sua proposta irá proporcionar o melhor valor. O cliente também pode pedir a cada um que apresente uma **oferta melhor e final (Bafo – Best and Final Offer)** que é o preço final de cada proponente que o cliente irá considerar. Isto dá ao proponente uma última chance de reduzir o preço e, eventualmente, ganhar o contrato. No entanto, o cliente geralmente requer que o contratado forneça uma justificativa por escrito para qualquer redução de custos a fim de se certificar de que ela é razoável. O proponente, por exemplo, pode rever as pessoas a serem designadas para o projeto e determinar que, para algumas tarefas, indivíduos com custos de remuneração menores poderiam ser requisitados, ou decidir que algumas viagens para reuniões poderiam ser eliminadas, usando videoconferência.

Uma vez que o cliente tenha selecionado o vencedor, o contratado é informado, sujeito à negociação bem-sucedida de um contrato.

Contratos

O fato de um contratado ter sido escolhido não significa que se pode começar a fazer o trabalho. Antes que o projeto seja iniciado, um contrato deve ser assinado entre o cliente e o contratado.

É um veículo para estabelecer boa comunicação entre o contratado e o cliente e para chegar a compreensão mútua, com expectativas claras a fim de garantir o sucesso do projeto. O **contrato** é um compromisso celebrado entre o contratado, que concorda em realizar o projeto e fornecer um produto ou serviço (resultados), e o cliente, que concorda em pagar ao contratado certa quantia em troca. O contrato deve definir claramente os resultados que o contratado deverá garantir. Por exemplo, indicará que o resultado do projeto vai atender a algumas especificações ou que certa documentação será fornecida. Também deve indicar os termos em que o cliente vai fazer pagamentos ao contratado. Existem basicamente dois tipos de contratos: por preço global e por administração.

CONTRATOS POR PREÇO GLOBAL

Em um **contrato por preço global**, o cliente e o contratado concordam com um preço para o trabalho proposto. O preço permanece fixo, a menos que o cliente e o contratado concordem com mudanças. Esse tipo de contrato oferece baixo risco para o cliente, pois este não vai pagar mais que o preço fixado, independentemente de quanto o projeto realmente custa ao contratado. No entanto, um contrato por preço global é de alto risco para o contratado, pois, se o custo de conclusão do projeto for maior do que o previsto inicialmente, ele vai ter um lucro menor que o previsto ou pode até mesmo perder dinheiro.

A proposta do concorrente (licitante) em um projeto por preço global deve incluir estimativas de custo precisas e completas e prever verbas de reserva de contingência suficientes. No entanto, o contratado tem de ter cuidado para não exagerar no preço do projeto proposto, ou um concorrente competindo com um preço mais baixo poderá ser selecionado.

Contratos por preço global são mais apropriados para projetos que estejam bem definidos e envolvam pouco risco. Exemplos incluem a construção de uma casa modelo padrão ou a concepção e produção de um folheto para o qual o cliente tenha fornecido especificações detalhadas em relação ao formato, conteúdo, fotos, cor, número de páginas e o número de cópias.

Reforce sua aprendizagem

19. A licitação do contratado em um contrato por preço global deve desenvolver estimativas de custo ____________ e ____________, e incluir custos ____________ suficientes.

CONTRATOS POR ADMINISTRAÇÃO

Em um **contrato por administração**, o cliente concorda em pagar ao contratado todos os custos reais (trabalho, materiais, e assim por diante), independentemente da quantidade, mais um percentual referente à remuneração de despesas indiretas e ao lucro. Esse tipo de contrato é de alto risco para o cliente, porque os custos contratados podem ultrapassar o preço proposto – como quando um serviço de reparação de automóvel fornece uma estimativa para a reparação de uma transmissão, mas apresenta uma conta final que é maior que a estimativa original. Em contratos por administração, o cliente normalmente requer que, ao longo do projeto, o contratado regularmente compare as despesas reais com a proposta de orçamento e faça novas estimativas para conclusão. Isso permite que o cliente tome medidas, se houver indícios de que o projeto irá ultrapassar o orçamento original proposto. Esse tipo de contrato é de baixo risco para o contratado, porque todos os custos se-

Reforce sua aprendizagem

20. Escreva as palavras "baixo" ou "alto" em cada caixa, de acordo com o grau de risco para o cliente e contratado associados a cada tipo de contrato.

	Risco para cliente	Risco para contratado
Preço fixo		
Reembolso de custo		

rão reembolsados pelo cliente. O contratado não pode perder dinheiro com esse tipo de contrato. No entanto, se os custos do contratado ultrapassar o orçamento proposto, sua reputação será abalada, reduzindo as chances de obter contratos no futuro.

Contratos por administração são mais apropriados para projetos que envolvam risco. Exemplos são: o desenvolvimento de um novo dispositivo de robótica para auxiliar durante cirurgias ou na limpeza ambiental de um local contaminado.

TERMOS E CONDIÇÕES DO CONTRATO

A seguir estão alguns termos e condições diversos que podem ser incluídos em contratos de projeto:

1. *Deturpação de custos.* Afirma que é ilegal o contratado superfaturar as horas ou os custos gastos no projeto.
2. *Notificação de excesso de custos ou atrasos no cronograma.* Descreve as circunstâncias em que o contratado deve notificar o cliente imediatamente de eventuais excessos de custos reais ou previstos ou atrasos na programação, apresentando por escrito a razão de tais excessos e um plano de ação corretiva para reajustar os custos ao orçamento ou o cronograma ao que fora inicialmente proposto.
3. *Aprovação de subcontratado.* Indica quando o contratado precisa obter a aprovação prévia do cliente antes de subcontratar uma empresa para executar uma tarefa do projeto.
4. *Equipamento ou informações fornecidos pelo cliente.* Lista os itens (tais como peças para a realização de testes) que o cliente irá fornecer ao contratado durante todo o projeto e as datas em que vai tornar esses itens disponíveis. Essa disposição protege o contratado de incorrer no não cumprimento do cronograma causado por atrasos do cliente no fornecimento de informações, peças ou outros itens.
5. *Patentes.* Abrange a titularidade de patentes que podem resultar da execução do projeto.
6. *Divulgação de informações confidenciais.* Proíbe uma parte de divulgar informações confidenciais, tecnologias ou processos utilizados pela outra parte durante o projeto, ou usá-las para qualquer outro fim que não o trabalho no projeto.
7. *Considerações internacionais.* Especifica acomodações que devem ser feitas para clientes de outros países. Contratos para projetos que são feitos para um cliente estrangeiro ou são conduzidos em parte em outro país podem exigir que o contratado cumpra regras ou execute tarefas exclusivas, como:
   - Observar feriados ou regras de trabalho.
   - Gastar determinada porcentagem dos custos do contrato de trabalho ou materiais no país do cliente.
   - Fornecer a documentação do projeto, como manuais, especificações, materiais de treinamento e relatórios, no idioma do cliente.
8. *Rescisão.* Afirma as condições em que o cliente pode rescindir o contrato, tal como o descumprimento por parte do contratado.
9. *Termos de pagamento.* Aborda a base sobre a qual o cliente fará pagamentos ao contratado. Alguns tipos de pagamento são:
   - Pagamentos mensais com base nos custos reais incorridos por parte do contratado.
   - Igualdade de pagamentos mensais ou trimestrais, com base na duração total prevista no cronograma do projeto.

- Porcentagens do valor total do contrato, pagas quando o contratado atinge metas pré-definidas ou quando o cliente aceita resultados específicos.
- Pagamento único na conclusão do projeto.

Em alguns casos, tais como quando o contratado precisa comprar uma quantidade significativa de materiais e suprimentos durante as fases iniciais do projeto, o cliente faz um pagamento inicial no começo do contrato.

10. *Pagamentos de bônus/multa.* Alguns contratos têm uma cláusula de bônus, em que o cliente paga um bônus ao contratado caso o projeto seja concluído antes do prazo ou exceda os requisitos de desempenho de outros clientes. Por outro lado, alguns contratos incluem uma cláusula penal pela qual o cliente pode reduzir o pagamento final ao contratado se o projeto não for concluído no prazo ou se os requisitos de desempenho não forem cumpridos. Algumas dessas penas podem ser substanciais, por exemplo, 1% do preço total para cada semana do projeto que se estender além da data de conclusão desejada, até um máximo de 10%. Ultrapassar o cronograma em dez semanas pode acabar com o lucro do contratado e causar perdas financeiras e morais.
11. *Alterações.* Cobre o procedimento para propor, aprovar e implementar mudanças no escopo do projeto, cronograma ou orçamento. As mudanças podem ser iniciadas pelo cliente ou propostas pelo contratado. Algumas alterações podem exigir uma mudança no preço (aumento ou redução); outras, não. Todas as mudanças devem ser documentadas e aprovadas pelo cliente antes de serem incorporadas ao projeto. Os clientes geralmente querem que o contratado forneça uma estimativa de preço, com uma indicação do impacto previsto, para uma mudança proposta antes que eles permitam que o contratado implemente a alteração. Se um contratado faz mudanças sem a aprovação do cliente ou apenas com aprovação verbal de alguém da organização que pode não estar autorizado a dá-la, corre o risco de não poder cobrar o pagamento pelo trabalho extra realizado.

Mensurando o sucesso da proposta

Os contratados medem o sucesso de seu esforço nas propostas pelo número de vezes que elas são selecionadas e/ou pelo seu valor total em dólares. Uma medida frequentemente utilizada é conhecida como a **proporção de vitória** que é a porcentagem do número ou do valor das propostas do contratante que resulta em acordos contratuais com clientes. A proporção de vitória pode ser expressa como a porcentagem do número de propostas que um contratado teve como vencedoras em relação ao número total de propostas que ele apresentou a vários clientes ao longo de um período particular. Um método alternativo de determinação da proporção de vitória é basear-se no valor total em dólares das propostas que o contratado ganhou em relação a uma porcentagem do valor total em dólares de todas as propostas que ele apresentou a vários clientes durante um período específico. A primeira abordagem dá um peso igual a todas as propostas, enquanto a última dá maior peso à apresentação de propostas mais onerosas. Por exemplo, suponha que um contratado submeta quatro propostas distintas a quatro diferentes clientes em um determinado mês pelo montante de $ 120.000, $ 50.000, $ 250.000 e $ 80.000; no entanto, apenas uma das suas propostas, a de $ 250.000, foi selecionada. A proporção de vitórias do contratado com base no número de propostas apresentadas é de 0,25 ou 25% (1 de 4), mas a proporção de vitórias com base no valor em dólares é de 50% ($ 250.000 de $ 500.000).

Reforce sua aprendizagem

21. Uma medida utilizada para determinar o sucesso dos esforços da proposta é conhecida como __________ __________.

Alguns proponentes têm como estratégia apresentar propostas em resposta a quantas CDPs eles puderem, com a esperança de ganhar alguma. Sua filosofia é a de que se não apresentarem uma proposta, não terão nenhuma chance de vencer mas, apresentando mais propostas, aumentam suas chances de ganhar mais contratos. Outros são mais seletivos na apresentação de propostas; eles respondem apenas às CDPs em que pensam ter uma chance maior de ganhar o contrato do que a média. Estes consideram seriamente o processo de decisão de participar/não participar das CDPs e apresentam menos propostas, mas tentam ter uma alta proporção de vitórias.

GESTÃO DE PROJETOS NO MUNDO REAL

Pensamento e planejamento estratégicos ajudam a gerenciar mudanças

A ICF International fornece soluções tecnológicas e serviços profissionais para organizações em âmbito global. Cerca de 20 anos atrás, os profissionais na ICF International trabalhavam com agências federais dos Estados Unidos a fim de desenvolver um serviço de cibersegurança para governo norte-americano. Visando atender às necessidades quanto à cibersegurança por parte do governo e de agências, foi elaborado um plano estratégico para obter de funcionários e clientes na linha de frente, bem como de pesquisadores terceirizados, informações macro sobre ameaças cibernéticas. A ICF International reconheceu a sabedoria dos funcionários da linha de frente e incorporou esse conhecimento na proposta e no projeto.

Com a finalidade de desenvolver a estratégia correta para o projeto e adotar as mudanças que estavam ocorrendo relacionadas a avanços tecnológicos, a equipe da ICF International fez uma série de perguntas sobre o mercado, a tecnologia e as expectativas. Andy Robinson, vice-presidente sênior da ICF International em Washington, questionou: "Qual é o meu mercado e quais influências serão sentidas em curto e longo prazo? Como a tecnologia pode desempenhar um papel diferente ou maior no futuro? O que meus clientes esperam no futuro? Como posso inovar para mudar a equação de valores?".

Andy utilizou diversos recursos para pesquisar soluções e desenvolver respostas para essas perguntas. Juntamente com a contribuição do cliente, foi desenvolvida uma proposta para criar uma estratégia significativa que incorporasse a visão da organização e o cenário em transformação relacionado à cibersegurança.

Felizmente para Andy e a ICF International, eles estavam prestando atenção ao meio ambiente no qual estavam trabalhando. Logo, as políticas federais mudaram em relação aos métodos de contratação. Algumas empresas não foram tão astutas e se tornaram vítimas dos riscos de buscar e ganhar concessões e contratos competitivos através de agências federais.

Para se adaptar às mudanças na contratação e mitigação dos riscos, a ICF International fez parcerias com pequenas empresas para atuar como fornecedora no contrato principal de pequenas empresas. Eles também criaram uma agência com o objetivo específico de conseguir contratos governamentais. Ambos os processos atenderam bem a ICF International; eles estavam recebendo contratos com outras empresas que não asseguravam seus novos contratos.

Andy aconselha que os desenvolvedores de propostas perguntem: quais influências você vê afetando a organização e qual é a visão necessária para lidar com uma mudança de cenário? Ouvir as respostas, incorporar as ideias na estratégia e fazer mudanças são atitudes necessárias para se adaptar às tendências e incluir as mudanças nas propostas de projetos. Deixar de ouvir e de incluir as respostas pode resultar em uma organização com o mesmo problema que sentiram muitos concorrentes da ICF International.

Com base em informações de Robinson, A. (2016). The right direction. *PM Network, 30*(3), 25.

FATORES ESSENCIAIS PARA O SUCESSO

- Os clientes e organizações parceiras preferem trabalhar com pessoas que conhecem e nas quais confiam. As relações estabelecem as bases para oportunidades de contrato e de financiamento bem-sucedidas.
- Estabelecer e construir confiança são a chave para o desenvolvimento de relações eficazes e bem-sucedidas com clientes e parceiros.
- A primeira impressão que alguém passa a um cliente é fundamental para o desenvolvimento de uma relação contínua e frutífera.
- Os trabalhos pré-CDP/proposta são essenciais para estabelecer uma base a fim de, eventualmente, obter um contrato com o cliente.
- Não espere até que solicitações formais de CDP sejam anunciadas para começar a desenvolver propostas. Em vez disso, desenvolva relacionamentos com clientes potenciais muito antes de eles prepararem suas CDPs.
- Trabalhar em conjunto com um cliente potencial coloca o proponente em posição melhor para ser selecionado como vencedor. Descubra o máximo possível sobre as necessidades do cliente, problemas e processo de tomada de decisão durante o marketing pré-CDP/proposta.
- Familiarizar-se com as necessidades do cliente, requisitos e expectativas irá ajudar na preparação de uma proposta mais claramente focada.
- Seja realista ao avaliar a capacidade de elaborar uma proposta de qualidade e sobre a probabilidade de obter o contrato. Não é suficiente apenas preparar uma proposta; ela deve ter qualidade suficiente para obter chance de ganhar.
- Uma proposta é um documento de venda, não um relatório técnico. Ela deve ser escrita de maneira simples, concisa e usar a terminologia com que o cliente esteja familiarizado.
- Em uma proposta, é importante destacar os fatores únicos que o diferenciam de propostas concorrentes.
- As propostas devem ser realistas. Propostas que prometem muito ou são excessivamente otimistas podem parecer sem credibilidade para os clientes e levantar dúvidas sobre se o contratado entende o que precisa ser feito e como fazê-lo.
- Ao licitar um projeto por preço global, o contratado deve desenvolver estimativas de custo precisas e completas e incluir verbas de contingência suficientes.

! RESUMO

Proponentes em potencial desenvolvem propostas em resposta à CDP de um cliente. Quando este decide qual contratado envolver na execução do projeto, um compromisso (contrato) é assinado entre ele e o contratado.

Os clientes e organizações parceiras preferem trabalhar com pessoas que eles conheçam e nas quais confiem. As relações estabelecem as bases para oportunidades de contrato e de financiamento bem-sucedidas. A construção de relacionamento exige proatividade e engajamento. Estabelecer e construir confiança são a chave para se desenvolverem relações eficazes e bem-sucedidas com clientes e parceiros. Comportamento ético no trato com clientes e parceiros também é imperativo para a construção de confiança. A primeira impressão que alguém passa a um cliente é fundamental para o desenvolvimento de uma relação contínua e frutífera. A construção de relações eficazes e bem-sucedidas consome tempo e trabalho.

Os proponentes precisam desenvolver relacionamentos com clientes potenciais muito antes de estes prepararem uma CDP. Devem manter contatos frequentes com os clientes antigos e atuais e iniciar contatos com clientes potenciais. Durante esses contatos, devem ajudar os clientes a identificar as áreas em que poderiam se beneficiar com a implementação de projetos que atendam a necessidades, problemas ou oportunidades. Esses esforços pré-CDP/proposta são cruciais para estabelecer a base para, eventualmente, obter um contrato com o cliente.

Como o desenvolvimento e a preparação de uma proposta tomam tempo e dinheiro, os interessados em apresentar propostas em resposta a uma CDP devem ser realistas sobre a probabilidade de serem selecionados como vencedor. Refletir se deve avançar com a preparação de uma proposta é um processo conhecido como a decisão de participar/não participar. Alguns fatores que o contratado pode considerar na tomada de decisão de participar/não participar são a competição, o risco, a sua missão empresarial, a possibilidade de estender as suas capacidades, a sua reputação com o cliente, a disponibilidade de recursos do cliente, bem como a disponibilidade de recursos para a proposta e o projeto.

É importante lembrar que esse processo é competitivo e que a proposta é um documento de venda que deve ser escrito de forma simples e concisa. Nela, o proponente deve destacar os fatores únicos que o diferenciam dos concorrentes. A proposta deve enfatizar também os benefícios para o cliente, caso ele selecione o proponente para executar o projeto. O cliente selecionará aquela que ele espera que irá lhe fornecer o melhor valor.

As propostas são, muitas vezes, organizadas em três seções: técnica, gestão e custos. O objetivo da seção técnica é convencer o cliente de que o contratado entende a necessidade ou problema e pode fornecer a solução menos arriscada e mais benéfica. A parte técnica deve mostrar uma compreensão da necessidade, uma abordagem ou solução proposta e os benefícios para o cliente. O objetivo da seção de gestão é convencer o cliente de que o contratado pode fazer o trabalho proposto e alcançar os resultados esperados. Deve conter a descrição das tarefas de trabalho, uma lista de entregas, um cronograma do projeto, a descrição da organização do projeto, uma sinopse de experiência na área e uma lista de equipamentos especiais e instalações do proponente. O objetivo da seção de custos é convencer o cliente de que o preço apresentado pelo proponente para o projeto proposto é realista e razoável. Geralmente, consiste em tabulações de custos estimados para elementos como trabalho, materiais, equipamentos, instalações, subcontratados e consultores, viagens, documentação, despesas gerais, escalonamento, reservas e lucro.

Quando interessados preparam uma proposta, geralmente estão competindo com outros concorrentes para obter um contrato. Portanto, eles devem considerar a confiabilidade das estimativas de custo, o risco, o valor do projeto, o orçamento do cliente e a concorrência ao determinar o preço para o projeto proposto.

Muitos projetos pequenos ou menos complexos podem não exigir uma proposta extensa. Em outros casos, antes de o cliente preparar uma CDP, os proponentes podem ainda apresentar uma proposta não solicitada. Em ambas as situações, uma proposta simplificada ou básica pode ser adequada e suficiente. Essa proposta deverá incluir os seguintes elementos: declaração da necessidade do cliente, premissas, escopo do projeto, entregas, recursos, cronograma, preço, riscos e benefícios esperados. O foco da proposta deve estar na qualidade do conteúdo – que deve ser claro, conciso e convincente – em vez de apresentar grande número de páginas.

Os clientes avaliam propostas de maneiras diferentes. Às vezes, as propostas técnicas e de gestão são avaliadas primeiro, sem consideração de custos. Essas propostas com os pontos mais altos da revisão técnica/gestão são, então, avaliadas pelos seus custos. O cliente pesa o mérito técnico/gerencial contra os custos para determinar qual proposta oferece o melhor valor. Alguns dos critérios que podem ser utilizados pelos clientes na avaliação de propostas incluem a conformidade com a necessidade de trabalho do cliente, a compreensão do proponente de tal necessidade ou problema, a solidez e a praticidade da solução proposta por este para o projeto, sua experiência e o sucesso com projetos semelhantes, a experiência de especialistas que serão designados para trabalhar no projeto, a capacidade do proponente para planejar e controlar o projeto, o realismo do cronograma apresentado e o preço.

Uma vez que o cliente tenha selecionado uma proposta, o proponente é informado de que ele é o vencedor e está sujeito à negociação bem-sucedida de um contrato. Um contrato é um acordo celebrado entre o contratado, que concorda em realizar o projeto e fornecer um produto ou serviço (entregas), e o cliente, que concorda em pagar ao contratado determinada quantia em troca.

Existem basicamente dois tipos de contratos: o contrato por preço global e o contrato por administração. Em um contrato por preço global, o cliente e o contratado concordam com um preço fixo para o trabalho proposto. O preço permanece fixo, a menos que o cliente e o contratado concordem com mudanças. Esse tipo de contrato oferece baixo risco para o cliente e alto risco para o contratado. Em um contrato por administração, o cliente concorda em pagar ao contratado todos os custos reais (trabalho, materiais, e assim por diante), independentemente da quantidade, mais algum lucro acordado. Esse tipo de contrato oferece baixo risco para o contratado e alto risco para o cliente, porque os custos do contratado podem ultrapassar o preço proposto.

Um contrato pode incluir diversos termos e condições que cobrem deturpação de custos, notificação de custos excessivos ou atrasos no cronograma, aprovações de subcontratados, equipamentos ou informações fornecidas pelo cliente, propriedade de patentes, divulgação de informações confidenciais, considerações internacionais, rescisão, condições de pagamento, bônus ou penalidades e procedimentos para fazer alterações.

Os concorrentes medem o sucesso de seus esforços nas propostas pelo número de vezes que suas propostas são selecionadas pelos clientes e/ou pelo valor total em dólares das propostas que são selecionadas. Uma medida frequentemente utilizada é a proporção de vitórias.

QUESTÕES

1. Descreva por que a construção de relacionamentos com clientes e parceiros é importante. Como isso é realizado?
2. Descreva o que se entende por marketing pré-CDP/proposta. Por que os concorrentes devem fazê-lo?
3. Discuta por que os proponentes devem tomar decisões de participar/não participar de processos de envio de propostas e os fatores envolvidos na tomada dessas decisões. Dê um exemplo de quando um concorrente deve fazer a proposta e um de quando ele não deve fazê-la.
4. Defina proposta e descreva sua finalidade. Além disso, liste três seções principais de uma proposta e o propósito e elementos de cada uma.
5. Quais fatores devem ser considerados quando o proponente mensura o preço da proposta? Por que isso não é uma tarefa fácil?
6. O proponente deve tentar contatar o cliente depois que uma proposta foi apresentada? Por quê?
7. Como os clientes avaliam as propostas? Que fatores eles podem considerar?
8. A proposta de menor preço sempre deve ser escolhida como a vencedora? Por quê? Dê exemplos.
9. Descreva dois tipos diferentes de contratos, quando cada um deve ser utilizado e os riscos associados a eles.
10. Dê exemplos de disposições diversas que podem ser encontradas em um contrato.
11. Descreva dois métodos para medir a eficácia dos esforços de uma proposta.
12. Desenvolva uma proposta completa em resposta à CDP que você criou para a pergunta 13, no final do Capítulo 2.

PESQUISA NA INTERNET

Para responder às seguintes perguntas, faça uma pesquisa na internet para apresentação de propostas de amostra, usando o seu site de busca favorito.

1. Com base nos resultados de sua pesquisa, encontre uma proposta de amostra que foi publicada na internet. Qual empresa ou organização desenvolveu a proposta e que objetivo ela estava tentando realizar?
2. Avalie a eficácia dessa proposta com base em informações que você estudou neste capítulo. Discuta seus pontos fortes e fracos. Existe algum item em falta na proposta que poderia ter sido incluído?
3. Com base no que você aprendeu neste capítulo, baixe a proposta e reveja-a. Destaque as áreas que você revisou. O que torna a proposta revista melhor que a original?
4. Localize um site que forneça sugestões para o desenvolvimento de propostas efetivas. Compare e contraste essas informações com o que foi apresentado no capítulo.

5. Explore e descreva pelo menos três pacotes de software que podem ajudar a escrever propostas efetivas. Quais são as características que esses pacotes oferecem? Baixe uma cópia de demonstração de pelo menos um, se possível.

REFERÊNCIAS

Ballesteros-Pérez, P., Skitmore, M., Pellicer, E., e Gutiérrez-Bahamondes, J. H. (2016). Improving the estimation of probability of bidder participation in procurement auctions. *International Journal of Project Management, 34*(2), 158-172.

Cerebelli, J. (2016). *Effective and efficient implementation of alternative project delivery methods: Best practice white paper.* Retrieved from http://drum.lib.umd.edu/handle/1903/17438. Doi:10.13016/M27J0B.

Constantino, F., Di Gravio, G., e Nonino, F. (2015). Project selection in project portfolio management: An artificial neural network model based on critical success factors. *International Journal of Project Management, 33*(8), 1744-1754.

De Clerck, D., e Demeulemeester, E. (2016). An ex ante bidding model to assess the incentive creation capability of a public-private partnership pipeline. *International Journal of Project Management, 34*(1), 117-131.

Görög, M. (2016). Market positions as perceived by project-based organizations in the typical project business segment. *International Journal of Project Management, 34*(2), 187-201.

Hector, M., Lewis, T. M., e Petersen, A. (2016). Factors affecting the choice of construction project delivery in developing oil and gas economies. *Architectural Engineering and Design Management, 12*(3), 170-188.

Liu, T., Wang, Y., e Wilkinson, S. (2016). Identifying critical factors affecting the effectiveness and efficiency of tendering processes in Public-Private Partnerships (PPPs): A comparative analysis of Australia and China. *International Journal of Project Management, 34*(4), 701-716.

Loosemore, M. (2016). Social procurement in UK construction projects. *International Journal of Project Management, 34*(2), 133-144.

Naoum, S. G., e Egbu, C. (2016). Modern selection criteria for procurement methods in construction: A state-of-the-art literature review and a survey. *International Journal of Managing Projects in Business, 9*(2), 309-336.

NREL-Research Support Facilities. (2008). *Appendix A, conceptual documents.* Solicitation no. RFJ-8-77550. Retrieved from http://www.nrel.gov/sustainable_nrel/pdfs/rsf_rfp_conceptual_docs.pdf.

Patanakul, P., Kwak, Y. H., Zwikael, O., e Liu, M. (2016). What impacts the performance of large-scale government projects? *International Journal of Project Management, 34*(3), 452-466.

Project Management Institute. (2017). *A guide to the project management body of knowledge* (PMBOK® Guide) (6th ed.). Newtown Square, PA: Author.

Robinson, A. (2016). The right direction. *PM Network, 30*(3), 25.

Zhang, S., Chan, A. P. C., Feng, Y., Duan, H., e Ke, Y. (2016). Critical review on PPP research A search from the Chinese and international journals. *International Journal of Project Management, 34*(4), 597-612.

Zhang, X., Bao, H., Wang, H., e Skitmore, M. (2016). A model for determining optimal project life span and concession period of BOT projects. *International Journal of Project Management, 34*(3), 523-532.

Zhao, X., Pan, W., e Lu, W. (2016). Business model innovation for delivering zero carbon buildings. *Sustainable Cities and Society.* Doi:10.1016/j.scs.2016.03.013

PARTE 2 Planejamento, execução e controle do projeto

oticki/Shutterstock.com

Capítulo 4

Definindo escopo, qualidade, responsabilidades e sequência de atividades

Discute o documento do escopo do projeto e sua qualidade, definindo quais atividades precisam ser feitas, quem será responsável por elas e em qual sequência devem ser realizadas.

majeczka/Shutterstock.com

Capítulo 5

Desenvolvendo a programação

Lida com a estimativa dos recursos e duração de todas as atividades e com o desenvolvimento de uma programação detalhada do projeto que determina quando cada atividade deve começar e terminar. Também discute o monitoramento e o controle do progresso do projeto, replanejamento e atualização da programação.

Scott Richardson/Shutterstock.com

Capítulo 6

Utilização de recursos

Explica a incorporação dos requisitos e restrições de recursos para o planejamento e programação do projeto.

Aleksandr Tikhanskiy/Shutterstock.com

Capítulo 7

Determinando custos, orçamento e valor agregado

Inclui a estimativa dos custos do projeto, o desenvolvimento de seu orçamento, a determinação do valor agregado do trabalho finalizado, a análise do desempenho do custo do projeto e a previsão dos custos totais ao seu término.

Tyler Olson/Shutterstock.com

Capítulo 8

Controlando riscos

Aborda a identificação, a avaliação e o monitoramento de riscos, bem como o desenvolvimento dos planos de gestão de riscos.

Philip Lange/Shutterstock.com

Capítulo 9

Encerramento do projeto

Discute quais ações devem ser tomadas durante a fase final do ciclo de vida do projeto.

Os conceitos abordados nos capítulos contidos nesta parte do livro apoiam as seguintes áreas de conhecimento de gestão de projetos do *PMBOK® Guide*:

Gestão de integração do projeto *(Capítulos 4, 5, 7 e 9)*
Gestão do escopo do projeto *(Capítulo 4)*
Gestão da qualidade do projeto *(Capítulo 4)*
Gestão de cronograma do projeto *(Capítulos 4, 5 e 6)*
Gestão de recursos do projeto *(Capítulos 4, 5 e 6)*
Gestão de custos do projeto *(Capítulo 7)*
Gestão de risco do projeto *(Capítulo 8)*
Gestão de aquisição de projeto *(Capítulo 9)*

Os capítulos da Parte 2 abordam as técnicas e ferramentas para planejamento, desempenho e controle de um projeto a fim de alcançar seu objetivo com sucesso. O objetivo do projeto estabelece o que deve ser concretizado. O planejamento determina exatamente o que precisa ser feito, como precisa ser feito, quem irá fazê-lo, quanto tempo vai demorar, quanto irá custar e quais serão os riscos. Dedicar tempo para desenvolver um plano bem pensado é essencial para a realização bem-sucedida do objetivo do projeto. O desenvolvimento de um plano detalhado inclui (1) definir o escopo do projeto e as entregas, (2) definir as atividades específicas para sua realização e designar responsabilidades, (3) determinar a sequência em que as atividades devem ser realizadas, (4) estimar os recursos necessários e a duração de cada atividade, (5) desenvolver a programação do projeto, (6) estimar seus custos e determinar seu orçamento e (7) identificar e avaliar os riscos e desenvolver um plano de gestão. Muitos projetos têm excedido seus orçamentos, desrespeitado suas datas de conclusão ou apenas parcialmente atendido seus requisitos porque não possuíam plano-base viável antes que fossem iniciados. Para evitar isso, você *deve planejar o trabalho* e, em seguida, *trabalhar o plano*.

Na fase de iniciação, o termo de abertura ou a chamada de propostas estabelece uma estrutura para o projeto. Durante a fase de planejamento, o plano-base detalhado para desempenho do projeto é desenvolvido. No início do projeto, nem sempre é possível definir todos os detalhes para fins de planejamento, especialmente para aqueles com longa duração. É mais fácil definir os detalhes para os esforços em curto prazo e, durante o progresso, a equipe do projeto e o contratado podem elaborar progressivamente o plano, à medida que mais informações são obtidas ou esclarecidas.

É importante que as pessoas que serão envolvidas na realização do trabalho também participem de seu planejamento. Eles são geralmente os mais bem informados sobre quais atividades necessitam ser feitas, em detalhe, e quanto tempo cada uma vai demorar. Ao participar do planejamento do trabalho, esses indivíduos comprometem-se em realizá-lo conforme o plano e dentro da programação e do orçamento. *Participação constrói comprometimento.*

Uma vez que o plano-base tenha sido estabelecido, deve ser executado. Na fase de realização, as tarefas de trabalho são executadas para produzir todas as entregas do projeto e realizar seu objetivo. Isso envolve a realização do trabalho de acordo com seu plano e controle, de modo que o escopo do projeto seja realizado dentro da programação e do orçamento. Enquanto o trabalho está sendo realizado, é necessário monitorar o progresso para garantir que tudo está indo conforme o planejado. Isto envolve medir o progresso atual e compará-lo ao progresso planejado. Se, em qualquer momento, o projeto não estiver sendo feito de acordo com o plano, uma ação corretiva deve ser tomada e o replanejamento deve ser feito. A chave para um controle de projeto eficiente é medir o progresso atual e compará-lo ao progresso planejado em condições normais, tomando qualquer ação corretiva necessária imediatamente.

Definindo escopo, qualidade, responsabilidades e sequência de atividades

4

oticki/Shutterstock.com

- Estabelecer o objetivo do projeto
- Definir o escopo do projeto
- Planejar a qualidade
- Criar a estrutura analítica do projeto
- Delegar responsabilidades
- Definir atividades
- Atividades sequenciais
  Princípios da rede
  Criar um diagrama de rede
- Planejando o desenvolvimento de sistemas de informação
  Um exemplo de Sistema de Informação: Desenvolvimento de Aplicativos de internet para ABC Office Designs
- Sistemas de informação para gestão de projetos
- Resumo
- Questões
- Pesquisa na internet
- Referências
- Apêndice

Os conceitos abordados neste capítulo apoiam as seguintes áreas do *PMBOK® Guide*

Gestão de integração do projeto
Gestão do escopo do projeto
Gestão da qualidade dos projetos
Gestão de recursos do projeto
Gestão de cronograma do projeto

GESTÃO DE PROJETOS NO MUNDO REAL

Objetivos do projeto de redução dos riscos da variabilidade meteorológica

Em 1954, o furacão Hazel causou mais de $ 1 bilhão em danos no Canadá. Em 2012, 102 milhões de litros (ou 102 mil metros cúbicos) de água das enxurradas de tempestade resultantes do furacão Sandy inundaram as linhas de metrô na cidade de Nova York, nos Estados Unidos. O Escritório das Nações Unidas para Redução de Riscos de Desastres estimou que entre 2006 e 2016 os danos decorrentes de desastres meteorológicos foram avaliados em $ 1 trilhão, incluindo mais de 900 eventos meteorológicos em 2014, que causaram $ 100 bilhões de danos no mundo todo. A Administração Nacional Oceânica e Atmosférica estimou um custo de $ 1 bilhão causado por condições de seca em 2015 no oeste dos Estados Unidos.

Têm ocorrido desastres na forma de tempestades, inundações e secas, como resultado das mudanças nos padrões climáticos e na variabilidade do ciclo da água. O Butão tem sofrido inundações e o Paquistão vem sofrendo longos períodos de tempestades que causam inundações, e também longos períodos de seca. Os eventos extremos que ocorriam a cada 100 anos atualmente são previstos para ocorrer com o dobro de frequência.

Gestores de projetos em todo o mundo estão considerando a variabilidade do tempo ao determinar o objetivo dos projetos. Andrew Losos, especialista em transportes do Banco Mundial, comentou que os gestores de projetos precisam incorporar maior variação de condições dentro de seus planos de projeto. Por exemplo, onde um projeto para construir uma rodovia normalmente pode planejar suas estruturas para suportar uma inundação que estatisticamente ocorre a cada 100 anos, os gerentes de projetos talvez tenham de se preparar para uma variabilidade ainda maior.

Inundações e secas têm causado muitas dificuldades financeiras no Paquistão devido à dependência de produtos agrícolas que foram devastados. O governo paquistanês desenvolveu programas educacionais para ensinar as pessoas a instalarem tanques de captação de água em telhados e estacionamentos para coletar a água da chuva e de escoamentos. Os novos planos de construção paquistaneses exigem a inclusão dos tanques como meio de armazenar água. A água das chuvas que é coletada pode ser utilizada para irrigar jardins ou outras tarefas diárias que empregam água. Ghulam Martaza, engenheiro de drenagem na Mouchel Middle East Ltd., em Riyadh, na Arábia Saudita, declarou: "São necessários projetos para armazenar água e também controlar as enchentes, mas esses projetos são muito extensos e demoram mais de 10 ou 15 anos. Eles estão nos estágios iniciais. Para restaurar a fonte de água no nível das bacias, acho que o mais importante é envolver a comunidade. A maioria das comunidades não é educada, de modo que a perda de água é muito alta".

Em outras áreas do mundo, projetos estão sendo planejados e implementados para mitigar os riscos de variabilidade climática. O Banco Mundial gastou mais de $ 30,3 bilhões de 2010 a 2015 em 330 projetos de transporte em países em desenvolvimento. Cada um desses projetos do Banco Mundial e projetos de países desenvolvidos priorizam as opções com base em riscos e análises de dados. Alguns projetos são uma revitalização de infraestruturas antigas, outros são construções novas.

Um importante projeto de proteção contra inundações e revitalização está previsto para a região inferior do Rio Don, no sul de Ontário, Canadá. Um sistema de vales com várias saídas, novos canais e modificações na infraestrutura existente deverá controlar o fluxo de água, enchendo um açude para desviar a água para as docas ressecadas no canal e longe das três saídas de vales naturais. O objetivo e a sequência do projeto incluem técnicas de gestão adaptativa a fim de permitir modificações no projeto sob circunstâncias variáveis.

A expansão do Yolo Bypass na Bacia do Rio Sacramento, Califórnia, Estados Unidos, é um sistema de controle de inundações que integra diques, açudes e um desvio natural. A determinação do objetivo do trabalho para o projeto foi comunicada coletando-se informações das partes interessadas e a partir das lições aprendidas anteriormente. Darren Suen, gestor de projetos certificado, diretor de informações e advocacia na Flood Safe, Departamento de Recursos Aquíferos da Califórnia, Sacramento, afirmou que os gestores de projeto também devem estar prontos para corrigir iniciativas quando as hipóteses nas quais basearam seus requisitos demonstram estar erradas. Durante o planejamento dos objetivos do projeto, Suen utiliza uma política de comunicação com as partes interessadas, que ajuda a conquistar a confiança, comunicando-se antecipadamente e com frequência. Há impactos percebidos para o ecossistema, e a recreação e terras agrícolas, comentou Suen. Quando você está propondo mudar um ambiente em que as pessoas vivem todos os dias, precisa ser transparente na sua tomada de decisão. A comunicação clara e consistente estabelece confiança na experiência da organização.

Os cientistas do Centro de Pesquisas da Comissão Europeia projetam que as inundações extremas dos rios são duas vezes mais prováveis na Europa nos próximos 30 anos. A América Latina e o Caribe esperam gastar entre 1,5% e 5% de seu produto interno bruto em projetos relacionados ao clima até 2050. Acredita-se que o Sudeste Asiático irá sofrer inundações anuais com efeitos significativos em suas condições econômicas. Espera-se que muitos projetos sejam planejados para ajudar a mitigar esses riscos relacionados ao clima. Cada um precisará ter um objetivo definido, um plano de gestão da qualidade, uma matriz de responsabilidades e uma sequência de atividades.

Com base em informações de Applebaum, M. (2016). Weather the storm. *PM Network*, *30*(4), 62-67.

Este capítulo discute o documento do escopo do projeto e o planejamento da qualidade, como definir quais atividades devem ser feitas, quem será responsável por elas e em qual sequência elas devem ser realizadas. Descreve as técnicas e as ferramentas usadas para planejar os elementos de trabalho e as atividades que precisam ser realizadas para alcançar com sucesso o objetivo do projeto. O escopo do projeto define qual trabalho precisa ser feito e quais entregas precisam ser produzidas. Em seguida, as atividades específicas são definidas e dispostas em uma sequência de relações dependentes para determinar como o trabalho será realizado. Você ficará familiarizado com as seguintes ideias:

- Definir claramente o objetivo do projeto.
- Preparar um documento de escopo de projeto.
- Compreender a importância do planejamento para garantir a qualidade.
- Criar uma estrutura analítica do projeto.
- Atribuir responsabilidade pelas partes do trabalho.
- Definir as atividades específicas.
- Criar um diagrama de rede.
- Utilizar uma metodologia de gestão de projetos chamada ciclo de vida do desenvolvimento de sistemas para os projetos de desenvolvimento de sistemas de informação.

RESULTADOS DE APRENDIZAGEM

Após o estudo deste capítulo, você estará apto a:

- Estabelecer um objetivo claro para o projeto.
- Preparar um documento de escopo de projeto.
- Discutir a importância e os elementos de um plano da qualidade do projeto.
- Desenvolver uma estrutura analítica do projeto.
- Preparar uma matriz de responsabilidades.
- Descrever como definir as atividades específicas.
- Criar um diagrama de rede.

Estabelecer o objetivo do projeto

O processo de planejamento é fundamental para definir o **objetivo do projeto**, que estabelece o que deve ser realizado. Muitas vezes o objetivo do projeto é declarado no termo de abertura ou na CDP. O objetivo é o produto final tangível que a equipe do projeto ou o contratado deve produzir e entregar para que o patrocinador ou cliente alcancem os benefícios esperados com a implantação do projeto. Geralmente é definido em termos de produto final ou entrega, programação e orçamento. Isso exige que se complete o escopo de trabalho do projeto e que se produzam todas as entregas em um determinado tempo e dentro do orçamento. Ele também inclui os benefícios esperados que resultarão da implantação do projeto e definirão seu sucesso. O objetivo do projeto deve ser claramente definido e acordado entre o patrocinador ou cliente e a equipe do projeto ou o contratado que irá realizá-lo. Deve ser claro, possível, específico e mensurável. O objetivo do projeto deve incluir os elementos a seguir:

Reforce sua aprendizagem

1. O __________ do projeto estabelece __________ deve ser __________.

Reforce sua aprendizagem

2. O objetivo do projeto geralmente é definido em termos de __________, __________ e __________.

- Os *benefícios esperados* que resultem da implantação do projeto e definirão seu sucesso. Esse elemento estabelece *por que* o projeto deve ser feito. Pode incluir verbos como aumentar, expandir, reduzir, economizar, estabelecer, e assim por diante. Esse elemento também deve incluir uma medida quantificada, se apropriada, como uma porcentagem, uma quantia de dinheiro ou um número absoluto. Os exemplos incluem: aumentar o volume de vendas em 5 mil unidades por ano, expandir a base de clientes nos mercados europeus em 60%, reduzir o número de pacientes que contraem infecções pós-cirúrgicas em 50%, dobrar o número de doadores ou reduzir os custos gerais anuais em $ 150.000.
- *Principal produto final do projeto, ou entrega,* como a capacidade de compras em um aplicativo móvel, uma campanha de marketing nacional, um dormitório ou um dispositivo de monitoramento médico não invasivo.
- *Data* para a qual o projeto será necessário e deve ser entregue, como em 30 de junho de 2018, ou em 18 meses.
- *Orçamento* dentro do qual o projeto precisa ser completado.

Alguns exemplos de objetivos de projeto são:

- Aumentar a capacidade da sala de emergência em 20% e reduzir a média do tempo de espera do paciente em 50% por meio da reconfiguração e melhora do processo. O projeto deve ser completado em 12 meses e dentro de um orçamento de $ 400.000.
- Reduzir as contas a pagar em $ 20 milhões ao implantar um novo sistema de faturamento, coleta e recebimento, em 31 de maio, com um orçamento que não exceda $ 220.000.
- Arrecadar $ 40.000 para combate à fome ao organizar um festival na comunidade no último final de semana de setembro, dentro de um orçamento de $ 3.000.
- Dobrar a receita das vendas anuais ao possibilitar a compra e realização on-line, em 30 de abril, com um orçamento que não exceda $ 40.000.
- Expandir a participação de mercado em 3% ao introduzir um novo aparelho portátil de preparo de alimentos, em 10 meses, e dentro de um orçamento de $ 2 milhões.
- Aumentar a receita das vendas de agosto em 10% em comparação à receita de agosto do ano passado ao produzir e distribuir um catálogo de volta às aulas, em 15 de julho, com um orçamento que não exceda $ 40.000.
- Atender aos novos requisitos regulatórios ambientais ao instalar um novo sistema de filtragem dentro de 15 meses e com um orçamento de $ 3,2 milhões.
- Obter informações a respeito das preferências do consumidor ao conduzir um estudo de mercado que deve ser completado em 26 semanas com um orçamento de $ 40.000.

Um objetivo de projeto como "terminar a casa" é muito ambíguo, porque o cliente e o contratado podem ter visões diferentes sobre qual o significado de "terminar". Um objetivo melhor seria "terminar a casa em 31 de maio de acordo com as plantas baixas e especificações de 15 de outubro e dentro de um orçamento de $ 200.000". As especificações e as plantas baixas apresentam detalhes do escopo do trabalho que o contratado concorda em realizar. Portanto, não deve haver discussões sobre a inclusão de paisagismo e de carpetes ou sobre o tamanho da porta de entrada, a cor da tinta dos quartos ou o estilo das luminárias. Tudo isso deve ser definido nas especificações.

O objetivo deve estar claro e conciso no início do projeto. No entanto, pode haver situações em que o objetivo precise ser modificado ao longo de seu curso em função de circunstâncias extenuantes ou de novas informações. O gerente do projeto e o cliente devem concordar em todas as mudanças do objetivo do projeto. Quaisquer mudanças podem afetar o escopo do restante do trabalho, as entregas, a data de término e o custo final.

Definir o escopo do projeto

O **escopo do projeto** define *o que* precisa ser feito. Isso se refere a todo trabalho que deve ser realizado com a finalidade de produzir todas as entregas, satisfazer o cliente, garantindo que todo o trabalho e a entrega atendam aos requisitos ou critérios de aceitação, e realizar o objetivo do projeto. O termo de abertura do projeto ou a CDP estabelece a estrutura para uma futura elaboração de seu escopo.

A equipe do projeto ou o contratado prepara um **documento do escopo do projeto**, que inclui muitos dos itens contidos no termo de abertura, na CDP ou na proposta do contratado, mas muito mais detalhado. O documento é válido por estabelecer um entendimento comum entre as partes interessadas com relação ao escopo do projeto.

Reforce sua aprendizagem

3. O escopo do projeto define ________ deve ser feito.

O documento do escopo do projeto normalmente contém as seguintes seções:

1. *As exigências do cliente* definem as especificações funcionais operacionais e de desempenho ou capacidades que precisam ser satisfeitas para o produto final e outras entregas do projeto. As exigências podem incluir especificações a respeito de tamanho, cor, peso ou parâmetros de desempenho – como velocidade, tempo de atividade, rendimento, tempo de processamento ou variação da temperatura operante que o resultado do projeto deve satisfazer. Algumas das exigências do cliente para uma nova casa podem incluir cinco quartos, uma garagem para dois carros, uma lareira e um sistema geotérmico. Uma das exigências para um sistema de segurança comercial pode ser uma bateria de reserva com energia de oito horas no caso de interrupção da fonte de energia principal.

   Em muitos casos, o cliente declara exigências de alto nível no termo de abertura do projeto ou na CDP, porém a equipe do projeto ou o contratado pode precisar coletar mais informações do cliente ou usuários finais para refinar essas exigências. Essas informações podem ser obtidas ou coletadas por meio de entrevistas, pesquisas ou grupos de foco. É comum nos projetos de melhora do processo ou nos projetos de sistemas de informação obter entrada para as exigências dos usuários finais que estão mais familiarizados com – e conhecem melhor o processo ou sistema existente e podem ter exigências ou sugestões específicas para melhorar ou aprimorar o processo. Essas exigências podem incluir itens como consolidação de documentos, elementos dos dados para incluir ou excluir das bases de dados, formatos ou conteúdos de relatórios, fatores humanos relacionados ao projeto ou a localização das estações de trabalho. Para os projetos de desenvolvimento, como um novo produto alimentício ou um veículo, os grupos de foco frequentemente são usados para ajudar a determinar as preferências e exigências do cliente.

   A seção de exigências também deve incluir ou fazer referência às especificações técnicas aplicáveis, padrões e códigos que devem ser usados e atendidos a respeito da qualidade e do desempenho do trabalho e das entregas do projeto. Por exemplo, para o projeto de construção de uma creche, as exigências podem declarar que o projeto deve atender às especificações do governo para determinados parâmetros físicos (metros quadrados de espaço por criança, número de banheiros etc.) e também aos códigos de construção local (uso de materiais de baixa propagação de incêndio para paredes internas, altura do piso para tomadas elétricas etc.). Ou, se uma equipe interna de projeto está desenvolvendo um novo site para uma empresa que foi adquirida por uma empresa-mãe, pode ser necessário desenvolvê-lo de acordo com as especificações técnicas para sites dessa empresa a fim de garantir consistência, compatibilidade e integração com os outros sites da empresa-mãe.

   É importante documentar as exigências detalhadas no documento do escopo do projeto para estabelecer um entendimento claro com o patrocinador ou cliente.

2. *O caderno de encargos* (*CE*) define as principais tarefas ou elementos de trabalho que precisarão ser realizados para sua conclusão e para produzir todas as entregas do projeto. O CE define o que a equipe do projeto ou contratado fará. Se algo não for incluído no caderno de encargos, deve-se presumir que não será feito ou providenciado. Fazer a contratada ou a equipe do projeto revisar o caderno de encargos com o patrocinador ou cliente dá oportunidade para garantir que tudo o que o cliente espera será incluído. Por exemplo, se o treinamento dos usuários sobre como operar ou manter um novo sistema não for declarado no termo de abertura do projeto ou na CDP, ou for ambíguo, então incluí-lo no CE dá oportunidade de esclarecer ou determinar se o contratado deve ou não dar o treinamento. Da mesma forma, se o paisagismo não foi declarado nas exigências do proprietário da casa e, portanto, não foi incluído no CE do contratado, não será feito, mesmo que o proprietário ache que o serviço está incluído. A seção que contém o CE, dentro do documento do escopo do projeto é onde o contratado ou a equipe do projeto pode esclarecer exatamente o que está incluído no escopo do trabalho e dar uma oportunidade de reconsiderar os itens que não estão declarados, mas que o cliente pode ter se esquecido de incluir em suas exigências ou na CDP.

   Para um projeto de planejamento, construção e instalação de uma máquina para empacotar automatizada de alta velocidade na fábrica do cliente, o CE pode incluir os seguintes elementos de trabalho:

   a. Desenvolver os projetos preliminares e detalhados, incluindo o preparo das especificações, desenhos, fluxogramas e uma lista de materiais.
   b. Preparar planos para testar os componentes, sistemas e subsistemas pelo contratado antes de enviar o equipamento para a fábrica do cliente e após ele ter sido instalado, a fim de garantir que o equipamento atenda os critérios de aceitação do cliente. Este pode querer revisar e aprovar os planos de teste antes da iniciá-los.
   c. Conduzir reuniões de análise crítica do projeto, tanto internamente quanto com o cliente. Com base nessas reuniões, o cliente pode iniciar ou aprovar mudanças do plano original. Essas mudanças podem ter um impacto no escopo, na programação e no preço. O cliente pode precisar corrigir o contrato, e o contratado pode ter de fazer um replanejamento do projeto para incorporar qualquer mudança e estabelecer um novo plano-base para o restante do trabalho do projeto.
   d. Solicitar materiais e peças.
   e. Fabricar componentes e peças.
   f. Desenvolver e testar o software.
   g. Montar e testar o hardware, incluindo testar os componentes, montar os componentes em subconjuntos, testar os subconjuntos, montar os subconjuntos no sistema e testar todo o sistema do hardware.
   h. Integrar o hardware e o software e testar o sistema. O cliente pode querer testemunhar e documentar os resultados do teste para se certificar de que eles atendem às suas especificações.
   i. Preparar as exigências quanto às instalações, como as plantas baixas, e os requisitos para os sistemas prediais (eletricidade, água, e assim por diante) e identificar por quais itens o cliente será responsável durante a instalação.
   j. Desenvolver materiais de treinamento (livros de exercícios, vídeos, simulações em computador) para treinar o cliente para operar e manter os novos equipamentos.
   k. Enviar o equipamento para a fábrica do cliente e instalá-lo.
   l. Conduzir o treinamento para os funcionários do cliente que irão operar e manter o novo equipamento.
   m. Conduzir os testes finais para demonstrar que o equipamento atende às exigências e aos critérios de aceitação especificados pelo cliente.

Para um projeto de elaboração de um festival em uma comunidade, os principais elementos de trabalho podem incluir o seguinte:

a. Preparar promoções – anúncios em jornais, pôsteres, ingressos, e assim por diante.
b. Solicitar voluntários.
c. Organizar jogos, incluindo construção de cabines e aquisição de prêmios.
d. Contratar equipamentos de diversão e obter as licenças necessárias.
e. Conseguir artistas para entreter e trabalhadores para construir a arquibancada.
f. Disponibilizar comida, incluindo a produção ou aquisição de alimentos e a construção de lanchonetes.
g. Organizar todos os serviços de apoio, como estacionamento, limpeza, segurança, banheiros e postos para primeiros socorros.

3. *Entregas* são os produtos ou as saídas que a equipe ou o contratado irão produzir e fornecer ao cliente durante e ao término da realização do projeto. Embora as maiores e as principais entregas possam ser declaradas no termo de abertura do projeto ou na CDP, elas precisam ser expandidas em detalhes no documento do escopo do projeto. Uma descrição detalhada de cada entrega deve ser declarada para oferecer uma base para acordo entre a equipe do projeto ou contratado e o cliente sobre o que exatamente deve ser fornecido. Isso ajudará a gerenciar as expectativas da parte interessada. Seria constrangedor se um cliente estiver esperando que o contratado disponibilize um estudo da construção de um novo escritório usando um modelo físico tridimensional e o contratado disponibilizar um esboço a lápis. O cliente não somente não aceitaria o esboço como o contratado também teria de gastar tempo e dinheiro extra para construir o modelo tridimensional, o que provavelmente atrasaria a programação do projeto. Também seria um retrocesso para a tentativa de desenvolver uma boa relação de trabalho com o cliente.
4. *Critérios de aceitação* para todas as entregas do projeto devem ser descritos em detalhes no que está declarado no termo de abertura do projeto ou na CDP. Para cada entrega, as medidas quantitativas ou as referências às especificações, aos padrões ou códigos que serão usados devem ser declaradas, já que os critérios serão a base para o cliente avaliar se uma entrega é aceitável. A inclusão das especificações ou padrões ajudará a garantir a qualidade da entrega. Em alguns casos, os critérios de aceitação podem precisar descrever determinadas técnicas de inspeção (como amostragem), procedimentos de teste (duração do período de teste, uso do laboratório externo) ou equipamentos ou locações de testes específicos (calibrado de acordo com os padrões internacionais, câmara ambiental). Uma descrição clara dos critérios de aceitação com as medidas quantitativas ajudará a evitar mal-entendidos. Por exemplo, se os critérios de aceitação para testar um protótipo de um novo produto não estiverem claros e somente declarar que o protótipo deve ser testado por um período suficiente sem falhas, a equipe de desenvolvimento pode testá-lo por dois dias, aguardar a aprovação do patrocinador e aceitar o projeto e as especificações do protótipo. Entretanto, o patrocinador pode achar que o período de teste seja de dez dias. Nesse caso, os critérios de aceitação precisam declarar que o protótipo deve ser testado para mostrar que opera continuamente por um período acima de dez dias sem falhas, em vez de meramente declarar "por um período suficiente".

   Para alguns projetos, os termos de pagamento podem ser atrelados à aceitação de determinadas entregas, como 20% da quantidade total do projeto serem pagos à contratada com base na aprovação e aceitação do cliente sobre as especificações detalhadas do projeto.

   Critérios de aceitação claros e inequívocos para todas as entregas são importantes, pois são a base para *verificar* se o escopo do projeto foi completado de acordo com as exigências e expectativas do cliente.
5. *Estrutura analítica do projeto* (*EAP*). As principais tarefas do trabalho – definidos na DT com a lista detalhada de entregas – fornecem a base para criar uma EAP, que é uma decomposição hierárquica do escopo de trabalho em

Reforce sua aprendizagem

4. Quais seções o documento do escopo do projeto inclui?

pacotes que produzem as entregas do projeto. Essa é uma técnica para organizar e subdividir todo o trabalho do projeto e suas entregas em componentes mais manuseáveis. A EAP estabelece a estrutura para um planejamento futuro poder criar um plano-base para realizar o trabalho do projeto. *O documento do escopo do projeto pode incluir uma EAP de alto nível* em um formato gráfico ou como uma lista dos itens de trabalho e entregas associadas. Essa EAP será usada como base para criar uma EAP mais detalhada na próxima etapa do processo de planejamento.

No início do projeto, pode não ser possível definir todas as exigências, itens de trabalho e entregas em nível detalhado. Esse é basicamente o caso de um projeto de longa duração, como um projeto plurianual, ou que tem várias etapas. É mais fácil definir os detalhes para os esforços em curto prazo, mas durante o progresso do projeto ou a passagem das etapas a equipe ou o contratado pode *elaborar progressivamente* os detalhes à medida que mais informações são obtidas ou se tornam mais claras.

O documento do escopo do projeto é válido para estabelecer um entendimento comum entre as partes interessadas. O contratado ou a equipe do projeto precisa estar de acordo com o patrocinador ou cliente sobre o documento do escopo do projeto. Se o escopo parece muito maior do que originalmente imaginado pelo cliente, ele pode afetar o orçamento e a programação para realização do trabalho e comprometer o cumprimento de seu objetivo. Nesse caso, o cliente e o contratado teriam de concordar em aumentar o orçamento, estender a programação, reduzir o escopo ou alguma combinação dessas ações.

O documento do escopo do projeto acordado estabelece a base para quaisquer mudanças que possam ser feitas durante o desempenho do projeto. Um sistema de controle de mudança necessita ser estabelecido para definir como as mudanças serão documentadas, aprovadas e comunicadas. A equipe do projeto ou o contratado *deve evitar aumentar o escopo* (***scope creep***), que é, informalmente, fazer mudanças no documento sem aprovação adequada. Muitos projetos gastam em excesso seu orçamento ou não são finalizados a tempo em função do aumento do escopo provocado pelo trabalho adicional que não foi documentado ou aprovado, ou que não foi comunicado e, por sua vez, provocou erros ou retrabalho para outros elementos do projeto. Para mais informações, consulte a seção sobre gestão de mudanças no Capítulo 10 e a seção sobre acompanhamento de mudanças na documentação no Capítulo 12.

Reforce sua aprendizagem

5. A equipe do projeto deve evitar ____________ o escopo.

Planejar a qualidade

É importante planejar para que a qualidade na realização do projeto garanta que o trabalho seja feito de acordo com as especificações e padrões aplicáveis e que as entregas atendam os critérios de aceitação. Planejar para obter qualidade é um item necessário, ainda assim, esquecido ou deixado de lado em um projeto. É essencial ter um plano para garantir a qualidade das entregas e resultados do projeto em vez de esperar até seu término para verificar se as exigências e expectativas do patrocinador/cliente foram atendidas. Por exemplo, o novo proprietário de uma casa exigiu que o contratado pintasse as paredes de todos os cômodos, porém o trabalho foi feito de uma maneira descuidada e a pintura ficou manchada, os quartos foram pintados, mas a qualidade ficou abaixo das expectativas do cliente. Se 20 mil catálogos de produtos forem impressos, porém saírem com todas as imagens em baixa resolução, a quantidade de entregas terá sido cumprida, mas a qualidade, não.

Para evitar problemas com a qualidade, é necessário um **plano da qualidade do projeto**. O plano da qualidade deve incluir ou fazer referência às especificações, aos padrões industriais e governamentais (para o projeto, testes, segurança, construção etc.) e aos códigos que devem ser usados e atendidos durante a realização do trabalho. Por exemplo, em projetos de construção, os padrões industriais apropriados devem ser usados para os materiais, junto dos códigos locais de construção. Da mesma forma, nos projetos que envolvem o desenvolvimento de produtos elétricos, os padrões industriais a respeito da segurança devem ser usados e o produto testado de acordo com os procedimentos de teste especificados para garantir que eles atendam a esses padrões de segurança. Os padrões de qualidade que serão usados também devem ser declarados e mencionados nos outros documentos apropriados do projeto, como as especificações técnicas e os critérios de aceitação, e comunicados aos membros da equipe do projeto na fase inicial e *antes* que o trabalho comece. O plano da qualidade também pode declarar que os fornecedores devem disponibilizar uma documentação certificando que seus materiais atendem a determinadas especificações exigidas.

Reforce sua aprendizagem

6. Para evitar problemas de qualidade, é necessário ter um ______________ ______________.

Para ajudar a *assegurar a qualidade*, o seu plano dentro do projeto deve conter procedimentos escritos sobre o uso de diversas ferramentas e técnicas de qualidade, como auditorias, inspeções, testes, listas de verificação, e assim por diante. O plano também deve declarar quais ferramentas e técnicas devem ser usadas e quando. Técnicas como auditorias e inspeções são bastante usadas. Para contratos militares que usam as contratadas para desenvolver ou construir sistemas de armas, por exemplo, é normal, para a agência do governo, ter um representante da qualidade que resida na instalação desse contratado durante o projeto para revisar e inspecionar regularmente seu trabalho. No caso da construção de uma casa, exige-se que o contratado tenha um fiscal de construção no local para inspecionar algumas fases do trabalho (alicerce, estrutura, instalação hidráulica, rede elétrica) em diversos momentos durante a obra. Se o trabalho não atender às exigências dos códigos ou às especificações exigidas, o contratado terá de refazer o trabalho para que este passe pela inspeção. Para alguns projetos, o cliente pode contratar um terceiro independente ou um laboratório como seu representante ou realizar testes em vez de confiar na inspeção e nos ensaios realizados pelo próprio contratado. Em outros casos, o cliente pode fazer visitas-surpresa à instalação do contratado ou ao local do trabalho e selecionar aleatoriamente certos elementos para revisar, de modo que determine se eles estão sendo feitos em conformidade com os padrões e exigências de qualidade.

Com o plano de qualidade ajustado, incluindo os procedimentos para a aplicação das ferramentas e técnicas apropriadas, a qualidade pode, então, ser controlada. O segredo para o **controle da qualidade** é monitorá-la no início e regularmente durante a realização do projeto, comparar os resultados com os padrões de qualidade e tomar qualquer ação corretiva necessária imediatamente em vez de esperar até que o trabalho seja finalizado. Se – no exemplo da pintura da casa – os procedimentos de qualidade que declaram que o gerente de projeto deveria inspecionar o trabalho de pintura depois que o primeiro cômodo fosse pintado e antes que a pintura fosse iniciada nos cômodos restantes tivessem sido escritos, o impacto do trabalho de pintura mal feita poderia ter sido minimizado – somente o primeiro cômodo teria de ser pintado novamente.

Reforce sua aprendizagem

7. A chave para o controle da qualidade é monitorar a qualidade do trabalho no ______________ e ______________.

Ter um plano da qualidade escrito no início de um projeto é extremante benéfico, pois ajuda a evitar custos adicionais e extensões na programação em função do retrabalho provocado por falhas no processo e nas entregas. O foco deve estar voltado para *fazer o trabalho certo*, de acordo com os padrões de qualidade, logo na primeira vez e, assim, evitar problemas de qualidade, em vez de confiar nas inspeções e testes após o término e ter um trabalho adicional para corrigir os problemas.

Algumas pessoas acham que nunca têm tempo suficiente para fazer o trabalho certo da primeira vez, então elas devem ter tempo depois para refazê-lo corretamente – *a pressa é inimiga da perfeição!*

Reforce sua aprendizagem

8. A estrutura analítica de trabalho é uma ______________ ______________ voltada para as ______________ do ______________ ______________ do projeto.

Criar a estrutura analítica do projeto

Uma vez que o documento do escopo do projeto tenha sido preparado e acordado, a próxima etapa na fase de planejamento é criar uma **estrutura analítica de projeto** detalhada (EAP), que é uma decomposição hierárquica

Reforce sua aprendizagem

9. A estrutura ______________ de trabalho estabelece a ______________ para ______________ o trabalho será feito a fim de produzir ______________.

voltada para as entregas do escopo do trabalho do projeto em pacotes de trabalho que produzam as entregas. Ter um documento abrangente do escopo do projeto é importante, pois é a base para a criação da EAP. O documento do escopo do projeto define *o que* é necessário ser feito em termos DT e entregas, e a EAP estabelece a estrutura para *como* o trabalho será feito a fim de produzir as entregas.

Criar uma EAP é uma abordagem estruturada para organizar todo o trabalho do projeto e as entregas em grupos lógicos e subdividi-los em mais componentes gerenciáveis a fim de ajudar a garantir que todo o trabalho e entregas sejam identificados e incluídos no plano-base do projeto. Ela é uma árvore hierárquica das entregas ou dos itens finais que serão realizados ou produzidos pela equipe ou contratada durante o projeto. A EAP subdivide o projeto em partes menores chamadas *itens de trabalho*. O item de trabalho de nível mais baixo de qualquer divisão é chamado de **pacote de trabalho**, o qual inclui todas as atividades específicas que precisam ser realizadas para produzir a entrega associada ao pacote de trabalho. A EAP deve ser decomposta a

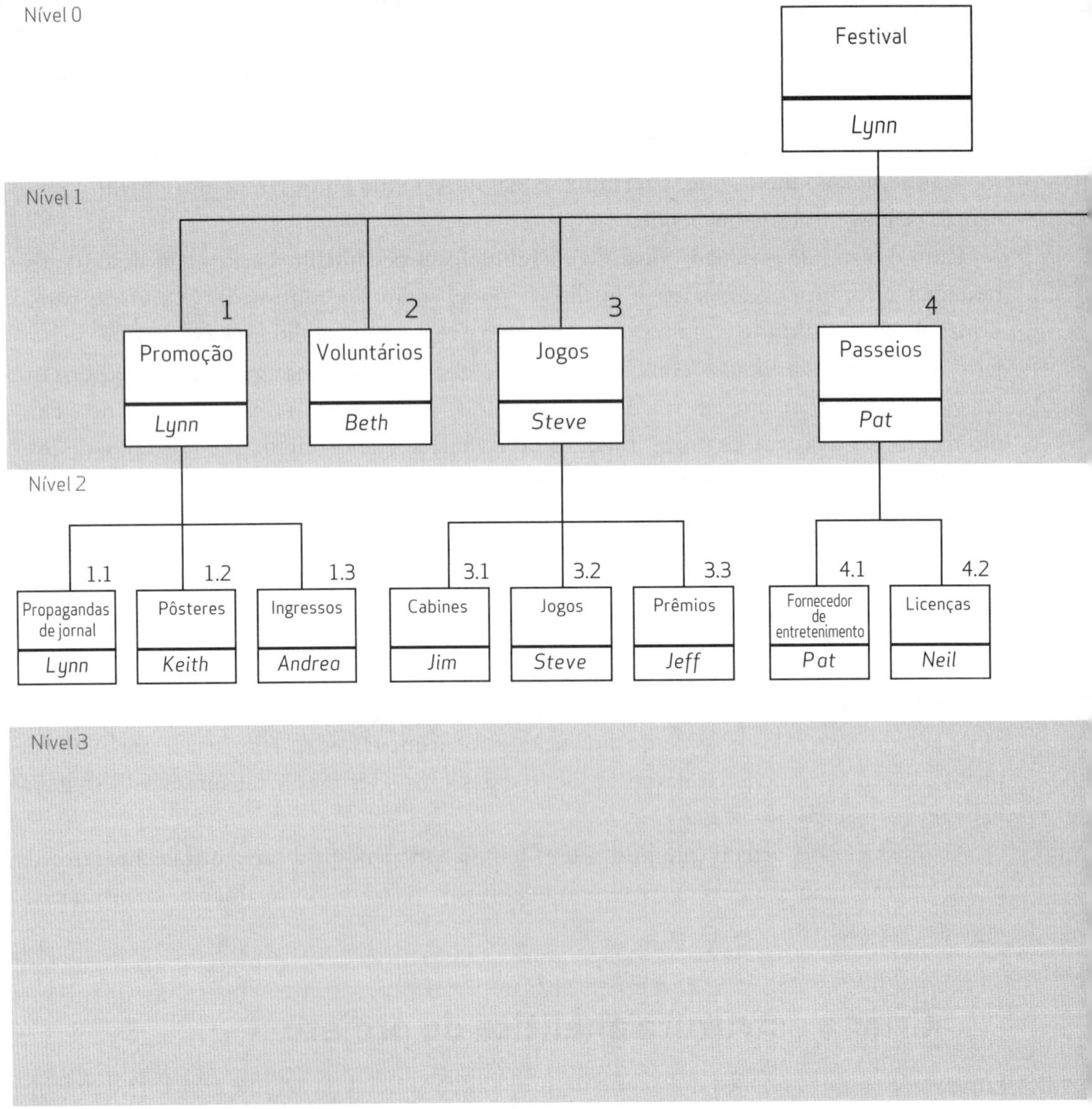

FIGURA 4.1 ▪ Estrutura analítica de projeto para projeto do festival.

um nível que identifique os pacotes de trabalho individuais para cada entrega específica listada no documento do escopo do projeto. Frequentemente, a EAP inclui um pacote de trabalho separado rotulado como "gestão de projeto", que serve para todo o trabalho associado à gestão do projeto, como preparar relatórios de progresso, conduzir reuniões de análise, planejar, monitorar e rastrear programações e orçamentos, e assim por diante. A realização ou a produção de todos esses pacotes de nível mais baixo na EAP constitui a finalização do escopo do trabalho do projeto.

Reforce sua aprendizagem

10. O item de trabalho de nível mais baixo de qualquer divisão da EAP é chamado de ______________ ______________.

A EAP pode ser criada pelo uso de um formato gráfico ou como uma lista de contratados. A Figura 4.1 mostra uma EAP em um formato gráfico para o projeto de um festival em uma comunidade. Nem todas as divisões da EAP devem ser analisadas no mesmo nível. A maioria dos pacotes mostrada na Figura 4.1 está no segundo nível, mas quatro itens de trabalho são divididos posteriormente em um terceiro nível mais detalhado. Um item de trabalho (Voluntários) não é analisado além do primeiro nível.

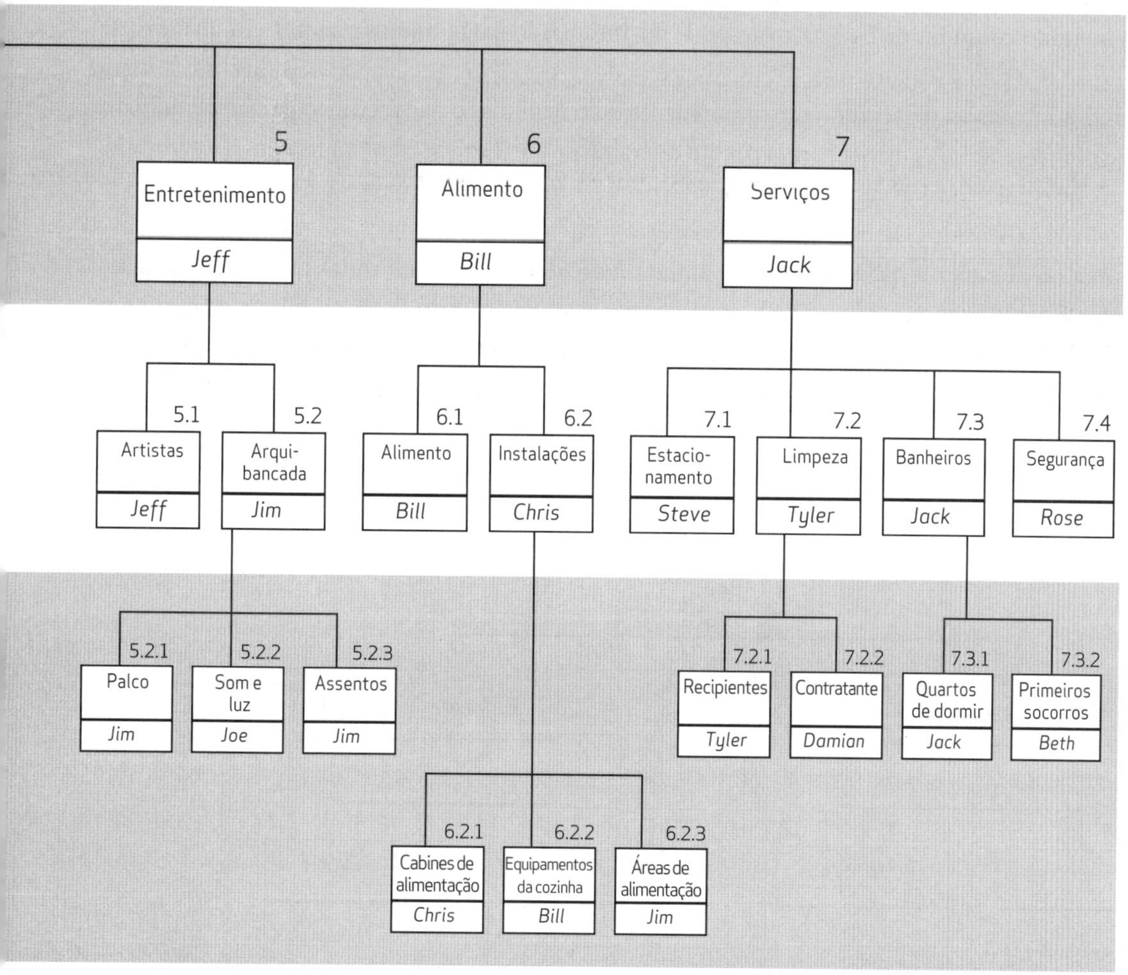

Outro exemplo de uma EAP para um projeto de estudo de mercado é ilustrado na Figura 4.2.

Diretrizes para decidir a quantidade de detalhes ou quantos níveis incluir na EAP são:

- Uma entrega específica é produzida sempre que a saída ou o produto final do trabalho estiver associado a um pacote de trabalho. Por exemplo, uma EAP para remodelamento de um escritório pode ter um dos pacotes de trabalho de nível mais baixo, rotulado como "Mobílias", com a entrega estabelecendo a instalação de todas as mobílias e acessórios do novo escritório. O pacote de trabalho incluiria todas as atividades específicas para determinar quais tipos e quantidades de mobília são necessários, preparar as especificações, preparar as solicitações para propostas, revisar as propostas dos fornecedores para os diversos *layouts* e preços, selecionar o(s) fornecedor(es) e concluir a entrega, montagem e instalação de tal mobília e de seus acessórios.
- O nível em que há um alto grau de confiança de que todas as atividades que precisam ser realizadas para produzir a entrega podem ser definidas, os tipos e quantidades de recursos podem ser determinados e as durações e os custos da atividade associada podem ser razoavelmente estimados.
- O nível em que responsabilidade e prestação de contas podem ser atribuídos a uma única organização (comunicações de marketing, engenharia de materiais, recursos humanos, uma subcontratada etc.) ou a um indivíduo por cumprir o pacote de trabalho.
- O nível em que o gerente de projeto quer monitorar e controlar o orçamento e pode coletar dados sobre os custos reais e o valor agregado do trabalho completado durante a realização do projeto.

Outro formato para criar uma EAP é por meio de uma lista de responsáveis, como mostrado na Tabela 4.1, para o projeto de estudo do mercado consumidor. Esse formato pode ser apropriado para projetos maiores, em que um gráfico pode ficar muito grande e difícil de controlar. Observe na lista de responsáveis que ela também declara a entrega específica, cujo término é aguardado, de acordo com as atividades de trabalho associadas com cada pacote de trabalho de nível mais baixo. Por exemplo, a entrega para o pacote de trabalho 1.1 (Projeto) é o "Questionário aprovado"; para 1.2 (Respostas), a entrega é "Todas as respostas recebidas"; para 2.1 (Software), a entrega é a "Aplicação do software de trabalho"; e para 2.2 (Relatório), a entrega é o "Relatório final".

Para projetos grandes ou complexos, pode ser difícil para um indivíduo determinar todos os elementos de trabalho para incluí-los na EAP. Portanto, o gerente de projeto deve envolver os principais membros da equipe no desenvolvimento da EAP. Eles podem ter competência especial, conhecimento ou experiência que ajudará a desenvolver uma EAP mais abrangente e completa. Fazer que outros membros da equipe de projeto participem do

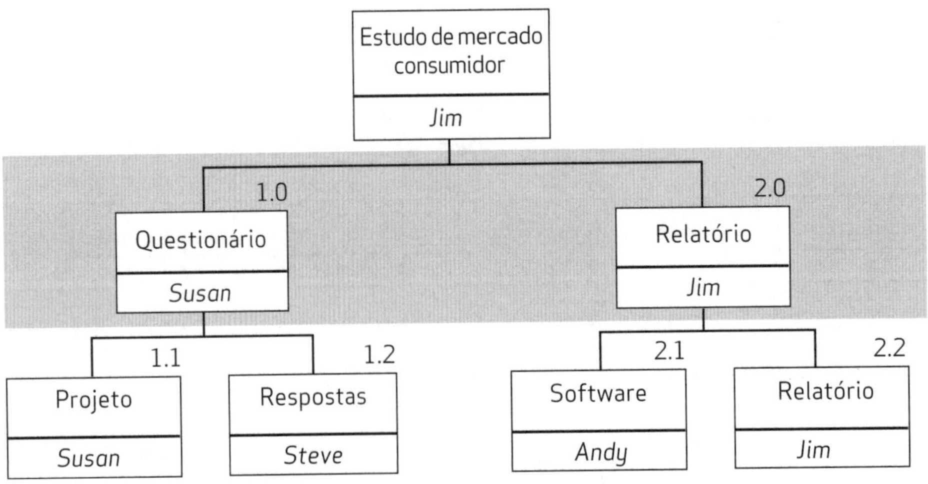

FIGURA 4.2 ▪ Estrutura analítica de projeto para projeto de estudo do mercado consumidor.

EAP	Descrição	Responsável	Entregas
	Estudo de mercado consumidor	Jim	
1.0	Questionário	Susan	
1.1	Projeto	Susan	Questionário aprovado
1.2	Respostas	Steve	Todas as respostas recebidas
2.0	Relatório	Jim	
2.1	Software	Andy	Aplicação do software de trabalho
2.2	Relatório	Jim	Relatório final

TABELA 4.1 ▪ Lista analítica de responsáveis por pacotes de trabalho para projeto de estudo do mercado consumidor.

desenvolvimento do documento do escopo do projeto e da EAP também construirá trabalho em equipe, comprometimento com o plano e com a finalização bem-sucedida do projeto.

A EAP normalmente indica a responsabilidade atribuída à organização ou ao indivíduo pela realização e finalização de cada item de trabalho. No entanto, a EAP *não* é a mesma coisa que o gráfico ou estrutura de organização do projeto. Em alguns casos, poderia ser – mas, normalmente, não é. Consulte o Capítulo 13, Estruturas organizacionais de gestão de projetos, para mais discussões sobre esse tópico.

A EAP possibilita que um planejamento futuro crie um plano-base para realização do trabalho. Não há uma única EAP ideal para cada projeto. Diferentes equipes de projeto podem criar EAPs um tanto diversificadas para o mesmo projeto.

Delegar responsabilidades

A **matriz de responsabilidades (MR)** define *quem* será responsável pelo trabalho. É uma ferramenta usada para designar os indivíduos responsáveis por cumprir os itens de trabalho da EAP. É útil, pois enfatiza quem é responsável por cada item de trabalho e mostra os papéis individuais no apoio do projeto em geral. A Tabela 4.2 mostra a MR associada com a EAP na Figura 4.1 para o projeto do festival da comunidade.

A MR usa um P para designar a responsabilidade principal e um A para indicar a responsabilidade de apoio para um item de trabalho específico. A MR mostra todos os indivíduos associados a cada item na EAP, bem como todos os itens de trabalho associados a cada indivíduo. Por exemplo, a Tabela 4.2 indica que Jim é o responsável principal pelas cabines de jogos, com Chris e Joe dando apoio a essa tarefa. A figura também mostra todos os itens de trabalho em que Joe está envolvido. Apenas um indivíduo deve ser designado como líder, ou pessoa responsável, para cada item de trabalho. Designar dois ou mais indivíduos como responsáveis principais pode causar confusão e aumentar o risco de algum trabalho "passar despercebido", porque cada pessoa pode presumir que outra está fazendo tal trabalho.

Reforce sua aprendizagem

11. A matriz de responsabilidades ____________ ____________ é responsável por cumprir com cada ____________ ____________ na estrutura analítica do projeto.

Definir atividades

Ao usar a EAP, a equipe ou indivíduo responsável por cada pacote de trabalho deve definir todas as atividades específicas que precisam ser realizadas para produzir o item final ou a sua entrega. As atividades determinam mais especificamente *como* o trabalho será feito. Uma **atividade**, também conhecida como *tarefa*, é um trabalho que consome

Item da EAP	Item do trabalho	Andrea	Beth	Billl	Chris	Damian	Jack	Jeff	Jim	Joe	Keith	Lynn	Neil	Pat	Rose	Steve	Tyler
	Festival		A	A			A	A				P		A		A	
1	**Promoção**	A									A	P					
1.1	Propagandas de jornal											P					
1.2	Pôsteres										P						
1.3	Ingressos	P	A									A					
2	**Voluntários**		P						A						A		
3	**Jogos**							A	A							P	
3.1	Cabines				A				P	A							
3.2	Jogos														A	P	
3.3	Prêmios							P							A		
4	**Passeios**												A	P			
4.1	Fornecedor de entretenimento													P			
4.2	Licenças												P	A			
5	**Entretenimento**							P	A	A							
5.1	Artistas					A		P									
5.2	Arquibancada								P	A							
5.2.1	Palco								P	A							
5.2.2	Som e luz									P							
5.2.3	Assentos					A			P								
6	**Alimento**			P	A												
6.1	Alimento			P											A		
6.2	Instalações			A	P				A								
6.2.1	Quiosques de alimentação				P				A	A							
6.2.2	Equipamentos de cozinha			P													
6.2.3	Áreas de alimentação								P						A		
7	**Serviços**						P								A	A	A
7.1	Estacionamento															P	
7.2	Limpeza					A											P
7.2.1	Recipientes																P
7.2.2	Fornecedor					P											
7.3	Instalações de quarto		A				P										
7.3.1	Quartos de dormir						P										
7.3.2	Postos de primeiros socorros		P														
7.4	Segurança					A				A					P		

PALAVRAS-CHAVE: **P** = Responsabilidade principal; A = Responsabilidade de apoio.

TABELA 4.2 ▪ Matriz de responsabilidades para o projeto do festival.

tempo. Ela não exige necessariamente o esforço de pessoas – por exemplo, esperar que o concreto adquira resistência pode levar dias, mas não exige nenhum esforço humano.

Para o pacote do trabalho 3.1 na Figura 4.1, Cabines de jogos, as oito atividades específicas a seguir podem ser definidas:

- Projetar os quiosques.
- Especificar os materiais.
- Comprar os materiais.
- Construir as cabines.
- Pintar os quiosques.
- Desmontar os quiosques.
- Mover os quiosques para o local do festival e remontá-los.
- Desmontar os quiosques e movê-los para o depósito.

Na Figura 4.3, a EAP para um projeto de estudo do mercado consumidor e as atividades específicas que precisam ser realizadas para cada pacote de trabalho são definidas.

Quando todas as atividades específicas forem definidas para todos os pacotes de trabalho, elas devem ser consolidadas em uma abrangente *lista de atividade* de todas as atividades específicas que precisam ser realizadas para produzir todos os resultados do projeto e também realizar o objetivo do projeto. A próxima etapa é criar um diagrama de rede que mostre a sequência apropriada e defina as relações dependentes, indicando como as atividades precisam ser realizadas para cumprir o trabalho do projeto geral e produzir as entregas.

Reforce sua aprendizagem

12. Uma atividade também é chamada de ______________.

Deve-se observar que no início do projeto pode não ser possível definir todas as atividades específicas. Esse é, sobretudo, o caso para um projeto com duração longa. É mais fácil definir as atividades específicas para um trabalho de curto prazo; contudo, à medida que mais

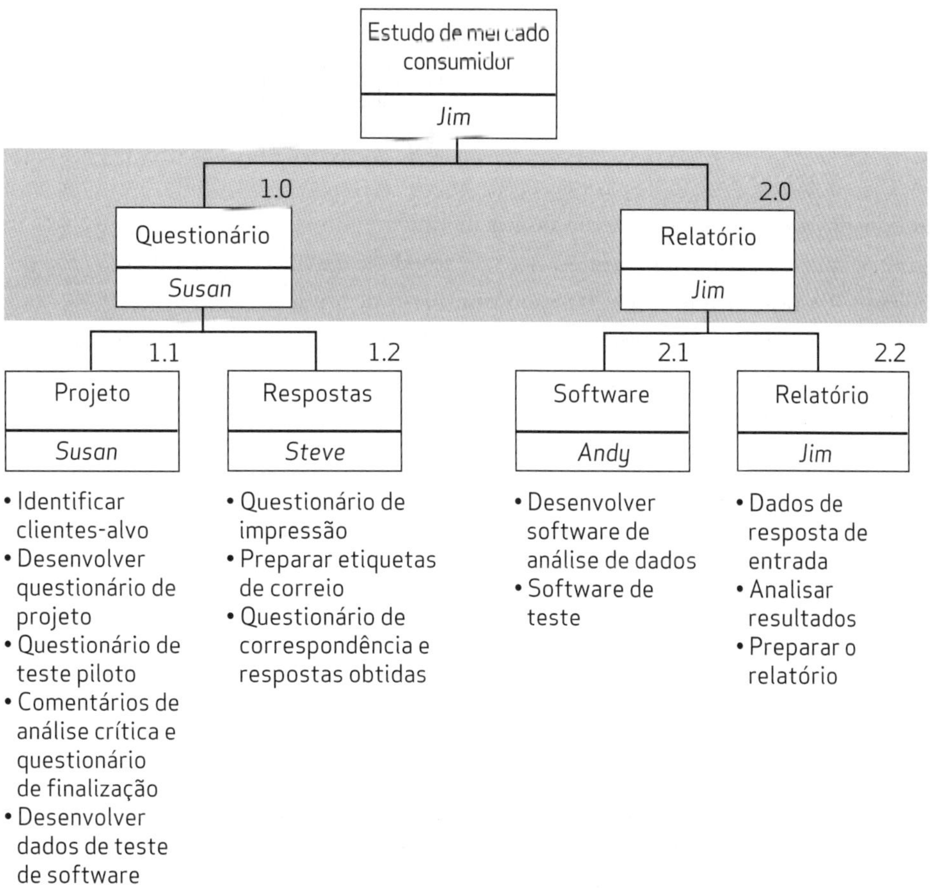

FIGURA 4.3 ▪ Estrutura analítica de projeto para projeto de estudo do mercado consumidor.

informações são conhecidas e se tornam mais claras, a equipe do projeto pode *elaborar progressivamente* as atividades específicas.

Atividades sequenciais

Reforce sua aprendizagem

13. Um __________ __________ define a __________ de __________ as atividades serão feitas.

O **diagrama de rede** é uma ferramenta para organizar as atividades específicas na sequência apropriada e definir suas relações dependentes. Define a sequência de *como* as atividades serão feitas.

Duas técnicas de planejamento de rede – *Program Evaluation and Review Technique* (PERT) e o método do caminho crítico MCC – (*Critical Path Method ou CPM*) – foram desenvolvidas nos anos 1950. Desde aquela época, outras formas de planejamento de rede, como o método do diagrama de precedência (MDP), foram desenvolvidas. Todas elas se enquadram na categoria geral das técnicas de planejamento de rede porque fazem uso de um diagrama para mostrar o fluxo sequencial e as inter-relações das atividades. No passado, houve diferenças metodológicas distinguíveis entre a PERT e o CPM. Hoje, no entanto, quando a maioria das pessoas consulta um diagrama CPM ou um gráfico PERT, elas se referem a um diagrama de rede genérico.

Reforce sua aprendizagem

14. Um diagrama de rede __________ atividades na sequência apropriada e define seu __________ __________.

PRINCÍPIOS DA REDE

Há alguns princípios básicos que devem ser compreendidos e seguidos na criação de um diagrama de rede. Cada atividade é representada por um quadro no diagrama, e a descrição da atividade é escrita dentro dele, como mostrado abaixo.

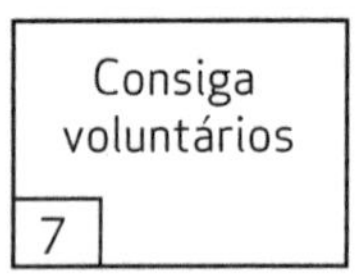

As atividades consomem tempo, e sua descrição normalmente começa com um verbo. Cada atividade é representada por um único quadro. Além disso, um número de atividade exclusivo é atribuído a cada quadro. No exemplo acima, a atividade "Consiga voluntários" recebeu o número de atividade 7.

As atividades têm uma **relação dependente**, também denominada *relação de precedência* – isto é, estão ligadas em uma sequência lógica para mostrar quais delas devem ser finalizadas antes que as outras possam começar. As setas que ligam os quadros de atividade mostram a direção da relação dependente. *Uma atividade não pode começar até que todas as atividades anteriores que estão ligadas por setas estejam finalizadas.*

Certas atividades devem seguir uma sequência em série. Por exemplo, como mostrado abaixo, somente após a atividade "Lavar o carro" terminar é que "Secar o carro" pode começar.

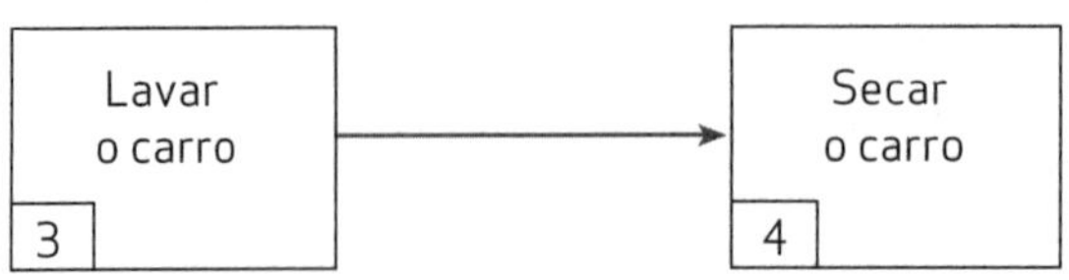

Algumas atividades podem ser feitas simultaneamente. Por exemplo, como mostrado abaixo, "Conseguir voluntários" e "Comprar materiais" podem ser realizadas ao mesmo tempo; quando ambas tiverem sido finalizadas, "Construir um quiosque" pode começar. Da mesma forma, quando "Pintar o quiosque" estiver terminada, tanto "Desmontar o quiosque" quanto "Limpar" podem começar e ser realizadas simultaneamente.

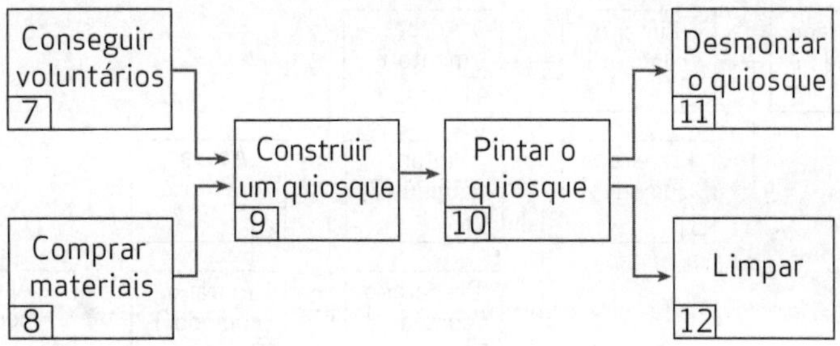

Abaixo se encontra uma relação ilógica entre as atividades conhecida como *loop*. Ao preparar um diagrama de rede, desenhar as atividades em um *loop* não é aceitável, porque representa um caminho de atividades que perpetuamente se repete.

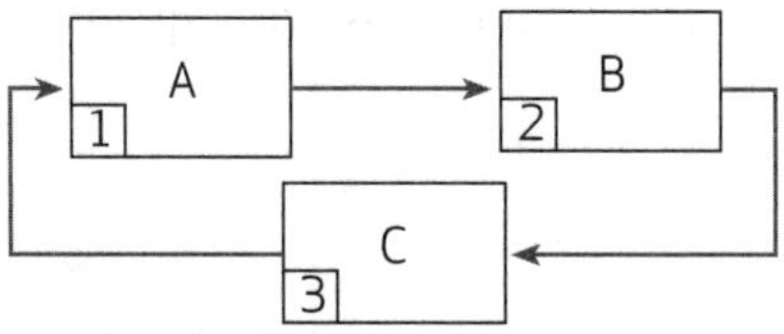

Alguns projetos têm um conjunto de atividades que é repetido diversas vezes. Por exemplo, considere um projeto que envolva a pintura de três cômodos. Pintar cada cômodo exige: (1) preparar o cômodo para ser pintado, (2) pintar o teto e as paredes e (3) fazer o acabamento. Presuma que três especialistas estarão disponíveis – um para fazer a preparação, um para pintar os tetos e as paredes e um para fazer o acabamento.

Pode parecer lógico desenhar um diagrama de rede para o projeto como mostrado na Figura 4.4 ou 4.5. No entanto, a Figura 4.4 indica que todas as atividades devem ser feitas em uma sequência em série, o que significa que, enquanto uma pessoa trabalha, as outras duas estão esperando. A Figura 4.5, por outro lado, indica que os três cômodos podem ser feitos simultaneamente, o que não é possível, porque apenas um especialista está disponível para cada tipo de atividade.

A Figura 4.6 mostra uma técnica conhecida como **escalonamento** (*laddering*), que é utilizada para mostrar a relação dependente de um conjunto de atividades que é repetido várias vezes consecutivas e permite que elas se-

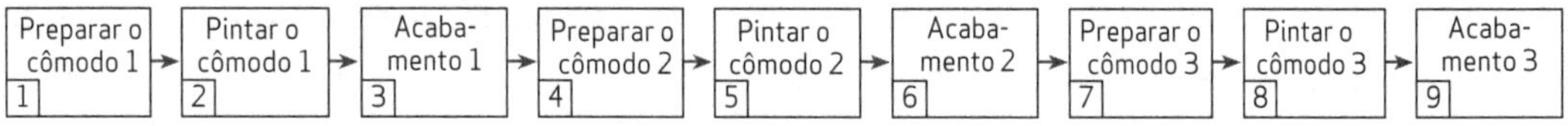

FIGURA 4.4 ▪ Atividades realizadas em série.

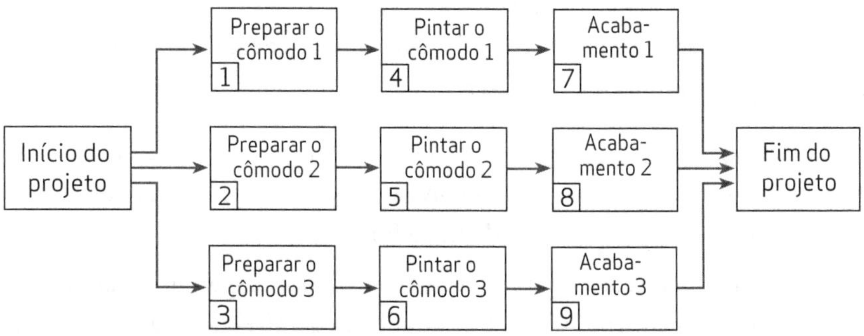

FIGURA 4.5 ▪ Atividades realizadas simultaneamente.

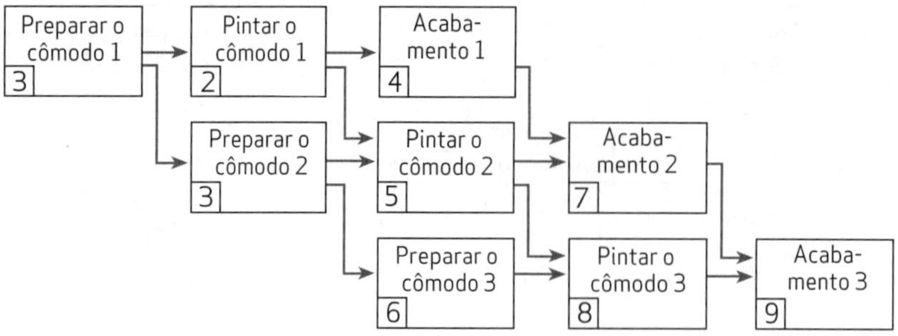

FIGURA 4.6 ▪ Escalonamento.

jam concluídas no menor tempo possível, ao mesmo tempo que faz o melhor uso dos recursos disponíveis. Ela indica que cada especialista, após finalizar um cômodo, pode começar a trabalhar no próximo. Essa abordagem permitirá que o projeto seja finalizado no menor tempo possível enquanto os especialistas fazem o melhor uso dos recursos disponíveis.

CRIAR UM DIAGRAMA DE REDE

Com a lista de atividades específicas e conhecimento dos princípios de rede, agora um diagrama de rede pode ser criado. Comece desenhando as atividades nos quadros em sequência lógica e ligue-os por setas para mostrar as relações necessárias de dependência, como o projeto deve ser realizado do início ao fim. Ao decidir a sequência em que as atividades devem ser desenhadas para mostrar suas relações de dependência, faça três perguntas a respeito de cada atividade individual:

1. Quais atividades devem ser finalizadas *imediatamente* antes que essa atividade possa ser iniciada?
2. Quais atividades podem ser feitas simultaneamente a essa atividade?
3. Quais atividades não podem ser finalizadas *imediatamente* depois que essa atividade esteja terminada?

Ao responder essas perguntas, você será capaz de desenhar um diagrama de rede que retrate a sequência e as relações necessárias dependentes de cada atividade para cumprir o escopo de trabalho do projeto.

Todo o diagrama de rede deve fluir da esquerda para a direita, embora algumas setas possam partir da direita para esquerda para evitar que o digrama fique muito longo ou difícil de deslocar. É mais fácil visualizar todo o projeto se o diagrama de rede couber em uma grande folha de papel. Contudo, se a rede for muito grande, podem ser necessárias diversas folhas. Nesses casos, pode ser preciso criar um sistema de referência ou um grupo de símbolos para mostrar as ligações entre as atividades nas diferentes folhas.

Ao começar a desenhar o diagrama de rede para um projeto, não se preocupe com a qualidade do desenho. É melhor fazer apenas um rascunho do diagrama, mas ter certeza de que a sequência e as relações de dependência entre as atividades estão corretas. Depois, volte e desenhe-o melhor (ou, de preferência, gere o diagrama no computador se você estiver usando um software de gestão de projetos).

As diretrizes seguintes devem ser consideradas na decisão de quão detalhado (em termos de número de atividades) um diagrama de rede para um projeto deve ser:

1. Com base na EAP, atividades específicas devem ser definidas para cada pacote de trabalho. Por exemplo, a Figura 4.3 mostra uma EAP para um projeto que envolve um estudo do mercado consumidor e as atividades específicas que foram definidas para cada pacote de trabalho.
2. Pode ser preferível desenhar uma rede resumida primeiro e depois expandi-la para uma rede mais detalhada. Uma *rede resumida* contém um pequeno número de atividades de nível mais alto em vez de um grande número de atividades detalhadas. Em alguns casos, o uso da rede resumida pode ser suficiente para todo o projeto.

3. O nível do detalhe pode ser determinado por uma interface óbvia ou por pontos de transferência:

   - Se houver uma mudança na responsabilidade – isto é, uma pessoa ou organização diferente assume a responsabilidade pela continuação do trabalho –, devem-se definir o fim de uma atividade e o início de outras atividades. Por exemplo, se uma pessoa for responsável por confeccionar um item e outra pessoa por embalá-lo, essas devem ser duas atividades separadas.
   - Se houver uma saída, um produto ou uma entrega tangível como resultado de uma atividade, devem-se definir o seu fim e o início das outras atividades. Alguns exemplos de saídas incluem um relatório, um desenho, o envio de um equipamento e o figurino para uma produção teatral. No caso de um folheto, a produção de um rascunho deve ser definida como o fim de uma atividade; outra atividade, talvez "Aprovar o rascunho", virá em seguida.

4. As atividades não devem ter a duração estimada mais longa que os intervalos de tempo em que o progresso real do projeto será revisado e comparado com o progresso planejado. Por exemplo, se o projeto tem duração de três anos e a equipe do projeto planeja revisar o seu progresso mensalmente, então o diagrama de rede não deve conter atividades com durações estimadas maiores que um mês. Caso contrário, elas devem ser quebradas em atividades mais detalhadas com durações de um mês ou menos.

Seja qual for o nível do detalhe do diagrama de rede inicial, algumas atividades podem ser quebradas posteriormente, à medida que o projeto progride. É sempre mais fácil identificar as atividades que precisam ser feitas em um prazo próximo (nas próximas semanas ou meses) que identificar as que são para daqui um ano. Não é incomum *elaborar progressivamente* o diagrama de rede à medida que o projeto progride, pois assim mais informações são conhecidas ou se tornam mais claras.

Em alguns casos, uma organização pode fazer projetos similares para clientes diferentes, e certas partes desses projetos podem incluir os mesmos tipos de atividades na mesma sequência e com relações dependentes. Se esse for o caso, pode valer a pena desenvolver *sub-redes* padrão para essas parcelas dos projetos. Uma sub-rede é parte de um diagrama de rede que representa um pacote de trabalho específico ou um conjunto e uma sequência de atividades que de algum modo é padrão ou bem estabelecido. Ter sub-redes padrão pode economizar esforço e tempo quando um diagrama de rede for desenvolvido para um projeto em geral. As sub-redes padrão devem ser desenvolvidas para aquelas parcelas dos projetos para as quais as relações lógicas entre as atividades foram bem estabelecidas por meio da prática histórica. Essas sub-redes podem, é claro, ser modificadas conforme necessário para um determinado projeto.

Por fim, quando todo o diagrama de rede for desenhado, é preciso atribuir um número de atividade exclusivo para cada atividade (quadro).

A Figura 4.7 mostra um diagrama de rede completo para o projeto de estudo do mercado consumidor. Observe a inclusão da pessoa responsável por cada atividade nesse diagrama.

O diagrama de rede é um roteiro que exibe como todas as atividades específicas se encaixam para cumprir o escopo do trabalho do projeto. Também é uma ferramenta de comunicação para a equipe do projeto, pois mostra quem é responsável por cada atividade e como o trabalho de cada pessoa se encaixa no projeto em geral.

Reforce sua aprendizagem

15. Consulte a Figura 4.7.
    a. Quando "Preparar etiquetas de correio" e "Imprimir questionário" tiverem sido terminadas, qual atividade pode ser iniciada?
    b. Para começar "Dados de resposta de entrada", quais atividades devem ser finalizadas imediatamente antes?

Reforce sua aprendizagem

16. Consulte a Figura 4.7.
    a. Para começar "Teste o software", quais atividades devem ser finalizadas imediatamente antes?
    b. Verdadeiro ou falso: Uma vez que "Imprimir o questionário" tiver terminado, "Enviar o questionário e obter respostas" pode começar imediatamente.

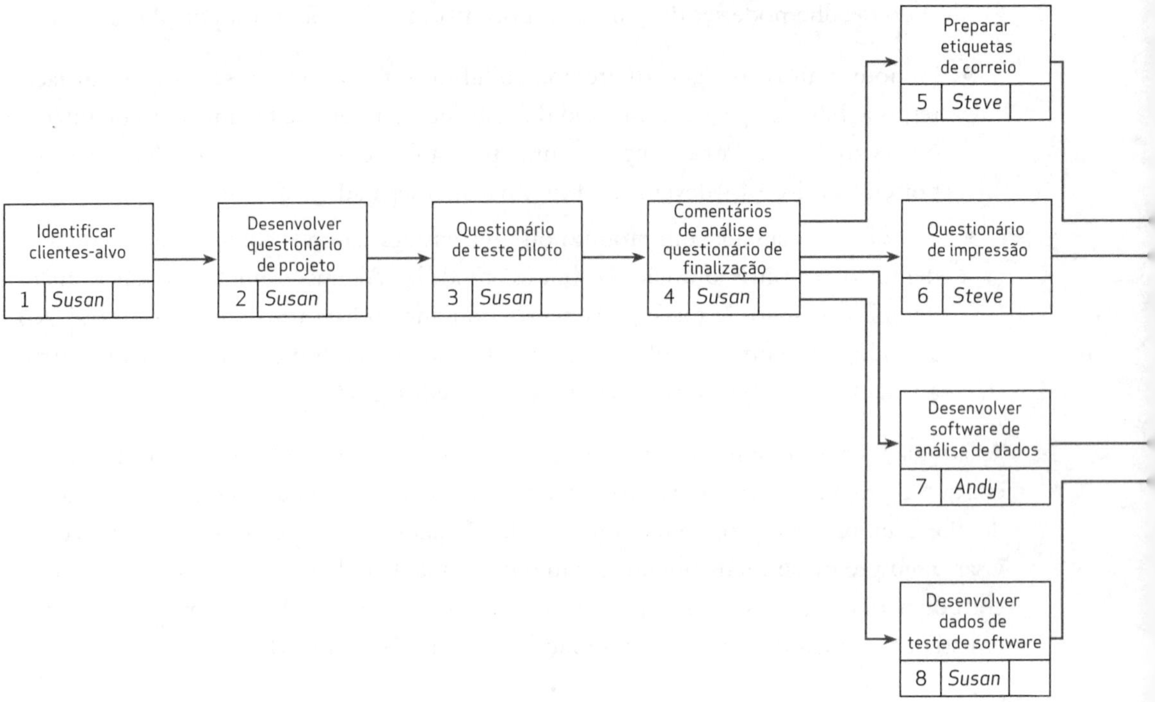

FIGURA 4.7 ▪ Diagrama de rede para projeto do estudo do mercado consumidor.

GESTÃO DE PROJETOS NO MUNDO REAL

A adoção de portais de compras e pagamentos on-line

Como parte do Plano Master de e-Commerce, a Lei de e-Commerce, no Qatar, foi desenvolvida para aprimorar a cadeia de valores do e-commerce e facilitar a adoção e implementação de processos de e-commerce. O Ministério de Tecnologia de Informações e Comunicações (ictQATAR), em Doha, Qatar, estabeleceu uma equipe de projetos para trabalhar com stakeholders a fim de desenvolver o plano de projeto para uma estrutura e uma plataforma de apoio ao e-commerce.

Um ponto de partida foi fazer perguntas. O que eles sabiam sobre o e-commerce e seus processos? O que sabiam sobre as práticas comerciais no Qatar?

Eles encontraram respostas para suas perguntas conversando com as partes interessadas. O uso de cartões de crédito era a principal forma de pagamento para o comércio eletrônico em outros países. O custo de aquisição de uma plataforma de pagamento eletrônico foi alto. A confiança na segurança desses sistemas era pequena em locais sem sistemas estabelecidos para compras on-line. O Qatar havia sido classificado como a nação mais rica de acordo com seu produto interno bruto *per capita*; no entanto, apresentava baixos níveis percentuais de cidadãos que realizavam compras por meio de e-commerce e de empresas que ofereciam opções de e-commerce através de portais on-line. A maioria das transações no Qatar era feita mediante dinheiro com uso de cartões de débito.

Foi determinado que a plataforma apoiaria o aprendizado por parte de comerciantes e de especialistas no no assunto por meio de recursos de conhecimento com apoio sob demanda. Os planos também incluíam o potencial de procurar apoio financeiro na plataforma implementada. A fase de planejamento do projeto levou dois anos até que houvesse um plano de projeto com um caso de negócios a ser apresentado para aprovação de orçamento.

Durante os dois anos de planejamento, o time do projeto ictQATAR se reuniu com stakeholders no Oriente Médio para apresentar o plano e seus benefícios potenciais. Embora muitos stakeholders não apoiassem o plano de e-commerce, muitos deles perceberam os benefícios de cultivar um ambiente de e-commerce sólido e forneceram os recursos necessários para o sucesso.

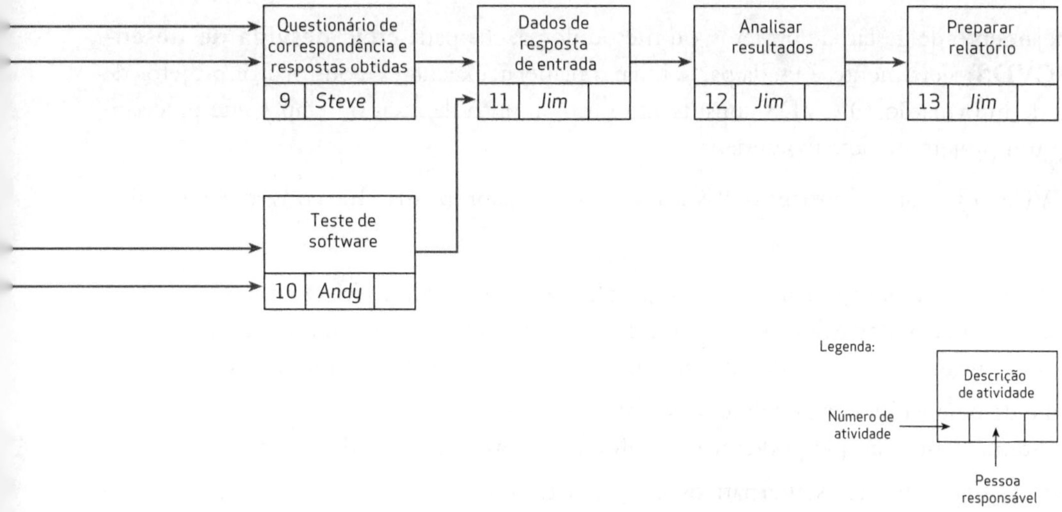

A progressão do projeto obteve pequenas conquistas. Em outubro de 2015, foi anunciado que os concorrentes poderiam participar no mercado doméstico de entregas. As opções de pagamento estavam abertas aos cartões de débito somente por meio de um único provedor de pagamento local que conectou três bancos com o portal de pagamentos Qpay, do Qatar Central Bank. Em dezembro de 2015, um fornecedor de serviços de pagamento nos Emirados Árabes Unidos, denominado Pay Fort, começou a aceitar pagamentos com cartão de débito de consumidores de e-commerce no Qatar.

A equipe do ictQATAR experimentou dificuldades técnicas com os provedores de serviços do portal de pagamentos no Qatar. A utilização feita por celulares e pela web estava limitada. A fim de melhorar a experiência dos clientes, a ictQATAR apresentou sites regionais de e-commerce de alto nível como um exemplo do que as empresas e os prestadores de serviços deveriam desenvolver para atender às expectativas dos clientes. A equipe do projeto havia planejado seminários que fossem realizados juntamente com o Qatar Central Bank sobre os benefícios dos portais de pagamentos com cartões de débito seguros e da redução de fraudes em pagamentos, visando ajudar a obter maior apoio para o projeto e informar o desenvolvimento de outros sites de e-commerce.

A equipe do projeto esperava que outros stakeholders importantes adotassem práticas de e-commerce para seus negócios depois de participarem de uma apresentação sobre os benefícios. Um fator que a equipe observou foi que, apesar de os adeptos aceitarem os cartões de débito amplamente utilizados como meio de pagamento, eles não aceitavam cartões de crédito como opção de pagamento.

Baseado em informações de Anonymous. (2016). Set up shop. *PM Network*, *30*(3), 36-37.

Planejando o desenvolvimento de sistemas de informação

Em função do número cada vez maior de projetos relacionados à tecnologia de informação, parece apropriado incluir uma seção em cada um dos novos capítulos sobre práticas da gestão de projetos no desenvolvimento dos sistemas de informação. O **sistema de informação (SI)** é um sistema de computador que aceita os dados como entrada, processa-os e produz informações úteis para os usuários. Os sistemas de informação incluem sistemas computadorizados de entrada de pedido, sistemas *e-commerce*, caixas eletrônicos e sistemas de pagamento de faturas, pagamentos de salários e inventários. O desenvolvimento de um SI é um processo desafiador que exige planejamento e controle extensivos para garantir que o sistema atenda às exigências do usuário e seja finalizado a tempo e dentro do orçamento.

Uma ferramenta de planejamento de gestão de projetos, ou metodologia, chamada **ciclo de vida do desenvolvimento de sistemas** (**CVDS**), geralmente, é usada para ajudar a planejar, executar e controlar os projetos de desenvolvimento de sistema de informação. O CVDS consiste em um conjunto de fases ou etapas que precisam ser completadas ao longo de um projeto de desenvolvimento.

Muitas pessoas veem o CVDS como uma abordagem clássica de solução de problemas. Ele consiste nas seguintes etapas:

1. *Definição do problema.* Os dados são reunidos e analisados, e os problemas e as oportunidades são claramente definidos. Os fatores técnicos, econômicos, operacionais e outros fatores de viabilidade são definidos e estudados para determinar, pelo menos no início, se o sistema de informação pode ser desenvolvido e utilizado com sucesso.
2. *Análise do sistema.* A equipe de desenvolvimento define o escopo do sistema a ser desenvolvido, entrevista possíveis usuários, estuda o sistema existente (que pode ser manual) e define as exigências do usuário.
3. *Projeto do sistema.* Diversos *projetos* conceituais alternativos são produzidos para descrever a entrada, o processamento, a saída, o hardware, o software e a base de dados em alto nível. Cada uma dessas alternativas é então avaliada e a melhor é selecionada para um futuro *design* e desenvolvimento.

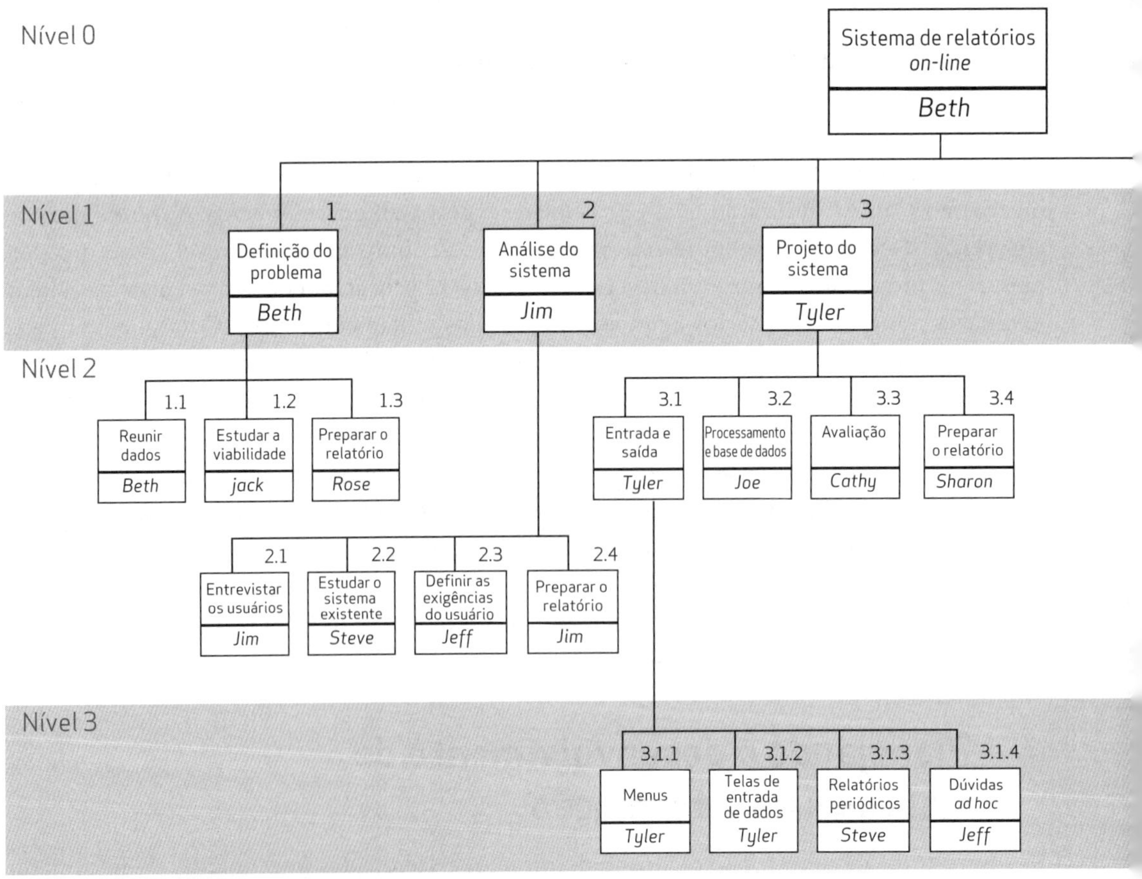

FIGURA 4.8 ▪ Estrutura analítica de projeto para projeto do sistema de relatórios on-line.

4. *Desenvolvimento do sistema.* O sistema real ganha vida. O hardware e o software são adquiridos, customizados ou desenvolvidos. Bases de dados, telas de entrada, relatórios do sistema, redes de telecomunicações, controles de segurança e outras características também são desenvolvidos.
5. *Teste do sistema.* Após o desenvolvimento de módulos individuais dentro do sistema, o teste pode ser iniciado. Ele envolve a busca por erros lógicos da base de dados, de omissão, de segurança e outros problemas que podem comprometer o sucesso do sistema. Após os módulos individuais serem testados e os problemas corrigidos, todo o sistema é testado, uma vez que os usuários e os desenvolvedores estão convencidos de que ele está livre de erros e pode ser implantado.
6. *Implantação do sistema.* O sistema existente é substituído pelo novo sistema melhorado, e os usuários recebem treinamento. Há inúmeras metodologias para converter o sistema existente no novo sistema com o mínimo de interrupção para os usuários.

O CVDS finaliza com a implantação do sistema. Seu ciclo de vida continua com uma revisão formal do processo de desenvolvimento depois que o sistema estiver no ar e, em seguida, segue com a manutenção, as modificações e melhorias em seu funcionamento.

UM EXEMPLO DE SISTEMA DE INFORMAÇÃO: DESENVOLVIMENTO DE APLICATIVOS DE INTERNET PARA A ABC OFFICE DESIGNS

Uma empresa chamada ABC Office Designs tem um grande número de representantes de vendas que oferecem móveis de escritório para grandes empresas. Cada representante de vendas fica responsável por um estado específico, e cada estado é parte de uma das quatro regiões do país. Para permitir que os gestores monitorassem o número e a quantidade de vendas para cada representante, para cada estado e para cada região, a ABC decidiu construir um sistema de informação baseado na web que irá acompanhar os preços, o inventário e a concorrência.

O departamento de Sistema de Informação da corporação atribuiu a Beth Smith o cargo de gerente de projeto para esse desenvolvimento de sistema de comunicação. Com a ajuda de sua equipe, Beth identificou as principais tarefas que precisavam ser realizadas e desenvolveu a estrutura de divisão de trabalho mostrada na Figura 4.8.

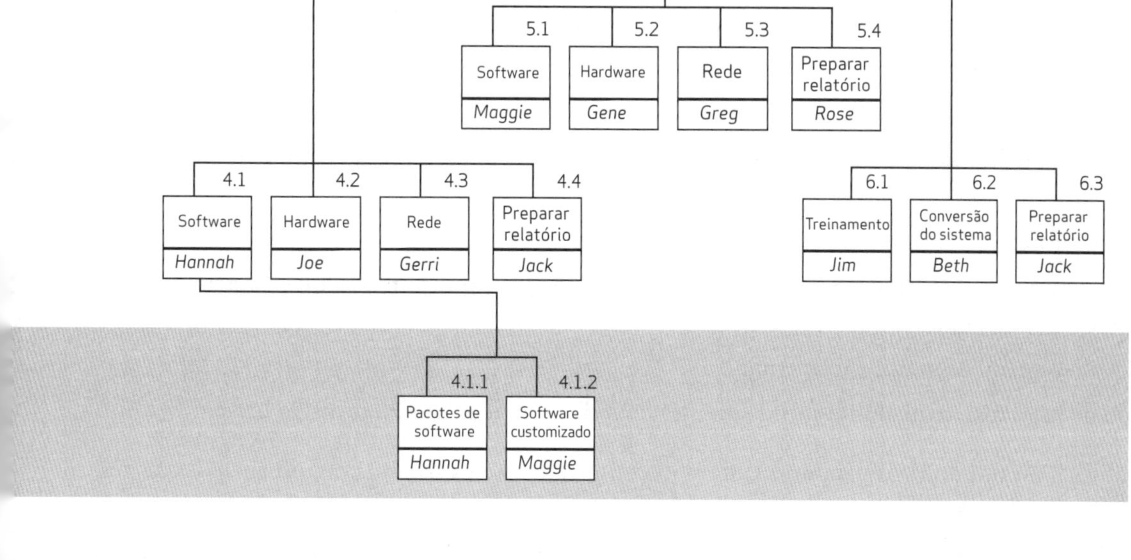

Observe que a EAP segue os passos do CVDS. No nível 1, as principais tarefas são "definição do problema", "análise", "projeto", "desenvolvimento", "teste" e "implantação". Cada uma dessas tarefas será dividida novamente no nível 2 e algumas serão subdivididas no nível 3.

Após a equipe de projeto criar a EAP, a MR mostrada na Tabela 4.3 foi desenvolvida. Observe que essa tabela reflete todas as atividades mostradas na EAP. Além disso, mostra quem tem as responsabilidades primárias e secundárias para cada tarefa.

Em seguida, Beth quis desenvolver um diagrama de rede para mostrar as interdependências que existem entre as tarefas. Antes de Beth fazer isso, contudo, ela e a equipe de projeto criaram uma lista de todas as tarefas a serem feitas, com o predecessor imediato para cada tarefa listado à sua direita, como mostrado na Tabela 4.4. Observe que, antes de começar a "Preparar o relatório de definição do problema" , tanto "Reunir dados" quanto "Estudar a viabilidade" devem ser definidos. Da mesma forma, antes de poder começar a "Preparar o relatório de análise do sistema", tanto "Estudar o sistema existente" quanto "Determinar as exigências do usuário" devem ser finalizados.

Com essa lista, Beth criou o diagrama de rede mostrado na Figura 4.9.

Sistemas de informação para gestão de projetos

Uma grande variedade de sistemas de informação de gestão para projetos acessíveis está disponível para aquisição. Esses sistemas podem ajudar e apoiar o gestor e a equipe de projeto a planejar, monitorar e controlar projetos.

Os aspectos comuns dos sistemas de informação de gestão de projetos permitem que o usuário:

- Crie listas de tarefas com suas durações estimadas.
- Estabeleça dependências entre as tarefas.
- Trabalhe com uma variedade de escalas de tempo, incluindo horas, dias, semanas, meses e anos.
- Lide com certas restrições – por exemplo, uma tarefa não pode começar antes de uma determinada data, uma tarefa deve ser iniciada em determinada data, os sindicatos não permitem que mais de duas pessoas trabalhem aos finais de semana etc.
- Alocar os membros da equipe, incluindo suas taxas de pagamento e horas trabalhadas, em um projeto e datas das próximas férias.
- Incorporar os feriados, finais de semana e dias de férias do membro da equipe nos sistemas de calendário da empresa.
- Lidar com os turnos dos funcionários (diurno, vespertino, noturno).
- Monitorar e prever orçamentos.
- Procurar por conflitos – por exemplo, recursos superalocados e conflitos de tempo.
- Gerar uma grande variedade de relatórios.
- Interagir com outros aplicativos como planilhas e bases de dados.
- Selecionar informações de diversas formas – por exemplo, pelo projeto, pelo membro da equipe ou pelo pacote de trabalho.
- Lidar com múltiplos projetos.
- Trabalhar on-line e responder rapidamente às mudanças na programação, no orçamento ou nas atribuições de tarefas para a equipe.
- Comparar os custos reais com os custos orçamentados.
- Exibir os dados de diversas formas, incluindo os diagramas de rede e gráficos de Gantt ou de barras.

Consulte o Apêndice A no fim do livro para uma discussão completa sobre os sistemas de informações de gestão de projetos.

Item EAP	Itens de trabalho	Beth	Jim	Jack	Rose	Steve	Jeff	Tyler	Cathy	Sharon	Hannah	Joe	Gerri	Maggie	Gene	Greg
	Sistema de relatórios on-line	**P**	A					A			A			A		
1	**Definição do problema**	**P**		A	A											
1.1	Coletar dados	**P**	A										A			
1.2	Estudar a viabilidade			**P**		A	A		A	A						
1.3	Preparar relatório	A			**P**											
2	**Análise do sistema**		**P**			A	A									
2.1	Entrevistar os usuários		**P**		A						A			A		
2.2	Estudar o sistema existente					**P**										
2.3	Definir as exigências do usuário						**P**									
2.4	Preparar relatório		**P**													
3	**Projeto do sistema**							**P**	A	A		A				
3.1	Entrada e saída					A	A	**P**								
3.1.1	Menus		A					**P**								
3.1.2	Telas de entrada de dados		A					**P**								
3.1.3	Relatórios periódicos					**P**	A						A			
3.1.4	Dúvidas *ad hoc*					A	**P**						A			
3.2	Processamento e base de dados											**P**			A	A
3.3	Avaliação	A	A	A					**P**							
3.4	Preparar relatório									**P**	A					
4	**Desenvolvimento do sistema**			A							**P**	A	A			
4.1	Software										**P**	A	A	A		
4.1.1	Pacotes de software										**P**	A	A	A		
4.1.2	Software customizado											A	A	**P**		
4.2	Hardware							A				**P**				
4.3	Rede												**P**			
4.4	Preparar relatório			**P**												
5	**Teste**				A									**P**	A	A
5.1	Software					A	A							**P**		
5.2	Hardware											A	A		**P**	
5.3	Rede								A	A						**P**
5.4	Preparar relatório				**P**									A	A	A
6	**Implantação**	**P**	A	A												
6.1	Treinamento		**P**								A		A			
6.2	Conversão do sistema	**P**									A		A			
6.3	Preparar relatório	A	A	**P**												

PALAVRAS-CHAVE: **P** = Responsabilidade principal; A = Responsabilidade de apoio.

TABELA 4.3 ▪ Matriz de responsabilidades para projeto do sistema de relatórios on-line.

Projeto do sistema de relatórios on-line

Atividade	Predecessores imediatos
1. Coleta de dados	—
2. Estudar a viabilidade	—
3. Preparar o relatório de definição do problema	1, 2
4. Entrevistar os usuários	3
5. Estudar o sistema existente	3
6. Definir as exigências do usuário	4
7. Preparar o relatório de análise do sistema	5, 6
8. Entrada e saída	7
9. Processamento e base de dados	7
10. Avaliação	8, 9
11. Preparar o relatório de projeto do sistema	10
12. Desenvolvimento do software	11
13. Desenvolvimento do hardware	11
14. Desenvolvimento da rede	11
15. Preparar o relatório do desenvolvimento do sistema	12, 13, 14
16. Teste do software	15
17. Teste do hardware	15
18. Teste da rede	15
19. Preparar o relatório do teste	16, 17, 18
20. Treinamento	19
21. Conversão do sistema	19
22. Preparar o relatório de implantação	20, 21

TABELA 4.4 ▪ Lista de atividades e predecessores imediatos.

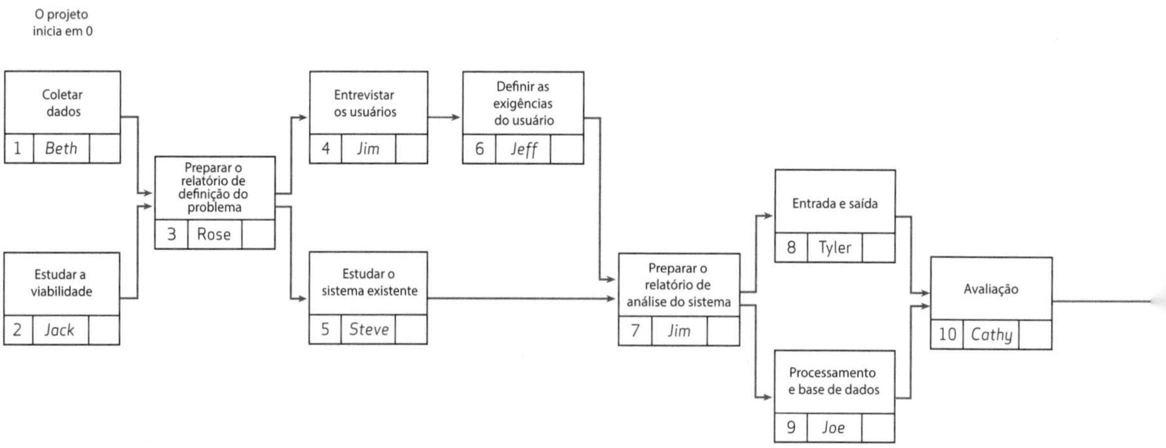

FIGURA 4.9 ▪ Diagrama de rede para projeto do sistema de relatórios on-line.

FATORES ESSENCIAIS PARA O SUCESSO

- Planejar o trabalho e então trabalhar no plano. É importante desenvolver um plano antes de começar a realizar o projeto. Reservar tempo para desenvolver um plano bem pensado é essencial para a realização bem--sucedida de qualquer projeto.
- Participação constrói comprometimento. Ao participar do planejamento do trabalho, os indivíduos tornam-se comprometidos em realizá-lo conforme o plano.
- Um projeto deve ter um objetivo claro do que deve ser realizado e definido em termos de produto final ou entregas, programação e orçamento e acordado pelo cliente e a equipe que irá realizá-lo.
- O documento do escopo do projeto é válido para estabelecer um entendimento e acordo comuns entre as partes interessadas.
- Ter um plano de qualidade documentado no início de um projeto é extremamente benéfico, pois ajuda a evitar custos adicionais e extensões na programação em função do retrabalho provocado por falhas de qualidade no trabalho e nas entregas.
- O segredo para o controle da qualidade é monitorá--la no início do trabalho e regularmente durante a realização do projeto, em vez de esperar até que este seja finalizado.
- O diagrama de rede também é uma ferramenta de comunicação para a equipe do projeto, pois mostra quem é responsável por cada atividade e como o trabalho de cada pessoa se encaixa no projeto geral.

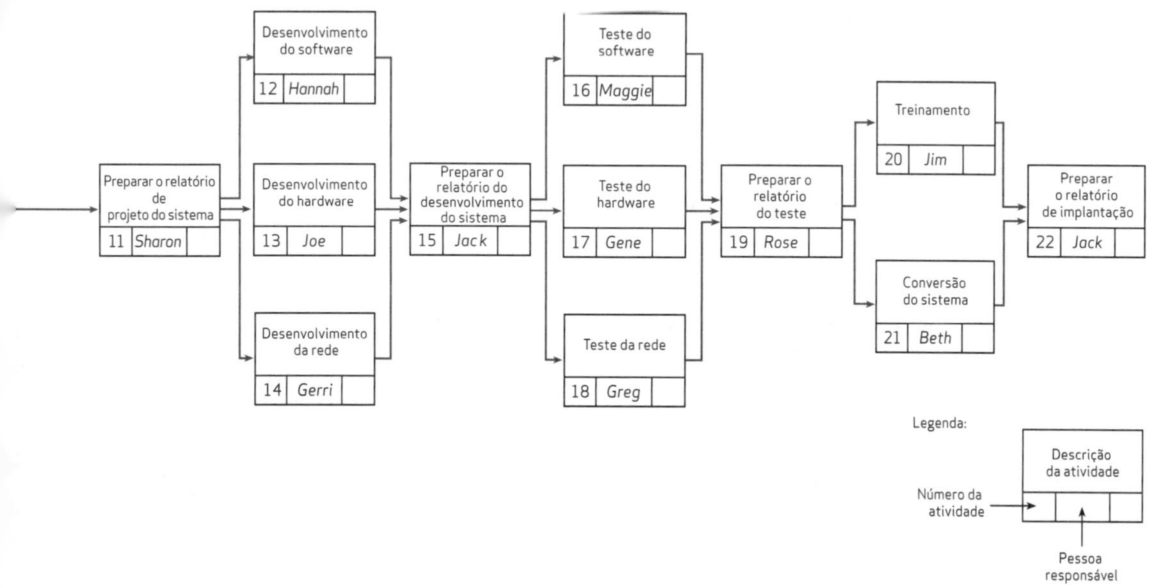

RESUMO

O processo de planejamento é fundamental para o objetivo do projeto, que estabelece o que deve ser realizado. O objetivo do projeto geralmente é definido em termos de produto final ou entrega, programação e orçamento. Isso exige o término do trabalho e a produção de todas as entregas em determinado tempo e dentro do orçamento. Também inclui os benefícios esperados que resultem da implantação do projeto e definirão o seu sucesso.

O escopo do projeto define *o que* precisa ser feito. Isso se refere a todo trabalho que deve ser realizado com a finalidade de produzir todas as entregas e satisfazer o cliente, realizando-as de acordo com os requisitos e critérios de aceitação, e cumprindo o objetivo do projeto. O documento do escopo do projeto normalmente contém a exigências do cliente, o caderno de encargos, as entregas, os critérios de aceitação e uma estrutura analítica de projeto. Esse documento é válido para estabelecer um entendimento comum entre as partes interessadas com relação ao escopo do projeto. O contratado ou a equipe do projeto precisa estar de acordo com o patrocinador ou cliente sobre esse documento.

É importante planejar para que a qualidade na realização do projeto garanta que o trabalho seja feito de acordo com as especificações e padrões aplicáveis e que as entregas atendam os critérios de aceitação. O plano da qualidade deve incluir ou fazer referência às especificações, aos padrões industriais e governamentais e aos códigos que devem ser usados e atendidos durante a realização do trabalho do projeto. Para ajudar a garantir a qualidade, seu plano dentro do projeto deve conter procedimentos escritos para uso de diversas ferramentas e técnicas. O segredo para o controle da qualidade é monitorar o trabalho no início e regularmente durante a realização do projeto, em vez de esperar até que o trabalho seja finalizado para que a verificação ou a inspeção da qualidade aconteça. Ter um plano da qualidade escrito no início de um projeto é extremamente benéfico, pois ajuda a evitar custos adicionais e extensões na programação em função do retrabalho provocado por falhas no trabalho e nas entregas com relação às exigências de qualidade e às expectativas do cliente.

Estrutura analítica de projeto é uma decomposição hierárquica orientada pelas entregas de seu escopo em pacotes de trabalho que produzem as entregas. A estrutura analítica estabelece como o trabalho deve ser feito a fim de produzir as entregas do projeto. EAP é uma abordagem estruturada para organizar todo o trabalho do projeto e as entregas em grupos lógicos e subdividi-los em mais componentes gerenciáveis a fim de ajudar a garantir que todo o trabalho e as entregas para finalização do projeto sejam identificados e incluídos em seu plano-base.

Uma matriz de responsabilidades define *quem* será responsável pelo trabalho. Ela mostra todos os indivíduos associados a cada item de trabalho na estrutura analítica, bem como todos os itens de trabalho associados a cada indivíduo.

Usar a estrutura analítica de projeto – a responsabilidade individual ou de equipe para cada pacote – ajuda a definir todas as atividades específicas que precisam ser realizadas para produzir o item final ou a entrega para o pacote de trabalho. As atividades definem mais especificamente *como* o trabalho será feito.

Um diagrama de rede é uma ferramenta para organizar as atividades específicas na sequência apropriada e definir suas relações de dependência. Define a sequência de *como* as atividades serão feitas. O diagrama de rede é um roteiro que exibe como todas as atividades específicas se encaixam para cumprir o escopo de trabalho do projeto. Ele também é uma ferramenta de comunicação para a equipe do projeto, pois mostra quem é responsável por cada atividade e como o trabalho de cada pessoa se encaixa no projeto geral.

Planejamento do projeto é uma atividade essencial no desenvolvimento de um sistema de informações. Uma ferramenta de planejamento de gestão de projetos, ou metodologia, chamada ciclo de vida do desenvolvimento dos sistemas (CVDS), geralmente é usada para ajudar a planejar, executar e controlar os projetos de desenvolvimento SI. O CVDS consiste em um conjunto de fases ou etapas: definição do problema, análise do sistema, *design*, desenvolvimento, teste e implantação. Todas essas etapas precisam ser completadas ao longo do curso de um projeto de desenvolvimento.

Uma variedade de sistemas de informações de gestão de projetos estão disponíveis para ajudar e apoiar o plano dos gestores do projeto e a equipe de projeto a planejar, monitorar e controlar projetos.

QUESTÕES

1. Qual é o significado do planejamento de um projeto? O que isso envolve? O que deve ser incluído no planejamento do trabalho?
2. Qual é o significado do termo objetivo do projeto? O que pode acontecer se os objetivos de um projeto não estiverem claramente escritos? Dê três exemplos de objetivos de projeto claramente escritos.
3. Descreva um documento do escopo do projeto. Por que é importante definir com clareza o escopo do projeto?
4. O que é uma estrutura analítica de projeto? O que é uma matriz de responsabilidades? Como elas são relacionadas?
5. Por que criar um plano da qualidade é importante? Pela sua experiência, dê um exemplo de como ter e monitorar um plano da qualidade evitaria problemas em um projeto.
6. O que é uma atividade? Ela exige esforço humano? Consulte a Figura 4.1. Forneça uma lista detalhada de atividades necessárias para cumprir o pacote de trabalho 3.3. Faça o mesmo para o pacote de trabalho 4.2.
7. Consulte a Figura 4.7. Quais atividades devem ser realizadas antes de "Dados de resposta da Entrada" começar? Quais atividades podem começar após "Rever os comentários e finalizar o questionário" ter terminado? Liste duas atividades que podem ser feitas simultaneamente.
8. Quando você usaria escalonamento em um diagrama de rede? Dê um exemplo diferente daquele fornecido no capítulo e desenhe o diagrama de rede correspondente.
9. Por que você recomendaria utilizar um software de gestão de projetos a alguém envolvido nessa área? Quais características e benefícios ele oferece?
10. Desenhe um diagrama de rede representando a seguinte lógica: à medida que o projeto começa, as atividades A e B podem ser realizadas simultaneamente. Quando a atividade A for finalizada, as atividades C e D podem começar. Quando a atividade B for finalizada, as atividades E e F podem começar. Quando a atividade D for finalizada, a atividade G pode começar. O projeto é finalizado quando as atividades C, F e G forem finalizadas.
11. Desenhe um diagrama de rede representando a seguinte lógica: o projeto começa com três atividades – A, B e C – que podem ser realizadas simultaneamente. Quando A estiver finalizada, D pode começar; quando B estiver finalizada, F pode começar; quando B e D estiverem finalizadas, E pode começar. O projeto é finalizado quando C, E e F forem finalizadas.
12. Desenhe um diagrama de rede que represente a lista de tarefas de desenvolvimento do sistema de informação a seguir.

Atividade	Predecessor imediato
1. Definição do problema	-
2. Estudo do sistema atual	1
3. Definição das exigências do usuário	1
4. Design do sistema lógico	3
5. Design do sistema físico	2
6. Desenvolvimento do sistema	4, 5
7. Teste do sistema	6
8. Conversão da base de dados	4, 5
9. Sistema de conversão	7, 8

PESQUISA NA INTERNET

1. Faça uma busca na web pelas ferramentas de planejamento de projeto e descreva pelos menos três sites que encontrar.
2. Visite o site da International Project Management Association (IPMA). Explore-o para aprender mais sobre certificados, filiações, publicações, prêmios, eventos e oportunidades acadêmicas.
3. Procure pelo link da IPMA chamado "Young Crew". Young Crew é um componente essencial na estratégia da IPMA para auxiliar os líderes de gestão de projetos do futuro. Descreva suas descobertas.

REFERÊNCIAS

Anonymous. (2016). Set up shop. *PM Network, 30*(3), 36-37.

Applebaum, M. (2016). Weather the storm. *PM Network, 30*(4), 62-67.

Artto, K., Ahola, T., e Vartianinen, V. (2016). From the front end of projects to the back end of operations: Managing projects for value creation throughout the system lifecycle. *International Journal of Project Management, 34*(2), 258-270.

Huff, A. S. (2016). Project innovation: Evidence-informed, open, effectual, and subjective. *Project Management Journal, 47*(2), 8-25.

Kock, A., Heising, W., e Germünden, H. G. (2016). A contingency approach on the impact of front-end success on project portfolio success. *Project Management Journal, 47*(2), 115-129.

Lenfle, A. (2016). Floating in space? On the strangeness of exploratory projects. *Project Management Journal, 47*(2), 47-61.

Pak, A., Carden, L. L., e Kovach, J. V. (2016). Integration of project management, human resource development, and business teams: A partnership, planning model for organizational training and development initiatives. *Human Resource Development International, 19*(3), 245-260.

Pinto, J. K., e Winch, G. (2016). The unsettling of "settled science": The past and future of the management of projects. *International Journal of Project Management, 34*(2), 237-245.

Project Management Institute. (2017). *A guide to the project management body of knowledge (PMBOK® Guide)* (6th ed.). Newtown Square, PA: Author.

Qiang, M., Wen, Q., Jiang, H., e Yuan, S. (2015). Factors governing construction project delivery selection: A content analysis. *International Journal of Project Management, 33*(8), 1780-1794.

Rekonen, S., e Björklund, T. A. (2016). Perceived managerial functions in the front-end phase of innovation. *International Journal of Managing Projects in Business, 9*(2), 414-432.

Rockwood, K. (2016). A strong start. *PM Network, 30*(4), 46-51.

Ruiz-Martin, C., e Poza, D. J. (2015). Project configuration by means of network theory. *International Journal of Project Management, 33*(8), 1755-1767.

Williams, N. L., Ferdinand, N., e Pasian, B. (2015). Online stakeholder interactions in the early stage of a megaproject. *Project Management Journal, 46*(6), 92-110.

Winch, G., e Leiringer, R. (2016). Owner project capabilities for infrastructure development: A review and development of the strong owner concept. *International Journal of Project Management, 34*(2), 271-281.

APÊNDICE

Microsoft Project

O Microsoft Project é o sistema de gestão de projetos mais utilizado no ambiente empresarial atualmente. Ele é poderoso e fácil de utilizar. Neste apêndice, vamos discutir brevemente como o Microsoft Project pode ser utilizado para apoiar as técnicas discutidas neste capítulo com base no exemplo de estudo de mercado consumidor.

Familiarizando-se com o Microsoft Project 2016: abra o Microsoft Project 2016. Observe a forma do Gráfico de Gantt e a barra de tarefas na área de trabalho principal. Se não conseguir visualizar as Ferramentas de Gráfico de Gantt acima do ícone *Formatar* no menu ou na Barra de Tarefas, clique em "Tarefas" para abrir a "Barra de Tarefas", em seguida, clique em "Exibir Tarefas" e depois em "Gráfico de Gantt". Acima da área de tarefas principal existem barras para "Tarefas", "Recursos", "Relatório", "Projeto", "Visualização" e "Formatar". Para visualizar qualquer uma dessas barras, clique na aba com o nome correspondente. Nova nos aplicativos do Office 2016 é a caixa de texto **Diga-me o que você quer fazer**, na qual você digita palavras e frases a respeito do que você quer fazer. A caixa "Diga-me o que você quer fazer" também tem um recurso de Pesquisa inteligente e fornece sugestões do que tentar em seguida.

À esquerda dos nomes das barras está a aba de "Arquivo", que contém links para o Microsoft Office On-line no link "Ajuda" – uma lista de arquivos abertos anteriormente no Microsoft Project e opções para salvar ou imprimir o projeto atual ou para iniciar um novo projeto. Um link rápido para o Microsoft On-line o link Ajuda está disponível no canto superior direito da janela do projeto na forma de um botão de ponto de interrogação.

A barra de Formatar se altera para incluir grupos relacionados com a visualização selecionada. A barra de ferramentas Gráfico de Gantt contém ícones como "Formatar", "Colunas", "Estilos de Barra", "Estilo de Gráfico de Gantt", "Mostrar/Ocultar" e "Grupos de Desenhos" com seleções que formatam o Gráfico de Gantt. A "Barra de Ferramentas de Recursos Úteis" contém os ícones "Formatar", "Colunas", "Detalhes" e grupos de Atribuição para formatar o gráfico.

Visite Microsoft Office On-line *para tutoriais* on-line *e mais:* Se você ainda não explorou o Microsoft Office On-line, reserve algum tempo para isso. Lá você encontrará tutorais, dicas, *templates*, novidades e outras informações valiosas sobre o Microsoft Project. O link para o Microsoft Office On-line é fornecido no ícone "Ajuda" na opção "Arquivo" ou como um link rápido na janela do projeto na forma de um botão de ponto de interrogação.

Vamos começar a construir o Projeto de Estudo do Mercado Consumidor:

O Estudo do Mercado Consumidor irá continuar durante o Capítulo 7. Neste apêndice, vamos abordar a estrutura de divisão de trabalho no formato de lista hierárquica de contratados, determinar predecessores para as tarefas, atribuir responsabilidades para cada atividade e criar o diagrama de rede.

Na opção "Arquivo", clique em "Novo" para iniciar um novo projeto. Então, com os *templates* disponíveis, selecione um Projeto em Branco e clique em "Criar". Salve o arquivo como Estudo de Mercado Consumidor clicando na opção "Arquivo, Salvar Como". Depois de escolher um local e digitar o nome do arquivo, clique em Salvar.

Primeiro, defina algumas propriedades para descrever o arquivo. Na opção "Arquivo", clique em "Info". No lado direito da página estará uma opção chamada "Informações do Projeto" com uma seta para baixo. Clique em "Informações do Projeto". Duas opções irão aparecer em uma janela *pop-up*: "Propriedades Avançadas" e "Propriedades Estatísticas". Clique em "Propriedades Avançadas". Na janela de "Propriedades Avançadas", clique em "Resumo" e coloque "Estudo do Mercado Consumidor" como título, como mostrado na Figura 4A.1. Você pode inserir outras informações, como Assunto, Autor, Gerente, Empresa e outros comentários relacionados. Clique em "OK" para salvar e feche a janela de "Propriedades Avançadas". Clique na Seta no canto superior esquerdo para retornar à faixa Projeto e à visualização de entrada.

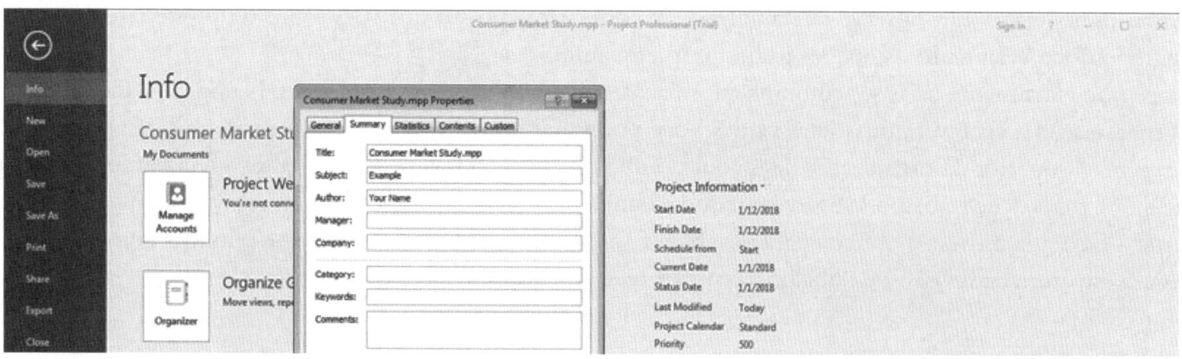

FIGURA 4A.1 ▪ Propriedades de projeto.

Você também precisa introduzir informações relacionadas ao tempo para que o software possa construir automaticamente cronogramas de projetos e calcular os custos.

Na barra "Projeto", clique em "Informação do Projeto" na parte "Propriedades" para visualizar a janela de Informações do Projeto e insira a data inicial: Segunda-feira, 01/12/18, como na Figura 4A.2. Clique em "OK" para fechar a janela de "Informação do Projeto".

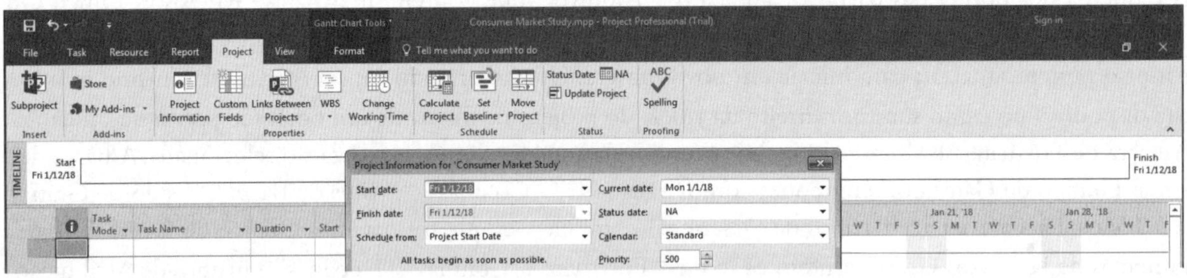

FIGURA 4A.2 ▪ Informação do projeto.

Clique na opção "Tarefa" para visualizar as opções. Você poderá visualizar o Gráfico de Gantt com a Tabela de Entrada em sua tela. Insira o título do projeto e os nomes para os pacotes de trabalho e suas atividades na coluna "Nome da Tarefa", no nível desejado, para que possa monitorar e controlar o orçamento, coletar dados sobre os custos reais e o valor agregado do trabalho completado durante a realização do projeto. Para exibir o nome do projeto como Tarefa 0, na faixa Formato das Ferramentas de Gráfico de Gantt, clique em Tarefa de Resumo do Projeto no grupo Mostrar/Ocultar (como mostra a Figura 4A.3). Em seguida, digite os nomes dos pacotes de trabalho a serem concluídos na coluna Nome da Tarefa. Consulte a Figura 4A.4 para inserir título e nomes.

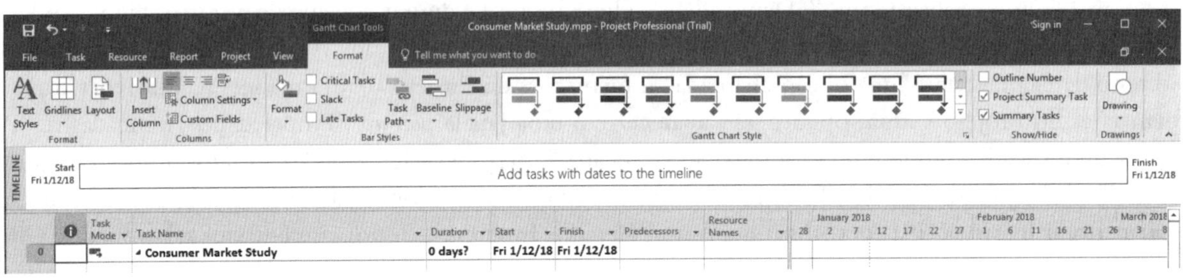

FIGURA 4A.3 ▪ Tarefa de resumo do projeto.

Após inserir um nome, observe que a coluna "Modo Tarefa" possui questões sobre o tipo de tarefa automaticamente inserida. Mantenha as opções padrão por enquanto.

Você pode facilmente criar subconjuntos dos pacotes de trabalho e suas atividades. Na opção "Tarefa" no ícone "Programação", você verá duas setas verdes. Você pode usar essas setas para criar subtarefas e trazer uma tarefa para um nível superior de organização. Destaque a linha que você deseja recuar. Clique na seta verde à direita para recuar os pacotes de trabalho. Observe que toda a linha de subtarefa destacada irá recuar também. Clicar na seta verde à esquerda moverá a entrada para as subtarefas em um nível superior. Ajuste as entradas com as setas para mostrar a estrutura de divisão de trabalho, como aparece na Figura 4A.4.

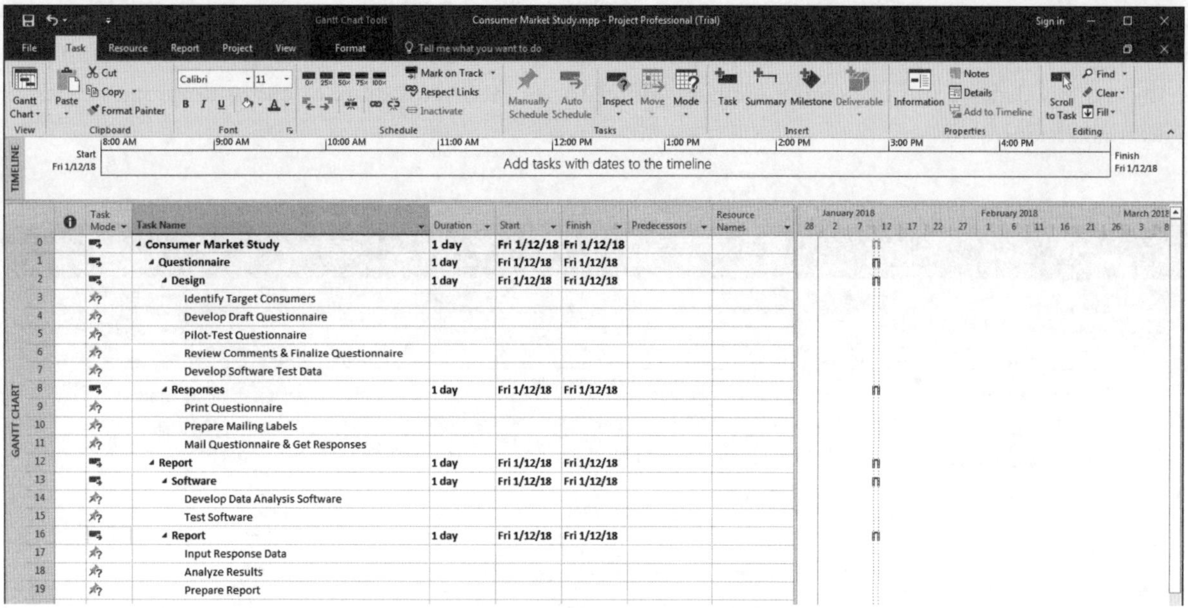

FIGURA 4A.4 ▪ Pacote de trabalho e entrada de atividade.

Em seguida, digite os dados predecessores diretamente na coluna "Predecessor" para mostrar as dependências entre as atividades para os pacotes de trabalho. Consulte a Figura 4A.5 para esses dados. Cada linha tem um número de tarefas ao longo da coluna da esquerda. Você usará esses números para identificar a tarefa das dependências. Por exemplo, a Tarefa 3 é a predecessora da Tarefa 4, ou, em outras palavras, a Tarefa 4 é dependente da conclusão da Tarefa 3. Se uma tarefa tiver mais de um predecessor, use vírgula para separar os números de tarefas.

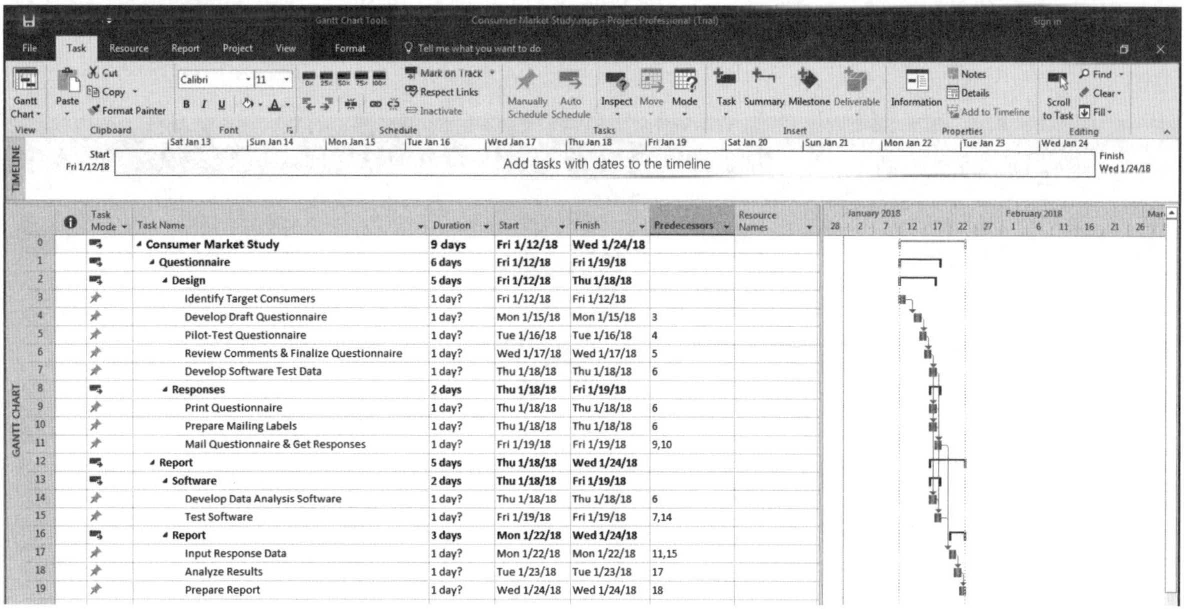

FIGURA 4A.5 ▪ Tarefas – Introdução de dados predecessores.

O Projeto de Estudo do Mercado Consumidor consiste no grupo composto por Susan, Steve, Andy e Jim. Você também pode realizar cada tarefa inserindo o nome na coluna de "Nomes dos Recursos" para a atividade "Tabela de Entrada". Veja a Figura 4A.6 para atribuição do nome de atividades neste exercício. Os nomes são atribuídos às atividades a fim de monitorar e controlar o orçamento do projeto e coletar dados para os custos reais e desempenho. Nomes atribuídos a um pacote de trabalho farão que o Microsoft Project atribua custos e tempo para ele, além de suas atividades, e provavelmente resultará em relatórios incorretos sobre os custos do projeto e desempenho dos trabalhadores.

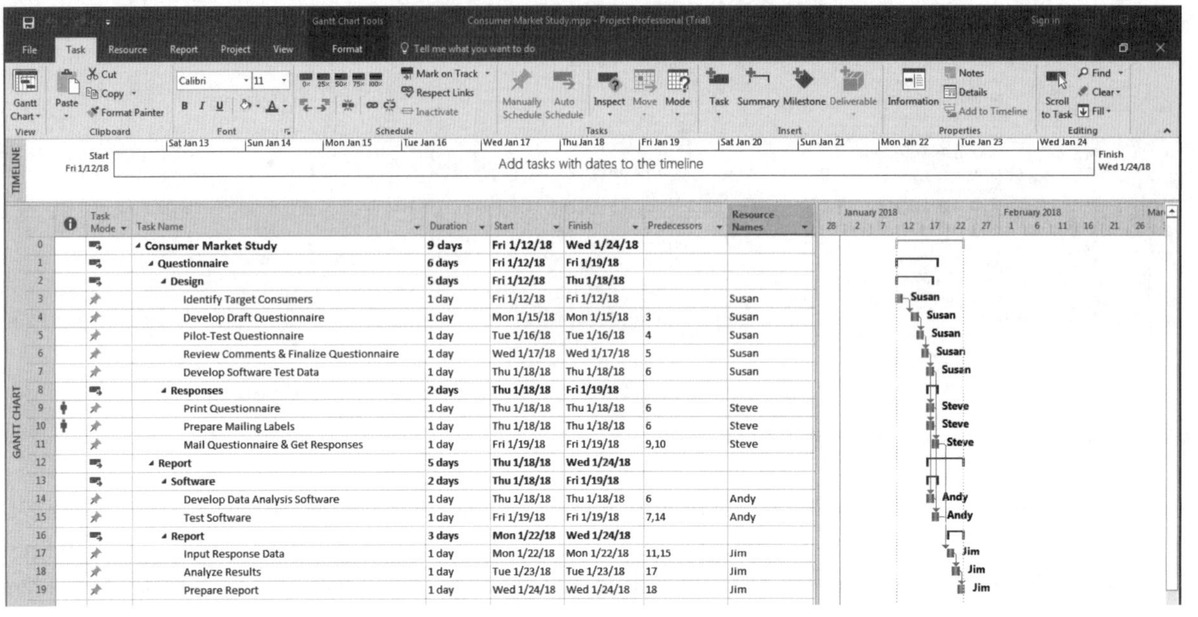

FIGURA 4A.6 ▪ Recursos.

Para visualizar o diagrama de rede mostrado na Figura 4A.7, clique na opção "Tarefa", no ícone "Visualizar", e selecione "Diagrama de Rede".

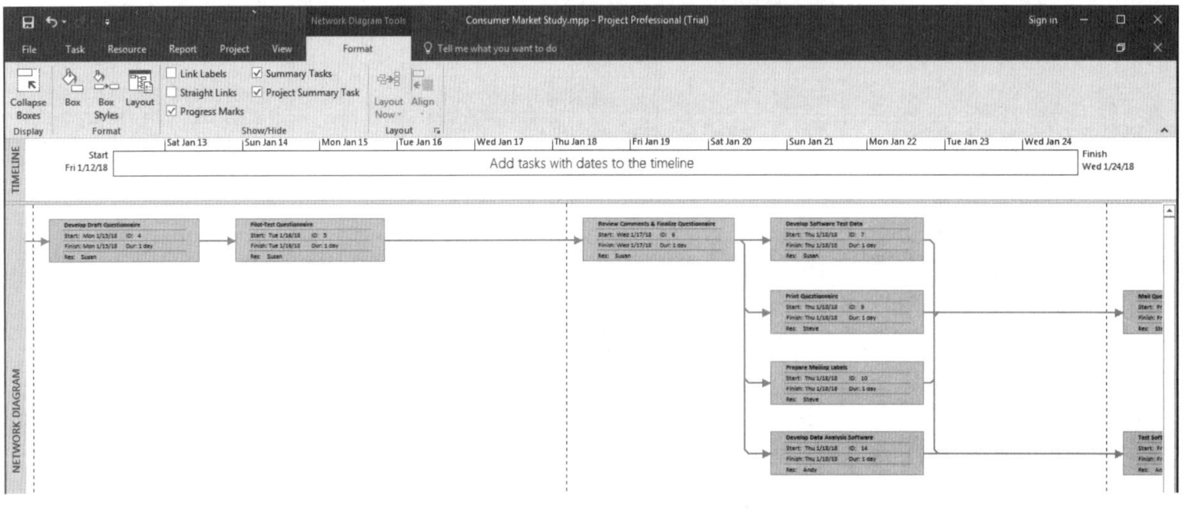

FIGURA 4A.7▪ Diagrama de rede.

Salvar um projeto com plano-base antes de iniciá-lo é altamente recomendado para que você possa comparar o progresso real *versus* o progresso planejado, uma vez que o projeto foi iniciado. Para definir uma linha de base, clique em "Projeto" e selecione "Definir Linha de Base" na área "Programação", como mostrado na Figura 4A.8. Clique em "OK" depois de fazer sua escolha. Você também pode usar essa ferramenta para limpar a linha de base. É importante salvar o seu projeto conforme for trabalhando nele. Para salvar suas informações, vá à opção "Arquivo" e clique em "Salvar".

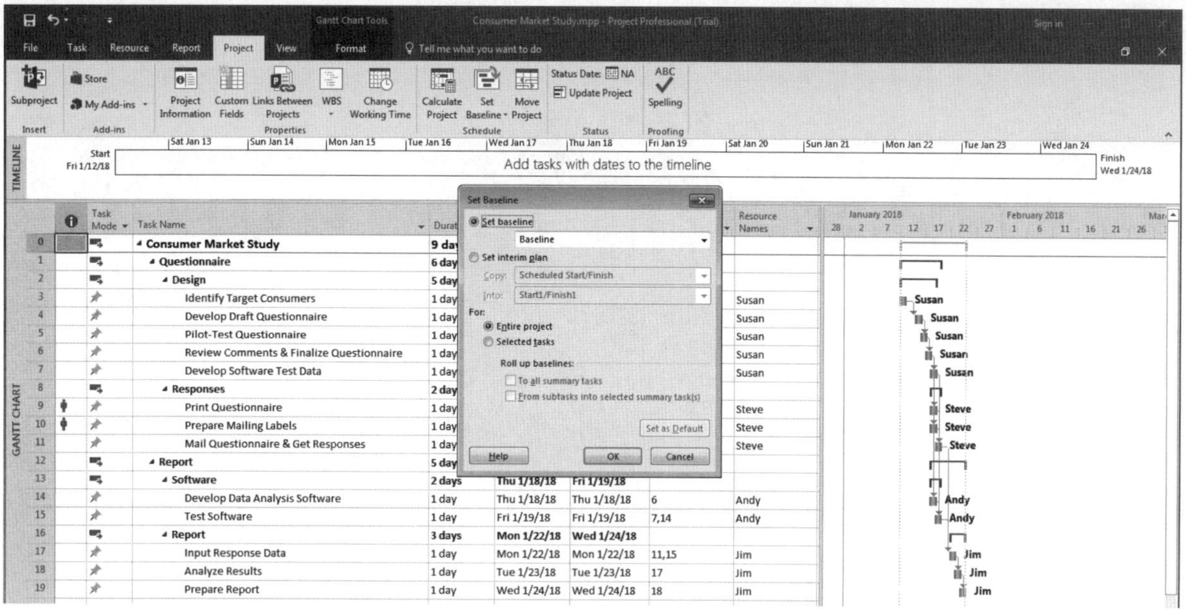

FIGURA 4A.8 ▪ Definir linha de base para o projeto.

Desenvolvendo a programação

5

majeczka/Shutterstock.com

- Estimar recursos das atividades
- Estimar duração das atividades
- Estabelecer datas de início e de conclusão do projeto
- Desenvolver a programação do projeto
  - *Datas de início e de término mais cedo*
  - *Datas de início e de término mais tarde*
  - *Folga total*
  - *Caminho crítico*
  - *Folga livre*
  - *Formato de gráfico de barras*
- Processo de controle do projeto
- Efeitos do desempenho real da programação
- Incorporar alterações na programação
- Atualizar a programação do projeto
- Controlar programação
- Programando o desenvolvimento de sistemas de informação
  - *Um exemplo de Sistema de Informação: desenvolvimento de aplicativos de internet para a ABC Office Designs (continuação)*
- Sistemas de informação de gestão de projetos
- Gestão ágil de projetos
- Resumo
- Questões
- Pesquisa na internet
- Referências
- Apêndice 1 – Durações probabilísticas das atividades
  - *Estimar a duração da atividade*
  - *Distribuição de probabilidade beta*
  - *Fundamentos da probabilidade*
  - *Calculando a probabilidade*
  - *Resumo*
  - *Questões*
- Apêndice 2 – Microsoft Project

Os conceitos abordados neste capítulo apoiam as seguintes áreas do *PMBOK® Guide:*

Gestão de integração do projeto

Gestão de recursos do projeto

Gestão de cronograma do projeto

GESTÃO DE PROJETOS NO MUNDO REAL

Mais do que o desenvolvimento de uma infraestrutura eólica no Quênia

O sólido planejamento deste projeto incluiu estudos para mostrar sua viabilidade e seus benefícios para a comunidade, comentou Mtchera Johannes Chirwa, especialista em infraestrutura e em Parcerias Público-Privadas (PPP), que trabalha no Banco Africano de Desenvolvimento, em Pretória, África do Sul, no Projeto Eólico no Lago Turkana (PELT).

Com a expectativa de produção de até 310 megawatts de energia limpa a ser adicionada à rede queniana, o cronograma de construção de parques eólicos, avaliado em € 625 milhões, incluiu tarefas como a viabilidade da área para o parque, a determinação da rota da linha de transmissão, a conclusão das escavações para acesso à água limpa para o gado, construção de escolas e dispensários médicos, e inúmeras reuniões com stakeholders e empresas subcontratadas.

O cronograma para o plano do PELT não era tão simples como um financiamento seguro para a PPP, a construção do parque eólico e de uma linha de transmissão e da conexão à rede elétrica. Durante o planejamento para a construção do maior projeto de energia eólica até hoje na África, e o quinto maior do mundo, foi determinado que uma estrada deveria ser construída através de Marsabit, uma das regiões mais empobrecidas do Quênia, e que uma vila teria que ser realocada.

Um risco potencial para a manutenção do cronograma planejado é que as terras não podiam ser compradas pela Kenya Electricity Transmission Company Ltd. até que o acordo de PPP fosse assinado. Para ajudar a manter o projeto no cronograma e reduzir a possibilidade de os aldeões se recusassem a aceitar o projeto, fazendo com que este fosse interrompido, os líderes do projeto trabalharam com líderes locais para encorajar qualquer dissidente a aceitar o preço de compra de suas casas na aldeia e de suas terras.

Rafael Jabba, diretor de portfólio no Banco Africano de Desenvolvimento em Nairobi, no Quênia, é o líder do projeto para o setor privado da PPP. Os contratados privados na PPP estão supervisionando a construção do parque eólico. "Temos uma estreita relação de trabalho com a equipe de gestão do PELT. Como resultado, temos uma intensa supervisão de todas as atividades no local do projeto, a ponto de poder quantificar o nível de intervenções que ocorrem nas principais tarefas em qualquer dia de trabalho. Estamos acompanhando de perto o progresso das empresas subcontratadas", afirmou Jabba, que apenas faz a consultoria e orientação da gestão do projeto quando solicitado.

A agência governamental está supervisionando a construção da linha de transmissão. Jabba observou: "O presidente do Quênia foi ao local do projeto e deixou claro o quanto esse projeto é importante para o país. Esse apoio foi divulgado para a comunidade, e isso ajudou no progresso do projeto". O projeto tem sido desenvolvido sem problemas desde o início devido ao planejamento, às boas relações com stakeholders e a um cronograma bem planejado.

Baseado em informações de Anonymous. (2016). Kenya's PPP power. *PM Network, 30*(2), 36 37.

O capítulo anterior discutiu o trabalho necessário em termos de escopo e resultados finais. Discutiu também como o trabalho será realizado, definindo as atividades específicas e organizando-as em uma sequência de relações dependentes para criar uma rede de atividades. Essa rede é um esquema de como todas as atividades se encaixam para realizar o escopo e o objetivo do projeto. Quando as técnicas de planejamento de rede são usadas, a função programação é dependente da função planejamento. O cronograma é a agenda do plano e, portanto, não pode ser estabelecida antes de a rede ter sido criada. Neste capítulo, desenvolveremos uma programação para essa rede. Trabalharemos com as estimativas de recursos, as durações de todas as atividades específicas e o desenvolvimento de uma programação de projeto detalhada, que determine quando cada atividade deve começar e terminar.

Também discutiremos o monitoramento e o controle do progresso do projeto, o replanejamento e a atualização da programação. Uma vez que o projeto começa, é necessário monitorar o progresso para garantir que tudo esteja correndo de acordo com a programação. Isso envolve medir o progresso real e compará-lo com a programação. Se a qualquer momento durante o projeto for determinado que está atrasado, uma ação deve ser tomada para reenquadrá-lo no prazo, o que pode ser muito difícil se o atraso for significativo.

O segredo de um controle eficiente é medir o progresso real e compará-lo com o planejado, de maneira rápida e regular, e tomar qualquer ação necessária imediatamente. Um gestor de projeto não pode simplesmente esperar que um problema desapareça sem uma intervenção corretiva: isso não acontece. Com base no progresso real e na consideração de outras mudanças que podem ocorrer, é possível gerar regularmente uma programação atualizada que preveja se o projeto vai terminar antes ou depois da data exigida. Você ficará familiarizado com as seguintes ideias:

- Estimativa dos recursos necessários para cada atividade.
- Estimativa da duração de cada atividade.
- Estabelecimento da data inicial estimada e da data de conclusão exigida para o projeto como um todo.
- Cálculo das datas mais próximas em que cada atividade deve começar e terminar com base na data inicial estimada do projeto.
- Cálculo das datas mais distantes em que cada atividade deve começar e terminar para concluir o projeto até a data de conclusão exigida.
- Determinação da quantidade de folga positiva ou negativa entre as datas em que cada atividade pode ou deve iniciar ou terminar.
- Identificação do caminho crítico (mais longo) das atividades.
- Realização das etapas do processo de controle do projeto.
- Determinação dos efeitos do desempenho real da programação do projeto.
- Incorporação das alterações na programação.
- Desenvolvimento de uma programação atualizada para o projeto.
- Determinação de abordagens para controlar a programação.
- Implementação da gestão ágil de projetos.

RESULTADOS DE APRENDIZAGEM

Após o estudo deste capítulo, você estará apto a:

- Estimar os recursos exigidos para as atividades.
- Estimar a duração de uma atividade.
- Determinar as datas mais cedo de início e fim das atividades.
- Determinar as datas mais tarde de início e de término das atividades.
- Explicar e determinar a folga total.
- Preparar a programação do projeto.
- Identificar o caminho crítico das atividades.
- Discutir o processo de controle do projeto.
- Desenvolver programações atualizadas com base no progresso real e nas alterações.
- Discutir e aplicar abordagens para controlar a programação do projeto.

Estimar recursos das atividades

É necessário estimar os tipos e quantidades de recursos que serão exigidos para executar cada atividade específica para depois estimar quanto tempo sua execução irá durar. Os recursos incluem pessoas, materiais, equipamentos, instalações e assim por diante. Os *recursos estimados* exigidos para a atividade influenciam sua duração estimada.

Ao estimar os recursos para as atividades, a *disponibilidade* de cada recurso deve ser levada em consideração. É importante saber quais tipos de recursos estão disponíveis, em quais quantidades e durante quais períodos para determinar se os tipos adequados de recursos estarão disponíveis em quantidades suficientes, durante os períodos em que são necessários para atividades específicas. Por exemplo, o projeto de um novo edifício exige arquitetos e engenheiros durante a fase de concepção e detalhamento em seu início, e depois os profissionais de execução e serviços durante a fase de construção. Assim, a empresa precisa ter arquitetos e engenheiros disponíveis quando forem necessários para projetar o novo edifício. Se eles não estiverem disponíveis porque estão atribuídos a outros projetos, isso pode atrasar a concepção e detalhamento do edifício ou exigir que essas atividades sejam terceirizadas para um subcontratado. Ao considerar a disponibilidade dos recursos, pode ser necessário levantar algumas hipóteses, como a possibilidade de contratar profissionais adicionais com a especialidade adequada antes do momento em que serão necessários para trabalhar no projeto. Por exemplo, um projeto para desenvolver um novo sistema de informações para rastrear *recalls* de produtos pode exigir mais desenvolvedores de software que os disponíveis atualmente na equipe. Portanto, quando os recursos são estimados para atividades específicas de desenvolvimento do software, pode ser determinado que certa quantidade de desenvolvedores seja necessária, com a suposição de que desenvolvedores adicionais serão contratados e estarão disponíveis quando forem solicitados.

Reforce sua aprendizagem

1. A estimativa de ____________ de uma atividade influencia a ____________ ____________ para realizar a atividade.

Reforce sua aprendizagem

2. Ao estimar recursos para atividades, é necessário levar em consideração a ____________ de cada recurso.

Entendendo a disponibilidade dos tipos e quantidades de vários recursos durante os períodos em que o projeto será realizado, é necessário *estimar os tipos e quantidades de recursos exigidos para realizar cada atividade específica*. Em muitos casos, principalmente nos projetos menores, a maioria das atividades envolve recursos de pessoas – isto é, os membros da equipe que podem ser utilizados em período integral ou parcial durante o projeto. Por exemplo, estima-se que quatro pintores serão necessários para pintar o interior de uma nova casa. Se os quatro pintores não estiverem disponíveis durante o período em que serão necessários, alguns deles terão de trabalhar horas extras ou uma parte do trabalho precisará ser terceirizada. Por outro lado, se um número excessivo de pintores for estimado, causa um problema de ineficiência, porque eles ficariam se esbarrando uns nos outros ou teriam muito tempo ocioso. Além dos recursos de pessoas, as atividades específicas também podem exigir a estimativa de equipamentos, como tipos e quantidades de maquinários de terraplenagem para preparar um terreno para a expansão de uma escola. Da mesma forma, pode haver atividades específicas que exijam uma estimativa dos materiais ou suprimentos necessários para realizar uma atividade, como a madeira para a estrutura de uma casa, as telhas para construir um teto ou os móveis para uma nova creche. Às vezes, a estimativa dos tipos e quantidades dos materiais necessários para uma atividade específica serve como oportunidade ou lembrete para incluir atividades relacionadas, que podem ter sido esquecidas acidentalmente, quando as atividades específicas foram definidas no pacote do trabalho. No caso dos móveis, por exemplo, pode ser que a estimativa dos materiais se referiu apenas à atividade de instalação, mas depois foi percebido que várias outras atividades precedentes foram deixadas de fora, incluindo as licitações ou cotações de móveis, a revisão de propostas e a solicitação desses móveis, além da tarefa de construir e/ou entregar, por parte do contratado.

Reforce sua aprendizagem

3. É necessário estimar ____________ e ____________ dos recursos exigidos para cada atividade.

Os tipos e quantidades estimados de recursos necessários para uma atividade, com a disponibilidade desses recursos, influenciam a duração estimada da atividade.

Ao estimar os tipos e quantidades de recursos necessários para cada atividade específica, é importante envolver uma pessoa especializada ou experiente na atividade para ajudar a fazer tal estimativa. Os recursos estimados da atividade também serão usados posteriormente para estimar os custos e determinar o orçamento do projeto. Consulte a seção sobre a estimativa de custos da atividade no Capítulo 7 para obter mais informações.

Consulte discussões adicionais sobre esse assunto no Capítulo 6, Utilização de recursos.

Estimar duração das atividades

Uma vez que os tipos e quantidades de recursos são estimados para cada atividade, é possível estimar *quanto tempo* esta vai demorar. A *duração estimada* de cada atividade deve ser o *tempo total decorrido* – o tempo para que o trabalho seja feito, além de qualquer tempo de espera associado. Na Figura 5.1, por exemplo, a duração estimada da atividade 1, "Envernizar o piso", é de cinco dias, o que inclui o tempo para envernizar o piso e o tempo de espera para o verniz secar.

Reforce sua aprendizagem

4. Verdadeiro ou falso: a estimativa de duração da atividade deve incluir o tempo necessário para realizar o trabalho e também qualquer tempo de espera associado.

A duração estimada da atividade é mostrada no canto direito inferior da caixa.

Uma prática recomendada é que a pessoa que será responsável por realizar a atividade específica estime sua duração. O que gera um compromisso por parte da pessoa e evita qualquer divergência que possa ser introduzida quando uma pessoa estima a duração de todas as atividades. No entanto, em alguns casos – como em projetos grandes, que envolvem centenas de pessoas realizando diversas atividades por vários anos – pode não ser possível que cada pessoa estime a duração das atividades no início do projeto. Em vez disso, cada organização ou subcontratado responsável por um grupo/tipo de atividades pode designar uma pessoa experiente para estimar a duração de todas as atividades pelas quais essa organização ou subcontratado é responsável. Se uma organização ou subcontratado já executou projetos semelhantes no passado e manteve os registros das durações das atividades específicas, esses dados históricos podem ser usados como guia para a estimativa de atividades semelhantes para projetos futuros.

A estimativa de duração de uma atividade deve ser baseada na quantidade estimada de recursos necessários para realizá-la. A duração estimada deve ser agressiva, mas realista. Não deve incluir tempo para muitas coisas que possivelmente podem dar errado. Também não deve ser otimista demais, tornando-se muito curta. Geralmente, é melhor ser relativamente agressivo e estimar a duração da atividade em seis dias, digamos, e terminá-la em seis dias, do que ser excessivamente conservador e estimar a duração em 10 dias e realmente levar dez dias. Às vezes, as pessoas cumprem as expectativas – se uma atividade for estimada em dez dias, o esforço se expande para cumprir a alocação de dez dias, mesmo se essa atividade puder ser realizada em menos tempo.

Não é uma boa prática usar a tática de exagerar nas durações estimadas, prevendo que o gerente do projeto vai negociar durações mais curtas. Também não é recomendável burlar as estimativas com a visão de se tornar um herói quando as atividades forem concluídas antes do estimado.

Ao longo da realização do projeto, algumas atividades vão demorar mais que a duração estimada, outras serão feitas em menos tempo e outras cumprirão fielmente a estimativa. No decorrer de um projeto que envolve muitas atividades, esses atrasos e acelerações tendem a se anular mutuamente. Por exemplo, uma atividade pode demorar duas

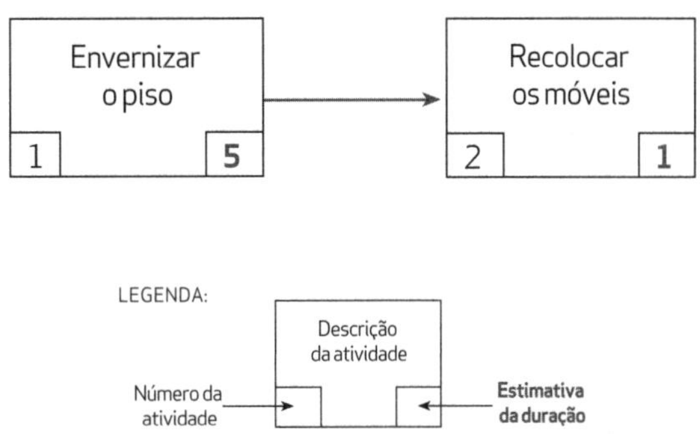

FIGURA 5.1 ▪ Duração estimada da atividade.

Reforce sua aprendizagem

5. A __________ estimada de uma atividade deve ser baseada na __________ de __________ necessários para realizar a atividade.

semanas a mais que o originalmente estimado, mas esse atraso pode ser compensado por outras duas atividades que demoram uma semana a menos que a estimativa original.

É necessário observar que, no início de um projeto, pode não ser possível estimar as durações de todas as atividades com um bom nível de confiança em sua precisão. Isso se aplica principalmente aos projetos de longo prazo. Pode ser mais fácil estimar as durações das atividades de médio prazo, mas à medida que o projeto progride, a equipe pode *elaborar progressivamente* as durações estimadas quando novos dados surgiram ou se tornarem mais claros para permitir estimativas mais precisas.

A Figura 5.2 mostra o diagrama de rede de um estudo sobre o mercado consumidor com as durações estimadas em dias para cada atividade. Uma unidade de tempo consistente, como horas, dias ou semanas, deve ser usada para todas as durações estimadas das atividades no diagrama de rede.

Nos projetos em que existe um alto grau de incerteza sobre as durações estimadas das atividades, é possível usar três estimativas de datas: a otimista, a pessimista e a mais provável. Para ver uma discussão sobre essa técnica de probabilidades, consulte o Apêndice 1, no final deste capítulo.

Estabelecer datas de início e de conclusão do projeto

A fim de estabelecer a base para calcular uma programação usando as durações estimadas das atividades, é necessário selecionar **uma data inicial estimada para o projeto**, que define quando o projeto deve iniciar e **uma data de conclusão exigida para o projeto**, que especifica quando o projeto deverá estar concluído. Essas duas datas definem a janela de tempo, ou envoltória, em que o projeto deve ser concluído.

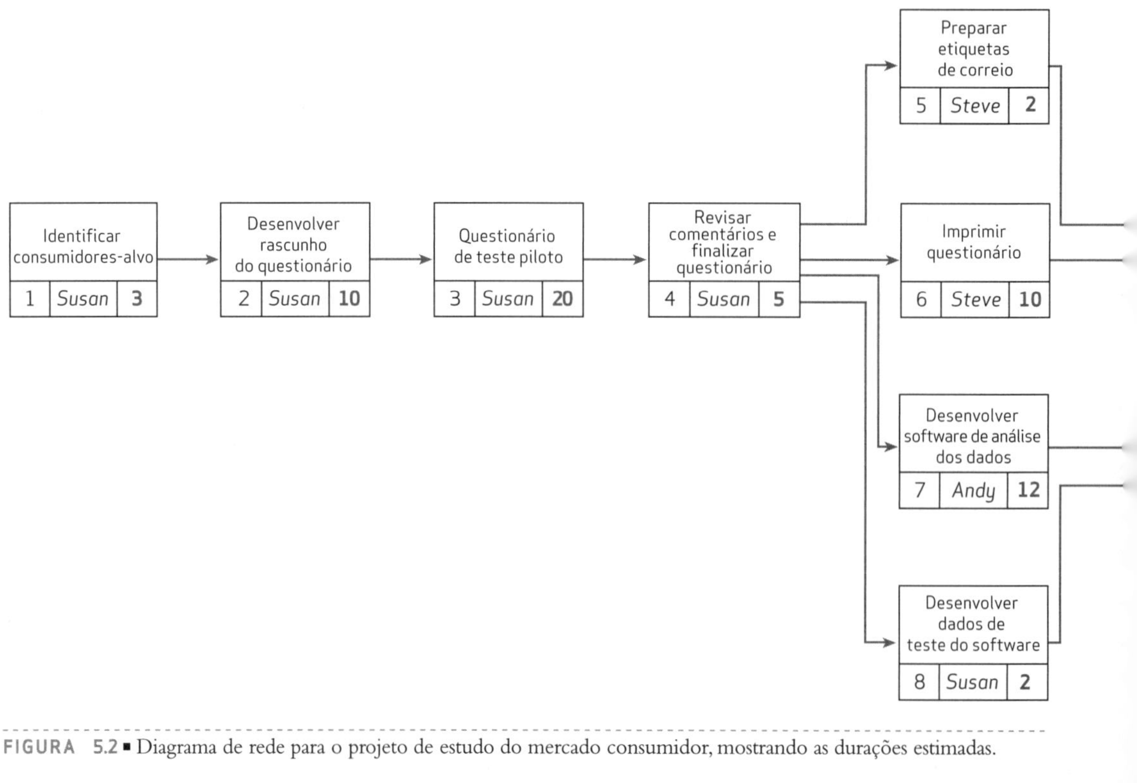

FIGURA 5.2 ▪ Diagrama de rede para o projeto de estudo do mercado consumidor, mostrando as durações estimadas.

É comum o patrocinador ou cliente determinar a data de conclusão exigida no contrato, edital de chamada de propostas (CDP) ou solicitação do projeto – por exemplo, o projeto deve ser terminado até 30 de junho, o estudo da viabilidade deve ser realizado antes da assembleia do comitê em 30 de setembro, ou o relatório anual deve estar na caixa postal até 15 de janeiro.

No entanto, o contratado pode não querer se comprometer com a conclusão do projeto na data específica até que o cliente aprove o contrato. Em tais casos, o contrato pode declarar "O projeto será concluído dentro de 90 dias depois de ser assinado". Aqui, a duração total do projeto é declarada em termos de um prazo de ciclo (90 dias), e não em termos de datas de calendário específicas.

Suponha que o projeto de estudo do mercado consumidor mostrado na Figura 5.2 deva ser concluído em 130 dias de trabalho. Se nós estabelecemos a data inicial estimada do projeto como o dia 0 (zero), a data de conclusão exigida é o dia 130.

Reforce sua aprendizagem

6. A janela de tempo em que um projeto deve ser concluído é definida pela data de

____

____

e a data de

____

__________________.

Desenvolver a programação do projeto

Quando você tem uma duração estimada de cada atividade da rede e estabeleceu uma janela de tempo geral para a conclusão do projeto, deve determinar (com base nas durações e na sequência) se o projeto pode ser executado dentro da data de conclusão exigida. Para determinar, você pode desenvolver uma programação que forneça uma agenda para cada atividade e mostre:

1. A data mais próxima de início e fim de cada atividade com base na data inicial estimada do projeto.
2. A data mais distante de início e de término de cada atividade para concluir o projeto até a data exigida.

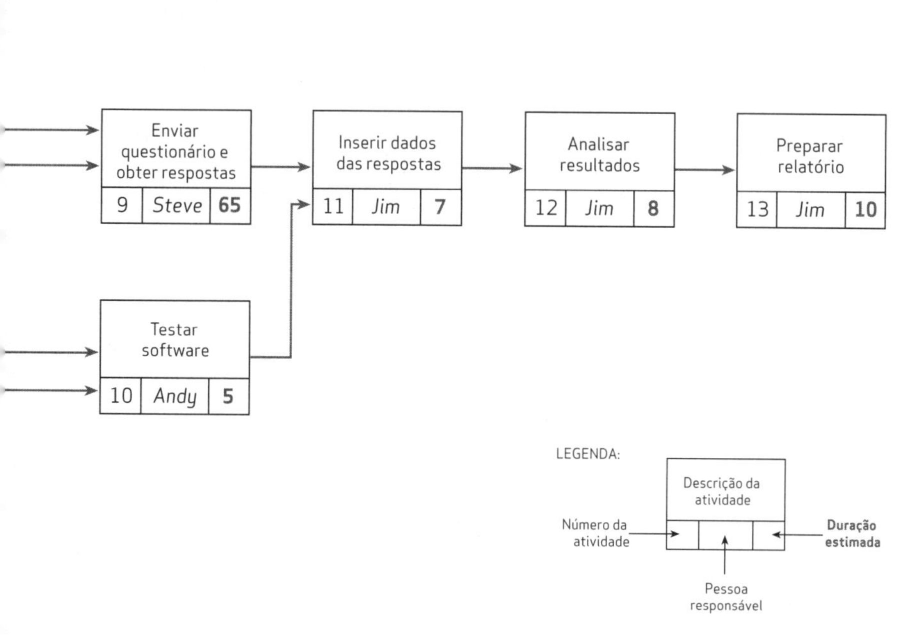

DATAS DE INÍCIO E DE TÉRMINO MAIS CEDO

Dada a duração estimada de cada atividade na rede e usando como referência a data inicial estimada do projeto, você pode calcular as duas datas a seguir para cada atividade:

Reforce sua aprendizagem

7. Qual é a equação utilizada para calcular a data de término mais cedo de uma atividade?

1. **Data de início mais cedo (DIC)** é a data mais cedo em que uma atividade específica pode ser iniciada, calculada com base na data inicial estimada do projeto e nas durações estimadas das atividades precedentes.
2. **Data de término mais cedo (DTC)** é a data mais cedo até a qual uma atividade específica pode ser concluída, calculada adicionando-se a duração estimada da atividade à sua data de início mais cedo:

$$\text{DTC} = \text{DIC} + \text{Duração estimada}$$

Reforce sua aprendizagem

8. As datas de início e de término mais cedo são determinadas com um cálculo de ______ por meio do diagrama de rede.

As DTCs e a DIC são determinadas com um cálculo de *avanço* – isto é, trabalhando o diagrama de rede do início ao final do projeto. Existe uma regra que deve ser seguida para fazer esses cálculos de avanço:

Regra 1: A data de início mais cedo de uma atividade específica deve ser igual ou posterior à última de todas as datas finais mais cedo de todas as atividades diretamente precedentes a essa atividade específica.

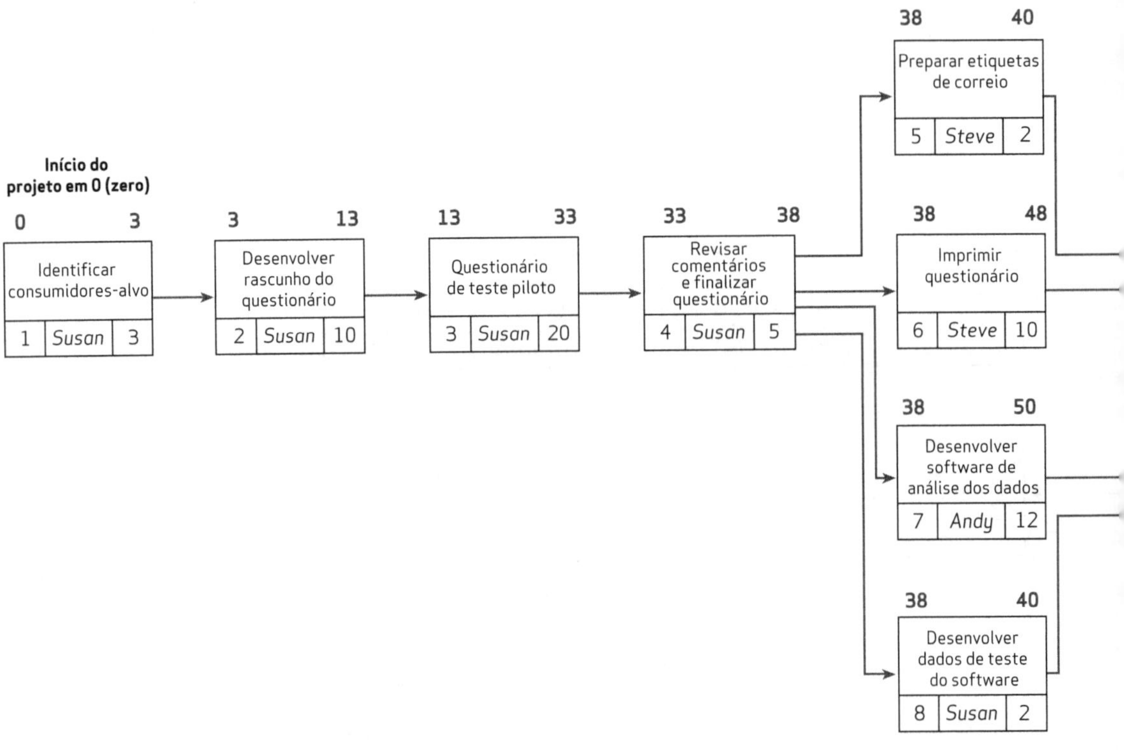

FIGURA 5.4 ▪ Diagrama de rede para o projeto de estudo de mercado consumidor, mostrando a data de início e a data de término mais cedo.

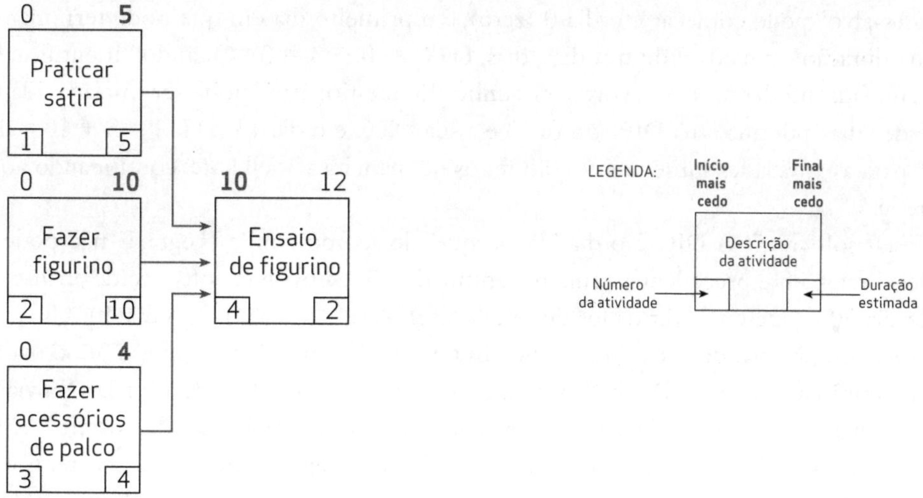

FIGURA 5.3 ▪ Primeiros prazos iniciais.

A Figura 5.3 mostra três atividades que levam diretamente ao "Ensaio do figurino". "Praticar sátira" tem DTC no dia 5, "Fazer figurino", no dia 10, e "Fazer acessórios de palco", no dia 4. "Ensaio de figurino" não pode começar até que essas três atividades tenham terminado, portanto a última das DTCs dessas três atividades determina a DIC do "Ensaio de figurino". A última das três DTCs é o dia 10 – a data final mais cedo de "Fazer figurino". Portanto, "Ensaio de figurino" não pode começar antes do dia 10. Isto é, sua DIC deve ser o dia 10 ou depois. Apesar de "Praticar sátira" e "Fazer acessórios de palco" terminarem antes de "Fazer figurino", "Ensaio de figurino" não pode começar, porque as relações dependentes na rede indicam que *as três atividades* devem estar terminadas antes que "Ensaio de figurino" possa finalmente começar.

Reforce sua aprendizagem

9. Consulte a Figura 5.4. Qual é a data de início mais cedo e a de término mais cedo para "Questionário de teste piloto"?

A Figura 5.4 mostra os cálculos de avanço do projeto de estudo do mercado consumidor. A data inicial estimada do projeto é o dia 0 (zero). Portanto, o primeiro dia em que "Identi-

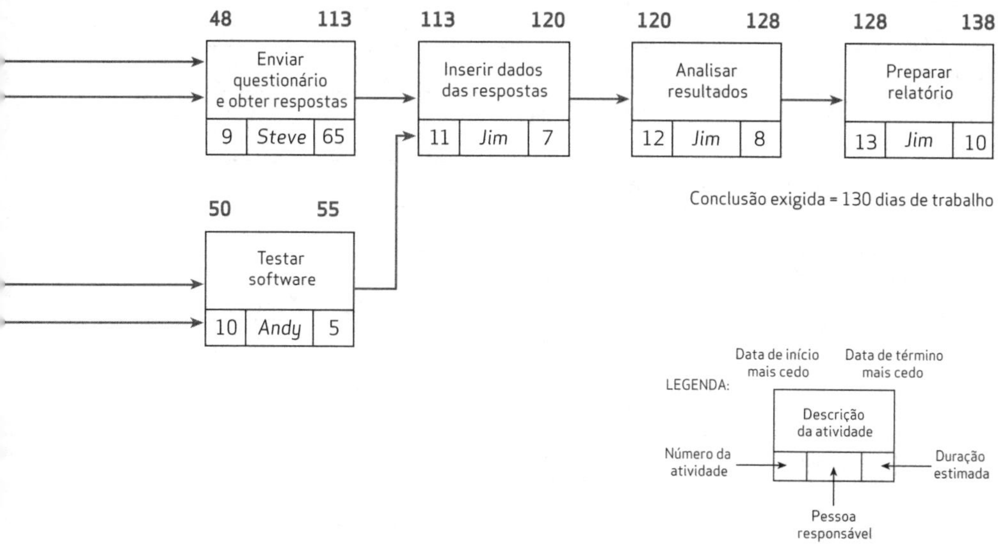

ficar consumidores-alvo" pode começar é o dia 0 (zero), e o primeiro dia em que pode terminar é três dias mais tarde (porque sua duração estimada é de três dias, dias, DTC = 0 + 3 = 3). Quando "Identificar consumidores--alvo" estiver terminada, no dia 3, "Desenvolver rascunho do questionário" pode ser iniciada. Ela tem uma duração estimada de dez dias, portanto sua DIC é o dia 3 e a sua DTC é o dia 13 (DTC = 3 + 10 = 13). Os cálculos de DIC e DTC para as atividades subsequentes são feitos de maneira semelhante, continuando ao longo de todo o diagrama de rede.

Examine "Testar software". A DIC é o dia 50, porque, de acordo com a Regra 1, não pode iniciar até que as duas atividades diretamente precedentes tenham terminado. "Desenvolver software de análise dos dados" não termina antes do dia 50 e "Desenvolver dados de teste do software" só termina no dia 40. Uma vez que "Testar software" só pode começar quando essas duas estiverem terminadas, não pode começar até o dia 50.

Como uma ilustração adicional da Regra 1, veja mais uma vez a Figura 5.4. Para iniciar "Enviar questionário e obter respostas", as duas atividades imediatamente precedentes, "Preparar etiquetas de correio" e "Imprimir questionário", devem estar finalizadas. A DTC de "Preparar etiquetas de correio" é o dia 40, e a de "Imprimir questionário" é o dia 48. De acordo com a Regra 1, a última das duas DTCs, que é o dia 48, determina a DIC de "Enviar questionário e obter respostas".

Reforce sua aprendizagem

10. O que determina a data de início mais cedo de uma atividade?

Se você continuar calculando a DIC e a DTC de cada atividade restante no diagrama de rede da Figura 5.4, verá que a última atividade, "Preparar relatório", tem DTC no dia 138. Isso está oito dias além do prazo de conclusão exigido do projeto, 130 dias. Neste momento, sabemos que há um problema.

É importante observar que, embora a DIC e a DTC de cada atividade sejam mostradas no diagrama de rede da Figura 5.4, esse normalmente *não* é o caso. Na verdade, as DIC e DTC (e também DIT e DTT, que serão explicadas na próxima seção) são mostradas em uma lista de programação separada, como a da Tabela 5.1. Separar a tabela de programação e o diagrama lógico de rede facilita a geração de

TABELA 5.1 ▪ Cronograma para o projeto de estudo do mercado consumidor, mostrando as datas de início e de término mais cedo.

Projeto de estudo do mercado consumidor				Mais cedo	
	Atividade	Responsabilidade	Dur. estim.	Início	Término
1	Identificar consumidores-alvo	Susan	3	**0**	**3**
2	Desenvolver rascunho do questionário	Susan	10	**3**	**13**
3	Questionário de teste piloto	Susan	20	**13**	**33**
4	Revisar comentários e finalizar questionário	Susan	5	**33**	**38**
5	Preparar etiquetas de correio	Steve	2	**38**	**40**
6	Imprimir questionário	Steve	10	**38**	**48**
7	Desenvolver software de análise dos dados	Andy	12	**38**	**50**
8	Desenvolver dados de teste do software	Susan	2	**38**	**40**
9	Enviar questionário e obter respostas	Steve	65	**48**	**113**
10	Testar software	Andy	5	**50**	**55**
11	Inserir dados da resposta	Jim	7	**113**	**120**
12	Analisar resultados	Jim	8	**120**	**128**
13	Preparar relatório	Jim	10	**128**	**138**

programações revisadas e atualizadas (talvez com uso de um software de gestão de projetos) sem fazer alterações contínuas nas DIC, DTC, DIT e DTT no diagrama.

DATAS DE INÍCIO E DE TÉRMINO MAIS TARDE

Dada a duração estimada de cada atividade na rede e usando como referência a data de conclusão do projeto exigida, você pode calcular as duas datas a seguir para cada atividade:

1. **A data de término mais tarde (DTT)** é a última data em que uma atividade específica deve ser concluída para que todo o projeto seja finalizado até a data exigida. É calculada com base na data de conclusão do projeto exigida e nas durações estimadas das atividades sucessoras.
2. **A data de início mais tarde (DIT)** é a última data em que uma atividade específica deve ser iniciada para que o projeto seja finalizado até a data de conclusão exigida. É calculada subtraindo a duração estimada da atividade da data máxima final da atividade:

$$\text{DIT} = \text{DTT} - \text{duração estimada}$$

A DIT e a DTT são determinadas com um cálculo de *retrocesso* – isto é, trabalhando o diagrama de rede do final do projeto para seu início. Existe uma regra que deve ser seguida para fazer esses cálculos de retrocesso:

Regra 2: A data final mais tarde de uma atividade deve ser igual ou posterior à primeira de todas as datas iniciais mais tarde de todas as atividades diretamente subsequentes a essa atividade específica.

A Figura 5.5 mostra duas atividades diretamente subsequentes "Imprimir pôsteres e livretos". Esse projeto deve terminar até o dia 30. Portanto, "Distribuir pôsteres" deve ser iniciada no dia 20, porque tem uma duração estimada de dez dias (DIT = 30 – 10 = 20), e "Enviar livretos" deve ser iniciada até o dia 25, porque tem uma duração estimada de cinco dias (DIT = 30 – 5 = 25). A primeira dessas duas DITs é o dia 20. Portanto, o mais tarde em que "Imprimir pôsteres e livretos" deve terminar é no dia 20 para que "Distribuir pôsteres" possa iniciar também nesse dia 20. Embora "Enviar livretos" não tenha de começar antes do dia 25, "Imprimir pôsteres e livretos" deve terminar até o dia 20, ou todo o projeto será atrasado. Se "Imprimir pôsteres e livretos" não terminar até o dia 25, então "Distribuir livretos" não pode iniciar até o dia 25. Como "Distribuir pôsteres" tem uma duração calculada de dez dias, não terminará até o dia 35, ou seja, cinco dias além da data de conclusão exigida do projeto.

Reforce sua aprendizagem

11. Qual é a equação para calcular a data de início mais tarde de uma atividade?

Reforce sua aprendizagem

12. As datas de início e de término mais tarde são determinadas com um cálculo de ________ por meio do diagrama de rede.

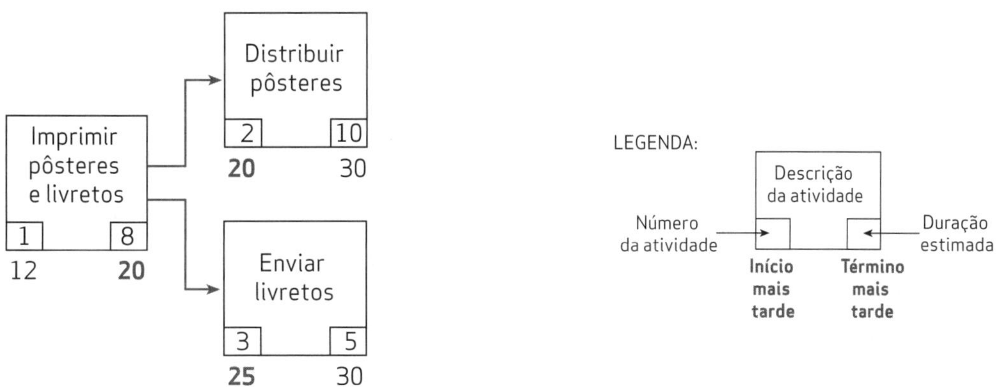

FIGURA 5.5 ▪ Datas de término mais tarde.

Reforce sua aprendizagem

13. Consulte a Figura 5.6. Quais são as datas de início e de término mais tarde para "Inserir dados da resposta"?

Reforce sua aprendizagem

14. O que determina a data de término mais tarde de uma atividade?

A Figura 5.6 mostra os cálculos de retrocesso do projeto de estudo do mercado consumidor. O prazo de conclusão exigido para o projeto é de 130 dias de trabalho. Portanto, o mais tarde em que "Preparar relatório", a última atividade, pode terminar é o dia 130, e o mais tarde em que pode iniciar é o dia 120, porque sua duração estimada é de dez dias (DIT = 130 – 10 = 120). Para que "Preparar relatório" comece no dia 120, o mais tarde em que "Analisar resultados" pode terminar é dia 120. Se a DTT de "Analisar resultados" é o dia 120, então seu DIT é o dia 112, porque sua duração estimada é de oito dias (DIT = 120 – 8 = 112). Os cálculos de DTT e DIT para atividades prévias são feitos de maneira semelhante, percorrendo o diagrama de rede do final para o início.

Veja "Revisar comentários e finalizar questionário". Para que as quatro atividades subsequentes a esta se iniciem em sua DIT (de forma que o projeto possa terminar em seu prazo de conclusão exigido de 130 dias), "Revisar comentários e finalizar questionário" deve terminar na primeira DIT de todas as quatro atividades de acordo com a Regra 2. Os quatro prazos para a DIT são: 38º dia, preparar as etiquetas para a correspondência, 30º dia, imprimir questionário, 88º dia, desenvolver o software de análise de dados, e 98º dia, desenvolver os dados para o teste de software. A primeira das quatro DITs é o dia 30, a data mais tarde em que "Imprimir questionário" deve iniciar. Portanto, o mais tarde em que "Revisar comentários e finalizar questionário" pode terminar é o dia 30.

Se você continuar calculando a DTT e a DIT para cada atividade no diagrama de rede da Figura 5.6, verá que a primeira atividade, "Identificar consumidores-alvo", tem uma DIT de -8! Isso significa que, para terminar o projeto todo até seu prazo de conclusão exigido de 130 dias, ele deve iniciar oito dias antes do que está estimado. Note que essa diferença de oito dias é igual à diferença que obtivemos quando calculamos um avanço no diagrama de

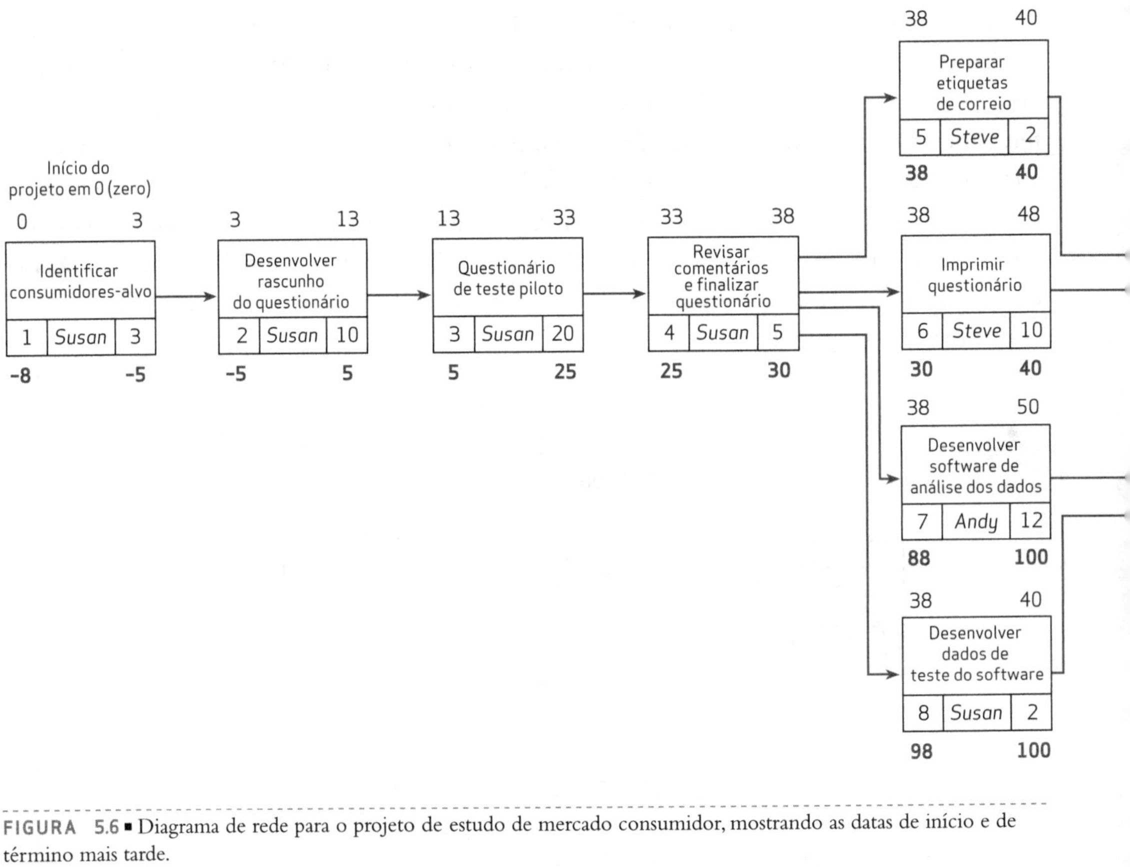

FIGURA 5.6 ▪ Diagrama de rede para o projeto de estudo de mercado consumidor, mostrando as datas de início e de término mais tarde.

rede para obter as DIC e DTC. Basicamente, o que descobrimos é que esse projeto pode levar 138 dias para conclusão, embora seu prazo de término exigido seja de 130 dias.

Assim como as datas DIC e DTC, as datas DIT e DTT normalmente não são mostradas no próprio diagrama de rede, mas em uma tabela de programação separada, como apresentado na Tabela 5.2.

FOLGA TOTAL

No projeto de estudo de mercado consumidor, há uma diferença de oito dias entre a data final estimada da última atividade ("Preparar relatório") e a data de conclusão exigida do projeto. Essa diferença é a **folga total (FT)**, também denominada *flutuação*. Quando a FT é um número negativo, como nesse exemplo, indica uma falta de folga no projeto inteiro.

Se a FT for positiva, representa a quantidade máxima de tempo em que as atividades de um caminho específico podem ser atrasadas sem prejudicar o término do projeto até a data de conclusão exigida. Por outro lado, se a FT for negativa, representa a quantidade de tempo que as atividades de um caminho específico devem ser aceleradas para finalização do projeto até a data de conclusão exigida. Se a FT for zero, as atividades no caminho não precisam ser aceleradas, mas não podem ser atrasadas.

A folga total de um caminho de atividades específico é comum e **compartilhada entre todas as atividades desse caminho**. Considere o exemplo abaixo.

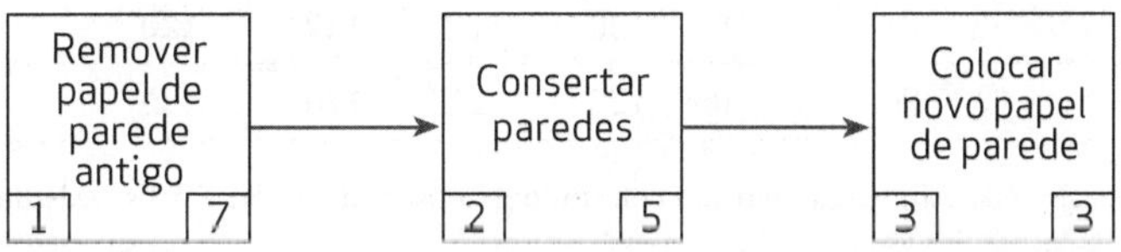

Conclusão exigida = 20 dias

Reforce sua aprendizagem

15. Quando um projeto tem uma folga total positiva, algumas atividades podem ser __________ sem prejudicar o término do projeto até a data de conclusão exigida. Quando um projeto tem uma folga total negativa, algumas atividades precisam ser __________ para finalização do projeto até a data de conclusão exigida.

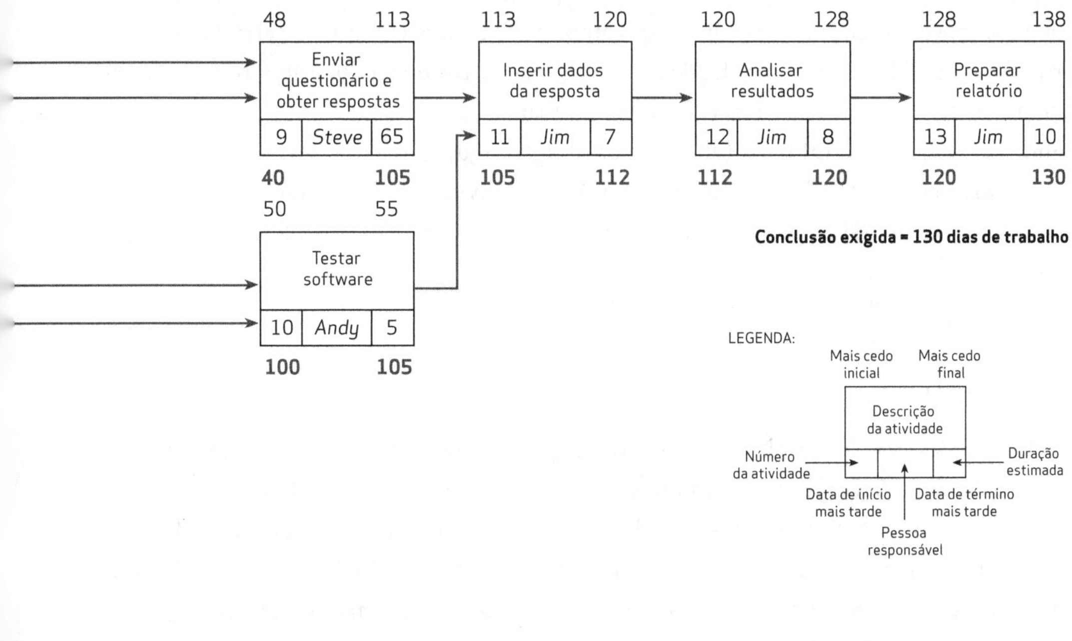

	Projeto de estudo do mercado consumidor			Mais cedo		Mais tarde	
	Atividade	Responsabilidade	Dur. estim.	Início	Término	Início	Término
1	Identificar consumidores-alvo	Susan	3	0	3	**-8**	**-5**
2	Desenvolver rascunho do questionário	Susan	10	3	13	**-5**	**5**
3	Questionário de teste piloto	Susan	20	13	33	**5**	**25**
4	Revisar comentários e finalizar questionário	Susan	5	33	38	**25**	**30**
5	Preparar etiquetas de correio	Steve	2	38	40	**38**	**40**
6	Imprimir questionário	Steve	10	38	48	**30**	**40**
7	Desenvolver software de análise dos dados	Andy	12	38	50	**88**	**100**
8	Desenvolver dados de teste do software	Susan	2	38	40	**98**	**100**
9	Enviar questionário e obter respostas	Steve	65	48	113	**40**	**105**
10	Testar software	Andy	5	50	55	**100**	**105**
11	Inserir dados da resposta	Jim	7	113	120	**105**	**112**
12	Analisar resultados	Jim	8	120	128	**112**	**120**
13	Preparar relatório	Jim	10	128	138	**120**	**130**

TABELA 5.2 ▪ Cronograma para o projeto de estudo do mercado consumidor, mostrando as datas mais tarde de início e de término.

A data mais cedo em que o projeto pode terminar é o dia 15 (a soma das durações estimadas das três atividades, 7 + 5 + 3). No entanto, o prazo de conclusão exigido para o projeto é 20 dias. Portanto, as três atividades desse caminho podem ser atrasadas por até cinco dias sem comprometer a conclusão do projeto até a data exigida. Isso não significa que cada atividade do caminho possa ser atrasada em cinco dias (porque criaria um atraso total de 15 dias), mas que todas as atividades que compõem o caminho podem ter um atraso total de cinco dias entre elas. Por exemplo, se "Remover papel de parede antigo" levar, na verdade, dez dias (três dias a mais que a duração estimada de sete dias), gastará três dos cinco dias de folga, e somente dois dias de FT permanecerão.

A FT é calculada subtraindo a DTC de sua DIT ou DIC. Isto é, a folga é igual à data de término mais tarde (DTT) menos a data de término mais cedo (DTC) da atividade, ou a data de início mais tarde (DIT) menos a data de início mais cedo (DIC) dessa atividade. Os dois cálculos são equivalentes.

Reforce sua aprendizagem

16. A folga total de um caminho de ________ é comum e ________ entre ________ as ________ que fazem parte daquele ________.

$$\text{Folga total} = \text{DTT} - \text{DTC} \qquad \text{ou} \qquad \text{Folga total} = \text{DIT} - \text{DIC}$$

CAMINHO CRÍTICO

Nem todas as redes são tão simples quanto a usada apenas para ilustrar a FT. Em grandes diagramas de rede, pode haver muitos caminhos de atividades desde o início do projeto até sua conclusão, assim como existem muitas rotas dentre as quais você pode escolher para ir de Nova York para Los Angeles. Se 20 amigos saíssem ao mesmo tempo da cidade de Nova York e cada um deles dirigisse por uma rota diferente para Los Angeles, eles não poderiam se juntar para uma festa em Los Angeles até a última pessoa ter chegado – a pessoa que tomou a rota mais longa (mais demorada). Da mesma forma, um projeto não pode ser concluído até que o caminho mais longo (mais demorado) das atividades seja concluído. Este caminho mais longo no diagrama de rede geral é chamado de **caminho crítico**.

Uma maneira de determinar quais atividades compõem o caminho crítico é encontrar qual delas tem a menor folga. Subtraia a DTC da DTT de cada atividade (ou subtraia a DIC da DIT – esses dois cálculos resultarão no mesmo valor) e depois procure todas as atividades que tenham o valor mais baixo (menos positivo ou mais negativo). Todas as atividades com esse valor estão no caminho crítico.

Os valores da FT para o projeto de estudo do mercado consumidor são mostrados na Tabela 5.3. O valor mais baixo é -8 dias. As atividades que têm esse mesmo valor de FT compõem o caminho 1-2-3-4-6-9-11-12-13. Essas nove atividades incluem o caminho crítico, ou são as que consomem mais tempo. As durações estimadas das atividades nesse caminho somam 138 dias (3 + 10 + 20 + 5 + 10 + 65 + 7 + 8 + 10). Entre elas, essas atividades precisam ser aceleradas em oito dias para terminar o projeto até a data de conclusão exigida de 130 dias. A Figura 5.7 destaca as atividades que compõem o caminho crítico.

Reforce sua aprendizagem

17. O caminho mais longo de atividades do começo ao final de um projeto é chamado de caminho ______________.

Para eliminar os -8 dias de folga, as durações estimadas de uma ou mais atividades nesse caminho crítico precisam ser reduzidas. Suponha que reduzamos a duração estimada de "Enviar questionário e obter respostas" de 65 dias para 55 dias, diminuindo o tempo que os participantes terão para devolver o questionário. Uma vez que a duração estimada de uma atividade no caminho crítico está sendo reduzida em dez dias, a FT muda de -8 dias para +2 dias. A duração estimada revisada de 55 dias pode ser usada para preparar uma programação revisada do projeto, como mostrado na Tabela 5.4. Essa programação mostra que o caminho crítico tem uma FT de +2 dias, e agora o projeto é estimado para terminar em 128 dias – dois dias antes do prazo de conclusão exigido de 130 dias.

Projeto de estudo do mercado consumidor

	Atividade	Responsabilidade	Dur. estim.	Mais cedo		Mais tarde		Folga total
				Início	Término	Início	Término	
1	Identificar consumidores-alvo	Susan	3	0	3	-8	-5	-8
2	Desenvolver rascunho do questionário	Susan	10	3	13	-5	5	-8
3	Questionário de teste piloto	Susan	20	13	33	5	25	-8
4	Revisar comentários e finalizar questionário	Susan	5	33	38	25	30	-8
5	Preparar etiquetas de correio	Steve	2	38	40	38	40	0
6	Imprimir questionário	Steve	10	38	48	30	40	-8
7	Desenvolver software de análise dos dados	Andy	12	38	50	88	100	50
8	Desenvolver dados de teste do software	Susan	2	38	40	98	100	60
9	Enviar questionário e obter respostas	Steve	65	48	113	40	105	-8
10	Testar software	Andy	5	50	55	100	105	50
11	Inserir dados da resposta	Jim	7	113	120	105	112	-8
12	Analisar resultados	Jim	8	120	128	112	120	-8
13	Preparar relatório	Jim	10	128	138	120	130	-8

TABELA 5.3 ▪ Cronograma do projeto de estudo do mercado consumidor, mostrando os valores da folga total.

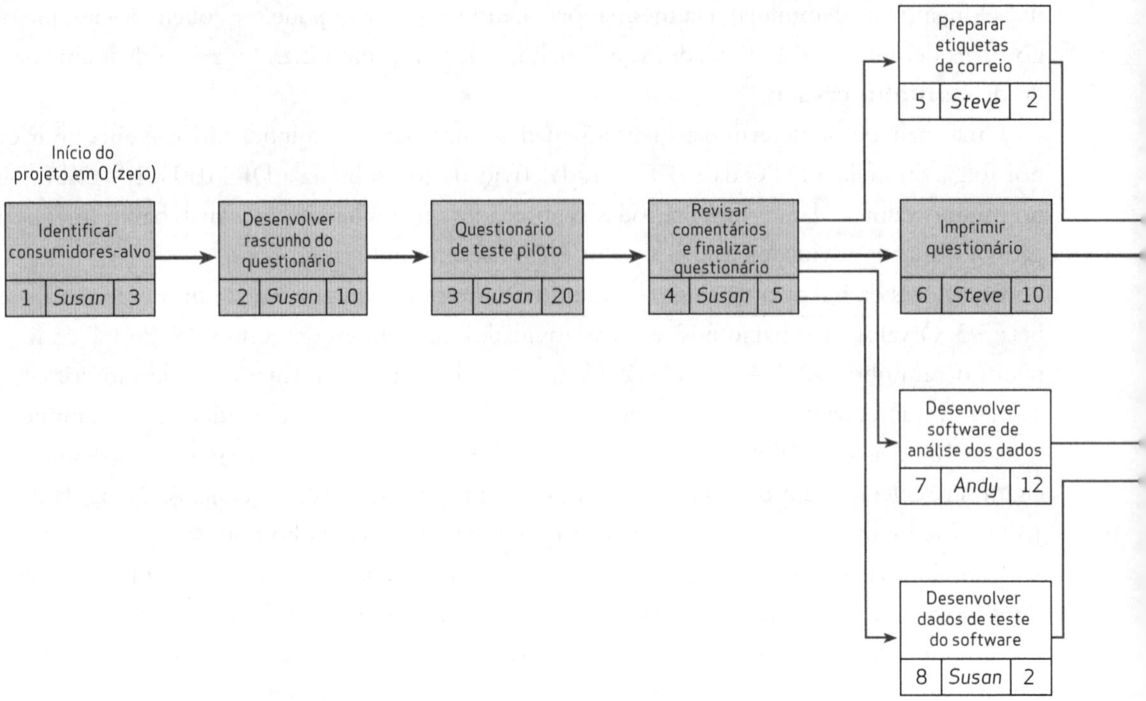

FIGURA 5.7 ▪ Diagrama de rede para o projeto de estudo do mercado consumidor, mostrando o caminho crítico.

Projeto de estudo do mercado consumidor				Mais cedo		Mais tarde		
	Atividade	Responsa-bilidade	Dur. estim.	Início	Término	Início	Término	Folga total
1	Identificar consumidores-alvo	Susan	3	0	3	2	5	2
2	Desenvolver rascunho do questionário	Susan	10	3	13	5	15	2
3	Questionário de teste piloto	Susan	20	13	33	15	35	2
4	Revisar comentários e finalizar questionário	Susan	5	33	38	35	40	2
5	Preparar etiquetas de correio	Steve	2	38	40	48	50	10
6	Imprimir questionário	Steve	10	38	48	40	50	2
7	Desenvolver software de análise dos dados	Andy	12	38	50	88	100	50
8	Desenvolver dados de teste do software	Susan	2	38	40	98	100	60
9	Enviar questionário e obter respostas	Steve	55	48	103	50	105	2
10	Testar software	Andy	5	50	55	100	105	50
11	Inserir dados da resposta	Jim	7	103	110	105	112	2
12	Analisar resultados	Jim	8	110	118	112	120	2
13	Preparar relatório	Jim	10	118	128	120	130	2

TABELA 5.4 ▪ Cronograma revisado do projeto de estudo do mercado consumidor.

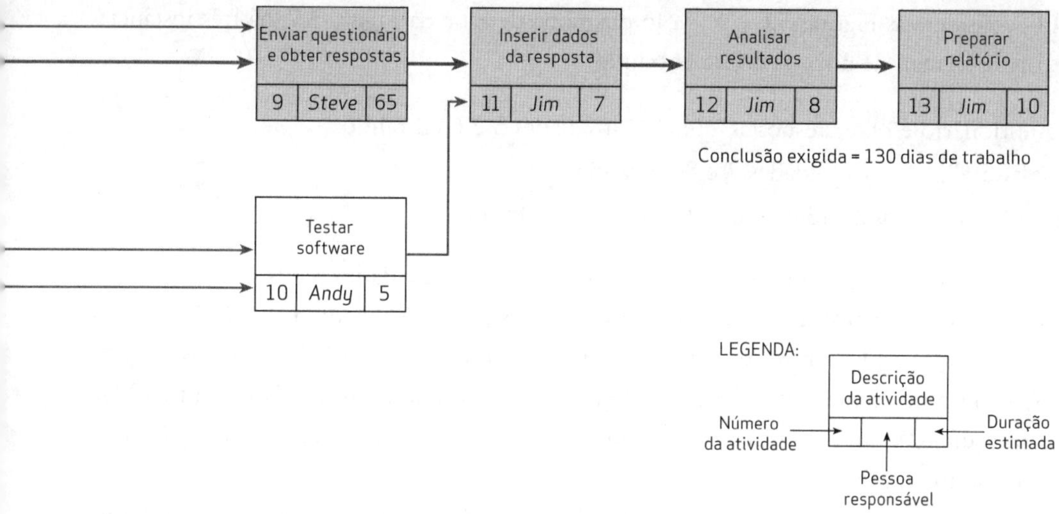

Como afirmado anteriormente, um diagrama de rede grande pode ter muitos caminhos ou rotas do início ao final. Alguns dos caminhos podem ter valores positivos de FT; outros podem ser negativos de FT. Esses caminhos com valores positivos de FT às vezes são chamados de **não críticos**, e os caminhos com folga zero ou negativa de FT são chamados de **caminhos críticos**. O caminho mais longo é frequentemente chamado de **caminho mais crítico**.

Não é anormal que a programação inicial do projeto tenha uma folga total negativa; várias iterações podem ser necessárias para revisar as estimativas dos recursos e das durações de atividades específicas e/ou alterar a sequência ou as relações dependentes entre as atividades para chegar a uma programação aceitável de base de referência.

Às vezes, a equipe de projeto ou o contratado reage à data de conclusão exigida do projeto, forçando a programação a se encaixar na data final, reduzindo arbitrariamente as durações estimadas de atividades específicas e se convencendo de que, de alguma maneira (por sorte), as atividades serão realizadas dentro desse prazo reduzido. Então, quando o projeto não é concluído no prazo, eles parecem surpresos! Na verdade, deveriam desenvolver uma programação realista em vez de determinar qual é a FT negativa existente com base na data de conclusão exigida pelo cliente. Nesse momento, eles podem decidir *racionalmente* como reduzir a folga negativa para criar uma programação aceitável, que cumpra a data de conclusão exigida do projeto. Isso é feito tomando decisões sobre *como* reduzir as durações estimadas de atividades específicas nos caminhos com folga negativa, o que pode significar decisões alternativas para adicionar mais recursos; trabalhar horas extras; terceirizar certas tarefas; reduzir o escopo/especificações; substituir alguns recursos por outros mais experientes e de custo mais alto etc. Como último recurso, pode significar ir até o cliente ou patrocinador e pedir uma extensão do prazo, ou pedir mais dinheiro para obter recursos adicionais e acelerar a programação, ou uma aprovação para reduzir o escopo. É melhor informar o cliente logo no início do projeto do que surpreendê-lo mais tarde. É importante gerenciar as expectativas do cliente.

FOLGA LIVRE

Outro tipo de folga às vezes estimada é a **folga livre (FL)**, também denominada *flutuação livre*, que é a quantidade de tempo que uma atividade específica pode ser adiada sem atrasar a DIC das atividades imediatamente sucessivas. É a *diferença relativa* entre as quantidades de FT das atividades que entram na mesma atividade. Para calcular a FL, encontre o menor dos valores da FT para todas as atividades que entram em uma atividade específica e depois subtraia-o dos valores da FT das outras atividades que também entrem nessa mesma atividade. Uma vez que a FL é a diferença relativa entre os valores de FT das atividades que entram na mesma atividade, só existe quando duas ou mais atividades entram na mesma atividade. Além disso, como a FL é uma diferença relativa entre os valores da FT, *é sempre um valor positivo*.

Para exemplificação da FL, considere as Figuras 5.6 e 5.7. No diagrama de rede da Figura 5.7, há três instâncias em que uma atividade particular tem mais de uma atividade entrando:

- A Atividade 9, "Enviar questionário e obter respostas", tem as atividades 5 e 6 entrando.
- A Atividade 10, "Testar software", tem as atividades 7 e 8 entrando.
- A Atividade 11, "Inserir dados da resposta", tem as atividades 9 e 10 entrando.

Reforce sua aprendizagem

18. Consulte a Tabela 5.3 e a Figura 5.7. Das duas atividades incluídas na atividade 11, "Inserir dados da resposta", qual é a que tem folga livre? Qual é seu valor?

Na programação da Figura 5.6, os valores de FT para as atividades 5 e 6 são 0 e -8 dias, respectivamente. O menor desses dois valores é -8 dias para a atividade 6. A FL da atividade 5 é a diferença relativa entre sua FT 0 e -8. Essa diferença relativa é de oito dias: 0 -(-8) = 8 dias. Isso significa que a atividade 5, "Preparar etiquetas de correio", já tem uma folga livre de oito dias e pode passar por essa quantidade sem atrasar a DIC da atividade 9, "Enviar questionário e obter respostas".

Da mesma forma, os valores da FT das atividades 7 e 8 são 50 e 60 dias, respectivamente. O menor desses dois valores é 50 dias. Portanto, a atividade 8, "Desenvolver dados de teste do software", tem uma FL de dez dias (60 – 50 = 10) e pode passar por essa quantidade sem atrasar a DIC da atividade 10, "Testar software".

FORMATO DE GRÁFICO DE BARRAS

As técnicas de programação e planejamento baseadas na rede são frequentemente comparadas com outra ferramenta bem conhecida: o **gráfico de barras** (às vezes chamado *gráfico de Gantt*), que exibe atividades ao longo de uma *escala de tempo*. Essa é uma ferramenta antiga de planejamento e criação de programação; no entanto, continua popular em razão de sua simplicidade.

A Figura 5.8 mostra um gráfico de barras para o estudo do mercado consumidor. As atividades são listadas no lado esquerdo e uma *escala do tempo* é mostrada ao longo da parte inferior. A duração estimada de cada atividade é indicada por uma barra que se estende pelo período durante o qual é esperado que seja realizada. Uma coluna indicando o responsável por cada tarefa pode ser adicionada ao gráfico.

O software de gestão de projetos pode gerar automaticamente um gráfico de barras com escala de tempo, de acordo com a tabela da programação baseada no diagrama de rede. Esses gráficos de barras podem exibir setas que ligam essas barras para mostrar as relações dependentes entre as atividades. O gráfico de barras pode ser baseado nas DIC e DTC, ou nas DIT e DIC. A Figura 5.8 é um gráfico de barras baseado nas DIC e DTC da Tabela 5.3.

No entanto, os gráficos de barras são às vezes usados *em vez de* uma programação baseada na rede. Isso tem uma desvantagem. Ao usar *apenas* um gráfico de barras, sem antes criar uma programação baseada na rede, o planejamento e a programação das atividades são feitos simultaneamente. A pessoa desenha as barras das atividades proporcionais às durações estimadas de cada atividade e deve estar ciente das relações dependentes entre elas – isto é, quais devem ser terminadas antes que outras possam começar e quais podem ser realizadas simultaneamente. A principal desvantagem de usar apenas um gráfico de barras tradicional é que não exibe graficamente as relações dependentes das atividades. Portanto, não é óbvio quais atividades serão afetadas quando certa atividade for atrasada.

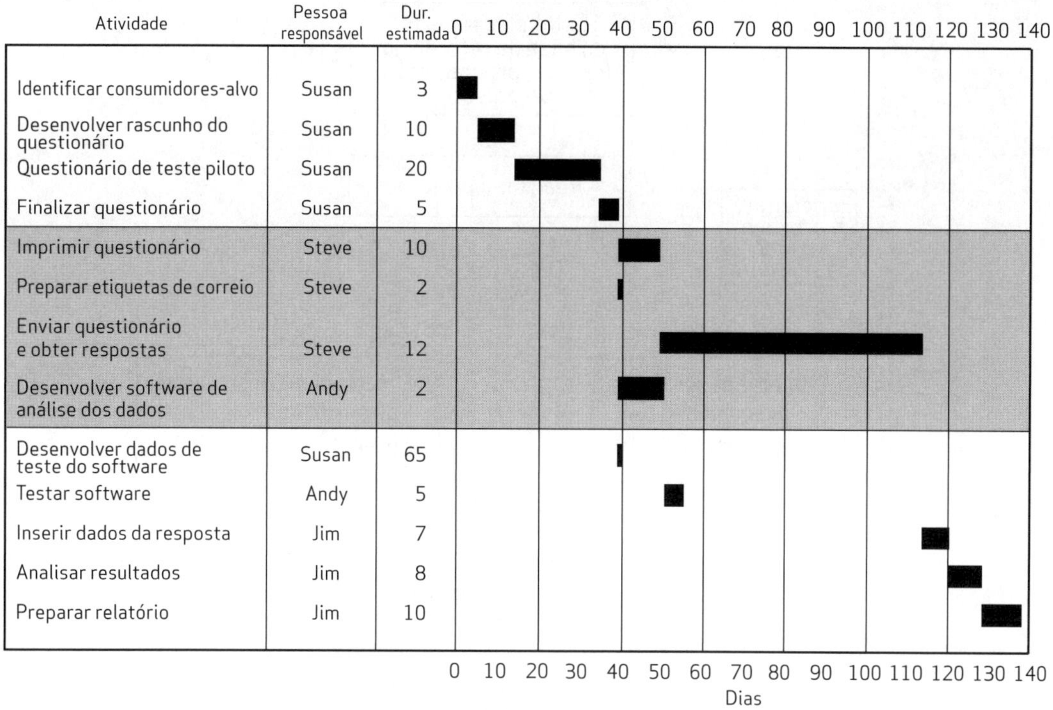

FIGURA 5.8 ▪ Gráfico de barras do projeto de estudo do mercado consumidor.

Processo de controle do projeto

A Figura 5.9 ilustra as etapas do processo de controle do projeto. Começa estabelecendo um plano de base de referência, que mostra como o escopo do projeto será realizado dentro da programação e do orçamento. Quando o cliente e o contratado ou a equipe do projeto concordarem com esse plano, o trabalho pode ser realizado. Em seguida, é necessário monitorar o progresso para garantir que tudo está de acordo com o plano. O **processo de controle do projeto** envolve reunir dados sobre seu desempenho, comparar o desempenho real com o planejado e tomar uma ação corretiva imediatamente se o desempenho real estiver abaixo do planejado. Esse processo deve ocorrer regularmente ao longo do projeto.

Um **período regular de relatório (intervalo de tempo)** deve ser estabelecido para comparar o progresso real com o planejado. O relatório pode ser diário, semanal, quinzenal, ou mensal, dependendo da complexidade ou da duração geral do projeto. Se for esperado que o projeto tenha uma duração geral de um mês, o período do relatório pode ser de apenas um dia. Por outro lado, se for esperado que o projeto vá durar cinco anos, o período de relatório pode ser de um mês.

Durante cada período de relatório, dois tipos de dados ou informações devem ser coletados:

1. *Dados sobre o desempenho real.* Inclui:
   - A data real em que as atividades foram iniciadas e/ou terminadas.
   - Os custos reais gastos e comprometidos.
   - O valor ganho com o trabalho concluído.

Reforce sua aprendizagem

19. Se o ________ real estiver abaixo do ________, ________ ________ deve ser tomada ________.

Reforce sua aprendizagem

20. Quais são os dois tipos de dados ou informações que devem ser coletados durante cada período de relatório?

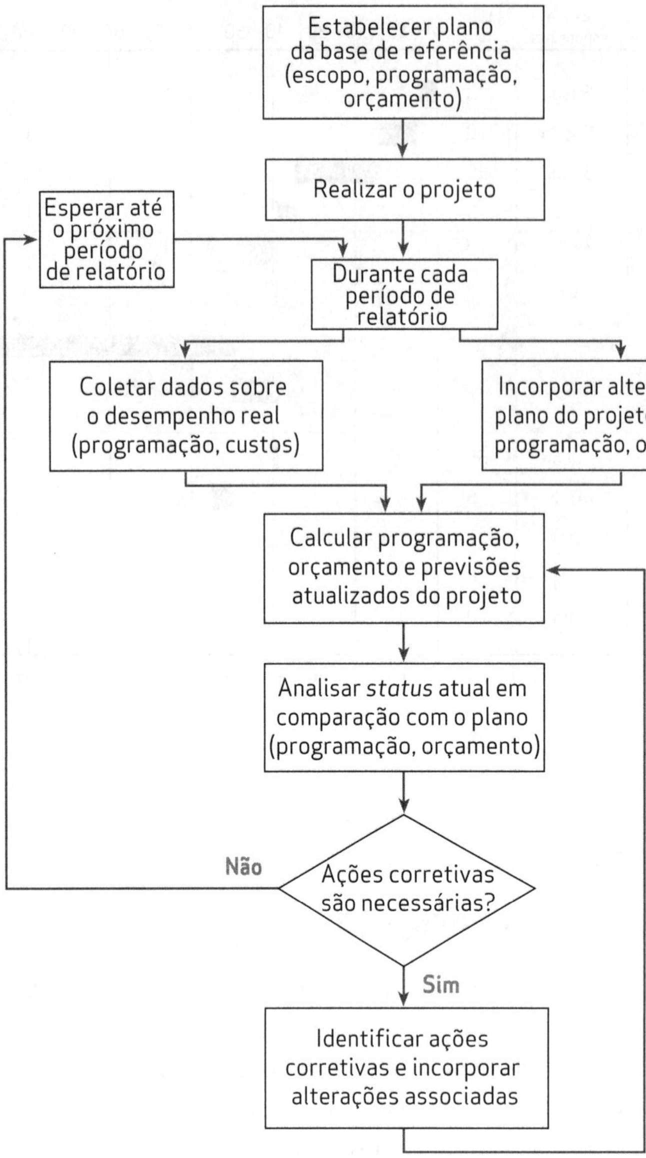

FIGURA 5.9 ▪ Processo de controle do projeto.

2. *Informações sobre qualquer alteração do escopo, programação e orçamento do projeto.* Essas alterações podem ser iniciadas pelo cliente ou pela equipe do projeto, ou podem resultar de uma ocorrência imprevista.

Deve ser notado que, uma vez que as alterações são incorporadas ao plano e acordadas o patrocinador ou cliente, um novo plano de base de referência deve ser estabelecido. O escopo, programação e orçamento do novo plano de base de referência podem ser diferentes do original.

É essencial que os dados e informações discutidos acima sejam coletados em tempo hábil e usados para calcular uma programação e um orçamento atualizados. Por exemplo, se o relatório do projeto for mensal, os dados das informações devem ser obtidos o mais tarde possível nesse período para que o cálculo da programação e do orçamento atualizados seja baseado nas últimas informações possíveis. Em outras palavras, o gestor do projeto não deve coletar dados no início do mês e esperar até o fim deste para calcular a programação e o orçamento atualizados, porque os dados estarão desatualizados e podem levar a decisões incorretas sobre o *status* do projeto e possíveis ações corretivas.

Após o cálculo da programação e do orçamento atualizados, eles precisam ser comparados com a programação e o orçamento da base de referência e ter suas variações analisadas para determinar se o projeto está dentro ou fora da programação e do orçamento. Se o *status* do projeto for OK, nenhuma ação corretiva é necessária; o *status* será analisado novamente no próximo período de relatório.

O segredo de um controle eficiente do projeto é medir o progresso real e compará-lo com o planejado, de maneira rápida e regular, e tomar imediatamente qualquer ação corretiva necessária.

No entanto, caso seja determinado que as ações corretivas são necessárias, devem ser tomadas as decisões sobre como revisar o escopo, a programação e o orçamento. Essas decisões frequentemente envolvem uma compensação entre escopo, tempo e custo. Por exemplo, reduzir a duração estimada de uma atividade pode exigir o aumento do custo para pagar mais recursos, ou a diminuição do escopo da tarefa (possivelmente, descumprindo os requisitos técnicos do cliente). Da mesma forma, reduzir os custos do projeto pode exigir o uso de materiais de qualidade inferior ao originalmente planejado. Depois de decidir quais ações corretivas devem ser tomadas, devem ser incorporadas à programação e ao orçamento. Em seguida, é necessário calcular uma programação e um orçamento revisados para determinar se as medidas corretivas planejadas resultarão em uma programação e um orçamento aceitáveis. Se não, revisões adicionais serão necessárias.

O processo de controle continua ao longo do projeto. Em geral, quanto mais curto o período de relatório, maiores as chances de identificar os problemas precocemente e tomar ações corretivas eficazes. Se um projeto sair do controle, pode ser difícil cumprir seu objetivo sem sacrificar o escopo, a qualidade, a programação ou o orçamento. Pode haver situações nas quais é mais inteligente aumentar a frequência dos relatórios até o projeto voltar ao planejado. Por exemplo, se um projeto de cinco anos com um relatório mensal for comprometido por deslizes da programação ou um descumprimento crescente do orçamento, pode ser prudente reduzir o período de relatório para uma semana a fim de monitorar mais rigorosamente o projeto e o impacto das ações corretivas.

O processo de controle é uma parte importante e necessária da gestão de projetos. Apenas estabelecer um plano de base de referência sólido não é suficiente, porque até mesmo os planos perfeitamente elaborados às vezes não funcionam. *A gestão de projetos é uma abordagem proativa para controlar o projeto* e garantir que seu objetivo seja cumprido, mesmo quando as coisas não vão de acordo com o plano.

Reforce sua aprendizagem

21. Verdadeiro ou falso: em geral, é melhor ter um período de relatório mais curto durante um projeto.

Reforce sua aprendizagem

22. __________ de projeto é uma abordagem __________ para __________ projeto e poder alcançar seu __________.

Efeitos do desempenho real da programação

Ao longo de um projeto, algumas atividades serão concluídas no momento certo, algumas antes do prazo e outras depois. O progresso real – seja mais lento ou mais rápido que o planejado – causa um efeito na programação das demais atividades do projeto que ainda não foram concluídas. Especificamente, os **prazos finais reais (PFR)** nos quais as atividades são efetivamente concluídas vão determinar a DIC e a DTC das atividades remanescentes do diagrama de rede, assim como a FT.

A parte (a) da Figura 5.10 é um diagrama de rede para um projeto simples. Ele mostra que a primeira data em que o projeto pode terminar é o dia 15 (a soma das durações estimadas das três atividades, 7 + 5 + 3). Uma vez que a data de conclusão exigida é o dia 20, o projeto tem uma FT de +5 dias.

Suponha que a atividade 1, "Remover papel de parede antigo", é *realmente* finalizada no dia 10, e não no dia 7, como planejado, porque acaba sendo mais difícil que o previsto. Veja a parte (b) da Figura 5.10. Isso significa que as DIC e DTC das atividades 2 e 3 serão três dias

Reforce sua aprendizagem

23. Quais são os três elementos da programação afetados pelos prazos finais reais das atividades concluídas?

mais tarde que as da programação original. Uma vez que "Remover papel de parede antigo" é realmente terminada no dia 10, a DIC de "Consertar paredes" será o dia 10 e sua DTC será o dia 15. Seguindo nos cálculos de avanço, vemos que "Instalar novo papel de parede" terá uma DIC do dia 15 e uma DTC do dia 18. Comparando essa nova DTC da última atividade com a data de conclusão exigida do dia 20, encontramos uma diferença de dois dias. A FT piorou – mudou em uma direção negativa, de +5 dias para +2 dias. Esse exemplo ilustra como os PFR das atividades têm um efeito de ondulação, alterando as DIC e de DTC das demais atividades e a FT.

É útil indicar no diagrama de rede, de alguma maneira, quais atividades foram concluídas. Um método é sombrear ou cruzar a caixa da atividade, como na parte (b) da Figura 5.10.

Incorporar alterações na programação

Ao longo do projeto, podem ocorrer mudanças que causam impacto na programação. Como já foi observado, essas alterações podem ser iniciadas pelo cliente ou pela equipe do projeto, ou podem resultar de uma ocorrência imprevista. Aqui estão alguns exemplos de alterações iniciadas pelo cliente:

- O comprador de uma casa diz ao construtor que a sala deve ser maior e as janelas do quarto devem ser reposicionadas.
- Um cliente diz à equipe do projeto que desenvolve um sistema de informações que esse sistema deve ter a capacidade de produzir um conjunto de relatórios e gráficos que previamente não foram mencionados, o que exige novos elementos adicionais no banco de dados.

Esses tipos de alterações representam revisões no escopo do projeto original e causam um impacto na programação e no orçamento. O grau de impacto, no entanto, pode depender de quando as alterações são solicitadas. Se forem solicitadas no início, podem causar menos impacto na programação e no orçamento do que se forem solicitadas mais adiante. Por exemplo, alterar o tamanho da sala e reposicionar as janelas do quarto seria relativamente fácil se a casa ainda estivesse sendo projetada e os desenhos, preparados. No entanto, se as alterações forem solicitadas depois que as paredes já foram executadas e as janelas instaladas, o impacto na programação e no orçamento seria muito maior.

Quando o cliente solicita uma mudança, o contratado ou a equipe do projeto deve estimar o impacto na programação e no orçamento e então obter sua aprovação *antes* de prosseguir. Se o cliente aprovar as revisões propostas na programação e no orçamento do projeto, é necessário incorporar as atividades adicionais, as durações e os recursos estimados revisados e os custos associados.

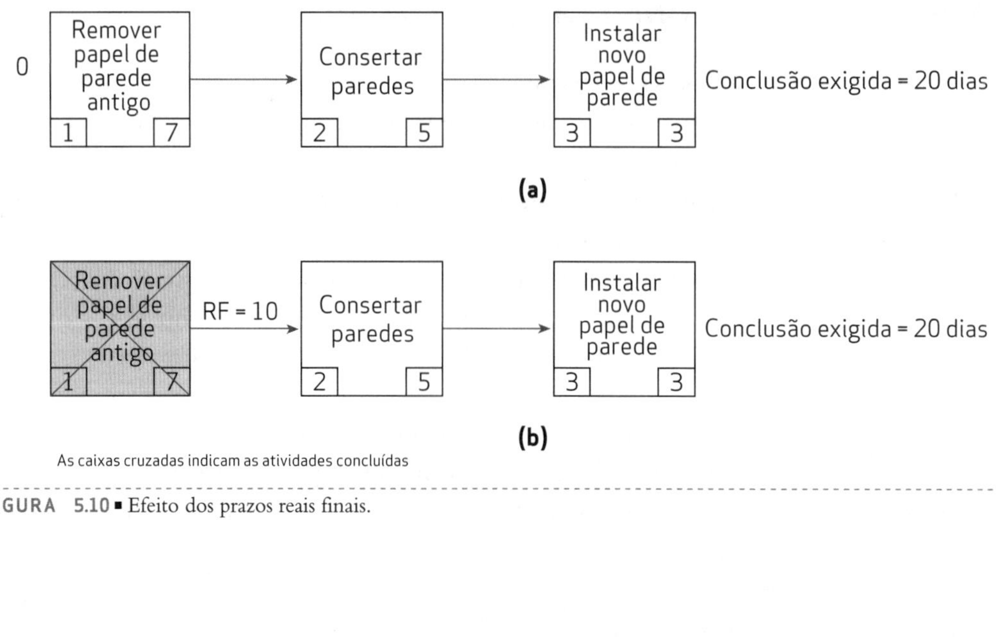

FIGURA 5.10 ▪ Efeito dos prazos reais finais.

Um exemplo de uma alteração iniciada pela equipe do projeto é a decisão, no planejamento de um festival da comunidade, de eliminar todos os brinquedos do parque de diversões para adultos, por causa das limitações de espaço e custos de seguro. O plano do projeto precisaria ser revisado para excluir ou modificar todas as atividades que envolvem esses brinquedos. Um exemplo de uma mudança iniciada por um gestor de projeto seria, em vez de desenvolver software personalizado para um componente de faturamento automatizado de um sistema, usar o software padrão disponível para reduzir custos e acelerar o cronograma.

Algumas alterações envolvem a adição de atividades que podem ter sido negligenciadas quando o plano original foi desenvolvido. Por exemplo, a equipe do projeto pode ter se esquecido de incluir atividades associadas ao desenvolvimento dos materiais do treinamento e à realização do treinamento para o novo sistema de informações. Ou então, o cliente ou contratado pode não ter incluído a instalação de calhas e tubulações para água pluvial no escopo do trabalho para a construção de um restaurante.

Outras alterações tornam-se necessárias por causa de ocorrências imprevistas, como uma época de tempestades que atrasa a construção de um edifício, um novo produto que não passa nos testes de qualidade ou a desistência de um membro importante da equipe. Esses eventos terão um impacto no orçamento e/ou na programação e exigirão que o plano do projeto seja modificado.

Outras alterações ainda podem resultar da elaboração progressiva ao adicionar mais detalhes, à medida que o projeto avança. Independentemente do nível de detalhes usado no diagrama de rede de início, algumas atividades podem ser ainda mais detalhadas quando o projeto progredir.

Qualquer tipo de alteração – seja iniciada pelo cliente, seja pelo contratado, pelo gestor de projeto, um membro da equipe ou por um evento inesperado – exigirá uma modificação no plano em termos de escopo, programação e/ou orçamento. Quando essas alterações são acordadas, um novo plano-base de referência é estabelecido e usado como comparativo para o desempenho real do projeto.

No que se referem à programação, as alterações podem resultar na adição ou exclusão de atividades, reformulação da sequência, alterações nas durações estimadas ou um novo prazo de conclusão exigido para o projeto.

Consulte a seção sobre a gestão das alterações no Capítulo 10 e sobre o controle de alterações nos documentos no Capítulo 12 para ver as discussões adicionais sobre como gerenciar e controlar as operações.

Reforce sua aprendizagem

24. As alterações no projeto podem afetar ____________, ____________, e/ou ____________.

Atualizar a programação do projeto

Com base no progresso real e na consideração de outras mudanças que podem ocorrer, é possível gerar regularmente uma programação atualizada que preveja se o projeto vai terminar antes ou depois do prazo exigido. Depois que os dados foram coletados sobre os PFR das atividades concluídas e os efeitos das alterações no projeto, uma programação atualizada pode ser calculada. Esses cálculos são baseados na metodologia explicada neste capítulo:

- As DIC e DTC das atividades restantes e não concluídas são calculadas com um trabalho de avanço pela rede, mas são baseadas nos *prazos reais finais* das atividades que já foram concluídas e nas durações estimadas das que não foram.
- As DIC e DTC das atividades não concluídas são calculadas trabalhando-se em retrocesso pela rede.

Para ilustrar o cálculo de uma programação atualizada, vamos considerar o diagrama de rede mostrado na Figura 5.11 para o projeto de estudo do mercado consumidor. Suponha o seguinte:

1. Atividades concluídas:
   a. Atividade 1, "Identificar os consumidores-alvo", realmente terminada no dia 2.
   b. Atividade 2, "Desenvolver rascunho do questionário", realmente terminada no dia 11.
   c. Atividade 3, "Questionário do teste piloto", realmente terminada no dia 30.

2. Alterações no projeto:
   a. Verificou-se que o banco de dados que seria usado para preparar as etiquetas de correio não estava atualizado. Um banco de dados novo precisa ser adquirido antes de preparar os rótulos. Esse banco foi solicitado no dia 23. O contratado vai demorar 21 dias para entregá-lo.
   b. Uma revisão preliminar dos comentários do teste piloto do questionário indica que são necessárias revisões substanciais na confecção de tal questionário. Portanto, a duração estimada da atividade 4 precisa ser aumentada de cinco dias para 15 dias.

O diagrama de rede da Figura 5.11 incorpora as informações acima. A Tabela 5.5 mostra a programação atualizada. Note que a folga total para o caminho crítico é agora -5 dias, em vez de +2 dias na programação de base de referência da Tabela 5.4. A data prevista de conclusão do projeto é agora o dia 135, que está além do prazo de conclusão exigido de 130 dias.

Controlar a programação

O controle da programação envolve quatro etapas:

1. Analisar a programação para determinar quais áreas podem precisar de uma ação corretiva.
2. Decidir quais ações corretivas específicas devem ser tomadas.
3. Revisar o plano para incorporar as ações corretivas escolhidas.
4. Recalcular a programação para avaliar os efeitos das ações corretivas planejadas.

Se as ações corretivas planejadas não resultarem em uma programação aceitável, essas etapas precisam ser repetidas.

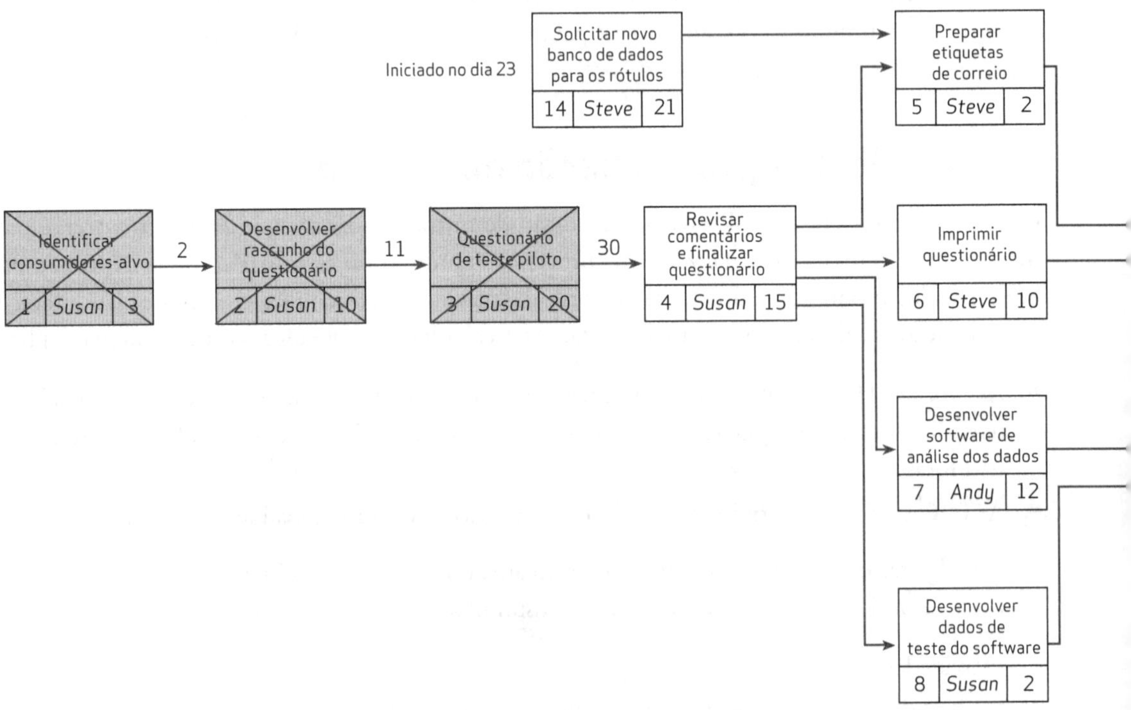

FIGURA 5.11 ▪ Diagrama de rede para projeto de estudo do mercado consumidor, incorporando o progresso real e as alterações.

Ao longo de um projeto, cada vez que a programação é recalculada – seja depois da incorporação real dos dados do desempenho, seja depois de alterações no projeto, ou do planejamento de ações corretivas –, é necessário analisá-la para determinar se precisa ainda de revisões adicionais. A análise da programação deve incluir a identificação do caminho crítico e qualquer caminho de atividades que tenha folga negativa, bem como os caminhos onde ocorreram deslizes (a folga piorou) comparados com a programação previamente estimada.

Um esforço concentrado para acelerar o progresso do projeto deve ser aplicado aos caminhos com folga negativa. A quantidade de folga deve determinar a prioridade com que esses esforços concentrados são aplicados. Por exemplo, o caminho com a folga mais negativa deve ter a prioridade máxima.

Reforce sua aprendizagem

25. Ao analisar a programação do projeto, é importante identificar todos os caminhos de atividades que tenham folga __________.

As ações corretivas que vão eliminar a folga negativa da programação do projeto devem ser identificadas. Elas devem reduzir a duração estimada das atividades nos caminhos com folga negativa. Lembre-se de que a folga em um caminho é compartilhada por todas as atividades desse caminho. Portanto, *a alteração na duração estimada de qualquer atividade do caminho causará alteração correspondente na folga de todo o caminho.*

Ao analisar um caminho de atividades que tenha uma folga negativa, concentre-se em dois tipos de atividades:

1. *Atividades para um futuro próximo (isto é, em andamento ou para serem iniciadas no futuro imediato).* É muito mais sábio tomar uma ação corretiva agressiva para reduzir as durações estimadas das atividades de um curto prazo do que daquelas programadas para um futuro distante. Se você adiar a longo prazo uma ação corretiva para reduzir as durações estimadas das atividades, verá que a folga negativa irá piorar ainda mais até lá. À medida que o projeto progride, sempre há menos tempo restante para tomar uma ação que corrija seu prazo.

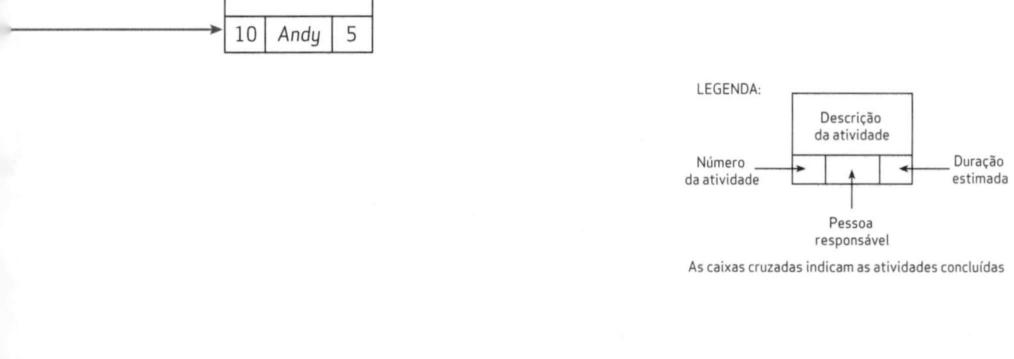

Olhando a Tabela 5.5, podemos ver que seria melhor tentar reduzir as durações das atividades do futuro próximo no caminho crítico, como "Revisar comentários e finalizar questionário" ou "Imprimir questionário", do que adiar a ação corretiva até a última atividade, "Preparar relatório".

2. *Atividades que tenham durações estimadas longas.* Tomar uma ação corretiva que vai reduzir uma atividade de 20 dias em 20% (isto é, em quatro dias) tem um impacto maior do que eliminar totalmente uma atividade de um dia. Normalmente, atividades de duração mais longa apresentam oportunidades para reduções maiores.

Veja a Tabela 5.5 novamente. Pode haver mais oportunidades de reduzir a estimativa da duração de 55 dias para "Enviar questionário e obter respostas" em cinco dias (9%) do que reduzir as durações estimadas mais curtas de outras atividades do caminho crítico.

Reforce sua aprendizagem

26. Ao analisar um caminho de atividades que tenha uma folga negativa, quais são os dois tipos de atividades que devem ser examinados com atenção?

Existem várias abordagens para reduzir as durações estimadas das atividades. Uma maneira óbvia é aplicar mais recursos a fim de acelerar a atividade. Isso pode ser feito atribuindo mais pessoas para trabalhar na atividade, ou aumentando as horas de trabalho por dia ou os dias de trabalho por semana. Recursos adicionais e apropriados podem ser transferidos de atividades simultâneas que tenham uma folga positiva. No entanto, às vezes, adicionar pessoas a uma atividade pode resultar no aumento de sua duração, porque as pessoas já atribuídas param seu trabalho para ajudar as novas a aprender a tarefa. Outra abordagem é atribuir uma pessoa com mais especialização ou experiência para executar ou ajudar nas atividades para que sejam realizadas mais rapidamente do que seria possível com as pessoas menos experientes, originalmente designadas.

Projeto de estudo do mercado consumidor

	Atividade	Responsabilidade	Dur. estim.	Mais cedo Início	Mais cedo Término	Mais tarde Início	Mais tarde Término	Folga total	Término real
1	Identificar consumidores-alvo	Susan							2
2	Desenvolver rascunho do questionário	Susan							11
3	Questionário de teste piloto	Susan							30
4	Revisar comentários e finalizar questionário	Susan	15	30	45	25	40	-5	
5	Preparar etiquetas de correio	Steve	2	45	47	48	50	3	
6	Imprimir questionário	Steve	10	45	55	40	50	-5	
7	Desenvolver software de análise dos dados	Andy	12	45	57	88	100	43	
8	Desenvolver dados de teste do software	Susan	2	45	47	98	100	53	
9	Enviar questionário e obter respostas	Steve	55	55	110	50	105	-5	
10	Testar software	Andy	5	57	62	100	105	43	
11	Inserir dados da resposta	Jim	7	110	117	105	112	-5	
12	Analisar resultados	Jim	8	117	125	112	120	-5	
13	Preparar relatório	Jim	10	125	135	120	130	-5	
14	Solicitar novo banco de dados para os rótulos	Steve	21	23	44	27	48	4	

TABELA 5.5 ▪ Cronograma atualizado do projeto de estudo do mercado consumidor.

Reduzir o escopo ou os requisitos de uma atividade é outra maneira de diminuir sua duração estimada. Por exemplo, pode ser aceitável colocar apenas uma camada de tinta no quarto, em vez de duas camadas, como originalmente planejado. Em alguns casos, pode haver a decisão de eliminar totalmente algumas atividades, excluindo-as e suas durações da programação, como decidir não instalar uma cerca ao redor da propriedade.

Aumentar a produtividade por meio de métodos ou tecnologias aprimorados é outra abordagem para reduzir as durações estimadas das atividades. Por exemplo, em vez de ter pessoas digitando informações de uma pesquisa de consumidores em um banco de dados, um *scanner* óptico pode ser usado.

Reforce sua aprendizagem

27. Liste quatro abordagens para reduzir as durações estimadas das atividades.

Assim que as ações corretivas específicas para reduzir a folga negativa forem escolhidas, as durações estimadas das atividades adequadas devem ser revisadas no plano da rede. Em seguida, uma programação revisada precisa ser calculada para avaliar se as ações corretivas planejadas reduzem a folga negativa conforme previsto.

Na maioria dos casos, eliminar a folga negativa reduzindo as durações das atividades envolve uma compensação na forma de um aumento nos custos ou uma redução no escopo. (Para ver uma discussão adicional desse tópico, consulte o Apêndice Balanceamento tempo-custo no final do Capítulo 7.) Se o projeto estiver muito atrasado (folga negativa substancial), pode ser necessário um significativo aumento nos custos e/ou redução no escopo ou na qualidade para que volte à programação. O que pode comprometer os elementos do objetivo geral do projeto, como escopo, programação, orçamento e/ou qualidade. Em alguns casos, o cliente e o contratado ou a equipe do projeto podem ter de confirmar que um ou mais desses elementos não poderá ser cumprido; portanto, o cliente pode precisar estender o prazo de conclusão exigido para todo o projeto, ou pode haver uma disputa sobre quem deve absorver o aumento no custo para acelerar a programação (se é o contratado ou o cliente).

Alguns contratos incluem uma cláusula de bônus, na qual o cliente paga um bônus ao contratado se o projeto for concluído antes do prazo. Por outro lado, outros contratos possuem uma cláusula de multa, em que o cliente pode reduzir o pagamento final para o contratado se o projeto não for concluído dentro do prazo. Algumas dessas multas podem ser substanciais. Seja qual for a situação, um controle eficiente da programação é fundamental.

O segredo de um controle eficiente da programação é solucionar agressivamente qualquer caminho com valores de folga negativos ou em deterioração assim que sejam identificados, em vez de esperar que as coisas melhorem enquanto o projeto progride. Solucionar os problemas da programação precocemente minimiza o impacto negativo no orçamento e no escopo. Se o projeto atrasar muito, pode ser mais difícil voltar à programação, e isso não acontece sem custos. É necessário gastar mais dinheiro ou reduzir o escopo ou a qualidade.

Nos projetos sem folga negativa, é importante não deixar a folga deteriorar, aceitando atrasos e deslizes. Se o projeto estiver adiantado, é necessário um esforço concentrado para *mantê-lo* adiantado.

As reuniões são um ótimo fórum para tratar as questões de controle da programação. Consulte a seção sobre as reuniões no Capítulo 12 e sobre a solução de problemas no Capítulo 11 para ver as informações relacionadas.

GESTÃO DE PROJETOS NO MUNDO REAL

O cronograma para o Terminal 5

O T5 no Heathrow Airport, em Londres, foi projetado e construído para ser o "lar" dos voos domésticos e internacionais da British Airways, e foi planejado para prestar serviços a 30 milhões de passageiros por ano. Com planos para 62 áreas de posicionamento de aeronaves, o complexo projeto foi implementado em um terreno de 260 hectares (2,6 milhões de m^2) no extremo oeste de Heathrow, sendo delimitado pelas pistas ao norte e ao sul. O Ponto de convergência A foi planejado como um terminal de quatro andares conectado a um prédio-satélite, o Ponto de convergência B, como um sistema subterrâneo para o trânsito de pessoas. Os planos também incluíam a instalação de uma garagem com vários andares com espaço para 4 mil carros, as instalações de um hotel e uma torre de controle de tráfego aéreo. O acesso de ida e vinda para o T5 incluía conexões rodoviárias para a autoestrada M25 e uma estação subterrânea para a linha do metrô Piccadilly, em Londres.

Em 1986, foram iniciadas as discussões sobre a necessidade e os possíveis projetos para um novo terminal. Em 1989, a Richard Rogers Partnership desenvolveu um projeto inicial para a arquitetura das instalações. Nos dois anos seguintes, foram desenvolvidos mais quatro projetos com o último sendo submetido à comissão de planejamento. O objetivo de cada projeto era criar uma ótima experiência para os passageiros. Em 2001, foi iniciada a construção com a inauguração do terminal planejada para 30 de março de 2008.

O cronograma para a construção estava sujeito a 700 restrições, incluindo a exigência de desviar dois rios para atender aos padrões ambientais. Os mais de 20 mil fornecedores do projeto forneceram os materiais para edifícios, trilhos e túneis, infraestrutura ou sistemas. O projeto completo era composto de 16 grandes projetos e 147 subprojetos, com custos de £ 1 milhão a £ 300 milhões. Todos os dias, oito mil trabalhadores compareciam ao local e recebiam cerca de 250 atribuições por hora.

Para ajudar a manter o cronograma e evitar atrasos onerosos, a British Airport Authority exigiu que os contratantes pensassem além dos métodos tradicionais de contratação e desempenho do projeto. Uma dessas medidas de mitigação de riscos era que a equipe responsável pela cobertura construísse a estrutura necessária, primeiramente, em um ponto distante do local para testar o processo e o cronograma. Durante a construção experimental, foram identificadas 140 lições. Uma vez que a cobertura foi testada, ao ser construída no local, não foram registrados erros nem houve preocupações quanto à segurança. A construção rápida da cobertura no local economizou tempo valioso na programação; a cobertura foi entregue três meses antes do previsto e economizou £ 5,5 milhões, muito mais do que os £ 3,5 milhões estimados para completar a construção do protótipo.

Durante um período de três anos, o cronograma do projeto incluiu testes de sistemas para preparar as pessoas e os processos para o dia da inauguração. Cada uma das 66 inaugurações feitas como teste incluiu 2.500 pessoas assumindo diversos papéis.

O Terminal 5 foi aberto para operação em 27 de março de 2008, três dias antes do cronograma. Do ponto de vista do cronograma de construção, o Terminal 5 foi um sucesso com a inauguração dentro do previsto; também foi aceitável de acordo com o orçamento e seu registro de segurança. Durante os primeiros cinco dias de operação, 501 voos foram cancelados e 20 mil bagagens foram destinadas a locais incorretos, gerando um custo de £16 milhões. Mesmo que o projeto de construção do Terminal 5 aparentemente tenha sido entregue dentro do prazo e do orçamento, nem todos os sistemas estavam prontos para funcionamento após a inauguração. Finalmente, 12 dias depois de sua abertura inicial, o Terminal 5 começou a operar conforme a programação completa de voos.

Com base em informações de Davies, A., Dodgson, M. e Gann, D. (2016). Dynamic capabilities in complex projects: The case of London Heathrow Terminal 5. *Project Management Journal*, 47(2), 26-46.

Programando o desenvolvimento de sistemas de informação

O Capítulo 4 definiu sistema de informação como um sistema de computador que aceita os dados inseridos, processa-os e produz as informações exigidas pelos usuários. Traçar a programação para o desenvolvimento de um sistema de informação é um processo cheio de desafios. Essa programação frequentemente é montada de maneira casual e, como resultado, um grande número de projetos de SI é finalizado muito mais tarde que originalmente prometido, ou nunca é finalizado. Um dos fatores mais importantes para uma programação efetiva é estimar durações de atividades que sejam o mais realistas possível. Essa tarefa não é fácil; no entanto, torna-se mais simples com a experiência.

Entre os problemas comuns que frequentemente atrasam os projetos de desenvolvimento do SI estão os seguintes:

- Falha ao identificar os requisitos do usuário.
- Falha ao identificar corretamente os requisitos do usuário.
- Crescimento contínuo do escopo do projeto.
- Subestimar as curvas de aprendizagem para novos pacotes de software.
- Hardware incompatível.
- Falhas lógicas no projeto.
- Seleção ruim do software.
- Falha ao selecionar a melhor estratégia de projeto.
- Problemas de incompatibilidade dos dados.
- Falha ao executar todas as fases do ciclo de vida do desenvolvimento de sistemas.

O controle da programação para o desenvolvimento de um sistema de informação é um desafio. Muitas circunstâncias inesperadas podem surgir, atrasando o projeto de desenvolvimento do sistema de informação muito além da sua data original de conclusão exigida. No entanto, como em qualquer outro tipo de projeto, o segredo de um controle eficiente é medir o progresso real e compará-lo com o planejado, de maneira rápida e regular, e tomar qualquer ação corretiva necessária imediatamente.

Como em outras formas de controle do projeto, o controle da programação para os projetos de desenvolvimento de SI é realizado de acordo com as etapas discutidas previamente neste capítulo. Um processo de controle do projeto como o ilustrado na Figura 5.9 deve ser usado para comparar o desempenho real com a programação. Uma vez que o cliente e a equipe do projeto concordarem com as alterações, devem ser registradas e a programação deve ser revisada.

Entre as alterações que comumente se tornam necessárias durante os projetos de desenvolvimento de sistema de informação estão as seguintes:

- *Alterações na interface* – campos adicionados e ícones, cores, estruturas de menu ou botões diferentes, ou novas telas.
- *Alterações nos relatórios* – campos adicionados, subtotais e totais, classes, critérios de seleção e ordens de campos diferentes, ou relatórios completamente novos.
- *Alterações nas consultas on-line* – capacidades *ad hoc*, acesso a campos ou bancos de dados ou diferentes estruturas de consulta, ou consultas adicionais.
- *Alterações nas estruturas do banco de dados* – campos adicionais, nomes de campos de dados, tamanhos de armazenamento de dados ou relações entre os dados diferentes, ou bancos de dados completamente novos.
- *Alterações nas rotinas de processamento do software* – algoritmos, lógica interna ou interfaces diferentes com outras sub-rotinas, ou novos procedimentos.
- *Alterações nas velocidades de processamento* – aumentos nas taxas de produtividade ou nos tempos de resposta.
- *Alterações nas capacidades de armazenamento* – aumentos no número máximo de registros de dados.
- *Alterações nos processos de negócio* – alterações no trabalho ou fluxo de dados, adição de novos clientes que devem ter acesso ou processos completamente novos que devem ser suportados.
- *Alterações no software resultantes das alterações no hardware* ou, pelo contrário, *atualizações no hardware resultantes da disponibilidade de um software mais potente.*

UM EXEMPLO DE SISTEMA DE INFORMAÇÕES: DESENVOLVIMENTO DE APLICATIVOS DE INTERNET PARA A ABC OFFICE DESIGNS (CONTINUAÇÃO)

Lembre-se do Capítulo 4, em que o ABC Office Designs tem um grande número de representantes de vendas que vendem móveis de escritório para grandes corporações. Cada representante é atribuído a um estado específico, e cada estado é parte de uma de quatro regiões do país. Para permitir que a gerência monitore o número e a quantidade de vendas para cada representante, estado e região, a ABC decidiu criar um sistema de informação baseado na Web. Além disso, o sistema de informação precisa rastrear os preços, o inventário e a concorrência.

O departamento de Sistema de Informação da corporação atribuiu Beth Smith para ser a gerente do projeto de desenvolvimento do sistema de relatório baseado na Web. Previamente, Beth havia identificado todas as tarefas principais que precisavam ser realizadas e desenvolveu a EAP, a matriz de atribuição da responsabilidade e o diagrama de rede. A próxima etapa era propor as durações estimadas das atividades. Depois de consultar extensivamente a equipe do projeto, ela calculou as estimativas mostradas na Tabela 5.6.

O projeto deve ser concluído em 50 dias e precisa ser iniciado o mais rápido possível. Tendo as durações estimadas de cada atividade e as datas exigidas de início e de término do projeto, Beth estava pronta para calcular as DICs e DTCs de cada atividade. Esses valores são mostrados acima de cada atividade na Figura 5.12.

Beth calculou os prazos DIC e DTC, passando pela rede em avanço. As primeiras tarefas, "Coletar dados" e "Viabilidade do estudo", têm DIC igual a 0 (zero). Uma vez que "Coletar dados" é estimada em três dias, sua DTC é 0 + 3 = 3 dias. Uma vez que "Viabilidade do estudo" é estimada em quatro dias, sua DTC é 0 + 4 = 4 dias. Beth continuou esse processo de avanço pelo diagrama de rede até todas as atividades terem suas DIC e DTC atribuídas.

Depois que os prazos DIC e DTC foram estimados, Beth calculou os prazos DIT e DTT. Aqui, o ponto de partida é a data em que o projeto deve estar concluído: em 50 dias. A DIT e a DTT são mostradas abaixo de cada atividade na Figura 5.13.

Beth calculou a DTT e a DIT passando pela rede em retrocesso. A última tarefa, "Preparar relatório de implementação", tem uma DTT de 50 dias – prazo em que o projeto precisa ser concluído. Como "Preparar relatório de implementação" é estimada em um dia, sua DIT é 50 - 1 = 49 dias. Isso significa que "Preparar relatório

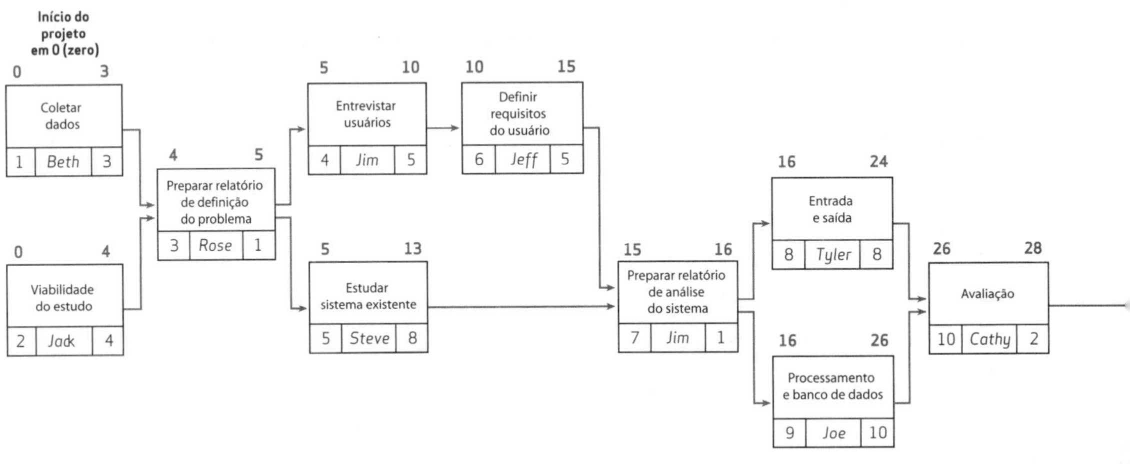

FIGURA 5.12 ▪ Diagrama de rede para o projeto de sistema de relatório baseado na Web, mostrando as datas mais cedo de início e de término.

Projeto do sistema de relatório baseado na Web

Atividade	Predecessores imediatos	Duração estimada (dias)
1. Coletar dados	—	3
2. Viabilidade do estudo	—	4
3. Preparar relatório de definição do problema	1, 2	1
4. Entrevistar usuários	3	5
5. Estudar sistema existente	3	8
6. Definir requisitos do usuário	4	5
7. Preparar relatório de análise do sistema	5, 6	1
8. Entrada e saída	7	8
9. Processamento e banco de dados	7	10
10. Avaliação	8, 9	2
11. Preparar relatório de projeto do sistema	10	2
12. Desenvolvimento do software	11	15
13. Desenvolvimento do hardware	11	10
14. Desenvolvimento da rede	11	6
15. Preparar relatório de desenvolvimento do sistema	12, 13, 14	2
16. Teste do software	15	6
17. Teste do hardware	15	4
18. Teste da rede	15	4
19. Preparar relatório de teste	16, 17, 18	1
20. Treinamento	19	4
21. Conversão do sistema	19	2
22. Preparar relatório de implementação	20, 21	1

TABELA 5.6 ▪ Lista de atividades, predecessores imediatos e durações estimadas.

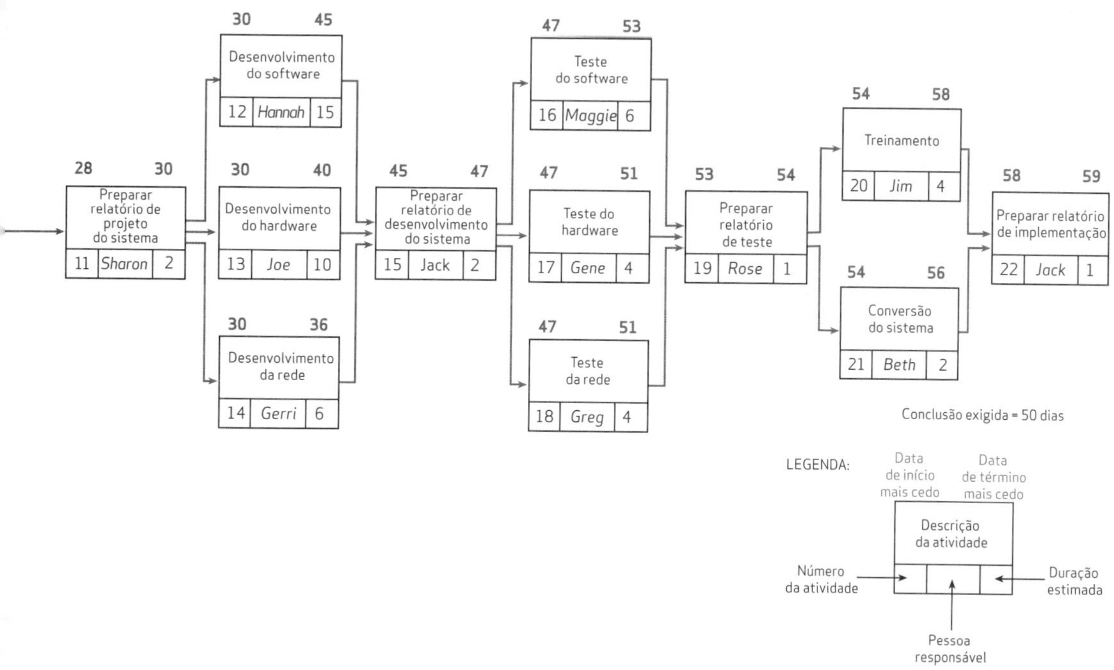

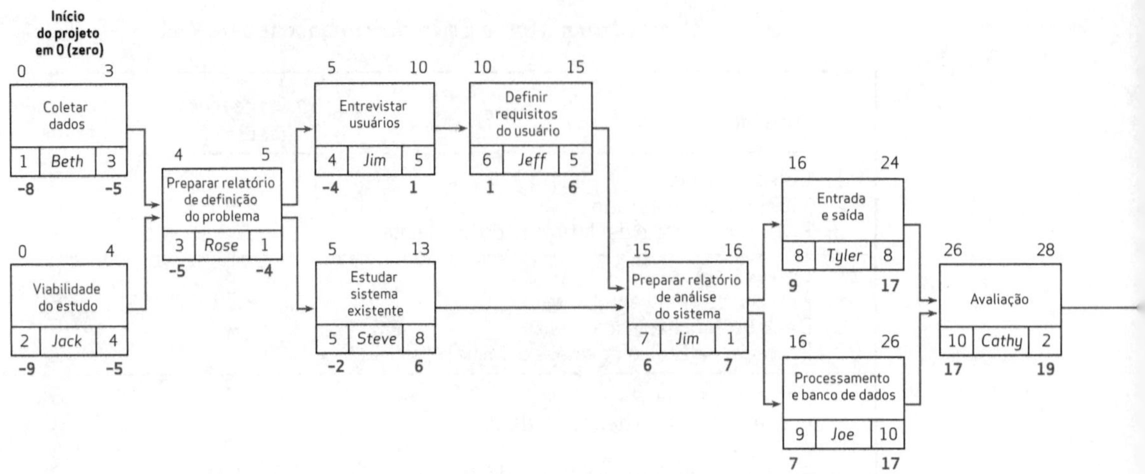

FIGURA 5.13 ▪ Diagrama de rede para o projeto de sistema de relatório baseado na Web, mostrando as datas mais tarde de início e conclusão.

de implementação" deve ser começado no máximo no dia 49, ou o projeto não terminará até a data de conclusão exigida. Beth continuou esse processo de retrocesso pelo diagrama de rede até todas as atividades terem suas DTTs e DITs atribuídas.

Depois que as DIC, DTC, DIT e DTT foram estimadas, Beth calculou a FT. Esses valores são mostrados na Tabela 5.7. Lembre-se de que a FT é calculada subtraindo a DIC da DIT ou a DTC da DTT para cada atividade.

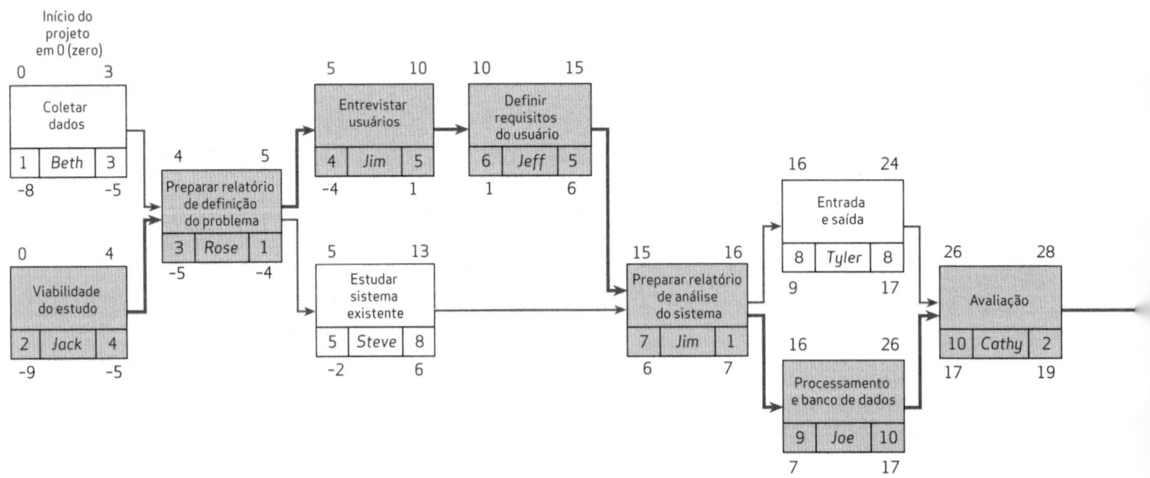

FIGURA 5.14 ▪ Diagrama de rede para o projeto do sistema de relatório baseado na Web, mostrando o caminho crítico.

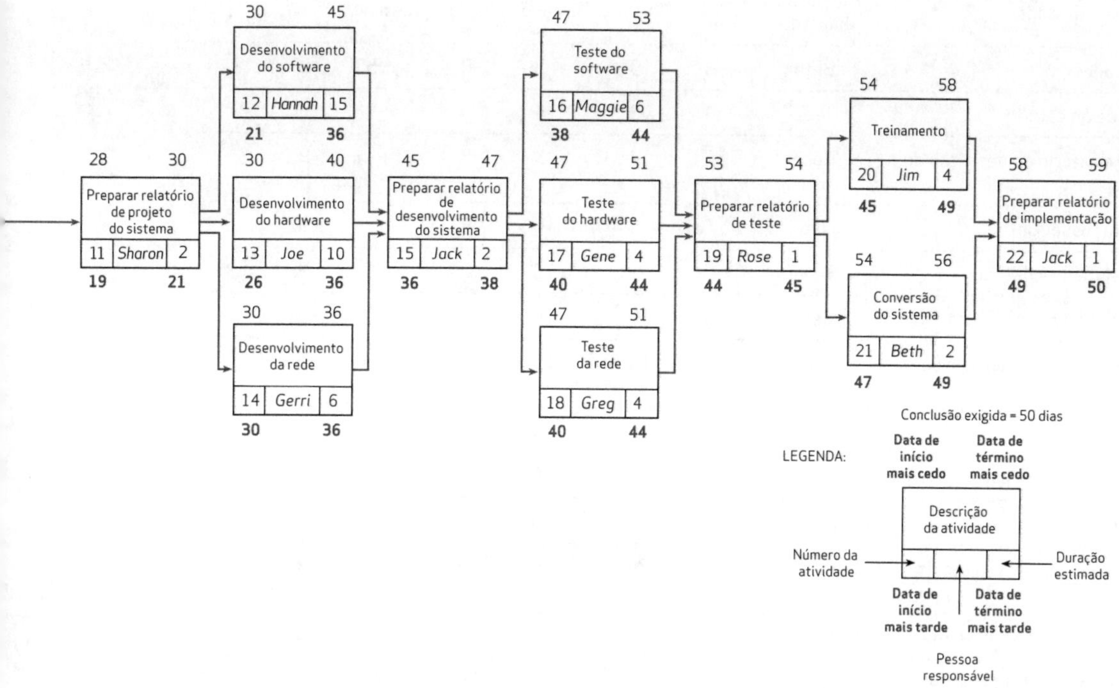

Depois de calcular a FT de cada atividade, Beth teve de identificar o caminho crítico. Para o projeto de desenvolvimento de um sistema de relatório baseado na Web, qualquer atividade com uma folga de -9 está no caminho crítico. A Figura 5.14 mostra o caminho crítico para esse projeto de desenvolvimento. Nesse momento, Beth e sua equipe precisam determinar uma maneira de reduzir o tempo de desenvolvimento em nove dias, solicitar a extensão do prazo de conclusão de 50 para 59 dias ou encontrar alguma concessão.

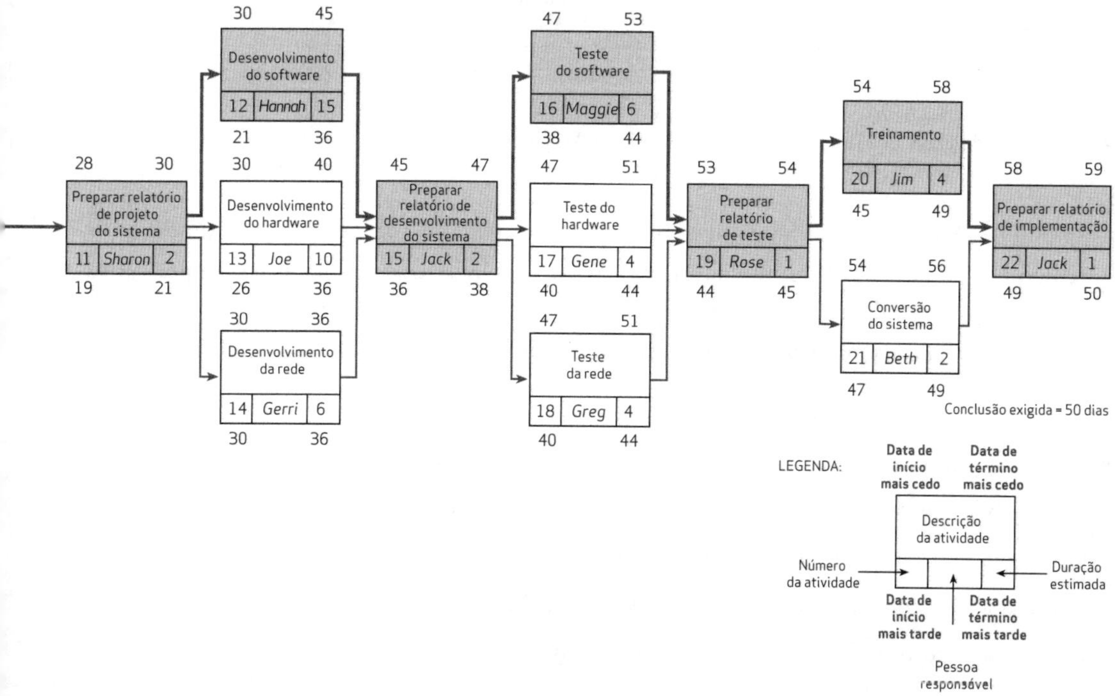

Projeto do sistema de relatório baseado na Web				Mais cedo		Mais tarde		
	Atividade	Responsabilidade	Dur. estim.	Início	Término	Início	Término	Folga total
1	Coletar dados	Beth	3	0	3	-8	-5	-8
2	Viabilidade do estudo	Jack	4	0	4	-9	-5	-9
3	Preparar relatório de definição do problema	Rose	1	4	5	-5	-4	-9
4	Entrevistar usuários	Jim	5	5	10	-4	1	-9
5	Estudar sistema existente	Steve	8	5	13	-2	6	-7
6	Definir requisitos do usuário	Jeff	5	10	15	1	6	-9
7	Preparar relatório de análise do sistema	Jim	1	15	16	6	7	-9
8	Entrada e saída	Tyler	8	16	24	9	17	-7
9	Processamento e banco de dados	Joe	10	16	26	7	17	-9
10	Avaliação	Cathy	2	26	28	17	19	-9
11	Preparar relatório de projeto do sistema	Sharon	2	28	30	19	21	-9
12	Desenvolvimento do software	Hannah	15	30	45	21	36	-9
13	Desenvolvimento do hardware	Joe	10	30	40	26	36	-4
14	Desenvolvimento da rede	Gerri	6	30	36	30	36	0
15	Preparar relatório de desenvolvimento do sistema	Jack	2	45	47	36	38	-9
16	Teste do software	Maggie	6	47	53	38	44	-9
17	Teste do hardware	Gene	4	47	51	40	44	-7
18	Teste da rede	Greg	4	47	51	40	44	-7
19	Preparar relatório de teste	Rose	1	53	54	44	45	-9
20	Treinamento	Jim	4	54	58	45	49	-9
21	Conversão do sistema	Beth	2	54	56	47	49	-7
22	Preparar relatório de implementação	Jack	1	58	59	49	50	-9

TABELA 5.7 ▪ Cronograma do projeto do sistema de relatório baseado na Web.

No entanto, depois de muitas discussões com a gerência, nas quais ela enfatizou a importância de desenvolver o sistema corretamente e não ter de correr por algumas fases críticas do CVDS, Beth convenceu seus superiores a prolongar o prazo de conclusão para 60 dias.

Beth e sua equipe prosseguiram com o projeto e concluíram as atividades 1 a 6:

- Atividade 1, "Coletar dados", realmente terminada no dia 4.
- Atividade 2, "Viabilidade do estudo", realmente terminada no dia 4.
- Atividade 3, "Preparar relatório de definição do problema", realmente terminada no dia 5.
- Atividade 4, "Entrevistar usuários", realmente terminada no dia 10.
- Atividade 5, "Estudar sistema existente", realmente terminada no dia 15.
- Atividade 6, "Definir requisitos do usuário", realmente terminada no dia 18.

Em seguida, descobriram que – usando um software reutilizável para o banco de dados – poderiam reduzir a duração estimada da atividade 9, "Processamento e banco de dados", de dez para oito dias.

A Figura 5.15 e a Tabela 5.8 mostram o diagrama de rede atualizado e a programação do projeto, respectivamente, depois que as alterações foram incorporadas. Note que, por causa das ocorrências mencionadas, agora o caminho crítico tem uma folga total de 0 (zero).

Sistemas de informação de gestão de projetos

Quase todos os sistemas de informação de gestão de projetos permitem executar as funções de programação identificadas neste capítulo. Especificamente, as durações estimadas da atividade podem ser em horas, dias, semanas, meses ou anos e, com um clique do mouse, as escalas de tempo podem ser facilmente convertidas de dias em semanas, de semanas em dias, e assim por diante. As durações estimadas podem ser facilmente atualizadas e revisadas. Além disso, os sistemas de agenda coletiva permitem ao gerente de projeto a capacidade de administrar finais de semana, feriados da empresa e dias de férias.

As datas de início e de término do projeto podem ser inseridas como datas específicas do calendário (por exemplo, 1º de junho de 2018 ou 31 de dezembro de 2018) ou como um número geral de dias (ou semanas ou meses), sem datas específicas atribuídas (por exemplo, o projeto deve terminar na semana 50). Estabelecida a data de conclusão do projeto exigida e a lista de atividades com suas durações estimadas, o software irá calcular a data em que o projeto precisa iniciar. Da mesma forma, calcula a data de conclusão mais cedo do projeto, baseada na data real de início e na lista de atividades com suas durações estimadas.

O software também calcula as DIC, DTC, DIT e DTT, a FT e FL e o caminho crítico, tudo isso com um clique do mouse. No entanto, é importante que o gestor de projetos saiba o que significam esses termos e os cálculos.

A maioria dos sistemas de informação de gestão de projetos fornece gráficos de Gantt ou de barras que exibem as dependências entre as tarefas, conectando-as às suas predecessoras com linhas e setas. O usuário pode clicar na direção de avanço ou retrocesso nesses gráficos e nos diagramas de rede.

Praticamente todos os sistemas de informação de gestão de projetos permitem executar as funções de controle identificadas neste capítulo. Especificamente, enquanto uma atividade está em andamento ou assim que for concluída, as informações atuais podem ser inseridas no sistema e o software vai revisar automaticamente a programação do projeto. Da mesma forma, se as durações estimadas das atividades futuras mudarem, essas alterações poderão ser inseridas no sistema e ele atualizará a programação automaticamente. Todos os diagramas de rede, tabelas e relatórios produzidos pelo software serão atualizados para refletir as informações mais recentes.

Consulte no Apêndice A, no final do livro, uma discussão completa sobre os sistemas de informações de gestão de projetos.

Gestão ágil de projetos

A **gestão ágil de projetos** é uma abordagem que visa reduzir o tempo de desenvolvimento do produto ao mesmo tempo que minimiza o risco através da interação contínua entre os clientes e pequenas equipes auto-organizadas, que produzem melhorias nas características dos produtos funcionais em iterações de curta duração, enquanto se adaptam rapidamente às mudanças nas exigências. Essa abordagem é aplicável a projetos para os quais os requisitos são difíceis de serem definidos no início ou podem ser alterados rápida ou frequentemente durante o projeto. Tal abordagem enfatiza o planejamento em curto prazo e intensos esforços de trabalho em ciclos curtos de tempo fixo. A gestão ágil de projetos às vezes é utilizado para projetos de desenvolvimento de produtos de software durante os quais o produto final do sistema é concluído gradativamente pelo desenvolvimento de conjuntos ou módulos de requisitos e recursos de produtos específicos em prazos curtos.

Existem várias metodologias para a implementação da gestão ágil de projetos. Uma das mais populares é o **Scrum**, um termo derivado do jogo de rúgbi.

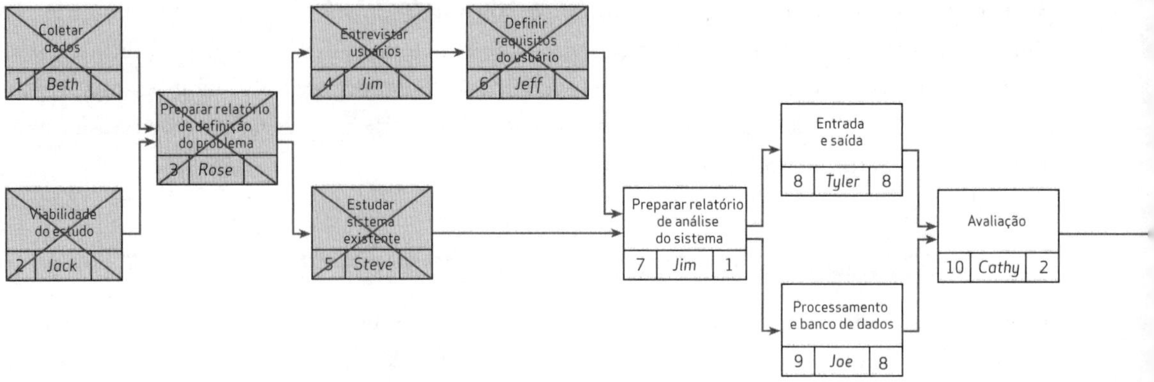

FIGURA 5.15 ▪ Diagrama de rede para o projeto do sistema de relatório baseado na Web, incorporando o progresso real e as alterações.

Os papéis dos participantes envolvidos nesta abordagem incluem:

- Um *proprietário de produto*, também denominado *representante do cliente*, é responsável por definir as exigências do cliente e as características do produto, e por assegurar que a equipe de desenvolvimento entregue um produto final com as características requeridas. Às vezes, as características do produto podem ser definidas por histórias, que são as descrições, feitas pelos usuários finais, dos recursos que eles gostariam que fossem modificados ou acrescentados em um produto já existente, ou incluídos em um novo produto. O proprietário de produto também prioriza as exigências com base em seu valor e em suas relações dependentes, ou na sequência requerida. Ele então cria uma *lista de demandas para o produto*, que é uma lista ordenada dos requisitos ou funcionalidades a partir dos quais os conjuntos específicos de itens serão selecionados e liberados para que a equipe de desenvolvimento produza e demonstre no final de um prazo determinado. Estes conjuntos de recursos são denominados *entregas* (similar a pacotes de trabalho) porque os itens são liberados a partir do resumo histórico do produto para a equipe, que vai produzir uma melhoria operacional no produto, que é uma parte final geral que está sendo desenvolvido. O proprietário do produto é encorajado a colaborar com a equipe de desenvolvimento para permitir discussões e esclarecimentos regulares sobre as exigências do cliente, a fim de rever e apresentar comentários e *feedback* sobre o trabalho da equipe de desenvolvimento e especificar quaisquer modificações que precisem ser feitas, de modo que a equipe de desenvolvimento possa adaptar seus esforços de trabalho durante o tempo fixo remanescente para acomodar quaisquer mudanças, caso contrário, elas precisarão ser incorporadas em lançamentos futuros.
- A *equipe de desenvolvimento* desenvolve, fornece e demonstra *melhorias no produto* funcional (partes ou módulos dos diversos produtos finais que estão sendo desenvolvidos) referentes a características ou recursos específicos do produto durante determinado período, denominado *sprint*, ou também *iteração*. Em geral, um *sprint* tem duração de uma a quatro semanas. As equipes de desenvolvimento são multifuncionais e incluem todas as habili-

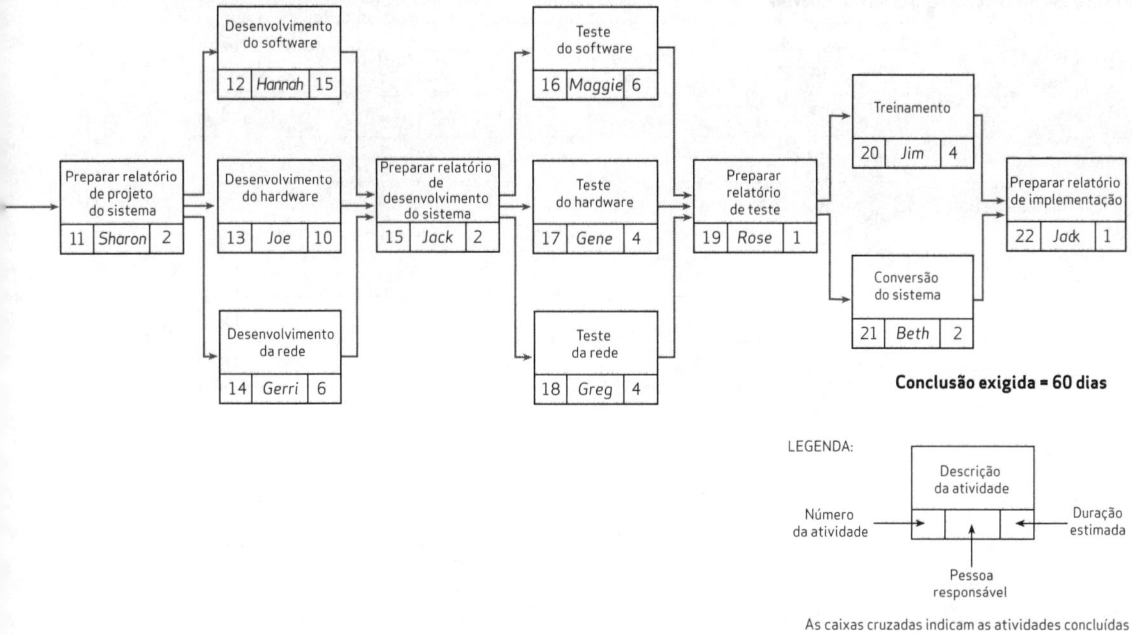

dades e a experiência necessária para produzir uma melhoria possível no produto funcional até o final do *sprint* específico. O objetivo de cada *sprint* é criar e demonstrar uma melhoria operacional no produto até a conclusão do produto final acabado. As equipes também são pequenas, geralmente não têm mais do que cerca de oito pessoas para garantir um alto nível de comunicação e colaboração. Existe uma forte ênfase na comunicação direta entre seus membros e em um ambiente de trabalho aberto onde as pessoas podem interagir umas com as outras. As equipes são auto-organizadas e não têm um líder. Em vez disso, selecionam e realizam tarefas de trabalho específicas com base nas habilidades e na disponibilidade de cada pessoa durante o *sprint*.

- Um *mestre em Scrum* é um facilitador para o processo de desenvolvimento do *Scrum* durante um *sprint*, cujo trabalho principal é tomar iniciativas para remover ou reduzir quaisquer obstáculos, barreiras ou restrições que estejam impedindo o progresso da equipe de desenvolvimento em direção à conclusão de suas tarefas de trabalho e que possam afetar negativamente a produção e demonstração bem-sucedidas de uma melhoria funcional possível para o produto no final do período do *sprint*. Os tempos de ciclo do *sprint* são fixos. Se o trabalho não estiver totalmente concluído dentro do prazo especificado de um *sprint*, os itens não concluídos serão acrescentados novamente à lista de demandas para o produto a fim de serem concluídos durante um *sprint* futuro. O mestre em *Scrum* não é o mesmo que um gerente de projeto na medida em que não tem responsabilidade direta pelas pessoas na equipe de desenvolvimento. Os membros da equipe não trabalham para o mestre em *scrum*; em vez disso, eles são auto-organizados e autodirigidos.

O processo de gestão ágil de projeto inclui:

1. Estabelecer o raciocínio, a descrição, o montante a ser financiado e o prazo de conclusão para o produto final acabado e a autorização para o projeto. Isto é semelhante a um termo de abertura de projeto.

Projeto do sistema de relatório baseado na Web				Mais cedo		Mais tarde			
	Atividade	Responsabilidade	Dur. estim.	Início	Término	Início	Término	Folga total	Término real
1	Coletar dados	Beth							4
2	Viabilidade do estudo	Jack							4
3	Preparar relatório de definição do problema	Rose							5
4	Entrevistar usuários	Jim							10
5	Estudar sistema existente	Steve							15
6	Definir requisitos do usuário	Jeff							18
7	Preparar relatório de análise do sistema	Jim	1	18	19	18	19	0	
8	Entrada e saída	Tyler	8	19	27	19	27	0	
9	Processamento e banco de dados	Joe	8	19	27	19	27	0	
10	Avaliação	Cathy	2	27	29	27	29	0	
11	Preparar relatório de projeto do sistema	Sharon	2	29	31	29	31	0	
12	Desenvolvimento do software	Hannah	15	31	46	31	46	0	
13	Desenvolvimento do hardware	Joe	10	31	41	36	46	5	
14	Desenvolvimento da rede	Gerri	6	31	37	40	46	9	
15	Preparar relatório de desenvolvimento do sistema	Jack	2	46	48	46	48	0	
16	Teste do software	Maggie	6	48	54	48	54	0	
17	Teste do hardware	Gene	4	48	52	50	54	2	
18	Teste da rede	Greg	4	48	52	50	54	2	
19	Preparar relatório de teste	Rose	1	54	55	54	55	0	
20	Treinamento	Jim	4	55	59	55	59	0	
21	Conversão do sistema	Beth	2	55	57	57	59	2	
22	Preparar relatório de implementação	Jack	1	59	60	59	60	0	

TABELA 5.8 ▪ Programação atualizada do projeto do sistema de relatório baseado na Web.

2. Definir os requisitos para o produto e criar uma lista de demandas para o produto com seus requisitos prioritários e recursos específicos. Isto é semelhante a um documento de objetivo do projeto.
3. No início de cada *sprint*, o proprietário do produto e a equipe de desenvolvimento têm uma *reunião de planejamento do sprint* com a finalidade de selecionar um conjunto de requisitos ou recursos na parte principal da lista de demandas, que será liberada para a equipe e que pode ser produzida e demonstrada pela equipe durante o prazo fixado para o ciclo do *sprint*. Então, a equipe de desenvolvimento identifica as tarefas específicas e estima suas durações, o que é necessário fazer para realizar no produto a melhoria que demonstra as características. As tarefas geralmente têm entre 4 e 12 horas de duração. Esta reunião de planejamento de *sprint* geralmente

demora um dia ou menos. Uma vez que a equipe identifica as tarefas específicas a serem realizadas durante o *sprint*, a lista de tarefas é denominada *lista de demandas do sprint*, que é utilizada para monitorar o progresso do trabalho. O mestre *scrum* pode criar algumas ferramentas para monitorar e controlar o projeto, como um *quadro de tarefas* que é utilizado para exibir quais tarefas têm de ser concluídas, quais estão em andamento ou ainda nem começaram, e/ou um *gráfico de conclusão*, que mostra o esforço e o trabalho até o presente momento, e também o esforço que ainda será necessário no registro histórico do *sprint*. Frequentemente, estas ferramentas estão em grandes demonstrações na área aberta do escritório e permanecem visíveis para que toda a equipe perceba seu progresso até a conclusão do *sprint*.

Para projetos de grande porte, existem muitas equipes de desenvolvimento trabalhando simultaneamente em diferentes *sprints* com diversas liberações da lista de demandas do produto a fim de produzir as melhorias específicas nele. Nestes casos, é importante que as equipes de desenvolvimento se comuniquem regularmente para assegurar que exista uma integração apropriada entre as melhorias no produto, e também que não ocorra uma sobreposição ou duplicação de determinado esforço. Os mestres de *scrum* do *sprint* precisam facilitar tais esforços.

4. No início de cada dia, a equipe de desenvolvimento tem uma *reunião diária para scrum*, também denominada *standup diário*, uma vez que estas reuniões costumam ser limitadas a 15 minutos. Durante estas reuniões, espera-se que cada membro da equipe esteja preparado para declarar

   - o que foi feito no dia anterior
   - o que está planejado para ser feito no dia
   - quaisquer obstáculos que estejam impedindo seu trabalho. Se forem identificados impedimentos, estes não serão resolvidos nessas reuniões para *Scrum*, em vez disso o mestre em *Scrum* e os membros apropriados da equipe resolverão tais dificuldades durante o trabalho do dia. As reuniões para *Scrum* não pretendem resolver problemas.

   Durante a reunião diária para *Scrum*, se qualquer membro da equipe disser que sua tarefa foi concluída, então, será selecionada outra tarefa a partir da lista de demandas do *sprint*, que contém as tarefas nas quais as equipes trabalharão de acordo com suas habilidades.

   Essas reuniões diárias proporcionam um mecanismo para responsabilizar e motivar os membros da equipe de desenvolvimento.

   Com base nas tarefas que foram concluídas, o mestre em *Scrum* vai atualizar o quadro de tarefas ou o gráfico de conclusão a cada dia.

5. No final do *sprint*, ocorre uma *reunião para revisão do sprint*, na qual a equipe de desenvolvimento revisa o trabalho que foi concluído, assim como os itens que não foram concluídos. A equipe também demonstra sua melhoria concluída no produto funcional para o proprietário do produto e outros stakeholders. Se o proprietário do produto determinar que é preciso fazer mudanças em algumas das características da melhoria do produto, tais mudanças serão documentadas e acrescentadas à lista de demandas do produto, juntamente com quaisquer itens que não tenham sido concluídos, e serão incluídas em futuros *sprints* e liberações. Essa reunião geralmente não demora mais do que 4 horas.

6. No final do *sprint*, existe também uma *reunião de retrospectiva do sprint*, durante a qual a equipe de *Scrum*, incluindo o proprietário do produto, avalia o desempenho durante o *sprint* com relação ao que foi realizado com sucesso e ao que poderá ser melhorado em *sprints* futuros. Esta reunião é facilitada pelo mestre em *Scrum* e deverá durar aproximadamente 2 ou 3 horas.

FATORES ESSENCIAIS PARA O SUCESSO

- A pessoa que será responsável pela realização da atividade deve estimar sua duração. O que a compromete.
- A estimativa da duração de uma atividade deve ser baseada nos tipos e nas quantidades de recursos necessários para realizá-la.
- A duração estimada da atividade deve ser agressiva, mas realista.
- As atividades não devem ter sua duração estimada mais longa que os intervalos em que o progresso real será revisado e comparado com o progresso planejado.
- A gestão de projetos envolve uma abordagem proativa para controlar o projeto e garantir que o objetivo seja cumprido, mesmo quando os acontecimentos não estão de acordo com o plano.
- Uma vez que o projeto começa, é importante monitorar seu progresso para garantir que tudo esteja correndo de acordo com o plano.
- Um conselho para um controle eficiente do projeto é medir o progresso real e compará-lo com o planejado, de maneira rápida e regular, e tomar imediatamente qualquer ação corretiva necessária.
- O segredo de um controle eficiente da programação é tratar de maneira agressiva os caminhos com valores de folga negativos ou em deterioração, assim que forem identificados. Um esforço concentrado para acelerar o progresso do projeto deve ser aplicado a esses caminhos. A quantidade de folga negativa deve determinar a prioridade para aplicar esses esforços concentrados.
- Ao tentar reduzir a duração do caminho de atividades com folga negativa, concentre-se nas atividades do futuro próximo e nas que tenham durações estimadas longas.
- Solucionar os problemas da programação precocemente minimiza o impacto negativo no orçamento e no escopo. Se um projeto ficar muito atrasado, é mais difícil colocá-lo de volta na programação, e geralmente exige gastar mais dinheiro ou reduzir o escopo ou a qualidade.
- Se ações corretivas forem necessárias, devem ser tomadas decisões sobre uma compensação entre escopo, tempo e custo.
- Um período regular de relatório deve ser estabelecido para comparar o progresso real com o planejado.
- Quanto mais curto o período de relatório, melhores as chances de identificar os problemas precocemente e tomar ações corretivas.
- Durante cada período de relatório, os dados sobre o desempenho real e as informações sobre as mudanças no escopo, na programação e no orçamento do projeto precisam ser coletados em tempo hábil e usados para calcular programação e orçamento atualizados.

! RESUMO

Quando as técnicas de planejamento de rede são usadas, a função da programação depende da função de planejamento. A programação é a agenda do plano e, portanto, não pode ser estabelecida antes que o plano baseado na rede tenha sido criado.

É necessário estimar os tipos e quantidades de recursos que serão exigidos para executar cada atividade específica no diagrama de rede para depois estimar quanto tempo a execução desta vai demorar. Ao estimar os recursos para as atividades, a disponibilidade de cada recurso deve ser levada em consideração. As quantidades e os tipos estimados de recursos necessários para uma atividade, com a disponibilidade desses recursos, influenciam sua duração estimada.

Uma vez que os tipos e quantidades de recursos são estimados para cada atividade, é possível estimar quanto tempo elas vão demorar. A duração estimada de cada atividade deve ser o tempo total decorrido – o tempo para que o trabalho seja feito, além de qualquer tempo de espera associado. A estimativa da duração de uma atividade deve ser baseada na quantidade de recursos necessários para sua realização. A estimativa deve ser agressiva, embora realista. No início de um projeto, pode não ser possível estimar as durações de todas as atividades com um nível preciso de confiança. O que se aplica principalmente aos projetos de longo prazo. Pode ser mais fácil estimar as durações das atividades de médio prazo, mas, à medida que o projeto progride, a equipe pode elaborar progressivamente as durações estimadas quando novos dados surgirem ou se tornarem mais claros para permitir estimativas mais precisas.

A fim de estabelecer a base para calcular uma programação usando as durações estimadas das atividades, é necessário selecionar uma data de início estimado para quando o projeto deverá começar e um prazo de conclusão exigido para o projeto em geral para quando o projeto terá de estar concluído. Esses dois prazos definem a janela de tempo, ou envoltória, em que o projeto deve ser concluído.

A programação do projeto serve como uma agenda e também mostra datas de início mais cedo (DIC) e de término mais cedo (DTC) e as datas de início mais tarde (DIT) e de término mais tarde (DTT) de cada atividade. As DIC e DTC são calculadas passando pela rede em avanço. A DIC da atividade é calculada com base na data inicial estimada do projeto e nas durações estimadas das atividades precedentes. A data de término mais cedo da atividade é calculada adicionando-se a duração estimada da atividade à sua DIC. A DIC de uma atividade deve ser igual ou posterior à DTC às DICs de todas as atividades diretamente precedentes a essa atividade específica.

As DIT e DTT são calculadas passando pela rede em retrocesso. A DTT da atividade é calculada com base na data de conclusão exigida do projeto e nas durações estimadas das atividades sucessivas. A DIT é calculada subtraindo a duração estimada da atividade da DTT da atividade. A DTT de uma atividade deve ser igual ou posterior à primeira de todas as DIT de todas as atividades diretamente subsequentes a essa atividade específica.

A FT de um caminho específico de atividades ao longo da rede é comum e compartilhada entre todas as atividades desse mesmo caminho. Se for positiva, representa a quantidade máxima de tempo em que as atividades de um caminho específico podem ser atrasadas sem prejudicar o término do projeto até a data exigida. Se a FT for negativa, representa a quantidade de tempo em que as atividades de um caminho específico devem ser aceleradas para terminar o projeto até a data exigida. Se for 0 (zero), as atividades nesse caminho não precisam ser aceleradas, mas não podem ser atrasadas. O caminho crítico de atividades é o mais longo (mais demorado) no diagrama de rede.

Uma vez que o projeto começa, é necessário monitorar seu progresso para garantir que tudo esteja correndo de acordo com o plano. O segredo de um controle eficiente do projeto é medir o progresso real e compará-lo com o planejado, de maneira rápida e regular, e tomar qualquer ação corretiva necessária imediatamente. Um período regular de relatório deve ser estabelecido para comparar o progresso real com o planejado. Durante cada período de relatório, dois tipos de dados ou informações devem ser coletados: dados sobre o desempenho real e informações sobre qualquer alteração do escopo, da programação e do orçamento do projeto. O processo de controle deve continuar ao longo do projeto. Em geral, quanto mais curto o período de relatório, melhores as chances de identificar os problemas precocemente e tomar ações corretivas eficazes. Se um projeto sair do controle, pode ser difícil cumprir seu objetivo sem sacrificar o escopo, a qualidade, a programação ou o orçamento.

Ao longo de um projeto, algumas atividades serão concluídas na hora certa; algumas, antes da data; e outras, depois. O progresso real – seja mais lento, seja mais rápido que o planejado – causa um efeito na programação das demais atividades do projeto que ainda não foram concluídas. Especificamente, os PFR das atividades concluídas determinam as DIC e DTC das demais atividades no diagrama da rede, bem como a FT.

Ao longo do projeto, podem ocorrer mudanças que causam impacto na programação. Essas alterações podem ser iniciadas pelo cliente ou pela equipe do projeto, ou podem resultar de uma ocorrência imprevista. Qualquer tipo de alteração – seja iniciada pelo cliente, seja pelo contratado, pelo gerente de projeto, por um membro da equipe ou por um evento inesperado – exigirá uma modificação no plano em termos de escopo, programação e/ou orçamento. Quando essas alterações são acordadas, um novo plano de base de referência é estabelecido e usado como comparativo para o desempenho real do projeto.

Com base no progresso real e na consideração de outras mudanças que podem ocorrer, é possível gerar regularmente uma programação atualizada que preveja se o projeto vai terminar antes ou depois da data exigida. Depois que os dados foram coletados sobre os PFR das atividades concluídas e os efeitos das alterações no projeto, uma programação atualizada pode ser calculada.

O controle da programação envolve quatro etapas: analisar a programação para determinar quais áreas podem necessitar de uma ação corretiva; decidir quais ações corretivas específicas devem ser tomadas; revisar o plano para incorporar as ações corretivas escolhidas; e recalcular a programação para avaliar os efeitos das ações corretivas planejadas. As ações corretivas que irão eliminar a folga negativa da programação do projeto devem ser identificadas. Elas devem reduzir a duração estimada das atividades nos caminhos com folga negativa. Ao analisar um caminho de atividades que tenha uma folga negativa, o foco deve recair em dois tipos de atividades: atividades do futuro próximo e atividades que tenham durações estimadas longas.

Existem várias abordagens para reduzir as durações estimadas das atividades. O que inclui aplicar mais recursos para acelerar a atividade, atribuir uma pessoa com mais especialização ou experiência para realizar ou ajudar na atividade, reduzir o escopo ou os requisitos de uma atividade e aumentar a produtividade por meio de tecnologias ou métodos aprimorados.

Traçar a programação para o desenvolvimento de um sistema de informação é um processo cheio de desafios. Essa programação frequentemente é montada de maneira casual e, como resultado, um grande número de projetos de sistema de informação é finalizado muito mais tarde que o originalmente prometido. Um dos fatores mais importantes para uma programação efetiva é estimar durações de atividade que sejam as mais realistas possíveis. O gerente do projeto deve estar ciente dos problemas comuns que frequentemente causam atrasos no prazo de conclusão dos projetos de desenvolvimento de sistema de informação. Os sistemas de informação de gestão de projetos podem ajudar no processo de criação da programação.

A gestão ágil de projetos é uma abordagem que visa reduzir o tempo de desenvolvimento do produto ao mesmo tempo que minimiza os riscos através da interação contínua entre os clientes e pequenas equipes auto-organizadas, que produzem melhorias nas características dos produtos funcionais em iterações de curta duração, enquanto se adaptam rapidamente às mudanças nas exigências. Esta abordagem é aplicável a projetos para os quais os requisitos são difíceis de serem definidos no início ou podem ser alterados rápida ou frequentemente durante o projeto. Tal abordagem enfatiza o planejamento em curto prazo e os intensos esforços de trabalho em ciclos curtos de tempo fixo.

? QUESTÕES

1. Por que a função de criação da programação depende da função de planejamento? Qual delas deve ser executada primeiro? Por quê?
2. Descreva o que é a duração estimada da atividade. Como é determinada?
3. Por que o contratado pode preferir determinar a data de conclusão do projeto em termos de número de dias após seu início, e não em uma data específica? Forneça exemplos de casos em que isso seria adequado.
4. Consulte a Figura 5.4. Por que a data de início mais cedo de "Revisar comentários e finalizar questionário" é o dia 33? Por que a data de término mais cedo é o dia 38?
5. Consulte a Figura 5.6. Por que a data de início mais tarde de "Enviar questionários e obter respostas" é o dia 40? Por que a data de término mais tarde é o dia 105?
6. Descreva os diferentes tipos de folgas do projeto e como são calculados. Por que é importante determinar o caminho crítico de um projeto? O que acontece se as atividades desse caminho forem atrasadas? E se forem aceleradas?
7. Com base na sua experiência, descreva como você usou um processo de controle do projeto. Se não usou um monitoramento contínuo do progresso, como ele poderia ter ajudado a melhorar o sucesso do projeto?

8. Por que um projeto deve ter um período regular de relatório? Todos os projetos deveriam ter o mesmo período de relatório?
9. Por quê? Quais tipos de dados devem ser coletados durante cada período de relatório?
10. Quem pode iniciar alterações na programação do projeto? Descreva quando e por que as alterações deveriam ocorrer em um projeto. Como o diagrama de rede e a programação são atualizados para refletir as alterações?
11. Descreva como você aplicaria as quatro etapas do controle da programação de um projeto. Se o projeto precisar ser acelerado, quais tipos de atividades seriam o foco prioritário? Por quê?
12. Por que a programação de projetos de sistema de informação tem tantos desafios? Quais são alguns dos problemas comuns que atrasam os projetos de sistema de informação? Como o uso de técnicas de gestão ágil de projetos ágeis pode ajudar a controlar a progressão de um projeto?
13. Calcule DIC, DTC, DIT e DTT e a folga de cada atividade na figura abaixo e identifique o caminho crítico do projeto. O projeto pode ser concluído em 40 semanas? Suponha que a atividade A realmente tenha terminado em três semanas, a atividade B, em 12 semanas e a atividade C, em 13 semanas. Recalcule a data de conclusão esperada do projeto. Em quais atividades você deve se concentrar para que o projeto volte à programação?

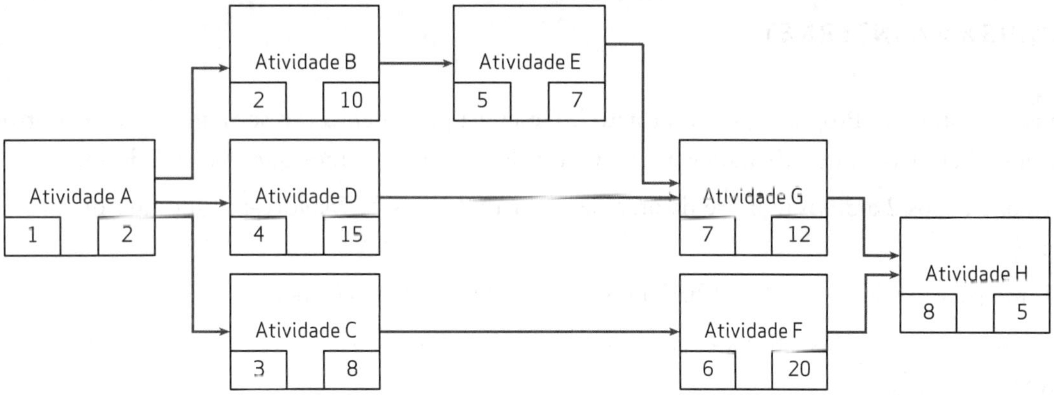

14. Calcule DIC, DTC, DIT e DTT e a folga de cada atividade na figura abaixo e identifique o caminho crítico do projeto. O projeto pode ser concluído em 30 semanas? Suponha que "Análise do sistema" realmente tenha terminado em oito semanas, "Entrada e saída do projeto", em 15 semanas e "Banco de dados do projeto", em 19 semanas. Recalcule a data de conclusão esperada do projeto. Em quais atividades você deve se concentrar para que o projeto volte à programação?

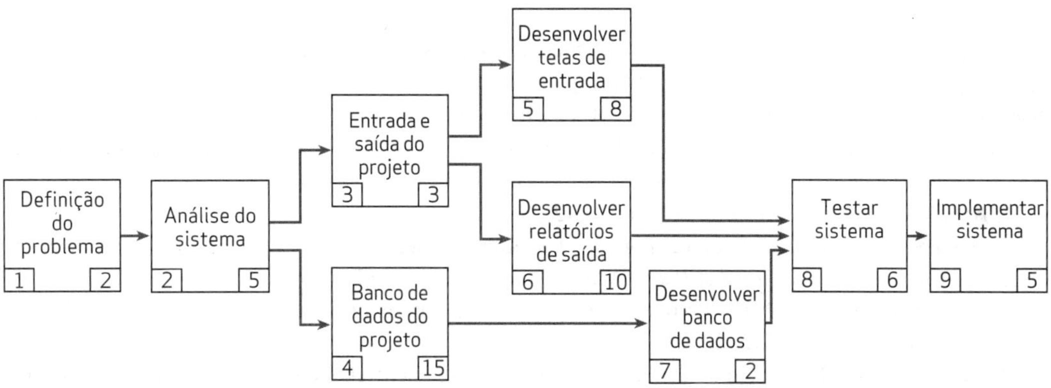

15. Calcule DIC, DTC, DIT e DTT e a folga de cada atividade na figura abaixo e identifique o caminho crítico do projeto. O projeto pode ser concluído em 30 semanas? Suponha que a atividade A realmente tenha terminado em cinco semanas e a atividade B, em cinco semanas. Recalcule a data de conclusão esperada do projeto. Em quais atividades você deve se concentrar para que o projeto volte à programação?

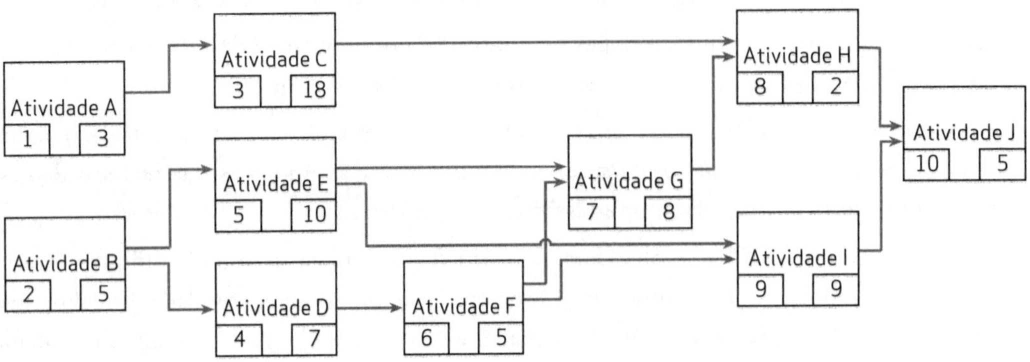

PESQUISA NA INTERNET

1. Pesquise na internet "Programação do projeto". Descreva pelo menos três sites que você encontrou. Procure termos adicionais como "Ferramentas" e "Controle". Liste os termos que você adicionou.
2. Para os exercícios 2 a 5, visite o site da organização Mind Tools™. Explore-o. Que tipo de informações ele fornece?
3. Na Home page, explore os links "What's new?". Descreva o que você encontrou.
4. Explore os tópicos no link "Toolkit" para a Gestão do projeto. Leia o tópico que interessar a você. Faça um resumo de uma página.
5. Clique no link "Newsletter" a fim de se inscrever para o recebimento de boletins gratuitos. Além disso, no link "More resources", clique em "Videos", leia um artigo e assista a um vídeo que seja de seu interesse, e em seguida faça um resumo de uma página.

REFERÊNCIAS

Akkermans, H., e van Oorschot, K. E. (2016). Pilot error? Managerial decision biases as explanation for disruptions in aircraft development. *Project Management Journal*, *47*(2), 79-102.

Al-Nady, B. A. H. A., Al-Hawary, S. I. S., e Alolayyan, M. N. (2016). The role of time, communication, and cost management on project management success: An empirical study on sample of construction projects customers in Makkah City, Kingdom of Saudi Arabia. *International Journal of Services and Operations Management*, *23*(1), 76-112.

Anonymous. (2016). Kenya's PPP power. *PM Network*, *30*(2), 36-37.

Conforto, E. C., Amaral, D. C., da Silva, S. L., Felippo, A. D., e Kamikawachi, D. S. L. (2016). The agility construct on project management theory. *International Journal of Project Management*, *34*(4), 660-674.

Davies, A., Dodgson, M., e Gann, D. (2016). Dynamic capabilities in complex projects: The case of London Heathrow Terminal 5. *Project Management Journal*, *47*(2), 26-46.

Hoda, R., e Murugesan, L. K. (2016). Multi-level agile project management challenges: A self-organizing team perspective. *Journal of Systems and Software*, *117*, 245-257.

Iyer, K. C., e Banerjee, P. S. (2016). Measuring and benchmarking managerial efficiency of project execution schedule performance. *International Journal of Project Management, 34*(2), 219-236.

Klakegg, O. J., Williams, T., e Shiferaw, A. T. (2016). Taming the "trolls": Major public projects in the making. *International Journal of Project Management, 34*(2), 282-296.

Mejía, G., Niño, K., Montoya, C., Sánchez, M. A., Palacios, J., e Amodeo, L. (2016). A petri net-based framework for realistic project management and scheduling: An application in animation and videogames. *Computers e Operations Research, 66*, 190-198.

O'Connor, G. (2016). Agile must-haves. *PM Network, 30*(1), 26-27.

Parsi, N. (2016). Back to the beginning. *PM Network, 30*(4), 40-45.

Project Management Institute. (2017). *A guide to the project management body of knowledge (PMBOK® Guide)* (6ª ed.). Newtown Square, PA: Author.

Sakka, O., Barki, H., e Côté, L. (2016). Relationship between the interactive use of control systems and the project performance: The moderating effect of uncertainty and equivocality. *International Journal of Project Management, 34*(3), 508-522.

Samset, K., e Volden, G. H. (2016). Front-end definition of projects: Tem paradoxes and some reflections regarding project management and project governance. *International Journal of Project Management, 34*(2), 297-313.

Swanson, S. (2016). Endurance tests. *PM Network, 30*(2), 44-53.

van der Horn, B. (2016). The project-space model: Visualising the enablers and constraints for a given project. *International Journal of Project Management, 34*(2), 173-186.

Whyte, J., Stasis, A., e Lindkvist, C. (2016). Managing change in the delivery of complex projects: Configuration management, asset information and big data. *International Journal of Project Management, 34*(2), 339-351.

APÊNDICE 1

Durações probabilísticas das atividades

ESTIMAR DURAÇÃO DA ATIVIDADE

Lembre-se de que a duração estimada de cada atividade é o tempo decorrido total estimado desde o início até o fim dela. Nos projetos em que existe um alto grau de incerteza sobre a duração estimada das atividades, é possível usar três estimativas:

1. ***Prazo otimista*** (t_o) é aquele em que uma atividade específica pode ser concluída se tudo correr perfeitamente bem e não houver complicações. Uma regra é que deve haver apenas uma chance em dez de concluir a atividade antes da data otimista estimada.
2. ***Prazo mais provável*** (t_m) é aquele em que frequentemente uma atividade específica pode ser concluída em condições normais. Se uma atividade foi repetida muitas vezes, a duração real que ocorreu mais frequentemente pode ser usada como a estimativa da data mais provável.
3. ***Prazo pessimista*** (t_p) é aquele em que uma atividade específica pode ser concluída em circunstâncias adversas, como na presença de complicações incomuns ou imprevistas. Uma regra é que deve haver apenas uma chance em dez de concluir a atividade depois da data pessimista estimada.

Estabelecer três estimativas de prazo leva em consideração a incerteza de quanto uma atividade irá demorar. O prazo mais provável deve ser mais longo ou igual ao otimista, e o pessimista deve ser mais longo ou igual ao mais provável.

Não é necessário que três estimativas de prazo sejam feitas para cada atividade. Se alguém tem experiência ou dados sobre o tempo gasto em atividades semelhantes em projetos concluídos, é preferível fazer apenas uma estimativa de duração da atividade (conforme discutido neste capítulo). No entanto, usar três estimativas (t_o, t_m e t_p) pode ser útil quando existe um alto grau de incerteza sobre a duração de uma atividade.

DISTRIBUIÇÃO DE PROBABILIDADE BETA

Quando três estimativas são usadas para cada atividade, é suposto que as três seguem uma **distribuição de probabilidade beta**, que é uma distribuição frequentemente utilizada para determinar a duração e a variância esperadas para uma atividade. Com base nessa suposição, é possível calcular uma **duração esperada**, t_e (também chamada de *prazo médio*) para cada atividade, com base nas três estimativas de prazo. A **duração esperada** é calculada com a seguinte fórmula:

$$t_e = \frac{t_o + 4(t_m) + t_p}{6}$$

Suponha que o tempo mais otimista para uma atividade é de 1 semana, o tempo mais provável é de 5 semanas, e o tempo pessimista é de 15 semanas. A distribuição de probabilidade beta para esta atividade é mostrada na Figura 5.16. A duração prevista para esta atividade é

$$t_e = \frac{1 + 4(5) + 15}{6} = 6 \text{ semanas}$$

Suponha que o prazo otimista para outra atividade seja de dez semanas, o mais provável, de 15 semanas e o pessimista, de 20 semanas. A distribuição de probabilidade beta para essa atividade é mostrada na Figura 5.17. A duração esperada para essa atividade é de:

$$t_e = \frac{10 + 4(15) + 20}{6} = 15 \text{ semanas}$$

Coincidentemente, isto é igual à estimativa do prazo mais provável.

Os picos das curvas das Figuras 5.16 e 5.17 representam os prazos mais prováveis para as respectivas atividades. A duração esperada t_e divide a área total abaixo da curva de probabilidade beta em duas partes iguais. Em outras palavras, 50% da área abaixo de qualquer curva da probabilidade beta estarão à esquerda e 50% à direita. Por exemplo, a Figura 5.16 mostra que 50% da área abaixo da curva está à esquerda de seis semanas, e 50%, à direita. Portanto, *existe uma chance de 50% de que uma atividade demore menos ou mais tempo que sua duração esperada.* Dito de outra maneira, existe uma probabilidade de 0,5 de que uma atividade demore mais que t_e, e de 0,5 de que vai demorar menos que t_e. Na Figura 5.16, existe uma chance de 50% de que a atividade demore mais que seis semanas e de 50% de que demore menos.

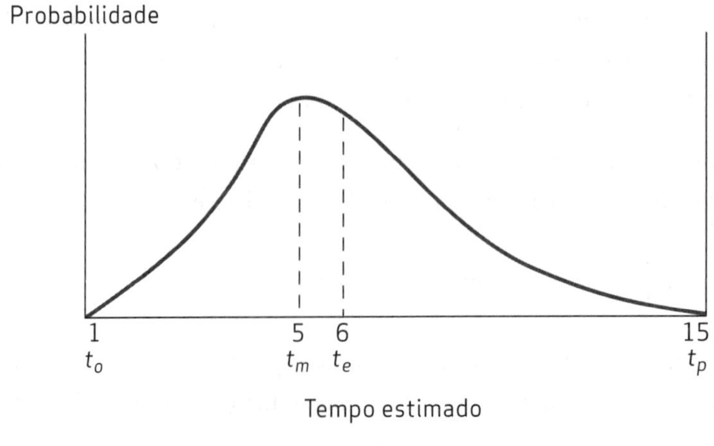

FIGURA 5.16 ▪ Distribuição de probabilidade beta.

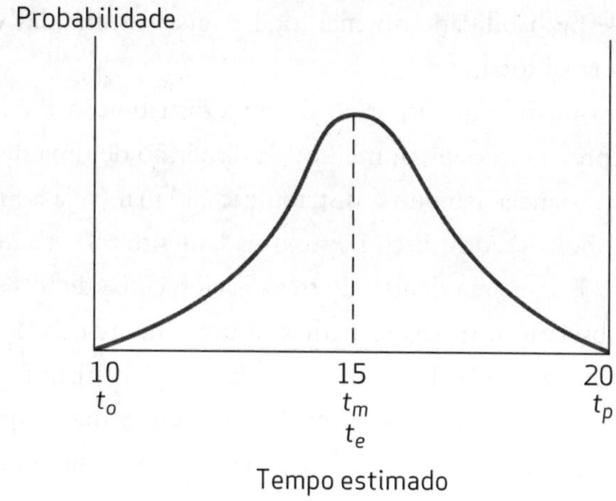

FIGURA 5.17 ▪ Distribuição de probabilidade beta.

É suposto que, com o progresso do projeto, algumas atividades vão demorar menos, e outras, mais, que a duração esperada. Também se supõe que, quando o projeto inteiro estiver concluído, a diferença total entre as durações *esperadas* e as *reais* será mínima.

FUNDAMENTOS DA PROBABILIDADE

Um planejamento de rede em que três estimativas de prazo são usadas para cada atividade pode ser considerado uma *técnica estocástica ou probabilística*, porque permite a incerteza quanto à duração da atividade incorporando três estimativas supostas como distribuídas de acordo com a probabilidade beta. Qualquer técnica que utilize apenas uma duração calculada é considerada *determinista*. Como se supõe que três estimativas de prazo para cada atividade seguem uma distribuição de probabilidade beta, é possível calcular a probabilidade (ou possibilidade) de realmente terminar o projeto antes do prazo exigido. Se apenas uma duração estimada for usada para cada atividade, o cálculo da probabilidade não pode ser feito.

Reforce sua aprendizagem

28. Calcule a duração esperada de uma atividade que tenha as seguintes estimativas de prazo: $t_o = 8$, $t_m = 12$ e $t_p = 22$.

Quando três estimativas de prazo são usadas, todas as atividades no caminho crítico do diagrama de rede podem ser adicionadas para obter uma distribuição de probabilidade total. O teorema do limite central da teoria da probabilidade afirma que essa distribuição de probabilidade total não é beta, mas **normal**, que tem o formato de um sino e é simétrica em seu valor médio (ou esperado). Além disso, essa distribuição de probabilidade normal total tem uma duração esperada que é igual à soma das durações esperadas de todas as atividades que constituem a distribuição total.

Enquanto a duração esperada, que divide a área abaixo da distribuição de probabilidade em duas partes iguais, é uma medida da tendência central de uma distribuição, a **variância**, σ^2 é uma medida da dispersão ou difusão de uma distribuição em relação ao seu valor esperado. A variância para a distribuição de probabilidade beta de uma atividade é calculada com a seguinte fórmula:

$$\text{Variância} = \sigma^2 = \left[\frac{t_p - t_o}{6}\right]^2$$

Reforce sua aprendizagem

29. Calcule a duração esperada (t_e) e a variação (σ^2) da seguinte distribuição de probabilidade beta.

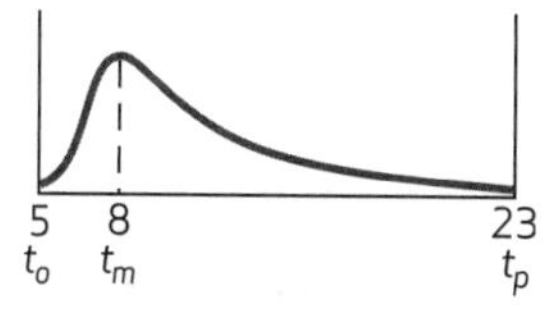

A variância da distribuição de probabilidade normal total é igual à soma das variâncias de todas as atividades que constituem a distribuição normal total.

O **desvio padrão**, σ, é outra medida da dispersão de uma distribuição e *é igual à raiz quadrada da variância.* O desvio padrão fornece uma representação visual melhor da dispersão de uma distribuição em relação ao seu valor médio ou esperado do que a variância. Para uma distribuição normal (veja a Figura 5.18), a área dentro de um desvio padrão da média (para ambos os lados) inclui aproximadamente 68% da área total abaixo da curva, a área dentro de dois desvios, cerca de 95% e a área dentro de três desvios, cerca de 99%.

Reforce sua aprendizagem

30. Qual porcentagem da área abaixo dessa curva normal que está sombreada?

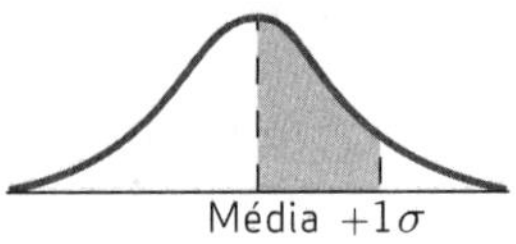

Como observado, o desvio padrão é uma medida da dispersão de uma distribuição. A Figura 5.19 mostra duas distribuições normais. A distribuição em (a) da Figura 5.19 é mais disseminada e, portanto, possui um desvio padrão maior que em (b). No entanto, para as duas distribuições, 68% da área abaixo da curva são incluídos dentro de um desvio padrão da média.

A distribuição de probabilidade total de todas as atividades do caminho crítico de um diagrama de rede é a normal, com um valor médio ou esperado igual à soma das durações esperadas da atividade individual e a variância igual à soma das variâncias da atividade individual. Considere a rede simples da Figura 5.20. Suponha que o projeto pode iniciar na data 0 (zero) e deve ser concluído até o dia 42. As distribuições de probabilidade para as atividades na Figura 5.20 são mostradas na Figura 5.21.

Conclusão exigida = 42 dias

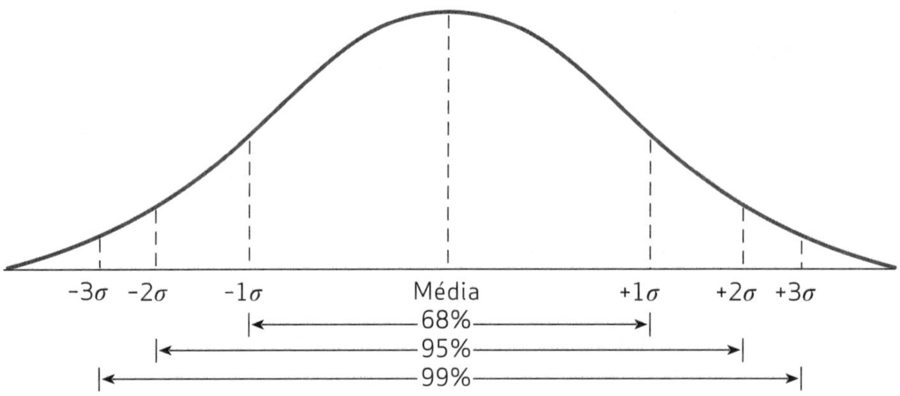

FIGURA 5.18 ▪ Distribuição de probabilidade normal.

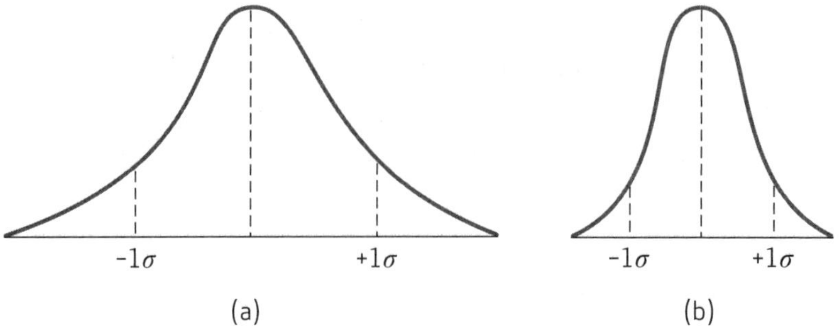

FIGURA 5.19 ▪ Distribuições de probabilidade normais.

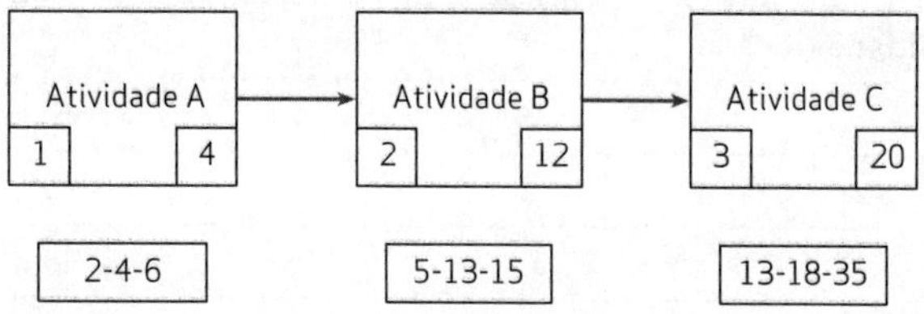

FIGURA 5.20 ▪ Exemplo de projeto.

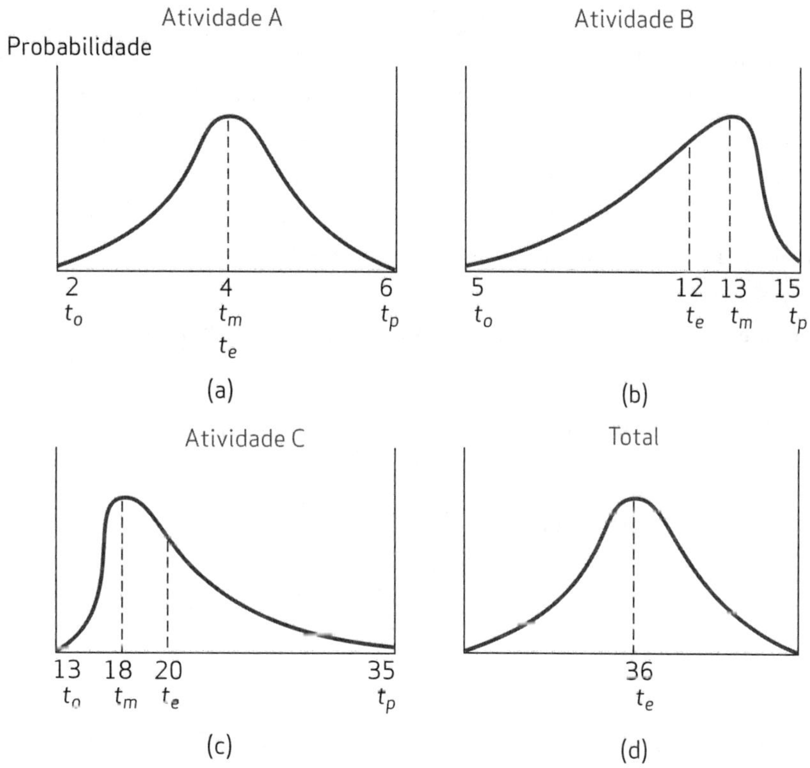

FIGURA 5.21 ▪ Distribuições de probabilidade.

A duração esperada de cada atividade é:

$$\text{Atividade A} \quad t_e = \frac{2 + 4(4) + 6}{6} = 4 \text{ dias}$$

$$\text{Atividade B} \quad t_e = \frac{5 + 4(13) + 15}{6} = 12 \text{ dias}$$

$$\text{Atividade C} \quad t_e = \frac{13 + 4(18) + 35}{6} = 20 \text{ dias}$$

$$\text{Total} = 36 \text{ dias}$$

Se somarmos as três distribuições, obteremos uma média total ou t_e total:

Reforce sua aprendizagem

31. Se 95% da área abaixo da curva normal a seguir está entre os dois pontos indicados, qual é o desvio padrão? Qual é a variância?

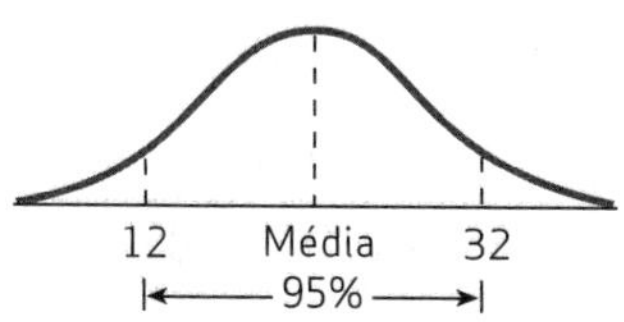

Atividade	t_o	t_m	t_p
A	2	4	6
B	5	13	15
C	13	18	35
Total	20	35	56

$$t_e = \frac{20 + 4(35) + 56}{6} = 36 \text{ dias}$$

Esse resultado é igual à soma das três durações esperadas individuais calculadas previamente: 4 + 12 + 20 = 36 dias. A distribuição de probabilidade total é mostrada em (d) da Figura 5.21. A duração esperada total do caminho 1-2-3-4 é de 36 dias. Portanto, o projeto tem como data mais cedo de conclusão esperada o dia 36. Conforme declarado previamente, a data de conclusão exigida era o dia 42.

A distribuição total tem o tempo decorrido médio igual à soma das três médias individuais, ou durações esperadas. Existe uma probabilidade de 0,5 de que o projeto seja concluído antes do dia 36 e de 0,5 de que seja concluído depois.

Para o exemplo simples da Figura 5.20, as variâncias das distribuições beta das três atividades são:

$$\text{Atividade A} \quad \sigma^2 = \left(\frac{6-2}{6}\right)^2 = 0{,}444$$

$$\text{Atividade B} \quad \sigma^2 = \left(\frac{15-5}{6}\right)^2 = 2{,}778$$

$$\text{Atividade C} \quad \sigma^2 = \left(\frac{35-13}{6}\right)^2 = 13{,}444$$

$$\text{Total} = 16{,}666$$

A variância para a distribuição total, que é uma distribuição de probabilidade normal, é a soma das três variâncias individuais ou 16,666. O desvio padrão, σ, da distribuição total é:

$$\text{Desvio padrão} = \sigma = \sqrt{\sigma^2} = \sqrt{16{,}666} = 4{,}08 \text{ dias}$$

A letra d da Figura 5.21, mostra a curva de probabilidade total com a adição dos desvios.

A Figura 5.22 é uma curva normal, portanto 68% de sua área total estão contidos dentro de $\pm 1\sigma$ (desvio padrão) de 4, ou entre 31,92 e 40,08 dias; 95% estão entre 27,84 e 44,16 dias; e 99%, entre 23,76 e 48,24 dias. Essa distribuição de probabilidade pode ser interpretada conforme se segue:

- Há uma chance de 99% (probabilidade de 0,99) de concluir o projeto entre 23,76 e 48,24 dias.
- Há uma chance de 95% (probabilidade de 0,95) de concluir o projeto entre 27,84 e 44,16 dias.
- Há uma chance de 47,5% (probabilidade de 0,475) de concluir o projeto entre 27,84 e 36 dias.
- Há uma chance de 47,5% (probabilidade de 0,475) de concluir o projeto entre 36 e 44,16 dias.
- Há uma chance de 68% (probabilidade de 0,68) de concluir o projeto entre 31,92 e 40,08 dias.
- Há uma chance de 34% (probabilidade de 0,34) de concluir o projeto entre 31,92 e 36 dias.
- Há uma chance de 34% (probabilidade de 0,34) de concluir o projeto entre 36 e 40,08 dias.

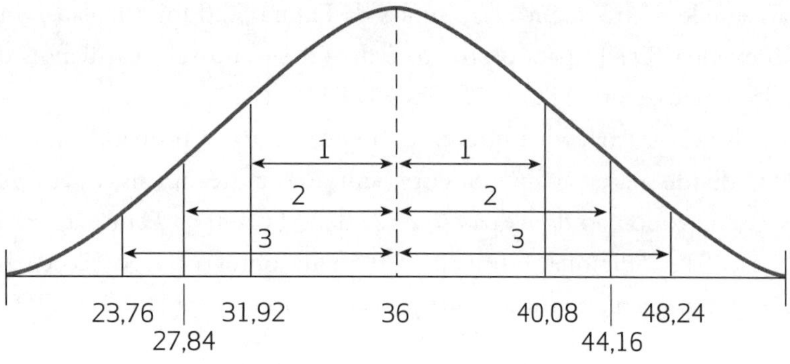

FIGURA 5.22 ▪ Distribuição de probabilidade normal para projeto simples.

- Há uma chance de 13,5% (probabilidade de 0,135) de concluir o projeto entre 27,84 e 31,92 dias.
- Há uma chance de 13,5% (probabilidade de 0,135) de concluir o projeto entre 40,08 e 44,16 dias.
- Há uma chance de 0,5% (probabilidade de 0,005) de concluir o projeto antes de 23,76 dias.
- Há uma chance de 0,5% (probabilidade de 0,005) de concluir o projeto depois de 48,24 dias.

Portanto, pode-se afirmar que a razão entre a área abaixo de certas partes da curva normal e a área total abaixo da curva é relacionada com a probabilidade.

CALCULANDO A PROBABILIDADE

A data de término mais cedo esperada de um projeto é determinada pelo caminho crítico por meio do diagrama de rede. É igual à data inicial estimada do projeto mais a soma das durações esperadas das atividades no caminho crítico, que levam do início até a conclusão do projeto. Conforme dito previamente, a probabilidade de realmente concluir o projeto antes da sua data de término mais cedo esperada é de 0,5%, porque metade da área abaixo da curva de distribuição normal está à esquerda da data esperada; a probabilidade de concluí-lo depois também é de 0,5%, porque a outra metade está à direita da data esperada. Saber a data de conclusão exigida do projeto torna possível calcular a probabilidade de realmente concluí-lo antes desse prazo.

Para encontrar a probabilidade de realmente concluir um projeto antes do seu prazo de conclusão exigido, é usada a seguinte fórmula:

$$Z = \frac{\text{DTT} - \text{DTC}}{\sigma_t}$$

Os elementos dessa fórmula são:

- DTT é a data de conclusão exigida (de término mais tarde) do projeto.
- DTC é a data de término mais cedo esperada do projeto (média da distribuição normal).
- σ_t é o desvio padrão da distribuição total das atividades no caminho mais longo (mais demorado) até a conclusão do projeto.

Na equação acima, Z mede o número de desvios padrão entre DTC e DTT na curva de probabilidade normal. Esse valor de Z deve ser convertido em um número que forneça a proporção da área abaixo da curva normal que esteja entre DTC e DTT. Como a área total abaixo de uma curva normal é igual a 1,0, a probabilidade de terminar o projeto antes de seu prazo de conclusão exigido é igual à proporção da área abaixo da curva que está à esquerda do DTT.

A DTC esperada para a rede de três atividades simples da Figura 5.20 foi calculada em 36 dias. Lembre-se de que a data de conclusão exigida (DTT) para o projeto é de 42 dias, ou seis dias depois da DTC. A Figura 5.23 mostra a curva normal do projeto, com DTC = 36 dias e DTT = 42 dias.

A proporção da área abaixo da curva à esquerda de DTT é igual à probabilidade de conclusão do projeto antes de 42 dias. DTC divide a área abaixo da curva em duas partes iguais, cada uma contendo metade da área, portanto sabemos que a proporção da área à esquerda de DTC é 0,5. Temos agora de encontrar a proporção da área entre DTC e DTT e adicionar esse valor a 0,5 para obter a proporção da área total à esquerda de DTT. Usando a equação prévia para encontrar a proporção da área entre DTC e DTT, podemos calcular Z:

$$Z = \frac{\text{DTT} - \text{DTC}}{\sigma_t} = \frac{42 - 36}{4{,}08} = \frac{6}{4{,}08} = 1{,}47$$

O valor de Z indica que há 1,47 desvio padrão (1 desvio padrão = 4,08 dias) entre DTC e DTT. No entanto, o valor de Z não fornece a proporção da área diretamente abaixo da curva entre DTC e DTT. Para encontrar essa área, temos de converter o valor de Z em um número que forneça a área diretamente usando uma tabela de conversão padrão como a Tabela 5.9.

A primeira coluna e a linha superior da tabela são usadas para encontrar o valor de Z desejado com uma significância estatística de 0,01. Para encontrar a área para um valor de Z de 1,47, primeiro desça a coluna até a extrema esquerda em 1,4; em seguida, cruze essa linha até a coluna 0,07. O número encontrado é 0,42922. Isso significa que para um valor de Z de 1,47, a proporção da área abaixo de uma curva normal é 0,42922. Esse número nos indica que a probabilidade de realmente concluir o projeto entre DTC e DTT, ou em 36 a 42 dias, é de 0,42922; assim, há uma chance de 42,922%. No entanto, como estamos interessados em encontrar a probabilidade de realmente concluir o projeto antes de 42 dias, precisamos adicionar a probabilidade de concluí-lo antes de 36 dias. A probabilidade de concluir o projeto em qualquer momento antes de 42 dias é igual à probabilidade de concluí-lo antes de 36 dias mais a probabilidade de concluí-lo entre 36 dias e 42 dias:

$$0{,}50000 + 0{,}42922 = 0{,}92922$$

A probabilidade de realmente terminar o projeto antes de seu prazo de conclusão exigido de 42 dias é de 0,92922; há uma chance de 92,922%.

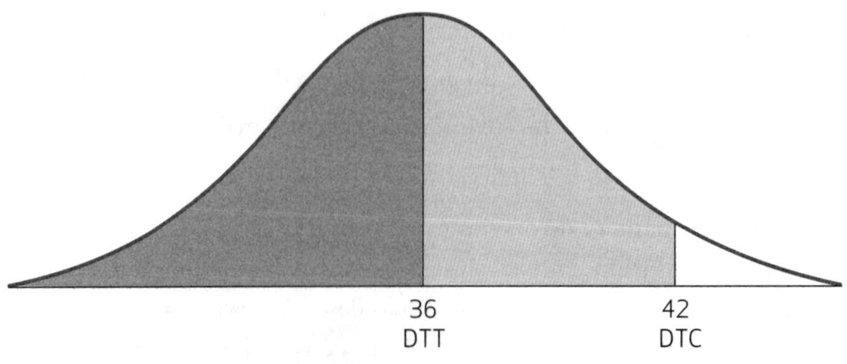

FIGURA 5.23 ▪ Distribuição de probabilidade normal para o projeto de amostra.

TABELA 5.9 Tabela de áreas da curva normal entre a ordenada máxima e valores de *Z*.

Z	0,00	0,01	0,02	0,03	0,04	0,05	0,06	0,07	0,08	0,09
0,0	0,00000	0,00399	0,00798	0,01197	0,01595	0,01994	0,02392	0,02790	0,03188	0,03586
0,1	0,03983	0,04380	0,04776	0,05172	0,05567	0,05962	0,06356	0,06749	0,07142	0,07535
0,2	0,07926	0,08317	0,08706	0,09095	0,09483	0,09871	0,10257	0,10642	0,11026	0,11409
0,3	0,11791	0,12172	0,12552	0,12930	0,13307	0,13683	0,14058	0,14431	0,14803	0,15173
0,4	0,15542	0,15910	0,16276	0,16640	0,17003	0,17364	0,17724	0,18082	0,18439	0,18793
0,5	0,19146	0,19497	0,19847	0,20194	0,20540	0,20884	0,21226	0,21566	0,21904	0,22240
0,6	0,22575	0,22907	0,23237	0,23565	0,23891	0,24215	0,24537	0,24857	0,25175	0,25490
0,7	0,25804	0,26115	0,26424	0,26730	0,27035	0,27337	0,27637	0,27935	0,28230	0,28524
0,8	0,28814	0,29103	0,29389	0,29673	0,29955	0,30234	0,30511	0,30785	0,31057	0,31327
0,9	0,31594	0,31859	0,32121	0,32381	0,32639	0,32894	0,33147	0,33398	0,33646	0,33891
1,0	0,34134	0,34375	0,34614	0,34850	0,35083	0,35314	0,35543	0,35769	0,35993	0,36214
1,1	0,36433	0,36650	0,36864	0,37076	0,37286	0,37493	0,37698	0,37900	0,38100	0,38298
1,2	0,38493	0,38686	0,38877	0,39065	0,39251	0,39435	0,39617	0,39796	0,39973	0,40147
1,3	0,40320	0,40490	0,40658	0,40824	0,40988	0,41149	0,41309	0,41466	0,41621	0,41774
1,4	0,41924	0,42073	0,42220	0,42364	0,42507	0,42647	0,42786	0,42922	0,43056	0,43189
1,5	0,44319	0,43448	0,43574	0,43699	0,43822	0,43943	0,44062	0,44179	0,44295	0,44408
1,6	0,44520	0,44630	0,44738	0,44845	0,44950	0,45053	0,45154	0,45254	0,45352	0,45449
1,7	0,45543	0,45637	0,45728	0,45818	0,45907	0,45994	0,46080	0,46164	0,46246	0,46327
1,8	0,46407	0,46485	0,46562	0,46638	0,46712	0,46784	0,46856	0,46926	0,46995	0,47062
1,9	0,47128	0,47193	0,47257	0,47320	0,47381	0,47441	0,47500	0,47558	0,47615	0,47670
2,0	0,47725	0,47778	0,47831	0,47882	0,47932	0,47982	0,48030	0,48077	0,48124	0,48169
2,1	0,48214	0,48257	0,48300	0,48341	0,48382	0,48422	0,48461	0,48500	0,48537	0,48574
2,2	0,48610	0,48645	0,48679	0,48713	0,48745	0,48778	0,48809	0,40040	0,48870	0,48899
2,3	0,48928	0,48956	0,48983	0,49010	0,49036	0,49061	0,49086	0,49111	0,49134	0,49158
2,4	0,49180	0,49202	0,49224	0,49245	0,49266	0,49286	0,49305	0,49324	0,49343	0,49361
2,5	0,49377	0,49396	0,49413	0,49430	0,49446	0,49461	0,49477	0,49492	0,49506	0,49520
2,6	0,49534	0,49547	0,49560	0,49573	0,49585	0,49598	0,49609	0,49621	0,49632	0,49643
2,7	0,49653	0,49664	0,49674	0,49683	0,49693	0,49702	0,49711	0,49720	0,49728	0,49736
2,8	0,49744	0,49752	0,49760	0,49767	0,49774	0,49781	0,49788	0,49795	0,49801	0,49807
2,9	0,49813	0,49819	0,49825	0,49831	0,49836	0,49841	0,49846	0,49851	0,49856	0,49861
3,0	0,49865	0,49869	0,49874	0,49878	0,49882	0,49886	0,49889	0,49893	0,49897	0,49900
3,1	0,49903	0,49906	0,49910	0,49913	0,49916	0,49918	0,49921	0,49924	0,49926	0,49929
3,2	0,49931	0,49934	0,49936	0,49938	0,49940	0,49942	0,49944	0,49946	0,49948	0,49950
3,3	0,49952	0,49953	0,49955	0,49957	0,49958	0,49960	0,49961	0,49962	0,49964	0,49965
3,4	0,49966	0,49968	0,49969	0,49970	0,49971	0,49972	0,49973	0,49974	0,49975	0,49976
3,5	0,49977	0,49978	0,49978	0,49979	0,49980	0,49981	0,49981	0,49982	0,49983	0,49983
3,6	0,49984	0,49985	0,49985	0,49986	0,49986	0,49987	0,49987	0,49988	0,49988	0,49989
3,7	0,49989	0,49990	0,49990	0,49990	0,49991	0,49991	0,49992	0,49992	0,49992	0,49992
3,8	0,49993	0,49993	0,49993	0,49994	0,49994	0,49994	0,49994	0,49995	0,49995	0,49995
3,9	0,49995	0,49995	0,49996	0,49996	0,49996	0,49996	0,49996	0,49996	0,49997	0,49997
4,0	0,49997	0,49997	0,49997	0,49997	0,49997	0,49997	0,49998	0,49998	0,49998	0,49998

RESUMO

Se cada atividade do diagrama de rede para um projeto tiver três estimativas (otimista, mais provável e pessimista), é possível calcular a probabilidade de realmente terminar o projeto antes da data de conclusão exigida usando os métodos discutidos neste apêndice. No entanto, tome cuidado ao interpretar essa probabilidade, principalmente quando houver diversos caminhos quase tão longos quanto o caminho crítico. Se os desvios padrão desses caminhos alternativos forem substancialmente diferentes do caminho crítico, a probabilidade de realmente terminar o projeto antes da data de conclusão exigida pode ser mais baixa quando esses caminhos são usados em tais cálculos do que quando o caminho crítico é usado. Essa discrepância normalmente surge apenas quando dois ou mais caminhos com comprimentos iguais ou quase iguais levam à conclusão do projeto.

Questões

1. Verdadeiro ou falso: para calcular a probabilidade de finalizar um projeto até a data de conclusão exigida, é necessário ter três estimativas para cada atividade e a data de conclusão exigida do projeto.
2. Qual é a duração esperada, a variância e o desvio padrão para uma atividade cujas três estimativas de tempo sejam $t_o = 2$, $t_m = 14$ e $t_p = 14$?
3. Qual das seguintes opções não é uma medida de dispersão ou difusão de uma distribuição: variância, média ou desvio padrão?
4. A data de término mais cedo esperada de um projeto é 138º dia e o seu prazo de conclusão exigido é de 130 dias. Qual é a probabilidade de concluir o projeto antes da data exigida se σ_t (o desvio padrão da distribuição total das atividades no caminho mais longo) for 6?

APÊNDICE 2

Microsoft Project

Neste apêndice, discutimos como o Microsoft Project pode ser usado para apoiar as técnicas discutidas neste capítulo com base no exemplo do estudo de mercado consumidor. Para recuperar as informações do projeto, no menu Arquivo, clique em "Abrir" e localize o arquivo do estudo de mercado consumidor que você salvou no Capítulo 4. Agora, estamos prontos para inserir as durações estimadas de cada tarefa, examinar a programação do projeto, produzir um gráfico de Gantt, determinar o caminho crítico, definir uma base de referência para ajudar a monitorar o projeto, monitorar e controlar a programação, editar as informações da tarefa e produzir relatórios.

Insira os dados da duração diretamente na coluna "Duração" na Exibição do Gráfico de Gantt. Se você não estiver na Exibição do Gráfico de Gantt, clique em "Gráfico de Gantt" no grupo Exibições de Tarefa, na faixa "Tarefa". Verifique se as palavras "Ferramentas de Gráfico de Gantt" estão acima da guia "Formato" no menu. Consulte na Figura 5A.1 os dados de duração que serão inseridos. Observe que, ao inserir a duração de cada tarefa, a unidade de tempo padrão é "d", de dias. Você pode inserir "m" depois do número para representar minutos; "h" para horas; "d" para dias; "s" para semanas; ou "mês" para meses. Por exemplo, uma entrada de "2s" seria igual a uma estimativa de duração de duas semanas. Quando você modifica as estimativas de duração, o sistema atualiza automaticamente as datas de início e de término para cada tarefa se "Programação Automática" estiver selecionado no grupo "Tarefa", na faixa "Tarefa". O ícone ao lado de cada tarefa na coluna "Modo da Tarefa" exibe se está configurada como Programação Manual ou "Programação Automática". Por exemplo, selecione Programação Automática para cada tarefa.

Durante a inserção, as durações dos pacotes do trabalho totalizam a duração de suas atividades. A linha de tarefa do título mostra o total das durações de todas as atividades do projeto. Os pacotes de trabalho e o título do projeto funcionam como resumos de tarefas. Observe que a duração total do projeto é de 138 dias.

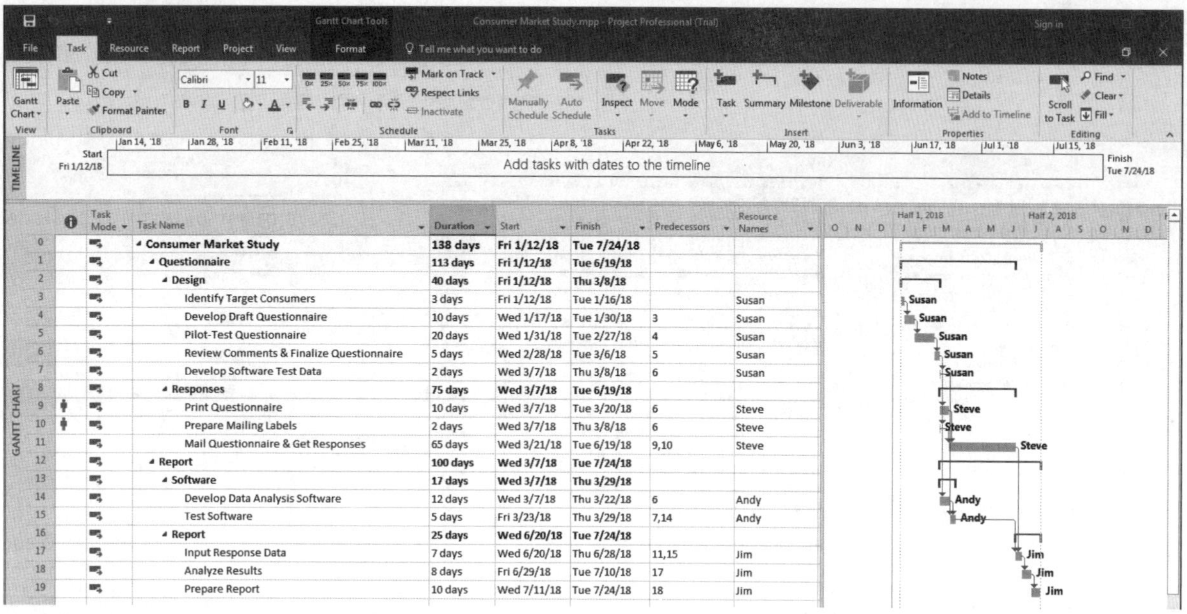

FIGURA 5A.1 ▪ Adição dos dados da duração.

O Microsoft Project 2016 já tem os cálculos de datas de DIC, DTC, DIT e DTT, FL e FT de cada tarefa. Para ver esses valores, é preciso visualizar a Tabela do Cronograma na Exibição do Gráfico de Gantt. Na faixa Exibir, clique em "Tabelas" no grupo Dados. Em seguida, clique em "Cronograma" no menu. Você deve ver a tabela mostrada na Figura 5A.2.

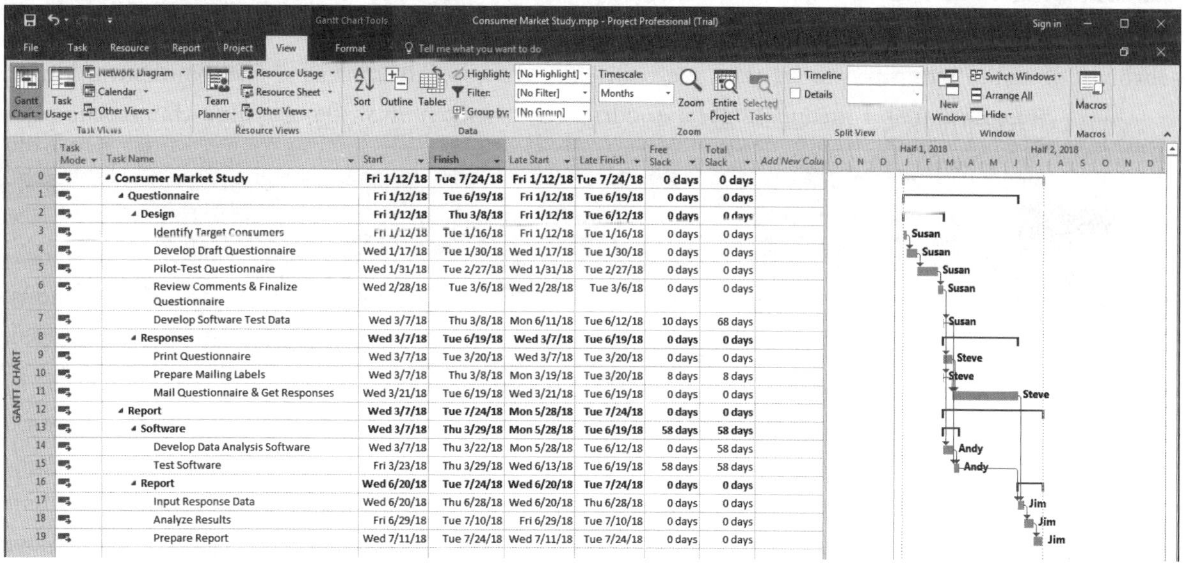

FIGURA 5A.2 ▪ Exibição do Gráfico de Gantt/tabela da programação.

O Microsoft Project cria automaticamente o gráfico de Gantt à direita das tabelas na Exibição do Gráfico de Gantt, à medida que você insere as tarefas e suas informações. O gráfico de Gantt mostra as dependências entre as tarefas com setas. Para destacar o caminho crítico em vermelho, na faixa "Formato" para as Ferramentas de Gráfico de Gantt, clique na caixa para marcar Tarefas Críticas no grupo Estilos de Barra. A Figura 5A.3 mostra o gráfico de Gantt com o caminho crítico destacado.

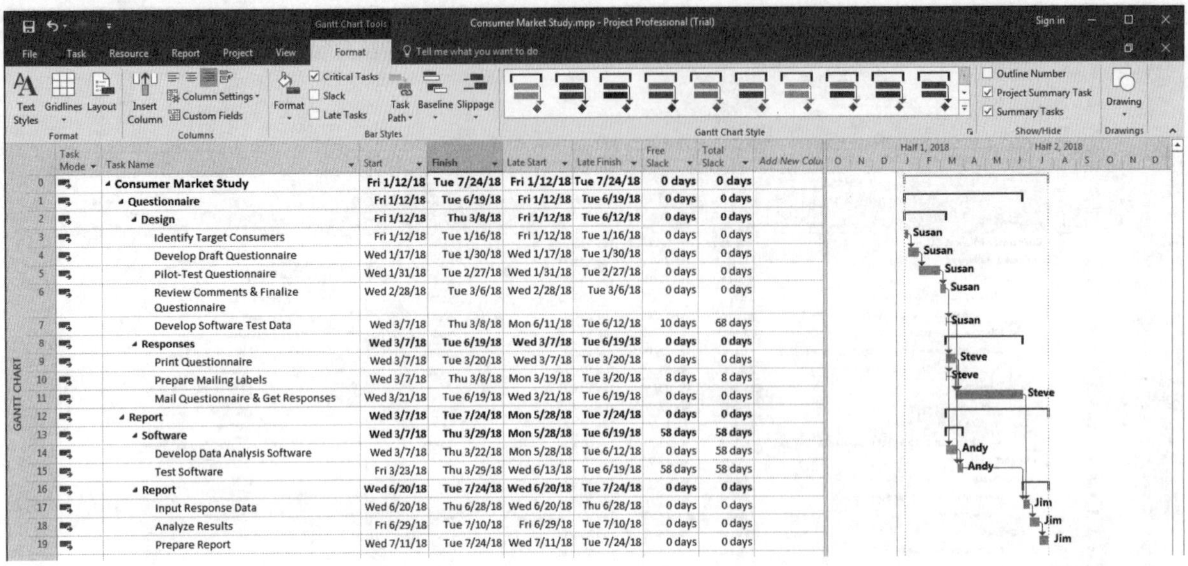

FIGURA 5A.3 ▪ Gráfico de Gantt com caminho crítico.

Você pode solicitar um relatório de todas as tarefas críticas no projeto do estudo de mercado consumidor. Na faixa "Relatório" no grupo "Visualizar", clique em "Em andamento". Você deve visualizar o menu suspenso de tipos de relatórios. Clique em Tarefas importantes para selecionar o Relatório de Tarefas Importantes, como mostrado na Figura 5A.4.

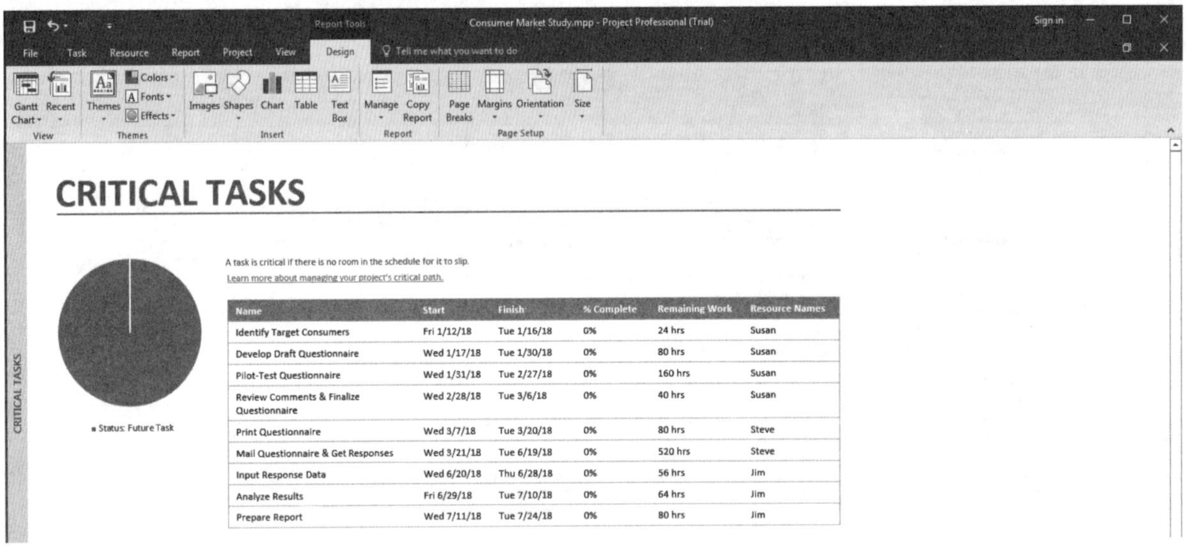

FIGURA 5A.4 ▪ Relatório de tarefas críticas.

Lembre-se de que a duração total do projeto é de 138 dias. O projeto precisa ser concluído em 130 dias. Note que a exibição "Programação" mostra o primeiro dia em que o projeto pode ser concluído e datas mais tarde iniciais de cada tarefa. Para reduzir a duração total do projeto, a duração de pelo menos uma tarefa no caminho crítico precisa ser reduzida. É decidido que a tarefa "Enviar questionário e obter respostas" será reduzida de 65 dias para 55 dias. Altere a duração da tarefa na "Tabela de Entrada", na Exibição do gráfico de Gantt. A Tabela de Entrada é acessada clicando em "Tabela de Entrada" no menu "Tabelas", no grupo "Dados" na faixa "Exibir". O Microsoft Project atualiza automaticamente o gráfico de Gantt, o diagrama de rede e a programação com a alteração. Note que a duração total do projeto diminui para 128 dias, como mostrado na Figura 5A.5.

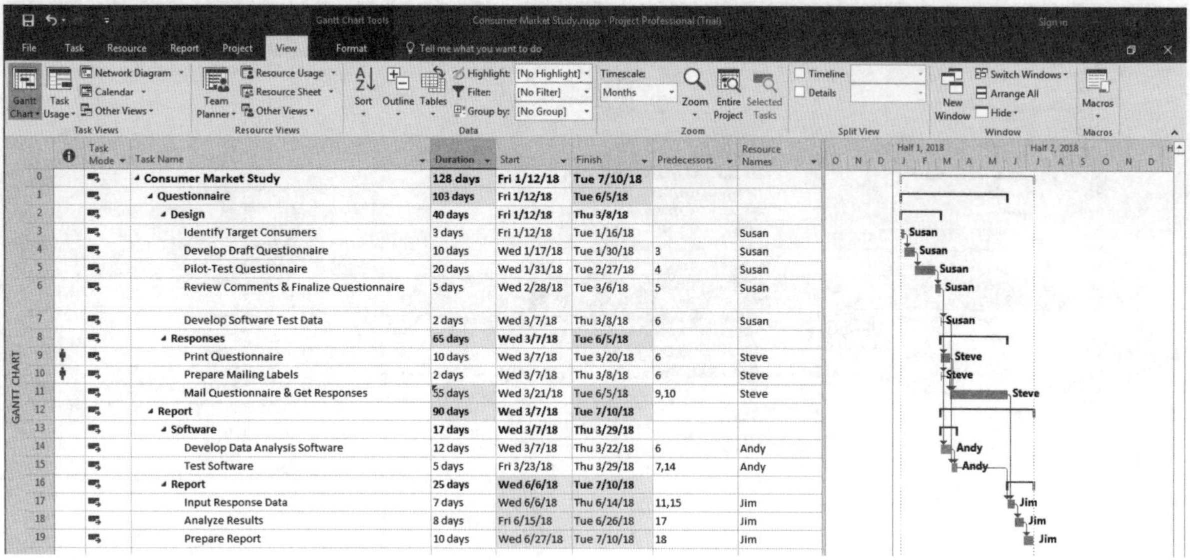

FIGURA 5A.5 ▪ Editar a duração da atividade.

É importante salvar periodicamente a base de referência de seu projeto para monitorar as alterações. Para salvar os dados da base de referência do projeto, clique em "Configurar Base de Referência" no grupo Programação. *Nesse momento, salve seu arquivo com o nome "Estudo de Mercado Consumidor" para continuar o planejamento apresentado nos Capítulos 6 e 7.*

O Microsoft Project ajuda a determinar os efeitos do desempenho sobre a data de conclusão do projeto. Os prazos finais reais (PFR) são inseridos na janela de informações da tarefa. Susan concluiu a tarefa "Identificar clientes-alvo" em dois dias, e não em três. Ela desenvolveu o rascunho do questionário em nove dias e fez o teste piloto em 19 dias. Descobriu que precisava fazer revisões significativas no questionário e alterou o término das revisões de cinco dias para 15 dias. Steve teve de solicitar um novo banco de dados de rótulos no dia 23 do projeto, porque o banco existente não estava atualizado. O prazo para Steve para receber o banco de dados é de 21 dias e a atividade é predecessora de "Preparar etiquetas de correio". Atualize a programação com as datas PFR das atividades e adicione uma atividade ao projeto para o novo banco de dados.

Para atualizar as informações de qualquer tarefa, clique com o botão direito no nome da tarefa para selecionar "Informações" no menu, ou clique duas vezes no nome da tarefa para abrir a janela Informações sobre a Tarefa. As guias na janela Informações sobre a Tarefa são Geral, Predecessores, Recursos, Avançado, Notas e Campos personalizados. Selecionada por padrão quando a janela Informações sobre a Tarefa é aberta, a guia Geral é onde você indica a duração real ou planejada e a porcentagem de trabalho concluído para aquela tarefa. Atualize as tarefas para Susan abrindo a janela Informações sobre a Tarefa para cada tarefa, modificando as durações e a porcentagem concluída, e clicando em OK para fechar a janela. Depois que as informações da tarefa foram modificadas, o gráfico de Gantt e os diagramas de rede serão atualizados automaticamente. A Figura 5A.6 apresenta a guia Geral na janela Informações sobre a Tarefa para a tarefa Revisar comentários e Finalizar questionário, e reflete a mudança na duração de 5 para 15 dias. As marcas de verificação na Coluna Informações, na Tabela de entrada, na Figura 5A.6, indicam que as tarefas Identificar consumidores-alvo, Desenvolver rascunho de questionário e Fazer teste piloto do questionário estão 100% concluídas. Observe que as durações para estas tarefas não foram atualizadas com o número real de dias para cada tarefa e o número total de dias que foram modificados no projeto.

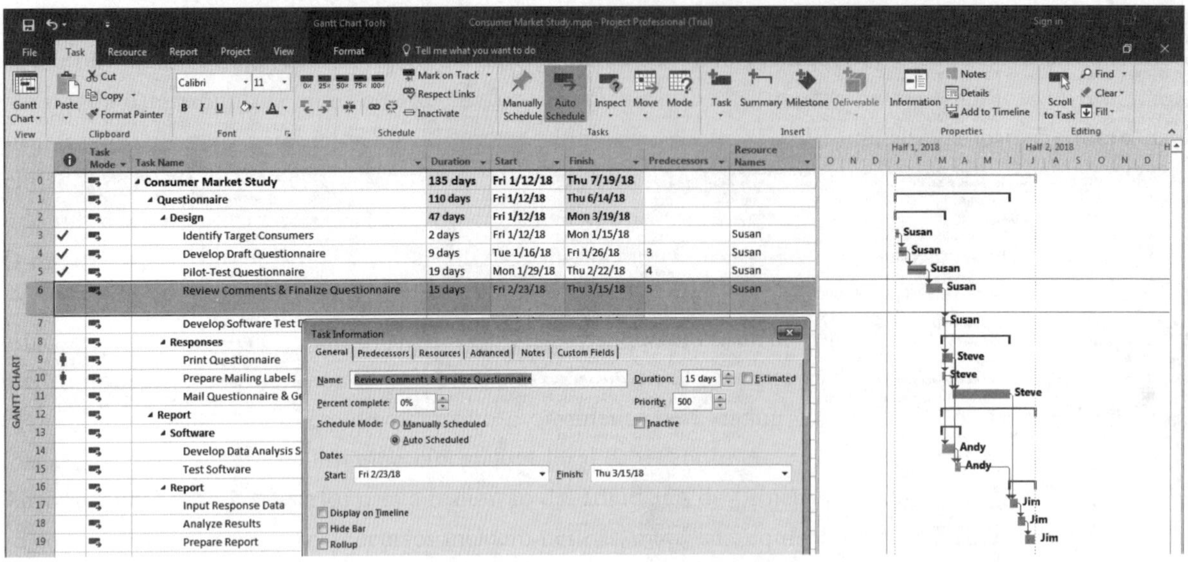

FIGURA 5A.6 ▪ Informações da tarefa.

Para inserir a nova tarefa, clique na linha em que será inserida e depois clique na lista do botão "Tarefa" na faixa "Inserir" do grupo "Tarefa". Para adicionar a nova atividade para Steve, clique na linha 10, "Imprimir Questionário". Na faixa Tarefa no grupo Inserir, clique no botão Tarefa e, em seguida, selecione Tarefa no menu suspenso para inserir uma linha em branco. Em seguida, digite o nome da atividade, "Solicitar novo banco de dados para rótulos." Insira a duração de 21 dias. Configure o Modo da Tarefa como "Programação Manual". A data de início dessa nova tarefa é o dia 23 do projeto. O projeto iniciou em uma sexta-feira, dia 12 de janeiro. O dia 14 de fevereiro, quarta-feira, está 23 dias depois de 12 de janeiro. Atualize as informações da tarefa abrindo a janela "Informações da Tarefa" e inserindo 14/02/2018 na caixa "Início". Você também pode selecionar a data no calendário suspenso. Essa nova tarefa é predecessora de "Preparar etiquetas de correio". Atualize os predecessores de "Preparar etiquetas de correio". Note que o Microsoft Project ajustou automaticamente os números das tarefas restantes e suas predecessoras. A Figura 5A.7 exibe a adição da nova tarefa e as atualizações são exibidas na Figura 5A.8.

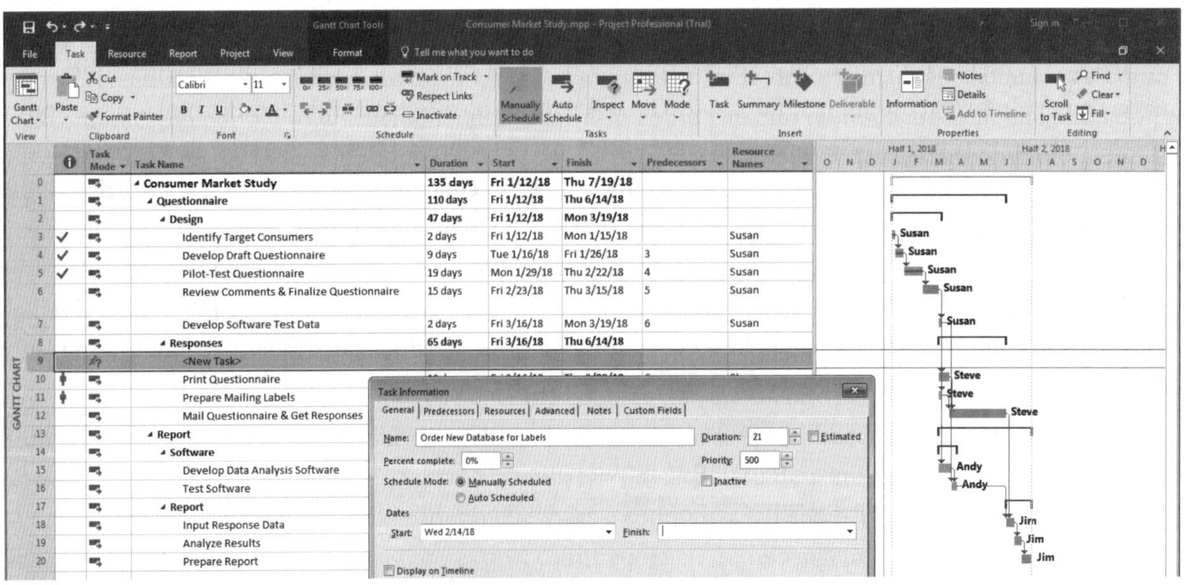

FIGURA 5A.7 ▪ Inserir uma nova atividade de programação manual.

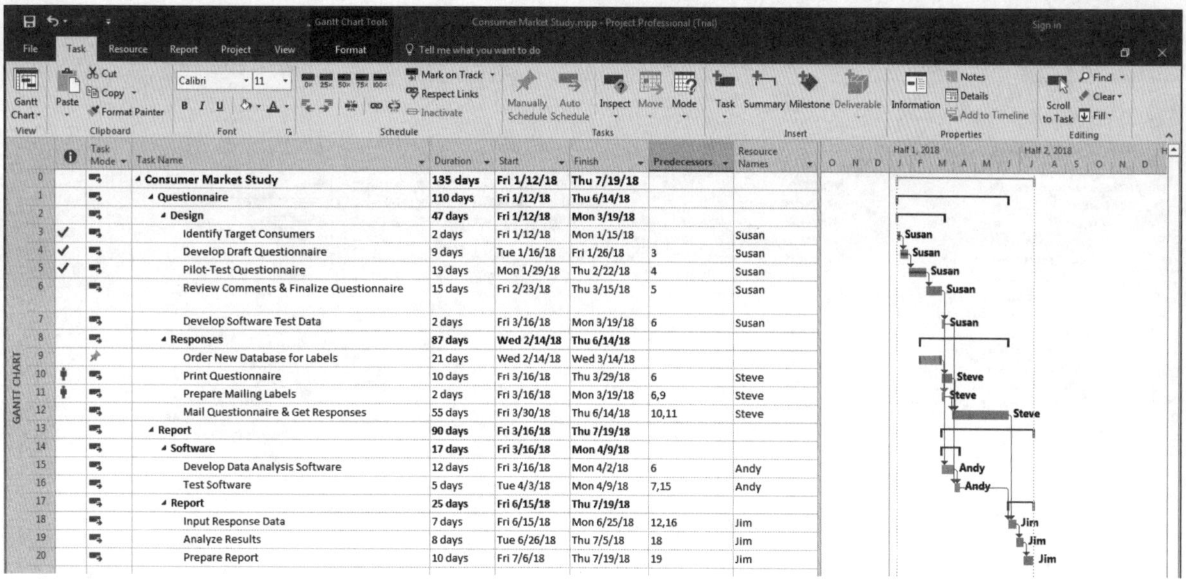

FIGURA 5A.8 ▪ Predecessores atualizados.

Dados importantes de rastreamento podem ser exibidos na Tabela de Rastreamento. Na Exibição do gráfico de Gantt, na faixa "Exibir", clique em "Tabela" no grupo "Dados e Rastreamento" no menu. Essa tabela, como exibido na Figura 5A.9, mostra as datas reais de início e de término, porcentagem concluída, durações real e restante, custos reais e prazo do trabalho real para cada atividade. Observe que os PFRs são refletidos nas três tarefas que Susan concluiu.

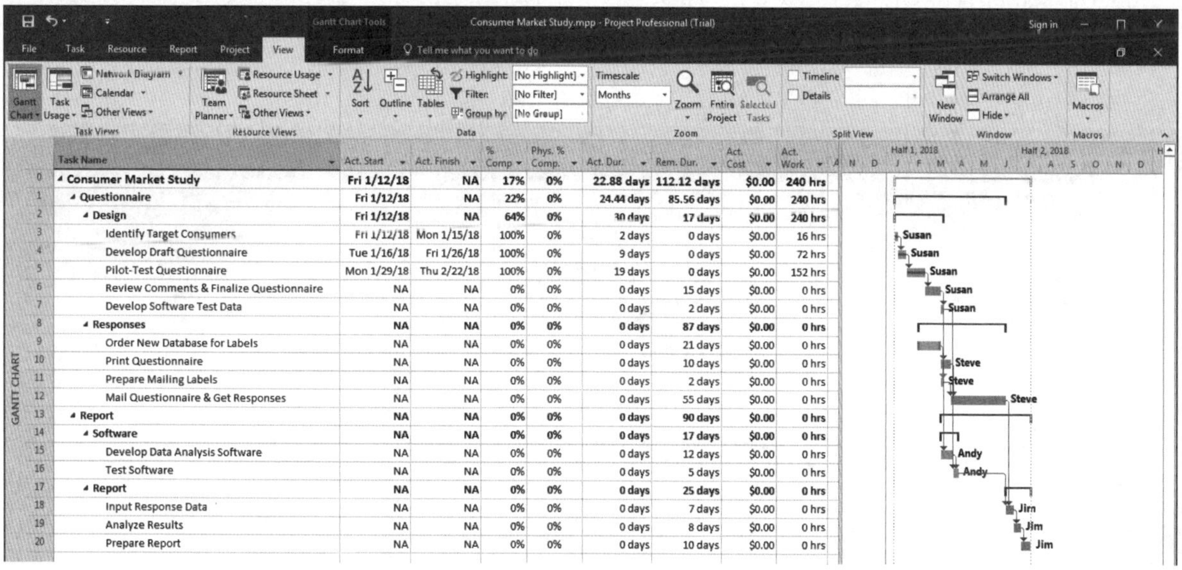

FIGURA 5A.9 ▪ Tabela de rastreamento.

Para obter uma representação visual do progresso real *versus* planejado, na faixa "Tarefa", clique na seta para baixo no ícone Gráfico de Gantt, no grupo "Exibir", e selecione "Rastreamento de Gantt" no menu. O gráfico de Gantt de Rastreamento, mostrado na Figura 5A.10, exibe duas barras para cada tarefa. A barra inferior mostra a data de início e de término da base de referência, e a superior mostra as datas de início e de término atuais para que você possa ver a diferença entre o plano de referência e a programação atual.

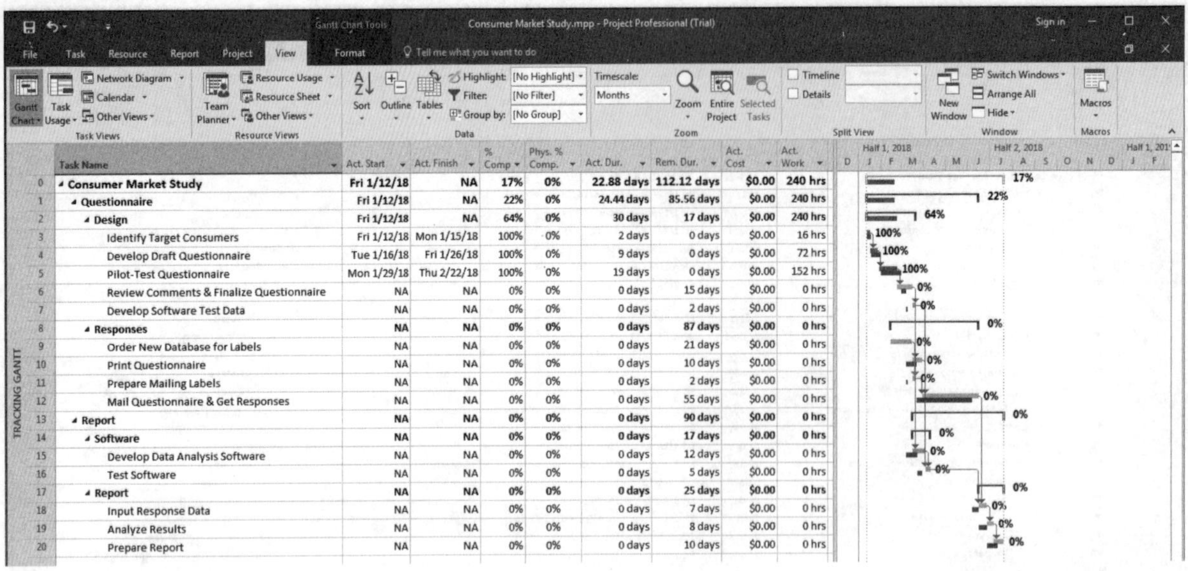

FIGURA 5A.10 ▪ Rastreio do gráfico de Gantt.

Para obter informações sobre as variâncias dentro de seu projeto, você precisa selecionar uma tabela que exiba os valores de variância. Na faixa de "Exibir", clique em "Tabelas" no grupo "Dados" e selecione "Variância" no menu. Você verá a tabela mostrada na Figura 5A.11. Ela mostra as datas reais, de início e de término, comparadas com as datas de início e de término da base de referência para cada atividade, com qualquer variância. Observe que, nesse momento, vemos os resultados das três tarefas que Susan concluiu. Os prazos mudam conforme o projeto progride e você atualiza a porcentagem concluída e os PFRs.

É útil salvar seu projeto enquanto você trabalha. Para salvar as informações do projeto, na guia "Arquivo", clique em "Salvar Como" e insira o nome de arquivo *Estudo de mercado consumidor com entradas finais reais.*

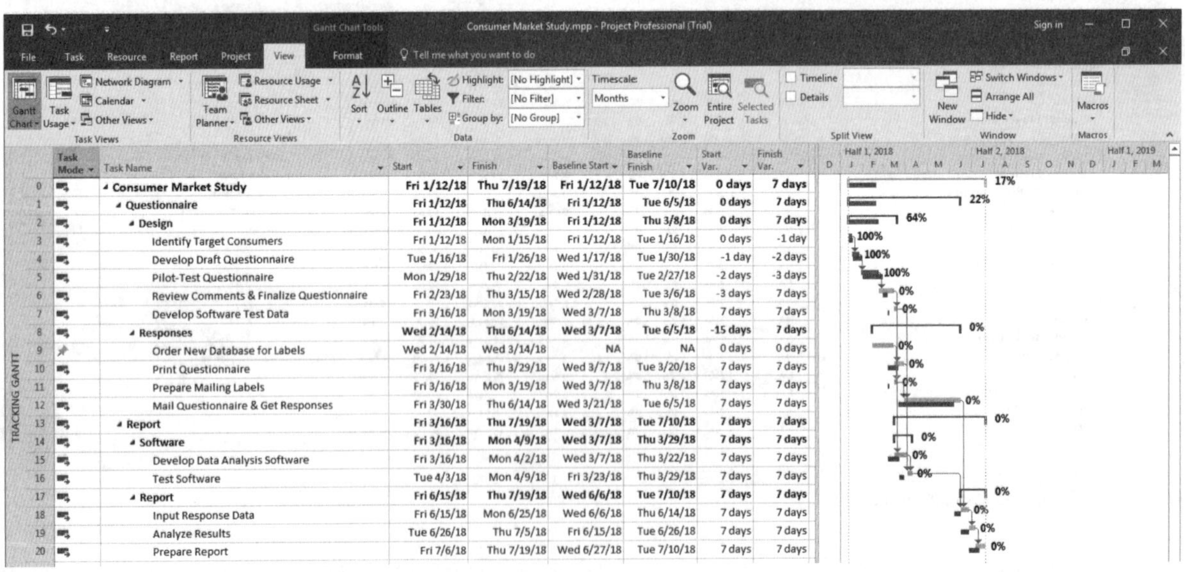

FIGURA 5A.11 ▪ Tabela de variância.

Utilização de recursos

6

Scott Richardson/Shutterstock.com

- Planejamento com recursos limitados
- Planejamento de necessidades de recursos
- Nivelamento de recursos
- Programação de recursos limitados
- Necessidades de recursos para o desenvolvimento de sistemas de informação

  Um exemplo de Sistema de Informação: desenvolvimento de aplicativos de internet para a ABC Office Designs (continuação)
- Sistemas de informação de gestão de projetos
- Resumo
- Questões
- Pesquisa na internet
- Referências
- Apêndice: Microsoft Project

Os conceitos abordados neste capítulo apoiam as seguintes áreas do *PMBOK® Guide:*

Gestão de recursos do projeto
Gestão de cronograma do projeto

GESTÃO DE PROJETOS NO MUNDO REAL

Mistura de concreto usinado

O concreto usinado é um recurso muito comum para projetos de construção. As exigências de recursos dos projetos têm especificações para este material perecível a fim de que o concreto curado tenha o desempenho necessário. O site do projeto deve comunicar essas especificações ao fornecedor de concreto, incluindo o tipo de mistura a ser entregue, o tipo de cimento permitido para a finalidade do concreto, o tipo e o tamanho máximo permitido do agregado dentro da mistura, e as proporções dos constituintes do concreto.

O concreto que é misturado antes de ser entregue ou que tem diferentes adições para retardar ou acelerar a cura apresenta diferentes níveis de possibilidade de trabalho após a entrega. Esta variabilidade influencia os recursos necessários no local da construção no que se refere a colocar e preparar a mistura de concreto antes de proceder à cura. Ao examinar os processos empregados nos Estados Unidos e em Cingapura, geralmente as entregas de concreto são baseadas em um sistema de exigência de demanda, segundo o qual o site do projeto entra em contato com o fornecedor de concreto antecipadamente o suficiente para garantir que todos os componentes estejam prontos quando a entrega for necessária e, depois, entra em contato novamente um dia antes da entrega para confirmá-la.

Nos projetos, o agendamento da entrega depende das regras relacionadas ao veículo de entrega. Nos Estados Unidos, essas regras são controladas pela empresa, bem como pelas melhores práticas da indústria. Em Cingapura, elas são influenciadas pelas regulamentações governamentais. O Conselho de Normas e Produtividade de Cingapura garante que o concreto que é entregue esteja de acordo com as necessidades de trabalho no local em que será utilizado; o concreto pronto deve ser descarregado do veículo de entrega no prazo de 2 horas após o momento do carregamento, quando o concreto é transportado em caminhões misturadores ou betoneiras, ou dentro de 1 hora após o momento do carregamento quando é utilizado equipamento que não agita o concreto.

Nos Estados Unidos, os terrenos para construção geralmente têm espaço para armazenar os constituintes do concreto. Em Cingapura, o terreno para construção é uma *commodity* supervalorizada, e as empresas de fornecimento de concreto geralmente não têm muito espaço para armazená-lo, nem o agregado ou a areia que podem ser necessários para fornecer concreto pronto. Eles têm espaço disponível para o armazenamento das misturas que não são tão perecíveis nem ocupam muito espaço.

A entrega *just-in-time* é um processo de recebimento de suprimentos conforme necessário. Uma análise de 15 fornecedores em Cingapura indicou que apenas três empresas mantiveram seu estoque de agregado e areia por mais de uma semana. As outras 12 empresas receberam seus suprimentos usando o método de entrega *just-in-time* para armazenar por cerca de um dia a areia e os agregados necessários. Essas três empresas e outras nove mantiveram por menos de um dia seu estoque de cimento. As três empresas restantes tinham estoque de cimento para mais de uma semana.

A fim de fornecer um melhor serviço aos seus clientes, as empresas em Cingapura utilizaram o rastreamento por satélite, Smart Route, para monitorar a localização de seus caminhões betoneira, controlar o tempo de espera nos locais de trabalho e aumentar a utilização dos caminhões. A entrega *just-in-time* ajudou as empresas de concreto usinado em Cingapura a melhorarem a satisfação dos clientes, podendo entregar os recursos necessários no tempo certo.

Com base em informações de Arain, F. M., Low, S. P., e Wu, M. (2015). Just-in-time (JIT) management in the ready mixed concrete industry in Singapore. *International Journal of Construction Project Management*, 7(2), 119-136.

A análise de recursos acrescenta outra dimensão ao planejamento e programação. É necessário estimar os tipos e as quantidades de recursos necessários para realizar cada atividade. Esses recursos podem incluir pessoas, materiais, equipamentos, ferramentas, instalações e outros recursos necessários para concluir o trabalho referente ao projeto. Um plano de necessidades de recursos ilustra a utilização esperada dos recursos por período durante o intervalo de tempo do projeto.

Em muitos projetos, as quantidades dos recursos disponíveis para executar suas atividades são limitadas. Diversas delas podem exigir os mesmos recursos, ao mesmo tempo, e pode não haver recursos suficientes para satisfazer todas as necessidades. De certo modo, essas atividades são *concorrentes* para a utilização dos mesmos recursos. Se os recursos não estiverem disponíveis quando necessários, algumas atividades podem ter de ser adiadas. Portanto, os recursos podem limitar o cronograma do projeto. Também podem ser uma restrição para a conclusão do projeto dentro do orçamento, se for determinado que recursos adicionais são necessários para sua conclusão de acordo com o tempo estipulado.

Este capítulo abrange diversas abordagens para incorporar considerações de recursos no plano do projeto e em seu cronograma. Você se familiarizará com as seguintes ideias:

- Levar em conta as limitações de recursos na elaboração de um diagrama de rede.
- Determinar o plano de necessidades de recursos para um projeto.
- Nivelar o uso dos recursos dentro do prazo exigido pelo projeto.

RESULTADOS DE APRENDIZAGEM

Após o estudo deste capítulo, você estará apto a:

- Criar um diagrama de rede que leve em conta as limitações de recursos.
- Preparar um planejamento de necessidades de recursos.
- Explicar o nivelamento de recursos.
- Discutir a programação de recursos limitados.
- Determinar o cronograma mais curto do projeto com os recursos limitados disponíveis.

Planejamento com recursos limitados

Uma maneira de considerar os recursos é levá-los em conta na determinação das relações de dependência entre as atividades do diagrama de rede. No mínimo, os diagramas de rede ilustram as *limitações técnicas* entre as atividades. As atividades são desenhadas em uma relação em série, porque, do ponto de vista técnico, devem ser realizadas em sequência. Por exemplo, a Figura 6.1 mostra que as três atividades de construção da casa – construção do alicerce, da estrutura e colocação do telhado – precisam ser feitas em série. Tecnicamente, essas atividades devem ser realizadas nessa sequência. O telhado não pode ser colocado antes que a estrutura seja construída!

Além de mostrar as limitações técnicas entre as atividades, a lógica de rede também pode levar em conta as *limitações de recursos*. A sequência de atividades pode ser desenhada para refletir a disponibilidade de uma quantidade limitada de recursos. A parte (a) da Figura 6.2 mostra que, tecnicamente, as três atividades – a pintura da sala, a pintura da cozinha e a pintura do quarto – poderiam ser realizadas simultaneamente, isto é, não há nenhuma razão técnica para que o início de qualquer uma dessas atividades dependa da realização de qualquer uma das

Reforce sua aprendizagem

1. No mínimo, os diagramas de rede ilustram as limitações ______________ das atividades. No entanto, quando os recursos disponíveis são limitados, o diagrama de rede também pode ser desenhado para refletir as limitações de ______________.

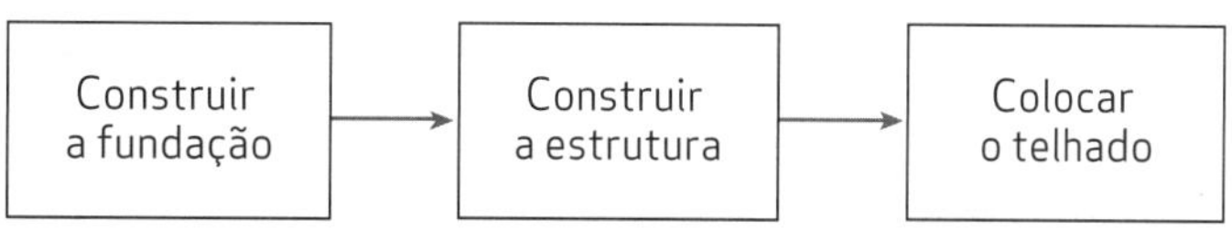

FIGURA 6.1 ▪ Sequência de atividades tecnicamente restrita.

outras. Suponha, no entanto, que há apenas uma pessoa disponível para fazer toda a pintura; essa limitação conduziria a uma restrição de recursos nas atividades de pintura. Isto é, embora tecnicamente as três atividades possam ser executadas simultaneamente, teriam de ser realizadas em série, porque apenas um pintor estaria disponível para fazer as três tarefas. Para incorporar essa restrição de recursos, o diagrama terá de ser desenhado como mostra a parte (b) da Figura 6.2. A sequência exata dessas três atividades – o que deve ser pintado em primeiro, segundo ou terceiro lugar – é outra decisão que deve ser tomada quando o diagrama de rede é criado.

Esse exemplo ilustra como as limitações de recursos podem ser consideradas quando um diagrama de rede é preparado. Essa abordagem de incorporação de restrições de recursos para as relações de dependência entre as atividades do diagrama de rede é viável para pequenos projetos envolvendo poucos recursos. No entanto, torna-se complicado para grandes projetos e para projetos em que vários recursos diferentes são necessários para algumas das atividades.

Planejamento de necessidades de recursos

Como discutido no capítulo anterior, é preciso estimar os tipos e quantidades de recursos necessários para realizar cada atividade. Um **plano de necessidades de recursos** ilustra a utilização esperada dos recursos por período durante o intervalo de tempo do projeto.

Usando o projeto de estudo de mercado consumidor como exemplo, veja a Figura 5.7, que mostra o diagrama de rede para o projeto, e a Tabela 5.4, que é o cronograma inicial revisado. Vamos considerar a utilização dos recursos humanos, a equipe do projeto: Susan, Steve, Andy e Jim. Várias hipóteses têm de ser mencionadas:

- Nenhum dos quatro membros da equipe é necessário todos os dias na duração estimada do projeto (128 dias).
- Para a atividade 6, "Imprimir questionário", vai ser subcontratado um fornecedor. Assim, embora tenha uma duração estimada de 10 dias, será necessário apenas um dia de trabalho de Steve. No entanto, Steve ainda é o membro da equipe do projeto designado como responsável pela atividade.

Reforce sua aprendizagem

2. Um plano de ______ de recursos ilustra a ______ esperada de ______ por período de tempo do projeto.

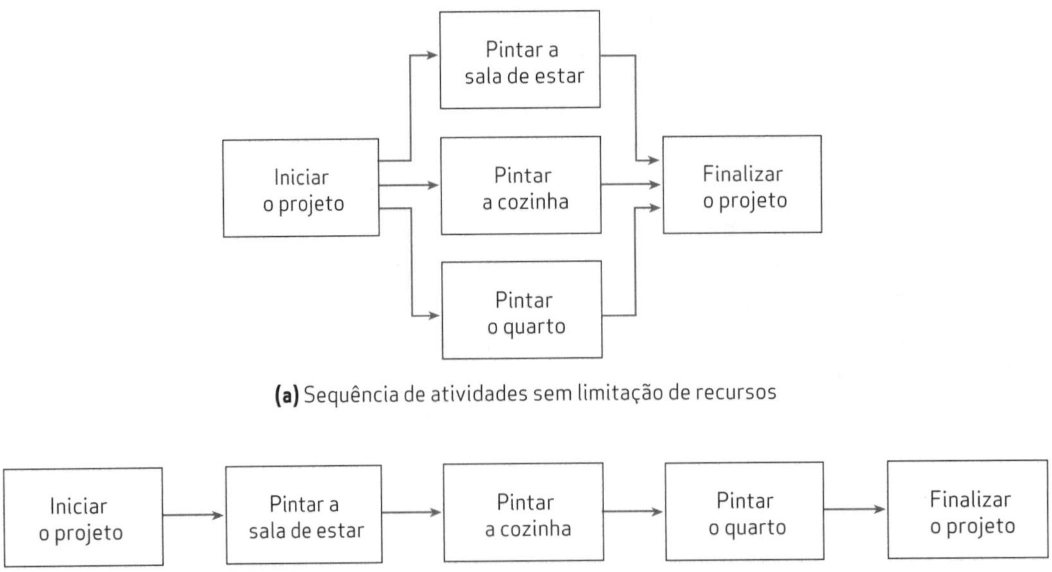

FIGURA 6.2 ▪ Planejamento com recursos limitados.

- A atividade 9, "Enviar questionário e obter respostas", tem uma duração estimada de 55 dias. No entanto, Steve só vai trabalhar nela durante os primeiros cinco dias para enviar os questionários. Os 50 dias restantes são tempo de espera para a devolução dos questionários e não requerem trabalho de Steve.
- Para todas as outras atividades, quando a pessoa designada estiver trabalhando em uma atividade, ela vai trabalhar em tempo integral na duração estimada.

Considerando os pressupostos acima e referindo-se às datas de início mais cedo (DICs) e datas de término mais cedo (DTCs) no cronograma da Tabela 5.4, podem-se determinar as necessidades de recursos previstos para cada membro da equipe do projeto:

- As cinco atividades de Susan (1, 2, 3, 4 e 8) estão todas na fase inicial do projeto e exigirão 40 dias de trabalho durante o período de 0 a 40.
- As três atividades de Steve (5, 6 e 9) exigem oito dias de trabalho durante o período de 38 a 53. Lembre-se dos últimos 50 dias (53 a 103), a duração estimada para a atividade 9 é apenas o tempo de espera decorrido para os questionários serem devolvidos. Além disso, Steve está realizando apenas um dia de trabalho na atividade 6, porque ele está subcontratando um fornecedor.
- As duas atividades de Andy (7 e 10) exigem 17 dias de trabalho durante o período de 38 a 55.
- As três atividades de Jim (11, 12 e 13) estão todas na fase final do projeto e exigem 25 dias de trabalho durante o período de 103 a 128.

A Tabela 6.1 mostra os dias de trabalho estimados para cada membro da equipe e o período durante o qual cada um deles será necessário. Embora o prazo de conclusão estimado do projeto seja de 128 dias, os quatro membros da equipe do projeto vão realizar 90 dias de trabalho durante esse período.

TABELA 6.1 ▪ Estimativa das necessidades de recursos para o projeto de estudo do mercado consumidor.

Nome	Atividades	Dias de trabalho	Período
Susan	1, 2, 3, 4, 8	40	0 a 40
Steve	5, 6, 9	8	38 a 53
Andy	7, 10	17	38 a 55
Jim	11, 12, 13	25	103 a 128
		90	**0 a 128**

Para um exemplo que ilustra a utilização de uma quantidade múltipla de determinado recurso, considerar o projeto de pintura na Figura 6.3. Cada atividade mostra a sua duração estimada, bem como a quantidade de pintores necessários para realizar a atividade nesse período.

Usando a informação da Figura 6.3, podemos preparar um plano de necessidades de recursos, como mostrado na Figura 6.4, que indica quantos pintores são necessários a cada dia, com base nas DIC e DTC de cada atividade. Esse plano de necessidade de recursos mostra que quatro pintores são necessários nos dias 1 a 4, três nos dias 5 e 6, dois nos dias 7 a 10 e apenas um nos dias 11 e 12. Um total de 32 dias de trabalho de pintura. Esse gráfico é ilustrado na Figura 6.5. Ele mostra uma utilização irregular dos pintores. Há um pico de quatro pintores durante uma parte do projeto e uma baixa de apenas um pintor durante a outra parte do projeto.

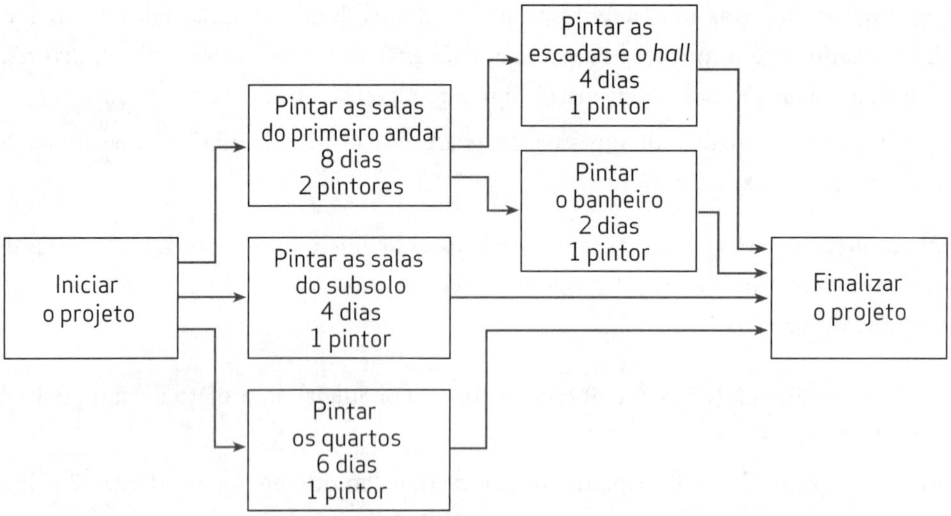

FIGURA 6.3 ▪ Recursos necessários para o projeto de pintura.

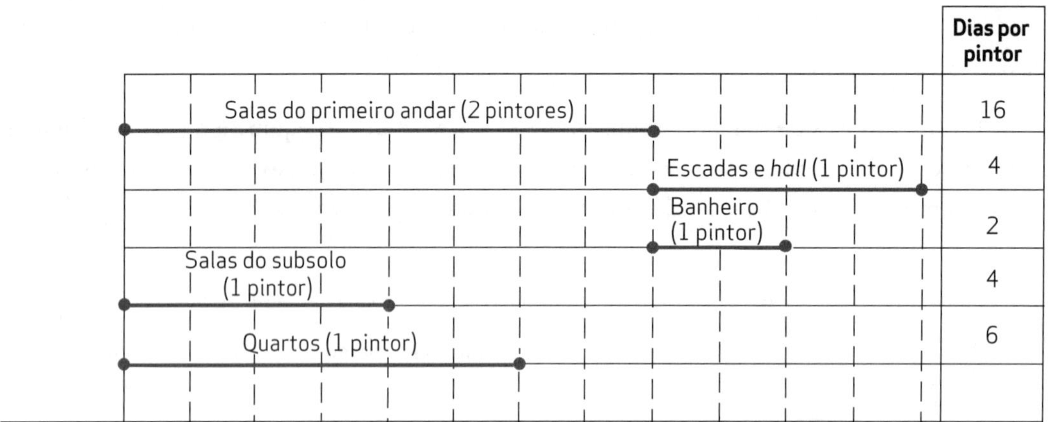

Dias	1	2	3	4	5	6	7	8	9	10	11	12	
Pintores	4	4	4	4	3	3	2	2	2	2	1	1	32

FIGURA 6.4 ▪ Plano de recursos necessários para o projeto de pintura.

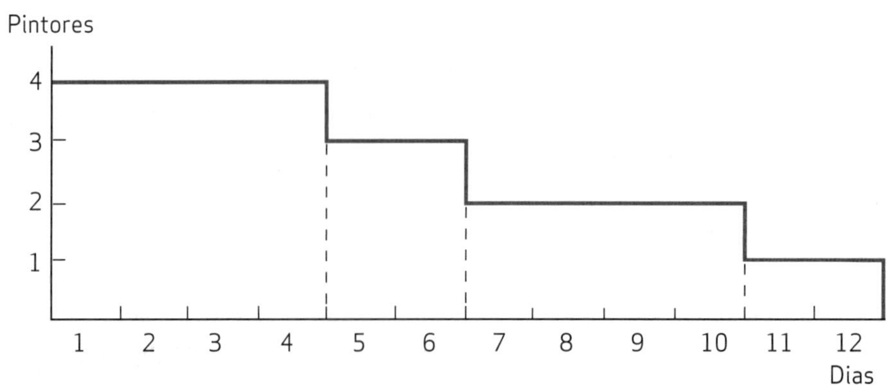

FIGURA 6.5 ▪ Utilização de recursos dos pintores.

Os recursos normalmente não podem ser contratados por dia para atender a necessidades flutuantes. Se a mesma quantidade de pintores deve ser empregada durante todo o projeto, pode ser necessário pagar alguns pintores para trabalhar horas extras durante os períodos de pico de demanda e pagar alguns pintores quando eles estão ociosos durante os períodos de baixa demanda. Assim, é preferível ter uma aplicação de recursos mais uniforme, ou nivelada.

Deve-se observar que os gráficos de necessidades de recursos mostrados nas Figuras 6.4 e 6.5 são baseados na data de início mais cedo possível das atividades. Esses gráficos de necessidades de recursos estão baseados em um **cronograma "tão cedo quanto possível" (*as soon as possible* – ASAP)**. Os gráficos de necessidades de recursos baseados em cada data de início mais tardio da atividade estão baseados em um **cronograma "tão tarde quanto possível" (*as late as possible* – ALAP)**.

Veja também a seção sobre como delegar responsabilidades no Capítulo 4 e sobre como estimar recursos das atividades no Capítulo 5 para obter informações adicionais relacionadas.

Nivelamento de recursos

Nivelamento de recursos, ou **uniformização**, é um método para o desenvolvimento de um esquema que procura minimizar as flutuações nas necessidades de recursos. Esse método nivela os recursos para que eles sejam aplicados o mais uniformemente possível sem estender o cronograma do projeto além do seu prazo de conclusão exigido. É um método de tentativa e erro, em que o início das atividades não críticas (aquelas com valores de folga positivos) é atrasado para além do seu tempo de início mais cedo (mas não para além do seu tempo de início mais tarde), a fim de manter um nível uniforme de recursos necessários. As atividades podem ser adiadas apenas para o ponto em que toda a sua folga positiva é consumida, pois novos atrasos fariam que o projeto se estendesse além do prazo de conclusão necessário. *O nivelamento de recursos tenta estabelecer um cronograma em que a utilização dos recursos é feita da forma mais nivelada possível sem estender o projeto além do prazo de conclusão necessário.*

Reforce sua aprendizagem

3. O nivelamento de recursos tenta estabelecer um cronograma em que a utilização dos recursos é feita da maneira mais nivelada possível ____________ estender o projeto além de seu ____________

Vamos olhar o projeto de pintura nas Figuras 6.3, 6.4 e 6.5 para determinar se a utilização de recursos pode ser nivelada. As Figuras 6.3 e 6.4 mostram que o caminho crítico do projeto é composto por duas atividades e está com 12 dias de duração (8 dias para pintar os quartos do primeiro andar mais 4 dias para pintar as escadas e *hall*). Portanto, essas duas atividades não podem ser adiadas sem ampliar o prazo de conclusão do projeto para além de 12 dias. Observando a Figura 6.4, no entanto, podemos ver que o "Banheiro" poderia ser adiado até 2 dias, as "Salas do subsolo", até 8 dias e os "Quartos", até 6 dias, todos sem ampliar o prazo de conclusão do projeto para além de 12 dias. Olhando novamente a Figura 6.4, podemos ver que duas ações alternativas poderiam ser tomadas para nivelar as necessidades de recursos diários para pintores:

Alternativa 1: Atraso da atividade com a folga mais positiva – "Salas do subsolo" (+8 dias de folga) - por seis dias, de forma que o pintor vai começar depois de terminar os "Quartos". Em vez de ter dois pintores separados pintando as salas do subsolo e quartos simultaneamente, o cronograma de recursos nivelados vai usar o mesmo pintor para pintar os quartos primeiro e depois as salas do subsolo.

Alternativa 2: Atrasar os "Quartos" de forma que essa atividade comece no dia 4, após as "Salas do subsolo" estarem concluídas. A alternativa será usar o mesmo pintor para pintar primeiro as salas do subsolo e depois os quartos (o inverso da alternativa 1, obtendo o mesmo resultado).

As Figuras 6.6 e 6.7 ilustram o perfil de recursos para o cronograma de recursos nivelados se for escolhida a alternativa 1. Comparando a Figura 6.6 com a 6.4, vemos que a DIC de "Salas do subsolo" foi adiado do tempo 0 para o dia 6, e a DTC é agora o dia 10, e não o dia 4. A Figura 6.7 mostra uma utilização mais uniforme de pin-

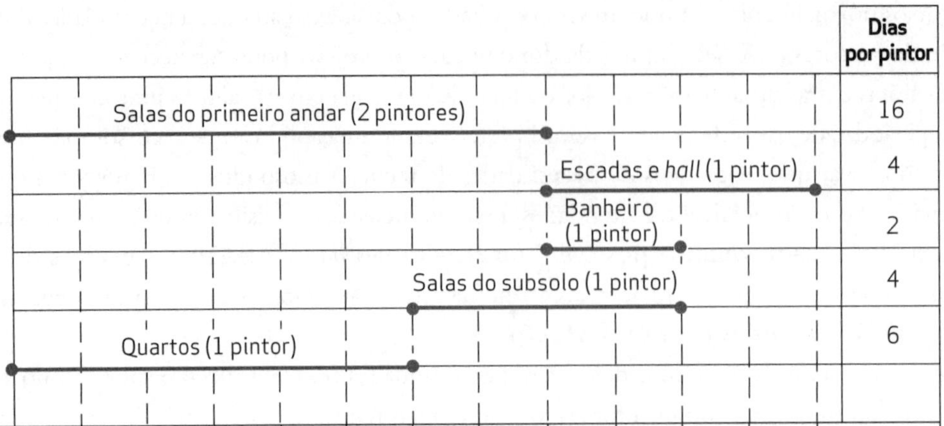

Dias	1	2	3	4	5	6	7	8	9	10	11	12	
Pintores	3	3	3	3	3	3	3	3	3	3	1	1	32

FIGURA 6.6 ▪ Necessidades de nivelamento de recursos para o projeto de pintura.

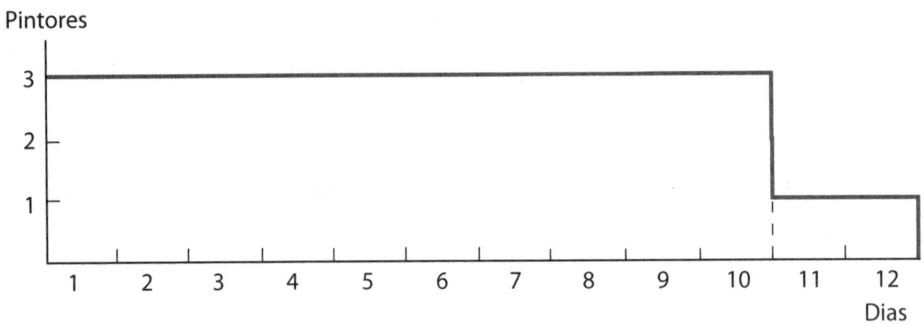

FIGURA 6.7 ▪ Utilização de recursos nivelados para pintores.

tores que a Figura 6.5, exceto para os dias 11 e 12, que permanecem os mesmos. Em ambos os casos, são necessários pintores pelos 32 dias, mas no cronograma de recursos nivelados eles são utilizados com menor flutuação.

Para um projeto grande, com muitos recursos diferentes, o nivelamento de recursos pode ficar muito complicado. Vários sistemas de informação de gestão de projetos estão disponíveis e podem ajudar na geração de um cronograma de recursos nivelados, recursos gráficos e tabelas de necessidades de recursos.

Reforce sua aprendizagem

4. A programação de recursos limitados desenvolve a programação no prazo __________, quando a quantidade de recursos disponíveis é fixa. Esse método __________ o tempo de conclusão do projeto, se necessário, a fim de mantê-lo dentro dos limites dos recursos.

Programação de recursos limitados

A **programação de recursos limitados** é um método para o desenvolvimento de programação no prazo mais curto, quando a quantidade de recursos disponíveis é fixa. Esse método é apropriado quando os recursos disponíveis para o projeto são limitados e os limites de recursos não podem ser excedidos. Esse método *estende o tempo de conclusão do projeto, se necessário, a fim de mantê-lo dentro dos limites dos recursos*. É um método iterativo, em que os recursos são alocados para atividades com base na folga mínima. Quando várias atividades precisam do mesmo recurso limitado, ao mesmo tempo, as atividades com o mínimo de folga têm prioridade. Se os recursos estão sobrando, as atividades com a segunda mínima folga têm a prioridade seguinte, e assim por diante. Se outras atividades precisam do recurso, mas foi totalmente alocado para atividades de maior prioridade, as de menor prioridade ficam atrasadas; como sua folga se torna mais curta, eventualmente sobem na escala de prioridade. Esse adiamento das atividades pode estender o prazo de conclusão do projeto.

A Figura 6.8 ilustra o que aconteceria se apenas uma quantidade limitada de pintores – dois – estivesse disponível para fazer o projeto de pintura. Quando pressionamos para baixo o nível de recursos, porque não mais que dois pintores podem ser utilizados, estendemos o prazo de conclusão do projeto. Se apenas dois pintores estão disponíveis em qualquer momento, o prazo de conclusão do projeto deve ser estendido do dia 12, pelo menos, até o dia 16, a fim de utilizar os 32 dias necessários por pintor.

Vamos aplicar o cronograma de recursos limitados ao projeto de pintura mostrado na Figura 6.3. A Figura 6.9, que se baseia na Figura 6.4, é nosso plano inicial de recursos necessários, mas mostra a folga total com base no prazo de conclusão do projeto de 12 dias. Suponha-se, no entanto, que estejamos limitados a apenas dois pintores.

A Figura 6.9 mostra que, quando o projeto inicia, três atividades requerem um total de quatro pintores ("Salas do primeiro andar", "Salas do subsolo" e "Quartos"). Apenas dois pintores estão disponíveis, no entanto, eles serão alocados para as atividades com base em uma prioridade determinada pela folga.

As "Salas do primeiro andar" têm uma folga de 0, enquanto as "Salas do subsolo" têm uma folga de +8 dias e os "Quartos", uma folga de +6 dias. Portanto, os dois pintores, serão alocados para as salas do primeiro andar e continuarão a ser atribuídos a essa atividade até que esteja terminada. (Neste exemplo, assume-se que, uma vez que uma atividade é iniciada, continua até que esteja concluída e não pode ser parada e reiniciada.) Porque todos os recursos disponíveis são atribuídos às "Salas do primeiro andar" desde a data 0 até o dia 8, as outras duas atividades ("Salas do subsolo" e "Quartos") terão o seu início adiado até depois do dia 8. Essa primeira alocação de recurso é mostrada na Figura 6.10.

O resultado desta primeira iteração de alocar os pintores é o adiamento da data de conclusão do projeto do dia 12 para o dia 14 em razão do atraso de "Quartos". Além disso, há ainda um problema nos dias 9 a 12, porque as necessidades de recursos excedem o limite de dois pintores. Assim, agora é necessário fazer uma segunda alocação de pintores no dia 9. Os "Quartos" tem o mínimo de folga, com -2 dias; o seu tempo de término esperado mais cedo é agora de 14 dias, e o prazo de conclusão desejado do projeto é de 12 dias. Os "Quartos" requerem um pintor, assim um dos dois pintores disponíveis é atribuído a eles. Um pintor continua a ser alocado. Duas atividades, "Escadas e *hall*" e "Salas do subsolo", têm o mesmo valor mais baixo de folga (0). Uma maneira de escolher entre

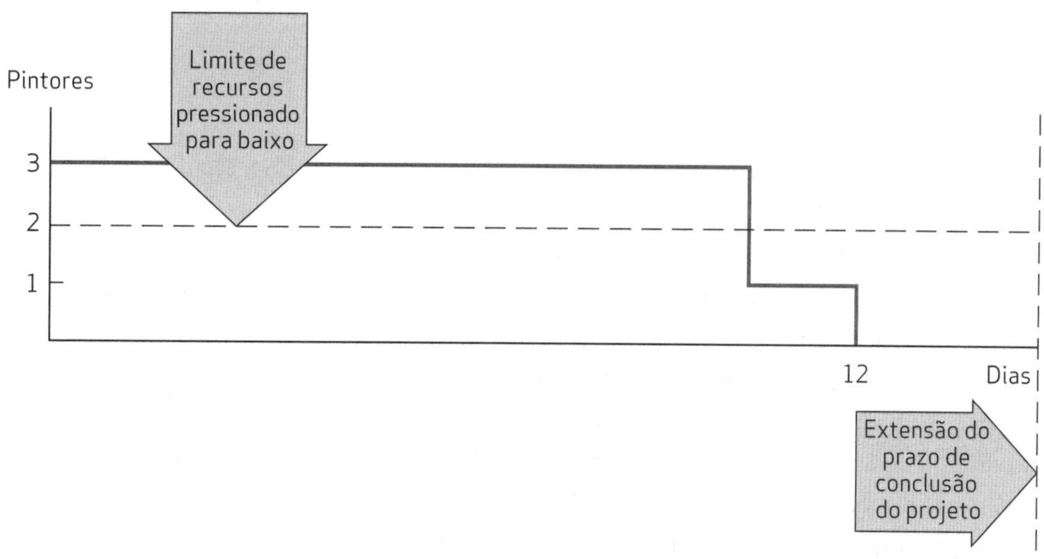

FIGURA 6.8 ▪ Efeito da disponibilidade de recursos limitada.

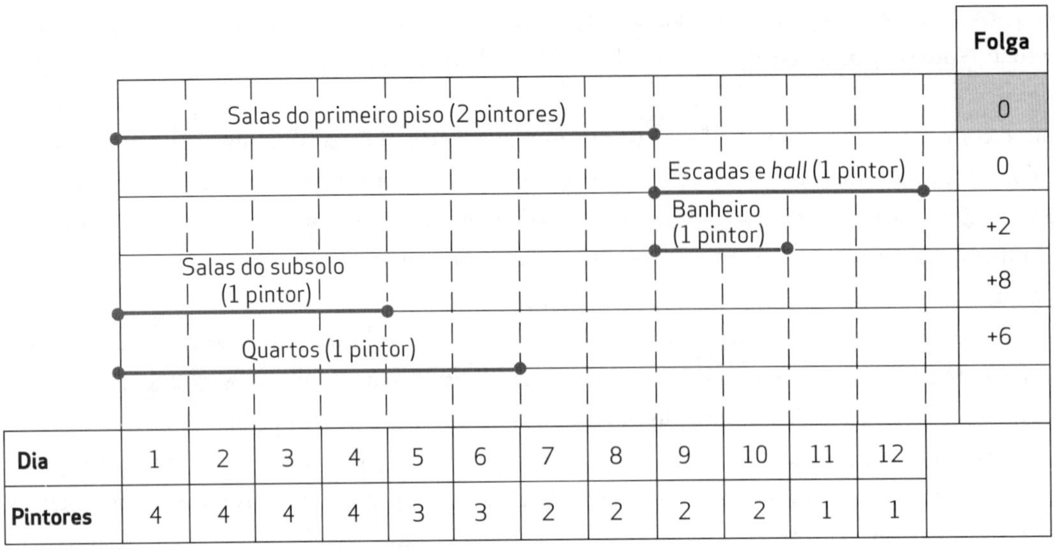

FIGURA 6.9 ▪ Plano de recursos necessários para o projeto de pintura.

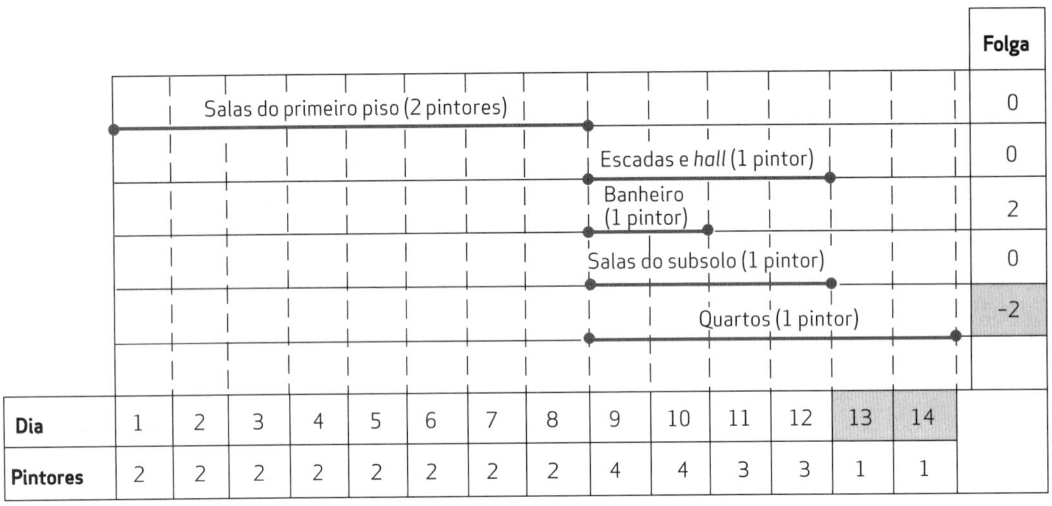

FIGURA 6.10 ▪ Primeira alocação de recursos.

essas duas é determinar qual é fundamental por um tempo mais longo. Olhando a Figura 6.9, vemos que "Escadas e *hall*" foi mais crítico (0 folga) que "Salas do subsolo" (+8 dias de folga). Portanto, o pintor remanescente deve ser alocado para "Escadas e *hall*". "Quartos" iniciará após o dia 8 e continuará até o dia 14. "Escadas e *hall*" também vai começar após o dia 8 e prosseguirá até o dia 12. A próxima vez que um pintor estará disponível é depois que "Escadas e *hall*" estiver terminada no dia 12. Portanto, as duas atividades restantes, "Salas do subsolo" e "Banheiro", terão seus inícios adiados para depois do dia 12. Essa segunda alocação de recurso é mostrada na Figura 6.11.

O resultado dessa segunda iteração de alocar os pintores é outra extensão do prazo de conclusão do projeto, desta vez do dia 14 para o dia 16, por causa do atraso de "Salas do subsolo". Há ainda um problema nos dias 13 e 14, porque as necessidades de recursos excedem o limite de dois pintores. Por isso, é necessário agora fazer uma terceira alocação de pintores no dia 13, quando um pintor se torna disponível depois de terminar "Escadas e *hall*". (Lembre-se que o segundo pintor ainda está trabalhando em "Quartos".) Duas atividades, "Banheiro" e "Salas do

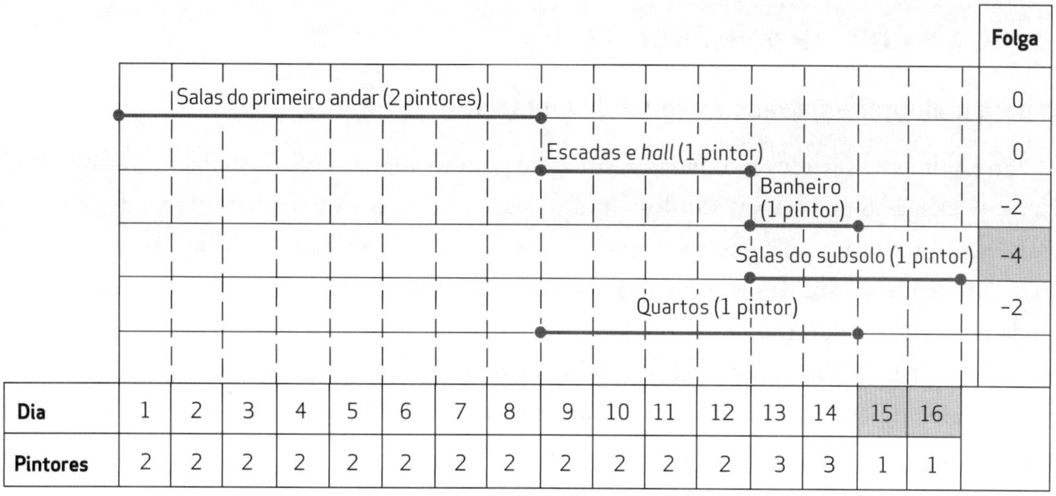

FIGURA 6.11 ▪ Segunda alocação de recursos.

subsolo", precisam de um pintor no dia 13. "Salas do subsolo" tem menos folga (-4 dias) que a outra atividade, de forma que o pintor disponível será alocado para ela. "Salas do subsolo" iniciará após o dia 12 e continuará até o dia 16. A próxima vez que um pintor estará disponível é depois que "Quartos" estiver terminada no dia 14. Portanto, "Banheiro" terá o seu início adiado até após o dia 14. Essa terceira alocação de recurso é mostrada na Figura 6.12.

Como resultado dessa terceira iteração de alocar os pintores, o prazo de conclusão do projeto é ainda de quatro dias além de seu prazo de conclusão necessário, mas todas as atividades foram programadas para começar e terminar, de modo que fiquem dentro do limite de dois pintores. Nenhuma iteração adicional é necessária.

A fim de acelerar o cronograma para concluir o projeto até o dia 12, seria necessário implementar uma ou mais das abordagens de controle de programação mencionadas no Capítulo 5, como a adição de mais pintores, trabalhar horas extras, reduzir o âmbito de trabalho ou os requisitos para algumas das atividades ou aumentar a produtividade.

Para um projeto grande, que requer muitos recursos diferentes e cada um deles tem um limite diferente de disponibilidade, a programação de recursos limitados pode ser muito complicada. Vários sistemas de informação de gestão de projetos estão disponíveis e vão realizar a programação de recursos limitados.

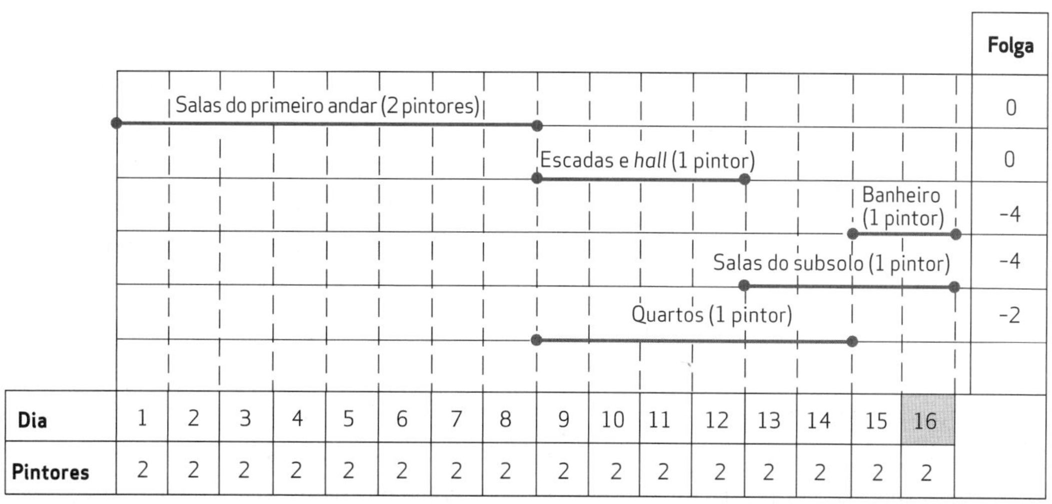

FIGURA 6.12 ▪ Terceira alocação de recursos.

GESTÃO DE PROJETOS NO MUNDO REAL

Recursos para melhorar a travessia segura de animais

As colisões entre animais e veículos motorizados ocorrem com frequência. Na Austrália, os veículos colidem com uma média de 41 cangurus por dia. Os Estados Unidos relataram que 5% de todas os perdas de veículos (1 em cada 20) envolveram um animal. Engenheiros e profissionais de segurança têm trabalhado para criar soluções visando melhorar a segurança dos animais e de motoristas. Muitas pesquisas sobre os recursos têm levado a projetos que estão em andamento no mundo todo.

No Colorado, Estados Unidos, Michael McVaugh, engenheiro de tráfego e segurança do Departamento de Transportes do Colorado, atuou como gerente em um projeto que detectou a ocorrência de mudanças no campo magnético da Terra quando animais maiores interrompiam o campo. Cerca de 3,2 quilômetros de cabos subterrâneos especializados, destinados a servir de sistema de alerta para motoristas, foram enterrados ao longo das Rodovias 160 e 550. Quando o campo magnético era interrompido, sinais iluminados alertavam os motoristas para a possível travessia de animais. Os animais não precisaram de adaptação para o sistema funcionar.

No entanto, o projeto avaliado em $ 1 milhão apresentou seus problemas. Pequenos animais que vivem em tocas, como toupeiras e cães-da-pradaria, causaram grandes problemas. O principal recurso para o projeto, os cabos subterrâneos, foi comprometido por esses animais, que fizeram o sistema falhar na detecção de possíveis travessias. Devido aos custos associados à reparação do sistema de detecção e ao número de vezes em que ocorreram falhas, McVaugh analisou outros sistemas que poderiam funcionar para aumentar a segurança das travessias de animais. Uma solução bem-sucedida foi encontrada no Canadá.

No Parque Nacional Banff, em Alberta, Canadá, foram instalados 82 quilômetros de cercas, 38 passagens inferiores e seis viadutos para ajudar a melhorar a segurança das travessias de animais. Estes precisaram aprender novos padrões. A adaptação à nova rota geralmente levou de dois a cinco anos. O projeto teve sucesso. O número de colisões entre veículos e animais foi reduzido em 80% desde a adoção deste sistema.

Um projeto avaliado em 14,5 milhões de dólares canadenses foi concluído com a finalidade de reduzir as colisões de grandes animais no Parque Nacional Kootenay, na Columbia Britânica, Canadá. Os 15 quilômetros de cercas e as 9 passagens inferiores ajudaram a evitar que grandes animais atravessassem a estrada Highway 93 South. Darren Quinn, gerente de projeto da Agência de Parques do Canadá, Radium Hot Springs, na Colúmbia Britânica, analisou os dados dos equipamentos de detecção de movimento e calor instalados nas três primeiras passagens construídas. Quinn comentou que foi um grande sucesso, pois foram registrados mais de 1.600 travessias bem-sucedidas de animais de médio a grande porte.

Na Suécia, a Volvo trabalha no desenvolvimento de um sistema para detectar animais próximos ou durante a travessia de estradas, e na criação de sistemas para evitar colisões de veículos. Martin Magnusson e sua equipe estavam reunindo dados na Reserva Natural de Tidbinbilla, em Canberra, na Austrália, referentes a marsupiais perto de estradas. O projeto seria um sistema de detecção de veículos instalado no modelo Volvo S90 para ajudar os automóveis e seus motoristas a evitarem colisões com grandes animais. Como os animais tendem a fugir quando um carro se aproxima, reunir dados foi um desafio para a equipe. Para compensar esse problema, eles criaram uma fauna virtual em um sistema de realidade aumentada para fornecer informações suficientes à equipe de engenharia a fim de poderem desenvolver o sistema de evasão.

Os investimentos em segurança de travessia de animais e de veículos motorizados utilizaram diferentes soluções com base nos recursos disponíveis. Ainda não existe uma definição quanto a se os animais preferem fazer travessias por passagens superiores ou inferiores; portanto, as duas opções serão desenvolvidas em projetos futuros, onde as formas de relevo forem mais adequadas para suportar um viaduto ou uma passagem subterrânea. Em um esforço para evitar acidentes entre veículos motorizados e animais, o sistema de detecção de animais será implantado após muitos testes.

Com base em informações de Couch, C. (2016). Crossing to safety. *PM Network, 30*(4), 16-17.

Necessidades de recursos para o desenvolvimento de sistemas de informação

O desenvolvimento de sistemas de informação inclui pessoas, hardware, software, dados e recursos de rede como os cinco recursos básicos necessários. Os recursos de pessoal incluem usuários finais e especialistas em sistemas de informação. Os recursos de hardware consistem de sistemas de computação, periféricos de computador e meios exigidos para armazenar informações. Os programas e os procedimentos para instruir os usuários sobre como operar os programas são os recursos do software. O desenvolvimento do sistema de informações cria dados que são organizados em bancos de dados e bases de conhecimento que são utilizados para apoiar todas as fases do projeto. Os recursos de rede são compostos de meios de comunicação e suporte de rede.

Cada um desses recursos é designado para as atividades a fim de completar as tarefas. Quanto mais precisamente as atividades são avaliadas para os recursos necessários, mais provavelmente os projetos de desenvolvimento poderão ser concluídos a tempo. A maioria dos projetos de sistemas de informações destina recursos a várias tarefas ao mesmo tempo, sem considerar a sobrecarga e o conflito que os recursos de trabalho enfrentam para completar o trabalho do projeto. A sobrecarga aumenta a probabilidade de fracasso do projeto. Uma análise mais cuidadosa durante a etapa de definição do problema, com o ciclo clássico de vida do desenvolvimento de sistemas apresentado no Capítulo 4, pode melhorar a atribuição de trabalho, material e recursos de custo de maneira que aumente a probabilidade de sucesso do projeto.

UM EXEMPLO DE SISTEMA DE INFORMAÇÃO: DESENVOLVIMENTO DE APLICATIVOS DE INTERNET PARA A ABC OFFICE DESIGNS (CONTINUAÇÃO)

Nos Capítulos 4 e 5, Beth Smith, da ABC Office Designs, foi designada como gerente de projeto para o desenvolvimento de um sistema de relatórios baseados na internet. Beth identificou as principais tarefas a serem concluídas e o cronograma do projeto. A gestão concordou com o plano da equipe do projeto de 60 dias para concluir o desenvolvimento. Beth tem 14 funcionários na equipe. A cada membro da equipe foi atribuída a responsabilidade principal por pelo menos uma atividade, como mostrado na matriz de responsabilidades para o projeto (Tabela 4.3). A maioria das atividades inclui a responsabilidade de apoio por parte dos membros da equipe.

Beth Smith começa seu plano de necessidades de recursos buscando informações da pessoa designada para a responsabilidade primária de cada uma das principais tarefas que precisam ser realizadas. Ela já havia consultado a equipe do projeto para o desenvolvimento matricial de responsabilidades a fim de ter recursos suficientes para completar as tarefas. Inicialmente ela aloca 100% de cada recurso principal e de apoio durante o tempo de suas atividades atribuídas.

Beth observou que, se cada recurso é atribuído a 100% de todas as tarefas, de acordo com a matriz de responsabilidade, alguns dos recursos seriam sobrecarregados no projeto. Os recursos sobrecarregados são atribuídos a subtarefas necessárias para completar a tarefa principal de "Desenvolvimento de software" e tarefas principais de "Treinamento" e "Conversão do sistema". Beth avalia cada uma das tarefas com a equipe do projeto e, juntos, definem as prioridades de atribuições para determinar se todos os recursos primários e de apoio são necessários em cada atividade para completar o trabalho.

Mesmo que fosse atribuída a responsabilidade de apoio a Joe e Gerri para as subtarefas "Pacotes de software" e "Software customizado", de "Desenvolvimento de software", suas principais responsabilidades para o "Desenvolvimento de hardware" e "Desenvolvimento de rede" têm prioridade de acordo com Hannah, que é a principal responsável pela atividade de "Desenvolvimento de software". Hannah tem a ajuda de Maggie para essas subtarefas e decide que, se ela e Maggie precisarem de qualquer ajuda adicional de Joe e Gerri para apoiar seu trabalho na tarefa de "Desenvolvimento de software", Joe e Gerri seriam designados por horas extras.

Para a outra superalocação, Hannah e Gerri são designados para "Treinamento" e "Conversão de sistema" com Jim e Beth. Os dois dias de trabalho para conclusão da conversão do sistema ocorrerão durante os quatro dias de trabalho necessários para o "Treinamento". Hannah e Gerri são designados para a "Treinamento" com Jim. Beth e Jim concordam que Hannah e Gerri poderiam ser retirados do "Treinamento" por dois dias, se Beth não puder completar a conversão do sistema nos dois dias designados. Hannah e Gerri ainda seriam capazes de trabalhar por dois dias com Jim. Eles poderiam planejar ter mais eventos de treinamento, enquanto Hannah e Gerri estão disponíveis, se Beth precisar deles para a conversão do sistema. A equipe de desenvolvimento sugeriu que poderia se preparar para um único recurso para conseguir completar a conversão do sistema durante o trabalho no "Desenvolvimento do sistema" e nos "Testes" a fim de ajudar na superalocação.

Beth finalizou a tabela de necessidades de recursos para compartilhar com a gestão em seu relatório do projeto. O tempo total de trabalho necessário para completar o projeto do sistema de comunicação com base na internet é 2.040 horas de trabalho. A equipe do projeto está confiante de que pode completar a tarefa no prazo de 60 dias. A Tabela 6.2 mostra os nomes de recursos e atividades, como na matriz de responsabilidades na Tabela 4.3, e a quantidade de tempo necessário para cada um, bem como horas de trabalho total de cada recurso e o período de desempenho solicitado para esses recursos. Beth também incluiu os recursos materiais e de custo em seu relatório.

TABELA 6.2 ▪ Necessidades de recursos para o projeto do sistema de comunicação baseado na internet.

Nome do recurso	Atividades	Atividade Horas de trabalho	Total de horas de trabalho	Período
Beth	1.1 Reunir dados	24	72	1-3
	1.3 Preparar o relatório de definição do problema	8		55-56
	3.3 Avaliação	16		5
	6.2 Conversão do sistema	16		31-32
	6.3 Preparar o relatório de implantação	8		59
Jim	1.1 Reunir dados	24	192	16
	2.1 Entrevistar os usuários	40		6-10
	2.4 Preparar o relatório de análise do sistema	8		16
	3.1.1 Menus	32		17-20
	3.1.2 Telas de entrada de dados	32		21-24
	3.3 Avaliação	16		31-32
	6.1 Treinamento	32		55-58
	6.3 Preparar o relatório de implantação	8		59
Jack	1.2 Estudar a viabilidade	32	72	1-4
	3.3 Avaliação	16		31-32
	4.4 Preparar o relatório de desenvolvimento de software	16		50-51
	6.3 Preparar o relatório de implantação	8		59
Rose	1.3 Preparar o relatório de definição do problema	8	56	55-56
	2.1 Entrevistar os usuários	40		6-10
	5.4 Preparar o relatório do teste	8		33
Steve	1.2 Estudar a viabilidade	32	208	1-4
	2.2 Estudar o sistema existente	64		6-13
	3.1.3 Relatórios periódicos	32		17-20
	3.1.4 Dúvidas *ad hoc*	32		21-24
	5.1 Teste do software	48		48-53

(Continua)

TABELA 6.2 ▪ Necessidades de recursos para o projeto do sistema de comunicação baseado na internet (continuação).

Nome do recurso	Atividades	Atividade Horas de trabalho	Total de horas de trabalho	Período
Jeff	1.2 Estudar a viabilidade	32	184	1-4
	2.3 Definir as necessidades do usuário	40		11-15
	3.1.3 Relatórios periódicos	32		17-20
	3.1.4 Dúvidas *ad hoc*	32		21-24
	5.1 Teste do software	48		48-53
Tyler	3.1.1 Menus	32	144	16
	3.1.2 Telas de entrada de dados	32		21-24
	4.2 Desenvolvimento do hardware	80		31-40
Cathy	1.2 Estudar a viabilidade	32	80	1-4
	3.3 Avaliação	16		31-32
	5.3 Teste da rede	32		48-51
Sharon	1.2 Estudar a viabilidade	32	48	1-4
	3.4 Preparar o relatório de projeto do sistema	16		29-30
Hannah	2.1 Entrevistar os usuários	40	136	6-10
	3.4 Preparar o relatório de projeto do sistema	16		29-30
	4.1.1 Pacotes de software	16		31-32
	5.3 Teste da rede	32		48-51
	6.1 Treinamento	32		55-58
Joe	3.2 Processamento e base de dados	80	192	17-26
	4.2 Desenvolvimento do hardware	80		31-40
	5.2 Teste do hardware	32		48-51
Gerri	1.1 Reunir dados	24	200	1-3
	3.1.3 Relatórios periódicos	32		17-20
	3.1.4 Dúvidas *ad hoc*	32		21-24
	4.3 Desenvolvimento da rede	48		31-36
	5.2 Teste do hardware	32		48-51
	6.1 Treinamento	32		55-58
Maggie	2.1 Entrevistar os usuários	40	216	6-10
	4.1.1 Pacotes de software	16		31-32
	4.1.2 Software customizado	104		33-45
	5.1 Teste do software	48		48-53
	5.4 Preparar o relatório do teste	8		54
Gene	3.2 Processamento e base de dados	80	120	17-26
	5.2 Teste do hardware	32		48-51
	5.4 Preparar o relatório do teste	8		54
Greg	3.2 Processamento e base de dados	80	120	17-26
	5.3 Teste da rede	32		48-51
	5.4 Preparar o relatório do teste	8		54
Materiais de treinamento	6.1 Treinamento			55-58
Pacotes de software	4.1.1 Pacotes de software			31-32
Viagem	2.1 Entrevistar os usuários			6-10
		2.040	**2.040**	

Sistemas de informação de gestão de projetos

Os sistemas de informação de gestão de projetos apresentam muitas facilidades para lidar com as avaliações de recursos de um projeto. A maioria dos sistemas permite criar e manter uma lista de recursos que pode ser utilizada durante todas as suas tarefas. A lista geralmente permite que se armazene o nome do recurso, a quantidade máxima de unidades disponíveis, as taxas padrão e de horas extras e custos. Além disso, como as despesas com os recursos podem ser acumuladas em momentos diferentes ao longo de um projeto, a maioria dos sistemas permite que se criem encargos para um recurso no início de seu uso, em intervalos fixos, ou no fim do projeto. A cada recurso pode também ser atribuído um cronograma de sua disponibilidade durante um período especificado.

Os sistemas de informação normalmente mostram ao usuário se os recursos têm conflitos de tempo ou se estão sobrecarregados em um projeto ou entre projetos simultâneos. Tabelas e gráficos de utilização de recursos estão frequentemente disponíveis.

Para resolver qualquer conflito, nivelar ou uniformizar o uso dos recursos, os sistemas de informação geralmente oferecem duas opções. A primeira é corrigir a situação manualmente. Com essa opção, o usuário modifica as informações da tarefa e as necessidades ou a lista de recursos e, então, determina se a situação foi resolvida. A segunda opção é permitir que os sistemas de informação realizem esse processo automaticamente. Se o processo automático é selecionado, os sistemas de informação normalmente perguntam ao usuário se o prazo pode ser prorrogado, se essa é a única maneira de resolver o conflito ou uniformizar os recursos.

Consulte no Apêndice A, na parte final do livro, uma discussão completa sobre os sistemas de informação de gestão de projetos.

FATORES ESSENCIAIS PARA O SUCESSO

- Os recursos podem limitar o cronograma do projeto porque as quantidades dos vários tipos de recursos disponíveis para execução de suas atividades são limitadas.
- É necessário estimar os tipos e quantidades de recursos necessários para realizar cada atividade.
- Se os recursos não estiverem disponíveis quando necessário, algumas atividades podem ter de ser adiadas, até os recursos se tornarem disponíveis para elas.
- Nivelamento, ou uniformização, de recursos é um método para o desenvolvimento de um esquema que procura minimizar as flutuações nas necessidades de recursos. Nivela os recursos para que eles sejam aplicados o mais uniformemente possível sem estender o cronograma do projeto para além do prazo de conclusão exigido.
- A programação de recursos limitados é um método para o desenvolvimento de programação no prazo mais curto quando a quantidade de recursos é fixa. Ele estende o tempo de conclusão do projeto, se necessário, a fim de mantê-lo dentro dos limites dos recursos.

RESUMO

A consideração de recursos acrescenta outra dimensão ao planejamento e programação. É necessário estimar os tipos e quantidades de recursos necessários para realizar cada atividade. Esses recursos podem incluir pessoas, materiais, suprimentos, equipamentos, ferramentas, instalações e outros recursos necessários para concluir o trabalho do projeto. Um plano de necessidades de recursos ilustra a utilização esperada dos recursos por período durante o intervalo de tempo do projeto.

Em muitos projetos, as quantidades dos vários tipos de recursos disponíveis para execução de suas atividades são limitadas. Diversas atividades podem exigir os mesmos recursos, ao mesmo tempo, e pode não haver recursos suficientes para satisfazer todas as necessidades. Se os recursos não estiverem disponíveis quando necessário, algumas atividades podem ter de ser adiadas, até os recursos tornarem-se disponíveis. Portanto, os recursos podem limitar o cronograma do projeto.

O planejamento de recursos limitados é uma abordagem para criar um diagrama de rede e um cronograma em que a sequência e as relações dependentes das atividades têm como base as restrições de recursos que levam em consideração a disponibilidade de uma quantidade limitada de recursos.

Nivelamento, ou uniformização, de recursos é um método para desenvolver um esquema que procura minimizar as flutuações nas necessidades de recursos. Esse método tenta estabelecer um cronograma em que a utilização dos recursos é feita da maneira mais nivelada possível, sem estender o projeto para além do prazo de conclusão necessário. No nivelamento de recursos, o prazo de conclusão do projeto é fixo, e os recursos são alterados em uma tentativa de eliminar a flutuação.

A programação de recursos limitados é um método para o desenvolvimento de programação no prazo mais curto, quando a quantidade de recursos disponíveis é fixa. Esse método é apropriado quando os recursos disponíveis para o projeto são limitados e não podem ser excedidos. Estende o tempo de conclusão do projeto, se necessário, a fim de mantê-lo dentro dos limites dos recursos. É um método iterativo, em que os recursos são alocados para atividades com base na folga mínima. Os passos são repetidos até que todas as restrições de recursos tenham sido satisfeitas. No cronograma de recursos limitados, os recursos são fixos, e o prazo de conclusão do projeto é alterado (estendido) de modo que não exceda os limites de recursos.

A Figura 6.13 mostra as diferenças entre o nivelamento de recursos e a programação de recursos limitados.

	Fixos	**Variáveis**
Nivelamento de recursos	Prazo de conclusão necessário do projeto	Recursos
Programação de recursos limitados	Recursos	Prazo de conclusão necessário do projeto

FIGURA 6.13 ▪ Elementos fixos e variáveis para o nivelamento de recursos e programação de recursos limitados.

Para um projeto grande, que requer muitos recursos, cada um dos quais com limite diferente de disponibilidade, a programação de recursos limitados pode ser muito complicada. Vários sistemas de informação de gestão de projetos estão disponíveis e podem ajudar nesse processo.

? QUESTÕES

1. Dê ao menos dez exemplos de recursos.
2. Pense em um projeto em que você está trabalhando atualmente ou em que tenha trabalhado. Liste todos os recursos usados nesse projeto.
3. Discuta por que os recursos precisam ser considerados ao se desenvolver um cronograma.
4. Descreva como os recursos podem ser considerados ao se criar um diagrama de rede.
5. Quais são as limitações técnicas? Dê alguns exemplos.
6. Quais são as limitações de recursos? Dê alguns exemplos.
7. Descreva o que significa nivelamento ou uniformização de recursos. Por que é usado? Quando é usado?
8. O nivelamento de recursos mantém um projeto dentro do cronograma? Se sim, como?
9. Descreva o que se entende por programação de recursos limitados. Por que é usada? Quando é usada?

10. A programação de recursos limitados mantém um projeto no cronograma? Se sim, como?
11. Usando a figura seguinte, realize o nivelamento de recursos. Suponha que cada tarefa possa ser realizada de forma independente das outras tarefas.

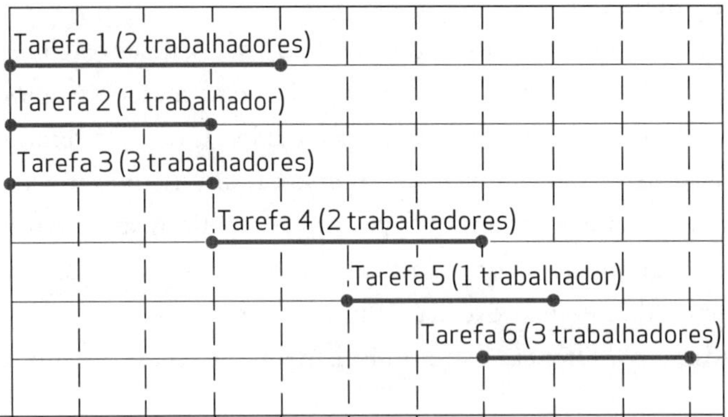

Dia	1	2	3	4	5	6	7	8	9	10
Trabalhadores	6	6	6	4	2	3	3	4	3	3

12. Usando a figura da questão 11, realize a programação com recursos limitados. Suponha que você tenha apenas três trabalhadores disponíveis em dado momento. Qual é a nova data para a conclusão do projeto?

PESQUISA NA INTERNET

1. Procure na internet por "nivelamento de recursos" ou "programação com recursos limitados" e descreva o que você encontrou.
2. Encontre e descreva como um pacote de software de gestão de projetos lida com as considerações de recursos discutidas neste capítulo.
3. Para os exercícios 3 a 5, visite o site da Association for Project Management. Clique no link "About Us" e descreva a missão da organização.
4. Clique no link "Resources". Explore os recursos oferecidos nesse site e resuma um deles que interesse a você.
5. Explore também o link "Latest News". Descreva o que você encontrou.

REFERÊNCIAS

Aguilar, A. Z. (2016). Project toolkit: Reaching outside, stay selective. *PM Network*, *30*(4), 20.

Applebaum, M. (2016). Damage control. *PM Network*, *30*(2), 62-67.

Arain, F. M., Low, S. P., e Wu, M. (2015). Just-in-time (JIT) management in the ready mixed concrete industry in Singapore. *International Journal of Construction Project Management*, 7(2), 119-136.

Couch, C. (2016). Crossing to safety. *PM Network*, *30*(4), 16-17.

Di, L., Rui, Y., e Rongpeng, L. (2014). Project management plan's research and application under resource constraints. *Applied Mechanics e Materials*, *687-691*, 4790-4793.

Ding, R. (2016). Effective project organization management. In R. Ding (Ed.), *Key project management based on effective project thinking* (pp. 121-146). Berlin Heidelberg: Springer Berlin Heidelberg.

Gale, S. F. (2016). Robot in a hard hat. *PM Network, 30*(3), 7-8.

Gustavsson, T. K. (2016). Organizing to avoid project overload: The use and risks of narrowing strategies in multi-project practice. *International Journal of Project Management, 34*(1), 94-101.

Hsu, S., Weng, K., Cui, Q., e Rand, W. (2016). Understanding the complexity of project team member selection through agent-based modeling. *International Journal of Project Management, 34*(1), 82-93.

Jones, T. (2016). Backstage pass. *PM Network, 30*(2), 56-61.

Korhonen, T., Laine, T., Lyly-Yrjänäinen, J., e Suomala, P. (2016). Innovation for multiproject management: The case of component commonality. *Project Management Journal, 47*(2), 130-143.

Lippe, S., e vom Brocke, J. (2016). Situational project management for collaborative research projects. *Project Management Journal, 47*(1), 76-96.

Project Management Institute. (2017). *A guide to the project management body of Knowledge (PMBOK® Guide)* (6th ed.). Newtown Square, PA: Author.

Rockwood, K. (2016). Fighting crime with data. *PM Network, 30*(3), 13-14.

Walker, D. H. T., e Lloyd-Walker, B. M. (2016). Understanding the motivation and context for alliancing in the Australian construction industry. *International Journal of Managing Projects in Business, 9*(1), 74-93.

APÊNDICE

Microsoft Project

Neste apêndice, vamos discutir como o Microsoft Project pode ser usado para apoiar as técnicas abordadas neste capítulo com base no exemplo de estudo de mercado consumidor. Para recuperar as informações do projeto, no menu "Arquivo", clique em "Abrir" e localize o arquivo do estudo de mercado consumidor que você salvou no Capítulo 5, quando definiu a linha de base antes de adicionar as datas reais de término e a nova tarefa. Agora estamos prontos para acrescentar recursos adicionais, administrar a atribuição de tempo em uma tarefa para um recurso, avaliar o uso de tarefas, nivelar os recursos que estão sobrecarregados e criar relatórios de recursos.

A Figura 6A.1 mostra uma planilha de recursos para o estudo de mercado consumidor. Para obter a planilha de recursos, na faixa "Exibição", clique na "Planilha de Recursos" no grupo "Exibição de Recursos". A planilha de recursos permite que você digite informações sobre seus recursos, incluindo cronogramas de trabalhos específicos para cada um deles. Outros recursos que não os recursos humanos também podem ser inseridos nessa tabela. Recursos humanos são inseridos como recursos de trabalho. Outros tipos de recursos são inseridos como recursos materiais ou de custos. A coluna "Tipo" da "Planilha de Recursos" mostra o tipo de recurso (trabalho, material ou custos).

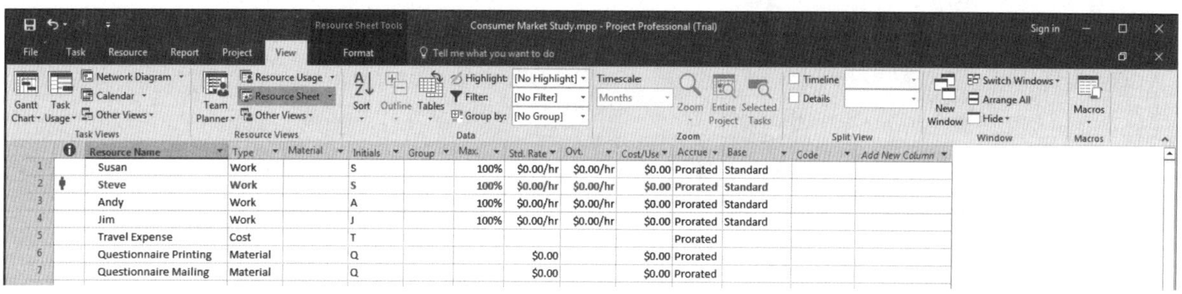

FIGURA 6A.1 ▪ Planilha de recursos.

Recursos materiais e custos são adicionados digitando-se o nome na coluna "Nome do Recurso" e selecionando o tipo de material ou de custo na coluna "Tipo", clicando na seta para baixo na coluna "Tipo" para inserção. O estudo de mercado consumidor requer dois recursos materiais e um recurso de custos, além dos quatro recursos de trabalho.

Informações adicionais sobre cada recurso podem ser inseridas clicando duas vezes no nome do recurso na coluna "Nome do Recurso". Você verá a janela "Informações de Recursos" com quatro abas: "Geral", "Custos", "Notas" e "Campos Personalizados", como mostrado na Figura 6A.2, em que uma nota foi adicionada para fornecer informações extras sobre o recurso de custo.

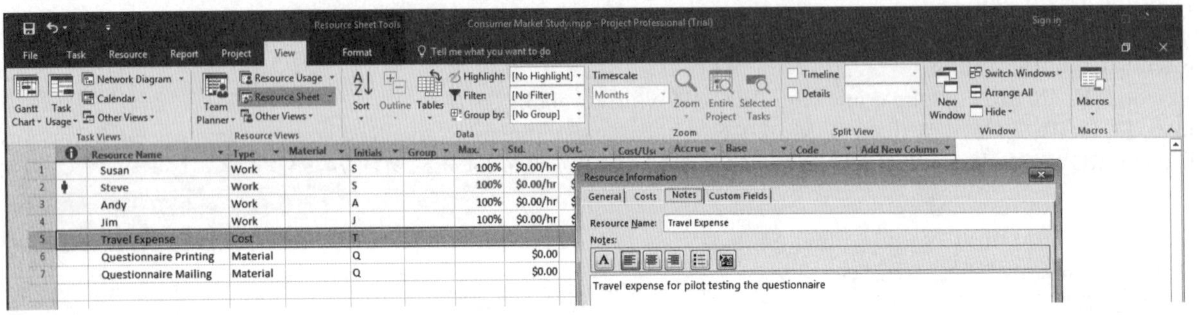

FIGURA 6A.2 ▪ Observações sobre recursos.

Atribua os novos recursos de material e custo a tarefas no estudo de mercado consumidor vendo a lista de tarefas na tabela de entrada do gráfico de Gantt. Lembre-se de que a tabela de entrada do gráfico de Gantt pode ser vista clicando no "Gráfico de Gantt" na faixa "Ver" no grupo "Exibições de Tarefas"; em seguida, clicando em "Tabelas" no grupo "Dados" e selecionando "Entrada" no menu. Para adicionar um recurso de material ou de custo a uma tarefa, clique duas vezes no nome da tarefa para abrir a janela de "Informações de Tarefas". Na guia "Recursos", digite o nome do recurso ou selecione-o na lista de recursos clicando na seta para baixo na célula. Observe na Figura 6A.3 que a duração para a atividade "Enviar Questionário e Obter Respostas" foi reduzida para 55 dias, no Capítulo 5, e "Enviar Questionário" foi adicionado como um recurso material para o projeto. Adicione o recurso de custo "Despesas de Viagem" à atividade "Questionário de Teste Piloto". Adicione o recurso de material "Impressão de Questionário" à atividade "Imprimir Questionário". Adicione o recurso de material "Envio de Questionário" à atividade "Enviar Questionário e Obter Respostas".

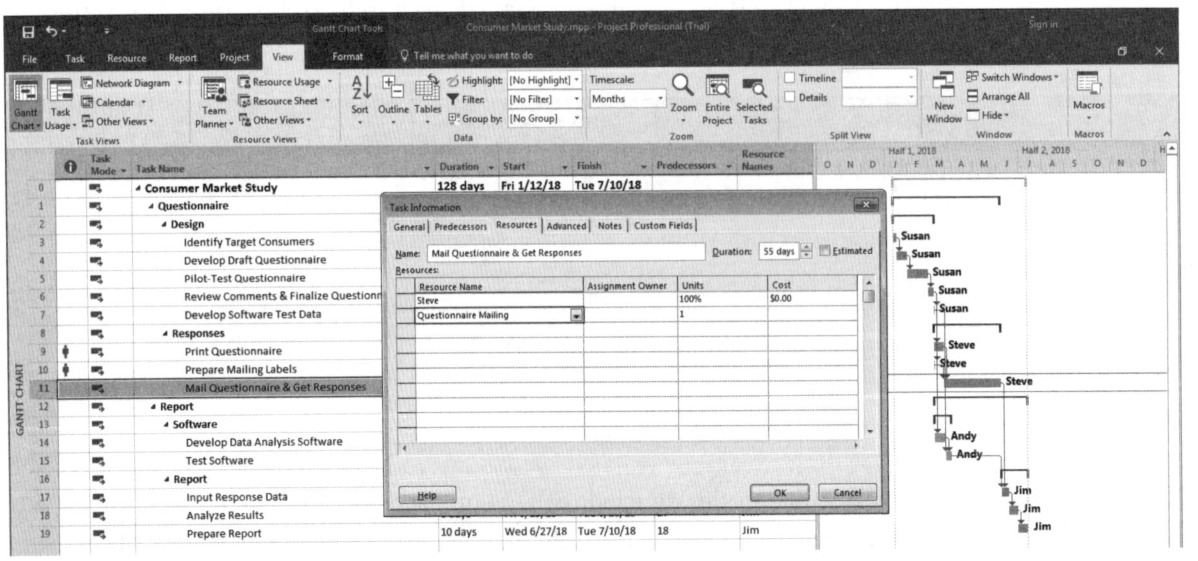

FIGURA 6A.3 ▪ Adicionando um recurso a uma tarefa.

Para o estudo de mercado consumidor, nem todos os recursos de trabalho serão utilizados durante todo o período de uma tarefa. Para as atividades "Imprimir Questionário" e "Enviar Questionário e Obter Respostas", Steve não vai trabalhar durante todo o período das tarefas. Para a atividade "Imprimir Questionário", ele vai trabalhar um dia, e para a atividade "Enviar Questionário e Obter Respostas", vai trabalhar cinco dias. O Microsoft Project tem a opção de tornar a duração de uma tarefa dependente do esforço necessário para completá-la e definir o tipo de tarefa como "Unidades Fixas", "Trabalho Fixo" ou "Duração Fixa". Ao definir a categoria "Esforço Dirigido" de uma tarefa para "Não" e seu "Tipo" para "Duração Fixa", o número de horas de trabalho real em uma tarefa pode ser definido sem afetar a duração de uma tarefa.

Na tela de entrada da tabela "Gráfico de Gantt", digite três novas colunas. Clique na coluna "Adicionar Novo" e selecione "Esforço Dirigido" do menu para a primeira coluna. Clique em "Adicionar Nova Coluna" e selecione "Tipo" para a segunda coluna. Clique em "Adicionar Nova Coluna" e selecione "Trabalho" para a terceira coluna. Altere a coluna "Tipo" de cada tarefa Imprimir Questionário e Enviar Questionário e Obter Respostas para "Duração Fixa", clicando na seta para baixo na célula. Edite o tempo na coluna "Trabalho" para Steve trabalhar na atividade "Imprimir Questionário" por 8 horas e na atividade "Enviar Questionário e Obter Respostas" por 40 horas, como mostrado na Figura 6A.4.

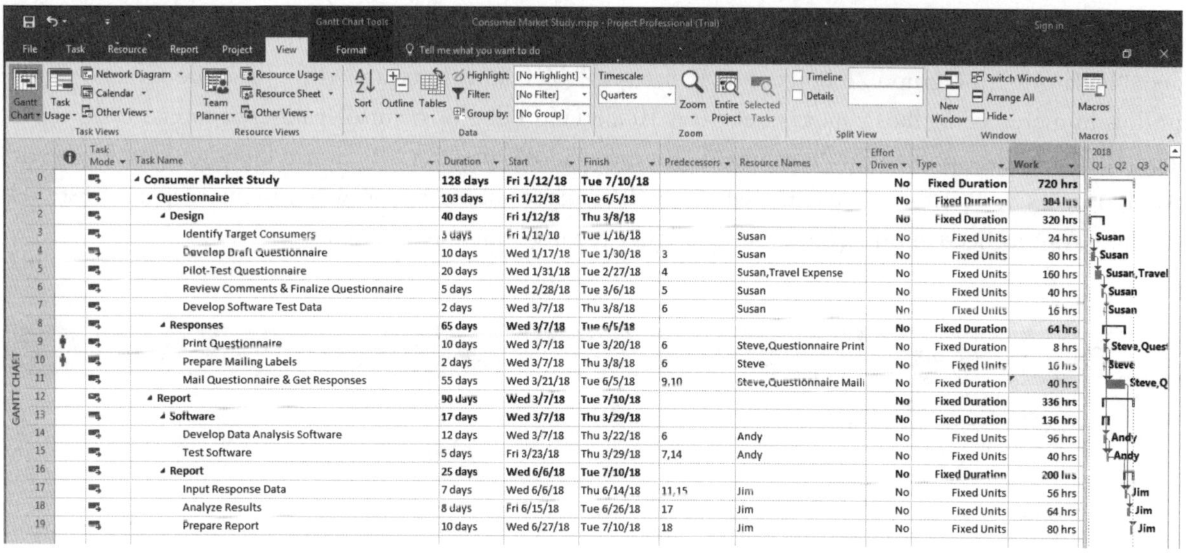

FIGURA 6A.4 ▪ Atribuição de tempo de trabalho a tarefas de duração fixa.

O Microsoft Project entrará no tempo, pois cada um desses tempos deve ser uma porcentagem. Essas tarefas devem ser completadas tão logo quanto possível. Abra a folha de "Uso da Tarefa" clicando em "Uso da Tarefa" na faixa "Ver" no grupo "Exibições de Tarefas". Verifique se as atividades Imprimir Questionário e Enviar Questionário e Obter Respostas não são de esforço dirigido, têm duração fixa, e têm a quantidade correta de trabalho atribuído adicionando as colunas "Esforço Dirigido", "Tipo" e "Trabalho à tela Uso da Tarefa. Role para 7 de março nos detalhes da programação, digite 8h para a atividade ser concluída por Steve para a atividade "Imprimir Questionário", e exclua outros tempos inseridos em toda a duração da atividade. Verifique se o tempo para a "Impressão de Questionários" permanece em 1 unidade. Para a atividade "Enviar Questionário e Obter Respostas", role para a data de início da atividade, 21 de março, coloque 8h em cada célula para 21 de março até 27 de março para Steve e delete os tempos remanescentes para a tarefa. Verifique se o tempo para a "Envio de Questionários" permanece em 1 unidade. A Figura 6A.5 exibe as alterações nos tempos de trabalho para Steve, nos números de unidade para os recursos materiais, bem como o número de horas para o trabalho nos detalhes da programação.

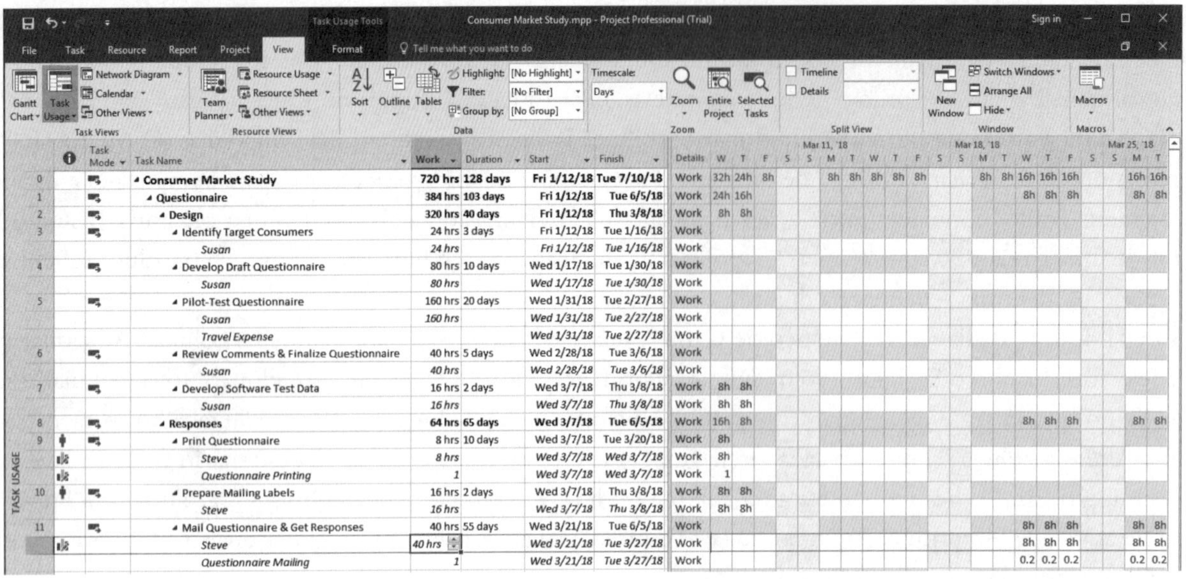

FIGURA 6A.5 ▪ Uso da tarefa.

Os relatórios "Exibições dos Recursos" e "Recursos Sobrecarregados" estão disponíveis no link "Recursos", na faixa "Relatório", no grupo "Exibições de Relatórios". A coluna indicadora "Exibição do Gráfico de Gantt" inclui dois números vermelhos para as tarefas 9 e 10 alertando que os recursos para estas tarefas estão sobrecarregados. Para visualizar o relatório "Recursos Sobrecarregados", na faixa "Relatório", clique em "Recursos" no grupo "Exibições de Relatórios", e então selecione "Recursos Sobrecarregados" no menu suspenso. Este relatório (Figura 6A.6) fornece informações sobre quaisquer recursos que estejam sobrecarregados.

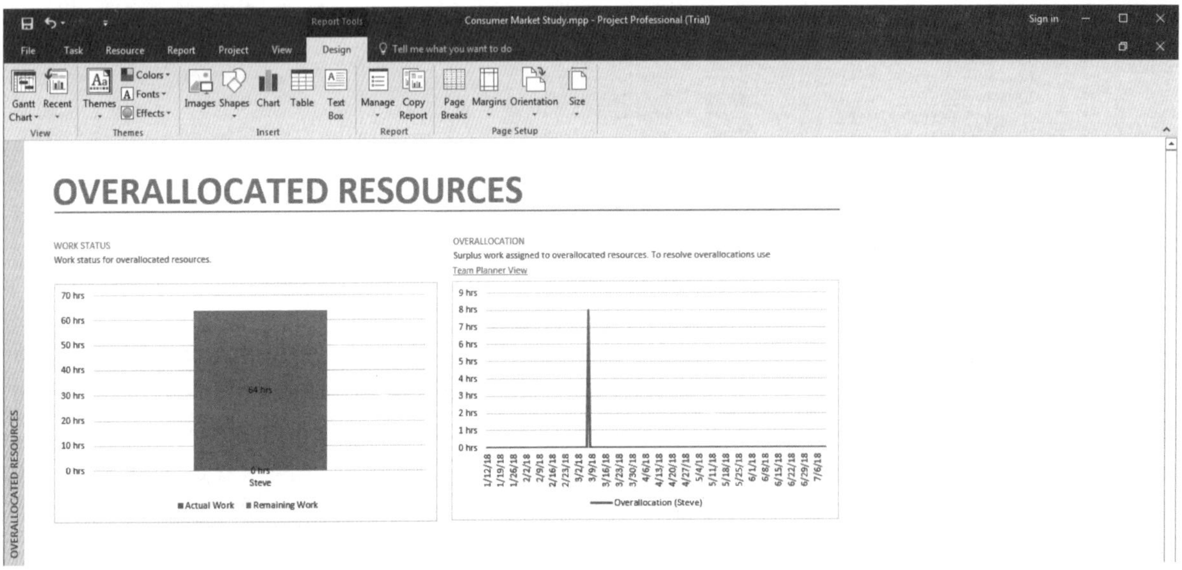

FIGURA 6A.6 ▪ Relatórios de recursos sobrecarregados.

Para ver detalhes sobre a sobrecarga, clique no link no relatório "Recursos Sobrecarregados" para a exibição de "Planejador de Equipe". Role para as datas indicadas para a sobrecarga, a semana que começa em 4 de março de 2018 (Figura 6A.7). Neste exemplo, note que Steve é atribuído a "Preparar Etiquetas de Endereçamento" na quinta-feira, 7 de março de 2018, durante 8 horas por dia. Também é atribuído a ele "Imprimir Questionários" no mesmo dia. Em outras palavras, o relatório indica que Steve é designado para trabalhar 8 horas por dia na quarta-feira (8 de março) em duas tarefas diferentes. O recurso de sobrecarga deve ser nivelado.

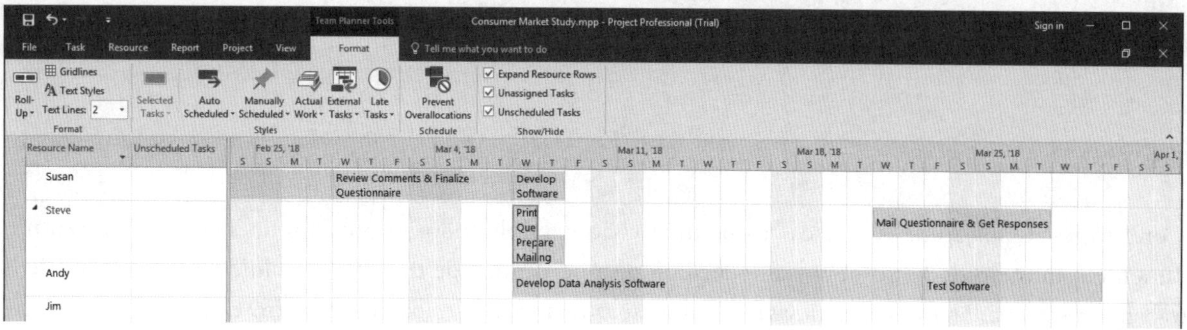

FIGURA 6A.7 ▪ Exibição do planejador de equipe dos recursos sobrecarregados.

Para executar a versão da Microsoft do nivelamento de recursos, na faixa de "Recurso", clique em "Nivelar Recurso" para abrir a respectiva janela (Figura 6A.8). No Microsoft Project, a ferramenta de nivelamento de recursos apenas analisa a sobrecarga de recursos e normalmente resolve essas sobrecargas prorrogando o prazo do projeto. Quando esse nivelamento é feito, o Microsoft Project não altera as atribuições de recursos nem muda as informações da tarefa; isso apenas atrasa as tarefas que possuem recursos que estão com sobrecarga. O nivelamento pode ser realizado selecionando-se o nome do recurso a ser nivelado e clicando no botão "Nível Agora". O nivelamento pode ser removido clicando no botão "Limpar Nivelamento" no grupo "Nível" sobre a faixa de opções "Recursos". Outra técnica no Microsoft Project 2016 é clicar em "Nivelar Todos" no grupo "Nível" na faixa de opções "Recursos". Opções de como o Microsoft Project nivela os recursos podem ser selecionadas clicando em "Opções de Nivelamento" no grupo "Nível" na faixa de opções "Recursos".

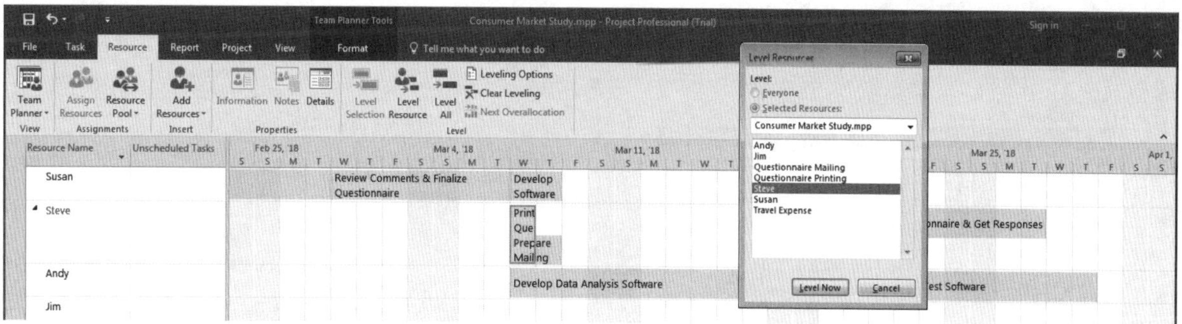

FIGURA 6A.8 ▪ Nivelamento de recursos.

Observe, no modo de exibição "Planejador de Equipe", como mostrado na Figura 6A.9, que o tempo para Steve trabalhar em "Preparar Etiquetas de Endereçamento" mudou; deve começar na quinta-feira, 8 de março.

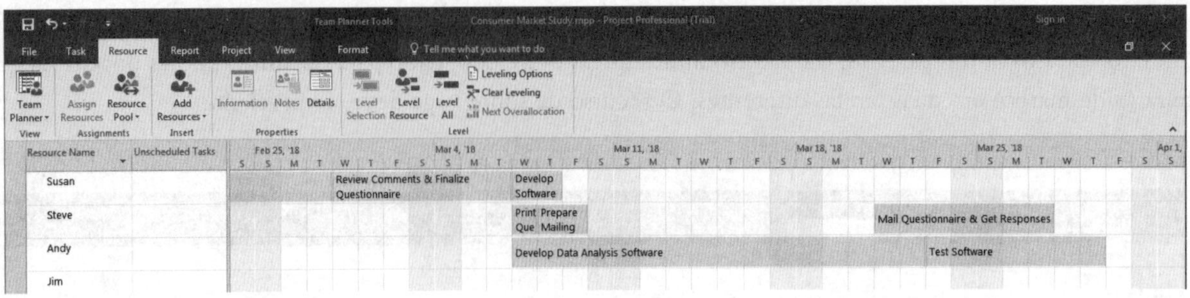

FIGURA 6A.9 ▪ Recursos nivelados.

O relatório "Exibição de Recursos" exibe uma visão geral de todos os recursos de Trabalho em seu projeto juntamente o número de horas de trabalho atribuído, o percentual de trabalho concluído, e o número de horas de trabalho restantes. Para visualizar a visão geral de seus recursos de trabalho, primeiro clique em "Recursos" no grupo "Exibição de Relatórios" na faixa "Relatório", e então selecione Exibição de Recursos no menu suspenso. Esse relatório é exibido na Figura 6A.10.

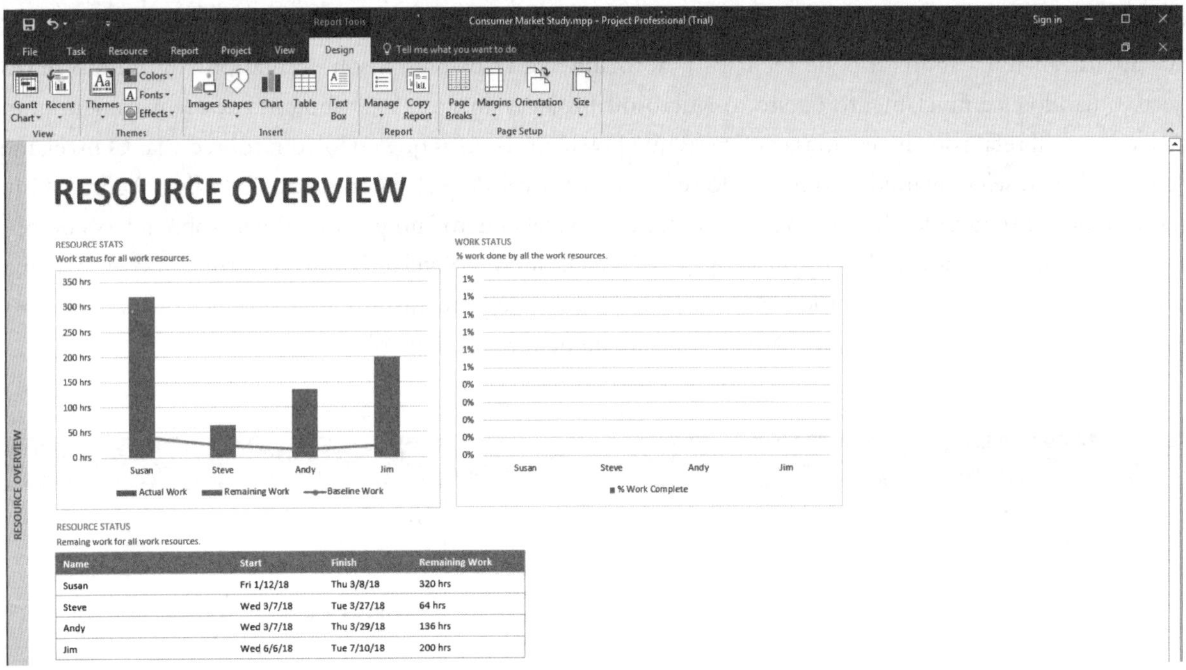

FIGURA 6A.10 ▪ Relatório de exibição de recursos.

O relatório "Uso de Recursos" mostra uma exibição por dia da quantidade total de trabalho atribuída a um recurso de trabalho e o número de unidades atribuídas a um recurso material. Para exibir a folha de uso de "Recursos", como mostra a Figura 6A.11, primeiro clique em "Exibição" para navegar até a faixa "Exibição" e, em seguida, clique em "Uso de Recursos" no grupo "Exibições de Recursos". Compare o relatório "Uso de Recursos" com o relatório "Uso de Tarefas" na Figura 6A.5. Observe que agora Steve tem a atribuição de 8 horas por dia.

É importante salvar periodicamente a base do seu projeto para monitorar mudanças. Para salvar os dados do projeto base, na faixa "Projeto", clique em "Definir Base" no grupo "Programação", e clique em "Definir Base". *Salve o arquivo neste momento para continuar o planejamento apresentado no Capítulo 7.*

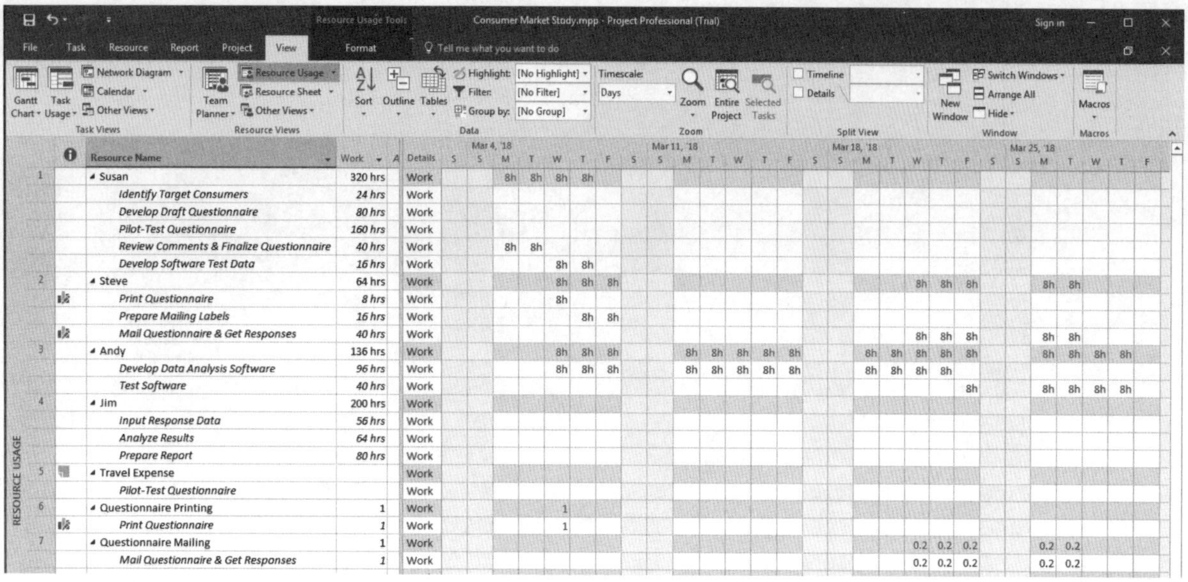

FIGURA 6A.11 ▪ Planilha de uso de recursos.

Determinando custos, orçamento e valor agregado

7

Aleksandr Tikhanskiy/Shutterstock.com

- Estimar os custos das atividades
- Determinar o orçamento do projeto
  - *Custo orçado total agregado*
  - *Custo orçado cumulativo*
- Determinar o custo real
  - *Custo real*
  - *Custos comprometidos*
  - *Comparar o custo real ao custo orçado*
- Determinar o valor do trabalho realizado
- Analisar o desempenho do custo
  - *Índice de desempenho do custo*
  - *Variância do custo*
- Estimar o custo final do projeto
- Controlar os custos
- Administrar o fluxo de caixa
- Estimativa de custo para o desenvolvimento de sistemas de informação
  - *Um exemplo de Sistema de Informação: desenvolvimento de aplicativos de internet para a ABC Office Designs (continuação)*
- Sistemas de informação de gestão de projetos
- Resumo
- Questões
- Pesquisa na internet
- Referências
- Apêndice 1: Balanceamento tempo--custo
  - *Resumo*
  - Questões
- Apêndice 2: Microsoft Project

Os conceitos abordados neste capítulo apoiam as seguintes áreas do *PMBOK® Guide:*

Gestão de integração do projeto
Gestão de custos do projeto

GESTÃO DE PROJETOS NO MUNDO REAL

Gestão de custos da viabilidade das marés

Os projetos que precisam provar seu conceito são considerados de maior risco que projetos com processos já comprovados. Dentro do plano de projeto para esses projetos que necessitam ter seus conceitos demonstrados estão os estudos de viabilidade e os investimentos orçamentários em pesquisas e desenvolvimento. Se o projeto a ser comprovado for considerado viável, o maior será desenvolvido com seu orçamento total. Se não for viável, o conceito seguinte será testado ou, então, o projeto é encerrado. Essas decisões se baseiam nas finanças para o apoio à pesquisa e ao desenvolvimento e em uma comparação entre o orçamento para os custos de investimento em projetos e os benefícios potenciais.

Os projetos de energia renovável vêm experimentando investimentos crescentes, embora os preços do petróleo e do gás tenham diminuído. Em 2013, o nível de investimentos em projetos de energia renovável era cerca de $ 271,9 bilhões. Em 2015, o nível cresceu para $ 328,9 bilhões. Em 2015, os países que mais investiram em projetos de energia renovável foram Índia ($ 10,5 bilhões), os da América Latina ($ 17,5 bilhões), Estados Unidos ($ 56 bilhões) e China ($ 110,5 bilhões). Os tipos de investimentos incluíram projetos relacionados à energia solar, energia eólica, hidrelétricas, resíduos transformados em energia e biocombustíveis.

Uma fonte de energia renovável que captou muitos novos investimentos foi a energia das marés oceânicas. Os líderes em pesquisa e desenvolvimento nesse segmento foram Reino Unido, Estados Unidos e China. Os planos de projetos deverão atingir $ 10,1 bilhões em 2020. O investimento em projetos de energia das marés em 2013 foi de $ 13 milhões.

Do ponto de vista do planejamento e orçamento do projeto, as marés oceânicas são relativamente consistentes, ao passo que a quantidade de sol ou vento para projetos de energia solar e eólica é variável e, às vezes, imprevisível. Os orçamentos para os projetos de energia das marés incluem fundos para tecnologias inovadoras, testes em condições ambientais difíceis e complexas, e testes de resistência, desempenho e durabilidade dos materiais a serem utilizados para turbinas e suas estruturas de suporte.

Projetos de demonstração de menor porte, relacionados ao fluxo das marés e às tecnologias de barragem de marés têm se mostrado bem-sucedidos. O desenvolvimento de uma estrutura semelhante a barragens para capturar a energia das marés em baías e dos rios onde estes desembocam, onde a maré se desloca para dentro e para fora, afeta uma série de aspectos ambientais como a qualidade da água, a migração de peixes e a poluição sonora.

Em Swansea Bay, Swansea, País de Gales, o orçamento para construir um projeto de mar fechado artificial com a finalidade de gerar eletricidade para 150 mil casas durante 120 anos ficou em $ 1,5 bilhão. Juntamente com as discussões para a análise do orçamento e dos benefícios para a estrutura de custos e de planejamento houve reuniões com os stakeholders. Ioan Jenkins, diretor de desenvolvimento na Tidal Lagoon Power, Swansea, no País de Gales, comentou: "Swansea Bay é um ótimo destino turístico, adorado por pessoas do sudoeste do País de Gales, então a ideia de construir uma estação de energia das marés aqui foi muito desafiadora. A confiança é tudo, então tentamos deixar claro desde o início que não temos nada a esconder". Os benefícios do projeto incluíram redução dos detritos na baía, diminuição das emissões de carbono e aumento de empregos.

Mais no extremo norte da Escócia, a Atlantis Resources planejou um projeto de geração de energia das marés com a utilização de 269 turbinas no fundo do mar, adjacente a Pentland Firth. O projeto foi orçado em £ 51 milhões e esperava-se o fornecimento de 398 megawatts de energia. Na China, foi proposta a criação de uma parede dinâmica de energia das marés e o orçamento foi avaliado em $ 30 bilhões. Com um plano de projeto que incluía lâminas curvas para permitir que os animais marinhos passassem com segurança, oito empresas holandesas e o governo dos Países Baixos financiaram conjuntamente a fase de viabilidade para que o projeto esteja concluído até 2020.

Os cálculos para projetos de viabilidade incluem o planejamento de orçamento e os índices de desempenho de custos que ajudam a tomar decisões a fim de prosseguir, encerrar ou obter mais recursos. Os gerentes desses projetos com base na energia das marés gerenciam os orçamentos e as comunicações à medida que examinam os benefícios e os custos do projeto.

Baseado em informações de Rockwood, K. (2016). Turning the tide. *PM Network, 30*(4), 8-9.

Além de estabelecer uma programação-base para um projeto, também é necessário desenvolver um orçamento-base. São necessárias estimativas dos custos para cada atividade específica. O orçamento do projeto é determinado ao se agregar os custos estimados a todas as atividades. Deve, então, cobrir o intervalo de tempo esperado do projeto para criar um orçamento-base distribuído nesse tempo que serve para analisar o custo de desempenho do projeto. Assim que o projeto se iniciar, é importante monitorar os custos reais e o valor agregado do trabalho realizado. Em intervalos regulares durante o projeto, os seguintes parâmetros relacionados ao custo devem ser monitorados:

- A quantia real cumulativa gasta desde o início do projeto.
- O valor agregado cumulativo do trabalho realizado desde o início do projeto.
- A quantia orçada cumulativa planejada para ser gasta, com base na programação, do início do projeto.

As comparações devem ser feitas com base nesses três parâmetros para avaliar se o projeto está sendo realizado dentro do orçamento e se o valor agregado do trabalho realizado está alinhado com o custo real gasto.

Se, em qualquer momento do projeto, for determinado que o projeto está excedendo o orçamento ou o valor do trabalho realizado não está acompanhando o custo real gasto, uma ação corretiva precisa ser tomada imediatamente. Uma vez que os custos do projeto saiam do controle, será difícil completá-lo dentro do orçamento. Como você verá neste capítulo, a chave para o controle efetivo do custo é analisar o seu desempenho de forma oportuna e regular. A identificação antecipada das variações do custo permite que a ação corretiva seja tomada antes que a situação fique pior. Com base no custo real gasto e no valor agregado do trabalho realizado, você aprenderá como prever regularmente se todo o projeto será concluído dentro do orçamento. Você se familiarizará com as seguintes ideias:

- Estimar os custos das atividades.
- Determinar um orçamento-base distribuído no tempo.
- Determinar o valor agregado com o trabalho realizado.
- Analisar o desempenho de custo.
- Prever o custo do projeto até a conclusão.
- Controlar os custos do projeto.
- Administrar o fluxo de caixa.

RESULTADOS DE APRENDIZAGEM

Após o estudo deste capítulo, você estará apto a:

- Estimar os custos das atividades.
- Agregar o custo orçado total.
- Desenvolver um orçamento-base distribuído no tempo.
- Descrever como calcular os custos reais acumulados.
- Determinar o valor agregado do trabalho realizado.
- Calcular e analisar os indicadores-chave do desempenho do projeto.
- Discutir e aplicar as abordagens para controlar o orçamento do projeto.
- Explicar a importância de administrar o fluxo de caixa.

Estimar os custos das atividades

O custo total do projeto frequentemente é estimado durante sua fase inicial ou quando a carta ou a proposta do projeto for preparada, porém os planos detalhados normalmente não são concluídos nesse momento. No entanto, durante a fase de planejamento do projeto, as atividades específicas são definidas e um plano de redes é criado. Assim que as atividades específicas forem definidas, as estimativas dos recursos, durações e custos para cada atividade específica podem ser feitas. *O custo estimado de uma atividade é baseado em uma estimativa dos tipos e quantidades de recursos requeridos para realizar a atividade*, conforme mencionado na seção sobre estimativa dos recursos para a atividade, no Capítulo 5. Os recursos incluem pessoas, materiais, equipamentos, instalações, e assim por diante. Os recursos estimados para a atividade são usados para estimar os custos por atividade. O custo estimado para cada atividade específica pode incluir os seguintes elementos:

Reforce sua aprendizagem

1. Os custos estimados de uma atividade têm como base __________ e __________ de __________ requerido para realizar a atividade.

1. *Custos com mão de obra.* São estimados para os diversos tipos ou classificações de pessoas que são esperadas para trabalhar no projeto, como pintores, *designers* e programadores de computador. Os custos com mão de obra têm como base o *tempo de trabalho* estimado (não necessariamente o mesmo que a duração estimada da atividade) e o valor unitário da hora trabalhada, ou do dia trabalhado, em unidades monetárias, para cada pessoa ou classificação.
2. *Custos com materiais.* São estimados para os materiais que a equipe do projeto ou a contratada precisa comprar, como tinta, madeira, tubulações, arbustos, carpetes, cabos elétricos, papel, materiais de arte, alimentos, computadores e aplicativos de software.
3. *Custos com equipamentos.* Alguns projetos requerem equipamento que deve ser adquirido como parte do projeto. O equipamento pode incluir itens como computadores e máquinas. Por exemplo, um projeto de construção de uma clínica incluiria a aquisição de vários tipos de equipamento médico. Ou um projeto para melhorar uma fábrica poderia incluir a compra de novas máquinas para produção. Ou um novo escritório poderia incluir a compra de novos sistemas de computadores.
4. *Custos com instalações.* Alguns projetos podem exigir instalações especiais ou espaço adicional para a equipe de projeto, por razões de segurança, para armazenar materiais, ou para construir, montar e testar o produto final. Se tais instalações são necessárias, o custo estimado para alugar o espaço precisa ser incluído.
5. *Custos com subcontratadas e consultores.* Quando as equipes ou as contratadas do projeto não têm os conhecimentos ou recursos para fazer certas tarefas do projeto, podem terceirizar parte do trabalho para subcontratadas ou consultores para que executem essas atividades. Os exemplos dessas tarefas incluem a criação de folhetos, o desenvolvimento de um manual de treinamento, de um software e o fornecimento de refeições para uma recepção.
6. *Custos com viagens.* Se for necessário viajar (além de viagens locais) durante o projeto, os custos de transporte e hospedagem, como passagens aéreas e refeições, devem ser incluídos.

7. *Reserva.* Além desses itens, a equipe – ou a contratada para execução do projeto – pode querer incluir uma quantidade estimada para as contingências para cobrir situações inesperadas que podem surgir durante o percurso, como itens que podem ter sido esquecidos quando o escopo inicial do projeto foi definido, atividades que terão de ser refeitas porque não funcionaram da primeira vez (replanejamento), ou os custos para cobrir uma alta probabilidade ou risco de alto impacto que podem ocorrer. Muitas vezes, há um orçamento separado (*reserva da gestão*) deixado para as contingências do projeto de forma geral em vez de destinação para atividades específicas.

Reforce sua aprendizagem

2. Liste os elementos que podem ser incluídos nos custos estimados para uma atividade.

A Tabela 7.1 mostra os custos estimados para cada atividade no projeto de estudo do mercado consumidor. Os custos com mão de obra do exemplo são fundamentados nos dias de trabalho estimados que foram discutidos na seção sobre planejamento de exigências de recursos no Capítulo 6. Diversas suposições adicionais precisam ser mencionadas:

- Atividade 3, "Questionário de teste piloto", exige que uma viagem aconteça para levar o grupo de foco para obter *feedback* e comentários sobre o rascunho do questionário e, portanto, os custos estimados para essa viagem estão inclusos.
- Para a atividade 6, "Imprimir questionário", vai ser contratado um subfornecedor, de modo que seu custo estimado esteja incluso.

Atividade	Nome	Dias de trabalho	Taxa em $ com mão de obra	Custos com mão de obra	Custos com materiais	Custos com viagem	Total dos custos
1. Identificar consumidores-alvo	Susan	3	$ 260	$ 780			$ 780
2. Desenvolver rascunho do questionário	Susan	10	260	2.600			2.600
3. Questionário de teste piloto	Susan	20	260	5.200		$ 3.000	8.200
4. Revisar os comentários e finalizar questionário	Susan	5	260	1.300			1.300
5. Preparar etiquetas de correio	Steve	2	200	400			400
6. Imprimir questionário	Steve	1	200	200	$ 1.700		1.900
7. Desenvolver software de análise de dados	Andy	12	300	3.600			3.600
8. Desenvolver dados de teste de software	Susan	2	260	520			520
9. Enviar questionário e obter respostas	Steve	5	200	1.000	7.800		8.800
10. Testar software	Andy	5	300	1.500			1.500
11. Inserir dados de resposta	Jim	7	400	2.800			2.800
12. Analisar resultados	Jim	8	400	3.200			3.200
13. Preparar o relatório	Jim	10	400	4.000			4.000
Total (em dólares)		**90**		**$ 27.100**	**$ 9.500**	**$ 3.000**	**$ 39.600**

TABELA 7.1 ▪ Custos estimados para as atividades do projeto de estudo do mercado consumidor.

- Atividade 9, "Enviar questionário e obter respostas", inclui um custo estimado para postagem.
- O patrocinador tem um orçamento aprovado de $ 40 mil para o projeto.

É uma boa medida ter alguém específico que seja responsável por desempenhar a atividade também específica de estimar os custos associados a ela. Gera-se um compromisso com essa pessoa e evita qualquer divergência gerada pelo fato de ter uma só pessoa estimando todos os custos para todas as atividades. Em alguns casos, todavia, como em grandes projetos que envolvem centenas de pessoas realizando diversas atividades ao longo de muitos anos, pode não ser prático ter custos estimados para a atividade de cada pessoa. Em vez disso, cada organização ou subcontratada responsável por um grupo ou tipo de atividade pode designar um indivíduo qualificado para estimar os custos para todas as atividades pelas quais aquela organização ou subcontratada está responsável. Se uma organização ou contratada executou projetos similares no passado e manteve registros dos custos reais de vários itens, esses dados históricos podem ser usados como um guia na estimativa de custos de itens para projetos futuros.

Reforce sua aprendizagem

3. O custo estimado para uma atividade deve ser ____________ e ____________.

As estimativas de custo para uma atividade devem ser razoáveis e realistas. Não devem ser tão "exageradas" que incluam fundos de reserva para cada aspecto concebível que poderia surgir ou dar errado. Se as estimativas de custo forem demasiadamente conservadoras, o custo total estimado é passível de ser maior do que o patrocinador ou o cliente tenha orçado para o projeto. Por outro lado, se os custos estimados forem excessivamente otimistas e algumas despesas inesperadas surgirem, a equipe do projeto ou a contratada poderá sofrer o constrangimento de voltar ao patrocinador ou cliente para pedir fundos adicionais para cobrir o excesso de custos.

Deve-se observar que, no começo do projeto, pode não ser possível estimar os custos para todas as atividades com certo nível de confiança em relação à sua precisão. O que é especialmente verdade para os projetos de longo prazo. Pode ser mais fácil estimar os custos para as atividades de curto prazo, mas, à medida que o projeto progride, a equipe pode *elaborar progressivamente* os custos estimados, conforme mais informações são conhecidas ou esclarecidas para possibilitar custos estimados com mais precisão.

Determinar o orçamento do projeto

O processo orçamentário do projeto envolve duas etapas. A primeira etapa consiste em determinar o **custo orçado total (COT)**, que é a quantia agregada dos custos estimados de todas as atividades específicas para realizar e concluir um pacote de trabalho ou o projeto. A segunda é desenvolver um **orçamento por período**, que é a distribuição por período do custo orçado total para um pacote de trabalho ou projeto ao longo do prazo determinado, com base em para quando as atividades específicas estão programadas para serem realizadas.

Reforce sua aprendizagem

4. O primeiro passo no processo orçamentário do projeto é ____________ os custos ____________ para cada ____________ de trabalho à estrutura analítica de projeto (EAP) e estabelecer um ____________ ____________ para cada pacote de trabalho.

CUSTO ORÇADO TOTAL AGREGADO

Agregar os custos estimados das atividades específicas para realizar e concluir cada pacote de trabalho na estrutura analítica do projeto vai estabelecer um custo orçado total (COT), também chamado de *orçamento na conclusão* (*OC*) para cada pacote. O COT é a soma dos custos estimados de todas as atividades específicas que compõem aquele pacote de trabalho. *Quando os orçamentos para todos os pacotes de trabalho são agregados, não podem exceder a quantia total de fundos que o patrocinador ou cliente orçou para o projeto.*

É comum que a soma inicial dos custos estimados de todos os pacotes de trabalho ou atividades seja maior que a quantia dos fundos que o patrocinador ou cliente orçou para o projeto. Então, pode-se assu-

mir diversas iterações de análise dos custos estimados das atividades específicas para chegar a um orçamento-base aceitável.

Às vezes, a equipe do projeto ou a contratada reage ao orçamento do cliente que força o ajuste da estimativa de custos da atividade para atender ao orçamento total apenas reduzindo arbitrariamente os custos estimados das atividades específicas e convencendo-se de que, de algum modo (por sorte), as atividades serão realizadas com a quantia reduzida dos custos. Então, quando o projeto não é concluído dentro do orçamento, eles ficam surpresos! Em vez disso, eles deveriam detalhar os custos da atividade estimada de maneira realista, determinando, então, quanto o agregado dos custos estimados está acima do orçamento do cliente para o projeto. Neste ponto, eles podem determinar racionalmente como reduzir os custos para chegar a um COT que esteja dentro do orçamento do cliente. O que é feito ao se tomar decisões sobre como reduzir os custos estimados das atividades específicas. Isso pode significar decisões sobre substituir alguns recursos por outros com custo mais baixo ou por recursos mais eficientes, subcontratando determinadas tarefas, reduzindo o escopo/as especificações, e assim por diante. Como um último recurso, podemos pensar em voltar ao patrocinador ou cliente e pedir fundos adicionais ou permissão para reduzir o escopo. É melhor informar o cliente no início do projeto em vez de surpreendê-lo mais tarde. É importante gerir as expectativas do cliente.

Reforce sua aprendizagem

5. Consulte a Tabela 7.1 e a Figura 7.4. Qual é o custo total orçado para cada pacote de trabalho?

A Figura 7.1 mostra os COT dos pacotes de trabalho individuais na estrutura analítica do projeto para um projeto de $ 600 mil. A quantia para cada pacote de trabalho representa o COT para realizar e concluir todas as suas atividades específicas e associadas.

A Figura 7.2 é um diagrama de rede de um projeto para criar e construir uma máquina de empacotamento automatizada especializada e instalá-la na fábrica do cliente. A máquina vai inserir o produto do cliente em caixas, rolando em alta velocidade em uma esteira. Esse projeto será usado como exemplo por todo o restante deste capítulo, por isso foi mantido em formato simples. O projeto consiste em três atividades, e o diagrama de rede mostra a duração (em semanas) de cada uma delas. A Figura 7.3 mostra a estrutura analítica do projeto com o COT para cada pacote de trabalho.

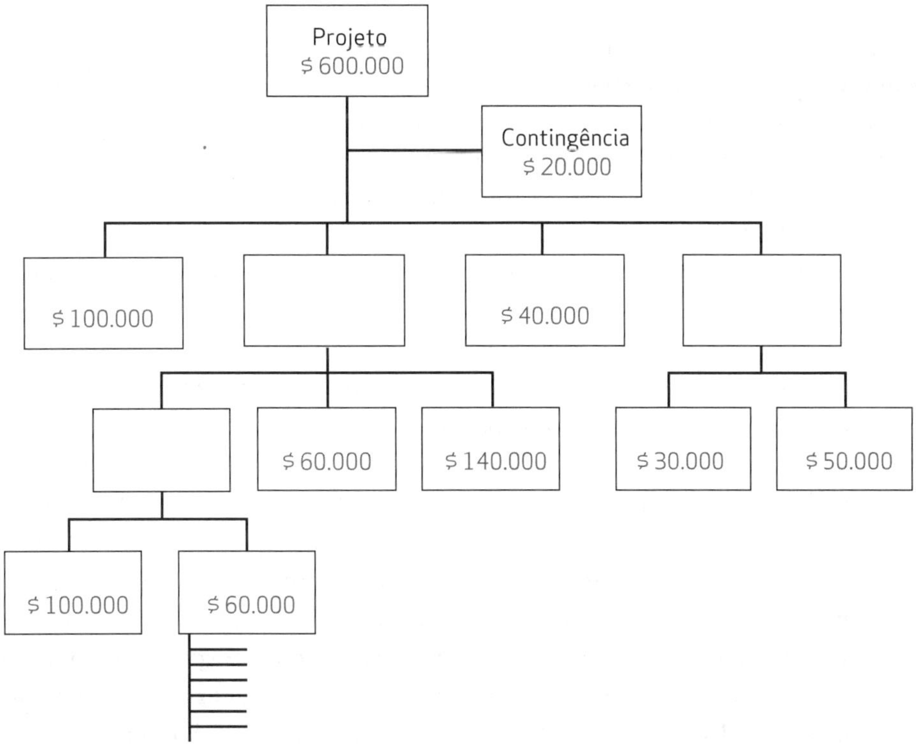

FIGURA 7.1 ■ Estrutura analítica do projeto com os orçamentos dos pacotes de trabalho.

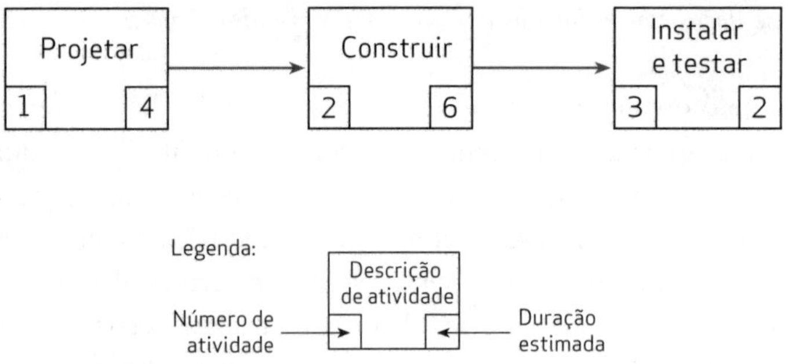

FIGURA 7.2 ▪ Diagrama de rede para o projeto da máquina de empacotamento.

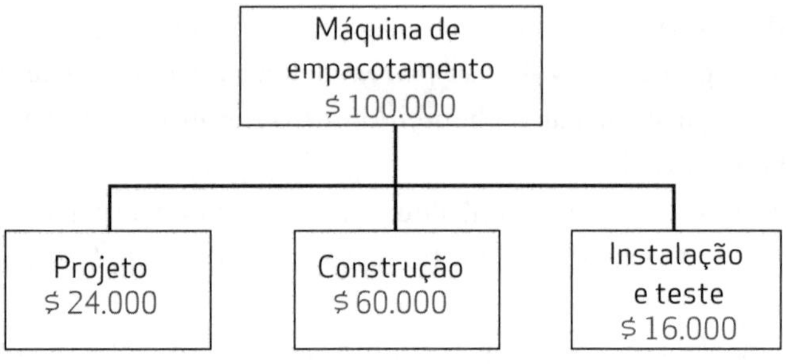

FIGURA 7.3 ▪ Estrutura analítica do projeto para o projeto da máquina de empacotamento.

CUSTO ORÇADO CUMULATIVO

Uma vez que o COT foi estabelecido para cada pacote de trabalho, a segunda etapa no processo orçamentário do projeto é distribuir ou disseminar cada COT ao longo do intervalo de tempo esperado de seu pacote de trabalho. Um custo é calculado para cada período dentro do prazo com base no momento em que as atividades específicas que compõem o pacote do trabalho estão programadas para ser realizadas. Quando o COT para cada pacote de trabalho for disseminado pelo período, um *orçamento distribuído no tempo* é criado de modo que seja determinado quanto deve ser gasto em qualquer ponto no tempo. Essa quantia é calculada ao somar os custos do orçamento para cada período até aquele ponto. Essa quantia, conhecida como **custo orçado cumulativo (COC)**, também chamado de *valor planejado* (VP) ou *custo orçado do trabalho programado* (COTP), é aquela que foi orçamentada para realizar o trabalho que foi programado para ser feito até aquele ponto no tempo. O COC é o *orçamento-base distribuído no tempo* que será usado para analisar o desempenho do custo do projeto.

Reforce sua aprendizagem

6 Uma vez que o custo orçado total foi estabelecido para cada pacote de trabalho, o segundo passo no processo orçamentário do projeto é ____________ cada COT ao longo do intervalo de ____________ ____________ para seu pacote de trabalho.

Para o projeto da máquina de empacotamento, a Figura 7.4 mostra como o COT para cada pacote de trabalho é disseminado ao longo dos períodos de tempo com base nas durações estimadas mostradas na Figura 7.2. O custo orçado período a período também é mostrado para todo o projeto, bem como seu COC. A Figura 7.4 indica que $ 32 mil é o valor orçado para realizar o trabalho que está programado para ser feito na semana 5. Os períodos pelos quais os custos orçados são disseminados normalmente são determinados pelos momentos de início e término das atividades na programação do projeto-base (ajustado para levar em consideração o nivelamento dos recursos ou a programação com recursos limitados).

Com os valores de COC, é possível desenhar uma curva COC para ilustrar as despesas orçamentadas ao longo da duração do projeto. A Figura 7.5 mostra a curva do COC para o projeto da máquina de empacotamento. Apesar de a tabela na Figura 7.4 e a curva de custo

		Semana											
	COT	1	2	3	4	5	6	7	8	9	10	11	12
Projeto	24	4	4	8	8								
Construção	60					8	8	12	12	10	10		
Instalação e teste	16											8	8
Total	100	4	4	8	8	8	8	12	12	10	10	8	8
Cumulativo		**4**	**8**	**16**	**24**	**32**	**40**	**52**	**64**	**74**	**84**	**92**	**100**

As quantias estão em milhares de dólares.

FIGURA 7.4 ▪ Custo orçado por período para o projeto da máquina de empacotamento.

na Figura 7.5 exibirem COC para o projeto total, uma tabela cumulativa semelhante e outra curva podem ser feitas para cada pacote de trabalho, se desejado.

O COC para todo o projeto, ou para cada pacote de trabalho, fornece uma base em que o custo real e o desempenho do trabalho podem ser comparados em qualquer momento durante o projeto. Seria ilusório apenas comparar as quantias reais gastas para o projeto ou pacote de trabalho, uma vez que o desempenho do custo sempre parecerá bom contanto que os custos reais estejam abaixo do COT. No exemplo da máquina de empacotamento, poderíamos pensar que o custo do projeto esteja sob controle desde que seu custo real total esteja abaixo de $ 100 mil. Mas o que aconteceria quando um dia o custo real total excedesse o COT de $ 100 mil e o projeto não fosse finalizado? Naquele momento, seria muito tarde para controlar o projeto de modo que fosse concluído dentro do orçamento – o orçamento do

Reforce sua aprendizagem

7. O ______________ ______________ ______________ é a quantia que foi orçamentada para realizar o ______________ que foi programado para ser realizado até aquele momento.

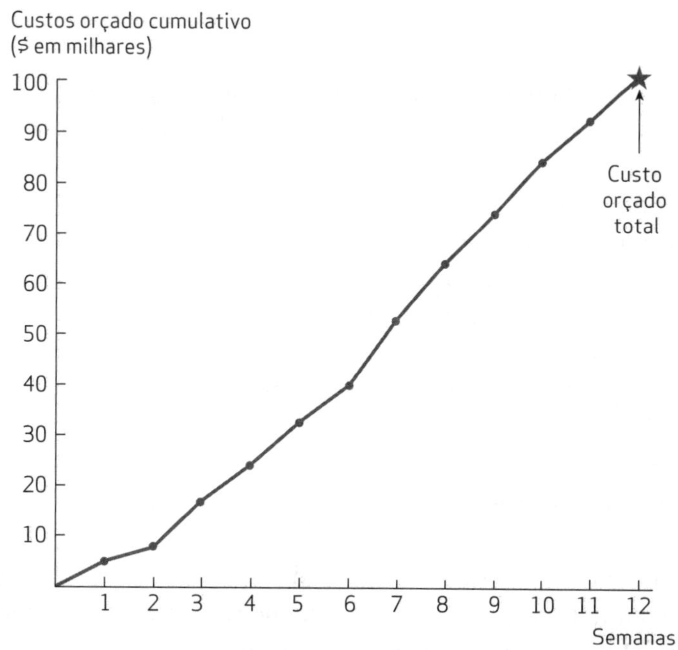

FIGURA 7.5 ▪ Curva do custo orçado cumulativo para o projeto da máquina de empacotamento.

projeto seria excedido e o trabalho permaneceria não terminado, logo, mais custos teriam de ser incorridos para concluir o projeto!

Para evitar esses pesadelos, é importante usar o COC, em vez de o COT, como a base com a qual o custo real é comparado. Dessa forma, se o custo real começar a exceder o COC, uma ação corretiva pode ser tomada imediatamente, antes que seja tarde.

Para projetos maiores que envolvem pacotes de trabalho ou atividades, um software de gestão pode ser utilizado para auxiliar no seu orçamento.

Determinar o custo real

Uma vez que o projeto se inicia, é necessário manter o curso do custo real e os custos comprometidos, de modo que eles possam ser comparados ao COC.

CUSTO REAL

Para manter o curso do **custo real** em um projeto, é necessário estabelecer um sistema para coletar, em uma base regular e oportuna, os dados sobre os custos realmente gastos. Tal sistema pode incluir processos, procedimentos e formas para reunir dados. Uma estrutura contábil deve ser estabelecida com base no sistema de numeração da estrutura analítica de projeto, de modo que cada item do custo real possa ser cobrado para o pacote de trabalho apropriado. Cada custo real do pacote de trabalho pode ser somado e comparado ao seu COC.

Folhas de ponto semanais são muito usadas para coletar as horas trabalhadas reais. Os indivíduos que trabalham em um projeto indicam os números de pacotes de trabalho em que eles atuaram e a quantidade de horas gastas em cada um deles. Essas horas são multiplicadas pelo custo da hora trabalhada de cada indivíduo determinando o custo real em unidades monetárias. Nos casos em que os indivíduos podem ser atribuídos a diversos projetos concomitantemente, a pessoa indicaria o número do projeto, bem como o número do pacote de trabalho na folha de ponto, para garantir que os custos reais com mão de obra sejam cobrados para o projeto apropriado. Quanto às faturas recebidas para os materiais, equipamentos ou serviços que foram adquiridos para uso no projeto, também devem ser cobradas para o número específico de pacote de trabalho.

CUSTOS COMPROMETIDOS

Os **custos comprometidos** são fundos que foram definidos como obrigatórios para um item que foi solicitado ou adquirido, mas ainda não foram pagos e, portanto, não estão disponíveis para serem gastos em outras partes do projeto, porque serão necessários algum tempo depois de o item ser pago. Os custos comprometidos *também são conhecidos como compromissos, custos obrigados* ou *custos onerados*.

Os custos são comprometidos quando um item (material, subcontratada) é solicitado, normalmente por meio de um pedido de compra, apesar de seu pagamento real acontecer algum tempo depois – quando o material ou equipamento for entregue ou o serviço for concluído e faturado. Quando um pedido de compra de um item é emitido a um fornecedor ou a uma subcontratada, os fundos para esse pedido ficam "comprometidos" e não estão mais disponíveis para serem gastos em outras atividades do projeto. A quantia comprometida deve ser considerada onerada, ou deixada de lado, porque os fundos serão necessários para pagar o fornecedor ou a subcontratada em algum momento no futuro, quando uma fatura for recebida. Por exemplo, se você solicita uma contratada para pintar sua casa por $ 5 mil, você está comprometendo $ 5 mil, mesmo que você não vá pagar realmente a contratada até que o trabalho esteja finalizado.

Esses custos comprometidos precisam ser tratados de modo especial para que o sistema contábil atribua periodicamente uma parte de seu custo total ao custo real, em vez de esperar até que os materiais sejam entregues ou os serviços sejam totalmente concluídos para cobrar seus custos reais totais. Para possibilitar uma comparação realista do custo real com o COC, *porções da quantia comprometida devem ser atribuídas ao custo real enquanto o trabalho está sendo realizado*. Em alguns casos, o fornecedor ou a subcontratada podem exigir pagamentos parciais de acordo com o progresso, em vez de aguardar até que o trabalho seja finalizado totalmente para ser pago. Nessas situações, quando uma fatura é recebida do fornecedor ou da subcontratada para um pagamento parcial ou de progresso, sua quantia deve ser atribuída como custo real ao pacote de trabalho adequado. Suponha que um projeto, ao desenvolver um sistema de controle do inventário, inclua uma subcontratação de um consultor para desenvolver seis diferentes módulos do software por $ 120 mil. À medida que cada módulo é completado e entregue, o consultor envia uma fatura de $ 20 mil. Quando a fatura é recebida, os $ 20 mil devem ser considerados um custo real.

Agora vamos considerar um cenário diferente, em que a subcontratada ou o fornecedor não emite as faturas para os pagamentos parciais de progresso, mas sim aguarda até que o trabalho seja finalizado e/ou entregue e, em seguida, emite uma fatura no valor total. Mesmo nesse caso, uma porção da quantia comprometida real deve ser periodicamente atribuída como um custo real, porque o trabalho está realmente sendo realizado. Por exemplo, suponha que um projeto para remodelar um edifício comercial inclua a subcontratação de uma empresa especializada em aquecedores para instalar novas unidades em todo o edifício em quatro meses por $ 80 mil. Embora a subcontratada envie uma única fatura de $ 80 mil quando todo o trabalho estiver finalizado, $ 20 mil devem ser atribuídos ao custo real a cada mês, porque o trabalho está realmente sendo realizado.

COMPARAR O CUSTO REAL AO CUSTO ORÇADO

Conforme os dados sobre o *custo real* são coletados, *incluindo as porções de qualquer custo comprometido*, precisam ser somados aos pacotes de trabalho para que possam ser comparados ao seu COC. **O custo real cumulativo (CRC)**, também denominado *custo real do trabalho realizado (CRTR)*, é a quantidade de custos realmente gastos e comprometidos para realizar todo o trabalho realizado até um momento específico. Para o projeto da máquina de empacotamento, a Figura 7.7 mostra o custo real por período para cada pacote de trabalho até a semana 8. Também é mostrado o custo real do período de período total, bem como o CRC para o projeto até a semana 8.

A Figura 7.6 indica que, no final da semana 8, foram realmente gastos $ 68 mil nesse projeto. O COC na Figura 7.4 revela que somente $ 64 mil foram orçados para terem sido gastos no final da semana 8. Há uma variação de $ 4 mil – o projeto está excedendo seu orçamento.

Com os valores de CRC, é possível desenhar uma curva CRC cumulativa. Desenhar essa curva no mesmo gráfico da curva do COC, como mostrado na Figura 7.7, proporciona uma boa comparação visual.

Apesar de a tabela na Figura 7.6 e as curvas de custo na Figura 7.7 exibirem os dados para o projeto total, tabelas cumulativas semelhantes e curvas podem ser feitas para ca-

Reforce sua aprendizagem

8. Consulte as Figuras 7.4 e 7.6. Quanto o pacote de trabalho "Projeto" e o de "Construção" contribuem, cada um deles, para o excedente de custo de $ 4 mil no final da semana 8?

	Quantia	Excedente ou não atingido?
Projeto	____	____
Construção	____	____

	Semana								Total gasto
	1	2	3	4	5	6	7	8	
Projeto	2	5	9	5	1				22
Construção				2	8	10	14	12	46
Instalação e teste									0
Total	2	5	9	7	9	10	14	12	**68**
Cumulativo	**2**	**7**	**16**	**23**	**32**	**42**	**56**	**68**	**68**

As quantias estão em milhares de dólares.

FIGURA 7.6 ■ Custo real por período para o projeto da máquina de empacotamento.

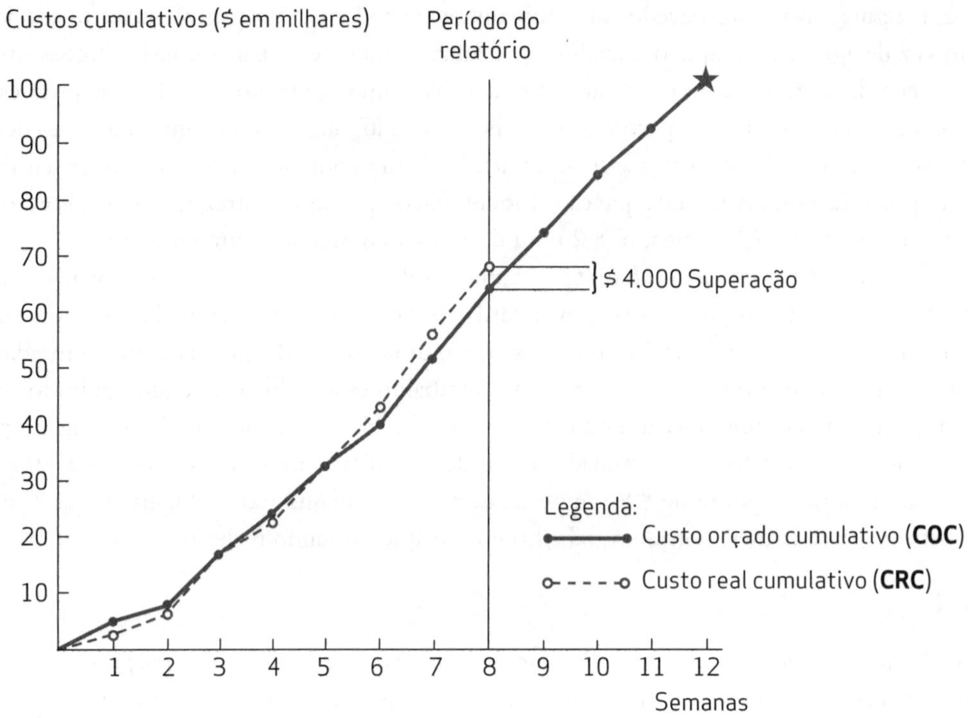

FIGURA 7.7 ▪ Custos orçado cumulativo e real para o projeto da máquina de empacotamento.

da pacote de trabalho, se desejado. Gerar as curvas individuais ajudará a encontrar os pacotes de trabalho que estão contribuindo com o excedente.

Determinar o valor do trabalho realizado

Considere um projeto que envolva a pintura de 10 salas por 10 dias (uma sala por dia) com o COT de $ 2 mil. O orçamento é de $ 200 por sala. No final do dia 5, você determina que $ 1 mil foi realmente gasto. Quando compara as despesas com o COC de $ 1 mil em cinco dias, parece que os custos reais estão acompanhando o orçamento. Mas isso é apenas parte da história. E se, no final do dia 5, somente três salas tiverem sido pintadas? Isso não seria muito bom, porque metade do orçamento terá sido gasto em somente 3 das 10 salas que precisavam ser pintadas. Por outro lado, e se, no final do dia 5, seis salas tiverem sido pintadas? Isso seria excelente, porque somente metade do orçamento terá sido gasto e 6 das 10 salas terão sido pintadas. Esse exemplo introduz o conceito de *valor agregado* do trabalho realizado. O fato de que metade do orçamento foi realmente gasto não significa necessariamente que metade do trabalho foi realizado. Se o trabalho real não estiver acompanhando o custo real, será um problema, mesmo se o custo real estiver alinhado com o COC.

Reforce sua aprendizagem

9. O valor agregado cumulativo é calculado ao determinar primeiro a ____________ para cada pacote de trabalho e, em seguida, pela multiplicação pelo ____________ para o pacote de trabalho.

O **valor agregado (VA)**, também conhecido como *custo orçado do trabalho realizado* (*COTR*), é o valor do trabalho realmente realizado; é um parâmetro importante que deve ser acompanhado por todo o projeto. Comparar o CRC ao COC conta apenas parte da história e pode levar a conclusões erradas sobre o *status* do projeto.

Assim como é importante acompanhar o custo real para um projeto, também é necessário estabelecer um sistema de acompanhamento para coletar os dados, em uma base regular e oportuna, independentemente do VA do trabalho realizado em cada pacote de trabalho. *Determinar o valor agregado envolve coletar os dados* sobre o *percentual completo* para cada pacote de trabalho e, então, converter essa porcentagem em uma quantia em dinheiro; isso é feito ao multiplicar o COT do pacote de trabalho por percentual completo.

Os dados do percentual completo normalmente são obtidos em cada período por meio do responsável pelo pacote de trabalho. Em muitos casos, a estimativa é subjetiva. É extremamente importante que a pessoa que fizer a estimativa do percentual completo faça também uma avaliação honesta do trabalho realizado com relação a todo o escopo para o pacote do trabalho. Às vezes, parece haver uma inclinação a ser extremamente otimista e fazer uma estimativa do percentual completo muito cedo. Por exemplo, suponhamos que o líder da equipe de um pacote de trabalho com duração de 20 semanas relate no final da semana 10 que o trabalho está 90% completo. Se esse relatório não for verdadeiro, criará uma falsa sensação de confiança de que o desempenho do trabalho está ultrapassando o custo real. Um relatório falso vai levar o gerente do projeto a concluir que o desempenho do projeto é melhor do que realmente é e isso vai evitar que qualquer ação corretiva seja tomada. Quando o percentual completo começar a estreitar e o custo real continuar a acumular, parecerá que o desempenho do projeto estará deteriorando nas últimas semanas. Na semana 20, o percentual completo pode ser de apenas 96% e o CRC pode ter excedido o COC. Se a ação corretiva tivesse sido tomada mais cedo, os problemas poderiam ter sido evitados. Uma forma de evitar as estimativas infladas do percentual completo é manter os pacotes de trabalho ou as atividades pequenas em termos de escopo e de duração estimada. As atividades não devem ter a duração estimada mais longa do que os intervalos de tempo em que o desempenho real do projeto será revisado e comparado com o progresso planejado. É importante que a pessoa que estiver estimando o percentual completo não apenas avalie quanto trabalho foi realizado, mas também considere qual trabalho ainda falta ser feito.

Uma vez que os dados do percentual completo tiverem sido coletados, o valor agregado poderá ser determinado. O **valor agregado cumulativo (VAC)**, que é o *valor* do trabalho efetivamente realizado até um determinado momento, é calculado multiplicando-se o COT pela porcentagem do trabalho estimado a ser concluído. Por exemplo, no projeto que envolve a pintura de 10 salas por \$ 2 mil, se três salas forem concluídas, é seguro dizer que 30% do trabalho foi feito. O valor agregado é

$$0{,}30 \times \$\ 2.000 = \$\ 600$$

Agora voltemos ao exemplo do projeto da máquina de empacotamento. No final da semana 8, o pacote de trabalho "Construção" é o único em progresso, e estima-se estar 50% completo. O pacote de trabalho "Projeto" já tinha sido anteriormente finalizado, portanto está 100% completo; e o pacote de trabalho "Instalação e teste" ainda não foi iniciado, logo está 0% completo. A Figura 7.8 mostra as estimativas cumulativas do percentual completo relatadas durante cada um das primeiras oito semanas para cada pacote de trabalho. A Figura 7.9 mostra o VAC associado para cada pacote de trabalho, calculado pela multiplicação de cada percentual completo pelo COT. A Figura 7.9 indica que, no final da semana 8, o VAC do trabalho realizado nesse projeto é de \$ 54 mil.

	Semana							
	1	2	3	4	5	6	7	8
Projeto	10	25	80	90	100	100	100	100
Construção	0	0	0	5	15	25	40	50
Instalação e teste	0	0	0	0	0	0	0	0

As quantias são o percentual completo cumulativo.

FIGURA 7.8 ▪ Percentual completo cumulativo por período para o projeto da máquina de empacotamento.

	COT	Semana 1	2	3	4	5	6	7	8
Projeto	24	2,4	6	19,2	21,6	24	24	24	24
Construção	60				3	9	15	24	30
Instalação e teste	16								
Cumulativo	100	**2,4**	**6**	**19,2**	**24,6**	**33**	**39**	**48**	**54**

As quantias estão em milhares de dólares.

FIGURA 7.9 ▪ Valor agregado cumulativo por período para o projeto da máquina de empacotamento.

Com os valores de VAC, é possível desenhar uma curva do VAC. Desenhar essa curva no mesmo gráfico das curvas do COC e do CRC, como mostradas na Figura 7.10, proporciona uma excelente comparação visual. Apesar de a tabela na Figura 7.10 ilustrar o COC, CRC e VAC para o projeto total, as curvas similares podem ser feitas para cada pacote de trabalho, se desejado. Gerar as curvas individuais ajudará a identificar quanto cada pacote de trabalho está afetando o desempenho de custo do projeto.

Analisar o desempenho do custo

Os quatro indicadores seguintes, relacionados ao custo, são usados para analisar o desempenho do custo do projeto:

- COT: Curso orçado total;
- COC: Custo orçado cumulativo;

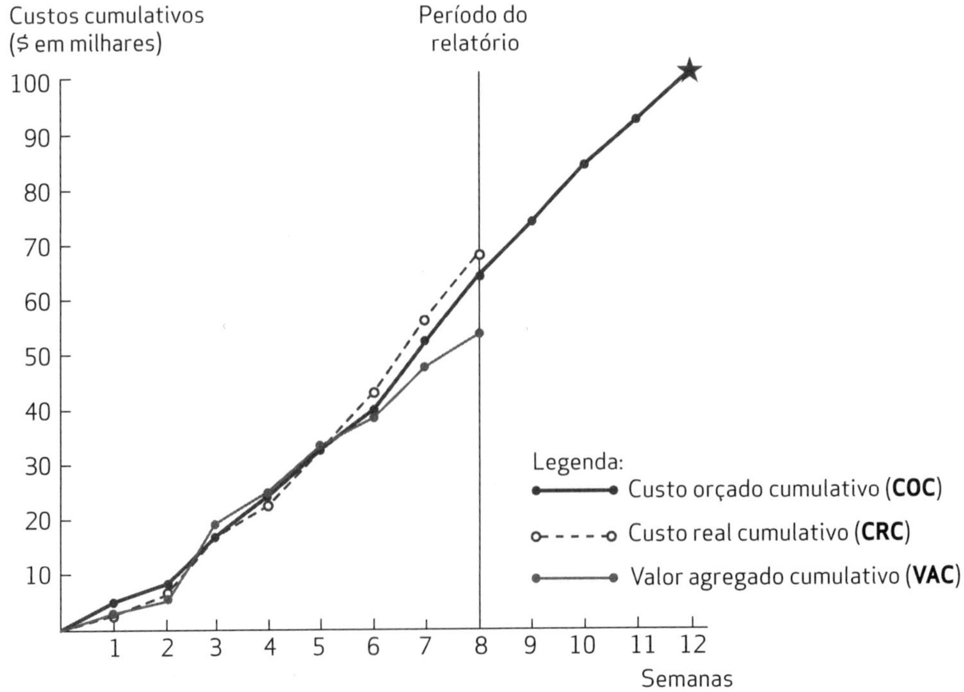

FIGURA 7.10 ▪ Custos orçado cumulativo e real cumulativo e valor agregado cumulativo para o projeto da máquina de empacotamento.

- CRC: Custo real cumulativo;
- VAC: Valor agregado cumulativo.

São usados para determinar se o projeto está sendo realizado dentro do orçamento e se o valor do trabalho está alinhado com o custo real.

Ao analisar as Figuras 7.4, 7.6 e 7.9 para o projeto da máquina de empacotamento no final da semana 8, vemos que:

- $ 64 mil foram *orçados* para fazer o trabalho programado para ser realizado durante essas primeiras oito semanas;
- $ 68 mil foram *realmente gastos* no final da semana 8;
- $ 54 mil foi o *valor agregado do trabalho realmente realizado* no final da semana 8.

Reforce sua aprendizagem

10. Liste os quatro indicadores relacionados ao custo usados para analisar o desempenho de custo do projeto.

Uma análise rápida indica que o custo real está excedendo o custo orçado. O fato de o valor do trabalho realizado não estar acompanhando o custo real pode agravar a situação posteriormente.

É uma boa ideia plotar as curvas COC, CRC e VAC no mesmo gráfico, como mostrado na Figura 7.10, no final de cada período relatado. Vai revelar qualquer tendência de melhoria ou de deterioração do desempenho de custo.

Outra forma de abordar a situação é analisar o progresso em termos de porcentagens do custo orçado total de $ 100 mil para o projeto. Utilizando o gráfico na Figura 7.11, poderíamos dizer que, no final da semana 8:

- 64% do orçamento total para o projeto deveria ter sido gasto para realizar todo o trabalho; programado durante as primeiras oito semanas;
- 68% do orçamento total foi realmente gasto no final da semana 8;
- 54% do trabalho do projeto total foi realmente realizado no final da semana 8.

Além de plotar as curvas COC, CRC e VAC no mesmo gráfico, pode ser útil tabular ou desenhar as curvas para as porcentagens. O que também indicará qualquer tendência de melhoria ou de deterioração do desempenho de custo.

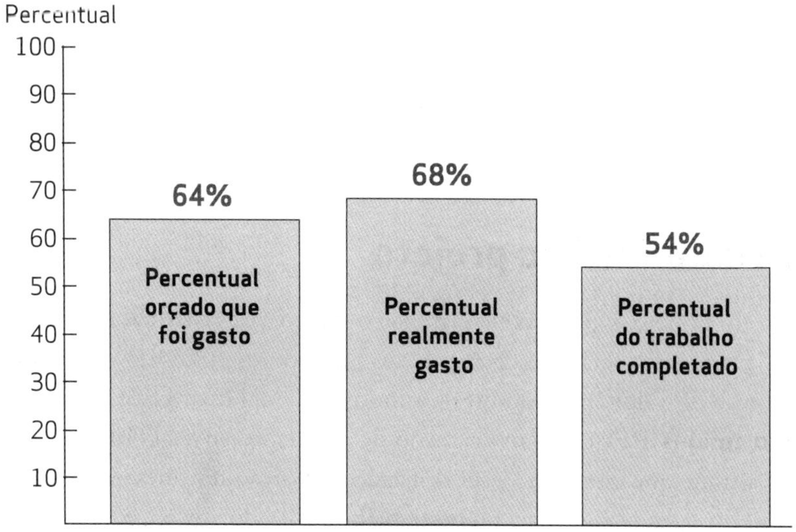

FIGURA 7.11 ▪ *Status* do projeto da máquina de empacotamento na semana 8.

ÍNDICE DE DESEMPENHO DO CUSTO

Outro indicador é o **índice de desempenho do custo (IDC)**, que é uma medida da eficiência do custo com o qual o projeto está sendo realizado. A fórmula para determinar o IDC é

$$\text{Índice de desempenho do custo} = \frac{\text{Valor agregado cumulativo}}{\text{Custo real acumulado}}$$

$$\text{IDC} = \frac{\text{VAC}}{\text{CRC}}$$

No projeto da máquina de empacotamento, o IDC da semana 8 é dado por

$$\text{IDC} = \frac{\$\ 54.000}{\$\ 68.000} = 0{,}79$$

Essa proporção indica que, para cada $ 1,00 realmente gasto, somente $ 0,79 do valor agregado foi recebido. As tendências no IDC devem ser cuidadosamente observadas. Quando o IDC ficar abaixo de 1,0 ou diminuir gradualmente, uma ação corretiva deve ser tomada.

Reforce sua aprendizagem

11. Qual é o índice de desempenho de custo para o pacote de trabalho "Projeto" no projeto da máquina de empacotamento no final da semana 5?

VARIÂNCIA DO CUSTO

Outro indicador do desempenho do custo é a **variância do custo (VC)**, que é a diferença entre o VAC do trabalho realizado e o CRC. A fórmula para determinar a VC é

$$\text{VC} = \text{VAC} - \text{CRC}$$

Como o IDC, esse indicador mostra a lacuna entre o valor do trabalho realizado e o custo real, porém o VC é expresso em dólares. No projeto da máquina de empacotamento, a variação do custo da semana 8 é dada por

$$\text{VC} = \$\ 54.000 - \$\ 68.000 = -\$\ 14.000$$

Reforce sua aprendizagem

12. Qual é a variância do custo para o pacote de trabalho "Construção" no projeto da máquina de empacotamento no final da semana 8?

Esse cálculo indica que o valor do trabalho realizado na semana 8 é $ 14 mil menor que a quantia realmente gasta. É outra indicação de que o trabalho realizado não está acompanhando o ritmo do custo real.

Para analisar o desempenho de custo, é importante que todos os dados coletados sejam os mais atuais e tenham base no mesmo período relatado. Por exemplo, se os custos reais são coletados no trigésimo dia de cada mês, então as estimativas do percentual completo para os pacotes de trabalho também devem se basear no trabalho realizado no trigésimo dia do mês.

Estimar o custo final do projeto

Em qualquer momento do projeto, é possível determinar o **custo previsto final** (**CPF**), também chamado de *custo estimado final* (*CEF*) para quais serão seus custos totais finais ou os custos do pacote de trabalho com base na análise do custo real gasto e do valor agregado do trabalho realizado. Há diversos métodos diferentes para determinar o **custo previsto final** (**CPF**), também chamado de *custo estimado final* (*CEF*).

O primeiro método assume que o trabalho a ser realizado na porção remanescente do projeto ou do pacote de trabalho será feito na mesma taxa de eficiência que o trabalho realizado até agora. A fórmula para calcular o CPF utilizando o primeiro método é

$$\text{Custo previsto final} = \frac{\text{Custo orçado total}}{\text{Índice de desempenho de custo}}$$

$$\text{CPF} = \frac{\text{COT}}{\text{IDC}}$$

Para o projeto da máquina de empacotamento, o custo previsto final é dado por

$$\text{CPF} = \frac{\$\ 100.000}{0{,}79} = \$\ 126.582$$

Na semana 8, o projeto tem uma eficiência de custo – ou IDC – de 0,79, e se o restante do projeto continuar a ser realizado nessa mesma eficiência, então todo ele realmente custará $ 126.582. Se a previsão estiver correta, haverá um excedente de $ 26.582 além do COT para o projeto de $ 100 mil.

Reforce sua aprendizagem

13. Usando o primeiro método de previsão descrito, calcule o custo previsto final para o pacote de trabalho "Construção" no projeto da máquina de empacotamento.

Um segundo método para determinar o CPF assume que, independentemente da taxa de eficiência que o projeto ou que o pacote do trabalho tenha vivenciado no passado, o trabalho a ser realizado na porção remanescente do projeto ou do pacote de trabalho será feito de acordo com esse orçamento. A fórmula para calcular o CPF utilizando esse método é

$$\begin{matrix}\text{Custo previsto} \\ \text{final}\end{matrix} = \begin{matrix}\text{Custo real} \\ \text{cumulativo}\end{matrix} + \begin{matrix}\text{(Curso orçado} \\ \text{total}\end{matrix} - \begin{matrix}\text{Valor agregado} \\ \text{cumulativo)}\end{matrix}$$

$$\text{CPF} = \text{CRC} + (\text{COT} - \text{VAC})$$

Para o projeto da máquina de empacotamento, o CPF é dado por

$$\begin{aligned}\text{CPF} &= \$\ 68.000 + (\$\ 100.000 - \$\ 54.000)\\ &= \$\ 68.000 + \$\ 46.000\\ &= \$\ 114.000\end{aligned}$$

Na semana 8, o CRC foi de $ 68 mil, mas o VAC do trabalho realizado foi de apenas $ 54 mil. Portanto, o trabalho com o valor agregado de $ 46 mil ainda precisa ser realizado para completar o projeto. Esse método assume que o trabalho remanescente será realizado com uma taxa de eficiência de 1,0, apesar de o projeto ter vivido uma taxa de eficiência de 0,79 no final da semana 8. Esse método resulta em um CPF de $ 114 mil, um excedente previsto de $ 14 mil além do COT de $ 100 mil para o projeto.

Reforce sua aprendizagem

14. Usando o segundo método de previsão descrito, calcule o custo previsto final para o pacote de trabalho "Construção" no projeto da máquina de empacotamento.

Um terceiro método para determinar o CPF é reestimar os custos para todo o trabalho restante a ser realizado e, então, acrescentar essa reestimativa ao CRC. A fórmula para determinar o CPF utilizando esse método é

$$\text{CPF} = \text{CRC} + \text{Reestimativa do trabalho restante a ser realizado}$$

Essa abordagem pode consumir muito tempo, mas pode ser necessária se o projeto sofrer desvios persistentes do plano ou se houver mudanças extensivas.

Como parte da análise do desempenho regular do custo, o CPF para o projeto deve ser calculado com o uso do primeiro ou do segundo método descrito acima. O excedente ou o não atingimento previsto pode ser determinado. Quando o custo é previsto para o término do projeto ou do pacote de trabalho, uma pequena variação em um determinado período de relatórios pode expandir para um excedente bem maior à medida que o trabalho continua; portanto, a ação corretiva deve ser tomada antes.

Outra medida que pode ser interessante é o **índice de desempenho a finalizar (IDF)**. É a taxa de desempenho exigida para o trabalho remanescente de forma que se complete o projeto ou o pacote de trabalho dentro de seu COT. A fórmula para calcular o IDF é

$$IDF = (COT - VAC)/(COT - CRC)$$

O numerador da equação COT –VAC é a quantia do valor agregado do trabalho remanescente que ainda precisa ser feito. O denominador da equação COT – CRC é a quantia do orçamento ainda restante. Logo, para o projeto da máquina de empacotamento, o índice de desempenho a finalizar é

$$\begin{aligned} IDF &= (\$\ 100.000 - \$\ 54.000)/(\$\ 100.000 - \$\ 68.000) \\ &= \$\ 46.000/\$\ 32.000 \\ &= 1{,}44 \end{aligned}$$

Indica que há $ 46 mil do valor agregado remanescente de trabalho a ser feito, e apenas $ 32 mil do orçamento ainda restante para fazer tal trabalho. Logo, o trabalho remanescente deve ser feito em uma taxa de eficiência de 1,44 para completar o projeto dentro do orçamento de $ 100 mil.

Controlar os custos

O segredo para o controle efetivo do custo é analisar o desempenho do custo de uma forma oportuna e regular. Devemos começar com o estabelecimento de um orçamento-base distribuído no tempo que mostre como esperamos que os custos sejam gastos durante o intervalo de tempo do projeto. Então, é necessário monitorar o custo real gasto e o valor agregado do trabalho realizado. É crucial que as variações de custo e as ineficiências sejam identificadas no início, de modo que a ação corretiva possa ser tomada imediatamente, antes que a situação piore. Uma vez que os custos do projeto saírem do controle, poderá ser difícil completá-lo dentro do orçamento.

O controle de custo envolve:

1. Analisar o desempenho do custo para determinar quais pacotes de trabalho podem exigir uma ação corretiva.
2. Decidir qual ação corretiva deve ser tomada.
3. Revisar o planejamento do projeto, incluindo as durações e os custos estimados, para incorporar a ação corretiva planejada.

Reforce sua aprendizagem

15. Ao analisar o desempenho do custo, é importante identificar todos os pacotes de trabalho que têm uma variação ____________ ou um índice de desempenho de custo menor que ____________.

A análise do desempenho do custo deve incluir identificação daqueles pacotes de trabalho que têm uma VC negativa ou um IDC menor que 1,0. Da mesma forma, aqueles pacotes de trabalho cuja VC ou IDC se deteriorou desde antes do período de relatórios devem ser identificados. Um esforço concentrado deve ser aplicado aos pacotes de trabalho com variações negativas para reduzir o custo ou melhorar a eficiência do trabalho realizado. A quantidade de VC deve determinar a prioridade para aplicar esses esforços concentrados; isto é, o pacote de trabalho com a maior VC negativa deve receber prioridade máxima.

Ao avaliar os pacotes de trabalho que têm uma VC negativa, você deve focar em tomar as ações corretivas para reduzir os custos de dois tipos de atividades:

1. *As atividades que serão realizadas em curto prazo.* É muito mais inteligente tomar uma ação corretiva agressiva para reduzir os custos estimados das atividades que serão feitas em curto prazo do que planejar reduzir os custos das atividades que são programadas em algum momento no futuro distante. Você terá um *feedback* mais opor-

tuno sobre os efeitos das ações corretivas se forem tomadas a curto prazo. Se você adiar as ações corretivas por muito tempo, a VC negativa, ou o IDC, pode deteriorar ainda mais nesse momento. Conforme o projeto progride, sempre há menos tempo remanescente para que a ação corretiva seja tomada.

2. *As atividades que têm um grande custo estimado.* Tomar ações corretivas que vão reduzir o custo de uma atividade de $ 20 mil em 10% terá um impacto maior do que eliminar por completo uma atividade de $ 300. Geralmente, quanto maior for o custo estimado para uma atividade, maior a oportunidade para uma grande redução de custo.

Há muitas formas de reduzir os custos das atividades. Uma delas é substituir por materiais mais baratos que atendam às especificações exigidas. Talvez outro fornecedor possa ter o mesmo material a um custo menor. Outra forma é atribuir uma pessoa com mais perspicácia ou experiência para realizar uma atividade com mais eficiência ou ajudar para que isso seja obtido.

Reforce sua aprendizagem

16. Ao avaliar os pacotes de trabalho que têm uma variação de custo negativa, deve-se focar em realizar ações corretivas para reduzir os custos das atividades que serão realizadas no _______ prazo e aquelas que têm um _______ custo estimado.

Reduzir o escopo ou as exigências para o pacote de trabalho ou para atividades específicas é outra forma de reduzir os custos estimados. Por exemplo, uma contratada pode decidir passar uma demão de tinta em uma sala em vez de duas demãos, como originalmente planejado. Em alguns casos, uma decisão pode ser tomada para eliminar por completo algumas atividades, como não instalar uma cerca em torno da propriedade.

Aumentar a produtividade por meio de métodos melhorados ou de tecnologia ainda é outra abordagem para reduzir os custos estimados das atividades. Por exemplo, ao alugar um equipamento para pintura automática com *spray*, uma contratada pode substancialmente reduzir o custo ou a duração da pintura de uma sala, porque seria diferente de ter pintores trabalhando com rolos e pincéis.

Em muitos casos, haverá um impasse entre tempo e custo – a redução das variâncias do custo envolverão uma redução no escopo do projeto ou um atraso na sua programação. Se a VC negativa for muito grande, uma redução substancial no escopo do trabalho ou na qualidade pode ser necessária para trazer esse projeto de volta para o orçamento. Isso poderia comprometer os elementos do objetivo geral do projeto, como o escopo, a programação, o orçamento e/ou a qualidade. Em alguns casos, o cliente e a contratada ou a equipe do projeto podem ter reconhecido que um ou mais desses elementos não serão alcançados. Portanto, o patrocinador ou o cliente pode ter de fornecer fundos adicionais para cobrir o excedente previsto, ou pode haver uma disputa sobre quem deve pagar por ele – o cliente ou a contratada.

O segredo para o controle efetivo do custo é abordar agressivamente as variâncias e as ineficiências do custo assim que forem identificadas, em vez de esperar que as coisas melhorem conforme o projeto avança. Investigar antes os problemas de custo minimizará o impacto negativo no escopo e na programação. Uma vez que os custos saiam do controle, voltar para o orçamento fica mais difícil e, provavelmente, exigirá uma redução do escopo ou da qualidade do projeto, ou, então, que a programação do projeto seja estendida.

Mesmo quando os projetos tiverem apenas variações de custo positivas, é importante não deixar tais variâncias deteriorarem. Se o desempenho do custo de um projeto for positivo, um esforço concentrado deve ser feito para mantê-lo no orçamento. Uma vez que o projeto tenha problemas com o desempenho do custo, fica difícil voltar para o curso.

As reuniões de projeto são um bom meio para abordar os problemas do controle do custo. Consulte a seção sobre as reuniões, do Capítulo 12, e a seção sobre a resolução de problemas no Capítulo 11, para obter informações relacionadas.

Para maior discussão de uma abordagem para o controle do projeto, veja o Apêndice 1, "Balanceamento tempo-custo", no final deste capítulo.

Administrar o fluxo de caixa

É importante gerir o fluxo de caixa de um projeto. Gerir o fluxo de caixa envolve ter certeza de que fundos suficientes ou os pagamentos são recebidos do cliente no momento certo, de modo que haja dinheiro suficiente para cobrir os custos de realização do projeto – lista de pagamento de funcionários, faturas para materiais, faturas das subcontratadas e despesas com viagens, por exemplo.

A chave para gerir o fluxo de caixa é garantir que o dinheiro entre mais rápido do que sai. Se não houver dinheiro suficiente para pagar as despesas, um empréstimo deve ser feito. O empréstimo aumenta o custo do projeto porque qualquer dinheiro emprestado deve ser devolvido ao credor, acrescido de uma taxa – os juros.

Reforce sua aprendizagem

17. A chave para gerir o fluxo de caixa é garantir que o dinheiro ____________ mais rápido do que ____________.

O fluxo de caixa que vem do cliente pode ser controlado pelos termos do pagamento no contrato. Do ponto de vista da contratada, é desejável receber os pagamentos do cliente no início do projeto, e não depois. A contratada pode tentar negociar os termos do pagamento, de modo que o cliente tenha de realizar uma ou mais das ações a seguir:

- Dar um sinal no início do projeto. Essa exigência é razoável quando a contratada precisa adquirir uma quantidade significativa de materiais, equipamentos e suprimentos durante os estágios iniciais do projeto.
- Pagar quantias iguais todos os meses com base na duração prevista do projeto. A saída de caixa normalmente é menor nos estágios iniciais de um projeto. Se estiver entrando mais dinheiro do que saindo durante a parte inicial do projeto, a contratada pode estar apta a investir parte do dinheiro excedente para obter rendimentos. Os valores investidos podem, então, ser sacados para atender as exigências de maior saída de caixa no final do projeto.
- Fazer pagamentos frequentes, semanais ou mensais, em vez de pagamentos trimestrais.

Reforce sua aprendizagem

18. Se não estiverem disponíveis fundos suficientes para pagar as despesas, uma contratada pode precisar de um ____________. Isso é acrescentado ao custo do projeto, porque a contratada deve pagar também ____________.

O pior cenário do ponto de vista da contratada é receber um único pagamento do cliente no final do projeto. Nessa situação, a contratada precisará fazer um empréstimo para poder pagar as despesas de todo o projeto.

A saída de caixa da contratada também pode ser controlada pelos termos de pagamento, nesse caso nos contratos com os fornecedores ou subcontratadas. A contratada quer atrasar os pagamentos (saída de caixa) o máximo de tempo possível. Por exemplo, uma contratada que pediu $ 100 mil em materiais gostaria de esperar até que tudo seja entregue antes de pagar o fornecedor. Se na fatura do fornecedor constar que deve ser paga em 30 dias, a contratada provavelmente aguardaria até o 27º dia antes de efetuar o pagamento.

GESTÃO DE PROJETOS NO MUNDO REAL

O que vem primeiro, o atraso no cronograma ou a sobrecarga de custos?

Os atrasos em cronogramas têm ocorrido em muitos projetos que sofreram excesso de custos. Existem muitos projetos em que ocorreu excesso de custos e também atrasos no cronograma. É possível pensar que, se um projeto tem uma sobrecarga de custos também deve ter sofrido um atraso no cronograma, ou, por outro lado, se um projeto tem um atraso no cronograma então também deve ter verificado uma sobrecarga de custos.

Pesquisadores de várias instituições examinaram dados anuais de projetos complexos, seus cronogramas, seus custos e outros fatores, como estimativas irrealistas, falhas na cadeia de fornecimento, mudanças de objetivo, práticas de programação e margens, eventos de risco e a experiência do gerente de projeto. Alguns dos autores dos relatórios disseram que 80% a 90% dos excessos de custos são devidos ao cronograma. Outros acharam que um aumento de 10% no cronograma estava correlacionado com um aumento de 12% nos custos. E, mais uma vez, afirmaram que a regra geral é que, para cada porcentagem do aumento no cronograma, existe uma porcentagem igual ou maior do aumento dos custos.

Os atrasos no cronograma causam o excesso dos custos? Os excessos de custos causam atrasos na programação? Ou esses fatores apenas estão relacionados e são a causa um do outro?

Se uma amostra diferente dos projetos tivesse sido testada, teriam sido encontrados resultados diferentes. Em um conjunto, implementando soluções alternativas e soluções para evitar atrasos no cronograma, os custos dos projetos aumentaram. Em outro conjunto de projetos, os custos associados às taxas de mão de obra e aos encargos que impactaram os excessos de custos não tinham nada a ver com o cronograma. Um terceiro conjunto de projetos com margens de fundos e tempo suficientes verificou atrasos no cronograma, mas não registrou excessos nos custos.

Embora tenha havido uma relação entre atrasos no cronograma e excesso de custos, não se verificou relação de causalidade. Foram detectadas outras causas profundas que impactaram um ou ambos os fatores. A reunião do Conselho Consultivo da Nasa enumerou razões para o aumento dos custos em seus projetos. Os motivos foram: definições inadequadas antes das decisões de orçamento da agência e antes de definir compromissos externos; estimativas de custo/de erro otimistas; incapacidade de executar o cronograma básico inicial; avaliações de risco inadequadas; complexidade técnica dos projetos maior do que o previsto; alterações no objetivo (design/conteúdo); avaliação inadequada dos impactos das mudanças de cronograma nos custos; instabilidade financeira anual; perda de capacidade técnica interna; controle inadequado dos requisitos contratados em relação aos planos; veículo de lançamento; adequação da posição da reserva; falta de estimativa probabilística; ir tão longe quanto possível; e falta de documento formal para registrar importantes pressupostos técnicos, programáticos e de cronogramas.

Os gerentes de projetos da Nasa desenvolveram uma lista de recomendações para melhorar os índices de custos e os cronogramas a fim de ajudar a reduzir as falhas nos cronogramas e os excessos de custos. Eles consideraram que essas iniciativas eram apropriadas a outras organizações e recomendaram que os gerentes de projeto fizessem o seguinte. Participassem em *workshops* após um evento importante que tivesse afetado o cronograma ou os custos a fim de examinar as lições aprendidas e compartilhar o conhecimento obtido. Desenvolvessem e implementassem processos e práticas padronizados para o planejamento e controle de projetos, visando aumentar a possibilidade de repetição do cronograma, da gestão de valor agregado, da estimativa de custos, da gestão de riscos e de recursos. Integrassem a base das estimativas no cronograma e nos cálculos de custos para obter estimativas mais precisas. Realizassem análises de probabilidade de riscos e calculassem um índice de complexidade do projeto para informar a gestão de riscos, o planejamento das margens do cronograma e a tomada de decisões. Agilizassem as técnicas de gestão de valor agregado para ter uma melhor atribuição de responsabilidade quanto ao projeto. Incluíssem o planejamento de contingência do projeto na gestão de riscos e no planejamento do projeto para ter uma melhor reação a eventos de riscos significativos. Os membros da equipe do projeto e a liderança deveriam participar de avaliações programáticas internas para informar a tomada de decisões de risco e ter uma melhor atribuição de responsabilidade no projeto.

Mesmo que as estatísticas sugiram que os excessos de custos e os atrasos no cronograma estão diretamente relacionados entre si, os gerentes de projeto precisam procurar as verdadeiras causas de cada um e criar uma consciência em suas organizações quanto a outros fatores que podem levar a qualquer um destes problemas. Esse esforço poderia ajudar a melhorar a compreensão das relações entre programação, custos, benefícios e valor agregado.

Com base em informações de Majerowicz, W., e Shinn, S. A. (2016). Schedule matters: Understanding the relationship between schedule delays and costs on overruns. *NASA Technical Reports Server (NTRS)*. Doi:20160003386

Estimativa de custo para o desenvolvimento de sistemas de informação

O Capítulo 4 definiu o sistema de informação (SI) como um sistema de computador que aceita dados como entrada, processa tais dados e produz as informações exigidas pelos usuários. O Capítulo 5 revelou que a programação é muitas vezes feita de maneira aleatória, resultando em um grande número de projetos SI não terminados a tempo. O Capítulo 6 reforçou as exigências, planejando o necessário para as pessoas, hardware, software, dados e recursos de rede. Os custos estimados com precisão – inserindo a inclusão de uma quantia para reserva – são essenciais para criar um orçamento realista para completar o trabalho sem excedentes. Ter um bom planejamento e uma boa programação ajuda a desenvolver as estimativas de custo e um orçamento-base.

Estimar os custos de maneira muito otimista deixa a equipe de desenvolvimento sem fundos suficientes para cobrir os custos com mão de obra, materiais, equipamentos e/ou subcontratadas. Acrescentar despesas para cada contingência resulta em um custo total estimado maior do que o esperado para o projeto. Isso pode provocar decisões errôneas a serem tomadas para os projetos por causa dos altos custos estimados. Os erros comuns na estimativa dos custos incluem:

- Subestimar o tempo de trabalho necessário para completar uma atividade.
- Precisar de um retrabalho para atender as exigências do usuário.
- Subestimar o crescimento no escopo do projeto.
- Não antecipar novas aquisições de hardware.
- Fazer correções em excesso para falhas do planejamento de contingência.
- Alterar a estratégia de criação.
- Aumentar os recursos para as fases de aceleração do ciclo de vida do desenvolvimento dos sistemas.

UM EXEMPLO DE SISTEMA DE INFORMAÇÃO: DESENVOLVIMENTO DE APLICATIVOS DE INTERNET PARA A ABC OFFICE DESIGNS (CONTINUAÇÃO)

Nos Capítulos 4, 5 e 6, Beth Smith foi designada como gerente de projetos pelo Departamento de SI da ABC Office Designs. No Capítulo 5, Beth havia programado os tempos DIC, DTC, DIT e DTT das atividades necessárias para completar o projeto de desenvolvimento de relatórios on-line para a ABC Office Designs. No Capítulo 6, Beth e a equipe de projetos planejaram os recursos para a programação de 60 dias que tinham para completar o projeto. A gerência aprovou um orçamento de $ 125 mil para completar o projeto e treinar a equipe de vendas.

Após confirmar com os principais responsáveis que as tarefas poderiam ser completadas com o nível de esforço estimado para elas, Beth trabalhou com a equipe de recursos humanos para usar o salário por hora de cada um dos funcionários para determinar os custos com mão de obra para cada uma das atividades do projeto de sistema de relatórios on-line. Beth e a equipe de projetos estimaram os custos associados com viagens para completar as entrevistas dos usuários ($ 3 mil), o preço dos pacotes de software ($ 500) e os custos com os materiais de treinamento ($ 1.300).

Os custos orçados com o trabalho para completar o projeto quase chegaram ao limite de $ 125 mil sem o treinamento da equipe de vendas. Beth percebeu que não havia dinheiro suficiente no orçamento para realizar o treinamento presencial centralizado de todos os membros da equipe. Um membro da equipe de projetos comentou que, se a equipe de vendas viajasse para os escritórios de treinamento, cada um deles perderia pelo menos dois dias de oportunidades de vendas. Esse custo não poderia ser quantificado como um custo de projeto.

A equipe de projetos discutiu as opções para o treinamento dos membros da equipe de vendas relacionado ao uso do sistema de relatórios on-line. Eles decidiram que seria melhor que o treinamento fosse feito por um sistema on-line, em vez de fazer que toda a equipe de vendas viajasse para o escritório central para um treinamento presencial. O sistema on-line poderia ser gravado para ser assistido posteriormente pelos novos membros da equipe de vendas e por aqueles que quisessem assisti-lo novamente. Os custos do sistema on-line eram bem menores do que do treinamento com a viagem e ajudariam a manter os custos do projeto abaixo do orçamento. A equipe confirmou que o preço pelo sistema on-line era de $ 300. Esse era um valor menor do que uma passagem aérea para um dos membros da equipe de vendas. O custo estimado para outros materiais de treinamento adicionais é de $ 1 mil.

Os custos por atividade estimados por Beth para completar o projeto são mostrados na Tabela 7.2. A estimativa do custo considerou uma quantia pequena de contingência, de quase 5%, para os excedentes de custo, aceleração do projeto ou custos elevados de materiais ou viagens para entrevistas.

TABELA 7.2 ▪ Custos estimados para as atividades do projeto do sistema de relatórios on-line.

Atividade	Responsabilidade principal	Dias de trabalho	Custos com mão de obra	Custos com materiais	Custos com viagem	Total dos custos
1. Reunir dados	Beth	3	$ 4.440			$ 4.440
2. Estudar a viabilidade	Jack	4	7.360			7.360
3. Preparar o relatório de definição do problema	Rose	1	1.000			1.000
4. Entrevistar os usuários	Jim	5	9.200		$ 6.000	15.200
5. Estudar o sistema existente	Steve	8	3.200			3.200
6. Definir as necessidades do usuário	Jeff	5	1.600			1.600
7. Preparar o relatório de análise do sistema	Jim	1	480			480
8. Entrada e saída	Tyler	8	17.280			17.280
9. Processamento e base de dados	Joe	10	13.600			13.600
10. Avaliação	Cathy	2	3.760			3.760
11. Preparar o relatório de projeto do sistema	Sharon	2	1.760			1.760
12. Desenvolvimento do software	Hannah	15	7.120	$ 500		7.620
13. Desenvolvimento do hardware	Joe	10	9.600			9.600
14. Desenvolvimento da rede	Gerri	6	2.400			2.400
15. Preparar o relatório do desenvolvimento do sistema	Jack	2	960			960
16. Teste do software	Maggie	6	6.720			6.720
17. Teste do hardware	Gene	4	5.120			5.120
18. Teste da rede	Greg	4	5.440			5.440
19. Preparar o relatório do teste	Rose	1	1.760			1.760
20. Treinamento	Jim	4	5.760	1.300		7.060
21. Conversão do sistema	Beth	2	1.200			1.200
22. Preparar o relatório de implantação	Jack	1	1.560			1.560
Total		**104**	**$ 111.320**	**$ 1.800**	**$ 6.000**	**$ 119.120**

Sistemas de informação de gestão de projetos

Os sistemas de informação de gestão de projetos fazem que seja mais fácil lidar com as considerações de um projeto. Todos os custos associados com cada recurso podem ser armazenados, e o sistema calculará o orçamento para cada pacote de trabalho e para o projeto como um todo. Vai calcular os custos reais à medida que o projeto continuar e também prever os custos finais. Como muitos recursos têm diferentes estruturas de taxa e as taxas são cobradas em diversos momentos do projeto, os sistemas de informação de gestão de projetos geralmente permitem que o usuário defina as diferentes estruturas da taxa para cada recurso e determine quando as cobranças para esses recursos realmente serão aumentadas. Em qualquer momento durante o projeto, as estimativas de custo, COT, COC, custo real, custos comprometidos, VA, IOC, VC e uma previsão de custo podem ser calculados para cada tarefa, cada pacote de trabalho ou para o projeto todo com apenas um clique do mouse. As tabelas e os gráficos muitas vezes ficam disponíveis para ajudar a analisar o desempenho do custo.

Consulte o Apêndice A na parte final do livro para uma discussão completa sobre os sistemas de informações de gestão de projetos.

FATORES ESSENCIAIS PARA O SUCESSO

- Os custos estimados da atividade devem ter base em seus recursos.
- A pessoa que será responsável por realizar a atividade deve estimar os seus custos. Isso gera o comprometimento da pessoa.
- As estimativas de custo devem ser razoáveis e realistas.
- Uma vez que o projeto começa, é importante monitorar os custos reais e o desempenho do trabalho para garantir que tudo está dentro do orçamento.
- Um sistema deve ser estabelecido para coletar, em uma base regular e oportuna, os dados sobre os custos realmente gastos e comprometidos, e o valor agregado (percentual completo) do trabalho realizado, de modo que possam ser comparados ao custo orçado cumulativo (COC).
- Se em qualquer momento do projeto for determinado que está excedendo o orçamento ou que o valor do trabalho realizado não está acompanhando a quantia real dos custos gastos, uma ação corretiva precisa ser realizada imediatamente.
- É importante usar o custo orçado cumulativo (COC) distribuído no tempo, em vez de o custo orçado total (COT), como a base com a qual o custo real cumulativo (CRC) é comparado. Seria ilusório apenas comparar os custos reais gastos ao custo orçado total, porque o desempenho de custo sempre parecerá bom contanto que os custos reais estejam abaixo do COT.
- Para possibilitar uma comparação realista do custo real cumulativo com o custo orçado cumulativo, porções da quantia comprometida devem ser atribuídas aos custos reais enquanto o trabalho associado está em progresso.
- O valor agregado do trabalho realmente realizado é um parâmetro-chave, que deve ser determinado e relatado durante todo o projeto.
- Para cada período de relatórios, os dados do percentual completo devem ser obtidos com a pessoa responsável pelo trabalho. É importante que a pessoa faça uma avaliação honesta com relação a todo o escopo do trabalho realizado.
- Uma forma de evitar as infladas estimativas completas do percentual é manter os pacotes de trabalho ou as atividades pequenas nos termos do escopo e duração. É importante que a pessoa que está estimando o percentual completo não apenas avalie quanto trabalho foi realizado, mas também qual e quanto de trabalho falta ser feito.
- O segredo para o controle efetivo do custo é analisar o desempenho do custo de uma forma oportuna e regular. A identificação antecipada de variâncias do custo (VC) permite que ações corretivas sejam tomadas imediatamente, antes que a situação fique pior.
- Para analisar o desempenho do custo, é importante que todos os dados coletados sejam os mais atuais possíveis e tenham base no mesmo período relatado.

- As tendências no índice de desempenho de custo (IDC) devem ser cuidadosamente monitoradas. Se o IDC ficar abaixo de 1,0 ou diminuir gradualmente, uma ação corretiva deve ser tomada.
- Como parte da análise do desempenho de custo regular, o custo estimado ou custo previsto final (CPF) deve ser calculado.
- O segredo para o controle efetivo de custos é abordar ativamente os pacotes de trabalho ou as atividades com variâncias de custo negativas e ineficiências do custo assim que forem identificados. Um esforço concentrado deve ser aplicado nessas áreas. O montante da variância de custo negativa deve determinar a prioridade para aplicação desses esforços.
- Na tentativa de reduzir as variâncias de custo negativas, é preciso concentrar-se nas atividades que serão realizadas em curto prazo e nas que têm os maiores custos estimados.
- Abordar os problemas de custo antecipadamente minimizará o impacto negativo no escopo e na programação. Uma vez que os custos saiam do controle, voltar para o orçamento fica mais difícil e, provavelmente, exigirá uma redução do escopo ou da qualidade do projeto, ou que a programação do projeto seja estendida.
- A chave para gerir o fluxo de caixa é garantir que o dinheiro entre mais rápido do que sai.
- É desejável receber os pagamentos do cliente (entrada de caixa) o quanto antes, e adiar os pagamentos aos fornecedores ou subcontratadas (saída de caixa) o máximo possível.

RESUMO

O custo total do projeto frequentemente é estimado durante sua fase inicial ou quando o termo de abertura ou a proposta do projeto for preparada, porém os planos detalhados normalmente não são concluídos nesse momento. No entanto, durante a fase de planejamento do projeto, as atividades específicas são definidas e um plano de redes é criado. Assim que as atividades específicas forem definidas, as estimativas dos recursos, durações e custos para cada atividade específica podem ser feitas. Os recursos incluem pessoas, materiais, equipamentos, instalações, subcontratadas e consultores. O custo estimado de uma atividade tem como base uma estimativa dos tipos e quantidades de recursos requeridos para realizar a atividade. As estimativas de custo para uma atividade devem ser razoáveis e realistas.

O processo de orçamento de projeto envolve duas etapas. A primeira etapa consiste em determinar o custo orçado total (COT), que é a quantia agregada dos custos estimados de todas as atividades específicas para realizar e concluir um pacote de trabalho ou o projeto. A segunda etapa é desenvolver um orçamento por período, que é a distribuição por período do COT para um pacote de trabalho ou projeto ao longo do prazo determinado, com base em quando as atividades específicas estão programadas para serem realizadas.

Agregar os custos estimados das atividades específicas aos pacotes de trabalho para realizar e concluir cada pacote de trabalho na estrutura analítica do projeto vai estabelecer um COT, também chamado de orçamento na conclusão (OC) para cada pacote. O COT é a soma dos custos estimados de todas as atividades específicas que compõem aquele pacote de trabalho. Quando os orçamentos para todos os pacotes de trabalho são agregados, não podem exceder a quantia total de fundos que o patrocinador ou cliente orçou para o projeto. É comum que a soma inicial dos custos estimados de todos os pacotes de trabalho ou das atividades possa ser maior que a quantia dos fundos que o patrocinador ou cliente orçou para o projeto. Então pode-se assumir diversas iterações de análise dos custos estimados das atividades específicas para chegar a um orçamento-base aceitável.

Uma vez que o COT foi estabelecido para cada pacote de trabalho, a segunda etapa no processo orçamentário do projeto é distribuir ou disseminar cada COT ao longo do intervalo do tempo esperado de seu pacote de trabalho. Um custo é determinado para cada período dentro do prazo com base no momento em que as atividades específicas que compõem o pacote do trabalho estão programadas para ser realizadas. Quando o COT para cada pacote de trabalho for disseminado pelo período, um orçamento distribuído no tempo é criado de modo que possa ser determinado o quanto deve ser gasto em qualquer ponto no tempo. Essa quantia é calculada ao somar os custos do orçamento para cada período até aquele ponto. Essa quantia, conhecida como custo orçado cumulativo (COC), é aquela que foi orçada para realizar o trabalho que foi programado para ser feito até aquele ponto no tempo. O COC é o orçamento-base distribuído no tempo que será usado para analisar o desempenho de custo do projeto. O COC para todo o projeto, ou para cada pacote de trabalho, fornece uma base em que o custo real e o desempenho do trabalho podem ser comparados em qualquer momento durante o projeto.

Uma vez que o projeto se inicia, é necessário manter o curso do custo real e os custos comprometidos, de modo que eles possam ser comparados ao COC. Além disso, também é necessário monitorar o valor agregado do trabalho que foi realizado. Determinar o valor agregado envolve coletar os dados no percentual completo para cada pacote de trabalho e, então, converter essa porcentagem a uma quantia em dólares; o que é feito ao multiplicar o COT do pacote de trabalho por percentual completo. Esses números podem ser comparados ao COC e ao CRC.

Após isso ter sido feito, o desempenho do custo do projeto pode ser analisado quando olhamos o COT, o COC, o CRC e o VAC. São apropriados para determinar se o projeto está sendo realizado dentro do orçamento e se o valor do trabalho está alinhado com o custo real.

Um indicador é o índice de desempenho do custo (IDC), que é uma medida da eficiência do custo com o qual o projeto está sendo realizado. O IDC é calculado pela divisão do VAC pelo CRC. Outro indicador do desempenho de custo é a variância do custo (VC), que é a diferença entre o VAC do trabalho realizado e o CRC.

Em qualquer momento do projeto, é possível determinar o custo previsto final (CPF), também denominado custo estimado final (CEF), considerando que os custos totais, na conclusão do projeto ou do pacote de trabalho, terão como base o custo real despendido, o valor agregado do trabalho realizado e o trabalho restante a ser feito. Há diversos métodos diferentes para calcular o CPF. O primeiro método assume que o trabalho a ser realizado da porção remanescente do projeto ou do pacote do trabalho será feito com a mesma taxa de eficiência que o trabalho realizado até agora. O segundo método assume que, independentemente da taxa de eficiência que o projeto ou que o pacote do trabalho tenha tido no passado, o trabalho a ser realizado da porção remanescente do projeto ou do pacote de trabalho será feito de acordo com esse orçamento. O terceiro método para determinar o CPF é reestimar os custos para todo o trabalho restante a ser realizado e, então, acrescentar essa reestimativa ao CRC.

O segredo para o controle efetivo do custo é analisar o desempenho do custo de forma oportuna e regular. É crucial que as variâncias do custo e as ineficiências sejam identificadas no início, de modo que a ação corretiva possa ser tomada imediatamente, antes que a situação piore. O controle do custo envolve a análise do seu desempenho para determinar quais pacotes de trabalho podem exigir uma ação corretiva, decidir qual ação corretiva específica deve ser realizada e revisar o planejamento do projeto, incluindo as durações e os custos estimados, para incorporar a ação corretiva planejada.

É importante gerir o fluxo de caixa de um projeto. Isso envolve ter a certeza de que os pagamentos são recebidos do cliente no momento certo, de modo que haja dinheiro suficiente para cobrir os custos de realização do projeto (lista de pagamento de funcionários, faturas para materiais, faturas das subcontratadas e despesas com viagens, por exemplo). A chave para gerir o fluxo de caixa é garantir que o dinheiro entre mais rápido do que sai.

? QUESTÕES

1. Descreva por que é necessário desenvolver um orçamento-base para um projeto.
2. Liste e descreva os itens que devem ser incluídos na estimativa dos custos por atividade.
3. O que o termo "contingências" significa? Os custos de uma quantia reserva devem ser incluídos em uma proposta de projeto? Explique.
4. Qual é o problema em fazer estimativas de custo muito conservadoras ou muito otimistas?

5. Descreva o processo orçamentário do projeto.
6. Defina os seguintes termos: COT, COC, CRC, VAC, IDC, VC, CPF e IDF. Como cada um é calculado?
7. Por que é necessário rastrear os custos reais e comprometidos assim que o projeto se inicia?
8. Por que é necessário calcular o valor agregado do trabalho realizado? Como é feito?
9. Dê um exemplo de cálculo de um índice de desempenho de custo. O que significa quando o IDC está abaixo de 1,0? E quando está acima de 1,0?
10. O que significa quando a variação do custo é negativa? E quando é positiva? Ao avaliar um pacote de trabalho com uma variação do custo negativa, em qual dos dois tipos de atividades é preciso se concentrar? Por quê?
11. Qual o segredo para administrar o fluxo de caixa? Como essa meta pode ser atingida?
12. a. Consulte a tabela abaixo. Qual é o custo orçado cumulativo no final da semana 6?

		Semana									
	COT	1	2	3	4	5	6	7	8	9	10
Tarefa 1	30	10	15	5							
Tarefa 2	70		10	10	10	20	10	10			
Tarefa 3	40					5	5	25	5		
Tarefa 4	30								5	5	20
Total	170	10	25	15	10	25	15	35	10	5	20
Cumulativo											

As quantias estão em milhares de dólares.

b. A seguir, encontra-se uma tabela dos custos reais. Qual é o custo real cumulativo no final da semana 6? Determine se há um excedente ou um não atingimento do custo. O que está causando isso?

	Semana					
	1	2	3	4	5	6
Tarefa 1	10	16	8			
Tarefa 2		10	10	12	24	12
Tarefa 3					5	5
Tarefa 4						
Total	10	26	18	12	29	17
Cumulativo						

As quantias estão em milhares de dólares.

c. Abaixo, encontra-se uma tabela das porcentagens cumulativas do trabalho concluído no final da semana 6. Qual é o valor agregado cumulativo do projeto no final da semana 6? É bom?

	Semana					
	1	2	3	4	5	6
Tarefa 1	30	80	100			
Tarefa 2		10	25	35	55	65
Tarefa 3					10	20
Tarefa 4						

As quantias são o percentual completo cumulativo.

d. Qual é o IDC no final da semana 6? Qual é o VC?

e. Calcule o CPF usando os dois primeiros métodos descritos no capítulo. Além disso, descreva um terceiro método CPF que você poderia usar.

PESQUISA NA INTERNET

1. Pesquise na internet ferramentas para análise de custo. Faça uma descrição do que você encontrar. É possível fazer o *download* de uma versão *demo* de um pacote de software que forneça algumas ferramentas para análise de custo.
2. Pesquise por "previsão de custos" na internet e discuta como o que você encontrou é semelhante e/ou diferente dos métodos descritos no capítulo.
3. Do exercício 3 ao 5, visite o website Project Smart. Em Categorias de Artigos, clique no link "Cost Management" ou "Earned Value Management" e explore os artigos enumerados. Leia o artigo e faça um resumo de uma página.
4. Clique no link "Tools", e então explore as habilidades, os métodos, as ferramentas e as competências apresentadas. Reveja pelo menos uma das entradas. Como você utilizaria esse método, ferramenta ou competência em seus projetos?
5. Pesquise por "Planejamento de Custos" na internet. Descreva o que você encontrou e como se relaciona com este capítulo.

REFERÊNCIAS

Abdullah, A. R. R. B., Hamzah, A. R., Ismail, M.Y., e Razak, A. R. A. (2015). Integration of quality measure in project control system. *International Journal of Construction Project Management*, 7(1), 57-75.

Adoko, M. T., Mazzuchi, T. A., e Sarkani, S. (2015). Developing a cost overrun predictive model for complex systems development projects. *Project Management Journal*, *46*(6), 111-125.

Andersen, B., Samset, K., e Welde, M. Low estimates high stakes: Underestimation of costs at the front-end of projects. *International Journal of Managing Projects in Business*, *9*(1), 171-193.

Chen, H. L., Chen, W. T., e Lin, Y. L. (2016). Earned value project management: Improving the predictive power of planned value. *International Journal of Project Management*, *34*(1), 22-29.

Lahdenperä, P. (2016a). Formularising two-stage target-cost arrangements for use in practice. *International Journal of Managing Projects in Business*, *9*(1), 147-170.

Lahdenperä, P. (2016b). Preparing a framework for two-stage target-cost arrangements for use in practice. *International Journal of Managing Projects in Business*, *9*(1), 123-146.

Lu, Q., Won, J., e Chang, J. C. P. (2016). A financial decision making framework for construction projects based on 5D building information modeling (BIM). *International Journal of Project Management, 34*(1), 3-21.

Majerowicz, W., e Shinn, S. A. (2016). Schedule matters: Understanding the relationship between schedule delays and costs on overruns. *NASA Technical Reports Server (NTRS)*. Doi:20160003386

Murray, A. P. (2015). Budgeting: The budgeting methods; comparative, bottomup, top-down, and blends; accurate estimating. In A. P. Murray (Ed.), *The complete software project manager* (pp. 101-114). Hoboken, NJ: John Wiley e Sons, Inc.

Nasina, J., e Nallam, S. N. R. (2016). Analysis of cost escalations in pharmaceutical projects. *International Journal of Managing Projects in Business, 9*(2), 433-450.

Olaniran, O. J., Love, P. E. D., Edwards, D., Olatunji, O. A., e Matthews, J. (2015). Cost overruns in hydrocarbon megaprojects: A critical review and implications for research. *Project Management Journal, 46*(6), 126-138.

Parsi, N. (2016). Fracking fault lines. *PM Network, 30*(1), 6-7.

Project Management Institute. (2017). *A guide to the project management body of knowledge (PMBOK® Guide)* (6th ed.). Newtown Square, PA: Author.

Rockwood, K. (2016). Turning the tide. *PM Network, 30*(4), 8-9.

Wu, M., Arain, F., e Shen, L. (2015). An annualized rate of return-based concession duration model for BOT contracts. *International Journal of Construction Project Management,* 7(1), 45-56.

APÊNDICE 1

Balanceamento tempo-custo

O método de balanceamento tempo-custo, também denominado *aceleração do projeto,* é usado para reduzir a duração do projeto além do menor aumento associado no custo gradual. É fundamentado nas seguintes suposições:

1. Cada atividade tem dois pares de estimativas de duração e de custo: normal e comprimido. O **tempo normal** é a duração estimada exigida para realizar a atividade em condições normais de acordo com o planejamento. O **custo normal** é o custo estimado para completar a atividade no tempo normal. **Tempo comprimido** é a menor duração estimada em que a atividade pode ser completada. O **custo comprimido** é o custo estimado para completar a atividade no tempo comprimido. Na Figura 7A1.1, cada uma das quatro atividades tem um par de estimativas de tempo e de custo normais e um par de estimativas de tempo e de custo comprimidos. O tempo normal estimado para realizar a atividade A é de sete semanas e seu custo normal estimado é de $ 50 mil. O tempo comprimido para essa atividade é de cinco semanas, e o custo para completar a atividade nessa duração é de $ 62 mil.

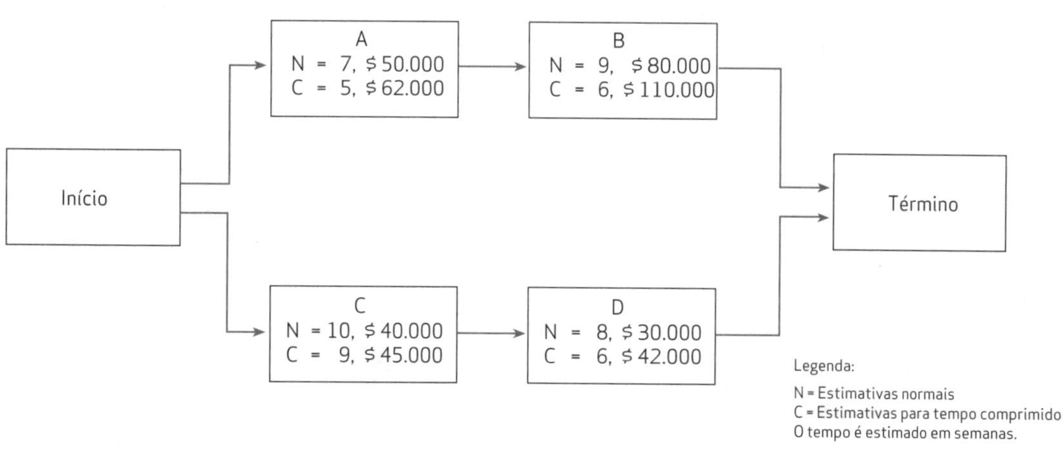

FIGURA 7A1.1 ▪ Rede com tempos e custos normal e comprimido.

2. A duração de uma atividade pode ser gradualmente acelerada mudando seu tempo de normal para comprimido ao aplicar mais recursos – designando mais pessoas, fazendo hora extra, utilizando mais equipamentos, e assim por diante. Os custos elevados serão associados com a expedição da atividade.
3. Uma atividade não pode ser completada em um intervalo menor que seu tempo comprimido, não importa quantos recursos adicionais sejam aplicados. Por exemplo, a atividade A não pode ser completada em um tempo menor que cinco semanas, não importando quantos recursos mais poderiam ser utilizados ou quanto dinheiro poderia ser gasto.
4. Os recursos necessários para reduzir a duração estimada de uma atividade de seu tempo normal para comprimido estarão disponíveis quando necessário.
5. Dentro do intervalo entre os pontos normal e comprimido da atividade, a relação entre o tempo e o custo é linear. Cada atividade tem seu próprio *custo por período* para acelerar sua duração de normal para comprimida. Esse custo de aceleração por período é calculado como:

$$\frac{\text{Custo comprimido} - \text{Custo normal}}{\text{Tempo normal} - \text{Tempo comprimido}}$$

Reforce sua aprendizagem

19. Quais são os tempos e os custos normais e comprimidos para as atividades B, C e D na Figura 7A1.1?

	Tempo normal	Custo normal	Tempo comprimido	Custo comprimido
Atividade B				
Atividade C				
Atividade D				

Por exemplo, na Figura 7A1.1, o custo por semana para acelerar a atividade A de seu tempo normal para comprimido é

$$\frac{\$\ 62.000 - \$\ 50.000}{7 \text{ semanas} - 5 \text{ semanas}} = \frac{\$\ 12.000}{2 \text{ semanas}} = \$\ 6.000 \text{ por semana}$$

O diagrama de rede na Figura 7A1.1 tem dois caminhos do início ao fim: caminho A–B e caminho C–D. Se considerarmos somente as estimativas da duração normal, o caminho A–B levará 16 semanas para ser completado, ao passo que o caminho C–D levará 18 semanas. Portanto, o tempo mais curto em que o projeto pode ser finalizado, com base nessas estimativas de tempo, é 18 semanas – a duração do seu caminho crítico, composto pelas atividades C e D. O custo total do projeto, com base no custo associado com a realização de cada atividade em seu tempo normal, é

Reforce sua aprendizagem

20. Quais são as taxas de custo por semana para acelerar as atividades B, C e D na Figura 7A1.1?

$$\$\ 50.000 + \$\ 80.000 + \$\ 40.000 + \$\ 30.000 = \$\ 200.000$$

Se todas as atividades forem realizadas em seus respectivos tempos comprimidos, o caminho A–B levaria 11 semanas e o caminho C–D levaria 15 semanas. O tempo mais curto em que o projeto pode ser finalizado, com base nas estimativas de tempo comprimido, é em 15 semanas, o que se trata de três semanas antes do tempo normal para a realização das atividades.

Reforce sua aprendizagem

21. Se todas as atividades na Figura 7A1.1 forem realizadas em seus tempos comprimidos, qual seria o custo total do projeto?

Normalmente, não é necessário, ou até mesmo construtivo, comprimir todas as atividades. Por exemplo, na Figura 7A1.1, queremos comprimir apenas as atividades apropriadas pela quantia necessária para acelerar o término do projeto de 18 para 15 semanas. Qualquer compressão adicional de atividades vai meramente aumentar o custo total do projeto; não vai reduzir mais a duração do projeto total por causa do que é determinado pela duração do caminho crítico. Em outras palavras, a compressão das atividades que não estão no caminho crítico não reduzirá o tempo de término do projeto, porém aumentará o custo do projeto total.

O objetivo do método de balanceamento tempo-custo é determinar o tempo de término mais curto com base na compressão das atividades que resultariam no menor aumento no custo total do projeto. Para cumprir isso, é necessário encurtar a duração total do projeto, em um período de tempo por vez, comprimindo somente aquelas atividades que estão no(s) caminho(s) crítico(s) e ter o menor custo de aceleração por período. De acordo com a Figura 7A1.1, determinamos anteriormente que, com base nas estimativas de tempo e custo normais, o tempo mais curto em que o projeto poderia ser completado é 18 semanas (como determinado pelo caminho crítico C–D), no custo total de um projeto de \$ 200 mil. O custo por semana de aceleração de cada atividade é

Atividade A	\$ 6 mil por semana
Atividade B	\$ 10 mil por semana
Atividade C	\$ 5 mil por semana
Atividade D	\$ 6 mil por semana

Reduzir a duração total do projeto de 18 para 17 semanas exige, primeiro, identificar o caminho crítico, que é C–D, e então determinar qual atividade nesse caminho pode ser acelerada no menor custo por semana. Custa \$ 5 mil por semana acelerar a atividade C e \$ 6 mil por semana acelerar a atividade D. Logo, é mais barato acelerar a atividade C. Se ela for comprimida em 1 semana (de 10 para 9 semanas), a duração total do projeto é reduzida de 18 para 17 semanas, porém o custo total do projeto aumenta em \$ 5 mil, ou seja, para \$ 205 mil.

Para reduzir a duração total do projeto em mais um período de tempo, de 17 a 16 semanas, devemos novamente identificar o caminho crítico. As durações dos dois caminhos são de 16 semanas para A–B e 17 semanas para C–D. Portanto, o caminho crítico ainda é C–D, e este deve ser reduzido novamente. Ao olhar para o caminho C–D, vemos que, embora a atividade C tenha um custo de aceleração menor por semana do que a atividade D, não se pode acelerar mais a atividade C porque alcançamos seu tempo comprimido de 9 semanas quando o projeto foi reduzido de 18 para 17 semanas. Portanto, a única escolha é acelerar a atividade D em 1 semana, de 8 para 7 semanas. Isso reduz a duração do caminho crítico C–D para 16 semanas, mas o custo total do projeto aumenta em \$ 6 mil (o custo por semana para acelerar a atividade D), ou seja, de \$ 205 mil para \$ 211 mil.

TABELA 7A1.1 ▪ Balanceamento tempo-custo.

Duração do projeto (semanas)	Caminho crítico	Custo total do projeto
18	C-D	**\$ 200.000**
17	C-D	\$ 200.000 + \$ 5.000 = **\$ 205.000**
16	C-D	\$ 205.000 + \$ 6.000 = **\$ 211.000**
15	C-D, A-B	\$ 211.000 + \$ 6.000 + \$ 6.000 = **\$ 223.000**

Mais uma vez, reduzamos a duração do projeto em outra semana, de 16 semanas para 15. Se olharmos para nossos dois caminhos, observamos que agora têm duração igual (16 semanas), logo, agora temos dois caminhos críticos. Para reduzir a duração total do projeto de 16 para 15 semanas, é necessário acelerar cada caminho em 1 semana. Ao olhar para o caminho C–D, observamos que a única atividade com qualquer tempo remanescente a ser comprimido é a atividade D. Podemos comprimir mais uma semana, de 7 para 6, a um custo adicional de \$ 6 mil. Para acelerar o caminho A–B em 1 semana, temos de optar por comprimir a atividade A ou a atividade B. A atividade A tem um custo de \$ 6 mil por semana para acelerar, em comparação com uma taxa de \$ 10 mil por semana para atividade B. Portanto, para reduzir a duração total do projeto de 16 para 15 semanas, precisamos comprimir as atividades D e A em 1 semana cada. Isso aumenta o custo total do projeto em \$ 12.000 (\$ 6.000 + \$ 6.000), de \$ 211 mil para \$ 223 mil.

Tentemos novamente reduzir a duração total do projeto em 1 semana, de 15 para 14. Novamente, temos dois caminhos críticos com a mesma duração: 2 semanas. Portanto, ambos devem ser acelerados em 1 semana. No entanto, ao olhar para o caminho C–D, observamos que ambas as atividades estão prontas em seu tempo comprimido – 9 e 6 semanas, respectivamente – e, portanto, não podem ser mais aceleradas. Dessa forma, acelerar o caminho A–B não teria nenhum valor, porque aumentaria o custo total do projeto, mas não reduziria a duração total do projeto. Nossa habilidade em reduzir a duração total do projeto é limitada pelo fato de que o caminho C–D não pode mais ser reduzido.

A Tabela 7A1.1 exibe a aceleração gradual do prazo total do projeto e o aumento gradual associado ao seu custo total. Indica que reduzir a duração total do projeto 1 semana aumentaria o seu custo total em $ 5 mil. Reduzi-la em 2 semanas custaria $ 11 mil, e para reduzi-la em 3 semanas custaria $ 23 mil.

Se todas as quatro atividades fossem comprimidas, o custo total do projeto seria de $ 259 mil, porém ainda não estariam completadas antes de 15 semanas. Usando o método de balanceamento tempo-custo, podemos reduzir a duração do projeto de 18 para 15 semanas com um custo adicional de $ 23 mil por comprimir seletivamente as atividades críticas com o menor custo de aceleração por período. Comprimir todas as atividades resultaria em um desperdício de $ 36 mil porque nenhuma redução na duração total do projeto – além de 15 semanas – poderia ser atingida.

RESUMO

O método de balanceamento tempo-custo é usado para reduzir a duração do projeto além do menor aumento associado no custo gradual. É fundamentado nas suposições de que cada atividade tem uma estimativa de duração e de custo normal e comprimido; de que a duração de uma atividade pode ser gradualmente acelerada ao aplicar mais recursos, e que a relação entre tempo e custo é linear. O tempo normal é a duração estimada do tempo necessário para realizar a atividade em condições normais; o custo normal é o custo estimado para completar a atividade no tempo normal. O tempo comprimido é a duração estimada mais curta na qual a atividade pode ser completada; o custo comprimido é o custo estimado para completar a atividade no tempo comprimido.

QUESTÕES

1. Qual é a metodologia do balanceamento tempo-custo e quando é usada?
2. Por que os tempos e os custos normais e comprimidos são necessários para esse procedimento?
3. Suponha que uma atividade tem um tempo normal de 20 semanas, um custo normal de $ 72 mil, um tempo comprimido de 16 semanas e um custo comprimido de $ 100 mil. Em quantas semanas, no máximo, a duração dessa atividade pode ser reduzida? Qual é o custo por semana para acelerar essa atividade?
4. Por que não é apropriado comprimir todas as atividades em um projeto para atingir sua programação mais curta?

APÊNDICE 2

Microsoft Project

Neste apêndice, vamos discutir como o Microsoft Project pode ser usado para apoiar as técnicas discutidas neste capítulo com base no exemplo do projeto de estudo de mercado consumidor. Para recuperar as informações do projeto, no menu "Arquivo", clique em "Abrir" e localize o arquivo do estudo de mercado consumidor que você salvou no Capítulo 6, quando definiu a linha de base antes de nivelar os recursos. Agora, estamos prontos para inserir os custos para os recursos, produzir os relatórios de custos e examinar o fluxo de caixa e o valor agregado.

O Microsoft Project calcula os custos do projeto ao utilizar as taxas para o trabalho, material e recursos de custos que estão inseridos na "Planilha de Recursos" ou na aba "Recursos", na janela "Informações sobre a Tarefa", após um duplo clique no nome da tarefa. Lembre-se de que para acessar a "Planilha dos Recursos", é preciso clicar em "Exibições de Recursos" na faixa "Exibição". As taxas para os recursos do trabalho e dos materiais são registradas na "Planilha de Recursos" quando inserimos a taxa-padrão na coluna "Std. Rate" para cada recurso e taxas de hora extra, quando aplicadas. A taxa para os recursos de trabalho é o custo por hora. A taxa para os recursos dos materiais é o custo por uso. Para o recurso de custos, "Despesas de Viagem", Susan enviará suas despesas de viagem quando concluir o teste piloto do questionário. Atualize a coluna "Acréscimo" em para "Finalizar Despesas de Viagem". A Figura 7A2.1 mostra as taxas-padrão e as de hora extra na "Planilha de Recursos" na "Exibição de Entrada" para os recursos de trabalho e de materiais para o estudo de mercado consumidor, e a atualização para "Despesas de Viagem".

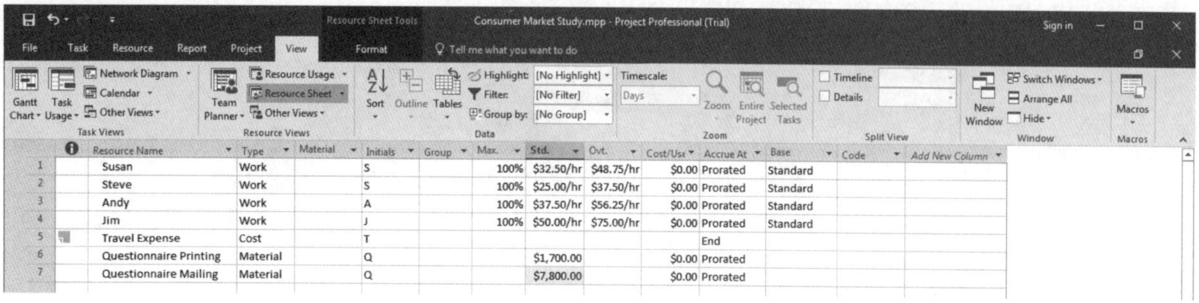

FIGURA 7A2.1 ▪ Planilha de recursos com as taxas de trabalho e de materiais.

O custo de um recurso é atribuído no nível da tarefa clicando-se duas vezes no nome da tarefa na "Exibição de Entrada do Gráfico de Gantt" e editando o valor do custo na guia Recursos. Para inserir os custos de viagem, $ 3000, clique duas vezes no "Teste Piloto" do "Questionário na Exibição de Entrada do Gráfico de Gantt" para abrir a janela "Informações da Tarefa". Clique na guia "Recursos". Na coluna "Custo", digite 3000.00. Clique em OK para fechar a janela. Observe a entrada na guia "Recursos" para a despesa de viagem e [$ 3000.00] ao lado de "Despesas de Viagem" na coluna "Nomes de Recursos", na Figura 7A2.2,

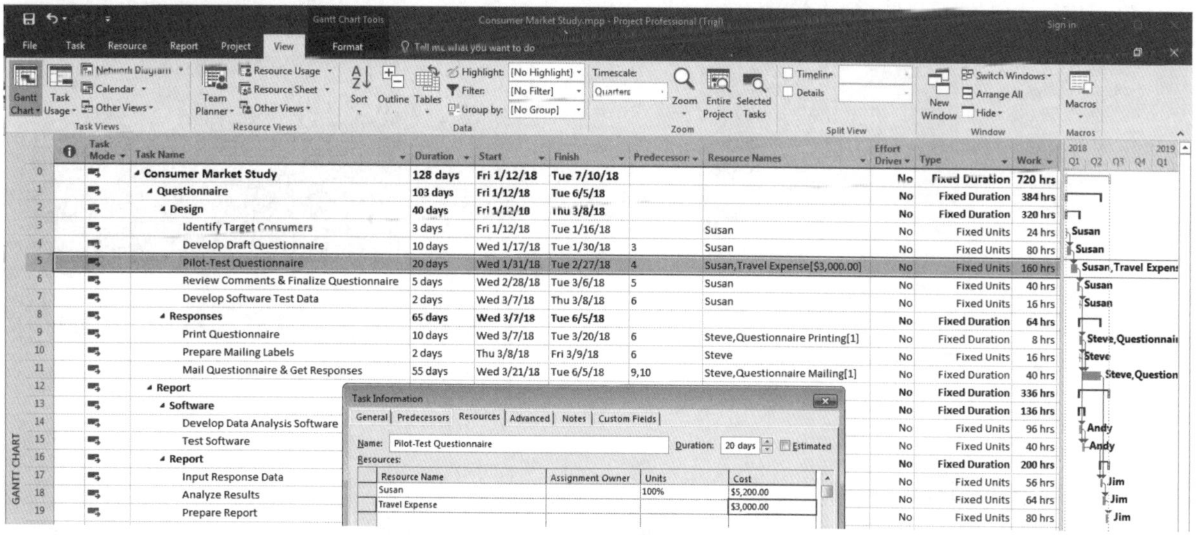

FIGURA 7A2.2 ▪ Entrada de "Recurso" do custo para a "Tarefa".

Examine os recursos para as tarefas "Imprimir Questionário" e "Enviar Questionário por E-mail" e "Obter Respostas" para ter certeza de que você está utilizando uma unidade dos recursos dos materiais atribuídos a cada tarefa. Na Figura 7A2.2, você pode ver um numeral 1 entre colchetes para mostrar o número de recurso de materiais que está usando. Se precisar mudar o número de unidades, dê um duplo clique no nome da tarefa e altere o número de unidades na aba "Recursos" na janela "Informações sobre a Tarefa".

Agora que foram inseridas as informações sobre o projeto relacionadas aos recursos e seus custos, este é um bom momento para definir a linha de base para o projeto. Lembre-se de definir a linha de base, na faixa "Projeto", no grupo "Cronograma", clique em "Definir Linha de Base" e selecione "Definir Linha de Base" na lista suspensa. Defina a linha de base para projeto "Completo" e clique em OK.

Para obter o "Relatório de Visão Geral do Trabalho" mostrado na Figura 7A2.3, na "Faixa de Relatório", clique em "Painéis" no grupo "Visualizar Relatórios", escolha "Visão Geral do Trabalho" no menu suspenso. Se você atualizou suas informações de recursos da tarefa, esse relatório vai mostrar o real *versus* a linha de base para os recursos de trabalho. O relatório "Visão Geral do Trabalho" fornece um relatório rápido para as partes interessadas sobre as principais informações de desempenho para o projeto.

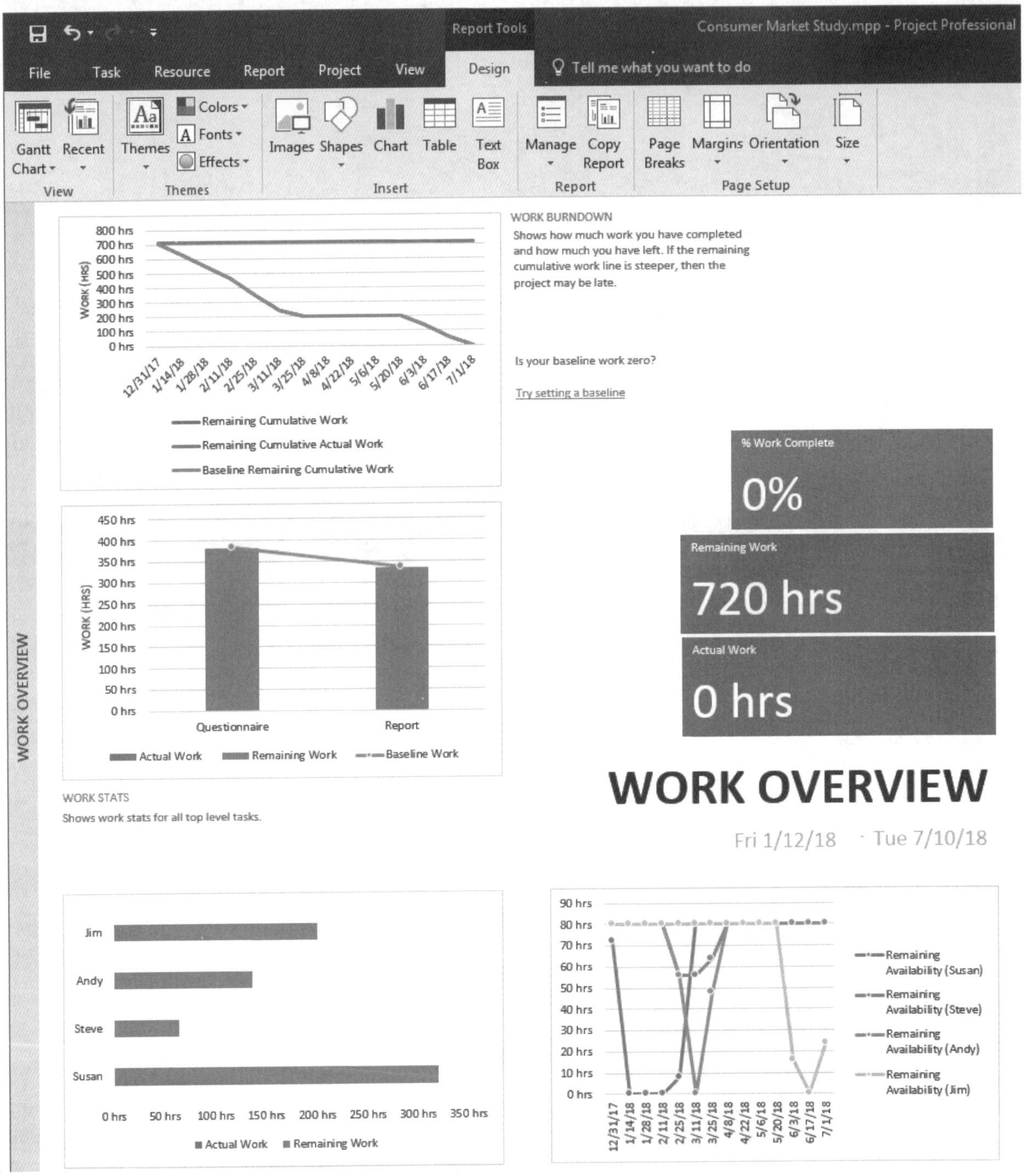

FIGURA 7A2.3 ▪ "Relatório de Visão Geral de Trabalho".

Cinco diferentes relatórios de custo padrão podem ser obtidos no Microsoft Project. Fluxo de Caixa, Sobrecarga de Custo, Relatório de Valor Agregado, Exibição de Custos do Recurso e Exibição do Custo da Tarefa. Para visualizar o menu suspenso e selecionar um destes relatórios, na faixa "Relatório" clique em "Custos" no grupo "Visualizar Relatórios". Escolha "Fluxo de Caixa" no menu suspenso "Relatórios de Custo" e clique em "Selecionar" para gerar um relatório. O "Relatório do Fluxo de Caixa" na Figura 7A2.4 proporciona uma quebra de custos em uma base semanal. Observe que o "Custo da Linha de Base" e os valores do "Custo Restante" para o projeto são os mesmos neste momento. Se o custo da "Linha de Base" é $ 0 e você digitou os custos dos recursos atribuídos às tarefas, verifique se a linha de base foi definida para o projeto.

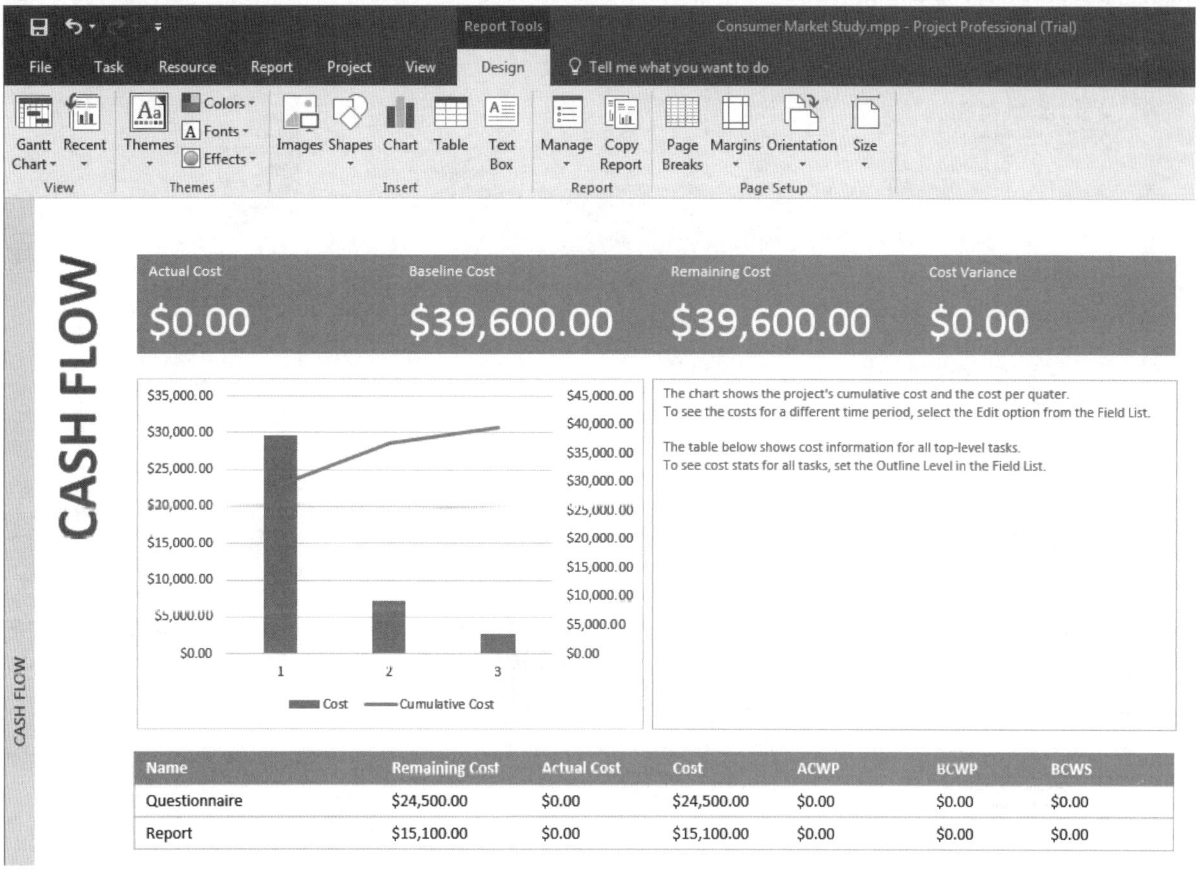

FIGURA 7A2.4 ▪ Menu "Relatório de Fluxo de Caixa".

Para registrar mudanças no fluxo de caixa para o projeto, insira a porcentagem com que as tarefas estão progredindo. Para tarefas finalizadas, insira a data real de conclusão ou a duração e marque a tarefa como 100% completa.

Examinemos o que acontece com o projeto quando as datas reais de término são inseridas. Salve o arquivo de seu projeto – Estudo de Mercado Consumidor – antes de completar esse exemplo. Certifique-se de estabelecer a base antes de inserir essas durações e datas reais de término.

Como você fez no Capítulo 5, insira as datas reais e marque as três tarefas de Susan como 100% completas. Lembre-se de que Susan completou a tarefa "Identificar os Consumidores-Alvo" em dois dias, desenvolveu o rascunho do questionário em 9 dias e fez o teste piloto do questionário em 19 dias. A Figura 7A2.5 exibe a visualização do "Acompanhamento de Gantt" do projeto com as datas reais de término para as Tarefas 4, 5 e 6.

Como Susan concluiu o teste piloto do questionário, ela enviará suas despesas reais até o montante orçamentado de $ 3.000 para o projeto. Susan informou $ 3.000 para suas despesas. Para registrar as despesas reais de um

"Recurso para o custo", você insere as informações na planilha "Uso de Tarefas". Navegue até a planilha "Uso de Tarefas" clicando na seta para baixo no "Gráfico de Gantt" no grupo "Exibição" na faixa "Tarefas" e selecionando "Uso de Tarefa" na lista suspensa. Para inserir os $ 3.000,00 para as despesas de viagem de Susan, clique duas vezes em "Despesas de Viagem" para abrir a janela "Informações de Atribuição". Na guia "Rastreamento", insira a despesa real, $ 3.000 e indique a tarefa como 100% completa. A Figura 7A2.6 exibe a janela "Uso de Informações de Atribuição da Tarefa" com o custo real referente aos recursos para o custo "Despesas de Viagem" para a tarefa teste piloto do Questionário

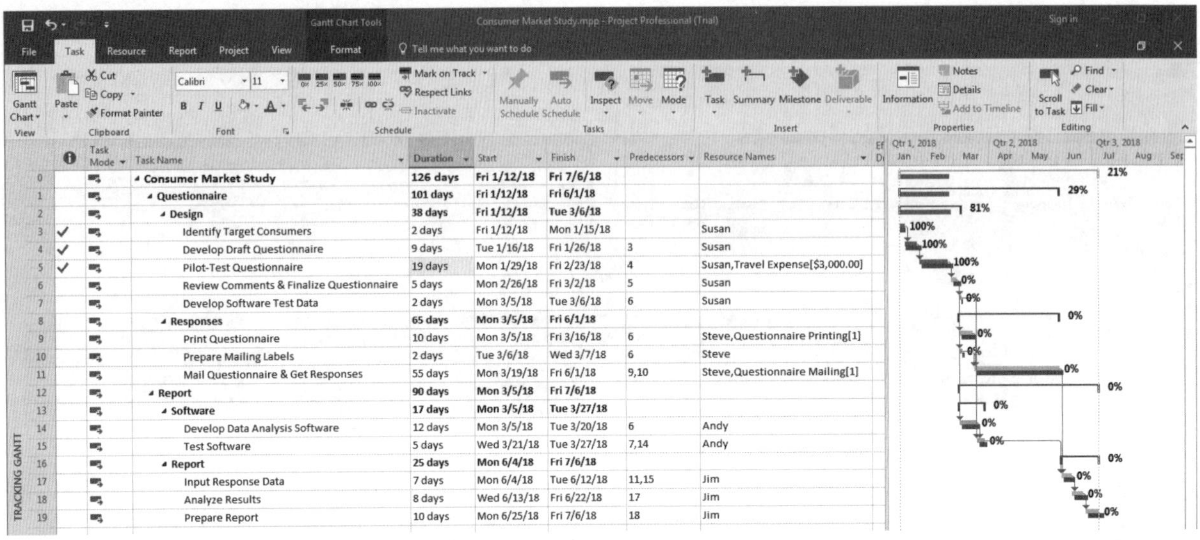

FIGURA 7A2.5 ▪ "Acompanhamento de Gantt" para exibir Datas de Conclusão Reais no Excel.

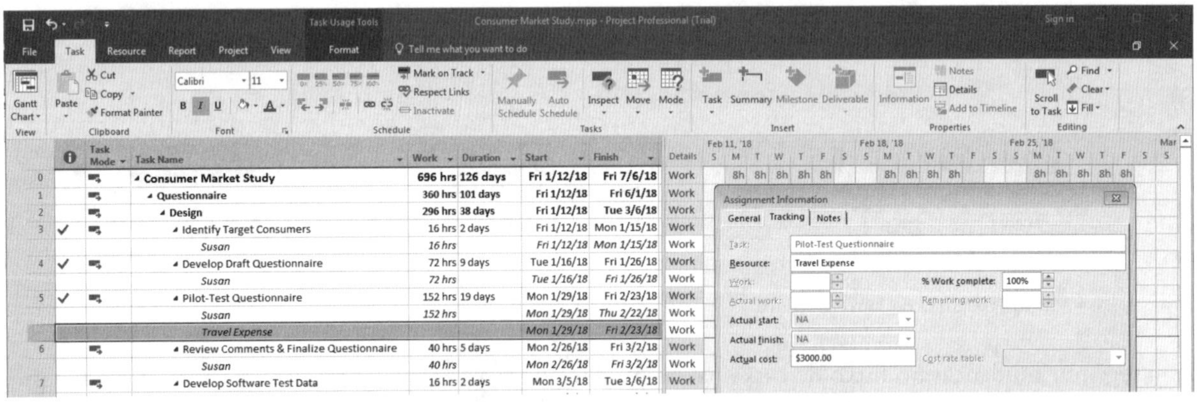

FIGURA 7A2.6 ▪ Informações de "Atribuição na Planilha Uso da Tarefa" dos "Recursos para Custo".

As informações de custo no MS Project 2016 são calculadas com base na data de *status* do projeto. A terceira tarefa de Susan estava prevista para terminar em 27 de fevereiro. Para definir a data de *status* até 27 de fevereiro de 2018, na faixa "Projeto no grupo Propriedades", clique em "Informações do Projeto" para abrir esta janela, e em seguida digite 27/02/18 ou selecione a data no calendário suspenso. A data do *status* pode ser definida para a data atual ou qualquer data antes da data atual. Veja a Figura 7A2.7.

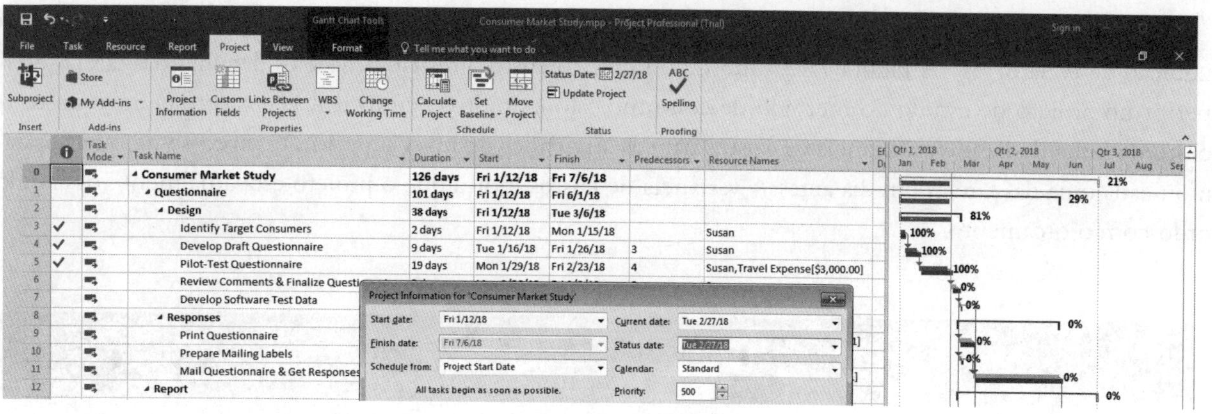

FIGURA 7A2.7 ▪ Mudança na Data do *status*.

Agora que as datas reais das tarefas foram inseridas e as marcas de tarefas, concluídas, o MS Project registra os custos reais e os custos restantes com base na data do *status*. O Relatório de Fluxo de Caixa na Figura 7A.2.8 indica o custo real do projeto, o custo da linha de base, o custo remanescente e a variação de custo a partir da data de *status*: 27/02/2018. Compare os valores apresentados nas Figuras 7A2.4 e 7A2.8, note que os valores nas tabelas indicam as mudanças no custo real, custo restante e variação de custo. Note na Figura 7A2.8 que o Custo Real é reduzido de acordo com o tempo economizado por Susan no projeto concluindo as tarefas com antecedência. O MS Project 2016 relata o valor do CRTR em incluir os custos associados aos recursos para os custos. Observe que a diferença entre o Custo Real e o valor do CRTR é igual à quantia dos recursos para o custo, Despesas de Viagem.

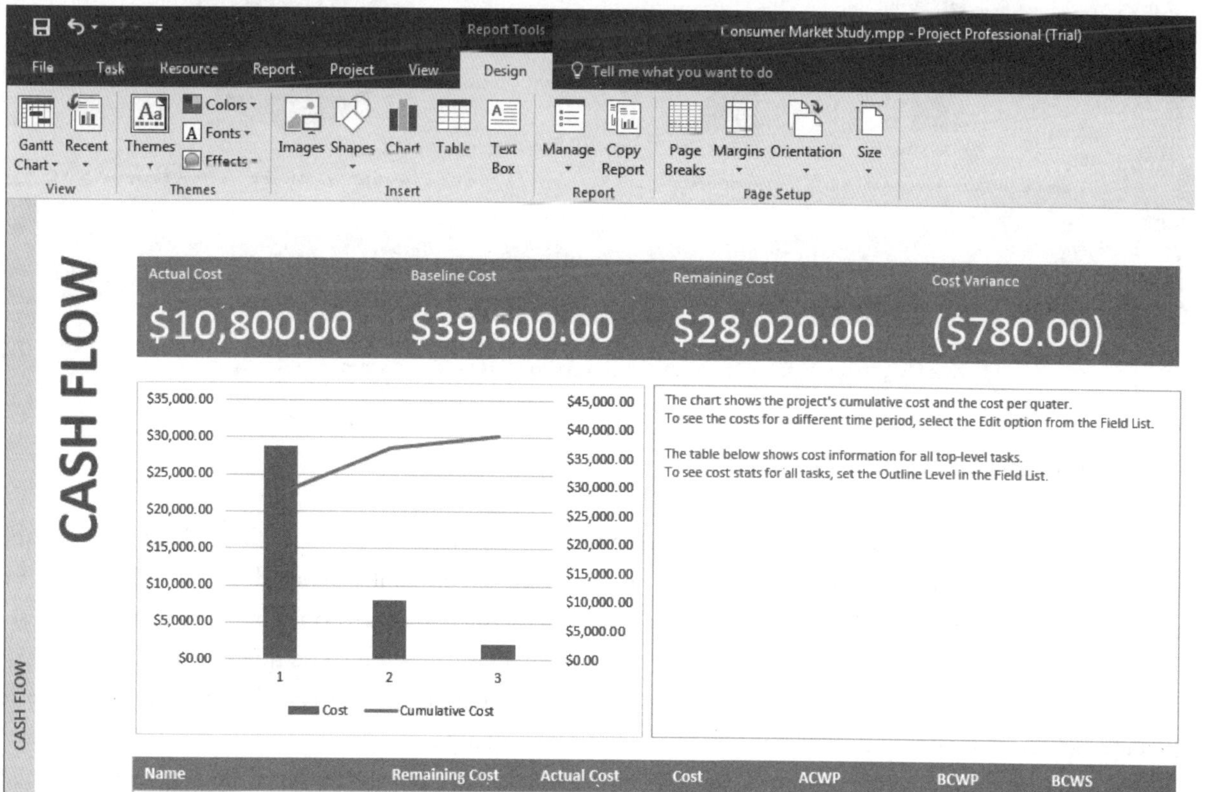

Name	Remaining Cost	Actual Cost	Cost	ACWP	BCWP	BCWS
Questionnaire	$12,920.00	$10,800.00	$23,720.00	$7,800.00	$11,580.00	$8,580.00
Report	$15,100.00	$0.00	$15,100.00	$0.00	$0.00	$0.00

FIGURA 7A2.8 ▪ "Relatório de Fluxo de Caixa" com Custos Reais.

O "Relatório de Exibição do Custo da Tarefa" é selecionado no menu "Custos na faixa Relatório" no grupo "Exibição de Relatórios". A Figura 7A2.9 mostra o *status* do custo, a distribuição e os detalhes das tarefas de nível superior no projeto de estudo do mercado de consumo. São exibidos o custo real, o custo restante, o custo total, o custo da linha de base e a variância de custos para as atividades de nível superior. Lembre-se de que Susan terminou cada uma das tarefas um dia antes. A variância de custos indica que o projeto está atualmente operando de acordo com o orçamento.

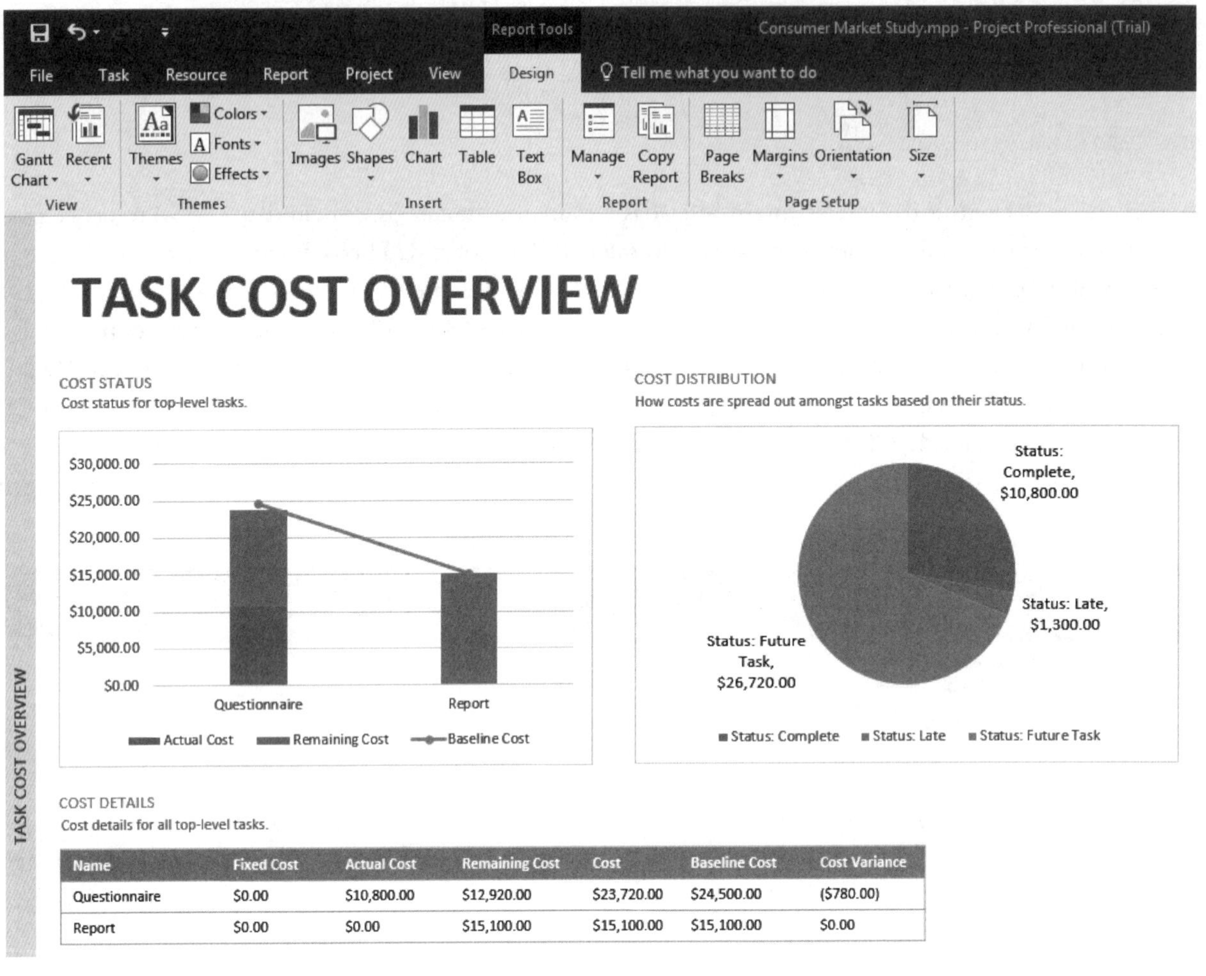

FIGURA 7A2.9 ■ "Relatório de Exibição do Custo da Tarefa".

Para obter uma tabela de custos semelhante àquela mostrada na Figura 7A2.10, na faixa "Exibição", clique no "Gráfico de Gantt" no grupo "Exibições da Tarefa" e selecione "Acompanhamento de Gantt" do menu. Então, na faixa "Exibição", clique em "Tabelas" no grupo "Dados" e escolha "Custo" no menu. Para cada tarefa, essa tabela fornece informações sobre os custos totais, base, reais e remanescentes, junto de quaisquer variações. O gráfico "Acompanhamento de Gantt" exibe um par de barras para cada tarefa: uma barra no topo para o momento de completar a tarefa e uma barra no final para o tempo-base para a tarefa.

Você também pode gerar uma tabela da variação do custo para recursos. Para fazer isso, é preciso visualizar a planilha de recursos (na faixa "Exibição", clique em "Planilha de Recursos" no grupo "Exibições dos Recursos") e a tabela de custo (na faixa "Exibição", clique em "Tabelas" no grupo "Dados" e escolha "Custo" no menu). Examine as entradas de Susan na tabela mostrada na Figura 7A2.11.

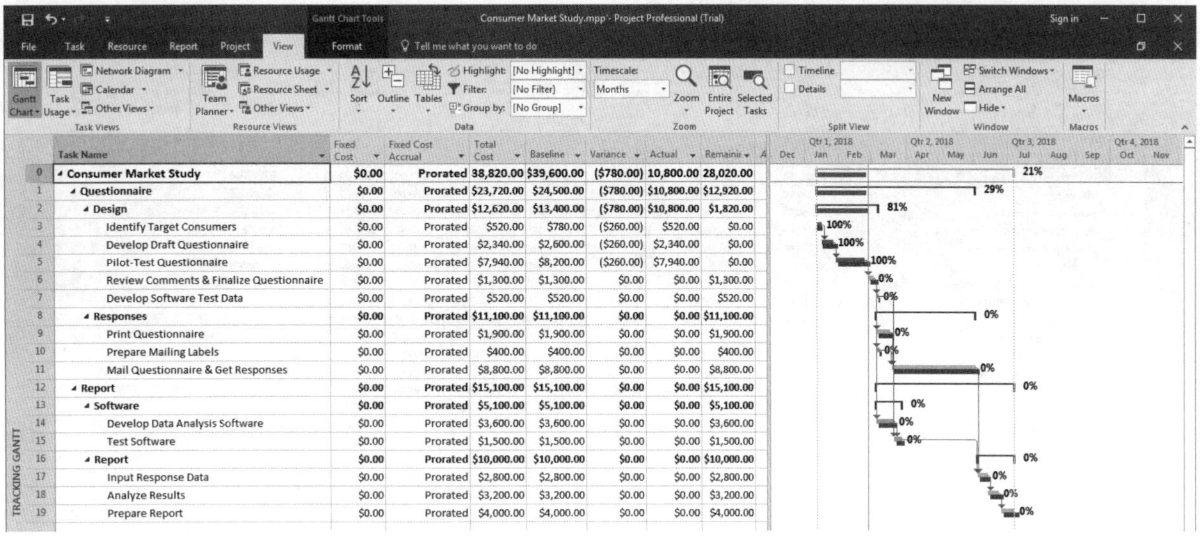

FIGURA 7A2.10 ■ Tabela da variação de custo para as tarefas.

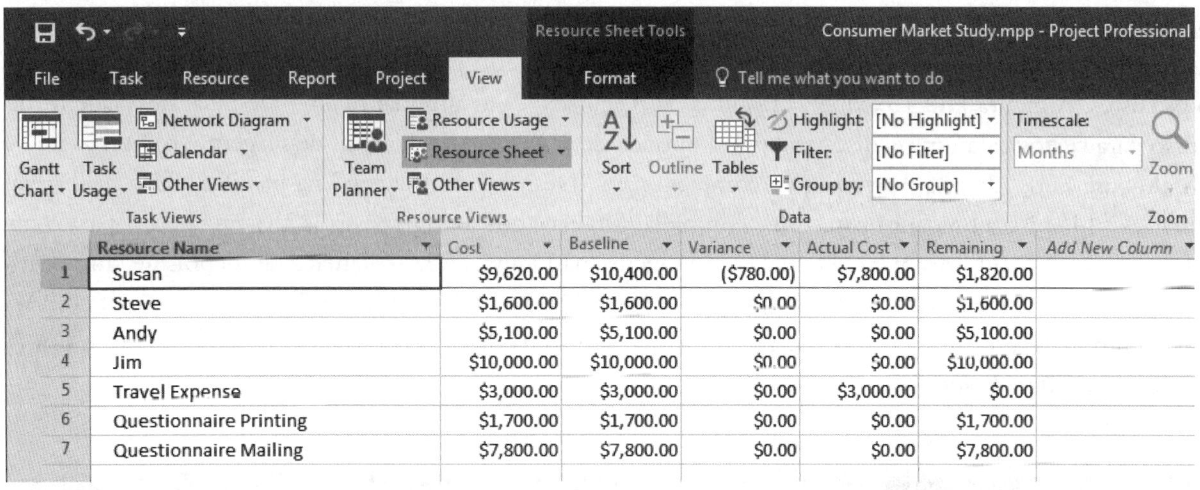

FIGURA 7A2.11 ■ Tabela de variância de custos para recursos.

Você pode criar uma tabela que mostre o valor agregado para cada tarefa de modo similar àquela de custo no "Gráfico de Rastreamento de Gantt". O "Valor Agregado" é calculado com base na data do *status*. Veja a Figura 7A.7 para rever a definição da data do *status*. Na faixa "Exibição", clique na seta para baixo no "Gráfico de Gantt" e selecione "Rastreamento de Gantt". Na faixa "Exibição", clique em "Gráfico de Gantt" e escolha-o no menu; em seguida, na faixa "Exibição", aponte para as "Tabelas" no grupo "Dados" e escolha "Entrada". Isso vai levá-lo de volta ao modo de exibição padrão. Para visualizar a tabela "Valor Agregado", na faixa "Exibição", clique em "Tabelas" no grupo "Dados" e selecione "Mais Tabelas" para abrir o menu das tabelas adicionais disponíveis. Role a lista para baixo, escolha "Valor Agregado" e clique em "Aplicar".

Você deve ver a tabela mostrada na Figura 7A2.12. Essa tabela trará uma variedade de informações, incluindo custo orçado do trabalho programado, valor agregado do trabalho realizado, custo real do trabalho realizado, custo orçado final, custo estimado final e suas variações. Observe que o MS Project 2016 inclui o recurso para o custo na coluna "Valor Agregado" (COTR) para o projeto e não inclui o valor do recurso para o custo em seus cálculos para o "Valor Planejado" (COTP) e para CA (CRTS) na tabela de "Valor Agregado".

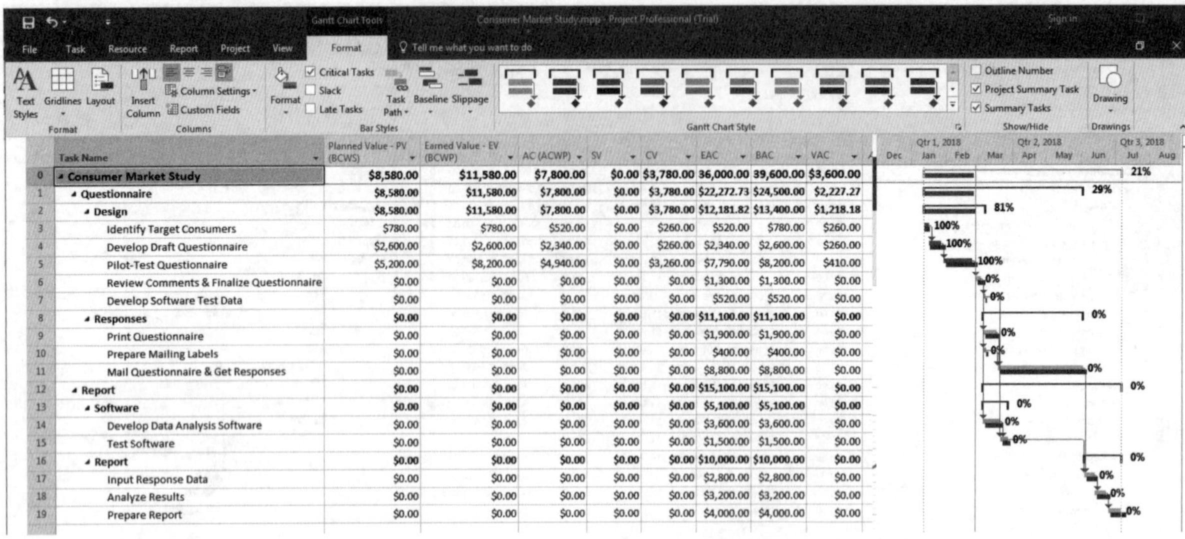

FIGURA 7A2.12 ▪ "Tabela do Valor Agregado".

Se você estiver produzindo relatórios que exijam que tenha todos os custos incluídos no "Valor Planejado" (COTP) e CA (CRTR), todos os recursos para seu projeto devem ser inseridos como recursos de trabalho ou recursos materiais. Altere o tipo de recurso para "Despesas de Viagem" para material na "Planilha de Recursos" e insira os custos. A Figura 7A2.13 exibe a "Planilha de Recursos" com a mudança em "Despesas de Viagem" de um recurso para custos para um recurso material, a entrada de $ 3.000 para despesas de viagem e o "Acréscimo Em" definido para Fim. Altere a porcentagem completa para "Despesas de Viagem" na planilha "Uso da Tarefa". A Figura 7A2.14 exibe a mudança para 100% completa. Observe que as "Despesas de Viagem" têm 1 para o número de unidades. O custo real para "Despesas de Viagem" na Figura 7A2.14 é atualizado depois de clicar em OK. A Figura 7A2.15 exibe a atualização do custo real para $ 3.000. A "Tabela Valor Agregado" no gráfico "Acompanhamento de Gantt" agora é atualizada para incluir o custo da despesa de viagem em VP (COTP) e CA (CRTR) como mostra a Figura 7A2.16.

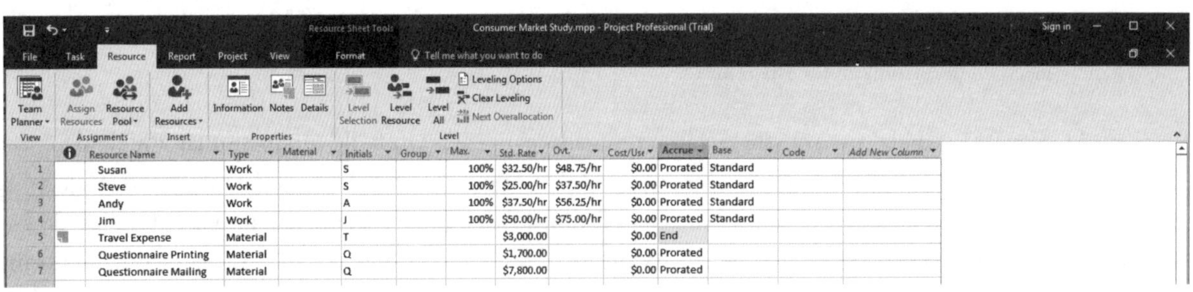

FIGURA 7A2.13 ▪ Mudança de Custo de Recursos para o Recurso Material.

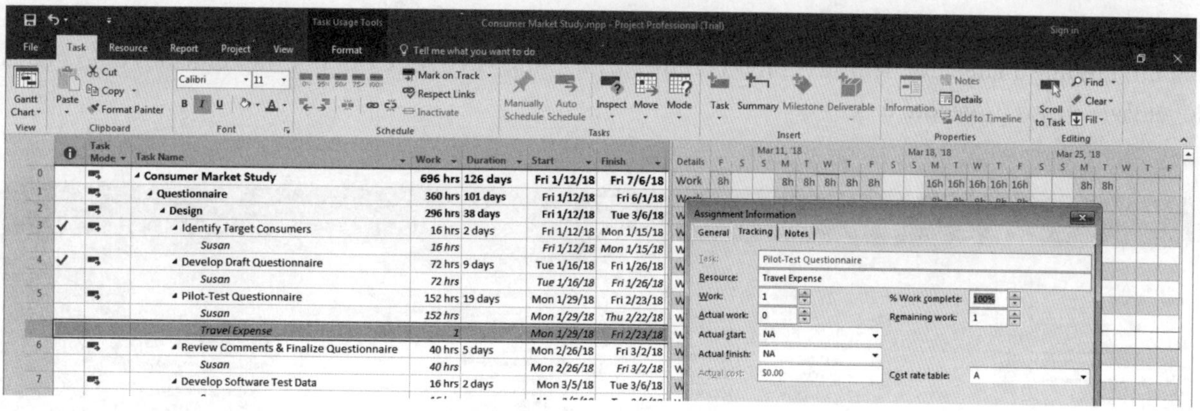

FIGURA 7A2.14 ▪ Mudança de "Percentual Completo" para "Recursos para o Material".

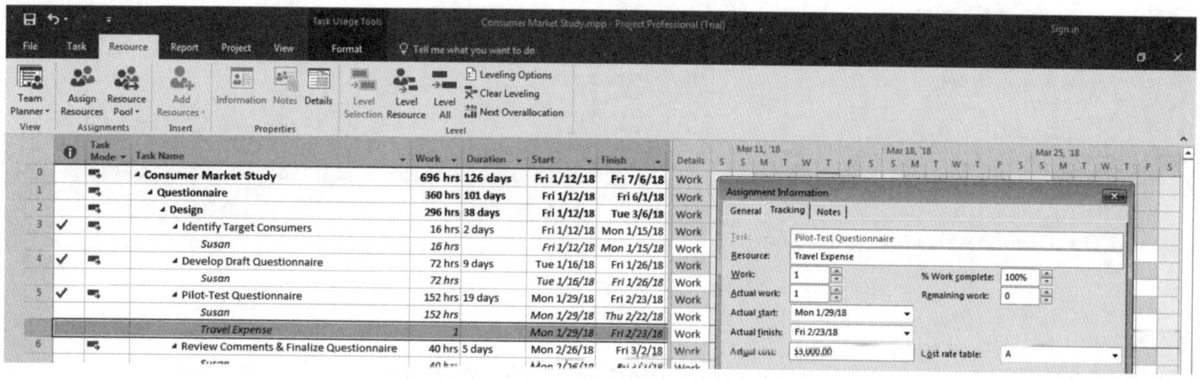

FIGURA 7A2.15 ▪ Atualização dos "Custos Reais" para o "Custo para o Material".

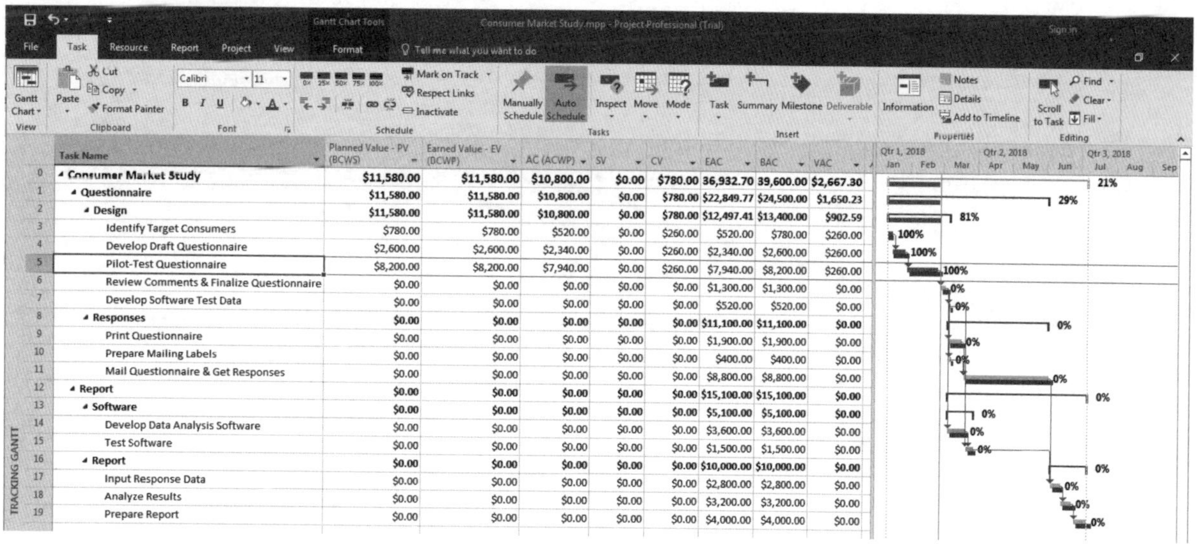

FIGURA 7A2.16 ▪ Tabela de "Valor Agregado" com os "Recursos para o Material".

Um "Relatório do Valor Agregado Visual" também está disponível. Na faixa "Projeto", clique em "Relatórios Visuais" no grupo "Relatório", então escolha "Valor Agregado com Hora Extra" na aba "Todos"; escolha "Dia" para o nível dos dados de uso para incluir no relatório e clique em "Exibição". A Figura 7A2.17 exibe a janela "Relatórios Visuais – Criar" no "Relatório Valor Agregado ao Longo do Tempo", Figura 7A.18, o CA aumenta em $ 3.000 para "Despesas de Viagem" quando o teste piloto do "Questionário" é concluído e o VP aumenta no momento em que a tarefa foi definida como completada na linha de base. Com base nesses dados e no gráfico, é possível fazer novas projeções de custo.

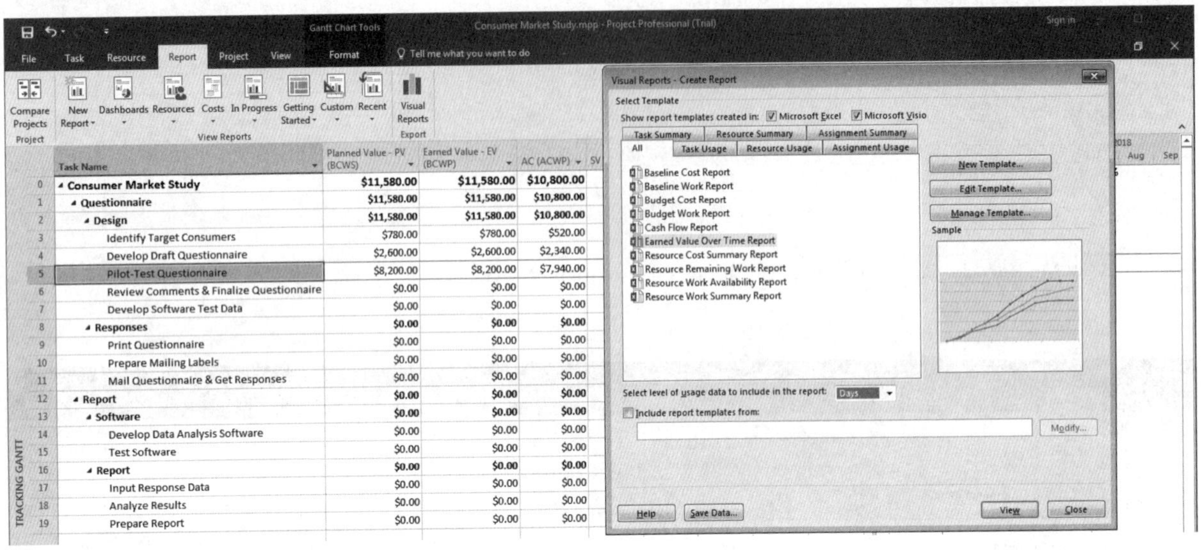

FIGURA 7A2.17 ■ Relatórios Visuais - Criar Relatórios.

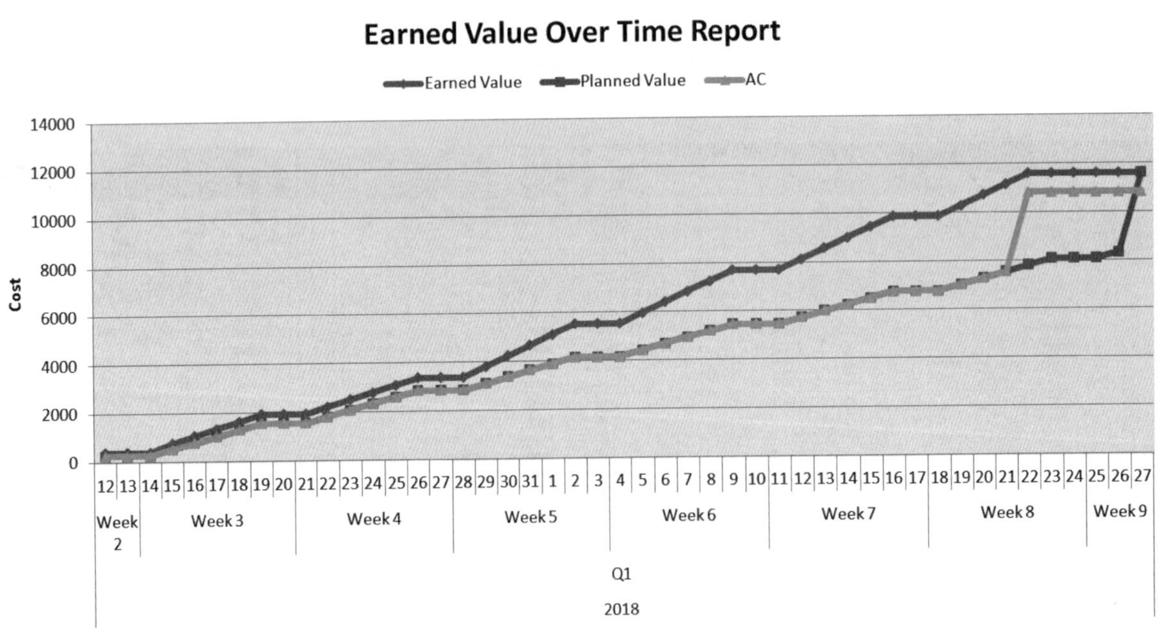

FIGURA 7A2.18 ■ "Relatório do Valor Agregado Visual Ao Longo do Tempo", exibido no Microsoft Excel.

Controlando riscos

8

Tyler Olson/Shutterstock.com

- Identificar riscos
- Avaliar riscos
- Planejar respostas a riscos
- Monitorar riscos
- Controlando riscos para desenvolvimento de sistemas de informação

  Um exemplo de Sistema de Informação: desenvolvimento de aplicativos de internet para a ABC Office Designs (continuação)
- Resumo
- Questões
- Pesquisa na internet
- Referências

Os conceitos abordados neste capítulo apoiam as seguintes áreas de conhecimento de gestão de projetos do *PMBOK® Guide:*

Gestão de riscos do projeto

GESTÃO DE PROJETOS NO MUNDO REAL

Gestão de riscos

A CVS Health fornece atendimento a milhões de pessoas através de farmácias varejistas, clínicas médicas, sistemas de gestão de benefícios de farmácia e serviços farmacêuticos especializados. O executivo sênior de tecnologia da empresa é Stephen Gold. Como diretor de informações, ele é responsável por todos os projetos referentes às operações de tecnologia e sistemas de informações da CVS Health.

Em seu papel de liderança, Gold presta muita atenção à gestão de riscos. Em vez de apenas solucionar problemas, ele vê a gestão de riscos como a busca por problemas e como um meio de ser proativo e de se antecipar a problemas. Consciente de que as pessoas geralmente não pensam no modo de como buscar a identificação de problemas, ele comentou que os "CIOs e os líderes de TI geralmente não prestam atenção aos riscos tanto quanto deveriam, porque vai contra a natureza humana. Por natureza, as pessoas são otimistas; nós tendemos a assumir os aspectos positivos, mesmo quando desenvolvemos softwares".

"Nosso processo formal de gestão de riscos começa nos estágios iniciais do planejamento de portfólio e continua até a execução do projeto e a revisão realizada após o projeto", declarou Gold ao descrever o processo de gestão de riscos na CVS Health. Aplicado a cada projeto, o procedimento é um processo de cinco etapas: planejamento, identificação, quantificação, resposta e monitoramento e controle. São utilizadas as lições aprendidas nos projetos. "Se aparecerem problemas com bastante frequência, estes devem se tornar parte do nosso processo de gestão de riscos", observou Gold, sobre como ele e sua equipe criaram uma lista de verificação para cada projeto, com base na análise dos riscos e das respostas em seu inventário de lições aprendidas.

Por exemplo, a lista de riscos resultante do exame da estrutura analítica de um projeto durante a fase de planejamento pode incluir: disponibilidade de recursos, inovações tecnológicas, falta de familiaridade com tecnologia ou processos, falta de treinamento, tarefas de maior importância, tarefas com vários antecedentes, tarefas estimadas de forma otimista, tarefas que dependem de recursos externos, tarefas em paralelo, tarefas designadas para muitas pessoas, qualificações e habilidades, feriados, férias, ocorrência de doenças e rotatividade de pessoal.

Gold e sua equipe classificam os riscos de acordo com sua probabilidade e seu impacto utilizando a fórmula em que o risco é igual à função da probabilidade multiplicada pelo impacto. Eles então aceitam, evitam, transferem, compartilham, reduzem ou ignoram o risco conforme o pensamento de Gold. Se um risco apresentar pouca probabilidade e pouco impacto, será possível aceitar o risco. Mas, se um risco tiver alta probabilidade e alto impacto, é melhor ficar atento.

"A principal questão é que a gestão de risco se refere menos ao processo e à comunicação, e mais à profundidade e ao rigor da estratégia de identificação e correção de riscos no início de um projeto", advertiu Gold à medida que descrevia o processo da CVS Health. Alguns gestores de projeto podem ignorar a gestão de risco ou apenas considerar os riscos no início do projeto. Gold e sua equipe continuam a analisar os riscos e as respostas aos riscos ao longo do projeto e a registrá-los em suas lições aprendidas a fim de evitar falhas no projeto devidas ao risco de não procurarem identificar, quantificar, desenvolver uma resposta ou monitorar e controlar os riscos.

Com base em informações de Heller, M. (2015). *Is It Worth the Risk?* CIO. Recuperado a partir de http://www.cio.com/article/2933039/leadership-management/is-it-worth-the-risk.html.

Como mencionado no Capítulo 1, um dos atributos de um projeto é que envolve um grau de incerteza. Essa incerteza pode afetar o seu resultado. Risco é um evento incerto que, se ocorrer, pode comprometer a realização do objetivo do projeto. A **gestão de riscos** envolve a identificação, avaliação e resposta a riscos, a fim de minimizar a probabilidade de ocorrência e/ou potencial impacto de eventos adversos sobre a realização do objetivo do projeto. Dirigir riscos de forma proativa aumentará as chances de realizar o objetivo do projeto. Esperar que eventos desfavoráveis ocorram e, em seguida, reagir a eles pode resultar em respostas dispendiosas ou pânico. Gestão de riscos inclui tomar medidas para evitar ou minimizar a probabilidade de ocorrência ou o impacto de tais eventos desfavoráveis.

Um certo grau de planejamento de riscos deve ser feito durante a fase de início do ciclo de vida do projeto para certificar-se, por exemplo, de que um contratado compreende os riscos envolvidos com a licitação de um projeto proposto. Com o conhecimento dos riscos potenciais, o contratado pode incluir contingência ou quantias de reserva para gestão no preço da proposta. Por outro lado, se os riscos parecem muito grandes, o contratado pode decidir não concorrer em um projeto proposto, como discutido na seção relacionada à decisão de desenvolver uma proposta no Capítulo 3. Posteriormente, um planejamento de riscos mais detalhado deve ser feito durante a fase de planejamento de um projeto.

Um gestor de projeto não pode ser avesso a riscos. Ele tem de aceitar que o risco é uma parte da gestão de projetos e tem de enfrentá-lo. Além disso, precisa definir o tom para incentivar a discussão aberta e oportuna sobre riscos com a equipe do projeto. Você se familiarizará com:

- Identificar riscos e seu impacto potencial.
- Avaliar a probabilidade de ocorrência e o grau de impacto.
- Planejar respostas aos riscos.
- Monitorar riscos.

RESULTADOS DE APRENDIZAGEM

Após o estudo deste capítulo, você estará apto a:

- Discutir o que está envolvido na gestão de riscos.
- Identificar e categorizar riscos.
- Avaliar e priorizar riscos.
- Preparar um plano de resposta a riscos.
- Desenvolver uma matriz de avaliação de riscos.
- Monitorar riscos.

Identificar riscos

Um **risco** é um evento incerto que, se ocorrer, pode comprometer a realização do objetivo do projeto. **Identificação de riscos** inclui determinar quais riscos podem afetar adversamente o objetivo do projeto e qual pode ser o impacto de cada risco, caso ocorra.

Às vezes, um investidor identifica os principais riscos na abertura do projeto quando este é autorizado. Um contratado também pode identificar os riscos de uma proposta para um cliente. Isso pode mostrar ao cliente que o contratado tem experiência e uma abordagem realista para executar o projeto e quer evitar surpresas. É também um meio de gerenciar as expectativas dos clientes.

Reforce sua aprendizagem

1. Um risco é um evento ____________ que, ____________ pode comprometer a realização do ____________.

Uma abordagem comum para identificar as fontes de riscos é discutir ideias. Consulte a seção "*Brainstorming*" no Capítulo 11. O gerente de projeto deve envolver os principais membros da equipe na identificação de potenciais fontes de riscos: coisas que poderiam acontecer e que impactariam negativamente a realização do objetivo do projeto. Cada membro pode trazer a sua experiência e conhecimento para ajudar a desenvolver uma lista abrangente de riscos. Quantos riscos devem ser identificados? Uma equipe pode ir a campo e apresentar centenas de possíveis riscos. Por exemplo, há uma chance de que toda a atividade possa levar mais tempo do que o estimado ou custar mais do que o previsto. O bom-senso e a razoabilidade devem prevalecer ao identificar os riscos. Os riscos devem ser aqueles que são prováveis de ocorrer e/ou possam ter um impacto negativo significativo sobre a realização do objetivo do projeto.

Outra abordagem é estabelecer categorias de riscos, que são agrupamentos de potenciais fontes de riscos por tópico, e identificar os que possam ocorrer em cada categoria. Exemplos de categorias de riscos, e alguns de seus riscos respectivos:

- *Técnico*:
  - Deixar de cumprir os requisitos de desempenho dos clientes.
  - Nova aplicação para a tecnologia.
  - Não ser capaz de atender aos padrões de qualidade ou códigos.
- *Programação*:
  - Vendedor demora na entrega de equipamentos essenciais.
- *Custo*:
  - Os custos de materiais aumentam mais do que o previsto.
- *Recursos humanos*:
  - Pode não haver pessoas disponíveis, quando necessário, para a equipe do projeto.
- *Externo*:
  - Mau tempo.
  - Mudanças nas regulamentações governamentais.
  - Mudança nas preferências dos consumidores.
  - Manifestantes locais entram com ação legal para adiar o projeto.
- *Patrocinador/cliente*:
  - Atrasos na aprovação.
  - Garantia do investimento no projeto.

Outra fonte que pode ser útil na identificação de eventuais riscos é a informação histórica de projetos anteriores. Se as avaliações pós-projeto (discutidas no Capítulo 9) são feitas em projetos concluídos, podem ser uma boa fonte para identificar possíveis riscos, bem como para obter informações sobre como lidar com tais riscos caso ocorram novamente.

Outros exemplos de riscos específicos:

- Incorporar tecnologia avançada em um novo produto.
- Requisitos de desempenho para a tomada de medições dez vezes mais rápidos do que pode ser feito atualmente.
- Avanços tecnológicos que poderiam tornar obsoleta a tecnologia selecionada originalmente, antes que o projeto esteja concluído.
- Utilização pela primeira vez de novo equipamento robótico para um procedimento cirúrgico raro e complexo.
- Indisponibilidade de determinado profissional quando necessário por causa da forte economia local e baixa taxa de desemprego.
- Encontrar mais formações rochosas do que o esperado quando da escavação.
- Número excessivo de revisões para um projeto de site antes que seja aceitável para o cliente.
- Greve trabalhista durante o pico de um projeto de construção.
- Mau tempo durante a fase de construção de uma expansão das instalações industriais.
- O banco pode não aprovar o montante total do empréstimo para o projeto.
- Aumento significativo de preços para raro material de revestimento de proteção contra incêndio.
- O paciente pode ter hemorragia durante a cirurgia.

- Vacinas suficientes podem não estar disponíveis para satisfazer as necessidades de emergência.
- Novo produto pode não passar pelos testes de certificação.
- Entrega mais demorada do que o previsto de peças fundamentais por parte de fornecedor estrangeiro.
- O cliente não fornece as amostras para teste quando necessário.
- Chuva em um fim de semana festivo da comunidade.

Para cada risco que for identificado, os impactos potenciais devem ser previstos. Tais impactos podem incluir atrasos no cronograma, despesas adicionais substanciais, o fato de o resultado final do projeto não cumprir os critérios de aceitação, a falta de aceitação pelo consumidor de um novo produto, aplicação de termos de penalidade em um contrato por parte do cliente, ou finalização do contrato pelo patrocinador.

Deve-se observar que, no início do projeto, pode não ser possível identificar todos os riscos. Isto é especialmente verdadeiro em projetos de longo prazo, como projetos plurianuais ou que têm várias fases. Pode ser mais fácil identificar os riscos associados com os esforços de curto prazo, porém, enquanto o projeto progride, a equipe pode elaborar progressivamente a identificação de novos riscos, bem como os impactos estimados de riscos previamente identificados conforme mais informação é adquirida ou se torna clara.

Reforce sua aprendizagem

2. Para cada risco, ____________ os potenciais ____________ devem ser ____________.

Avaliar riscos

A **avaliação de riscos** envolve determinar a probabilidade de que o evento de risco ocorrerá e o grau de impacto que terá sobre o objetivo do projeto. A cada um desses fatores pode ser atribuída uma classificação de nível alto, médio ou baixo, por exemplo, ou alguma outra escala de classificação (1-5, 1-10, porcentagens etc.). O gerente de projeto, em consulta aos membros apropriados da equipe ou a outros especialistas que estão mais bem informados sobre o risco potencial, deve determinar a classificação de cada risco.

Dados históricos de projetos anteriores semelhantes também podem ser úteis. Por exemplo, se o mau tempo é um risco, o histórico de dados meteorológicos diários ou a consulta a um serviço de previsão do tempo pode ser útil.

Com base na probabilidade de ocorrência e grau de impacto, os riscos podem ser *priorizados*. Por exemplo, àqueles com elevada probabilidade de ocorrência *e* alto grau de impacto devem ser atribuídas maior prioridade *e* maior consideração do que aos riscos que têm baixa probabilidade de ocorrência *e* baixo grau de impacto.

Outro fator a considerar na priorização de riscos é saber se está relacionado às atividades que estão em fases críticas. Se assim for, talvez a esse risco deva ser dada maior prioridade porque, caso ocorra, terá um impacto maior sobre a programação do que se estivesse associado com atividades em uma trajetória de grande valor positivo de margem total.

Uma ferramenta para avaliação e gestão de riscos é a **matriz de avaliação de riscos**, mostrada na Figura 8.1.

Reforce sua aprendizagem

3. A avaliação de riscos envolve a determinação de ____________ que um risco irá ____________ e o ____________ de ____________ que terá sobre o ____________ do projeto.

Planejar respostas a riscos

Um **plano de resposta a riscos** é um conjunto definido de ações para prevenir ou reduzir a probabilidade de ocorrência ou o impacto de um risco, ou para ser implementado, caso o evento de risco ocorra. O planejamento de resposta a riscos envolve o desenvolvimento de um plano de ação para reduzir a probabilidade de ocorrência

Risco	Impacto	Probabilidade de ocorrência (B, M, A)	Grau de impacto (B, M, A)	Disparador da ação	Responsabilidade	Plano de resposta
Chuva no dia do evento	• Baixo atendimento • Perda financeira	M	A	Previsão do tempo dois dias antes do evento	Laura	• Reservar espaço coberto agora • Recrutar voluntários extras para trabalhar contra o relógio para organizar ambientes fechados • Desenvolver um plano detalhado
Estrada em construção	• Atendimento reduzido • Receita reduzida	A	A	Departamento de Estradas publica cronograma de construção	Allison	• Identificar rotas alternativas • Ter placas prontas • Colocar placas ao longo de todas as rotas • Anunciar nos meios de comunicação

FIGURA 8.1 ▪ Matriz de avaliação de riscos. Legenda: B = baixo, M = médio, A = alto.

Reforce sua aprendizagem

4. Um ______________ é um conjunto definido de ______ para prevenir ou ______ a probabilidade de ______ ou o ______ de um risco, ou para ser ______ caso o evento de risco ocorra.

e o impacto potencial de cada risco, estabelecendo um ponto de partida para quando forem implementadas as ações para abordar cada risco e atribuindo responsabilidade a indivíduos específicos para a implementação de cada plano de resposta.

Um plano de resposta a riscos pode ser *evitar*, *mitigar* ou *aceitar* os riscos. Evitar significa eliminar o risco pela escolha de uma ação diferente. Evitar riscos seria, por exemplo, decidir usar tecnologia convencional em vez de tecnologia avançada em um novo produto, ou realizar um festival em local coberto no fim de semana, para evitar a possibilidade de chuva. Mitigar o risco envolve tomar medidas para reduzir a probabilidade de que o evento de risco ocorra ou reduzir o impacto potencial. Por exemplo, reduzir o risco de reformulações múltiplas do site de um cliente pode exigir analisar previamente sites similares com o cliente no início do projeto. Aceitar um risco significa lidar com ele, se e quando ocorrer, em vez de tomar medidas para evitar ou reduzir o impacto.

Um plano de resposta a riscos deve incluir um ponto disparador ou bandeira de alerta para o momento da implementação de plano de ação para cada risco. Um ponto disparador, no caso da compra de um material raro, pode ser o aumento em mais de 5% do preço atual em relação ao valor orçado para sua compra. O ponto de disparo para tomar a decisão de incorporar a tecnologia avançada em um novo produto pode ser a conclusão de um estudo de viabilidade de engenharia. Outro exemplo seria o de autorizar horas extras, se o projeto está atrasado em mais de 5% da duração restante.

Reforce sua aprendizagem

5. Uma ______________ riscos é uma ferramenta para avaliação e ______________.

A ferramenta para avaliar e administrar riscos é chamada de matriz de monitoramento de riscos, também denominada *registro de riscos*, que inclui riscos potenciais, seu possível impacto, probabilidade de ocorrência e plano de resposta. A Figura 8.1 mostra os riscos mais significativos e suas informações associadas para um show ao ar livre.

Monitorar riscos

A gestão de riscos inclui a implementação de planos de resposta a riscos, o rastreamento de riscos identificados, a identificação e análise de novos riscos, e a avaliação do processo de resposta a riscos. Os planos de resposta a riscos devem ser implementados conforme apropriado quando seu "gatilho" for atingido. A implementação de planos de resposta a riscos geralmente exige gastar mais fundos para recursos adicionais, trabalhar por mais tempo, pagar por remessas entregues, comprar materiais extras, e assim por diante.

Os preços e os orçamentos do projeto devem incluir uma reserva de contingência para pagar custos extras associados à implementação de planos de resposta. O monitoramento de riscos envolve a revisão regular da matriz de monitoramento de riscos durante todo o projeto. É importante monitorar e avaliar todos os riscos para determinar se há alguma mudança na probabilidade de ocorrência ou no impacto potencial de qualquer dos riscos. Esses fatores podem determinar se um risco particular aumentou em prioridade para chamar a atenção ou se diminuiu em importância. Além disso, podem ser identificados novos riscos que não foram considerados no início do projeto, mas que agora necessitam ser adicionados à matriz de monitoramento de riscos. Por exemplo, testes iniciais do protótipo de um novo produto indicam que agora pode não atender às especificações de desempenho originais. Outra situação: em decorrência de atrasos nas fases anteriores do projeto, a fase de construção da expansão de uma fábrica está agora agendada para acontecer no meio da temporada de furacões. Durante um projeto, o cliente pode iniciar mudanças no escopo de trabalho, cronograma ou orçamento que podem afetar a avaliação dos riscos previamente definidos ou resultar na identificação de novos riscos.

Reuniões de projeto são bons fóruns para revisão regular, atualização e abordagem dos riscos e a avaliação do processo de resposta a riscos. A agenda de reuniões de análise crítica de *status* do projeto deve incluir um item sobre avaliação de riscos. Deve ser dada atenção especial à revisão dos pontos disparadores relativos a cada risco para determinar se os planos de resposta estão na iminência de serem implementados. A gestão de riscos ao longo do projeto permite que as decisões necessárias tenham como base informações atualizadas sobre o projeto e seus riscos potenciais. Consulte a seção sobre as reuniões no Capítulo 12 e a seção sobre a resolução de problemas no Capítulo 11 para obter informações relacionadas.

Também é útil acompanhar e documentar quais riscos realmente ocorreram e o seu impacto. Essa informação é uma excelente fonte de aprendizado para a gestão de riscos em projetos futuros.

Reforce sua aprendizagem

6. ____________ ____________ representam um bom fórum para revisão, ____________ ____________ e ____________ dos riscos.

GESTÃO DE PROJETOS NO MUNDO REAL

Os riscos na implementação de um sistema de informações clínicas

Os clínicos que tratam pacientes em uma unidade de terapia intensiva geram uma série de elementos de dados. Alguns desses elementos são coletados manualmente, e outros, por meio de sistemas conectados a um sistema de informações clínicas (SIC). As informações inseridas nos SICs podem incluir elementos de dados, tais como sinais vitais, informações da admissão de pacientes, diagnósticos, prescrições de tratamentos, anotações sobre o progresso de pacientes, informações a partir de equipamentos ou resultados de exames. Profissionais de saúde utilizariam estes dados para tomar decisões sobre os pacientes. Outros profissionais, como os que precisam de sistemas financeiros, os empregariam para fins de cobrança. A interação com a SIC pode ocorrer através do uso de computadores, smartphones, tablets ou outros dispositivos portáteis.

A entrada de dados em um SIC pode ser manipulada através de uma variedade de recursos de processamento. Testar valores anormais ou realizar cálculos simples pode fornecer informações ao profissional de saúde. Os resultados do SIC podem preencher os sistemas de registros médicos, ser compartilhados com outros clínicos ou informar os pesquisadores que estão analisando um número maior de dados de pacientes. Sistemas mais capazes têm condição de integrar e interpretar dados para apoiar decisões clínicas.

As unidades de cuidados intensivos que utilizam um SIC têm verificado uma série de benefícios, como o aumento da eficiência, a melhoria da qualidade do atendimento, maior disponibilidade de dados, redução de erros e maior segurança dos dados. Embora existam muitos benefícios decorrentes da adoção e integração do SIC em unidades de terapia intensiva, também há desvantagens relacionadas a erros no projeto e na funcionalidade, que provocaram a diminuição da eficiência.

Projetos para a seleção, design e implementação de um SIC em uma unidade de terapia intensiva devem avaliar os riscos associados à adoção do sistema de apoio ao paciente.

Falta de um líder de projeto O líder do projeto para um SIC poderia atuar como um elo entre a equipe do projeto e os colegas clínicos que utilizariam o SIC. A falta de um líder aumenta a probabilidade de obstáculos à implementação e de falta de informações sobre recursos e decisões de design úteis.

Falta de comprometimento da gestão A gestão fornece recursos e apoio ao SIC. Sem o comprometimento por parte da gestão, existe uma maior possibilidade de o progresso do projeto sofrer com atrasos no cronograma e sobrecarga de custos.

Utilidade insuficiente do sistema Os usuários do SIC devem compreender o sistema para agregar valor ao seu trabalho. Se o sistema for difícil de ser utilizado, se causar erros ou tornar ineficiente a conclusão das tarefas, a adoção do SIC seria limitada.

Ambiguidade do projeto A equipe do projeto deve definir claramente os objetivos específicos para os usuários do SIC e os resultados esperados do projeto de implementação do SIC. Sem metas claras e a definição dos resultados esperados, é maior a possibilidade de a equipe do projeto se desviar de seus objetivos e de ocorrer a criação de um SIC que não atenda às necessidades dos usuários.

Desalinhamento do sistema com as práticas e os processos locais A funcionalidade do sistema precisa de aspectos específicos para o sucesso em uma unidade de terapia intensiva que talvez não sejam necessários quando da adoção em um hospital todo. É preciso ter cuidado para garantir que o sistema atenda às necessidades dos usuários possibilitando que melhorem seu desempenho e incorporando os fluxos de trabalho existentes em seus processos.

Os líderes de projeto que tiveram sucesso ao implementar um SIC recomendam que as equipes de projeto que planejam tal implementação em um ambiente de terapia intensiva "designem uma equipe de projetos com um gestor de projeto específico, envolvam os médicos clínicos, avaliem o fluxo de trabalho, evitem se desviar do objetivo, continuem fazendo avaliações após a implementação e estejam preparados para modificações. Lembre-se de que os profissionais de saúde são aqueles que devem usar o sistema e precisam ser representados na equipe do projeto para, nas possíveis discussões, apresentarem a perspectiva do usuário. Isto ajudará a evitar a demora na tomada de decisões sobre recursos, pois os membros do projeto podem interagir com fornecedores e designers em relação a como utilizar o sistema, interagir com as inserções de dados e suas necessidades de processamento e fornecimento dos dados.

Com base em informações de Mason, C., e Leong, T. (2016). Clinical information systems in the intensive care unit. *Anaesthesia & Intensive Care Medicine, 17*(1), 13-16.

Controlando riscos para o desenvolvimento de sistemas de informação

Os riscos no desenvolvimento de sistemas de informação são inerentes a todos os aspectos do projeto. Os riscos podem ser classificados em oito tipos: tecnológico, humano, de usabilidade, da equipe do projeto, do design, organizacional e estratégico e político. Essas categorias ajudam a explicar os riscos associados aos sistemas em desenvolvimento que aceitam entradas de dados, processam essas entradas e produzem informação para ser usada pelos usuários. Os Capítulos 4 a 7 forneceram fundamentos sobre definição, programação, recursos e custos associados com projetos de desenvolvimento de SI.

Lembrem-se do Capítulo 6, os cinco tipos básicos de recursos utilizados em um projeto de desenvolvimento de sistema de informação: pessoas, hardware, software, dados e recursos de rede. Risco tecnológico é um fator de risco crítico para hardware e software usados no projeto. Complexidades associadas com integração, funcionalidade e compatibilidade impactam tanto o sucesso de um projeto de desenvolvimento de sistema de informação como também a velocidade de processamento e segurança do sistema. Os riscos da tecnologia exigem recursos e estão diretamente relacionados aos riscos humano, de usabilidade, políticos, estratégicos e organizacionais do projeto.

A equipe e o projeto têm riscos associados com a implementação de habilidades de gerência, além do conhecimento do sistema de informações, e habilidades necessárias para completar o projeto. Melhorias em recursos de tecnologia apresentam problemas. A decisão de incorporar a mais recente tecnologia pode levar a uma falta de integração do hardware ou software nos sistemas da organização. Os avanços das novas tecnologias podem ter influência no escopo do projeto e potencial para causar mudanças nos requisitos de projeto que não são bem gerenciadas.

É útil ter categorias para orientar as sessões de debates de ideias para a equipe de projeto listar os riscos potenciais. Mantenha a lista de riscos do projeto nas lições aprendidas para também ajudar no debate de ideias da lista. Use a experiência e evidência histórica para avaliar os riscos das categorias a fim de classificar e priorizar aquelas que são mais prováveis de ocorrer e terão maior impacto, especialmente para aquelas no caminho crítico do projeto de desenvolvimento de sistema de informação.

UM EXEMPLO SISTEMA DE INFORMAÇÃO: DESENVOLVIMENTO DE APLICATIVOS DE INTERNET PARA A ABC OFFICE DESIGNS (CONTINUAÇÃO)

Lembre-se dos Capítulos 4 a 7, em que Beth Smith, da ABC Office Designs, é a gerente para o desenvolvimento de um projeto de sistema de relatórios baseados na internet. Beth e a equipe planejaram um projeto de $ 125 mil que deve ser concluído em 60 dias.

Os membros da equipe com responsabilidade primária asseguraram a Beth que o projeto poderia ser concluído com os recursos e a programação atuais. Beth quer se preparar para os riscos potenciais do projeto para que a equipe possa cuidar deles com antecedência e não impactar a data de entrega do sistema. Os membros da equipe de vendas já estão reservando as datas de treinamento em suas programações. Se o projeto estiver atrasado, esse tempo representará oportunidades perdidas para a equipe de vendas e a empresa.

Beth realizou uma reunião de atualização do projeto. Em sua agenda, incluiu tempo para discutir os possíveis riscos. Para cada risco, ela planejou para a equipe determinar o impacto do risco, a probabilidade de ocorrência, o grau de impacto, se ocorrer, o ponto disparador que servirá como uma bandeira de advertência para o risco, quem é responsável pelo risco e o plano de resposta para evitar, mitigar ou aceitar o risco. Juntos, a equipe do projeto e Beth, criaram a matriz de avaliação de risco. A Figura 8.2 é o seu primeiro rascunho.

A equipe discutiu que esses riscos mudariam conforme o projeto evoluísse. Com apenas 60 dias para concluí-lo, Beth e sua equipe sabiam que havia várias tarefas com folga no projeto. Beth indicou que poderia atribuir recursos para essas tarefas em caminho crítico se tivesse de acelerá-las para terminar a tempo. O aumento dos custos seria coberto pelos fundos de contingência para apoiar o esforço, se necessário.

Beth analisou as lições aprendidas em outros projetos novamente para ter certeza de que a equipe discutiu os riscos de outros projetos na reunião seguinte de atualização. Aprender com os sucessos e fracassos de outros pro-

Risco	Impacto	Probabilidade de ocorrência (B, M, A)	Grau de impacto (B, M, A)	Disparador da ação	Respon-sabilidade	Plano de resposta
A falta de cooperação e compromisso dos usuários	Registros incorretos de vendas no sistema de relatórios	M	A	Equipe de vendas tem dificuldade em usar o sistema durante o treinamento	Jim	Ter materiais de treinamento adicional para descrever como usar o sistema
Elevado número de consultas *ad hoc*	Design de sistemas não concluído a tempo	B	A	Mais dúvidas a serem respondidas do que o tempo restante para completar	Jeff	Ter designado pessoal para trabalhar mais tempo nas tarefas; pessoal que tenha pelo menos sete dias de folga
Teste revela problemas de *design*	Reelaboração do design e desenvolvimento	M	A	Avaliação revela problemas	Cathy	Buscar falhas de projeto durante tarefa de avaliação
Software personalizado tem problema de integração	Sistema não funciona e não há informações registradas	B	A	Estudo do sistema existente identifica potenciais problemas	Steve	Desenvolver um sistema compatível com a programação, possivelmente não de tecnologia mais recente
Mudanças na composição da equipe do projeto	Falta de habilidades e conhecimentos adequados para fazer as tarefas	B	M	Pedido de demissão do membro da equipe	Beth	Atribuir outro membro da equipe do projeto para aprender a tarefa durante o período de aviso

FIGURA 8.2 ▪ Matriz de avaliação de riscos para projeto de sistema de informação baseado na internet. Legenda: B = baixa, M = média, A = alta.

FATORES ESSENCIAIS PARA O SUCESSO

- Identificar os riscos e seus potenciais impactos antes do início do projeto.
- Envolver a equipe de projeto ou especialistas em avaliação de riscos.
- Atribuir maior prioridade à gestão de riscos que têm a alta probabilidade de ocorrência e elevado impacto potencial sobre o resultado do projeto.
- Desenvolver planos de resposta para enfrentar os riscos de maior prioridade.

jetos é um dos objetivos de Beth como gerente de projeto. Ela não vê necessidade de repetir erros anteriores, esses são riscos que decidiu que a equipe pode evitar.

RESUMO

Risco é um evento incerto que, se ocorrer, pode comprometer a realização do objetivo do projeto. A gestão de riscos envolve a identificação, avaliação e resposta a riscos do projeto, a fim de minimizar a probabilidade de ocorrência e/ou potencial impacto de eventos adversos sobre a realização do objetivo do projeto. A identificação de riscos inclui determinar quais riscos podem afetar adversamente o objetivo do projeto e estimar qual pode ser o potencial de impacto de cada risco, caso eles ocorram. Avaliar cada risco envolve determinar a probabilidade de que o evento de risco ocorrerá e o grau de impacto que o evento terá sobre o objetivo do projeto e depois priorizar os riscos. Um plano de resposta a riscos é um conjunto definido de ações para prevenir ou reduzir a probabilidade de ocorrência ou o impacto de um risco, ou para implementar a resposta, caso o evento de risco ocorra. O planejamento de resposta a riscos envolve o desenvolvimento de um plano de ação para reduzir a probabilidade de ocorrência e o impacto potencial de cada risco, estabelecendo um ponto de partida para quando as ações para abordar cada risco forem implementadas e atribuindo a responsabilidade de indivíduos específicos para a implementação de cada plano de resposta. Durante o projeto, é importante rever e avaliar todos os riscos para determinar se há alguma mudança na probabilidade de ocorrência ou no impacto potencial de qualquer dos riscos; também podem ser identificados novos riscos que não foram considerados no início do projeto. As reuniões de projeto são um bom fórum para revisar, atualizar e avaliar quaisquer respostas aos riscos.

QUESTÕES

1. Descreva o que precisa ser feito para gerenciar o risco em um projeto. Quando deve ser feito? Como uma matriz de avaliação de risco pode ajudar nesse processo?
2. Com base na sua experiência de trabalho em projetos, liste e categorize três riscos. O plano de resposta para esses projetos era adequado para mitigar esses riscos? Como você responderia a esses riscos agora?
3. Que riscos têm maior prioridade para um projeto? Será que a prioridade para um risco muda com os avanços do projeto?
4. Como o risco do projeto muda conforme um projeto avança? Que alterações são feitas na matriz de avaliação de risco com a ocorrência das mudanças?

PESQUISA NA INTERNET

1. Faça uma busca on-line por "gestão de risco do projeto" e descreva pelos menos três sites que encontrar.
2. Para os exercícios 2 a 5, visite o site da Rede de Gerentes de Programa de Software (Software Program Managers Network – SPMN), www.spmn.com. Por que a SPMN foi estabelecida e qual é sua missão?
3. Clique no link "16 critical software practices". Descreva brevemente os 16 fatores. Identifique aqueles que você acha que são relevantes para todos os tipos de projetos, e não apenas para projetos de software.
4. Clique na seção "Lessons learned". Explore os diversos *links*. Explore os *links* relacionados à gestão de riscos e descreva o que você descobriu.
5. Clique no botão "Web links". Explore e descreva pelo menos três desses *links*.

REFERÊNCIAS

Badi, S. M., e Pryke, S. (2016). Assessing the impact of risk allocation on sustainable energy innovation (SEI): The case of private finance initiative (PFI) school projects. *International Journal of Managing Projects in Business*, *9*(2), 259-281.

Boateng, P., Chen, Z., e Ogunlana, S. O. (2015). An Analytical Network Process model for risks prioritisation in megaprojects. *International Journal of Project Management*, *33*(8), 1795-1811.

Du, L., Tang, W., Liu, C., Wang, S., Wang, T., Shen, W., Zhou, Y. (2016). Enhancing engineer-procure-construct project performance by partnering with international markets: Perspectives from Chinese construction companies.

International Journal of Project Management, *34*(1), 30-43.

Gale, S. F. (2016). The great unknown. *PM Network*, *30*(1), 42-47.

Heller, M. (2015). *Is it worth the risk?* CIO. Retrieved from http://www.cio.com/article/2933039/leadership-management/is-it-worth-the-risk.html.

Hwang, W., Hsaio, B., Chen, H., e Chern, C. (2016). Multiphase assessment of project risk interdependencies: Evidence from a University ISD Project in Taiwan. *Project Management Journal*, *47*(1), 59-75.

Javani, B., Rwelamila, P., e Pantaleo, M. D. (2016). Risk management in IT projects A case of the South African public sector. *International Journal of Managing Projects in Business*, *9*(2), 389-413.

Liu, A., Zhu, Z., Wang, H., e Huang, J. Handling social risks in governmentdriven mega project: An empirical case study from West China. *International Journal of Project Management*, *34*(2), 202-218.

Liu, J., e Yuliani, A. R. (2016). Differences between clients and vendors perceptions of IT outsourcing risks: Project partnering as the mitigation approach. *Project Management Journal*, *47*(1), 45-58.

Liu, S., e Wang, L. (2016). Influence of managerial control on performance in medical information system projects: The moderating role of organizational environment and team risks. *International Journal of Project Management*, *34*(1), 102-116.

Mason, C., e Leong, T. (2016). Clinical information systems in the intensive care unit. *Anaesthesia e Intensive Care Medicine*, *17*(1), 13-16.

Project Management Institute. (2017). *A guide to the project management body of knowledge (PMBOK® Guide)* (6th ed.). Newtown Square, PA: Author.

Sarkar, D., e Panchal, S. (2015). Integrated interpretive structural modeling and fuzzy approach for project risk management of ports. *International Journal of Construction Project Management*, 7(1), 17-31.

Wang, C., Wood, L. C., Abdul-Rahman, H., e Lee, Y. T. (2016). When traditional information technology project managers encounter the cloud: Opportunities and dilemmas in the transition to cloud services. *International Journal of Project Management*, *34*(3), 371-388.

Wu, C., Fang, D., e Li, N. (2015). Roles of owners leadership in construction safety: The case of high-speed railway construction projects in China. *International Journal of Project Management*, *33*(8), 1665-1679.

Yang, R. J., Zou, P. X. W., e Wang, J. (2016). Modelling stakeholder-associated risk networks in green building projects. *International Journal of Project Management*, *34*(1), 66-81.

Zhang, Y. (2016). Selecting risk response strategies considering project risk interdependence. *International Journal of Project Management*, *34*(5), 819-930.

Encerramento do projeto

9

Philip Lange/Shutterstock.com

- Ações de encerramento do projeto
  - *Pagamentos finais*
  - *Reconhecimento e avaliação de pessoal*
  - *Avaliação pós-projeto*
  - *Lições aprendidas*
  - *Arquivar documentos do projeto*
- *Feedback* do cliente
- Encerramento antecipado do projeto
- Resumo
- Questões
- Pesquisa na internet
- Referências

Os conceitos abordados neste capítulo apoiam as seguintes áreas de conhecimento de gestão de projetos do *PMBOK® Guide:*

Aquisição do projeto

GESTÃO DE PROJETOS NO MUNDO REAL

Lições aprendidas com base em fundamentos comprovados

A Proterra, uma *startup* no setor de ônibus elétricos nos Estados Unidos, em Greenville, Carolina do Sul, utilizou as lições aprendidas com o fornecimento bem-sucedido de três ônibus para o King County Metro Transit, em Seattle, Washington, com a finalidade de desenvolver processos visando acelerar o atendimento de futuras encomendas de ônibus. O Metro testou a funcionalidade para determinar se os ônibus preenchiam seus requisitos para atender os clientes no mercado de transporte público do município. Após o teste e a adoção bem-sucedidos, a Proterra tem a opção de possivelmente fornecer mais 200 ônibus ao longo de cinco anos.

O que a Proterra descobriu que ajudaria a reduzir o tempo de entrega de 12 meses dos primeiros ônibus para cerca de sete meses dos ônibus adicionais? O que a Proterra fez para atender ao que foi especificado pela equipe do King County?

A Proterra estava em condições de ouvir o cliente. O gerente de licitações e propostas da Proterra, Ethan Carbaugh, implementou um processo de gestão de projetos mais formal, que incluía a sobrecomunicação das expectativas do cliente para todos na equipe de produção dos ônibus. "Não se pode assumir que somente porque algo está no contrato isto será feito", afirmou Carbaugh.

Depois de ter sido selecionado a partir de uma proposta competitiva que apresentou para produzir os ônibus, a equipe da Proterra convidou representantes do King County para visitar a sede da Proterra com a finalidade de fazer uma revisão técnica de três dias. Uma análise comparativa entre o design-padrão dos ônibus e as especificações desejadas foi concluída, e então ocorreu a determinação sobre como personalizar o design-padrão para atender a tais especificações. Cerca de 80 pedidos de alterações foram incluídos no projeto final. O fato de ter um plano com todas as mudanças incluídas antes de a produção começar permitiu que a equipe da Proterra ganhasse tempo nas revisões de produtos e nas alterações de pedidos durante a produção.

As reuniões de projeto e os relatórios de progresso incluíram discussões sobre os benefícios para a comunidade e a agência. Aspectos como a economia de energia em relação aos híbridos e a cobrança rápida foram incluídos no processo de educação. De acordo com Carbaugh, "ter mais pessoas envolvidas ajuda a garantir a aquisição e as torna entusiasmadas com a tecnologia". Um técnico de serviços da Proterra forneceu respostas para as dúvidas quanto à manutenção no local após a entrega do primeiro ônibus.

Carbaugh comentou: "É preciso encontrar o equilíbrio certo entre atender o cliente e gerenciar seu próprio tempo e seus recursos". Ouvir os stakeholders e envolvê-los desde o início foi uma estratégia de planejamento bem-sucedida de projetos da Proterra. A adição de alguns recursos, como uma opção de reboque traseiro nos veículos, fez parte do processo de gestão de mudanças.

Se a equipe não tivesse dedicado seu tempo para ouvir os stakeholders durante a fase de planejamento, a implementação das mudanças ao longo da produção teria desperdiçado tempo e dinheiro. "Este processo nos ajuda a evitar o retrabalho. Melhora nosso fluxo de caixa porque entregamos projetos dentro do prazo e melhoramos a satisfação do cliente."

A Proterra registrou e utilizou suas lições aprendidas para estar em condições de ser eficiente e economizar, caso recebessem mais encomendas de ônibus para o King County Metro Transit. A equipe de projetos tem processos em vigor para se manter rápida e precisa em suas ações, porque presta atenção às lições aprendidas.

Com base em informações de Anonymous. (2016). Proving grounds. *PM Network, 30*(4), 38 39; http://www.proterra.com.

Após o projeto ser concluído e todas as entregas serem aceitas pelo cliente, a sua fase de execução está terminada. O projeto, então, inicia a quarta e última fase do ciclo de vida: encerramento. Este capítulo discute as várias atividades envolvidas no processo de encerramento. Você se familiarizará com:

- Ações que devem ser tomadas ao encerrar o projeto.
- Conduzir uma avaliação pós-projeto.
- A importância de documentar as lições aprendidas.
- A necessidade de organizar e arquivar os documentos do projeto.
- Obter *feedback* do cliente sobre o projeto.
- Encerramento antecipado de projetos.

RESULTADOS DE APRENDIZAGEM

Após o estudo deste capítulo, você estará apto a:

- Identificar ações que devem ser realizadas durante o processo de encerramento.
- Conduzir uma avaliação pós--projeto.
- Discutir o valor e uso das lições aprendidas.
- Explicar a importância de organizar e arquivar a documentação.
- Obter *feedback* do cliente sobre o projeto.
- Descrever situações que podem resultar em encerramento antecipado do projeto.

Ações de encerramento do projeto

A quarta e última fase do ciclo de vida do projeto é o encerramento, conforme mostrado na Figura 9.1. Começa após o projeto ter sido concluído e o patrocinador ou cliente ter aceitado as entregas. Quando uma equipe ou contratante completa um projeto para um cliente, deve *verificar* se todas as prestações acordadas foram, de fato, prestadas. Tais entregas podem incluir treinamento ou manuais de procedimentos, desenhos, fluxogramas, equipamentos, um edifício, software, brochuras, uma conferência, relatórios, vídeos ou dados. Em algumas situações, isso pode ser um evento um tanto formal, em que um sistema automatizado satisfaz um conjunto de critérios de aceitação ou são realizados testes que foram estabelecidos no contrato. Outros projetos, como um fim de semana de atividades de regresso em uma universidade, são concluídos apenas com a passagem do tempo.

Reforce sua aprendizagem

1. A quarta e última fase do ____________ ____________ do projeto é o ____________ do projeto.

O processo de encerramento do projeto envolve várias ações, incluindo:

- Receber e fazer pagamentos finais.
- Reconhecer e avaliar o pessoal.

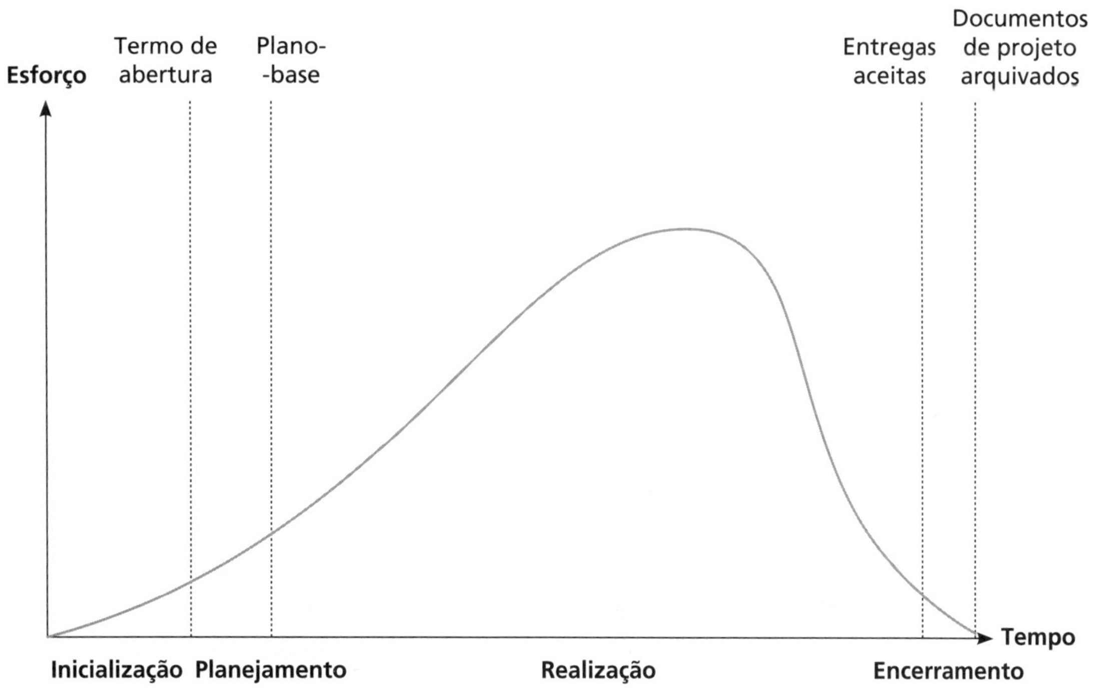

FIGURA 9.1 ▪ Ciclo de vida do projeto.

- Conduzir uma avaliação pós-projeto.
- Documentar as lições aprendidas.
- Organizar e arquivar os documentos do projeto.

As atividades associadas ao encerramento do projeto devem ser identificadas e incluídas no plano-base do projeto – e não devem ser feitas apenas como reflexões posteriores.

PAGAMENTOS FINAIS

Uma atividade que deve ser realizada durante a fase de encerramento é garantir que todos os pagamentos foram feitos pelo cliente. Muitos contratos incluem uma cláusula de pagamento do progresso, que afirma que o cliente vai fazer o pagamento final após a conclusão do projeto. Em alguns casos, o pagamento final é uma percentagem elevada (por exemplo, 25%) do preço total do projeto. Da mesma forma, deve-se verificar que todos os pagamentos foram feitos para eventuais subempreiteiros, consultores, vendedores ou fornecedores de quaisquer materiais ou serviços adquiridos. Uma vez que todos os pagamentos foram recebidos e feitos, o projeto "livros", ou registros contábeis, pode ser encerrado, e uma análise financeira do projeto pode ser feita, na qual os custos reais finais são comparados com o orçamento-base do projeto.

RECONHECIMENTO E AVALIAÇÃO DE PESSOAL

Uma importante ação de encerramento do projeto é o reconhecimento e avaliação do pessoal. Projetos de sucesso devem terminar com algum tipo de reconhecimento e comemoração. O que pode variar de um *happy hour* informal depois do trabalho a um evento mais formal, com palestrantes da organização do cliente e prêmios ou certificados de reconhecimento para os participantes do projeto.

Reforce sua aprendizagem

2. Projetos de sucesso devem terminar com algum tipo de __________ e __________.

Durante a fase de encerramento do projeto, o gerente deve preparar uma avaliação de desempenho de cada membro da equipe, em que menciona como cada um deles expandiu seu conhecimento como resultado do trabalho e identifica as áreas em que precisa se desenvolver. Se um membro da equipe não se reporta diretamente ao gerente do projeto na estrutura organizacional da empresa, o gerente deve fornecer uma cópia da avaliação de desempenho ao supervisor imediato da pessoa.

AVALIAÇÃO PÓS-PROJETO

Outra atividade significativa durante a fase de encerramento é a realização de reuniões de avaliação pós-projeto na equipe ou organização que o realizou. O propósito de tais reuniões é rever e avaliar o desempenho do projeto e identificar o que pode ser feito para melhorá-lo em projetos futuros.

Deve haver dois tipos de reuniões: individuais com os membros da equipe e uma reunião geral com a equipe toda. Devem ser realizadas o mais breve possível após a conclusão dos trabalhos e ser convocadas com antecedência para que as pessoas possam se preparar.

Reforce sua aprendizagem

3. Quais são os dois tipos de reuniões internas de avaliação pós-projeto que o gerente deve fazer?

O gerente do projeto deve ter uma reunião individual com cada um dos membros da equipe. Essas reuniões permitem que os membros da equipe emitam suas impressões pessoais sobre a realização do projeto e o que pode ser feito para melhorar os projetos futuros. Tais reuniões individuais permitem que as pessoas falem abertamente, sem as restrições de uma reunião de grupo. Por exemplo, eles podem mencionar quaisquer problemas quanto a relações de trabalho com outros membros da equipe. Naturalmente, o gerente deve assegurar aos membros da equipe que quaisquer dessas informações serão mantidas em sigilo. Uma vez que as reuniões individuais com os membros da equipe estão terminadas, o gerente pode identificar problemas comuns levantados nessas reuniões. Com essa informação, o gerente pode, então, desenvolver uma pauta para uma reunião do grupo com a equipe do projeto.

Na reunião de grupo com a equipe, o gerente deve conduzir uma discussão sobre o que aconteceu durante a execução do projeto e solicitar recomendações específicas de melhorias. Um modelo de pauta para a *reunião da equipe de avaliação pós-projeto* é mostrado na Figura 9.2.

Seguem alguns tópicos que podem ser discutidos em cada um dos itens da pauta:

1. *Desempenho técnico.* Como o escopo final do trabalho se compara ao escopo do trabalho no início do projeto? Houve muitas mudanças? As mudanças foram tratadas adequadamente em termos de documentação, aprovação e comunicação? Que impacto tiveram sobre o orçamento e cronograma do projeto? O escopo do trabalho foi totalmente concluído? Todo o projeto e os serviços entregues foram executados com qualidade e atendiam as expectativas do cliente?
2. *Desempenho do orçamento.* Como os custos reais do projeto final se comparam ao orçamento-base original e ao orçamento final do projeto, que incluiu as alterações no escopo? Se houvesse um contrato de preço fixo, seria rentável, ou a organização perderia dinheiro? Se houvesse um contrato por administração, o projeto seria concluído dentro do orçamento do cliente? Houve algum pacote de trabalho específico que aumentou ou diminuiu o orçamento em mais de 10%? Se sim, por quê? Quais foram as causas de eventuais custos adicionais? Os custos de atividade estimados eram realistas?

AVALIAÇÃO PÓS-PROJETO
Reunião da equipe

Pauta

1. Desempenho técnico
   - Escopo do trabalho
   - Qualidade
   - Administrando mudanças
2. Desempenho do orçamento
3. Desempenho do cronograma
4. Planejamento e controle do projeto
5. Gestão de riscos
6. Relacionamento com clientes
7. Envolvimento das partes interessadas
8. Relacionamentos entre equipes
9. Comunicações
10. Identificação e resolução de problemas
11. Lições aprendidas
12. Recomendações para projetos futuros

FIGURA 9.2 ▪ Pauta de reuniões da equipe de avaliação pós-projeto.

3. *Desempenho do cronograma.* Como o cronograma do projeto atual se compara com o original? Se o projeto estava atrasado, quais foram as causas? Como o desempenho no cronograma foi associado a cada pacote de trabalho? O tempo de duração estimado das atividades era realista?

4. *Planejamento e controle do projeto.* O projeto foi planejado com detalhes suficientes? Os planos foram atualizados em tempo hábil para incorporar as mudanças? O desempenho real foi regularmente comparado ao desempenho planejado? Os dados sobre o desempenho real foram precisos e coletados em tempo hábil? O sistema de planejamento e controle foi regularmente usado pela equipe do projeto? Foi usado para tomada de decisões?

5. *Gestão de riscos.* O resultado do projeto foi atingido pela ocorrência de eventos surpreendentes? Em caso positivo, foram identificados no plano de riscos? Os riscos de alta probabilidade e alto impacto foram adequadamente identificados no início do projeto? Houve riscos que deveriam ter sido, mas não foram, identificados no início do projeto? Quais os riscos que foram identificados durante o projeto, que não foram identificados no início e por que não foram identificados no início? Para os riscos identificados que ocorreram, os planos de respostas foram adequados? Ocorreram eventos inesperados para os quais não havia planos de resposta?

6. *Relacionamento com clientes.* Todos os esforços foram feitos para tornar o cliente participante do sucesso do projeto? O cliente foi consultado regularmente sobre o nível de satisfação com o desempenho e o progresso do projeto? Houve reuniões presenciais regularmente agendadas com o cliente? O cliente foi informado de possíveis problemas em tempo hábil e solicitado a participar do processo de resolução?

7. *Envolvimento das partes interessadas.* Todas as principais partes interessadas foram identificadas antecipadamente? Os papéis e as expectativas de cada parte interessada eram claros e inequívocos? Foram desenvolvidos bons relacionamentos de trabalho com cada parte interessada. Havia uma comunicação regular com todas as partes interessadas? A participação, o envolvimento e as discussões das partes interessadas foram bem-vindos? As preocupações das partes interessadas foram abordadas antecipadamente, positivamente e em tempo hábil?

8. *Relacionamentos entre equipes.* A equipe participou no planejamento do projeto? Houve "clima de equipe" e compromisso com o sucesso do projeto? Houve condições que impediram o trabalho em equipe?

9. *Comunicações.* A equipe foi informada sobre o *status* do projeto e possíveis problemas em tempo hábil? O ambiente do projeto era propício a comunicações abertas, honestas e oportunas? As reuniões do projeto eram produtivas? A comunicação escrita na equipe e com o cliente foi suficiente, insuficiente ou excessiva?

10. *Identificação e resolução de problemas.* Os mecanismos estavam disponíveis para que os membros da equipe identificassem possíveis problemas a tempo? Membros adequados da equipe participaram da solução de problemas? A resolução de problemas foi feita de forma exaustiva, racional?

11. *Lições aprendidas.* O que funcionou e o que não funcionou? Que coisas foram bem feitas e que ajudaram e devem ser feitas em outros projetos? Que coisas dificultaram o projeto e devem ser eliminadas ou alteradas em projetos futuros? Se houvesse uma oportunidade para começar de novo e realizar esse projeto novamente, o que deveria ser mudado?

12. *Recomendações.* Com base na discussão da equipe e avaliação dos itens acima, que recomendações específicas podem ser feitas para ajudar a melhorar o desempenho em projetos futuros?

Após as reuniões de avaliação, o gerente do projeto deve preparar um relatório do desempenho, incluindo as lições aprendidas e recomendações. As organizações devem ser proativas e oportunas em comunicar tais relatórios pós-projeto, excluindo qualquer informação confidencial, a pessoas-chave na organização e garantir que sejam levados em consideração pelos gerentes e equipes em projetos futuros.

LIÇÕES APRENDIDAS

O objetivo de identificar e documentar as lições aprendidas é capitalizar o conhecimento e experiência adquiridos no projeto a fim de melhorar o desempenho em projetos futuros. A organização do projeto deve estabelecer um sistema de base de conhecimento que inclua um repositório de fácil acesso que incentive os gerentes de projeto e equipes a recuperar as lições aprendidas e informações de projetos anteriores. O sistema deve organizar as informações de modo que sejam facilmente recuperáveis por categoria ou tema da lição aprendida ou por palavras-chave.

A equipe não deve esperar até o final do projeto para captar e documentar as lições aprendidas: deve ser feito continuamente ao longo das fases de planejamento e execução. O que também pode ajudar a melhorar o desempenho durante o restante da execução do projeto. Um sistema deve ser estabelecido para capturar esses momentos de aprendizagem e manter uma lista de lições aprendidas durante a execução do projeto. Com tal sistema, alguns itens não serão esquecidos. Caso contrário, se o projeto for de longa duração (por exemplo, vários anos) algumas pessoas-chave envolvidas em situações que poderiam ter fornecido boas lições a serem aprendidas no início do projeto podem não estar mais associadas quando entrar em fase de encerramento, e, portanto, podem não estar disponíveis para partilhar a sua experiência.

As informações sobre as lições aprendidas e recomendações associadas de reuniões internas de avaliação pós-projeto e de *feedback* do cliente ou patrocinador devem também ser incorporadas às lições aprendidas na base de conhecimento da organização.

Uma consideração importante sobre lições aprendidas é garantir que sejam documentadas, comunicadas e usadas pelos gerentes e pelas equipes de projetos futuros. Uma maneira de fazer isso pode ser exigir que seja um item da pauta na reunião do pontapé inicial para um novo projeto. As lições aprendidas também podem ser um bom tema para qualquer formação interna de gestão de projetos que seja realizada pela organização do projeto.

Reforce sua aprendizagem

4. O objetivo de identificar e documentar as ________ ________ é capitalizar o ________ e ________ adquiridos no projeto a fim de ________ ________ em projetos ________.

Reforce sua aprendizagem

5. A equipe do projeto ________ deve esperar até o ________ do projeto para captar e ________ ________.

ARQUIVAR DOCUMENTOS DO PROJETO

No encerramento do projeto, a equipe ou a contratada deve garantir que cópias da documentação do projeto apropriadas sejam adequadamente organizadas, arquivadas e guardadas, assim podem ser prontamente recuperadas para uso no futuro. Por exemplo, a contratada pode querer usar algum custo atual ou informação de programação de um projeto finalizado para ajudar a desenvolver a programação e custos estimados para um projeto proposto. Ou, se o projeto envolveu, por exemplo, a realização de uma festa da comunidade, a equipe deve organizar toda a sua documentação – incluindo sugestões para melhorar os aspectos da festa – para ser usada pela equipe do projeto que vai planejar e organizar a festa no ano seguinte.

Algumas organizações têm uma lista de verificação-padrão ou índice de itens para garantir que todos os documentos e os registros importantes do projeto sejam mantidos, incluindo os técnicos, financeiros, aprovações, contratos, relatórios etc. A maioria dos documentos pode ser salva em formato eletrônico, mas em alguns casos cópias impressas podem ser necessárias. Por razões e para fins de segurança, também é uma boa prática manter um *backup* de todos os documentos em um equipamento separado, situado em outro local.

Além de arquivar documentos, ou com base no arquivo feito, pode ser valioso criar um banco de dados de elementos comuns de projetos anteriores a fim de analisar e determinar se existem tendências ou correlações que poderiam ser úteis em licitações, planejamento e/ou

Reforce sua aprendizagem

6. No encerramento projeto, cópias da ________ devem ser adequadamente ________ e ________.

na realização de projetos futuros. Tais análises podem mostrar uma tendência a subestimar os custos para determinados tipos de atividades ou materiais, por exemplo, ou subestimar durações para certas categorias de atividades.

Feedback do cliente

Tão importante quanto fazer as reuniões internas pós-projeto na organização é realizar uma reunião de avaliação pós-projeto com o cliente ou patrocinador. Os objetivos dessa reunião de avaliação pós-projeto devem ser determinar se os benefícios almejados do projeto foram alcançados, avaliar o nível de satisfação do cliente e obter qualquer *feedback* que seja útil em relações de negócios posteriores com este e outros clientes. Entre os participantes da reunião devem estar o gestor do projeto, os membros-chave da equipe do projeto e os principais representantes da organização do cliente que estavam envolvidos com o projeto. O gestor do projeto deve agendar a reunião para um momento em que o cliente esteja em uma posição que realmente determine se o projeto atingiu as expectativas e alcançou os benefícios esperados. No caso de um projeto para desenvolver uma brochura colorida de oito páginas para um cliente, uma reunião pode ser realizada logo após a brochura impressa final ser entregue ao cliente, porque ele vai saber imediatamente se a brochura atendeu às expectativas. No entanto, no caso de um projeto que forneceu ao cliente uma máquina de montagem automática especializada com que se esperava reduzir a taxa de defeitos do produto de 10% para 2%, podem passar vários meses após a instalação da máquina até que o cliente possa verificar se a taxa de defeitos foi reduzida. Esse tempo pode ser necessário aos operadores para aprenderem a operar o equipamento corretamente ou para a empresa verificar uma redução na mercadoria devolvida. Se determinado projeto para desenvolver um novo produto tinha o objetivo de alcançar um volume de vendas de 2 milhões de unidades no prazo de 12 meses após o lançamento do novo produto, o responsável não pode saber se o projeto de desenvolvimento e lançamento do novo produto atingiu o benefício esperado até 12 meses depois que o produto foi lançado.

Reforce sua aprendizagem

7. Liste três razões para fazer uma reunião de avaliação pós-projeto com o cliente.

Idealmente, o contratante ou a equipe de projeto deve se reunir com o cliente ou patrocinador e fazer perguntas abertas e depois *ouvir* com a mente aberta. O que fornece uma oportunidade para os clientes de não apenas expressar o nível de satisfação, mas também fornecer comentários detalhados sobre as partes do projeto com as quais eles ficaram satisfeitos ou insatisfeitos. Esses comentários não virão como uma surpresa se o gestor do projeto esteve monitorando continuamente o nível de satisfação do cliente ao longo do projeto e se comunicar regularmente com o cliente.

Se o cliente fizer comentários críticos sobre o desempenho do contratado ou das equipes de projeto, o gestor ou a equipe do projeto não deve tentar argumentar ou discutir com ele. Pode inibir o cliente de expressar honestamente seus verdadeiros sentimentos durante o restante da reunião; e alguns comentários valiosos podem ser perdidos. De outro modo, se o cliente estiver satisfeito com o projeto, apresentar-se-ão várias oportunidades para a contratada ou equipe do projeto.

Primeiro, a contratada deve perguntar ao cliente sobre quaisquer outros projetos em que poderia participar, talvez sem passar por um processo de chamada de processo competitivo de CDP (chamada de propostas). Se o cliente estiver satisfeito com um folheto, por exemplo, a contratada deve perguntar se outros folhetos, relatórios anuais ou materiais de marketing são necessários. Da mesma forma, se ele estiver satisfeito com uma máquina de montagem automatizada, a contratada deve perguntar se outras partes do processo de fabricação precisam ser estudadas para melhorias de produtividade adicionais.

Segundo, a contratada deve pedir permissão para mencionar o cliente como uma referência para potenciais clientes. A contratada pode até querer caracterizar o cliente em um folheto ou em um site, talvez com uma imagem e uma citação ou um vídeo declarando o grau de satisfação que o cliente teve com o desempenho da contratada. Outra forma de aproveitar o sucesso de um projeto é a contratada escrever um artigo sobre o projeto em colaboração com o cliente e submetê-lo como um comunicado de imprensa aos meios de comunicação apropriados.

Outro método de obtenção de *feedback* do cliente quanto à satisfação com os resultados do projeto é por meio de uma pesquisa de avaliação pós-projeto do cliente, como mostrado na Figura 9.3. O gerente do projeto entrega este formulário de pesquisa ao patrocinador ou cliente e, possivelmente, a outras partes interessadas, para que

Pesquisa de avaliação do cliente pós-projeto

Preencha esta breve pesquisa para nos ajudar a avaliar e melhorar o nosso desempenho em gestão de projetos. Se for necessário mais espaço para as respostas, anexe páginas adicionais.

Título do projeto: ____________________

	Grau de satisfação									
	Baixo									Alto
1. Integralidade do escopo do trabalho Observações ____________________	1	2	3	4	5	6	7	8	9	10
2. Qualidade do trabalho Observações ____________________	1	2	3	4	5	6	7	8	9	10
3. Desempenho do cronograma Observações ____________________	1	2	3	4	5	6	7	8	9	10
4. Desempenho do orçamento Observações ____________________	1	2	3	4	5	6	7	8	9	10
5. Comunicações Observações ____________________	1	2	3	4	5	6	7	8	9	10
6. Relacionamento com os clientes Observações ____________________	1	2	3	4	5	6	7	8	9	10
7. Desempenho global Observações ____________________	1	2	3	4	5	6	7	8	9	10

Que **benefícios** você _____ realmente percebeu ou _____ antecipou como resultado deste projeto?

A. Benefícios quantitativos

B. Benefícios qualitativos

Sugestões de como poderemos melhorar o nosso desempenho em projetos futuros

Nome: ____________________ Data: __________

FIGURA 9.3 ▪ Pesquisa de avaliação do cliente pós-projeto.

o preencham e devolvam. Para grandes projetos, várias pessoas na organização do cliente podem contribuir para formular as respostas. Depois da devolução da pesquisa sobre avaliação concluída do cliente, o gerente do projeto pode, então, desejar agendar uma reunião de acompanhamento com o cliente para obter *feedback* mais detalhado. Ter um sistema para organizar e reter a avaliação do cliente e informações de *feedback* pode ser muito valioso se a contratada ou a organização do projeto pretendem desenvolver propostas para outros projetos para o mesmo cliente no futuro.

Quando existem múltiplos clientes e/ou usuários finais dos resultados de um projeto, pode ser difícil obter o *feedback* deles. Por exemplo, depois que um grupo de voluntários organiza um festival comunitário de uma semana, como obter *feedback* sobre o nível de satisfação das pessoas que o assistiram e as suas sugestões para melhorar o evento do próximo ano? Ou considere um projeto no qual um novo produto de software foi desenvolvido. O patrocinador imediato é o gerente de produtos da empresa, mas os verdadeiros clientes finais são as pessoas que, eventualmente, adquirem o software. O gerente de produto pode estar satisfeito com o produto resultante, mas como a equipe do projeto determina se os usuários finais estão satisfeitos? Em ambos os casos (o festival comunitário e o novo produto de software) a equipe de projeto pode usar algum tipo de pesquisa ou *focus group* para obter *feedback* dos usuários finais.

Encerramento antecipado do projeto

Pode haver circunstâncias em que seja necessário que o projeto termine antes de ser completado. Por exemplo, suponha que uma empresa esteja trabalhando em um projeto de pesquisa e desenvolvimento com um material avançado que tem certas propriedades em temperaturas extremamente baixas.

Depois de um trabalho de desenvolvimento e teste, determina-se que o desenvolvimento do material pode custar muito mais e demorar muito mais tempo do que se pensava inicialmente. Se a empresa estima que é baixa a probabilidade de que as despesas adicionais sobre o projeto trarão um resultado positivo, então o projeto será interrompido, mesmo que a empresa tenha vários milhões de dólares investidos nele. Outra circunstância que pode levar um projeto a ser encerrado antecipadamente é a situação financeira de uma empresa, por exemplo, se as receitas ou vendas dela estiverem diminuindo, ou a empresa for adquirida por outra empresa.

Os projetos também podem ser rescindidos pelo patrocinador ou cliente por causa da insatisfação. Por exemplo, se os compradores de uma casa não estão satisfeitos com a qualidade do trabalho da contratada ou estão frustrados com os atrasos no cronograma, podem rescindir o contrato com a empreiteira e contratar outra para concluir o projeto. Da mesma forma, se o governo está financiando a concepção e a produção de aviões militares novos e os custos do projeto começam a superar significativamente o orçamento, poderá rescindir o contrato.

Reforce sua aprendizagem

8. Para uma contratada, quais são duas consequências potenciais de ter um projeto encerrado antecipadamente por um cliente que não está satisfeito?

Ter um projeto encerrado antecipadamente por um cliente que não esteja satisfeito pode realmente prejudicar os negócios de uma empreiteira. A empreiteira pode incorrer em uma perda financeira por causa da rescisão antecipada e ter de demitir alguns funcionários que estavam trabalhando no projeto. Mais importante, a reputação da contratada pode ser prejudicada. Provavelmente não haverá nenhum contrato futuro com um cliente que não ficou satisfeito, e com uma reputação manchada pode ser difícil para a contratada obter negócios de outros clientes. Uma maneira de evitar a rescisão antecipada de um projeto em decorrência da insatisfação do cliente é monitorar o nível de satisfação do cliente continuamente durante todo o projeto e realizar ações corretivas ao primeiro sinal de qualquer insatisfação.

GESTÃO DE PROJETOS NO MUNDO REAL

Aprendendo com a era atômica

Incidentes como o da usina de Fukushima Daiichi, no Japão, que foi danificada pelo *tsunami*; Three Mile Island, nos Estados Unidos, e Chernobyl, na antiga União Soviética, tiveram efeito sobre os stakeholders, até mesmo as equipes de projeto de instalações nucleares em todo o mundo. Esses eventos foram creditados à desaceleração do número de projetos na década de 1970, e ao fechamento das instalações japonesas imediatamente após o colapso influenciado pelo *tsunami*. Juntos, esses projetos encerrados deixaram uma lacuna significativa no grupo de talentos dos trabalhadores com experiência na área de energia nuclear; muitos gerentes de projetos e membros de equipes foram forçados a procurar emprego em outras indústrias.

O volume de operações no setor de geração de energia nuclear mudou recentemente. Algumas das instalações japonesas fechadas foram reabertas, e 15 países estão construindo 67 novos reatores. A aceitação pública está aumentando por meio da educação e da consulta pública. Além de outras causas, as mudanças nas regulamentações diminuíram a taxa de construção das instalações de combustíveis fósseis para a geração de energia e aumentaram o número de projetos nucleares em andamento. A produção de energia projetada para 2040 é de 624 gigawatts a serem gerados por instalações nucleares, quase o dobro do montante gerado em 2015.

O recente crescimento do volume de projetos nucleares criou uma demanda por talentos a fim de capacitar as equipes de projeto para a construção e operação de usinas, catalisou a necessidade de proporcionar liderança aos projetos e exigiu a determinação das melhores práticas para a indústria. O exame de projetos completos de energia nuclear vem informando sobre os processos e procedimentos com que as equipes de projetos se deparam, relacionados a regulamentação, licenças, permissões, comunicação dos stakeholders, protocolos de segurança e avaliações de risco.

As avaliações pós-projeto têm informado as atuais equipes de projeto sobre as qualificações necessárias para liderar e concluir com sucesso esses projetos grandes e complexos, têm revelado percepções dinâmicas sobre as operações do projeto e ressaltado a necessidade de padronização de processos.

Uma constatação das avaliações foi a variabilidade das qualificações vocacionais e profissionais e das práticas de trabalho para membros de equipes de diferentes países. Uma recomendação para a gestão de projetos bem-sucedida foi a de haver padrões de segurança rigorosos e educação quanto a novos processos e tecnologias a fim de deixar todos atualizados e com compreensão comum dos requisitos. Greg Kaser, gerente de projeto sênior na World Nuclear Association, em Londres, Inglaterra, observou o seguinte: "se você tiver alguém que foi qualificado na República Tcheca e está trabalhando na França, ou alguém da Polônia que trabalha na Finlândia, vai querer garantir que os trabalhadores qualificados estejam adequadamente certificados para o trabalho.

Outra descoberta foi a adesão aos requisitos regulamentares rigorosos da indústria. Muitas vezes, vários níveis de governo têm regulamentos que devem ser seguidos. Projetos que não lidam corretamente com os regulamentos em evolução e as licenças necessárias foram condenados a atrasos. Andrew R. Cato, III, PMP, supervisor de conformidade de construção na Southern Nuclear Operating Co., observou: "Um dos riscos de ter uma licença combinada de operação e construção é que você precisa construir coisas exatamente da maneira que afirma que vai construí-las. Sempre que você se desvia de seu projeto, deve consultar o regulador quanto a uma mudança no licenciamento, e esse fato pode acrescentar de seis meses a um ano em seu cronograma.

Um terceiro resultado da avaliação foram recomendações para a padronização das decisões de projeto e a redução nos ajustes em projetos, o que pode causar uma demora significativa no projeto e a construção de vários reatores simultaneamente. Cato comentou o seguinte sobre a construção de dois reatores ao mesmo tempo: "podemos registrar as lições aprendidas em uma unidade e utilizá-las em sua unidade-irmã. O valor agregado da unidade gêmea é sempre muito menor. O uso de componentes modulares para a construção de reatores tem ajudado a controlar os riscos dessa fabricação. As grandes seções pré-fabricadas são projetadas e construídas em um local diferente. Kaser, da World Nuclear Association, afirmou: "os fabricantes japoneses e americanos reprojetaram os reatores para que tenham um determinado número de módulos que podem ser montados em uma configuração de fábrica, e não ao ar livre. Isto proporciona um melhor controle de seus processos, mas foi um desafio no início, porque com os primeiros quatro ou cinco reatores você está aprendendo enquanto trabalha.

Jerry D. Lainhart, PMP, gerente de rotatividade, de Haiyang AP1000, Westinghouse Electric Co., Haiyang, China, disse: "à medida que os projetos de construção nuclear aumentam, também cresce a necessidade de gestores de projetos bem treinados, formalmente qualificados e suficientemente experientes para liderar com sucesso esse tipo de projeto tão grande e complexo". Os problemas encontrados nas avaliações dos projetos poderiam se multiplicar pelo crescente número de projetos para construir instalações nucleares. A atenção cuidadosa às lições aprendidas com projetos anteriores pode ter evitado atrasos dispendiosos.

Com base em informações de Alderton, M. (2016). The next atomic age. *PM Network*, *30*(2), 39-43.

FATORES ESSENCIAIS PARA O SUCESSO

- Reconhecer a equipe do projeto e celebrar conquistas ao longo do projeto.
- Regularmente perguntar ao cliente sobre o nível de satisfação com o desempenho e o progresso do projeto e tomar as medidas corretivas ao primeiro sinal de insatisfação do cliente.
- Após a conclusão de um projeto, o desempenho deveria ser avaliado para que se aprenda o que poderia ser melhorado se um projeto semelhante tivesse de ser feito no futuro. Deve ser obtido *feedback* do cliente e da equipe do projeto.
- Captar e documentar as lições aprendidas durante a execução do projeto.
- Estabelecer uma base de conhecimento de lições aprendidas e garantir que sejam comunicadas e utilizadas em projetos futuros.
- Organizar e arquivar a documentação do projeto e analisar dados importantes que podem ser úteis em licitações, planejamento ou execução de projetos futuros.
- Guardar a avaliação do cliente e as informações de *feedback* que podem ser valiosas em propostas de desenvolvimento de outros projetos para o mesmo cliente no futuro.

! RESUMO

Após o projeto ser concluído e todas as entregas aceitas pelo cliente, a fase de realização está terminada. Inicia-se, então, a quarta e última fase do ciclo de vida: o encerramento do projeto. O processo de encerramento envolve várias ações: coletar e fazer pagamentos finais, avaliar e reconhecer pessoas, conduzir uma avaliação pós-projeto, documentar lições aprendidas e organizar e arquivar documentos.

Uma importante ação de encerramento é o reconhecimento e avaliação do pessoal. Projetos de sucesso devem terminar com algum tipo de reconhecimento e comemoração. Durante a fase de encerramento, o gerente deve preparar uma avaliação de desempenho de cada membro da equipe.

Outra atividade significativa durante a fase de encerramento é a realização de reuniões de avaliação pós-projeto na equipe ou da organização que o realizou. O propósito de tais reuniões é rever e avaliar o desempenho e identificar o que pode ser feito para melhorá-lo em projetos futuros. Deve haver dois tipos de reuniões: individuais com os membros da equipe e de grupo com a equipe toda. As organizações de projeto devem ser proativas e oportunas e comunicar os relatórios pós-projeto às pessoas importantes na organização e garantir que os relatórios sejam levados em consideração pelos gerentes e equipes em projetos futuros.

O objetivo de identificar e documentar as lições aprendidas é capitalizar o conhecimento e experiência adquirida no projeto a fim de melhorar o desempenho em projetos futuros. A organização deve estabelecer um sistema de base de conhecimento que inclua um repositório de fácil acesso que incentive os gestores e as equipes a recuperar as lições aprendidas e informações de projetos anteriores.

No encerramento do projeto, a equipe ou a contratada devem garantir que cópias da documentação do projeto apropriadas sejam adequadamente organizadas, arquivadas e guardadas, assim podem ser recuperadas para uso no futuro.

Uma reunião de avaliação pós-projeto deve ser conduzida com o cliente ou patrocinador para determinar se os benefícios antecipados foram alcançados, avaliar o nível de satisfação do cliente e obter qualquer *feedback* que seja útil em contratos posteriores com este e outros clientes. Outro método de obtenção de *feedback* do cliente quanto à satisfação com os resultados é por meio de uma pesquisa de avaliação pós-projeto realizada com ele.

Os projetos podem ser encerrados antes de serem concluídos por várias razões. Também podem ser rescindidos pelo cliente por causa da insatisfação. O que pode resultar em perda financeira e manchar a reputação da contratada ou da organização que está realizando o projeto. Uma maneira de evitar a rescisão antecipada por causa de insatisfação do cliente é monitorar o nível de satisfação deste continuamente durante todo o projeto e realizar ações corretivas ao primeiro sinal de insatisfação.

QUESTÕES

1. Discuta o que precisa ser feito como parte do encerramento de um projeto. Por que essas atividades são importantes?
2. Discuta o processo de avaliação interna pós-projeto e os dois tipos de reuniões envolvidos.
3. Enumere várias perguntas que você poderia fazer durante uma avaliação pós-projeto e descreva as alterações que faria em seu próximo projeto a fim de melhorá-lo com base nas possíveis respostas a estas perguntas.
4. Quais são as maneiras pelas quais você pode obter um *feedback* do cliente depois que um projeto for concluído? Como usaria essas informações?
5. Por que alguns projetos são encerrados antes de serem completados? Quando seria sensato fazê-lo?
6. Liste as várias lições aprendidas de um projeto em que você foi um membro ou gestor. Como essas lições aprendidas alimentarão seus projetos futuros?

PESQUISA NA INTERNET

1. Pesquise na internet um projeto que foi concluído com êxito. Escreva um resumo de três páginas, incluindo os fatores cruciais que fizeram desse projeto um sucesso. Pesquise na internet um projeto que não foi concluído com êxito. Escreva um resumo de três páginas, incluindo os motivos pelos quais você acha que esse projeto fracassou.
2. Pesquise na internet por “lições aprendidas em projetos”. Registre como as lições aprendidas foram utilizadas para informar os projetos. Como isso se compara com o que foi discutido neste capítulo?

3. Pesquise na internet por "avaliação pós-projeto". Tente encontrar um resumo de um projeto que foi concluído. Avalie os pontos fortes e fracos da avaliação pós-projeto.
4. Pesquise na internet por "normas de gestão de projetos". Forneça uma lista das normas que você encontrar. Descreva três delas que acredita serem mais importantes.
5. Pesquise na internet e na biblioteca por revistas ou periódicos de gestão de projetos. Forneça uma lista dessas revistas e alguns de seus artigos recentes. Se possível, solicite uma amostra grátis de um ou mais desses periódicos.

REFERÊNCIAS

Anonymous. (2016). Proving grounds. *PM Network, 30*(4), 38-39.

Anzoise, V., e Sardo, S. (2016). Dynamic systems and the role of evaluation: The case of the Green Communities. *Project, Evaluation and Program Planning, 54*, 162-172.

Bowles, G., e Morgan, J. (2016). An evaluation of the performance of a large scale collaborative procurement initiative in the social housing sector. *Engineering, Construction and Architectural Management, 23*(1), 60-74.

Chaves, M. S., de Araújo, C. C. S., Teixeira, L. R., Rosa, D. V., Júnior, I. G., e Nogueira, C. D. (2016). A new approach to managing Lessons Learned in PMBoK process groups: The Ballistic 2.0 Model. *International Journal of Information Systems and Project Management, 4*(1), 27-45.

de Blois, M., Lizarralde, G., e De Coninck, P. (2016). Iterative project processes within temporary multi-organizations in construction: The self-, eco-, reorganizing projects. *Project Management Journal, 47*(1), 27-44.

Duffield, S., e Whitty, S. J. (2016). How to apply the systemic lessons learned knowledge model to wire an organisation for the capability of storytelling. *International Journal of Project Management, 34*(3), 429-443.

Eubanks, D. L., Palanski, M., Olabisi, J., Joinson, A., e Dove, J. (2016). Team dynamics in virtual, partially distributed teams: Optimal role fulfillment. *Computers in Human Behavior, 61*, 556-568.

Haverila, M. J., e Fehr, K. (2016). The impact of product superiority on customer satisfaction in project management. *International Journal of Project Management, 34*(4), 570-583.

Meadows, L., e Vollman, A. R. (2016). Evaluating qualitative health research from inside and outside. In K. Olson, R. A. Young, e I. Z. Schultz (Eds.), *Handbook of qualitative health research for evidence-based practice* (pp. 93-105). New York: Springer.

Project Management Institute. (2017). *A guide to the project management body of knowledge (PMBOK® Guide)* (6th ed.). Newtown Square, PA: Autor.

Reddy, S., Wakerman, J., Westhorp, G., e Herring, S. (2015). Evaluating impact of clinical guidelines using a realist evaluation framework. *Journal of Evaluation in Clinical Practice, 21*(6), 1114-1120.

Rodrigues, J. S., Costa, A. R. e Gestoso, C. G. (2016). National culture and planning and control of projects in Portugal. In J. L. A. Muñoz, J. L. Y. Blanco, e S. F. Capuz-Rizo (Eds.), *Project management and engineering research* (pp. 59-69). Switzerland: Springer International Publishing.

Segal, L., Nguyen, H., Schmidt, B., Wenitong, M., e McDermott, R. A. (2016). Economic evaluation of indigenous health worker management of poorly controlled type 2 diabetes in North Queensland. *The Medical Journal of Australia, 204*(5), 196.

Shenhar, A. J., Holzmann, V., Melamed, B. e Zhao, Y. (2016). The challenge of innovation in highly complex projects: What can we learn from Boeing's dreamliner experience? *Project Management Journal, 47*(2), 62-78.

Stanko, E. A., e Dawson, P. (2016). Example 1: An evaluation of a reducing gang violence project The Pathways Initiative __________. In E. A. Stanko, e P. Dawson (Eds.), *Police use of research evidence* (pp. 29-31). Switzerland: Springer International Publishing.

Yun, S., Choi, J., de Oliveria, D. P., e Mulva, S. P. (2016). Development of performance metrics for phase-based capital project benchmarking. *International Journal of Project Management, 34*(3), 389-402.

PARTE 3

Pessoas: a chave para o sucesso do projeto

Andresr/Shutterstock.com

Capítulo 10

O gestor de projetos

Discute as responsabilidades próprias, as habilidades necessárias para uma gestão bem-sucedida, como desenvolver a competência e as mudanças na gestão.

iStockphoto.com/Geber86

Capítulo 11

A equipe do projeto

Cobre a formação e o desenvolvimento e o crescimento das equipes, as características das equipes e dos membros eficazes, a construção da equipe, a valorização da diversidade, o comportamento ético, a resolução de conflitos, a solução de problemas e a gestão de tempo.

Eric Broder Van Dyke/Shutterstock.com

Capítulo 12

Comunicação e documentação do projeto

Discute a importância da comunicação verbal e escrita eficaz, a escuta eficaz, as reuniões de projeto, apresentações e relatórios, o acompanhamento das mudanças nos documentos, bem como o plano de comunicação do projeto e ferramentas de comunicação colaborativas.

Goodluz/Shutterstock.com

Capítulo 13

Estruturas organizacionais da gestão de projetos

Explica as várias configurações nas quais as pessoas podem ser organizadas para trabalhar nos projetos.

Os conceitos apresentados neste capítulo fornecem bases para as seguintes áreas de conhecimento de gestão de projetos contidas no *PMBOK® Guide:*

Gestão de integração do projeto *(Capítulos 10, 12 e 13)*
Gestão de recursos do projeto *(Capítulos 10, 11, 12 e 13)*
Gestão de comunicações do projeto *(Capítulo 12)*
Gestão das partes interessadas do projeto *(Capítulos 10 e 12)*

Os capítulos da Parte 3 concentram-se na importância das pessoas envolvidas no projeto. São as pessoas, não os procedimentos e técnicas, que são cruciais para a realização dos objetivos. Os procedimentos e técnicas são apenas ferramentas que ajudam as pessoas a realizar seu trabalho.

O gestor do projeto fornece à equipe liderança no planejamento, na organização e no controle do trabalho para atingir os objetivos do projeto. A responsabilidade final do gestor é certificar-se da satisfação do cliente quanto ao escopo do trabalho, que deve ser completado de modo qualitativo, dentro do orçamento e do prazo estipulado. O gestor do projeto deve possuir as habilidades necessárias para inspirar a equipe a obter sucesso e ganhar a confiança do cliente.

A equipe é um grupo de indivíduos que trabalha de modo interdependente para alcançar um objetivo. O trabalho em equipe é um esforço cooperativo entre seus membros para alcançar uma meta comum. A eficácia da equipe pode ser a diferença entre o sucesso e o fracasso do projeto. Apesar de as técnicas de gestão de projetos serem necessárias, são as pessoas - o gestor e a equipe - que são a chave do sucesso.

Para assegurar o sucesso de um projeto, várias estruturas são utilizadas para organizar o pessoal envolvido em projetos. Mas, independentemente de como a equipe está organizada, a comunicação entre a equipe e o cliente e outros stakeholders, na equipe e entre a equipe e a gestão é crucial para o sucesso do projeto.

10 O gestor de projetos

Andresr/Shutterstock.com

- Responsabilidades do gestor de projeto
  - *Planejamento*
  - *Organização*
  - *Monitoramento e controle*
- Habilidades do gestor de projeto
  - *Habilidades de liderança*
  - *Capacidade de desenvolver pessoas*
  - *Habilidades de comunicação*
  - *Habilidades interpessoais*
  - *Habilidades para lidar com o estresse*
  - *Habilidades de resolução de problemas*
  - *Habilidades de negociação*
  - *Habilidades de gestão do tempo*
- Desenvolvendo as competências do gestor de projeto
- Delegação
- Gestão de mudanças
- Resumo
- Questões
- Pesquisa na internet
- Referências

Os conceitos abordados neste capítulo apoiam as seguintes áreas de conhecimento de gestão de projetos do *PMBOK® Guide:*

Gestão de integração do projeto
Gestão de recursos do projeto
Gestão das partes interessadas do projeto

GESTÃO DE PROJETOS NO MUNDO REAL

Os muitos papéis dos gestores de serviços técnicos de bibliotecas

Se alguém entrasse em uma biblioteca antes do início da década de 1990 e quisesse encontrar um livro ou um artigo, o primeiro lugar no qual teria de procurar seria no arquivo de cartões, um grande armário com pequenas gavetas que tinham pelo menos um cartão para cada item nas coleções da biblioteca. Normalmente, os itens tinham três cartões no arquivo, por autor, por título, e outro, por assunto. Uma transição para sistemas computadorizados ocorreu no início da década de 1980. Muitas bibliotecas foram os primeiros lugares a ter acesso à Internet e a criar arquivos de cartões on-line, que podiam ser procurados e vinculados a materiais. As informações podiam ser procuradas e acessadas sem a necessidade de entrar em uma biblioteca física. Essas mudanças estavam na vanguarda das inovações tecnológicas em serviços técnicos de bibliotecas. À medida que o tempo passou, o volume de coleções digitais aumentou.

A imagem típica de uma biblioteca geralmente é uma pessoa atrás de um balcão, que ajuda o frequentador a procurar um livro ou a encontrar os recursos na biblioteca. O papel do gestor de serviços técnicos estava tradicionalmente oculto da visão dos clientes. Atualmente, os gestores de serviços técnicos em bibliotecas gerenciam repositórios institucionais, níveis de descobertas, catálogos, recursos eletrônicos, manutenção de registros, orçamentos, sistemas de gestão de recursos eletrônicos, programas de educação, assinaturas de jornais e revistas, empréstimos entre bibliotecas, ciclos de vida dos materiais, preparação de propostas e solicitações de propostas, funcionários, livros raros, estantes, doadores e, às vezes, até os clientes.

Em junho de 2015, os Gestores de Serviços Técnicos no Grupo de Interesses em Bibliotecas Acadêmicas se reuniram durante a Conferência Anual da Associação de Bibliotecas dos Estados Unidos, em São Francisco, Califórnia, para discutir a mudança nas funções e responsabilidades dos gestores de serviços técnicos e seus funcionários. O aspecto mais proeminente em suas discussões foi quanto às habilidades de gestão de projetos dos gestores de serviços técnicos, sua maior necessidade de treinamento em gestão de projetos e a necessidade de adoção de sistemas de informação de gestão de projetos por gestores de serviços técnicos e seus funcionários.

Os tipos de projetos que os gestores de serviços técnicos realizam com maior frequência eram a conversão retrospectiva de coleções de documentos governamentais, o planejamento e a preparação de pedidos de propostas para sistemas de gestão de bibliotecas de última geração, a determinação de quais serviços podiam ser concluídos com o pessoal atualmente disponível e quais devem ser terceirizados; e a implementação de sistemas locais e de um sistema eletrônico de gestão de recursos. Para que os gestores de serviços técnicos fossem mais eficientes e efetivos, foi acordado que eles precisavam avançar no conhecimento e na prática da gestão de projetos e encontrar colegas que pudessem ajudá-los no desenvolvimento de seus conjuntos de habilidades.

As principais habilidades de gestão de projetos identificadas durante as discussões foram a capacidade organizacional, a gestão do tempo e a manutenção de registros precisos. Um gestor de serviços técnicos pode precisar ser persuasivo com os fornecedores para que os pedidos sejam atendidos, ou com funcionários, para encorajá-los a completar tarefas. A gestão do fluxo de trabalho e das pessoas é essencial para realizar as muitas tarefas necessárias para concluir projetos, como a aquisição de ativos emprestados entre bibliotecas, a conversão de materiais em ativos digitais ou a preservação e o acesso à história das populações indígenas.

À medida que o volume de recursos continua a crescer, os recursos impressos e eletrônicos apresentam desafios contínuos para os gestores de serviços técnicos e seus funcionários. Embora a maioria das coleções possa ser acessada como recurso eletrônico, as coleções impressas ainda existem e devem ser catalogadas e colocadas para distribuição em uma estante. Livros e outros materiais são analisados quanto ao seu uso. Aqueles que não têm acesso durante um determinado período são transferidos para arquivos e armazenamento externos. À medida que esses materiais são movidos, as estantes são reorganizadas, novos itens são colocados e o registro digital no catálogo para cada um dos itens é atualizado. Essas alterações em registros se destinam aos materiais nos arquivos, bem como aos itens que permanecem nas estantes.

Falar em público, administrar pessoal, identificar tarefas, gerenciar mudanças, solucionar problemas e desenvolver soluções, negociar e gerenciar comunicações são habilidades que o Grupo de Interesse de Serviços Técnicos em Bibliotecas Acadêmicas identificou como algumas das competências necessárias de um gestor de serviços técnicos. Estas também estão incluídas nas funções e responsabilidades de um gestor de projeto.

Com base em informações de Lana, A. (2016). Wearing multiple hats in the wide world of technical services. A report to the Technical Services Managers in Academic Libraries Interest Group Meeting. American Library Association Annual Conference, San Francisco, June 2015, *Technical Services Quarterly, 33*(1), 67-76.

São as pessoas, não os procedimentos e técnicas, que são cruciais para a realização do projeto. Os procedimentos e técnicas são apenas ferramentas que as ajudam a realizar seu trabalho. Por exemplo, um artista necessita de tintas, telas e pincéis para pintar um retrato, mas são suas habilidades e conhecimentos que permitem que o retrato seja criado com essas ferramentas. Assim, na gestão de projetos estão as habilidades e o conhecimento das pessoas envolvidas na produção do resultado desejado. Este capítulo foca uma pessoa muito importante: o gestor de projeto. Você se familiarizará com:

- As responsabilidades do gestor de projeto.
- As habilidades necessárias para gerir projetos com sucesso e formas de desenvolver a competência do gestor.
- Abordagens para delegação eficaz.
- Como o gestor pode gerir e controlar mudanças no projeto.

RESULTADOS DE APRENDIZAGEM

Após o estudo deste capítulo, você estará apto a:

- Discutir as três responsabilidades de um gestor de projeto.
- Identificar, explicar e praticar pelo menos cinco habilidades e competências que um gestor deve ter.
- Descrever e tomar medidas para desenvolver a competência do gestor.
- Discutir e praticar delegação eficaz.
- Explicar como fazer a gestão de mudanças.

Responsabilidades do gestor de projeto

É responsabilidade do gestor certificar-se da satisfação do cliente quanto ao escopo do trabalho, que deve ser completado de modo qualitativo, dentro do orçamento e do prazo determinado. O gestor tem a responsabilidade de liderar o planejamento, a organização, o monitoramento e o controle do trabalho para alcançar o objetivo do projeto. Em outras palavras, *o gestor oferece liderança à equipe para atingir o objetivo.* Se fosse uma equipe atlética, o gestor seria o treinador; se fosse uma orquestra, seria o maestro. O gestor coordena as atividades dos vários membros da equipe para assegurar a execução correta das tarefas no momento apropriado.

PLANEJAMENTO

Primeiro, o gestor define claramente o objetivo do projeto e chega a um acordo com o cliente quanto a esse objetivo. O gestor, então, comunica o objetivo à equipe para criar uma visão do que será uma execução bem-sucedida do objetivo. O gestor encabeça o desenvolvimento de um plano para atingir esse objetivo. Ao envolver a equipe no desenvolvimento desse plano, ele assegura um plano mais abrangente do que poderia desenvolver sozinho. Além disso, tal participação ganha compromisso da equipe para realizar o plano. O gestor revê o plano com o cliente para obter a aprovação e então estabelece um sistema de informação - manualmente ou digitalizado - para comparar o progresso real ao planejado. É importante que esse sistema seja explicado à equipe para que possa usá-lo corretamente para gerir o projeto.

Reforce sua aprendizagem

1. Quais são os dois benefícios que o gestor proporciona ao envolver a equipe no desenvolvimento do plano?

ORGANIZAÇÃO

A organização envolve assegurar recursos apropriados para a realização do trabalho. Primeiro, o gestor deve decidir quais tarefas devem ser feitas por funcionários internos e quais por subcontratadas ou consultores terceirizados. Para tarefas que serão executadas internamente, o gestor ganha o comprometimento de pessoas específicas que trabalharão no projeto. Para tarefas que serão feitas por subcontratadas, ele define claramente o escopo do trabalho e as etapas de entrega e negocia um contrato. Ele também atribui responsabilidades e delega autoridade a indivíduos específicos ou subcontratadas quanto às várias tarefas, com o entendimento de que eles serão responsáveis pela realização de suas tarefas dentro do orçamento e programação previstos. Para projetos grandes que envolvem muitos indivíduos, o gestor designa líderes para pacotes de trabalho específicos ou grupos de tarefas. Finalmente, e mais importante, a tarefa de organização envolve criar um ambiente em que os indivíduos estejam altamente motivados para trabalhar juntos como uma equipe de projeto.

Reforce sua aprendizagem

2. O gestor do projeto assegura os ______ ______ para a realização do trabalho e atribui ______ e delega ______ a indivíduos específicos quanto às várias tarefas.

MONITORAMENTO E CONTROLE

Para monitorar e controlar o projeto, o gestor implanta um sistema de informação de gestão desenhado para rastrear o progresso real e compará-lo ao planejado. Tal sistema o ajuda a distinguir entre estar ocupado e ser produtivo. Os membros da equipe monitoram o andamento de suas tarefas e fornecem regularmente dados do progresso real, programação, custos e valor agregado do trabalho feito. Esses dados são suplementados por reuniões regulares para rever o projeto. Se o progresso real estiver atrasado ou ocorrerem eventos inesperados, o gestor toma medidas imediatas. Sugestões e conselhos são obtidos dos membros da equipe quanto à ação corretiva apropriada e como replanejar tais partes do projeto. É importante que os problemas, e mesmo problemas potenciais, sejam identificados com antecedência e ações corretivas sejam realizadas. O gestor não pode ter uma abordagem como "vamos esperar e ver como as coisas ficam" – elas não se resolvem sozinhas. O gestor deve intervir e ser proativo, solucionando problemas antes que aumentem.

O gestor tem o papel de liderança no planejamento, organização e controle do projeto, mas não deve tentar fazer tudo sozinho. Deve envolver a equipe nessas funções para obter o compromisso dos membros quanto à conclusão bem-sucedida do projeto.

Reforce sua aprendizagem

3. O gestor do projeto implanta um sistema de informação de gestão de projeto para servir quais duas funções?

Reforce sua aprendizagem

4. O gestor de projeto tem a responsabilidade principal de fornecer liderança para quais três funções gerenciais?

Habilidades do gestor de projeto

O gestor é um componente-chave no sucesso de um projeto. Além de exercer liderança no planejamento, organização e controle do projeto, deve possuir um conjunto de habilidades e competências que vão inspirar a equipe ao sucesso e ganhar a confiança dos clientes. Gestores de projeto eficazes têm liderança forte, habilidade de desenvolver as pessoas da equipe, habilidades de comunicação, competência de negociação e na gestão do tempo.

HABILIDADES DE LIDERANÇA

Liderança é fazer que os outros executem suas tarefas; o gestor atinge os resultados por meio da equipe. A liderança deve inspirar as pessoas designadas ao projeto a trabalhar como uma equipe para implantar o plano e atingir o objetivo. O gestor precisa criar uma visão do resultado e dos benefícios esperados para a equipe. Por exemplo, ele pode descrever um novo *layout* para uma planta que será o resultado de um projeto e articulará os benefícios desse projeto, tais como a eliminação de gargalos de produção, aumento de produtividade e redução de estoques. Quando os membros da equipe conseguem visualizar os resultados, ficam mais motivados a trabalhar como uma equipe.

Reforce sua aprendizagem

5. A liderança inclui ______ as pessoas designadas ao projeto para trabalhar como uma equipe e implantar o ______ e alcançar o ______ ______ com sucesso.

A gestão eficaz do projeto requer um estilo de liderança participativo e consultivo, em que o gestor fornece diretriz e treinamento à equipe. Esse estilo é preferido à abordagem de gestão hierárquica, autocrática e diretiva. Liderança requer que o gestor forneça a *direção*, não *direções*. Estabelece os parâmetros e diretrizes para o que precisa ser feito, e os membros da equipe determinam como fazê-lo. O gestor de projeto eficaz não diz às pessoas como fazer o trabalho.

Reforce sua aprendizagem

6. A liderança requer __________ e __________ da equipe.

A liderança requer envolvimento e capacitação da equipe. Pessoas querem ter direito e controle sobre o próprio trabalho. Eles querem mostrar que podem atingir metas e enfrentar desafios. O gestor deve envolver os indivíduos nas decisões que os afetam e capacitá-los a tomar decisões em suas designadas áreas de responsabilidade. Criar uma cultura de projeto que capacita a equipe não apenas significa designar responsabilidade pelas tarefas aos membros da equipe, mas também delegar autoridade de tomar decisões quanto à realização de tais tarefas. Os membros da equipe abraçarão a responsabilidade de planejar o trabalho, decidindo como realizar as tarefas e solucionando problemas que possam impedir o progresso. Aceitarão a responsabilidade de cumprir o escopo do trabalho dentro do orçamento e do cronograma.

Ao capacitar indivíduos a tomar decisões que afetam o trabalho, o gestor deve estabelecer diretrizes claras e, se apropriado, estabelecer limites. Por exemplo, membros da equipe podem ser autorizados a implantar as próprias soluções para os problemas, desde que a decisão não resulte em ultrapassar o orçamento ou o cronograma; senão, pode ser preciso consultar o líder da equipe ou o gestor. Da mesma forma, quando uma decisão tomada por uma pessoa ou grupo de pessoas na equipe puder ter um impacto negativo no trabalho, orçamento ou cronograma de outros membros da equipe, será necessário consultar o gestor. Por exemplo, supondo que um membro da equipe queira aguardar a confirmação dos resultados de ensaio de determinado laboratório até encomendar certos materiais, mas, ao fazer, atrase o cronograma de outro membro da equipe. Nesse caso, o gestor pode querer convocar todos os membros apropriados da equipe para uma reunião a fim de solucionar o problema.

Um gestor competente entende o que motiva os membros da equipe e cria um ambiente de apoio no qual os indivíduos trabalham como uma equipe de alto desempenho e são estimulados à excelência. O gestor pode criar tal ambiente incentivando a participação e o envolvimento de todos os membros da equipe. As técnicas incluem facilitar reuniões para que todos os indivíduos participem nas discussões, solicitar ideias de uma pessoa ao se reunir em separado com ela, e ter vários membros da equipe participando das apresentações feitas aos clientes ou à alta administração da organização. O gestor demonstra que valoriza as contribuições de cada pessoa da equipe buscando conselhos e sugestões e deve fazer um esforço extra para envolver os membros que possam ser menos comunicativos. Com seu exemplo, ele estimula os membros da equipe a procurar conselhos entre si e respeitar o ponto de vista das outras pessoas. Além de permitir que cada membro use o conhecimento e *expertise* de outros da equipe, essa abordagem cria senso de apoio e respeito mútuo na equipe pela experiência única que cada pessoa traz.

Reforce sua aprendizagem

7. Um gestor de projeto competente entende o que __________ os membros da equipe e cria um ambiente de __________ no qual os indivíduos trabalham como parte de uma equipe de alto desempenho.

O gestor deve ser cuidadoso para não criar situações que desestimulem os indivíduos. Quando as expectativas não estiverem claras, é provável que resulte em desestímulo. Considere o seguinte exemplo. Na segunda-feira, o gestor diz a Gayle que uma tarefa específica precisa ser feita assim que possível. Então, na sexta-feira, ele pergunta se tal tarefa já foi concluída. Quando Gayle diz que não será feita até a sexta-feira seguinte, ele parece irritado e diz: "Eu realmente precisava que fosse feito até hoje!". Se havia prazo determinado, ele deveria ter comunicado à Gayle no início.

Outra forma de desestimular a equipe é sujeitar os membros a procedimentos desnecessários, como preparação semanal de relatórios escritos que basicamente duplicam o que foi verbalizado nas reuniões semanais do projeto. Reuniões de equipe não produtivas também podem diminuir a motivação.

A subutilização de indivíduos cria outra situação problemática. Designar pessoas a trabalhos que estão bem abaixo de sua competência e não são desafiantes diminuem a motivação. Ainda mais prejudicial é "supergerenciar" pessoas dizendo como elas devem fazer o trabalho. Tal abordagem pode fazer que indivíduos pensem que o gestor não confia neles; criará um sentimento de "se você vai me dizer como fazer meu trabalho, por que não o faz você mesmo?". Então, gestores eficazes não apenas estabelecem um ambiente de apoio, mas também cuidam para que não ocorra o oposto.

O gestor pode nutrir motivação por meio do reconhecimento da equipe como um todo e de membros individuais. Sempre dê crédito a pessoas por suas ideias, esforços especiais e realizações. O que deve ser feito por todo o período do projeto, não apenas ao término dele. As pessoas querem sentir que estão contribuindo com o projeto e precisam de reconhecimento. Este não precisa ser financeiro – pode ter várias formas. Pode vir de modo a incentivar verbalmente, elogio, um sinal de valorização ou recompensas. Tal reforço positivo ajuda a estimular o comportamento desejado; o comportamento que é reconhecido ou recompensado é repetido. Uma equipe de projeto pode ser reconhecida por completar uma tarefa principal abaixo do orçamento e antes do prazo, ou por identificar uma forma inovadora para acelerar o cronograma do projeto. Tal reconhecimento estimulará a equipe a tentar repetir tais feitos no futuro.

Reforce sua aprendizagem

8. As pessoas querem sentir que estão ____________ com o projeto e precisam ser ____________.

Um modo de o gestor demonstrar reconhecimento é apresentar interesse genuíno no trabalho de cada pessoa na equipe. O que pode ser atingido focando a atenção integral em indivíduos quando estão explicando o trabalho e depois questionando-os sobre ele. Um comentário conclusivo e breve como "obrigado", "bom trabalho" ou "parece ótimo" demonstrará que suas contribuições são reconhecidas e apreciadas. Demonstrar apreciação e cumprimentar as pessoas vai motivá-las a permanecer mais envolvidas com a contribuição para o sucesso do projeto. Outras formas de reconhecimento incluem dar um telefonema para expressar apreciação por um esforço extraordinário, um memorando de felicitação ou um "obrigado pelo bom trabalho" por e-mail, alguma publicidade como um artigo ou fotografia no jornal da empresa, a apresentação de um certificado ou placa, ou designando a pessoa a uma posição de mais responsabilidade na equipe.

Reforce sua aprendizagem

9. Demonstrar ____________ e ____________ as pessoas vai ____________ a permanecerem mais ____________ com a contribuição para o ____________ do projeto.

O reconhecimento deve ser feito assim que possível após a contribuição ser dada. Se passar muito tempo entre a boa ação e o reconhecimento, haverá pouco impacto em realizações futuras. Na verdade, a pessoa pode sentir que o gestor não está interessado na contribuição que foi dada. Quando possível, atividades de reconhecimento devem envolver outras pessoas além do pessoal que está sendo reconhecido. As pessoas apreciam ser reconhecidas perante os colegas. O gestor, por exemplo, pode fazer um comentário positivo sobre a equipe ou pessoas específicas durante uma reunião ou perante ao cliente ou alto escalão da organização. Deve tentar fazer do reconhecimento um evento divertido, talvez presenteando a pessoa com algum tipo de recompensa inovadora ou levando-a para almoçar. O gestor eficaz nunca monopoliza os holofotes ou tenta receber os créditos pelo trabalho dos outros.

Reforce sua aprendizagem

10. Um gestor de projeto sintoniza a equipe estabelecendo um ambiente de ____________ alta ____________ e ____________.

O gestor sintoniza com a equipe estabelecendo um ambiente de confiança, alta expectativa e satisfação. Para nutrir uma atmosfera de confiança, ele faz jus à sua palavra e conclui seus compromissos. Ao fazer isso, o gestor dá o exemplo, demonstrando que concluir as tarefas é esperado de todos na equipe. Se ele falhar no acompanhamento de quaisquer sugestões, questões ou preocupações, perderá a credibilidade. Caso o trabalho não funcione ou não funcione como se pretendia ou esperava, o gestor precisa dar uma explicação para que sua credibilidade não seja prejudicada.

Gestores de projeto hábeis têm grandes expectativas de si próprios e de cada pessoa na equipe. Eles acreditam que as pessoas tendem a fazer jus ao que é esperado delas. Se o gestor demonstrar confiança nos membros da equipe e tiver grandes expectativas quanto ao desempenho, os membros da equipe normalmente se sobressaem e se entregam mais. Os gestores tendem a ser otimistas e acreditam que, às vezes, mesmo obstáculos aparentemente intransponíveis podem ser superados. Mas, se o gestor não balancear suas altas expectativas e otimismo com realidade, a equipe pode se frustrar. Exemplos de expectativas irrealistas incluem comprometer-se com um cronograma muito ambicioso para completar uma tarefa complicada, ou esperar que um produto de software sofisticado recém-desenvolvido funcione corretamente logo no início, sem nenhuma falha. O gestor visto como imprudente ou negligente não terá a confiança da equipe ou do cliente.

Os projetos devem ser interessantes. Os gestores devem apreciar o trabalho e incentivar a mesma atitude positiva nos membros da equipe. A maioria das pessoas num projeto procura por afiliações e socialização; não querem trabalhar isoladas. A equipe precisa passar por socialização antes de poder funcionar efetivamente como uma equipe de alto desempenho. O gestor pode facilitar esse processo de socialização criando um senso de camaradagem entre os membros da equipe. Uma técnica é iniciar encontros sociais periódicos, como almoços ou festas para a equipe; organizar eventos que incluam as famílias dos membros da equipe, como piqueniques, caminhadas, passeios de bicicleta, ou ir a um evento esportivo ou show; ou organizar grupos de voluntários para ajudar a comunidade em eventos que apoiam causas especiais ou caridade. Outra técnica é tentar colocar todos os membros da equipe em um escritório, se viável. Ter um ambiente de trabalho aberto em vez de cada um em um escritório ajuda a nutrir a socialização, facilitando a interação entre as pessoas. Finalmente, o gestor deve procurar oportunidades para celebrar os sucessos, especialmente no começo do projeto. Quando as primeiras etapas são concluídas, o gestor pode trazer guloseimas para a reunião de equipe, ou pedir serviço de almoço para todos na conclusão da reunião. Tais atividades criam um fórum para socialização, conversa informal e construção da equipe e tornam o trabalho mais agradável. Quem disse que o trabalho não pode ser divertido?

Reforce sua aprendizagem

11. As pessoas que trabalham nos projetos procuram por __________ e __________; não querem trabalhar __________.

O gestor pode influenciar o comportamento da equipe para atingir o objetivo do projeto. Liderança requer que o gestor esteja muito motivado e dê exemplo positivo à equipe - em outras palavras, que pratique o que prega. Se ele esperar que as pessoas fiquem até tarde para terminar um trabalho para manter o projeto no cronograma, também deve estar presente; o gestor não pode sair mais cedo. Tudo que ele faz e diz serve de exemplo à equipe quanto ao comportamento esperado. O gestor precisa manter uma atitude positiva - sem comentários negativos, sem reclamações, sem xingamento e sem comentários depreciativos - e deixar claro que tal comportamento não é aceitável enquanto trabalhar na equipe. Gestores de projetos competentes têm uma atitude de "pode ser feito" - um desejo de superar obstáculos e terminar com êxito. Prosperam quando desafiados e fazem que as tarefas sejam feitas. Focam as formas de conseguir que o trabalho seja feito em vez de a razão pela qual não pode ser feito. Um bom gestor não é dissuadido por barreiras ou desculpas e tem autoconfiança e exibe confiança nos membros de sua equipe.

Reforce sua aprendizagem

12. A liderança requer que o gestor esteja muito __________ e dê um __________ à equipe.

Diz-se que:

Existem aqueles que fazem as coisas acontecerem,
aqueles que deixam as coisas acontecerem e
aqueles que se perguntam o que aconteceu.

O gestor lidera ao fazer as coisas acontecerem!

CAPACIDADE DE DESENVOLVER PESSOAS

O gestor competente tem compromisso com o treinamento e desenvolvimento das pessoas que trabalham no projeto. Usa o projeto como uma oportunidade para agregar valor à base de experiência de cada um para que todos os membros da equipe tenham mais conhecimento e competência ao término do projeto do que quando eles o começaram. O gestor deve estabelecer um ambiente em que as pessoas possam aprender por meio das tarefas que realizam e das situações que experimentam ou observam e comunicar à equipe a importância de atividades contínuas de autodesenvolvimento. Uma forma de incentivar tais atividades é conversar sobre a importância do autodesenvolvimento nas reuniões de equipe. Outro modo é reunir-se individualmente com cada membro da equipe no começo de suas atribuições e incentivá-los a tirar vantagem de suas atribuições para expandir seus conhecimentos e habilidades. Um bom gestor acredita que todos os indivíduos são valiosos para a organização e podem fazer grandes contribuições por meio da aprendizagem contínua. Ele enfatiza o valor de melhorar incentivando indivíduos a ter iniciativa - por exemplo, pedir atribuições novas ou desafiadoras ou participar de seminários. Um projeto apresenta muitas oportunidades para as pessoas expandirem o conhecimento técnico, bem como desenvolverem ainda mais as habilidades de comunicação, solução de problemas, liderança e gestão de tempo.

Reforce sua aprendizagem

13. Um bom gestor acredita que todos os indivíduos são ____________ para a organização e podem fazer grandes contribuições por meio da ____________ ____________.

Um gestor competente fornece oportunidades de aprendizagem e desenvolvimento, incentivando as pessoas a tomarem iniciativa, assumirem riscos e tomarem decisões. Em vez de criar receio de falhar, o gestor reconhece que erros fazem parte da experiência de aprendizagem e crescimento. Ele pode tentar fornecer atribuições de "extensão" que requerem que membros da equipe ampliem o conhecimento e realizem mais do que pensam ser possível. Por exemplo, uma tarefa do projeto que envolva o uso de tecnologia óptica por sensores pode ser atribuída a um engenheiro que tenha conhecimento limitado de tecnologia óptica. O que fará o engenheiro aprender mais sobre óptica, tornando-o mais valioso para a organização em projetos futuros.

Reforce sua aprendizagem

14. Em vez de criar receio de ____________ o gestor reconhece que erros fazem parte da experiência de ____________ e ____________.

Outra coisa que o gestor pode fazer é identificar situações nas quais pessoas menos experientes possam aprender com as mais experientes. Por exemplo, pode-se atribuir a uma pessoa que está compilando dados de teste trabalhar com um analista para que aprenda como analisar os dados. Em tais situações, o gestor deve informar as pessoas com experiência que parte do seu trabalho no projeto é ensinar, treinar e aconselhar as menos experientes.

Uma última maneira de o gestor desenvolver as pessoas é fazê-las participarem de sessões de treinamento formais. Por exemplo, se um indivíduo na equipe não tem experiência em fazer apresentações ou tem pouca habilidade nisso, o gestor pode levá-lo a participar de seminários sobre como fazer apresentações eficazes. A pessoa pode, então, ter oportunidade para aplicar o que aprendeu fazendo apresentações nas reuniões da equipe. O gestor pode até fornecer treinamento para ajudar a melhorar pontos para que ele faça uma apresentação eficaz.

Reforce sua aprendizagem

15. Um bom gestor valoriza e espera o ____________ ____________.

Após discussões individuais com membros da equipe, o gestor deve perguntar: "O que você aprendeu trabalhando neste projeto?". Cada resposta ajudará o gestor a determinar quais outras atividades de desenvolvimento ou oportunidades de aprendizagem são necessárias. Fazer tais perguntas transmite a mensagem de que ele valoriza e espera o autodesenvolvimento contínuo.

HABILIDADES DE COMUNICAÇÃO

Gestores de projeto devem ser bons comunicadores. Precisam se comunicar *regularmente* com a equipe, bem como com a subcontratada, clientes e o alto escalão da própria organização e outros stakeholders. A comunicação eficaz e frequente é crucial para manter a movimentação do projeto, identificar potenciais problemas, solicitar sugestões para melhorar o desempenho do projeto, manter a satisfação do cliente e resolver preocupações dos stakeholders, e evitar surpresas. Um alto nível de comunicação é especialmente importante no começo de um projeto para construir um bom relacionamento de trabalho com a equipe e para estabelecer expectativas claras com o cliente e outros interessados, especialmente por estar relacionado ao desenvolvimento de um entendimento claro no documento do escopo do projeto.

Gestores de projeto competentes comunicam e compartilham informação de várias maneiras. Fazem reuniões e têm conversas informais com a equipe, o cliente e a alta administração de sua organização. Também fornecem relatórios por escrito para o cliente e a alta administração de sua organização. Todas essas tarefas requerem que o gestor tenha boas habilidades de comunicação verbal e escrita. Aprendemos mais ao escutar que ao falar; por O que, bons gestores passam mais tempo ouvindo que falando. Não dominam o diálogo. Ouvem as expectativas e as necessidades expressas pelo cliente ou patrocinador e as ideias e preocupações da equipe e de stakeholders. Eles não dominam uma conversa, em vez disso, eles iniciam, estimulam e facilitam a comunicação. Para iniciar um diálogo em assuntos importantes, começam discussões e conversas; para estimular o diálogo, fazem perguntas e solicitam comentários e ideias e respeitam o ponto de vista das outras pessoas. Por exemplo, quando um gestor introduz um tópico numa reunião de equipe, pode primeiro pedir a reação ou ideia de outros, em vez de simplesmente dar seu ponto de vista e então passar para o próximo item da pauta. Essa abordagem é menos propensa a bloquear comentários, discussões e pontos de vista diferentes. Cada gestor deve sair do escritório regularmente e visitar membros da equipe individualmente - por exemplo, para acompanhar um comentário ou ideia que a pessoa expressou na reunião de equipe, mas que não teve continuidade durante ela.

O gestor estabelece comunicação contínua com o cliente e outras partes interessadas para mantê-los informados e determinar se há quaisquer mudanças nas expectativas. O gestor precisa se manter a par do grau de satisfação do cliente por todo o projeto conversando regularmente com ele - por exemplo, programando uma conversa telefônica toda sexta-feira.

A comunicação feita pelos gestores precisa ser oportuna, aberta, honesta e inequívoca, enquanto mantém discrição quanto a qualquer informação confidencial. A comunicação eficaz estabelece credibilidade e constrói confiança. É a base para gerir as expectativas dos colaboradores, incluindo o patrocinador ou cliente, o usuário final do projeto, as subcontratadas, vendedores, equipe e a alta administração da organização. A retenção de informação ou atraso na comunicação pode levar os colaboradores a expectativas incorretas quanto a desempenho ou resultados.

A comunicação oportuna e honesta também previne rumores desde o começo. Suponha que um membro da equipe seja temporariamente designado a outro projeto em que sua especialidade seja necessária para ajudar a resolver um problema crítico. Quando a equipe descobrir que um de seus membros não está mais no projeto, podem começar rumores de que estava ultrapassando o orçamento ou que desistiu porque estava infeliz. O gestor precisa fazer uma reunião de equipe para informar aos outros membros que ele foi temporariamente designado e retornará ao projeto em breve.

É importante que o gestor forneça *feedback* oportunamente à equipe e ao cliente. Tanto as boas quanto as más notícias devem ser compartilhadas prontamente. Para que a equipe seja eficaz, os membros precisam ter informações atualizadas - especialmente *feedback* de clientes, que pode ocasionar mudanças no escopo do trabalho, no orçamento ou no cronograma. Ao trans-

Reforce sua aprendizagem

16. Liste cinco razões pelas quais é importante para o gestor de projeto usar comunicação frequente.

Reforce sua aprendizagem

17. Um alto nível de comunicação é especialmente importante no começo do projeto para construir um bom ____________ ____________ com a equipe e para estabelecer ____________ claras com o cliente.

Reforce sua aprendizagem

18. Quais são as três formas pelas quais um gestor se comunica?

Reforce sua aprendizagem

19. Bons gestores de projeto passam mais tempo ____________ que ____________.

Reforce sua aprendizagem

20. Dê três motivos por que o gestor deve estabelecer comunicação contínua com o cliente.

mitir más notícias ao cliente ou ao patrocinador, o gestor de projeto também precisa fornecer recomendações e apresentar um plano para abordar a(s) questão(ões), juntamente com dados de apoio e bom senso.

Reforce sua aprendizagem

21. Por que a comunicação pelos gestores precisa ser oportuna, honesta e sem ambiguidade?

O gestor deve criar uma atmosfera que adote a comunicação oportuna e aberta sem nenhum medo de represália e aceitar os diferentes pontos de vista. Por exemplo, um indivíduo com dificuldades para completar uma tarefa deve sentir que pode trazer o problema para o gestor sem ser penalizado.

Consulte o Capítulo 12, "Comunicação e documentação do projeto", para mais discussão.

HABILIDADES INTERPESSOAIS

As habilidades interpessoais são essenciais para um gestor. Dependem das habilidades de comunicação escrita e oral, como visto na seção anterior. O gestor precisa estabelecer expectativas claras para os membros da equipe para que todos saibam a importância do seu papel na realização do objetivo. O gestor pode fazer isso envolvendo a equipe no desenvolvimento de um plano de projeto que demonstre quais pessoas estão atribuídas para quais tarefas e como as tarefas se encaixam. Assim como o treinador de uma equipe atlética, o gestor deve enfatizar que a contribuição de todos é valiosa para a execução bem-sucedida do plano.

Reforce sua aprendizagem

22. O gestor deve ter uma __________ informal com cada membro da equipe e com cada pessoa-chave na organização do __________.

É importante que o gestor desenvolva um relacionamento com cada membro da equipe. Pode parecer uma atividade que consome tempo, mas não é. É necessário ter tempo para uma conversa informal com cada pessoa na equipe e com cada pessoa-chave da organização do cliente. Essas conversas, iniciadas pelo gestor, podem ser durante o trabalho ou fora do escritório. Podem ser durante o almoço, durante uma viagem de negócio, ou durante um evento esportivo. Tais situações oferecem oportunidade para o gestor conhecer as várias pessoas na equipe - o que as motiva, como pensam que o trabalho está caminhando, o que as preocupa e como se sentem. Por exemplo, suponha que Carlos diga que gosta de fazer demonstrações, mas que gostaria de desenvolver mais suas habilidades para apresentação formal. Com tal conhecimento, o gestor pode pedir que Carlos faça uma demonstração na próxima revisão com o cliente usando os softwares de gráficos que ele desenvolveu. Ou pode pedir que Carlos faça uma apresentação na próxima reunião interna de análise crítica do projeto, e ele pode achar um fórum menos estressante para praticar sua habilidade de apresentação. A meta de Carlos em melhorar poderia não ter sido descoberta não fosse a conversa informal iniciada pelo gestor.

O gestor deve tentar aprender sobre os interesses pessoais de cada indivíduo sem ser intrusivo. Pode mencionar seus próprios *hobbies* ou sua família e ver se um membro da equipe capta o tópico. Com cada indivíduo, é importante que o gestor procure áreas de interesse comum, como tênis, cozinhar, ler, esportes, crianças ou cidade natal.

Num diálogo informal, o gestor deve apresentar questões abertas e escutar atentamente. É incrível como muita informação pode ser obtida com uma resposta a uma pergunta simples, por exemplo: "Como as coisas estão indo?". Demonstre, porém, interesse real ao o que um indivíduo está dizendo; se parecer desinteressado, a pessoa não continuará a conversa. Portanto, é importante fornecer *feedback* e incentivar comentários, como "Isto é interessante" ou "Conte-me mais".

Reforce sua aprendizagem

23. O gestor deve usar __________ e __________ atentamente.

Boas habilidades interpessoais capacitam um gestor a ter empatia de indivíduos quando circunstâncias especiais surgem - se um membro da equipe está desestimulado por causa de problemas técnicos no desenvolvimento de um software, ou se está distraído pelo estresse de o cônjuge estar se recuperando de um acidente de carro. É claro que o gestor deve ser genuíno ao oferecer estímulo e apoio. Também deve usar de bom senso ao tratar com as confidências ou qualquer informação particular ou pessoal que um indivíduo possa fornecer.

Quando um gestor encontrar um membro da equipe no corredor ou em um supermercado deve utilizar a oportunidade. Em vez de dizer apenas "Olá" ou "Boa tarde", o gestor deve tentar introduzir uma conversa com o membro da equipe mesmo que rapidamente. Pode ser sobre qualquer coisa, desde "Você está pronto para a nossa reunião com o cliente semana que vem?" a "O time de futebol de seu filho ganhou ontem?". Um gestor competente desenvolve e mantém essas relações interpessoais durante todo o projeto e posteriormente.

Boas habilidades interpessoais são necessárias quando se tenta influenciar o pensamento e as ações de outros. Durante todo o projeto, o gestor terá de persuadir e negociar com clientes, com a equipe, subcontratadas e a alta administração da organização. Por exemplo, o gestor de um projeto de construção pode precisar persuadir o cliente a abster-se de uma mudança no escopo do projeto que necessite de aumento de custos. Ou em um projeto para apresentar um show de talentos beneficente pode usar suas habilidades interpessoais para persuadir uma celebridade local a trabalhar no projeto. Essas situações não podem ser lidadas de modo pesado; boas habilidades interpessoais são necessárias para obter o resultado desejado.

Um gestor também precisa de boas habilidades interpessoais para lidar com desacordos e divisões entre membros da equipe ou com partes interessadas. Tais situações podem necessitar de delicadeza por parte do gestor para mediar um resultado em que ninguém perca a credibilidade, os relacionamentos não se deteriorem e o trabalho no projeto não seja afetado. Veja mais detalhes na seção sobre conflitos nos projetos no Capítulo 11.

HABILIDADES PARA LIDAR COM O ESTRESSE

Os gestores do projeto precisam ser capazes de lidar com o estresse que possa surgir nas situações de trabalho. É provável que haja muito estresse quando um projeto está em perigo de não alcançar seus objetivos por ultrapassar um orçamento, ter um atraso no cronograma, ou problemas técnicos com um equipamento; quando o cliente pede mudanças no escopo; ou quando surge um conflito na equipe quanto à solução mais apropriada ao problema. A atividade do projeto pode ficar tensa e intensa em certos momentos. O gestor não pode entrar em pânico; deve se manter sereno. O gestor competente é capaz de lidar com as condições em constante mudança. Mesmo com os melhores planejamentos, os projetos estão sujeitos a eventos não previstos que podem causar tumulto imediato. O gestor precisa se manter composto e certificar-se de que pânico e frustração não atormentem a equipe, o cliente, nem a alta administração da organização.

Em certas situações, o gestor precisa agir como um amortecedor entre a equipe e o cliente ou partes interessadas, ou a alta administração. Se o cliente ou a alta administração não estiverem satisfeitos com o progresso do projeto, o gestor tem de ouvir as críticas e certificar-se de que a equipe não fique desanimada. É necessário informar qualquer descontentamento à equipe de modo que a inspire a encarar o desafio. Da mesma forma, pode haver momentos em que a equipe reclame das exigências do cliente ou relute em fazer mudanças. Aqui, também, o gestor precisa agir como um amortecedor, absorvendo as reclamações e transformando-as em desafios que a equipe precisa vencer.

O gestor de projeto também precisa proteger os membros da equipe contra interferências externas que podem dispersar sua atenção, impedir seu desempenho e ser uma fonte de estresse desnecessário.

Bom senso de humor é uma exigência para um gestor. Usado de forma apropriada, o humor pode ajudá-lo a lidar com o estresse e quebrar a tensão. Como o gestor dá o exemplo à equipe e demonstra qual comportamento é aceitável, qualquer humor precisa ser de bom gosto. Um gestor não pode contar uma piada imprópria ou ter itens impróprios nas paredes do escritório e deve deixar claro à equipe, desde o começo, que tal comportamento não é aceitável e não será tolerado.

Reforce sua aprendizagem

24. O gestor precisa ter bom senso de ____________ e precisa estar em forma ____________.

O gestor pode melhorar sua habilidade de lidar com o estresse mantendo-se em forma fisicamente por meio de exercício físico regular e boa alimentação. Também pode organizar atividades de alívio do estresse para a equipe, como um jogo de futebol, uma escalada, andar de bicicleta, ou um passeio ou uma breve caminhada após o almoço.

HABILIDADES DE RESOLUÇÃO DE PROBLEMAS

Um gestor precisa ser um bom solucionador de problemas. Apesar de ser mais fácil identificar os problemas que solucioná-los, uma boa solução de problemas começa com a identificação antecipada de um problema real ou potencial. A identificação antecipada de um problema permitirá mais tempo para desenvolver uma solução bem pensada. Além disso, se um problema for identificado antecipadamente, pode ser menos oneroso para resolvê-lo e ter menos impacto em outras partes do projeto. Uma boa identificação de problemas requer um sistema de informação que forneça dados precisos e oportunos; a comunicação aberta e oportuna entre a equipe, as subcontratadas e o cliente; e alguns "pressentimentos", baseados em experiência.

O gestor deve incentivar os membros da equipe a identificar problemas antecipadamente e solucioná-los sozinhos. A equipe precisa ser autodirecionada quanto à solução de problemas e não esperar pelo gestor ou depender dele para começar a resolvê-los.

Quando um problema é potencialmente crítico e provável de colocar em risco o objetivo do projeto, os membros da equipe devem passar essa informação ao gestor logo no início para que possa liderar os esforços de solução. Quando o problema é identificado, o gestor pode precisar de dados adicionais e fazer perguntas esclarecedoras para realmente entender o problema e sua magnitude. Os membros da equipe devem ser questionados quanto a sugestões para a solução do problema. O gestor do projeto não deve apresentar suas ideias primeiro, porque pode sufocar ou limitar as respostas e criatividade dos membros da equipe. Ele não deverá ficar na defensiva se as pessoas não concordarem com ele. Os membros da equipe podem estar certos e atuar como um bom indicador de viabilidade e, assim, evitar um erro. As ideias de um gestor de projeto nem sempre representam a única ou a melhor maneira de fazer as coisas. Um gestor competente reconhece que a melhor solução normalmente surge de ideias, pontos de vista, experiências e opiniões diferentes. Ao trabalhar com membros adequados da equipe, o gestor deve usar habilidades analíticas para avaliar as informações e desenvolver a solução ideal. É importante que tenha a habilidade de ver o "plano geral" e como soluções em potencial podem afetar outras partes do projeto, incluindo os relacionamentos com o cliente, outros stakeholders ou alto escalão. Após a solução ideal ser encontrada, o gestor delega a implantação da solução aos indivíduos apropriados na equipe.

Reforce sua aprendizagem

25. Ao solucionar problemas, o gestor precisa ser capaz de ver o __________ __________ e como as soluções em potencial podem afetar outras partes do projeto.

Consulte a seção sobre solução de problemas no Capítulo 11 para mais detalhes.

HABILIDADES DE NEGOCIAÇÃO

Boas habilidades de negociação são essenciais aos gestores de projeto. Durante o ciclo de vida do projeto, os gestores encontram muitas oportunidades para empregar suas habilidades de negociação em interações com patrocinador, cliente ou alta administração da organização do projeto, subcontratadas, vendedores, usuários finais e ou partes interessadas. O objeto das negociações pode ser termos e condições do contrato, a obtenção de recursos específicos para equipar o projeto, preços da subcontratada, cronograma de entrega do vendedor, o impacto no custo ou no cronograma das mudanças, a aprovação do desenho pelo cliente, a necessidade de retrabalho se o padrão de qualidade não for alcançado, a melhor maneira de solucionar problemas de desempenho técnico, a interpretação de critério de aceitação ou resultados de ensaios, abordagens para colocar o projeto de volta no cronograma, se estiver atrasado, e/ou no orçamento, preocupações do stakeholder quanto ao impacto ou à segurança de um projeto, e outros.

A meta de uma negociação é que duas pessoas ou grupos cheguem a um acordo de aceitação mútua quanto ao problema. É uma forma de solução de problemas. A negociação eficaz requer saber escutar. A outra pessoa tem de sentir que sua posição ou ponto de vista está sendo ouvido e *entendido*. O gestor deve ter tempo para escutar e fazer perguntas para esclarecimento ou obtenção de informações. Veja a seção sobre escutar com eficácia no Capítulo 12 para informações relacionadas.

É útil se o gestor desenvolver uma relação de confiança com a outra pessoa, porque pode fornecer uma base forte para negociações positivas e consistentes. Além de escutar com eficácia, o gestor precisa ser capaz de ser persuasivo e articular com clareza sua posição no assunto. O que requer tempo para se preparar para as negociações e desenvolver um raciocínio persuasivo de suas posições nos vários assuntos que estão sendo negociados.

As negociações não podem ter uma abordagem do tipo "ganhar ou perder", "pegar ou largar" ou "tudo ou nada". Em vez disso, as negociações eficazes resultam em ganho dos dois lados. O que requer que o gestor seja flexível e esteja disposto a entrar em acordo. O gestor deve ter cuidado para não fazer comentários indevidos; deve contemplar as respostas e não se sentir sob pressão para responder ao outro lado imediatamente. O que requer paciência. O gestor tem de saber quando dizer que precisa de tempo para pensar sobre a proposta e que retornará uma resposta mais tarde. Deve ser proativo na tentativa de obter acordo nos vários assuntos, com táticas como dizer: "Sim, eu posso fazer O que se você puder...". Tal proposta conciliatória pode dar o tom para que o outro lado faça concessões. Se alguns itens estiverem em um impasse, o gestor pode sugerir deixá-los de lado e passar para outros itens menos controversos para que, então, haja progresso e o momento para discutir assuntos mais difíceis seja construído.

Reforce sua aprendizagem

26. Negociações eficazes resultam em ganho dos ______ ______. O que requer que o gestor seja ______ e esteja disposto a ______ ______.

As negociações com clientes ou subcontratadas envolvidos em projetos globais podem ser particularmente desafiantes. O gestor deve considerar as diferenças culturais nas negociações. Pessoas de variadas heranças culturais têm abordagens diferentes na condução de negociações; por exemplo, alguns podem ficar ansiosos para chegar a um acordo imediato, enquanto outros podem achar que é apropriado proceder num ritmo mais lento. Novamente, o gestor precisa de tempo para se preparar de forma correta e entender as diferenças culturais para assegurar que pode negociar um acordo mutuamente aceitável. Por exemplo, estar ciente de dicas não verbais ou linguagem corporal pode ser útil para entender a posição do outro lado ou a reação a um comentário ou proposta.

É importante que todos os lados mantenham a dignidade nas negociações e que nenhum deles se sinta ressentido na conclusão de um acordo. O gestor tem de dar o exemplo na manutenção da integridade e respeito ao outro lado durante todo o processo de negociação. Negociações eficazes fortalecem os relacionamentos, não os desgastando. Ao negociar com o cliente, o gestor precisa ter em mente que manter um bom relacionamento é crucial para ter oportunidade de mais negócios ou projetos com o mesmo cliente no futuro.

Reforce sua aprendizagem

27. O gestor precisa se manter ______ e ______ ao outro lado durante todo o processo de ______.

HABILIDADES DE GESTÃO DO TEMPO

Gestores de projeto competentes administram bem o tempo. Os projetos precisam de muita energia porque envolvem muitas atividades concomitantes e eventos inesperados. Para fazer o uso ideal do tempo disponível, os gestores de projeto precisam ter autodisciplina, ser capazes de priorizar e demonstrar disposição para delegar. Consulte a seção de gestão do tempo no Capítulo 11 para mais detalhes.

Reforce sua aprendizagem

28. Quais habilidades e competências bons gestores de projeto possuem?

Desenvolvendo as competências do gestor de projeto

As pessoas não nascem com o conhecimento, as habilidades e as competências para serem gestores de projeto competentes; precisam desenvolvê-los. Há várias formas de desenvolver a competência necessária para ser um gestor competente:

1. *Ganhe experiência.* Trabalhe em tantos projetos quanto possível. Cada projeto apresenta uma oportunidade de aprendizado. É de utilidade que os projetos não sejam todos iguais. Por exemplo, se for um engenheiro civil em a grande empresa de projeto e só tiver trabalhado em um projeto de um edifício escolar, pode então procurar uma oportunidade para ser designado para outro tipo de projeto, como um museu ou uma igreja. Também, procure atribuições diferentes em cada projeto. Num projeto, você pode desenvolver software, enquanto em outro pode ser o líder de grupo ou ter a oportunidade de interagir com o cliente. O propósito de variar projetos e atribuições é expor-se a tantos gestores de projeto, clientes e outras pessoas experientes quanto possível. Cada experiência apresenta a oportunidade de aprender com outras pessoas e obter conhecimentos e habilidades valiosos.
2. *Aprenda com os outros.* Você também deve observar como os outros participantes do projeto empregam suas habilidades. Veja o que eles fazem - certo e errado. Por exemplo, suponha que queira desenvolver suas habilidades de apresentação. Quando as pessoas realizam apresentações durante o projeto, observe no que são coerentes (como demonstrar entusiasmo ou engajar a audiência) e o que fazem errado (como bloquear a visão dos *slides* de modo que ninguém possa vê-los, ou contar uma piada imprópria no começo da apresentação). Fazer anotações mentais de tais pontos ajudará quando tiver de fazer uma apresentação. É menos doloroso aprender com o erro dos outros que com os próprios.
3. *Entreviste os gestores de projeto que têm as habilidades que quer desenvolver.* Se você quiser desenvolver as habilidades de liderança, por exemplo, busque os gestores de projeto que considere serem líderes competentes. Pergunte como desenvolveram suas habilidades e que sugestões eles têm. Ofereça um almoço, se for a única hora em que podem se encontrar. Pode ser um investimento que valha a pena.
4. *Conduza uma autoavaliação e aprenda com seus erros.* Se você completou a tarefa de um projeto, mas ultrapassou o orçamento ou ficou atrasado no cronograma, por exemplo, questione o que houve, o que poderia ter feito diferente e o que mudará na próxima vez. Talvez seja necessário trabalhar a gestão de tempo - focando as atividades mais importantes primeiro.
5. *Consiga um mentor.* Você pode pedir a alguém que seja seu mentor enquanto trabalha num projeto. Deve ser alguém que acredite ter as habilidades que está tentando desenvolver. Busque *feedback* de outros. Se puder melhorar suas habilidades de solucionar problemas, por exemplo, pergunte a um mentor se observou algo que possa ser melhorado em situações de solução de problemas. Se o gestor disser que você tem tendência a tirar conclusões precipitadas, pode tomar mais tempo para descobrir todos os fatos ou escutar o ponto de vista de outros. Prepare um plano de desenvolvimento pessoal e peça ao conselheiro ou a outros gestores de projeto de sucesso que o analisem e deem sugestões.
6. *Participe de programas educacionais e de treinamento.* Há muitos *workshops*, seminários via internet e materiais autodidáticos para todas as habilidades discutidas na seção anterior. Também, várias universidades e outros centros educacionais oferecem cursos, certificados e programas de graduação em gestão de projetos, incluindo muitos disponíveis on-line. Quando participar de workshops, procure oportunidades para aprender de três fontes: o instrutor, os materiais e os outros participantes.
7. *Junte-se a organizações.* Por exemplo, associar-se ao Project Management Institute (Instituto de Gestão de Projeto) oferece oportunidades para que participe de reuniões e conferências com outras pessoas envolvidas em

gestão de projetos. Veja a seção sobre associações de gestão de projetos no Capítulo 1 e também no Apêndice C, no final do livro, para informações relacionadas. Participar de organizações profissionais, como a Toastmasters International, dará a chance de você desenvolver habilidades de apresentação efetivas.

8. *Leia.* Assine jornais ou procure artigos relacionados às habilidades que quer desenvolver. Há muitos artigos sobre melhorar suas habilidades. Pergunte a outras pessoas se conhecem bons livros ou artigos sobre um tópico específico; o auxílio delas pode poupar tempo na busca de bons materiais.
9. *Conquiste certificados.* Outra forma de desenvolver a competência de gestor é conquistar uma certificação numa disciplina específica de gestão de projeto. O Project Management Institute oferece as seguintes credenciais:
   - Project Management Professional (PMP)® (Profissional de Gestão de Projetos)
   - Certified Associate of Project Management (CAPM)®
   - Portfolio Management Professional (PfMP)® (Profissional de Gestão de Portfólio)
   - Program Management Professional (PgMP)® (Profissional de Gestão de Programas)
   - PMI Scheduling Professional (PMI-SP)® (Profissional de Planejamento)
   - PMI Risk Management Professional (PMI-RMP)® (Profissional em Gestão de Riscos)
   - PMI Professional in Business Analysis (PMI-PBA)® (PMI-Profissional de Análise de Negócios)
   - PMI Agile Certified Practitioner (PMI-ACP)® (PMI-Profissional Certificado Ágil)

   Para mais informações sobre candidatura e passos para obter o certificado apropriado, visite o site do Project Management Institute em http://www.pmi.org e clique em "Career Development".
10. *Voluntariado.* O local de trabalho não é o único lugar em que se podem desenvolver as habilidades. Considere a possibilidade de se envolver com uma organização voluntária, em que não apenas possa contribuir com a comunidade ou com uma causa especial, mas que também possa tentar desenvolver suas habilidades de liderança.

Reforce sua aprendizagem

29. a. Identifique uma habilidade que você queira desenvolver.
b. Identifique três atividades que possa fazer para desenvolver tal habilidade. c. Selecione uma das três atividades que listou acima e escolha uma data para que a conclua.

A aprendizagem e o desenvolvimento são atividades para a vida toda - não há linha de chegada. O seu empregador pode apoiá-lo e incentivá-lo, e fornecer recursos (tempo e dinheiro). A organização precisa orçar fundos para atividades de treinamento e desenvolvimento de pessoal. Você, porém, tem a responsabilidade fundamental de desenvolver sua competência. Precisa ter a iniciativa e o desejo. Precisa fazer acontecer.

Delegação

A *delegação* envolve capacitar a equipe para atingir o objetivo do projeto e capacitar cada membro da equipe para atingir os resultados esperados para sua área de responsabilidade. É o ato de permitir que indivíduos completem as tarefas designadas com sucesso. A delegação implica mais que apenas designar tarefas a membros específicos da equipe. Inclui conceder responsabilidade aos membros da equipe de alcançar os objetivos do trabalho e a autoridade de tomar decisões e agir para obter os resultados esperados, bem como a responsabilidade de alcançar tais resultados.

Aos membros da equipe são dados resultados precisos a serem atingidos em termos de escopo do trabalho, resultados tangíveis ou produtos a serem entregues, o orçamento disponível e o período de tempo ou cronograma permitido para suas áreas de responsabilidade. Eles planejam seus próprios métodos para alcançar os resultados desejados e exercitam o controle sobre os recursos necessários para o trabalho.

Reforce sua aprendizagem

30. A delegação envolve ____________ a equipe para atingir o ____________ ____________ e cada membro da equipe para atingir os ____________ ____________ para sua área de responsabilidade.

A delegação é uma necessidade para um gestor competente. É parte da responsabilidade dele organizar o projeto. Delegar *não* é "transferir a responsabilidade". O gestor ainda é o principal responsável por atingir os resultados do projeto. O gestor que entende e pratica a delegação assegura o desempenho eficaz da equipe e cria as condições necessárias para a cooperação e trabalho em equipe.

A delegação eficaz requer habilidades de comunicação eficazes. Os membros da equipe precisam perceber que o trabalho de implantar o projeto foi delegado a eles. O gestor tem a responsabilidade de fornecer um entendimento claro do que é esperado quanto aos resultados específicos. Não é suficiente para o gestor dizer "Rashid, você trabalha com o projeto mecânico" ou "Rosemary, você lida com a publicidade". Em vez disso, ele precisa definir o que constitui especificamente cada tarefa e qual é o resultado desejado dela. O escopo do trabalho, os resultados tangíveis ou produtos a serem entregues, a qualidade esperada, o orçamento e o cronograma devem ser definidos e acordados pelo gestor e pelos membros da equipe antes de o trabalho começar. Entretanto, o gestor *não deve dizer aos indivíduos como fazer sua tarefa.* O que deve ser deixado aos membros da equipe para que sejam criativos. Se for dito às pessoas como fazer suas tarefas, elas não serão tão comprometidas a atingir o resultado desejado e sentirão que o gestor não confia em suas capacidades.

Reforce sua aprendizagem

31. Os gestores de projeto não devem dizer aos indivíduos ___ fazer sua tarefa.

Para os membros da equipe alcançarem suas tarefas com sucesso, precisam receber os recursos necessários e a autoridade para exercer controle sobre tais recursos. Recursos podem incluir pessoal, dinheiro e instalações. Membros da equipe devem ser capazes de apelar para a experiência de outros membros, comprar materiais e ter acesso a instalações, conforme necessário. Os membros da equipe devem receber autorização para tomar decisões quanto ao uso de recursos, desde que fiquem dentro das restrições do orçamento e cronograma.

A delegação envolve selecionar membros da equipe que melhor se qualificam para cada tarefa e, então, capacitá-los para fazê-la. Porque o gestor faz tais seleções e designações baseado nas capacidades, potenciais e carga de trabalho de cada pessoa, precisa conhecer as capacitações, conhecimento e limitações de cada membro do projeto quando estiver fazendo a designação. Ele não pode delegar a um indivíduo em particular um conjunto de tarefas que requer mais horas de trabalho do que a pessoa tem disponível. Por exemplo, não se pode esperar que uma pessoa trabalhando sozinha pinte seis cômodos em uma semana quando se estima que leve dois dias para pintar cada cômodo. Da mesma forma, o gestor não pode esperar que indivíduos façam tarefas para as quais não têm a experiência necessária. Por exemplo, não se pode esperar que uma pessoa sem o conhecimento apropriado de técnicas de química ou de análise faça uma análise química. A delegação, entretanto, realmente fornece uma oportunidade de dar atribuições desafiantes, ou "elásticas", a pessoas para elas desenvolverem e estenderem suas experiências e habilidades. Por isso, um gestor, quando delega, considera não apenas a capacidade atual da pessoa, mas também o seu potencial. As atribuições elásticas estimulam as pessoas a aceitar o desafio e mostrar que podem alcançar as expectativas do gestor.

Reforce sua aprendizagem

32. Ao designar pessoas para tarefas específicas, o gestor precisar levar em consideração as ___, o ___ e a ___ de cada pessoa.

Quando um gestor autoriza membros da equipe a tomar decisões associadas com a realização de seu trabalho, dá a liberdade de agir para realizar o trabalho sem interferência. Entretanto, deve perceber que, ao fazer o trabalho e tomar decisões, as pessoas cometem erros e falhas. Um gestor que tem tendência a censurar erros treinará pessoas a procurá-lo para rever e aprovar toda e qualquer coisa que fizerem. Tal receio de falhar paralisará a equipe. A delegação eficaz requer que o gestor tenha confiança em cada membro da equipe.

Reforce sua aprendizagem

33. A delegação eficaz requer que o gestor tenha ___ em cada membro da equipe.

Quando a equipe está completando suas tarefas, o gestor deve deixar os membros fazerem seus trabalhos; entretanto, deve estar disponível para treiná-los e aconselhá-los quando necessário. Um gestor eficaz cuida para não desautorizar os indivíduos, ao dar diretivas, dizendo como devem fazer as coisas, ou tomando decisões por eles. Em vez disso, deve demonstrar confiança em suas capacidades e incentivá-los.

A delegação requer que os indivíduos sejam responsáveis por alcançar os resultados esperados de suas tarefas. Para apoiar os membros da equipe no controle de seus esforços de trabalho, o gestor precisa estabelecer um sistema de controle e informação de gestão do projeto. Esse sistema deve manter ele e a equipe informados e apoiar as tomadas de decisão. Pode incluir um sistema computadorizado de relatório de informações e a necessidade de ter reuniões regulares com a equipe ou individualmente para verificar o progresso. Tal sistema foca a avaliação do progresso em direção ao resultado esperado de cada tarefa, não apenas a monitoração da ocupação. O gestor está interessado em saber se o escopo do trabalho de cada tarefa está progredindo de acordo com o plano e se será terminado dentro do orçamento disponível e no cronograma necessário. Não se pode aceitar um relato de que "a equipe trabalhou até as 22 horas a semana toda" como um indicativo de que o trabalho está na direção certa. O gestor deve deixar claro que a delegação requer que os membros da equipe se responsabilizem por alcançar os resultados esperados, não apenas se mantenham ocupados. Indivíduos habilitados aceitam essa responsabilidade. Ao monitorar o progresso, o gestor deve oferecer incentivo aos membros da equipe. Deve demonstrar interesse genuíno em seu trabalho e oferecer reconhecimento e apreciação de seu progresso.

Reforce sua aprendizagem

34. Delegar requer que indivíduos sejam __________ por alcançar os resultados esperados.

A seguir estão algumas barreiras comuns à delegação eficaz e o que pode ser feito para sobrepô-las:

- O gestor tem um interesse pessoal nas tarefas ou acha que pode fazê-las melhor ou mais rápido. Nesse caso, o gestor deve se esforçar para confiar nas outras pessoas. Precisa entender que outros podem não fazer as coisas exatamente da mesma forma que ele.
- O gestor não confia na capacidade dos outros para fazer o trabalho. Nesse caso, ele deve certificar-se de que conhece a capacidade, o potencial e as limitações de cada membro da equipe para que possa selecionar a pessoa mais apropriada para cada tarefa.
- O gestor teme que perderá o controle do trabalho e não saberá o que está acontecendo. Nesse caso, o gestor deve ter um sistema para regularmente monitorar e avaliar o progresso em direção aos resultados esperados.
- Os membros da equipe temem ser criticados por cometer erros ou por falta de autoconfiança. Nesse caso, o gestor precisa demonstrar confiança em cada indivíduo, oferecer incentivo regularmente e entender que erros são uma oportunidade de aprender em vez de ocasiões para críticas.

A Figura 10.1 mostra vários níveis de delegação. O nível mais alto apoia a habilitação total da equipe. Na maioria dos casos, o gestor deve delegar nesse nível. Entretanto, pode haver situações que requerem delegar num nível menor. Por exemplo, um nível menor de delegação pode ser aconselhável se houver um problema crítico que pode afetar o objetivo do projeto, como um sobrecusto significativo potencial ou contínuas falhas de teste de um protótipo. Semelhantemente, um nível menor de delegação pode ser apropriado se a pessoa que realiza o trabalho estiver numa atribuição além da sua capacidade (elástica).

A Figura 10.2 é uma lista de verificação para classificar sua eficácia em delegar. Pode ser usada pelo gestor como um instrumento de autoavaliação, ou ele pode preferir que a equipe complete a lista para dar um *feedback* quanto a sua eficácia em delegar. Nos dois casos, o gestor deve focar, então, o aprimoramento nas áreas em que teve baixo índice.

Gestão de mudanças

Mudança é uma coisa que se pode ter certeza de que vai acontecer. Apesar dos planos bem delineados, as mudanças ainda acontecerão. As mudanças podem ser:

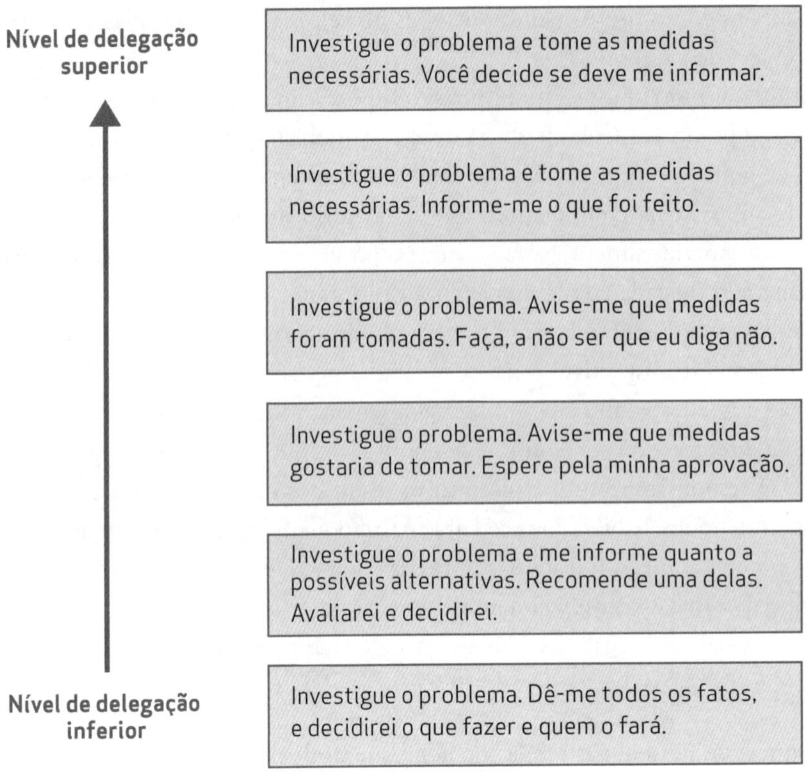

FIGURA 10.1 ▪ Níveis de delegação.

Qual é minha eficácia ao delegar?

	De forma alguma		De certa forma		Sempre
1. Sua equipe tem um entendimento claro quanto aos resultados esperados?	1	2	3	4	5
2. Sua equipe tem todos os recursos necessários para alcançar o que foi delegado?	1	2	3	4	5
3. Você foca os resultados esperados dos membros da equipe em vez de os detalhes de como eles fazem seu trabalho?	1	2	3	4	5
4. Você tem um sistema para acompanhar e monitorar o progresso?	1	2	3	4	5
5. Os membros da equipe entendem como e quando devem informar seu progresso e quando procurar aconselhamento?	1	2	3	4	5
6. A sua equipe entende como o progresso será medido e avaliado?	1	2	3	4	5
7. A sua equipe tem liberdade de falar sobre os problemas, sem medo de críticas?	1	2	3	4	5
8. Os membros da equipe sentem que têm liberdade para realizar seu trabalho sem que os supergerenciem?	1	2	3	4	5
9. Os membros da equipe sentem que podem fazer seu trabalho sem medo de cometer erros?	1	2	3	4	5
10. Você incentiva os membros da equipe a tomar decisões dentro do nível de autoridade que lhes foi delegado?	1	2	3	4	5
11. Você fornece treinamento quando necessário?	1	2	3	4	5
12. Você estimula e apoia as sugestões da equipe?	1	2	3	4	5

FIGURA 10.2 ▪ *Checklist* de eficácia em delegar.

- Iniciadas pelo cliente ou patrocinador.
- Iniciadas pela equipe, incluindo subcontratadas, consultores e fornecedores.
- Provocadas por imprevistos durante a realização do projeto.
- Requisitadas pelos usuários dos resultados do projeto.

Reforce sua aprendizagem

35. Mudanças podem ser iniciadas pelo ______ ou pela ______ ______ ou podem ser provocadas por ______ ______ durante a realização do projeto.

Um aspecto importante do trabalho do gestor é gerir e controlar mudanças para minimizar qualquer impacto negativo na conclusão bem-sucedida do objetivo do projeto. Algumas mudanças são triviais, mas outras podem afetar significantemente o escopo, orçamento ou programação do trabalho do projeto. Decidir mudar a cor de um quarto antes que ele seja pintado é uma mudança trivial. Decidir que você quer uma casa de dois andares depois que o contratante já levantou a base da estrutura para uma casa de um andar é uma mudança maior que certamente aumentaria o custo e, provavelmente, atrasaria a data de término.

O impacto que uma mudança tem na conclusão do objetivo do projeto pode ser diminuído dependendo do momento em que, durante o projeto, a mudança é identificada. Geralmente, *quanto mais tarde as mudanças forem identificadas no projeto, maiores serão seus efeitos na conclusão do objetivo do projeto.* Os aspectos mais prováveis de serem afetados são o orçamento do projeto e a data de término. O que é particularmente verdadeiro quando um trabalho que já foi concluído precisa ser "desfeito" para acomodar a mudança necessária. Por exemplo, seria muito caro mudar o encanamento ou a fiação em um novo prédio comercial depois de as paredes e o teto estarem terminados, porque alguns deles necessitariam ser arrancados e novamente instalados. Entretanto, se tal mudança fosse feita mais cedo durante o projeto - por exemplo, enquanto a construção ainda está sendo projetada - a acomodação seria mais fácil e menos cara. Os desenhos poderiam ser modificados para que o encanamento e a fiação pudessem ser instalados corretamente da primeira vez.

Reforce sua aprendizagem

36. A função do gestor é ______ e ______ mudanças para ______ qualquer impacto negativo na conclusão bem-sucedida do objetivo do projeto.

No começo do projeto, um **sistema de controle de mudanças** precisa ser estabelecido para o processo e os procedimentos que definem como serão documentadas, aprovadas e comunicadas. Deve ser feito um acordo entre o patrocinador ou cliente e o gestor ou contratante, bem como entre o gestor e a equipe, referente a como vão lidar com as mudanças. Tal sistema deve ser comunicado a todos os participantes do projeto. Os procedimentos devem ser comunicados entre o gestor e o patrocinador ou cliente e entre o gestor e a equipe, incluindo as subcontratadas, consultores e vendedores. Se houver acordo verbal em vez de escrito e não houver indicação do impacto que as mudanças terão no escopo do trabalho, orçamento ou cronograma, os custos do projeto podem ser maiores que o esperado e o cronograma pode atrasar mais que o previsto. Vamos dizer que, por exemplo, a Sra. Smith chame o empreiteiro e diga que quer adicionar uma lareira na casa que está construindo. Com base em sua autorização, o empreiteiro instala a lareira e a chaminé. Então, quando ele a informa dos custos adicionais, ela se surpreende.

Reforce sua aprendizagem

37. No início do projeto, o gestor precisa estabelecer um ______ ______ ______ para definir como as mudanças serão ______, ______ e ______.

"Você deveria ter me informado antes de ter feito o trabalho", ela diz.

"Mas a senhora me autorizou a fazer. Parecia que já havia se decidido", ele diz.

"Bem, eu não vou pagar essa quantia; é ultrajante!" responde a Sra. Smith. E o aborrecimento continua.

Sempre que um cliente quer mudanças, o gestor deve pedir aos membros da equipe para estimarem os efeitos nos custos e no cronograma do projeto. O gestor deve, então, apresentar estimativas ao cliente e pedir que as aprove antes de continuar. *Se o cliente concordar com as mudanças, o cronograma e o orçamento do*

Reforce sua aprendizagem

38. ____________ ____________ é uma causa frequente de ____________ ____________ dos projetos ou de não ____________.

projeto devem ser revisados para incorporar as tarefas e custos adicionais. O sistema de controle de mudanças deve incluir um diário ou relatório de posição de todas as mudanças pendentes, aprovadas e rejeitadas.

Às vezes os clientes tentam inserir mudanças de graça, fazendo-as parecerem triviais ou contornando o gestor e falando diretamente com uma das pessoas da equipe. O gestor precisa se certificar de que os membros da equipe não concordarão com mudanças que possam necessitar de horas de trabalho adicionais casualmente. De outra forma, se o cliente não concordar em pagar pelas mudanças, o empreiteiro terá de absorver os custos pelas horas adicionais de trabalho e o risco de ultrapassar o orçamento de um pacote particular de trabalho ou do projeto todo. Frequentemente O que é chamado de *ampliação de escopo* (*scope creep*), que é uma causa frequente de ultrapassagem do orçamento do projeto e/ou de não terminá-lo em tempo.

Às vezes as mudanças são iniciadas pelo gestor ou pela equipe. Por exemplo, suponha que um membro da equipe venha com uma nova solução técnica que faz uso de um tipo diferente de sistema de informática do que o cliente originalmente desejava, mas que vai reduzir substancialmente o custo do projeto. Nesse caso, o gestor apresentaria a proposta de mudanças ao cliente e buscaria sua aprovação antes de fazê-las. O cliente provavelmente aprovaria se a mudança reduzisse os custos sem nenhuma redução do desempenho do sistema. Por outro lado, se o gestor pedir para estender a data de término do projeto ou fornecer mais fundos porque a equipe teve dificuldades que provocaram sair do cronograma ou exceder o orçamento, o cliente pode não concordar. O contratado pode ter de absorver o custo excedido ou gastar mais dinheiro para adicionar recursos temporários a fim de que o projeto volte ao cronograma.

O gestor precisa deixar claro para a equipe que seus membros não devem fazer mudanças em seu trabalho que aumentem custos além dos orçados, atrasem o cronograma ou produzam resultados que não satisfaçam as expectativas do cliente. Tais mudanças são outro exemplo de ampliação de escopo. Por exemplo, em um projeto técnico, um engenheiro de software pode pensar que deixará o cliente satisfeito se fizer pequenas melhorias além do que é necessário. Entretanto, não deixará o gestor satisfeito se ultrapassar o orçamento para o desenvolvimento do software por causa de todo o tempo que foi gasto fazendo tantas "pequenas melhorias" que são boas, mas não necessárias!

Algumas mudanças se fazem necessárias como resultado de riscos identificados previamente ou imprevistos, como um temporal fora de hora que atrasa a construção de um prédio, falha na aprovação de um novo produto, ou a demissão de um membro importante da equipe. Essas ocorrências terão um impacto no cronograma do projeto e/ou no orçamento e precisarão de modificações no plano do projeto. Em alguns casos, eventos não previstos podem fazer que o projeto seja encerrado. Por exemplo, se os resultados de testes iniciais num projeto de pesquisa para desenvolver um material de cerâmica avançado não forem promissores, a empresa pode decidir encerrar o projeto em vez de gastar mais dinheiro com chances reduzidas de obter sucesso.

Talvez o tipo mais difícil de mudança para gerir é a exigida pelo usuário do resultado do projeto ou do produto final. Em algumas situações, o gestor é responsável não apenas pela gestão do projeto para desenvolver ou melhorar o sistema, mas também pela implantação do sistema resultante entre seus usuários que terão de mudar o modo de fazer seu trabalho. Por exemplo, num projeto para conceber, desenvolver e implantar um novo sistema de pedido, faturamento e cobrança que vai substituir o sistema atual, o gestor pode ser responsável não apenas pela gestão do projeto para desenhar e desenvolver o novo sistema, mas também por fazer que o usuário aceite a mudança do sistema anterior para o novo.

Há algumas coisas que o gestor pode fazer para facilitar a implantação e aceitação de tal mudança. *A comunicação aberta e um clima de confiança são pré-requisitos para introduzir mudanças, reduzir sua resistência e ganhar o compromisso para tais mudanças*. É importante ter o apoio e o compromisso dos usuários do novo sistema, não apenas que concordem que precisam de um sistema melhor. O gestor precisa compartilhar as informações sobre a mudança com os usuários. Tal comunicado deve ser feito pronta, completa, honesta e regularmente. O que significa que ele deve iniciar as discussões com os usuários antes mesmo de projetar o novo sistema, e não esperar até que o sistema esteja pronto para ser implantado. A discussão antecipada sobre o sistema ajudará a silenciar a criação de rumores. O gestor precisa informar o usuário por que a mudança está sendo feita e como o afetará e o beneficiará. Ele precisa acreditar que as mudanças o beneficiarão; de outra forma, o usuário rejeitará a mudança em vez de apoiá-la.

Discussões ou reuniões fornecem uma boa oportunidade para as pessoas expressarem suas preocupações, medos e ansiedades. A ansiedade e o medo do desconhecido podem induzir o estresse nas pessoas e acumular resistência à mudança. Durante as reuniões para discutir mudanças iminentes, o gestor não deve entrar em polêmicas ou ficar na defensiva. Deve se solidarizar com as preocupações e medos das pessoas, e não descartá-los ou banalizá-los. Se possível, ele deve fazer que os usuários participem da decisão de mudança desde o começo, do sistema atual para o novo sistema. Por O que precisa envolvê-los no planejamento e desenho do novo sistema, pois eles serão as pessoas que estarão usando tal sistema. Os usuários também precisam estar envolvidos no planejamento da implantação do novo sistema - como fazer a mudança do sistema atual para o novo. O gestor pode fornecer suporte e recompensas para ajudar a assegurar uma implantação bem-sucedida do novo sistema. Uma recompensa aos usuários pode ser receber treinamentos em habilidades de informática que os tornarão mais valiosos e bem-informados. Finalmente, o gestor precisa ter paciência; somente quando o novo sistema se tornar totalmente utilizado é que os benefícios esperados serão alcançados.

Mudanças ocorrerão nos projetos. O gestor tem de gerir e controlá-las para que o projeto não saia do controle.

GESTÃO DE PROJETOS NO MUNDO REAL

A inovação prevalece

Os gestores de projeto da Heineken Company estavam em uma jornada de inovação para desenvolver um novo produto e o marketing necessário. O desafio era ter o novo produto de acordo com a marca e os processos da organização já existentes; atender às restrições de tempo, custo e qualidade do projeto; estimular o pensamento criativo e analítico e, ao mesmo tempo, desenvolver um produto imaginativo e original; e gerenciar a dinâmica do pensamento das partes interessadas e da equipe de projeto dentro dos limites dos sistemas.

A liderança multidimensional era necessária para gerenciar o complexo conjunto de processos. A Heineken exigiu um líder de projeto inovador que pudesse ser descrito como tendo qualidades criativas, analíticas, focadas, exploradoras de possibilidades, solidárias, disciplinadas, e que pudesse construir a confiança das equipes e ultrapassar fronteiras. Para desenvolver um novo sistema destinado a dispensar bebidas a uma temperatura adequada entre 6 e 8 graus Celsius, a Heineken fez uma parceria com a Krups, uma empresa internacionalmente conhecida por distribuidores inovadores de bebidas e com uma história de criação de produtos com paixão, perfeição e precisão. O objetivo era ter um produto com um recipiente reciclável para bebidas, que pudesse ser colocado no dispensador de bebidas e não ocupasse muito espaço no balcão, não mais do que um sistema de preparação de café.

O conselho executivo aprovou a ideia do conceito. Uma equipe central multidisciplinar foi criada para desenvolver o produto. Na equipe estavam membros que eram responsáveis por um único elemento do projeto; um deles ficou responsável pela concepção e produção do aparelho, outro ficou responsável pela concepção e produção do recipiente reciclável, e uma terceira pessoa ficou responsável pelo marketing. Esses membros da equipe central lideraram suas equipes de subprojetos com o objetivo de realizar sua parte e o projeto geral. A equipe central se reuniria periodicamente para discutir o progresso de suas respectivas equipes e quaisquer problemas que surgissem.

A estrutura organizacional seguiu a estrutura de outros projetos bem-sucedidos. O líder do projeto de inovação tinha uma vasta experiência na Heineken, havia desenvolvido muitas redes na organização e tinha uma sólida compreensão dos processos e sistemas de negócios da Heineken. Mesmo que o projeto tenha sofrido vários contratempos severos e incidentes inesperados, depois de se reunirem por três anos, a equipe do projeto criou um novo produto que gerou novas experiências para os consumidores, desenvolveu uma nova cadeia de suprimentos, criou novos métodos de produção e inspirou nova tecnologia patenteada.

Como eles superaram os contratempos e os incidentes sem deixar o projeto fracassar? Verificou-se que o líder inovador da equipe do projeto e a equipe central abordaram juntos partes de cada um dos subprojetos. Eles realizaram pesquisas com os consumidores para identificar o tipo de sistema de resfriamento necessário no dispensador para atender às necessidades das partes interessadas. Durante as sessões de pesquisas, determinou-se que o tamanho do recipiente reciclável devia ser razoável para que a maioria das pessoas pudesse manipulá-lo. O produto final deveria manter quatro litros do líquido.

De acordo com a necessidade, a equipe do projeto contratou especialistas externos para ajudá-los a resolver problemas. Um especialista os ajudou a encontrar uma solução para acelerar o processo de fabricação; isso resultou em um novo processo de produção. À medida que eles observavam os sistemas, foi identificado um problema de distribuição. Se eles tivessem seguido o processo padrão para a distribuição por meio de lojas e balcões de venda de aparelhos, uma pessoa poderia comprar o aparelho em vários locais diferentes que não manipulavam as bebidas que seriam fornecidas no sistema. Era possível que uma pessoa comprasse o aparelho e não pudesse comprar as bebidas. Esses problemas com a distribuição foram abordados criando um modelo diferente, que permitiu que os dois itens fossem comprados no mesmo local.

A dinâmica da equipe é desafiadora quando os membros centrais são responsáveis por subprojetos. Facilmente, esses gestores de subprojetos poderiam ter se concentrado em suas equipes e ignorado as outras duas equipes. O líder inovador da equipe de projeto reuniu a equipe central de gestão e compartilhou suas expectativas individuais com os outros membros da equipe. Eles logo perceberam o que tinham em comum e passaram a aguardar as reuniões centrais de gestão. Durante o projeto, uma das empresas parceiras enfrentou uma crise financeira. Acreditou-se que outros membros da equipe deixariam o projeto. Através de muitas discussões, os parceiros dos fornecedores ficaram alinhados com as equipes de subprojetos e conseguiram continuar trabalhando.

Para obter sucesso depois de ter experimentado o fracasso, o gestor do projeto da equipe central, o líder da equipe de inovação, precisava reunir a equipe. O líder de inovação ajudou a equipe a abandonar processos anteriores que não funcionariam para o novo produto e a identificar maneiras de criar soluções. Como gestor de projeto, você terá oportunidades de ser criativo, ao mesmo tempo que se mantém analítico, focado e continua explorando possibilidades, que é solidário e cria confiança, e que é disciplinado e ultrapassa fronteiras à medida que lidera equipes em busca de soluções inovadoras.

Com base em informações de Enninga, T., & van der Lugt, R. (2016). The innovation journey and the skipper of the raft: About the role of narratives in innovation project leadership. *Project Management Journal, 47*(2), 103-114.

FATORES ESSENCIAIS PARA O SUCESSO

- Gestores de projeto bem-sucedidos aceitam as responsabilidades de se certificar de que o cliente está satisfeito e de que o escopo do trabalho seja completado de forma qualitativa, dentro do orçamento e pontualmente.
- O gestor precisa ser proativo no planejamento, comunicação e liderança da equipe para completar o objetivo do projeto.
- O gestor precisa inspirar a equipe a obter sucesso e ganhar a confiança do cliente.
- Ao envolver a equipe no desenvolvimento do plano do projeto, o gestor assegura um planejamento mais abrangente e ganha o comprometimento da equipe para completar o plano.
- Gestores de projeto bem-sucedidos são proativos ao abordar os problemas. Eles não usam uma abordagem do tipo "vamos esperar e ver como as coisas ficam".
- O gestor precisa ter um sistema de informação de gestão de projetos que diferencie estar ocupado de ser produtivo.
- Gestores de projeto eficazes têm habilidades de liderança fortes, habilidade de desenvolver as pessoas, excelentes habilidades de comunicação, habilidade de negociação e competência na gestão do tempo.
- A gestão bem-sucedida do projeto requer um estilo de liderança participativo e consultivo, em que o gestor fornece diretrizes e treinamento à equipe. O gestor eficaz não diz às pessoas como fazer seu trabalho.
- Os gestores de projeto demonstram o valor das contribuições dos membros da equipe quando pedem conselho e sugestões a eles.
- Os gestores de projeto podem promover a motivação por meio do reconhecimento. As pessoas querem sentir que estão contribuindo e precisam ser reconhecidas. O reforço positivo ajuda a estimular o comportamento desejado; o comportamento que é reconhecido ou recompensado se repete.
- O gestor eficaz não monopoliza, busca o holofote ou tenta receber o crédito pelo trabalho de outros.
- Gestores de projeto hábeis são otimistas e têm grandes expectativas de si próprios, ainda que realistas, e de cada pessoa na equipe.
- Os projetos devem ser interessantes. Os gestores de projeto devem apreciar seu trabalho e incentivar a mesma atitude positiva nos membros da equipe. O gestor deve dar um exemplo positivo à equipe quanto ao comportamento esperado.
- Um bom gestor fornece oportunidades de aprendizagem e desenvolvimento incentivando os membros da equipe a tomarem a iniciativa, assumirem riscos, e tomarem decisões. Em vez de criar receio de falhar, ele reconhece que erros fazem parte da experiência de aprendizagem e crescimento.
- Bons gestores de projeto passam mais tempo ouvindo que falando. Ouvem as necessidades expressas pelo cliente e as ideias e preocupações expressas pela equipe e stakeholders.
- A comunicação feita pelos gestores de projeto precisa ser oportuna, honesta e sem ambiguidade.
- O gestor deve criar uma atmosfera que adote a comunicação oportuna e aberta sem medo de represália e deve compreender os diferentes pontos de vista.
- Quando eventos imprevistos causam agitação em um projeto, gestores de projeto competentes se mantêm serenos e não entram em pânico.
- Gestores de projeto eficazes reconhecem que a melhor solução frequentemente vem da diferença de ideias, pontos de vista, experiências e opiniões.
- O gestor precisa manter a integridade e o respeito pelo outro grupo por todo processo de negociação.
- Para usar o tempo com eficácia, os gestores de projeto precisam ter autodisciplina, serem capazes de priorizar e estarem dispostos a delegar.
- No início de um projeto, o gestor precisa estabelecer um sistema de controle de mudanças para definir como serão documentadas, aprovadas e comunicadas.

! RESUMO

É responsabilidade do gestor certificar-se da satisfação do cliente quanto ao escopo do trabalho, que deve ser completado de modo qualitativo, dentro do orçamento e pontualmente. O gestor tem como responsabilidade principal o fornecimento de liderança no planejamento, organização, monitoramento e controle do esforço do trabalho para realizar o objetivo do projeto. Em termos de planejamento, o gestor tem de definir claramente o objetivo do projeto e chegar a um acordo com o cliente quanto a esse objetivo. Quanto à organização, o gestor deve assegurar recursos apropriados para realizar o trabalho. Em relação ao controle, ele precisa monitorar o progresso real, compará-lo ao progresso planejado e realizar ações corretivas imediatas se o progresso real estiver aquém do progresso planejado.

O gestor é o ingrediente-chave para o sucesso de um projeto e precisa possuir um conjunto de habilidades que ajudarão a equipe a obter êxito. O gestor deve ser um líder eficaz que inspira as pessoas designadas para o projeto a trabalhar como uma equipe, implantar o plano e concluir o objetivo com sucesso; deve estar comprometido com o treinamento e desenvolvimento das pessoas que trabalham no projeto; deve ser um comunicador eficaz que interage regularmente com o cliente, a equipe e o alto escalão da organização do projeto e outros stakeholders; e deve ter boas habilidades interpessoais. É importante que o gestor desenvolva um relacionamento com cada pessoa da equipe e use bem suas habilidades interpessoais para tentar influenciar o pensamento e ações de outros.

Gestores de projeto competentes conseguem lidar com o estresse e ter bom senso de humor. Além disso, são bons solucionadores de problemas que reconhecem que a melhor solução normalmente surge de ideias, pontos de vista, experiências e opiniões diferentes. Habilidades de negociação também são essenciais aos gestores de projeto. Bons gestores de projeto administram bem o tempo.

A competência do gestor pode ser desenvolvida com a experiência, aprendendo por meio dos outros, entrevistando gestores de projeto competentes, conduzindo uma autoavaliação e aprendendo com os próprios erros, tendo um conselheiro, conquistando um certificado e se envolvendo com organizações voluntárias em que essas habilidades possam ser aplicadas.

Os gestores de projeto precisam ser bons delegadores. A delegação envolve capacitar a equipe para atingir o objetivo do projeto e capacitar cada membro da equipe para atingir os resultados esperados para sua área de responsabilidade. É o ato de permitir que os indivíduos completem suas tarefas com êxito.

Outro componente importante do trabalho do gestor é gerir e controlar as mudanças para minimizar qualquer impacto negativo na conclusão bem-sucedida do objetivo do projeto. Para realizar com êxito, o gestor precisa estabelecer um sistema de controle para o processo e os procedimentos que definem como as mudanças serão documentadas, aprovadas e comunicadas. O gestor deve prevenir a ampliação de escopo, que pode resultar em ultrapassagem do orçamento do projeto e/ou não terminá-lo a tempo.

? QUESTÕES

1. Descreva o que o gestor deve fazer para realizar o planejamento, a organização e as funções de controle de um projeto. Dê alguns exemplos específicos.
2. Quais são algumas das habilidades essenciais para um gestor competente? Como essas habilidades podem ser desenvolvidas?
3. Quais as habilidades de liderança que os gestores de projeto com quem já trabalhou possuem? Como você pode desenvolver essas habilidades de liderança?
4. Descreva como ser ou não recompensado mudou a forma como você trabalhou num projeto. Outras recompensas teriam sido mais apropriadas para você ou para os membros da equipe?
5. Descreva por que um gestor precisa ter boas habilidades de comunicação verbal e escrita.
6. O que significa a expressão "habilidades interpessoais"? Dê alguns exemplos e explique por que são importantes.
7. O que um gestor pode fazer para ajudar a criar um ambiente em que a equipe se sinta motivada?

8. Descreva uma situação em que a negociação resultou em ganho para um e perda para o outro. Que mudanças poderiam ter sido feitas para que resultasse em ganhos para os dois lados?
9. O que significa o termo "delegar"? Por que delegar é essencial à gestão do projeto? Dê alguns exemplos.
10. Quais são algumas das barreiras para uma delegação eficaz?
11. Por que é importante gerir as mudanças durante o projeto? Como as mudanças são iniciadas? Dê alguns exemplos específicos.
12. Descreva como o gestor pode deixar um projeto mais divertido e os membros da equipe mais comprometidos.
13. Pense num projeto em que trabalhou. Descreva o que fez o gestor desse projeto ser competente ou ineficaz. Como ele poderia ter trabalhado melhor?
14. Enumere 20 afirmações (com não mais de seis palavras), como "Obrigado" ou "Bom Trabalho", que você pode dizer para agradecer ou cumprimentar alguém de sua equipe de projeto.

PESQUISA NA INTERNET

1. O Project Management Institute patrocina o blog Voices on Project Management em seu site de recursos de gestão de projetos, ProjectManagement.com. A lista de blogueiros continua a crescer e a se modificar. Dispersos pelo mundo todo, eles representam uma série de diferentes indústrias e opiniões. Reveja os registros de blogs por data ou por tópico de seu interesse. Escreva os títulos e os nomes dos autores de cinco de seus registros de blogs favoritos.
2. No blog, clique na categoria Link para as equipes. Leia e resuma um dos registros. O que o gestor de projeto fez de certo ou de errado com esse registro?
3. Pesquise na internet sobre "liderança de projeto eficaz". Com base em sua pesquisa, descreva brevemente algumas das sugestões que encontrou.
4. Pesquise na internet sobre "delegação eficaz". Descreva o que descobriu. Como O que se relaciona aos tópicos apresentados neste capítulo?

REFERÊNCIAS

Andersen, E. S. (2016). Do project managers have different perspectives on project management? *International Journal of Project Management, 34*(1), 58-65.

Enninga, T., e van der Lugt, R. (2016). The innovation journey and the skipper of the raft: About the role of narratives in innovation project leadership. *Project Management Journal, 47*(2), 103-114.

Gale, S. F. (2016). Disrupting traffic. *PM Network, 30*(4), 30-38.

Hicks, J. (2016). Special service. *PM Network, 30*(3), 26.

Hodgson, D. E., e Paton, S. (2016). Understanding the professional project manager: Cosmopolitans, locals and identity work. *International Journal of Project Management, 34*(2), 352-364.

Lana, A. (2016). Wearing multiple hats in the wide world of technical services. A report to the Technical Services Managers in Academic Libraries Interest Group Meeting. American Library Association Annual Conference, San Francisco, June 2015, *Technical Services Quarterly, 33*(1), 67-76.

Lee, S., e Sawang, S. (2016). Unpacking the impact of attachment to Project teams on boundary-spanning behaviors. *International Journal of Project Management, 34*(3), 444-451.

Miterev, M., Engwall, M., e Jerbrant, A. (2016). Exploring program management competences for various program types. *International Journal of Project Management, 34*(3), 545-557.

Padalkar, M., e Gopinath, S. (2016). Are complexity and uncertainty distinct concepts in project management? A taxonomical examination from literature. *International Journal of Project Management, 34*(4), 688-700.

Pollack, J., e Algeo, C. (2016). Project managers and change managers contribution to success. *International Journal of Managing Projects in Business, 9*(2), 461-465.

Project Management Institute. (2017). *A guide to the project management body of knowledge (PMBOK® Guide)* (6th ed.). Newtown Square, PA: Author.

Rank, J., Unger, B. N., e Gemünden, H. G. (2015). Preparedness for the future in project portfolio management: The roles of proactiveness, riskiness and willingness to cannibalize. *International Journal of Project Management, 33*(8), 1730-1743.

Savelsbergh, C. M. J. H., Havermans, L. A., e Storm, P. (2016). Development paths of project managers: What and how do project managers learn from their experiences? *International Journal of Project Management, 34*(4), 559-569.

Vadlakonda, B. (2016). Gaining the edge. *PM Network, 30*(3), 24.

A equipe do projeto 11

iStockphoto.com/Geber86

- Reunindo a equipe do projeto
- Desenvolvimento da equipe do projeto
  - *Formação*
  - *Perturbação*
  - *Ajuste*
  - *Realização*
- Reunião inaugural do projeto
- Equipes eficazes de projeto
  - *Características das equipes eficazes*
  - *Barreiras à eficácia da equipe*
  - *Membros de equipes eficientes*
  - *Construção da equipe*
  - *Valorizando a diversidade da equipe*
- Comportamento ético
- Conflito nos projetos
  - *Fontes de conflito*
  - *Resolvendo os conflitos*
- Solucionando problemas
  - *Um enfoque de nove passos para a solução de problemas*
  - Brainstorming
- Gestão do tempo
- Resumo
- Questões
- Pesquisa na internet
- Referências

Os conceitos abordados nesse capítulo apoiam as seguintes áreas de conhecimento de gestão de projetos do *PMBOK® Guide:*

Gestão de recursos do projeto

GESTÃO DE PROJETOS NO MUNDO REAL

Como criar confiança

As declarações sobre confiança no local de trabalho geralmente incluem várias frases comuns, como: as pessoas fazem negócios com quem gostam; interagem nas atividades da equipe mais intensamente com as pessoas que conhecem, e as pessoas trabalham mais para aqueles em quem confiam. Confiar é contar com outra pessoa para apoiá-lo, caso precise de ajuda, e acreditar nela. As equipes do projeto atingem seus objetivos muito mais facilmente quando trabalha em conjunto. Um dos fatores para trabalhar em conjunto, como uma unidade coesa, é a confiança.

Foram consultados quatro gestores de projetos sobre como constroem confiança em suas equipes. Temas comuns reverberaram em suas respostas, que se centraram na construção de relacionamentos e amizades.

"Para criar confiança, o gestor de projeto precisa liderar pelo exemplo e agir abnegadamente, tornando-se o elo entre colegas de equipe", comentou Alexandre Debernard, PMP, engenheiro eletrônico sênior e gestor de projeto, na Legrand, Grenoble, França. Encorajar os membros da equipe a priorizar as necessidades dela antes das deles ajuda a estabelecer uma relação de trabalho em que eles podem contar uns com os outros. Debernard adverte: "em um projeto que liderei, duas pessoas da equipe traíram a confiança entre si. Foi necessário muito encorajamento e compreensão para restaurar o relacionamento".

O tamanho da equipe, seja pequena ou grande, pode enfrentar os mesmos desafios de trabalhar em conjunto. Uma maneira de combater esses problemas é desenvolver regras básicas a serem seguidas pela equipe. Durante um projeto com uma equipe de três pessoas, Rebecca Cavender, gestor de programas externos, em Girl Scout Council of Southern Appalachians, Knoxville, Tennessee, lembrou como a equipe criou normas de grupo para seguir durante o projeto e quais comportamentos estas sugeriram que fossem seguidas. Algumas das normas incluídas foram: ouvir enquanto outros falam, ser extremamente honesto, ter a mente aberta com relação à troca de ideias, e defender a cultura da empresa. Essas regras parecem bastante rotineiras e, durante o restante do tempo do projeto, a equipe as utilizou para apoiar a orientação que os membros dela deram uns aos outros. Cavender observou: "Pode parecer de bom senso ter um conjunto de normas, mas, a menos que sejam documentadas e especificamente tratadas, poderão ser facilmente esquecidas".

"Levar um colega de trabalho a saber que seu relacionamento é mais do que apenas trabalho gera confiança. Você pode perguntar aos colegas sobre a família e os amigos, e se eles têm algum *hobbie*", sugeriu Edgard Velásquez, especialista sênior em tecnologia, no Banco da Venezuela, Caracas, Venezuela. Conhecer os membros da equipe ajuda a informar os gestores de projeto quando as decisões são necessárias para selecionar equipes. Velásquez acrescentou: "no final, a confiança se estabelece com a demonstração de respeito à humanidade de alguém. Nem tudo se resume a fazer o trabalho. Criar um ambiente confortável facilita o trabalho".

A comunicação ajuda a gerar confiança e sentimentos de valor na equipe, especialmente quando se sabe o que o gestor do projeto ou outros membros da equipe ouviram e o que estão pensando sobre o que foi dito. "Uma maneira de criar confiança entre os membros da equipe é ouvir. As pessoas querem ser ouvidas", afirmou Erik Spielvogel, PMP, gestor de projetos no escritório de gestão, em Graymont, Salt Lake City, Utah. Utilizar técnicas de escuta ativa, como repetir ou fazer perguntas criativas sobre o que a pessoa acabou de dizer enfatiza que você está ouvindo e prestando atenção. Spielvogel continuou: "Quando faço isso [ouvir ativamente], eles sabem que eu estou ouvindo e muitas vezes me envolvendo mais profundamente".

A confiança é um elemento crucial para a gestão de projeto bem-sucedida. Uma relação de confiança aproxima os membros da equipe e permite que trabalhem com mais eficiência porque se sentem seguros em compartilhar e estão engajados com a equipe e seus objetivos.

Debernard, A., Cavender, R., Velasquez, E., & Spielvogel, E. (2016). In safe hands. *PM Network, 30*(3), 22-23.

Uma **equipe de projeto** é um grupo de indivíduos que trabalha de forma interdependente para alcançar o objetivo do projeto. **Trabalho em equipe** é o esforço cooperativo dos membros de uma equipe para alcançar essa meta comum. A eficácia da equipe do projeto, ou a falta dela, pode significar a diferença entre o sucesso e o fracasso dele. Embora as técnicas de gestão e planejamento de projeto sejam necessárias, são as pessoas – o gestor e a equipe do projeto – que formam a chave para o sucesso do projeto; o que exige uma equipe de projeto eficaz. Esse capítulo aborda o desenvolvimento e a manutenção de uma equipe de projeto eficaz. Você se familiarizará com as seguintes ideias:

- Como equipes são formadas e designadas.
- O desenvolvimento e crescimento de equipes.
- A reunião inaugural do projeto.
- Características de equipes de projeto eficazes e barreiras à eficiência.
- Como ser um membro de equipe eficiente.
- Construção de equipe.
- Valorizando a diversidade da equipe.
- Comportamento ético.
- Fontes de conflito durante o projeto e enfoques para a resolução de conflitos.
- Solução de problemas e *brainstorming*.
- Gestão eficaz de projetos.

Reforce sua aprendizagem

1. Uma equipe de projeto é um grupo de indivíduos que trabalha de forma ______________ para alcançar o ______________ do projeto.

Reforce sua aprendizagem

2. Trabalho em equipe é o esforço ______________ dos seus integrantes para alcançar uma meta ______________.

RESULTADOS DE APRENDIZAGEM

Após o estudo deste capítulo, você estará apto a:

- Explicar por que equipes são designadas e formadas.
- Identificar e descrever as etapas do desenvolvimento de equipes.
- Planejar e conduzir a reunião inaugural do projeto.
- Discutir as características das equipes eficazes.
- Identificar e descrever pelo menos cinco barreiras à eficácia das equipes.
- Como ser um membro de equipe eficiente.
- Tomar medidas para apoiar a construção de equipes.
- Identificar pelo menos cinco dimensões de diversidade e discutir o valor da diversidade da equipe.
- Comportar-se de forma ética em um ambiente de projeto.
- Identificar pelo menos quatro fontes de conflito em projetos e explicar como abordar conflitos.
- Aplicar o processo de solução de problemas e a técnica de *brainstorming*.
- Gerenciar o tempo de forma eficaz.

Reunindo a equipe do projeto

Quando um projeto é iniciado por um patrocinador por meio de um termo de abertura do projeto ou autorização semelhante, ou é terceirizado, uma das primeiras tarefas que o patrocinador ou o contratado precisa fazer é selecionar o gestor. E o gestor deve obter e reunir uma equipe. Para isso, ele deve ter alguma noção dos tipos de habilidade, experiência ou especialidade necessários, quanto de cada um será necessário e quando serão necessários. Para projetos menores, o gestor poderá identificar ou formar toda a equipe no início da fase de planejamento. Para projetos maiores, ou que poderão durar por mais tempo (por exemplo, alguns anos), a composição e tamanho da equipe deverão mudar no seu decorrer. Para tais projetos, o gestor poderá selecionar ou formar inicialmente uma equipe pequena de pessoas-chave ou líderes para a fase de planejamento do projeto e, então, também fazer com que eles desempenhem ou liderem o trabalho no início da fase de execução. Essa equipe pequena ajuda a definir os requisitos detalhados de recursos para o projeto e a determinar a composição e o tamanho de sua equipe, e como cada um poderá variar no decorrer do ciclo de sua duração.

Reforce sua aprendizagem

3. Membros da equipe do projeto são selecionados com base não só em sua ____________ e ____________ mas também em sua disponibilidade ____________.

Idealmente, um gestor de projeto gostaria de ter a opção de selecionar pessoas específicas que ele deseje para sua equipe. De modo realista, pouquíssimos gestores podem se permitir esse luxo. Na maioria dos projetos, os membros da equipe são selecionados ou designados com base não só em suas especialidades e experiências, mas também em sua disponibilidade.

Em muitos projetos ou organizações contratadas, as quantidades dos diferentes tipos de competências ou habilidades são limitadas. Organizações que podem desempenhar múltiplos projetos ao mesmo tempo podem não ter acesso às quantidades suficientes de pessoas com habilidades necessárias para satisfazer todas as demandas. Múltiplos projetos podem estar competindo pelos mesmos recursos humanos, ou indivíduos específicos. Portanto, o gestor pode estar limitado quanto a quais ou quantas pessoas estarão disponíveis para serem selecionadas ou designadas para o seu projeto. Em outras situações, um contratante pode ter submetido uma proposta a um cliente para realizar um projeto e antecipado que pessoas específicas na organização do contratante estariam disponíveis para trabalhar nele. No entanto, se o cliente se atrasa ao tomar uma decisão sobre a seleção de um contratado, ou se, ao mesmo tempo, o contratado recebe um contrato de outro cliente para um projeto, então alguns dos profissionais específicos com os quais o contratado espera contar para aquele projeto poderão não estar mais disponíveis. Por isso, mesmo com um plano dos requisitos de recursos humanos que define a especialidade e as habilidades necessárias, em quais quantidades e por quanto tempo, talvez o fator de restrição predominante na seleção da equipe seja a *disponibilidade* das pessoas certas no momento certo. Em organizações que desempenham múltiplos projetos em um determinado momento, à medida que os projetos são concluídos, as pessoas são reposicionadas nas equipes de novos projetos que estejam começando. Algumas pessoas poderão ser designadas para trabalhar em período integral em um projeto, enquanto outras poderão ser designadas para trabalhar meio período em diversos projetos simultâneos. Outras poderão ser convocadas somente para determinado período em um projeto, em vez de para toda a sua duração.

Talvez o gestor precise usar suas habilidades de negociação para obter pessoas específicas para a equipe por intermédio de gestores de unidades organizacionais que são responsáveis pelas reservas de vários tipos de recursos humanos (designers, editores de vídeo, artistas e comerciantes, especialistas em marketing, engenheiros, treinadores etc.). Por exemplo, talvez o gestor tenha de negociar e utilizar duas pessoas em meio período para desempenharem certas atividades em vez de uma pessoa em período integral porque não há disponibilidade de pessoas com a especialidade necessária para trabalho em período integral, quando necessário. Veja informações adicionais no Capítulo 13, "Estruturas organizacionais de gestão de projetos".

Se os recursos humanos necessários não estiverem disponíveis na organização responsável pelo projeto ou na contratada, o gestor poderá ver a necessidade de contratar terceiros ou consultores para preencher as lacunas quanto às habilidades ou quantidade de pessoas. Em outras situações, a organização responsável pelo projeto talvez tenha de, simplesmente, contratar mais pessoas com relativa experiência, especialidade ou habilidades, se tiver ou prever mais projetos, e pode continuar a designar novas contratações para outros projetos no futuro. Se existe demanda continuada, a organização pode estar mais confiante sobre a contratação adicional integral de pessoas em vez de terceirizar o trabalho para subcontratados ou consultores, o que permite a formação de competências específicas internamente, em vez da dependência de recursos externos.

As equipes devem ter o menor número possível de pessoas no decorrer de todo o projeto. Quanto mais membros houver, maiores as chances de ineficiências. Por exemplo, se há mais pessoas que o necessário, algumas poderão perder mais tempo que o exigido com a execução de tarefas, e alguns esforços de trabalho podem se estender, expandir ou criar um aumento do escopo, o que vai elevar os custos e a probabilidade do excesso de despesas para um pacote de trabalho ou projeto. Uma boa prática consiste em minimizar o número de membros contratados em período integral e utilizar pessoas em regime de meio período ou por curtos períodos, conforme o necessário.

Reforce sua aprendizagem

4. As equipes de projeto devem ter o ____________ número possível de pessoas no ____________ de todo o projeto.

Desenvolvimento da equipe do projeto

Um relacionamento entre duas pessoas precisa de tempo para se desenvolver. Inicialmente, você pode estar curioso sobre cada um deles, mas apreensivo quanto a baixar a guarda e se abrir com a outra pessoa. À medida que vocês começam a se conhecer melhor, poderá começar a notar diferenças em suas atitudes e valores, e desentendimentos poderão surgir. Você pode estar ansioso sobre a possibilidade de continuar ou não o relacionamento. À medida que trabalham essas diferenças, vocês podem se conhecer melhor e se tornar amigos. Com mais tempo de convivência, você poderá desenvolver um relacionamento próximo que o ajude a se abrir com o outro, aceitar as diferenças e apreciar a participação conjunta em atividades que são de interesse mútuo.

Do mesmo modo, equipes evoluem por meio de várias etapas de desenvolvimento. Em muitos projetos, pessoas que nunca trabalharam juntas são designadas para a mesma equipe. Esse grupo de indivíduos deve se desenvolver em uma equipe eficaz para alcançar com sucesso o objetivo do projeto.

B. W. Tuckman definiu quatro estágios no desenvolvimento de equipes: formação, perturbação, ajuste e realização (veja a Figura 11.1).

FORMAÇÃO

A *formação* é o estágio inicial no processo de desenvolvimento de equipes. Envolve a transição de indivíduo para membro da equipe. Semelhante ao estágio inicial de um relacionamento, é o momento em que os indivíduos na equipe começam a se conhecer. Durante esse estágio, os membros têm, geralmente, expectativas positivas e estão

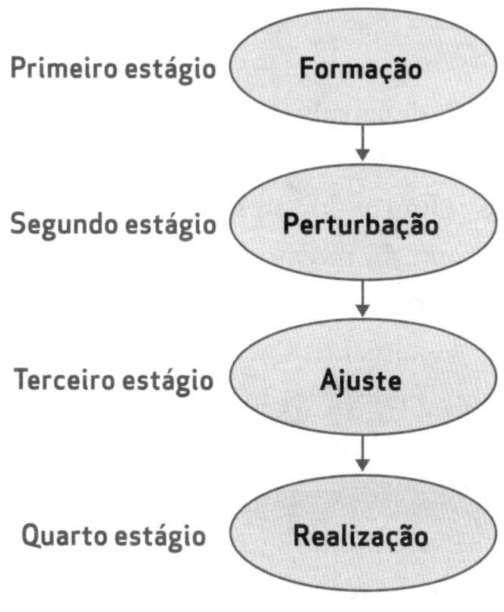

FIGURA 11.1 ▪ Estágios do desenvolvimento de equipes.

Reforce sua aprendizagem

5. Durante a fase de formação, ______________ trabalho é realizado em razão do alto nível de ______________ que os indivíduos apresentam.

Reforce sua aprendizagem

6. No estágio de formação, indivíduos fazem muitas ______________.

Reforce sua aprendizagem

7. Durante o estágio de formação, o gestor deve fornecer ______________ e ______________ à equipe do projeto.

Reforce sua aprendizagem

8. Durante o estágio de perturbação, ______________ surgem e a ______________ aumenta.

Reforce sua aprendizagem

9. Durante o estágio de perturbação, os membros da equipe questionam quanto ______________ e ______________ eles têm.

dispostos a iniciar o trabalho a ser realizado. O grupo começa a estabelecer uma identidade e tenta definir e planejar as tarefas que precisam ser executadas. Nessa fase, porém, pouco trabalho é realizado em razão do alto nível de ansiedade que os indivíduos apresentam sobre o trabalho em si e sobre seu relacionamento. Membros da equipe estão inseguros quanto a seus próprios papéis e os papéis dos outros membros. No estágio de formação, a equipe precisa de direção. Os membros dependem do gestor para fornecer direção e estrutura.

Sentimentos característicos desse estágio incluem excitação, antecipação, suspeita, ansiedade e hesitação. Os indivíduos fazem muitas perguntas no estágio de formação: qual é nosso objetivo? Quem são os outros membros da equipe? Como são eles? Estão ansiosos sobre se combinam com os outros membros e se serão aceitos. Eles podem estar hesitantes em participar porque não estão seguros quanto à reação dos outros. Membros ponderam se suas contribuições serão valorizadas e se o papel deles no projeto está de acordo com seus interesses pessoais e profissionais.

Durante o estágio de formação, o gestor precisa fornecer direção e estrutura. Ao orientar a equipe, ele deve comunicar com clareza o objetivo do projeto e criar uma visão do resultado esperado, assim como dos benefícios que o projeto vai trazer. Obstáculos com relação ao escopo de trabalho, requisitos de qualidade, orçamento e cronograma devem ser expostos. O gestor também precisa discutir a composição da equipe: os motivos pelos quais os membros foram selecionados, suas especialidades e habilidades complementares, bem como o papel de cada pessoa no alcance do objetivo. Estabelecer uma estrutura é outra tarefa que o gestor deve desempenhar nessa fase. O que inclui a definição dos processos e procedimentos iniciais para a operação da equipe e a discussão de tais itens como canais de comunicação, aprovações e documentação. Esses processos e procedimentos poderão ser melhorados pela equipe, à medida que se desenvolve no decorrer dos próximos estágios. Para reduzir um pouco da ansiedade dos membros da equipe, o gestor deverá discutir seu estilo de gestão e as expectativas sobre o trabalho e o comportamento das pessoas na equipe. O gestor deve fazer uma *reunião inaugural* com a equipe o mais breve possível durante o estágio de formação (isso será discutido mais adiante nesse capítulo). É importante também fazer que a equipe comece a executar algumas tarefas iniciais. Nesse estágio, o gestor estimula a participação da equipe no desenvolvimento dos planos do projeto.

PERTURBAÇÃO

O segundo estágio do desenvolvimento de equipes é conhecido como *perturbação*. Assim como os anos de adolescência são normalmente difíceis para todo mundo, você tem de passar por eles. Não pode contorná-los ou evitá-los.

O objetivo e escopo do projeto tornam-se mais claros nesse estágio. Parceiros começam a utilizar suas habilidades para executar as tarefas para as quais foram designados, e o trabalho começa a progredir lentamente. Quando a realidade se estabelece, porém, pode não corresponder às expectativas iniciais dos indivíduos. Por exemplo, tarefas poderão ser mais extensas ou difíceis que o antecipado, ou as restrições de custos ou de tempo poderão ser mais estreitas que o esperado. À medida que os membros começam a desempenhar suas tarefas, poderão se sentir cada vez mais frustrados quanto à dependência da direção ou da autoridade do gestor. Por exemplo, poderão ter reações negativas quanto ao gestor e aos processos operacionais e procedimentos que foram estabelecidos durante o estágio de formação. Nessa fase, os membros da equipe começam a testar os limites e a flexibilidade do gestor e as regras básicas. Durante a fase de perturbação, conflitos surgem e a tensão aumenta. Existe uma necessidade de acordo sobre os métodos para abordar e resolver conflitos. A motivação e a disposição são baixas nesse estágio. Parceiros poderão resistir à formação da equipe – querem expressar a individualidade, em oposição à submissão ao grupo.

O estágio de perturbação é caracterizado por sentimentos de frustração, irritação e hostilidade. À medida que os indivíduos começam a desempenhar suas tarefas, têm mais dúvidas sobre seus papéis e responsabilidades com relação aos outros membros. Conforme começam a seguir os procedimentos de operação, questionam a viabilidade e a necessidade de tais procedimentos e quanto controle e autoridade têm.

No estágio de perturbação, o gestor ainda precisa ser diretivo, porém menos que na fase de formação. Precisa oferecer esclarecimento e melhor definição das responsabilidades individuais e das atividades de interface entre os membros da equipe. É preciso começar a envolver a equipe nas atividades de solução de problemas e a dividir o processo de tomada de decisão com o objetivo de delegar o poder na equipe. O gestor deve reconhecer e tolerar qualquer frustração expressa pelos membros da equipe e não ser defensivo ou tomá-la pessoalmente. Esse é o momento em que o gestor oferece um ambiente de compreensão e apoio. É importante oferecer aos membros da equipe uma oportunidade de expressar suas preocupações.

O gestor deve oferecer orientação e promover a resolução de conflitos e não tentar suprimir qualquer frustração, esperando que se resolva por si só. Se o descontentamento não for abordado, vai aumentar e poderá resultar em um comportamento disfuncional mais tarde, colocando a conclusão bem-sucedida do projeto em risco.

Reforce sua aprendizagem

10. Durante o estágio de perturbação, o gestor deve oferecer ____________ e promover a ____________ ____________.

Reforce sua aprendizagem

11. No estágio de ajuste, ____________ e ____________ são reduzidos, a ____________ começa a se desenvolver, e há um clima de ____________.

AJUSTE

Após lutar durante a fase de confronto, a equipe do projeto move-se para a etapa de *normatização* do desenvolvimento. Relacionamentos entre membros da equipe e entre a equipe e o gestor se estabilizam nesse estágio. Conflitos interpessoais são resolvidos na sua maioria. Em geral, o nível de conflito é mais baixo do que era no estágio de perturbação. O descontentamento também diminui, conforme as expectativas dos indivíduos se alinham à realidade da situação – o trabalho a ser feito, os recursos disponíveis, as restrições e os outros indivíduos envolvidos. A equipe aceitou o ambiente operacional. Os procedimentos do projeto são aprimorados e simplificados. O controle e a tomada de decisão são transferidos do gestor para a equipe. A coesão começa a se desenvolver. Existe clima de equipe. Indivíduos sentem-se aceitos e aceitam os outros como parte da equipe. Há um reconhecimento da contribuição de cada membro para que o objetivo do projeto seja cumprido.

A confiança também começa a se desenvolver nesse estágio, à medida que membros da equipe contam uns com os outros. Há mais compartilhamento de informações, ideias, sentimentos; e a cooperação aumenta. Membros da equipe oferecem e pedem *feedback* e sentem que podem expressar suas emoções e críticas de forma construtiva. Surge um sentimento de camaradagem à medida que a equipe passa pelo processo de socialização. Amizades pessoais poderão desenvolver-se fora do ambiente de trabalho.

Durante o estágio de ajuste, o gestor minimiza a autoridade e assume um papel de suporte. O desempenho do trabalho acelera e a produtividade aumenta. O gestor deve mostrar reconhecimento à equipe pelo progresso exibido.

Reforce sua aprendizagem

12. Durante o estágio de ajuste, a ____________ começa a se desenvolver. Há mais compartilhamento de ____________, ____________, ____________ e a ____________ aumenta.

Reforce sua aprendizagem

13. No estágio de ajuste, o ____________ ____________ acelera e a ____________ aumenta.

Reforce sua aprendizagem

14. Durante o estágio de realização, há um grau elevado de ____________; os membros ____________ com frequência e estão dispostos a ____________ uns aos outros com seu trabalho além de suas próprias tarefas.

Reforce sua aprendizagem

15. Durante o estágio de realização, o gestor ____________ completamente a responsabilidade e autoridade, dando poder, portanto, à equipe do projeto.

Reforce sua aprendizagem

16. Quais são os quatro estágios do desenvolvimento e crescimento de uma equipe?

REALIZAÇÃO

O quarto estágio de desenvolvimento e crescimento de equipe é o estágio chamado de *performing* (realização). Nesse estágio, a equipe está altamente comprometida e disposta a cumprir o objetivo do projeto. O nível de desempenho do trabalho é alto. A equipe sente um clima de unidade e orgulho quanto às suas conquistas. A confiança está em alta. A comunicação é aberta, franca e oportuna. Durante esse estágio, membros trabalham de forma individual ou em subequipes temporárias, conforme necessário. Há um elevado grau de interdependência – membros colaboram com frequência e estão dispostos a ajudar uns aos outros com o trabalho além de suas próprias tarefas. A equipe sente-se completamente com poderes. À medida que os problemas são identificados, os membros certos da equipe formam subequipes para resolvê-los e decidir como a solução deve ser implementada. Há uma sensação de satisfação conforme o progresso ocorre e é reconhecido. Membros individualmente percebem que estão experimentando crescimento profissional como resultado do trabalho.

Durante o estágio de realização, o gestor delega completamente a responsabilidade e a autoridade, dando poder, portanto, à equipe do projeto. Foca o auxílio à equipe na execução do plano do projeto e oferece reconhecimento aos membros pelo seu progresso e suas conquistas. Nesse estágio, o gestor concentra-se no desempenho do projeto com relação a escopo, orçamento e cronograma. O papel do gestor é facilitar e apoiar o desenvolvimento e a implantação de ações corretivas se o progresso real fica atrás do progresso planejado. É também nesse estágio que o gestor age como um conselheiro, apoiando o crescimento profissional e o desenvolvimento das pessoas que trabalham no projeto.

A Figura 11.2 ilustra graficamente os níveis de desempenho do trabalho e a sensação durante os quatro estágios do desenvolvimento e crescimento da equipe. O tempo e o esforço necessários para que a equipe passe por cada estágio depende de vários fatores, incluindo o número de pessoas, se os membros já trabalharam juntos, a complexidade do projeto e as habilidades de trabalho em equipe dos membros.

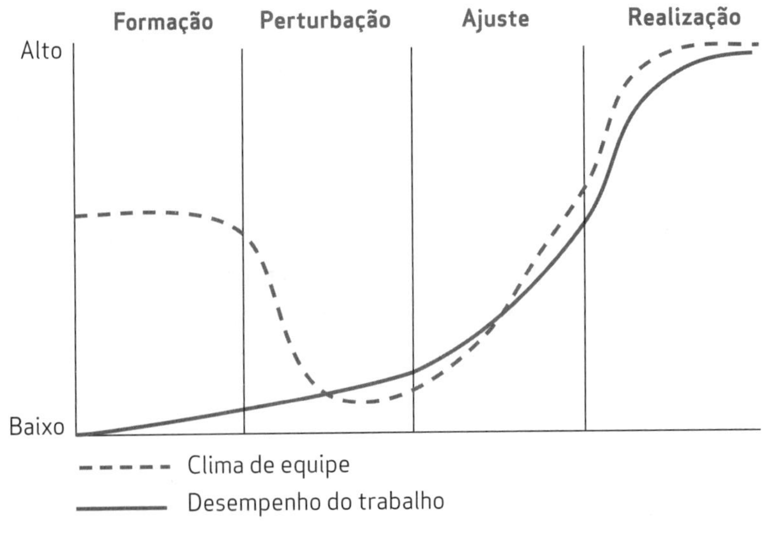

FIGURA 11.2 ▪ Nível de funcionamento em vários estágios do desenvolvimento da equipe.

Reunião inaugural do projeto

O gestor deve agendar uma *reunião inaugural do projeto*, também chamada de *reunião de orientação do projeto* (= *kick off meeting*), com a equipe. Essa reunião deverá ser realizada o mais cedo possível durante o estágio de formação no desenvolvimento da equipe. É uma reunião muito importante para informar os membros, reduzir a ansiedade, gerenciar expectativas e inspirar a equipe. Define o tom de todo o projeto. Uma amostra da pauta para tal reunião é exibida na Figura 11.3. A seguir, alguns tópicos podem ser discutidos dentro de cada item da pauta:

Reforce sua aprendizagem

17. A reunião __________ do projeto __________ deverá ser realizada o mais __________ possível durante o estágio __________ no desenvolvimento da equipe.

1. *Boas-vindas e apresentações.* O gestor deverá apresentar, brevemente, calorosas e entusiasmadas boas-vindas. Um primeiro passo importante no desenvolvimento da equipe é fazer que os participantes, incluindo o gestor, se apresentem e forneçam algumas informações sobre sua experiência e especialidade. Não só estimula seu envolvimento na reunião, mas também informa todos os participantes sobre outros membros da equipe. O que *não* deve ser feito de forma rápida, com cada pessoa dizendo apenas o nome, uma a uma. Tal enfoque não leva em consideração o valor e a potencial contribuição da pessoa ao projeto. Tempo suficiente deve ser alocado para esse item da pauta porque é a base para o desenvolvimento posterior e a construção da equipe. Entretanto, para assegurar que alguns participantes não utilizem um período desordenadamente, quando o gestor define com antecedência a pauta da reunião, deve indicar que cada pessoa terá um período específico para falar de sua experiência e especialidade.
2. *Visão geral do projeto.* O gestor deve discutir os elementos do termo de abertura do projeto, a proposta ou contrato e outros documentos de apoio ou informações. Esses documentos devem ser distribuídos com muita antecedência da reunião para dar aos participantes tempo suficiente para revisá-los e se prepararem com comentários ou perguntas. A esse item da pauta de reunião deve ser determinado tempo vasto para que todas as questões sejam discutidas. O gestor terá de empregar boas ferramentas de facilitação para manter as discussões no caminho certo. Veja na seção sobre reuniões eficazes no Capítulo 12 mais informações. Talvez o gestor queira convidar o patrocinador ou cliente para participar da reunião para que fale sobre a importância do projeto.

Reunião inaugural do projeto

Pauta

1. Boas-vindas e apresentações
2. Visão geral do projeto
3. Papéis e responsabilidades
4. Processos e procedimentos
5. Expectativas
6. Comentários finais

FIGURA 11.3 ▪ Pauta de reunião inaugural do projeto.

3. *Papéis e responsabilidades*. Os papéis e responsabilidades de cada participante devem ser discutidos para que todos saibam. Esclarecimentos precisam ser oferecidos sobre qualquer justaposição ou lacunas percebidas ou identificadas quanto às responsabilidades. Se necessário, deve ser apresentada uma estrutura organizacional inicial do projeto, exibindo os relacionamentos hierárquicos, assim como as descrições dos trabalhos, se apropriado.
4. *Processos e procedimentos*. Esse tópico deve incluir uma discussão desses itens como requisitos de documentação, de processos de aprovação, protocolos de comunicação etc. Se a organização responsável pelo projeto possui um sistema de controle de mudanças, deve ser revisado com ênfase na prevenção da ampliação do escopo (*scope creep*). Se houver um plano de comunicação para o projeto, deve ser distribuído a todos os participantes. Esse plano geralmente inclui uma lista de documentos que serão gerados durante o projeto, quem serão os autores desses documentos, a quem deverão ser distribuídos, a frequência de distribuição e quem aprovará ou tomará outras medidas sobre eles. Veja mais informações na seção sobre o plano de comunicação do projeto no Capítulo 12. Esse item da pauta poderia incluir também uma discussão dos processos de solução de problemas e resolução de conflitos. Quaisquer documentos relativos aos processos e procedimentos do projeto devem estar disponíveis a todos os participantes, geralmente por meio de um arquivo eletrônico compartilhado. Para promover a construção da equipe durante a discussão desse item da pauta, o gestor pode organizar os participantes em pequenos grupos para que trabalhem em uma atividade que envolva um processo, como criar regras básicas ou um código de conduta para futuras reuniões da equipe do projeto e, em seguida, fazer que cada grupo compartilhe sua lista.
5. *Expectativas*. O gestor deve discutir os estágios de desenvolvimento para auxiliar na administração de expectativas sobre o que a equipe vai experimentar (especialmente com relação ao estágio de perturbação) à medida que os membros evoluem para uma equipe de alto desempenho. Esse também é o momento na reunião para que o gestor demonstre sua liderança e inspire os participantes a trabalhar como uma equipe; a respeitar outros; a valorizar a contribuição de cada pessoa; a ter elevadas expectativas sobre si e os outros; a se comunicar de forma aberta, honesta e oportuna; a manter um comportamento ético; e assim por diante.
6. *Comentários finais*. O gestor deve mais uma vez questionar se há algum comentário ou pergunta e assegurar que todos saiam da reunião com expectativas claras sobre o trabalho a ser feito e sobre o papel de todos. A reunião deve terminar de forma otimista com a equipe motivada e entusiasmada para contribuir com o sucesso do projeto e ansiosa por uma experiência prazerosa durante a qual pode se desenvolver e expandir suas competências e habilidades. Outra atividade que pode ser proveitosa para a construção da equipe é oferecer uma refeição (almoço ou jantar) ao final da reunião para que os membros possam se socializar e se conhecer.

A reunião inaugural do projeto pode durar muitas horas ou vários dias, dependendo do tamanho e da complexidade do projeto e do número de participantes. É importante permitir tempo suficiente e não apressar o andamento da reunião. É um tempo bem gasto. Se o projeto possui um time virtual, com membros geograficamente dispersos, então as ferramentas de comunicação eletrônica devem ser usadas para assegurar a participação de todos. Veja mais informações na seção sobre ferramentas de comunicação colaborativa no Capítulo 12.

Para projetos maiores (por exemplo, que poderão durar vários anos), o gestor talvez precise periodicamente, ter reuniões de orientação similares, ou uma versão modificada delas, à medida que novas pessoas são adicionadas à equipe. Em alguns casos, o gestor poderá optar por reuniões individuais de orientação com cada um dos participantes. Além disso, à medida que novas pessoas se unem à equipe do projeto, o gestor do projeto deve fazer um anúncio sobre elas, além de apresentá-las formalmente na reunião seguinte do projeto.

Equipes eficazes de projeto

Uma equipe de projeto é mais que um grupo de indivíduos selecionados para trabalhar em um projeto; é um grupo interdependente que trabalha de forma cooperativa para alcançar o objetivo do projeto. Ajudar esses indivíduos a se desenvolver e evoluir para uma equipe coesa e eficaz exige esforço do gestor e de cada membro. Como notamos no início do capítulo, a eficácia da equipe, ou a falta dela, pode significar a diferença entre o sucesso e o fracasso do projeto. Embora as técnicas de gestão de planos e projetos sejam necessárias, são o gestor e a equipe do projeto a chave para o seu sucesso; o sucesso exige uma equipe eficaz.

CARACTERÍSTICAS DAS EQUIPES EFICAZES

As cinco características a seguir estão associadas às equipes eficazes.

ENTENDIMENTO CLARO DO OBJETIVO DO PROJETO

O escopo, requisitos de qualidade, orçamento e cronograma devem estar bem definidos para que um projeto seja eficaz. Para que o objetivo do projeto seja cumprido, cada membro da equipe deve ter a mesma visão do resultado do projeto e dos benefícios que ele vai trazer.

Reforce sua aprendizagem

18. Uma equipe eficaz de projeto possui um entendimento claro do __________ do projeto e expectativas claras dos __________ e __________.

EXPECTATIVAS CLARAS DOS PAPÉIS E RESPONSABILIDADES

Membros de uma equipe eficaz sabem como seu trabalho deve se encaixar porque participaram do desenvolvimento dos planos do projeto. Os membros da equipe apreciam a especialidade e competências de cada um e as contribuições para que o objetivo do projeto seja alcançado. Cada pessoa aceita a responsabilidade de executar a sua parte.

ORIENTAÇÃO PARA RESULTADOS

Cada participante de uma equipe eficaz tem um forte compromisso com o cumprimento dos objetivos. Ao dar um bom exemplo, o gestor define o tom do nível de energia. Membros da equipe estão entusiasmados e dispostos a despender tempo e energia necessários para prosperar. Por exemplo, indivíduos estão dispostos a trabalhar horas extras ou finais de semana ou dispensar o horário do almoço, quando necessário, para manter o progresso do projeto.

Reforce sua aprendizagem

19. Equipes eficazes de projeto estão orientados para os __________; cada pessoa tem um forte compromisso com o cumprimento do __________ __________. Há um alto nível de __________ e __________.

ALTO NÍVEL DE COOPERAÇÃO E COLABORAÇÃO

Comunicação aberta, franca, sem ambiguidade e oportuna é a norma em uma equipe eficaz de projeto. Os membros compartilham informações, ideias e sentimentos prontamente. Não ficam tímidos para pedir ajuda aos outros membros. Os membros da equipe atuam como recursos à disposição uns dos outros, indo além de suas tarefas específicas. Querem que os outros prosperem em suas tarefas e estão dispostos a ajudá-los e apoiá-los quando estiverem desorientados ou hesitantes. Demonstram apreciação quando outro membro da equipe oferece ou fornece ajuda. Oferecem e aceitam *feedback* e críticas construtivas. Como resultado dessa cooperação, a equipe é criativa na solução de problemas e oportuna na tomada de decisão.

ALTO NÍVEL DE CONFIANÇA

Os membros de uma equipe eficaz entendem a interdependência e aceitam que todos os participantes são importantes para o sucesso do projeto. Cada membro conta com os outros para que cumpram o que se responsabilizaram a fazer – e com o nível esperado de qualidade. Há um sentimento comum de confiança. Os membros da equipe se preocupam com os outros. Porque as diferenças são aceitas, sentem-se livres para serem eles mesmos. Diferenças de opinião são encorajadas, expressadas livremente e respeitadas. Indivíduos são capazes de levantar questões que podem resultar em divergência ou conflito sem preocupação quanto a retaliações. Equipes eficazes de projeto resolvem conflitos por meio de *feedback* e confronto positivo das questões de forma construtiva e oportuna. A divergência não é suprimida; em vez disso, é vista como normal e como uma oportunidade de crescimento e aprendizado.

A Figura 11.4 é um *checklist* para a classificação da eficácia da equipe do projeto. Recomenda-se que os membros a completem periodicamente durante o projeto. Depois que a pontuação de todos for resumida, a equipe, incluindo o gestor, deve discutir como aperfeiçoar áreas que apresentem uma classificação baixa.

Reforce sua aprendizagem

20. Equipes eficazes de projeto apresentam um alto nível de __________. Elas são capazes de resolver conflitos por meio de __________ e confronto __________ positivo das questões de forma construtiva e oportuna.

BARREIRAS À EFICÁCIA DA EQUIPE

Embora cada equipe de projeto tenha o potencial de ser altamente eficaz, existem barreiras frequentes que impedem que se alcance o nível de eficácia de que cada um é capaz. Em seguida, apresentamos as barreiras que podem impedir a eficácia da equipe de projeto e algumas sugestões para vencê-las.

VISÃO OBSCURA E OBJETIVO

O gestor precisa articular o objetivo do projeto, bem como o seu escopo, os requisitos de qualidade, orçamento, cronograma. Precisa criar uma visão do resultado do projeto e dos benefícios que pode trazer. A informação precisa ser comunicada logo na primeira reunião. Nessa reunião, o gestor precisa perguntar aos membros da equipe se entenderam essa informação e responder a quaisquer perguntas que possam fazer. Em seguida, a informação deve ser fornecida por escrito, juntamente com qualquer esclarecimento oferecido durante a reunião, a todos os membros da equipe.

Periodicamente, o gestor precisa discutir o objetivo nas reuniões de análise crítica do *status* do projeto. Nessas reuniões, ele deve perguntar sempre se alguém tem alguma pergunta sobre o que deve ser feito. Dizer à equipe qual o objetivo somente uma vez, no início do projeto, não é suficiente. O gestor deve dizer, escrever, distribuir e repetir esse objetivo com frequência.

Reforce sua aprendizagem

21. O gestor precisa articular o __________ do projeto com frequência. Em reuniões periódicas, deve perguntar sempre se alguém tem alguma __________ sobre o que deve ser feito.

FALTA DE CLAREZA NA IDENTIFICAÇÃO DE PAPÉIS E RESPONSABILIDADES

Os indivíduos poderão sentir que seus papéis e responsabilidades são ambíguos ou que existe uma sobreposição das responsabilidades de alguns indivíduos. No início do projeto, o gestor deve se reunir individualmente com cada membro da equipe para explicar por que ele foi designado para esse projeto, descrever o papel e a responsabilidade que se espera dele e discutir como ele se relaciona com os papéis e responsabilidades dos outros membros. Para alguns projetos, descrições dos cargos que mostrem os papéis, áreas de responsabilidade, níveis de autoridade e expectativas de desempenho podem ser fornecidas. Os membros da equipe precisam ter liberdade para fazer perguntas ao gestor e esclarecer quaisquer áreas onde haja ambiguidade ou sobreposição sempre que se tornem aparentes. À medida que a equipe desenvolve o plano do projeto, as tarefas de cada membro devem ser identificadas por meio de uma ferramenta como uma estrutura de detalhamento do trabalho, uma matriz de atribuição de responsabilidade, ou um diagrama de rede ou gráfico de barras. Cópias desses documen-

Reforce sua aprendizagem

22. O gestor deve se reunir individualmente com cada membro da equipe para dizer por que ele foi __________ para esse projeto __________ e descrever o __________ e a __________ que se espera dele.

Quão eficaz é a sua equipe de projeto?

	De forma alguma		De certa forma		Sempre
1. Sua equipe tem um entendimento claro quanto ao objetivo do projeto?	1	2	3	4	5
2. O escopo do projeto, nível de qualidade, orçamento e cronograma estão bem definidos?	1	2	3	4	5
3. Todos possuem expectativas claras quanto a seu próprio papel e suas responsabilidades?	1	2	3	4	5
4. Todos possuem expectativas claras quanto ao papel e responsabilidades do outro?	1	2	3	4	5
5. Todos conhecem a especialidade e as competências que cada pessoa traz para a equipe?	1	2	3	4	5
6. Sua equipe é orientada para resultados?	1	2	3	4	5
7. Todos têm um forte compromisso de alcançar o objetivo do projeto?	1	2	3	4	5
8. Sua equipe possui um alto nível de entusiasmo e energia?	1	2	3	4	5
9. Sua equipe apresenta um alto nível de cooperação e colaboração?	1	2	3	4	5
10. A norma são as comunicações abertas, francas e oportunas?	1	2	3	4	5
11. Os membros da equipe prontamente compartilham informações, ideias e sentimentos?	1	2	3	4	5
12. Os membros da equipe se sentem livres para pedir ajuda aos outros membros?	1	2	3	4	5
13. Os membros da equipe estão dispostos a ajudar uns aos outros?	1	2	3	4	5
14. Os membros da equipe oferecem *feedback* e críticas construtivas?	1	2	3	4	5
15. Os membros da equipe aceitam receber *feedback* e críticas construtivas?	1	2	3	4	5
16. Existe um alto nível de confiança entre os membros da equipe do projeto?	1	2	3	4	5
17. Os membros da equipe executam as tarefas pelas quais se responsabilizaram?	1	2	3	4	5
18. Existe abertura para pontos de vista diferentes?	1	2	3	4	5
19. Os membros da equipe aceitam uns aos outros e as suas diferenças?	1	2	3	4	5
20. A sua equipe resolve conflitos de forma construtiva?	1	2	3	4	5

FIGURA 11.4 ▪ *Checklist* de eficácia da equipe.

tos devem ser dadas a todos e estar prontamente disponíveis para que todos possam ter acesso não só às tarefas de sua responsabilidade, mas também às dos outros membros e como se encaixam.

FALTA DE ESTRUTURA DO PROJETO

Os indivíduos podem sentir que cada um está trabalhando em uma direção diferente, ou que não existem procedimentos estabelecidos para a operação da equipe. O que também é um motivo para que o gestor faça que a equipe participe do desenvolvimento do plano do projeto. Uma ferramenta como o diagrama de rede mostra como o trabalho de cada um se encaixa para que o objetivo do projeto seja alcançado. No início do projeto, o gestor deve

Reforce sua aprendizagem

23. O gestor precisa estabelecer __________ operacionais preliminares no início do projeto, mas estar aberto a sugestões para __________ ou __________ quando não __________ mais para o desempenho eficaz e eficiente do projeto.

estabelecer procedimentos de operação preliminares que abordem questões como canais de comunicação, aprovações e requisitos de documentação. Cada procedimento, assim como a lógica por trás de seu estabelecimento, precisa ser explicado à equipe na reunião do projeto. Esses procedimentos também devem ser fornecidos por escrito a todos os membros da equipe. Se alguns membros não seguem os procedimentos ou os ignoram, o gestor precisa reforçar a importância do cumprimento consistente dos procedimentos por todos os participantes. No entanto, o gestor precisa estar aberto a sugestões para eliminar ou simplificar procedimentos quando não contribuem mais para o desempenho eficaz e eficiente do projeto.

FALTA DE COMPROMETIMENTO

Os membros da equipe podem não parecer comprometidos com seu trabalho ou com o objetivo do projeto. Para reverter tal indiferença, o gestor precisa explicar a cada indivíduo a importância de seu papel na equipe e como ele pode contribuir para o sucesso do projeto. O gestor também precisa perguntar aos membros da equipe qual é seu interesse pessoal e profissional e tentar fazer que suas atribuições no projeto ajudem a satisfazer seus interesses. Deve tentar determinar quais as motivações de cada indivíduo e, em seguida, criar um ambiente de projeto em que esses motivadores estejam presentes. O gestor também precisa reconhecer as conquistas de cada pessoa, apoiar e encorajar seu progresso.

Reforce sua aprendizagem

24. O gestor deve tentar determinar quais as __________ de cada indivíduo e, em seguida, criar um __________ de projeto em que esses motivadores estejam presentes.

COMUNICAÇÃO IMPRODUTIVA

A comunicação improdutiva ocorre quando os membros da equipe não têm conhecimento do que está acontecendo no projeto e quando indivíduos não compartilham informações. É importante que o gestor faça reuniões frequentes para a revisão do *status* do projeto em que a pauta seja publicada. Vários membros da equipe devem atender à solicitação de oferecer um resumo sobre o *status* de seu trabalho. A participação e as perguntas devem ser encorajadas. Todos os documentos do projeto como planos, orçamentos, cronogramas e relatórios devem ser mantidos atualizados e distribuídos de forma oportuna a toda a equipe. O gestor deve encorajar os membros da equipe a se reunirem para compartilhar informações, colaborar e solucionar problemas conforme necessário, em vez de esperar pelas reuniões oficiais. Do mesmo modo, instalar fisicamente todos os membros da equipe na mesma área do escritório pode melhorar a comunicação do projeto.

Reforce sua aprendizagem

25. É importante que o gestor faça reuniões frequentes para a __________ __________ do projeto em que a pauta seja publicada. A __________ e perguntas devem ser encorajadas durante tais reuniões.

LIDERANÇA IMPRODUTIVA

Para evitar que a equipe do projeto sinta que o gestor não está oferecendo uma liderança eficaz, o gestor deve estar disposto a solicitar *feedbacks* periódicos de membros da equipe, fazendo perguntas como "Como estou me saindo?" ou "Como posso melhorar minha liderança?". Porém, ele deve estabelecer, primeiramente, um ambiente de projeto no qual os indivíduos se sintam livres para oferecer *feedback* sem receio de retaliações. No início do projeto, o gestor deve deixar claro que um *feedback* será solicitado periodicamente e que as sugestões dos participantes para a melhoria de sua capacidade de liderança são bem-vindas. Por exemplo, um gestor pode mostrar interesse em melhorar a capacidade de liderança e, consequentemente, a própria contribuição para o sucesso do projeto. É claro, o gestor deve estar disposto a seguir as sugestões que forem adequadas, mesmo que envolvam treinamento adicional, mudanças de comportamento ou alterações dos procedimentos.

ROTATIVIDADE DOS MEMBROS DA EQUIPE

Quando a composição da equipe muda com frequência – isto é, quando pessoas novas são continuamente designadas a um projeto e outras deixam a equipe –, o fluxo de indivíduos pode ser muito dinâmico para que a equipe progrida. Uma equipe de projeto formada por um pequeno número de indivíduos com atribuições de longo prazo será mais eficiente que uma composta de um grande número de indivíduos com atribuições de curto prazo. O gestor deve recrutar indivíduos que sejam suficientemente versáteis quanto às especialidades e habilidades, que podem contribuir para as diversas áreas do projeto e, assim, ser designados por um longo período. Embora o gestor não deva tentar executar o projeto com uma multiplicidade de indivíduos com especialidades limitadas que serão designados para o projeto somente por curtos intervalos, em alguns casos pode ser adequado que os indivíduos com especialidades específicas sejam designados para o projeto para somente uma tarefa ou por um período limitado.

Reforce sua aprendizagem

26. Um gestor de projeto deve solicitar sugestões periódicas de outros participantes para melhorar sua capacidade de ________.

Reforce sua aprendizagem

27. Uma equipe de projeto formada por um ________ número de indivíduos com atribuições de ________ ________ será mais eficiente que uma composta de um ________ número de indivíduos com atribuições de ________ prazo.

COMPORTAMENTO DISFUNCIONAL

Ocasionalmente, um indivíduo pode exibir um comportamento inapropriado de hostilidade, assédio moral, dependência excessiva, ou a verbalização de comentários pessoais depreciativos, o que é prejudicial ao desenvolvimento de uma equipe eficaz. O gestor precisa se reunir com essa pessoa, apontar o comportamento prejudicial dela e explicar que é inaceitável por causa do impacto no restante da equipe do projeto. O indivíduo pode receber orientação, um seminário de treinamento, ou aconselhamento, se for apropriado. O gestor deve deixar claro, no entanto, que, se o comportamento disfuncional prosseguir, a pessoa será dispensada da equipe. Obviamente, o gestor precisa estar preparado para cumprir o combinado, se necessário.

MEMBROS DE EQUIPE EFICIENTES

Ser um membro eficiente de uma equipe de projeto deve ser uma experiência de crescimento enriquecedora e satisfatória para cada indivíduo. No entanto, o crescimento não vai simplesmente ocorrer por si só. Exige senso de responsabilidade, trabalho duro, abertura e desejo de desenvolvimento pessoal contínuo. Embora o gestor seja, em última análise, responsável pelo sucesso de um projeto, cada membro assume uma parcela dessa responsabilidade. O que as pessoas que trabalham em projetos têm em comum é que apreciam o desafio de conquistar um objetivo e trabalhar como parte de uma equipe. Cada membro precisa ajudar a criar e promover um ambiente positivo e eficaz.

Reforce sua aprendizagem

28. Quais são algumas das barreiras à eficácia da equipe?

Membros eficientes de uma equipe planejam, controlam e sentem-se responsáveis por seus esforços individuais no trabalho. Possuem grandes expectativas sobre si mesmos e trabalham para cumprir suas tarefas abaixo dos limites do orçamento e antes do prazo. Eles gerenciam bem o tempo, fazem as coisas acontecerem, não só deixam que aconteçam. Membros eficientes não trabalham simplesmente em uma tarefa até que sejam ordenados a interromper o trabalho; em vez disso, são independentes e cumprem tarefas e atividades de forma autônoma. Eles têm orgulho de executar um trabalho de qualidade em vez de esperar que outros concluam, resolvam ou refaçam qualquer trabalho seu que tenha sido malfeito ou esteja incompleto. Cada membro da equipe pode contar com todos os outros para desempenhar as

Reforce sua aprendizagem

29. Membros eficientes de uma equipe planejam, controlam e sentem-se ________ por seus esforços individuais. Eles possuem grandes ________ sobre si mesmos.

Reforce sua aprendizagem

30. Membros eficientes de uma equipe ____________ e se ____________. Eles não se limitam a identificar problemas, agem como ____________.

respectivas tarefas com qualidade e pontualidade para não atrasar ou impedir o trabalho de outro.

Membros eficientes de uma equipe participam e se comunicam. Não se acomodam e esperam que alguém peça que façam algo; fazem sugestões e participam nas reuniões. Eles tomam a iniciativa, comunicando-se com outros membros e com o gestor de forma clara, oportuna e inequívoca. Oferecem *feedback* construtivo uns aos outros. Mais precisamente, sentem-se responsáveis pela identificação de problemas, ou de problemas em potencial, o mais cedo possível, sem o dedo em riste ou culpar outros indivíduos, o cliente ou o gestor como responsáveis pelo problema. Membros eficientes não se limitam a identificar problemas, agem como solucionadores. Quando um problema é identificado, eles sugerem soluções alternativas e estão prontos e dispostos a colaborar com outros membros para resolver o problema, mesmo se estiver fora de sua área de atuação. Membros eficientes não mostram uma atitude "isso não é problema meu" ou "esse não é o meu trabalho"; em vez disso, estão dispostos a contribuir para ajudar a equipe a alcançar o objetivo. Eles apresentam uma atitude "nós" e tendem a falar em termos de "nós e nosso" em vez de "eu e meu".

Reforce sua aprendizagem

31. Pense sobre projetos nos quais você esteve envolvido. Quais são algumas características dos membros da equipe que os fizeram colaboradores eficientes?

Membros eficientes ajudam a criar um ambiente positivo e construtivo, no qual não há lugar para divisões. São sensíveis à composição culturalmente diversificada da equipe e mostram respeito a todos os membros.

Eles respeitam os pontos de vista dos outros. Não deixam que o orgulho, a teimosia ou a arrogância atrapalhem a colaboração, cooperação e o compromisso. Membros eficientes colocam o sucesso do projeto acima de seus planos pessoais. Prontamente apresentam suas congratulações e dão o devido crédito aos seus colegas de equipe.

Já foi dito que não *há nº 1 na EQUIPE* – não há perdedores ou vencedores individuais. Quando um projeto é bem-sucedido, todo mundo ganha!

CONSTRUÇÃO DA EQUIPE

O legendário técnico de beisebol Casey Stengel disse uma vez: "É fácil conseguir os jogadores. Difícil é fazer que joguem juntos". **Trabalho em equipe** é o esforço cooperativo dos seus membros para alcançar uma meta comum. **Construção da equipe** – desenvolvimento de uma equipe a partir de um grupo de indivíduos para alcançar um objetivo – é um processo contínuo. É responsabilidade tanto do gestor quanto da equipe do projeto. A construção da equipe ajuda a criar uma atmosfera de abertura e confiança. Os membros compartilham sentimento de unidade e forte compromisso para alcançar o objetivo. O Capítulo 10 discutiu várias atitudes que o gestor pode tomar para promover e apoiar a construção da equipe. A discussão a seguir oferece algumas maneiras por meio das quais a própria equipe do projeto pode auxiliar no processo de sua construção.

A socialização entre os membros ajuda a construção da equipe. Quanto melhor os membros conhecem uns aos outros, mais a construção dela é aprimorada. Para garantir que membros individuais se comuniquem com frequência, situações precisam ser criadas para promover a socialização entre eles. Eles mesmos podem iniciar algumas dessas situações.

Reforce sua aprendizagem

32. A construção da equipe é responsabilidade tanto do ____________ quanto da ____________.

Pode ser necessário que os membros sejam fisicamente instalados em uma mesma área do escritório por toda a duração do projeto. Quando localizados próximos uns dos outros, há maior chance de que se desloquem até a sala ou área de trabalho dos outros para conversar. Do mesmo modo, vão encontrar-se com mais frequência em áreas comuns, como corredores, e ter mais oportunidades de parar e conversar. Tais discussões informais espontâneas podem ser muito informativas e também ajudar a construir relações. Discussões não precisam estar sempre relacionadas ao trabalho. É importante que se conheçam de forma pessoal, sem serem intrusivos. Um determinado número de amizades vai desenvolver-se durante o projeto. Fazer que toda a equipe esteja alojada na mesma área evita que o sentimento "nós contra eles" surja quando partes da equipe estiverem localizadas em áreas diferentes do prédio ou da fábrica. Tal situação pode resultar em uma equipe de projeto que é, na verdade, um conjunto de vários subgrupos, em vez de uma equipe de verdade. Essa disposição já não é possível com equipes virtuais que se encontram geograficamente dispersas. Ferramentas e protocolos eficazes de comunicação eletrônica precisam ser usados para facilitar a construção da equipe entre membros de uma equipe virtual. Veja mais informações na seção sobre ferramentas de comunicação colaborativa no Capítulo 12.

Reforce sua aprendizagem

33. A ______________ entre membros da equipe ajuda a ______________ da equipe. Os membros precisam se ______________ uns com os outros com frequência.

A equipe pode iniciar encontros sociais para celebrar eventos do projeto – por exemplo, a conquista de uma meta fundamental, como uma reunião bem-sucedida de análise do projeto com o cliente, ou a aprovação do cliente sobre uma entrega importante. A equipe também pode agendar eventos simplesmente para aliviar o estresse. Um encontro depois do trabalho para uma pizza, um almoço em grupo, um almoço informal na sala de reuniões, uma celebração mensal de aniversário, um piquenique familiar no final de semana um evento voluntário de caridade ou para a comunidade e uma viagem para assistir a um evento esportivo ou produção teatral são exemplos de eventos que a equipe pode organizar para promover a socialização e a sua construção. É importante que tais atividades incluam todos os membros da equipe. Embora alguns indivíduos não possam participar, todos devem ser convidados e encorajados a se envolver. Os membros da equipe devem usar esses eventos para conhecer o maior número possível de membros (e suas famílias, se elas participarem). Uma boa regra geral é sempre tentar se sentar próximo a alguém que você não conhece tão bem e iniciar uma conversa – faça perguntas, escute o que aquela pessoa tem a dizer, procure por áreas de interesse comum. Isto ajudará a construir relações. É importante que os indivíduos evitem formar grupos compostos por várias pessoas que estão sempre juntas em todos os eventos. Engajar em eventos sociais não só auxilia no desenvolvimento de um senso de camaradagem, mas também facilita o engajamento dos membros da equipe em uma comunicação aberta e franca, enquanto trabalham no projeto.

Além de organizar atividades sociais, a equipe pode promover reuniões periódicas, ao contrário de reuniões do projeto. O objetivo das reuniões de equipe é discutir abertamente tais questões da seguinte forma: como estamos trabalhando em equipe? Quais barreiras (tais como procedimentos, recursos, prioridades ou comunicações) estão impedindo o trabalho em equipe? O que podemos fazer para vencer essas barreiras? O que podemos fazer para melhorar o trabalho em equipe? Se o gestor participa em reuniões da equipe, deve ser tratado da mesma forma – membros da equipe não devem procurar o gestor para as respostas, e o gestor não deve usufruir de sua posição e passar por cima do consenso da equipe. É uma reunião da equipe, não do projeto. Somente assuntos relacionados à equipe, não itens do projeto, devem ser discutidos.

Os membros devem promover a construção da equipe de todas as formas possíveis. Por exemplo, à medida que novas pessoas se juntam durante o projeto, a equipe precisa fazer um esforço especial para que se sintam acolhidas e integradas. Por exemplo, os membros da equipe podem organizar uma recepção informal para novos parceiros, ou interromper momentaneamente as atividades do escritório para recebê-los e se apresentarem. Eles não devem esperar que somente o gestor seja responsável pela construção da equipe.

VALORIZANDO A DIVERSIDADE DA EQUIPE

A globalização, mudanças na composição demográfica e a necessidade de indivíduos com qualidades singulares estão gerando mudanças na composição ou na diversidade das equipes de projeto. A *diversidade* representa as diferenças entre as pessoas. Significa reconhecimento, entendimento e valorização das diferenças, e a criação de um

Reforce sua aprendizagem

34. A diversidade da equipe é capaz de trazer ideias ____________ e ____________ aos projetos.

ambiente de trabalho que reconhece, respeita e aproveita as diferenças entre os membros da equipe em favor dos benefícios da conquista de uma meta comum, tal como o objetivo do projeto. Entretanto, as diferenças podem criar obstáculos ao desempenho da equipe. A comunicação ineficiente e a falta de entendimento podem ser mais prováveis entre pessoas que são diferentes. Se as diferenças em uma equipe de projeto não são valorizadas como um ponto forte, podem levar à baixa disposição, pouca confiança, produtividade reduzida, tensão elevada e suspeita e se torna um impedimento grave ao desempenho da equipe. Os membros devem se sentir valorizados e ter a sensação de fazer parte do grupo. A diversidade da equipe é capaz de trazer ideias e perspectivas únicas aos projetos. Cada membro possui experiências, qualidades e valores que são únicos para a equipe. Tais diferenças podem levar a um processo mais criativo, mais rápido e mais eficiente de solução de problemas e tomada de decisões.

Há mais probabilidade de que a maioria das equipes de projetos seja mais diversificada do que você imagina. A seguir, listamos algumas dimensões de diversidade:

- *Idade ou geração.* Muitas equipes apresentam uma combinação de vários grupos etários – mais jovem, mais velho, ou entre os dois. Três ou quatro gerações podem estar representadas em uma equipe. Cada geração tem experiências diferentes que configuram valores e perspectivas e, assim, respondem a fatores motivacionais diferentes. Membros mais velhos podem valorizar a segurança, uma sólida ética de trabalho e a aderência às regras, e preferir reuniões cara a cara, enquanto membros mais jovens podem valorizar o equilíbrio entre a vida pessoal e o trabalho e a informalidade, desaprovar a supervisão direta e preferir a comunicação eletrônica com os outros.
- *Aparência.* Membros de equipes são diferentes em peso, altura, características faciais, cortes de cabelo, vestuário ou uso de acessórios, como joias, *piercings* ou tatuagens, somente para dar alguns exemplos. Essas características podem se tornar um obstáculo à eficácia da equipe se os membros fazem suposições sobre a competência ou desempenho dos outros com base em sua aparência.
- *Etnia ou ascendência.* Influenciados pela globalização, os projetos contam com equipes localizadas em diferentes partes do mundo, bem como pacotes de trabalho que podem ser terceirizados a subcontratados em vários continentes. Ademais, os descendentes de imigrantes estão tendo acesso à educação superior e concorrendo a posições mais qualificadas. Por isso, mais equipes incluem pessoas em países diferentes ou com ascendências de várias nacionalidades. Membros de equipe podem não apresentar apenas diferentes níveis de competência linguística, mas diferentes costumes e normas também. Comportamentos e palavras ou frases que não são considerados ofensivos em uma cultura podem ser em outra. Os membros podem ter diferentes noções de tempo (pontualidade), estilos de comunicação (saudações, contato com o olhar, gestos manuais, espaço pessoal) e percepções diferentes sobre o protocolo adequado (formalidade, hierarquia), assim como visões distintas do papel de homens e mulheres. Os membros da equipe precisam mostrar paciência quando outra pessoa está tendo dificuldades com a linguagem ou a pronúncia.
- *Gênero.* Com cada vez mais frequência, equipes de projeto incluem uma proporção maior de mulheres, à medida que mais mulheres entram e se estabelecem no mercado de trabalho, especialmente em posições que exigem competências específicas de alta demanda, como nos campos da informação e tecnologia. Homens e mulheres podem se comportar de forma diferente em razão das disparidades em seu processo de socialização. Estilos de comunicação diferentes podem levar a interpretações incorretas e mal-entendidos.
- *Saúde.* Equipes são diferentes com relação à saúde ou ao bem-estar de seus membros. Isso inclui capacidades físicas e mentais, assim como distúrbios de comportamento. Algumas dessas diferenças são visíveis, como o uso de próteses ou uma bengala, enquanto outras questões de saúde são menos, como uma condição cardíaca ou

distúrbio de ansiedade. Os membros da equipe precisam acomodar outros parceiros com relação a questões de saúde e não "rotular" as pessoas ou descontar suas capacidades e contribuições em consequência de limitações relacionadas à saúde.

- Status *empregatício.* Muitas equipes de projeto incluem membros de níveis diferentes de experiência e habilidade, assim como de posicionamento e cargos de ocupação. Os membros de equipe não devem fazer suposições sobre a potencial contribuição de outro membro com base na sua posição ou cargo de ocupação. Excluir membros de reuniões ou discussões para a solução de problemas por estarem em uma posição de nível mais baixo ou por não possuírem conhecimento específico pode ser uma oportunidade perdida de obter ideias novas e criativas.
- *Estado civil e* status *parental.* Com relação a condições como pessoas que se casam com idade avançada, que estão se divorciando, casadas inúmeras vezes, ficando viúvas, famílias conjuntas, com cônjuges que trabalham, pais solteiros ou casais ou parceiros sem filhos, a composição das equipes é mais diversificada. Os membros da equipe não devem fazer suposições sobre a disponibilidade ou eficácia dos outros membros com base em seu estado civil ou *status* parental, como presumir que uma pessoa solteira teria mais tempo para trabalhar em uma atividade desafiadora. Os membros precisam acomodar as necessidades específicas de cada um, como concluir uma reunião no horário previsto, para que um membro possa pegar o filho na escola no horário.
- *Raça.* Com a globalização, a migração entre países e o número crescente de minorias raciais com acesso à educação superior e concorrendo a posições qualificadas, equipes de projeto possuem uma combinação cada vez maior de pessoas de etnias tradicionalmente pouco representadas. Os membros da equipe devem evitar os estereótipos de outras equipes que são de etnias diferentes. Indivíduos de origens diversas trazem consigo perspectivas diferentes e enriquecedoras às discussões e processos da equipe do projeto.
- *Afiliação religiosa.* Da mesma forma que os efeitos da globalização afetam a composição das equipes do projeto com relação à diversidade étnica, também influencia as equipes no que diz respeito à diversidade religiosa. Existe uma grande variedade de religiões ao redor do mundo, incluindo budismo, cristianismo, hinduísmo, islamismo e judaísmo. Cada religião possui práticas específicas, como horários de oração, observância de feriados religiosos, restrições à dieta etc. Indivíduos podem ser intensamente devotos a suas crenças e práticas religiosas. Os membros da equipe devem respeitar as práticas religiosas dos outros parceiros e enquadrá-las no desenho do cronograma do projeto.
- *Identidade sexual e expressão de gênero.* À medida que mais indivíduos expressam sua identidade sexual e de gênero, como lésbicas, gays, bissexuais ou transgêneros, e há maior reconhecimento destes nos locais de trabalho, as equipes de projeto precisam demonstrar um ambiente aberto e inclusivo. Membros da equipe não devem demonstrar má vontade em trabalhar com outros parceiros apenas por causa de sua identidade sexual ou expressão de gênero.
- *Outros aspectos.* Outros aspectos da diversidade entre a equipe podem incluir ainda orientação sexual, afiliação política, hábitos pessoais, como tabagismo, e interesses pessoais, como caça, viagens etc. Assim como as outras dimensões de diversidade mencionadas anteriormente, esses elementos devem ser respeitados, mesmo se houver desaprovação pessoal, com o objetivo de criar um ambiente de confiança e apoio, necessários para o sucesso do desempenho da equipe.

Estereotipar é categorizar indivíduos em um grupo e, então, conferir a eles as características que acreditamos ser de todos os membros daquele grupo. Os membros da equipe do projeto não devem estereotipar ou fazer suposições sobre o comportamento ou o desempenho de um membro com base em sua diversidade. Não atribua o desempenho de um membro a uma característica específica de diversidade (gênero, idade, etnia etc.) – por exemplo, "Aquela

Reforce sua aprendizagem

35. Quais são algumas das dimensões de diversidade?

Reforce sua aprendizagem

36. Os membros da equipe não devem ____________ ou fazer ____________ sobre o comportamento ou o ____________ de um membro da equipe com base em sua ____________.

atividade era muito entediante e exigia atenção aos detalhes. Kim se saiu bem porque asiáticos e mulheres são bons para esse tipo de atividade". Da mesma forma, não culpe os membros da equipe por algo que saiu errado e relacione esse fato à sua diversidade (por exemplo, incapacidade física, habilidades de linguagem) – "Sua tarefa não foi concluída a tempo porque ele não conseguiu acompanhar o restante da equipe em razão da sua condição cardíaca", ou "Nós tivemos de fazer tudo novamente porque suas instruções não estavam claras por causa de suas escassas competências linguísticas".

Os membros da equipe não devem excluir ou ter baixas expectativas de certos grupos diversificados, como atribuir a eles tarefas menos complexas, presumindo que uma mulher não possa assumir responsabilidades adicionais por causa de suas obrigações familiares. As diferenças não implicam inferioridade ou superioridade. Não desconsidere os comentários ou a contribuição de um membro da equipe somente por causa de suas características diferentes – por exemplo, não pedir a opinião de um membro mais jovem, um funcionário menos qualificado ou um trabalhador manual.

Não identifique, rotule ou se refira a membros da equipe chamando a atenção para a sua diversidade – por exemplo, "É aquele na cadeira de rodas" ou "o cara mais velho" ou "o latino" ou "a garota com as tatuagens" etc. Nem se deve fazer comentários depreciativos e insensíveis ou se engajar em comportamentos que denigram a dignidade de outros – por exemplo, fazer piadas sobre a ortografia ou pronúncia do nome de uma pessoa, em vez de perguntar a ela qual a pronúncia correta; sobre o que alguém está vestindo, como um turbante ou *piercing* no nariz; ou a prática religiosa de uma pessoa, como fazer uma oração antes das refeições.

Não é apropriado que membros da equipe contem piadas ou ridicularizem sobre a característica de diversidade de um membro ou grupo específico. Tal comportamento normalmente reforça os estereótipos. Insinuações também são feitas sobre o que é dito ou escrito (mensagens eletrônicas), as palavras usadas ("aquelas pessoas", "eles"), como é dito (em um tom de desprezo), ou a linguagem corporal usada (sorriso, sobrancelhas levantadas, movimentos de cabeça). Mesmo que não seja intencional, uma pessoa pode usar uma frase ou expressão que confunda ou constranja outro membro da equipe. Embora um membro possa pensar que um comentário é engraçado, outra pessoa pode considerá-lo ofensivo ou nocivo. Do mesmo modo, há uma chance de que aquela pessoa se ofenda porque possui um conhecido ou familiar que seja parte desse grupo (por exemplo, aqueles com deficiência física) que esteja sendo objeto da piada. Comportamento inadequado com relação a diversidade inclui mente fechada, estereotipagem, rotulação, exclusão, ridicularização, insulto, assédio, intimidação e discriminação. Um indivíduo que se sinta ofendido ou vítima de tal comportamento pode não reagir ou expressar seu descontentamento. Pode ficar ressentido com certos membros, o que poderia afetar a coesão, disposição e desempenho da equipe. Se um membro sente que algo que foi dito é ofensivo, deve abordar o assunto com o responsável pela ofensa e talvez aproveitar a oportunidade para educar essa pessoa sobre por que o comentário foi ofensivo. Quaisquer questões de diversidade ou conflitos devem ser abordados imediatamente para que possam ser resolvidos antes que os envolvidos se inflamem e "explodam" mais tarde. Se um membro da equipe exibe um comportamento inaceitável sobre vários aspectos de diversidade, ou vê tal comportamento de outros membros, a preocupação deve ser discutida com o gestor sobre como tais questões devem ser resolvidas – de forma individual, com o grupo de indivíduos envolvidos ou com toda a equipe. Questões ligadas à diversidade não abordadas podem ter sérios impactos sobre a equipe do projeto e o ambiente de trabalho, resultando em conflitos frequentes, clima hostil, comunicação restrita ou desempenho insatisfatório, assim como levar a um aumento do nível de ansiedade, nervosismo e estresse em membros específicos da equipe. Também podem levar a uma reclamação formal por parte de um indivíduo ou grupo e poderia resultar, possivelmente, em um processo contra o contratante e/ou os membros da equipe responsáveis. Outra consequência pode ser também uma ação disciplinatória contra membros individuais da equipe, incluindo a dispensa da equipe ou a demissão do emprego.

O que uma organização responsável por um projeto pode fazer para criar e sustentar um clima positivo e de apoio para a diversidade? Há atitudes que podem ser tomadas pela organização, pelo gestor e por cada membro da equipe sobre esse tema.

Reforce sua aprendizagem

37. Duas medidas que podem ser tomadas pela organização para sustentar um clima positivo para a diversidade são desenvolver uma ____________ por escrito sobre diversidade e fornecer ____________ sobre isso no ambiente de trabalho.

Duas medidas podem ser tomadas pela organização: desenvolver uma política por escrito sobre diversidade e oferecer treinamento sobre isso no ambiente de trabalho. Os objetivos da política devem ser: criar um ambiente de trabalho em que (1) todos os membros da equipe prosperem, (2) diferenças sejam respeitadas e valorizadas, (3) o direito de todos de participar e contribuir seja respeitado, (4) cada membro da equipe seja valorizado e respeitado por suas contribuições singulares, e (5) não seja admitida a falta de respeito ou o comportamento intolerante.

Obstáculos para a valorização da diversidade incluem falta de consciência e de entendimento. Por esse motivo, uma sessão de treinamento sobre diversidade deve promover a consciência, criar entendimento e ajudar a diminuir os mal-entendidos e os conflitos. Oferecer uma sessão de treinamento sobre diversidade a uma equipe no início do projeto para informá-la sobre a política da organização e incorporar estudos de caso e exercícios de troca de papéis é um enfoque eficiente. Impor tal treinamento transmite a ideia de que a organização valoriza a importância da diversidade. Uma meta do treinamento deve ser que membros da equipe se sintam confortáveis fazendo perguntas sobre as diferenças e interações prioritárias no ambiente de trabalho. Um exemplo de como treinamentos informativos adicionais podem ocorrer durante todo o projeto deve ser a promoção de almoços da equipe em que membros de diversas nacionalidades trazem pratos étnicos de lugares diferentes para compartilhar e exemplificar alguns de seus costumes.

Reforce sua aprendizagem

38. Obstáculos para a valorização da diversidade incluem a falta de ____________ e de ____________.

O gestor de projeto deve promover e manter um ambiente de trabalho respeitoso e acolhedor que remova os obstáculos à valorização da diversidade, valorize as diferenças e encoraje a participação de todos os membros da equipe. Ele deve estabelecer e comunicar claramente as expectativas e exemplificar qual o comportamento esperado. O gestor deve discutir a importância do respeito e da valorização da diversidade em uma reunião e, periodicamente, no decorrer de todo o projeto, assim como discutir as expectativas com novos membros como parte de sua orientação quando se unem à equipe.

Os membros da equipe também podem tomar medidas para apoiar a valorização da diversidade e as contribuições de todos. Cada membro pode assumir um compromisso pessoal para entender e valorizar a diversidade e o respeito às diferenças dos outros. Não faça suposições sobre o valor ou a potencial contribuição dos outros membros da equipe. Esteja ciente e reconheça seus próprios estereótipos de grupos diversificados. Demonstre respeito se esforçando para aprender com os membros da equipe que são diferentes de você. Procure ocasiões para "oportunidades de aprendizado". Esforce-se para aperfeiçoar a consciência e entendimento das várias dimensões por meio da participação em treinamentos, leitura, atividades sociais, discussões informais etc. Por exemplo, dedique tempo para conhecer outros membros da equipe fora do ambiente de trabalho em um contexto social mais descontraído. Mantenha a mente aberta, mostre um comportamento profissional, aja de forma civilizada e tenha uma atitude de consideração com os outros.

Reforce sua aprendizagem

39. Quais são alguns motivos pelos quais a equipe do projeto deve valorizar a diversidade como um ponto forte?

A diversidade da equipe diz respeito ao reconhecimento, entendimento e valorização das diferenças, e à criação de um ambiente de trabalho que reconhece, respeita e aproveita as diferenças em favor dos benefícios da conquista de uma meta comum. Deve ser vista e valorizada pela equipe do projeto como um ponto forte que pode enriquecer a comunicação, promover relacionamentos melhores, criar um ambiente de trabalho prazeroso e melhorar o desempenho da equipe. A diversidade da equipe é capaz de trazer ideias e perspectivas únicas aos projetos. Cada membro possui experiências, habilidades e valores para contribuir à equipe. Tais diferenças podem levar a um processo mais criativo, rápido e eficiente de solução de problemas e tomada de decisões. Os membros da equipe devem interagir uns com os outros com base nas diferenças específicas de cada pessoa. Possuir uma meta comum como o objetivo do projeto pode unir um grupo diversificado.

A seguir, os pontos-chave que devem ser lembrados sobre a valorização da diversidade da equipe:

- Não faça suposições ou julgamentos sobre o valor das contribuições dos membros da equipe somente com base nas suas características diferentes.
- Pense antes de falar. Uma vez que algo é dito, você não pode voltar atrás e pode perder o respeito dos outros membros da equipe.

Comportamento ético

Bill parou no escritório de Pat e disse: "Olá, Pat, o que você me diz de 'matarmos' a tarde e irmos jogar golfe? O chefe não está por perto. Se alguém perguntar, podemos dizer simplesmente que estamos indo verificar algo no local da obra. Temos trabalhado duro, então nós merecemos, e não devemos abonar esse dia do nosso período de férias. E, de qualquer modo, nós somos muito mais produtivos que algumas pessoas aqui. Eu falei para o chefe que a tarefa em que estamos trabalhando iria durar 10 dias, e nós devemos terminar facilmente em aproximadamente 6 dias, exatamente como eu previ. Então, temos algum tempo para nós".

O comportamento de Bill é ético? O que Pat deve fazer? Como proprietário de uma pequena empresa, se algum de seus empregados fizer isso e você descobrir, o que você faria?

Há situações em que, em vez de fazer a coisa certa, indivíduos racionalizam suas ações, dizendo "Não estou fazendo mal a ninguém" ou "Todo mundo age assim". Algumas pessoas vão tentar fazer que outras concordem com elas, ou fazer parte da ação, para validar seu comportamento. Em seu modo de ver, deve estar tudo bem se outra pessoa também concorda com a ação.

O comportamento ético não é apenas necessário na organização responsável pelo projeto, mas é fundamental nas relações comerciais com clientes, fornecedores e subcontratados. Clientes e fornecedores querem fechar negócios com um contratante ou organização em que possam confiar. A confiança é especialmente importante no que diz respeito à informação que o gestor ou que os membros da equipe comunicam ao cliente. Omitir ou falsificar informações é inaceitável, especialmente em situações em que há potenciais consequências que envolvem a segurança. Certamente, algumas áreas podem ser flexíveis quanto à necessidade de informes. Por exemplo, quando você informa a um cliente sobre um problema em potencial: imediatamente, assim que o problema é identificado; depois que você tentou resolver o problema; ou uma vez que você já tenha desenvolvido um plano de ação para resolver o problema? O cliente vai alarmar-se muito cedo? É importante comunicar tais situações de forma oportuna e honesta, que seja objetiva, nem desnecessariamente alarmante, nem enganosa.

Reforce sua aprendizagem

40. Clientes e fornecedores querem fechar negócios com contratantes de projeto em que possam __________.

No decorrer de qualquer projeto, situações que oferecem oportunidade para comportamento antiético ou inadequado podem surgir. Alguns exemplos são:

- Submeter um lance baixo de forma intencional para uma proposta com o intuito de cobrar o cliente por alterações de alto custo depois de ganhar o contrato.
- Comprar materiais de fornecedores que oferecem "propinas" ou presentes para fechar negócio com eles, em vez de aderir a práticas justas com preços abertamente competitivos.
- Ser desonesto no relato de horas trabalhadas, resultando em cobranças adicionais do cliente.
- Exagerar ou falsificar relatórios de despesas com viagens.

- Plagiar o trabalho dos outros e assumir o crédito por ele.
- Utilizar materiais ou designs conhecidamente marginais ou inseguros.
- Utilizar suprimentos ou equipamentos do projeto para uso pessoal.
- Pressionar a equipe do projeto para que cobre mais ou trabalhe menos horas para induzir a gerência ou o cliente a acreditar que as despesas do projeto estão dentro do orçamento previsto.
- Propositadamente aprovar resultados de testes que são imprecisos.
- Oferecer propina a inspetores para aprovar trabalhos que, de outra forma, poderiam ter sido reprovados.

Muitas circunstâncias durante o projeto podem ser discutíveis quanto à falta de ética. Por exemplo, se o cronograma de um projeto não é cumprido, deve-se ao fato de o contratante ou a equipe do projeto terem intencionalmente fornecido estimativas de tempo irreais, ou será que foram genuinamente otimistas sobre a conclusão do trabalho no período estimado? O mais provável é que houve "intenção", ou algo que foi feito de forma proposital – a intenção era induzir ao erro de forma proposital? Distorções intencionais, fraude ou representações incorretas são comportamentos completamente antiéticos.

O que uma organização pode fazer para promover o comportamento ético e reduzir as chances de mau comportamento?

Certamente, o gestor deve definir o tom e as expectativas e exemplificar o comportamento ético. Se a equipe do projeto vê o gestor tomar medidas ou decisões que são eticamente questionáveis, vai pensar que estará tudo bem se fizer a mesma coisa. O gestor deve estar comprometido a fazer sempre o que é certo e justo e comunicar as mesmas expectativas à equipe.

Duas medidas que uma organização pode tomar para ajudar a prevenir qualquer conduta inadequada é desenvolver uma política de comportamento ético por escrito e oferecer treinamentos sobre ética no local de trabalho. Uma política de comportamento ético deve incluir tópicos sobre expectativas, um processo para a comunicação do mau comportamento e as consequências para práticas antiéticas. O Project Management Institute desenvolveu um *Código de ética e conduta profissional*, que é excelente guia para pessoas envolvidas em projetos. Também pode fornecer uma base teórica para a política de comportamento ético de uma organização.

Reforce sua aprendizagem

41. Duas medidas que uma organização pode tomar para ajudar a prevenir qualquer conduta inadequada é desenvolver uma __________ de comportamento ético __________ e oferecer __________ sobre ética no local de trabalho.

Oferecer uma sessão de treinamento sobre comportamento ético para informar a equipe do projeto sobre a política da organização e incorporar estudos de caso e exercícios de troca de papéis é um enfoque eficiente. Empregados que participam de treinamentos sobre ética têm menor probabilidade de se envolverem em condutas inadequadas. Impor tal treinamento transmite a ideia de que a organização valoriza muito o comportamento ético.

O gestor deve discutir a importância do comportamento ético em uma reunião da equipe no início do projeto e mencioná-lo regularmente em reuniões no decorrer do projeto. Além disso, quando novos membros são admitidos à equipe do projeto, o gestor deve discutir a importância e as expectativas com relação ao comportamento ético como parte de uma reunião de orientação. Ações éticas, como o apontamento da falta de segurança de um design por um membro da equipe, devem ser encorajadas, reconhecidas e apreciadas. Condutas inadequadas ou conflitos de interesses devem ser abordados e a ação disciplinar adequada aplicada deve mostrar que tal comportamento é inaceitável e não será tolerado.

Os membros da equipe do projeto precisam ser informados de que, se estiverem inseguros ou hesitantes sobre uma possível situação ética ou de conflito de interesses, devem levá-la à atenção do gestor antes de tomar qualquer atitude. A organização responsável pelo projeto também deve estabelecer um processo não ameaçador para que indivíduos comuniquem quaisquer ações por parte de outros que sejam consideradas antiéticas ou inadequadas. Por exemplo, esse processo deve incluir determinado procedimento para que os indivíduos comuniquem tais questões de forma anônima, ou serem capazes de comunicá-las ou discuti-las com uma parte independente, como um gestor de recursos humanos. Se um caso de conduta inadequada é relatado – por exemplo, alguém afirma que uma pessoa da equipe do projeto está falsificando os relatórios de despesas com viagens –, a organização deve investigar com atenção tais alegações para averiguar os fatos, antes de aplicar qualquer medida disciplinar, em vez de se basear em boatos.

O comportamento ético é responsabilidade de todos, não só do gestor. Cada membro da equipe do projeto deve responder por suas ações. A integridade pessoal é a base da ética no local de trabalho. Indivíduos que têm uma mentalidade que defende "escapar (de ser descoberto)" vão eliminar essa base. Outros membros da equipe devem pressionar tais indivíduos para ajudá-los a modificar esse comportamento, ao comunicá-los que não concordam, aprovam, aceitam ou desejam fazer parte de tal comportamento.

Reforce sua aprendizagem

42. A __________ __________ é a base da ética no local de trabalho.

Um ponto para ter em mente ao orientar quanto ao comportamento ético em projetos é não fazer nada que você não queira que sua família, amigos, vizinhos ou colegas de trabalho assistam no noticiário ou nas páginas das redes sociais.

Conflito nos projetos

A ocorrência de conflitos nos projetos é inevitável. Você tem de pensar que conflitos são ruins e devem ser evitados. No entanto, diferenças de opinião são naturais e devem ser esperadas. Seria um erro tentar suprimir um conflito, uma vez que pode ser benéfico. Oferece oportunidade para obter novas informações, considerar alternativas, desenvolver melhores soluções para os problemas, melhorar a coesão da equipe e aprender. Como parte do processo de construção da equipe, o gestor precisa reconhecer abertamente que a divergência é inevitável durante o desempenho do projeto e chegar a um consenso sobre como deve ser resolvido. Tal discussão deve ocorrer no início do projeto, não na ocorrência da primeira situação de conflito ou depois de um conflito emocional. O conflito deverá ser resolvido na reunião inicial do projeto.

As seguintes sessões discutem as fontes de conflito em um projeto e possíveis abordagens para resolver conflitos.

FONTES DE CONFLITO

Durante um projeto, conflitos podem surgir em diversas situações. Podem envolver os membros da equipe, o gestor e até mesmo o cliente e partes interessadas. A seguir, listamos oito potenciais fontes de conflito nos projetos.

ESCOPO DO TRABALHO

Conflitos podem surgir de diferenças de opinião sobre quanto trabalho deve ser feito, como deve ser feito, ou em que nível de qualidade deve ser feito. Veja os seguintes casos:

- Em um projeto para o desenvolvimento de um sistema de rastreamento de pedidos, um membro da equipe acredita que a tecnologia de códigos de barras deve ser usada, enquanto outro considera que as estações digitais de entrada de dados são a melhor opção. Esse é um conflito sobre a abordagem tecnológica do trabalho.
- Em um projeto de um festival comunitário, certo membro da equipe acredita que enviar os panfletos sobre o festival pelo correio para cada residência de uma cidade é suficiente, enquanto outro considera que deve ser enviado a todas as residências do país, além de publicado em jornais, e criarem um site. Esse é um tipo de conflito sobre quanto trabalho deve ser feito.

- Como parte de um projeto para a construção de uma casa, um empreiteiro passou somente uma demão de tinta em cada cômodo da casa. Depois da inspeção, porém, o cliente não está convencido de que uma demão de tinta é suficiente e exige que o empreiteiro passe uma segunda mão de tinta sem custo adicional. Esse é um conflito sobre o nível de qualidade do trabalho.

APLICAÇÃO DE RECURSOS

Conflitos também podem surgir sobre a seleção dos indivíduos que devem trabalhar em certas tarefas ou sobre a quantidade de recursos designados para determinadas tarefas. No projeto para o desenvolvimento do sistema de rastreamento de pedidos, a pessoa selecionada para desenvolver o aplicativo de software pode preferir ser designada para trabalhar no banco de dados porque daria a ela a oportunidade de expandir seu conhecimento e suas habilidades. No projeto sobre o festival comunitário, os membros da equipe encarregados de pintar estandes acreditam que precisam de mais voluntários para ajudá-los a completar o trabalho a tempo.

CRONOGRAMA

Conflitos podem resultar de diferenças de opinião sobre a sequência na qual o trabalho deve ser feito ou sobre qual é a devida duração. Durante a etapa de planejamento no início do projeto, quando um membro da equipe estima que suas tarefas levarão seis semanas para serem concluídas, o gestor pode discordar: "É muito tempo. Nós nunca concluiremos o projeto a tempo. Você deve concluí-las em quatro semanas".

CUSTO

Com frequência, conflitos são gerados por diferenças de opinião sobre quanto um projeto deve custar. Por exemplo, suponha que uma empresa de pesquisa de mercado forneceu a certo cliente um custo estimado para a condução de um levantamento nacional e, então, quando o projeto estava 75% concluído, disse ao cliente que iria provavelmente custar 20% a mais do que o originalmente estimado. Ou, se mais pessoas forem designadas para um projeto em atraso para colocá-lo dentro do prazo, mas agora as despesas estão bem acima do orçamento previsto, quem deve pagar pelo excesso dos custos?

PRIORIDADES

Conflitos são comuns quando pessoas são designadas para trabalhar simultaneamente em vários projetos diferentes, ou quando várias pessoas precisam usar um recurso limitado ao mesmo tempo. Por exemplo, um indivíduo foi designado para trabalhar meio período em uma equipe de projeto em sua empresa para simplificar alguns dos procedimentos da empresa. No entanto, ele teve um aumento repentino de sua carga de trabalho, e sua falha em dedicar a quantidade de tempo prevista em suas atividades no projeto estão impedindo o andamento do projeto. O que tem prioridade: suas tarefas no projeto ou seu trabalho regular? Ou suponha que uma empresa possui um supercomputador capaz de realizar análises complexas de dados científicos. Várias equipes de projeto precisam acessar o computador durante o mesmo período para manter seus respectivos cronogramas. A equipe que não puder usar o computador atrasará a conclusão do projeto. Qual equipe tem prioridade?

QUESTÕES ORGANIZACIONAIS

Uma variedade de questões organizacionais podem gerar conflitos, especialmente durante o estágio de perturbação no desenvolvimento da equipe. Pode haver divergências sobre a necessidade de certos procedimentos estabelecidos pelo gestor com relação a documentos e aprovações. Conflitos podem resultar de comunicação ineficaz ou ambígua sobre o projeto, falha no compartilhamento de informações, ou na pronta tomada de decisões. Por exemplo, conflitos são prováveis se o gestor insistir que todas as comunicações têm que fluir por meio dele. Outro caso pode ser a falta de suficientes reuniões de *status* do projeto. Quando uma reunião é finalmente realizada, são reveladas informações que poderiam ter sido úteis aos outros se tivessem sido conhecidas semanas antes. Como resultado, alguns membros da equipe podem ter de refazer uma parte do trabalho. Finalmente, pode haver conflito entre alguns ou todos os membros da equipe do projeto e o gestor por causa de seu estilo de liderança.

QUESTÕES ENVOLVENDO STAKEHOLDERS

Conflitos podem surgir a partir de questões envolvendo determinados stakeholders. Por exemplo, um grupo pode se opor ao roteamento de uma nova rodovia ou de um novo duto e assumir uma posição contraditória, incluindo a ameaça de fazer demonstrações públicas e campanhas na mídia. Ou então, a equipe de determinada prática médica pode estar indignada por não receberem financiamento e não terem tempo para o treinamento adequado em um novo sistema de registros médicos eletrônicos. Ou ainda, alguns stakeholders podem sentir que o gestor do projeto não fornece informações oportunas ou suficientes sobre o *status* de um projeto.

DIFERENÇAS PESSOAIS

Conflitos podem surgir entre os membros da equipe do projeto em consequência de diferenças nos valores, atitudes ou personalidades dos indivíduos. No caso de um projeto que está atrasado, se um membro da equipe está trabalhando durante a noite para ajustá-lo ao cronograma esperado, pode se ressentir do fato de que outro membro sempre sai no horário normal para jantar com a esposa antes que ela saia para o seu trabalho noturno.

Reforce sua aprendizagem

43. Quais são as fontes de conflitos em projetos?

É possível que não haja nenhum conflito durante alguns momentos do projeto. Por outro lado, haverá momentos em que há muitos conflitos com fontes diferentes que precisam ser resolvidos. É impossível evitar conflitos nos projetos, mas podem ser benéficos se resolvidos de forma adequada.

RESOLVENDO CONFLITOS

A resolução de conflitos não é responsabilidade exclusiva do gestor; conflitos entre membros da equipe do projeto devem ser resolvidos pelos indivíduos envolvidos. Resolvidos da forma correta, os conflitos podem ser benéficos. Possibilitam que os problemas sejam revelados e discutidos. Estimulam a discussão e exigem que os indivíduos esclareçam seus pontos de vista. Conflitos podem forçar indivíduos a procurar por novas perspectivas; podem promover a criatividade e aprimorar o processo de solução de problemas. Se resolvido da forma correta, o conflito ajuda a construção da equipe. Porém, se não for resolvido corretamente, pode ter impacto negativo na equipe do projeto. Destrói a comunicação – pessoas param de se comunicar e compartilhar informações. Pode diminuir a disposição dos membros da equipe para ouvir e respeitar os pontos de vista dos outros. Pode abalar a unidade da equipe e reduzir o nível de confiança e abertura. O foco deve ser mantido no assunto, e não nas personalidades das pessoas envolvidas.

Reforce sua aprendizagem

44. Resolvidos da forma correta, os conflitos podem ser ____________.

Os pesquisadores Blake, Mouton, Thomas e Kilmann identificaram cinco enfoques para a resolução de conflitos.

EVITAR OU SE AFASTAR

Nesse enfoque, indivíduos em conflito recuam da situação para evitar uma divergência real ou potencial. Por exemplo, se alguém discorda de outra pessoa, o segundo indivíduo pode simplesmente permanecer em silêncio. Esse enfoque pode fazer que o conflito se agrave e, então, se intensifique mais tarde.

COMPETIR OU CONFRONTAR

No enfoque que envolve a competição ou o confronto, o conflito é visto como uma situação de ganhar ou perder. O valor dado a vencer o conflito é maior que o dado ao relacionamento entre os indivíduos, e o indivíduo que está em condição de vencer lida com o conflito exercendo poder sobre o outro. Por exemplo, em um conflito entre o gestor e um membro da equipe do projeto sobre qual enfoque técnico deve ser usado para projetar um sistema, o gestor pode simplesmente fazer uso de sua autoridade e dizer "Faça do meu jeito". Esse enfoque para resolver conflitos pode resultar em ressentimento e deterioração do clima no local de trabalho.

ACOMODAR OU FACILITAR

A atitude de acomodar ou facilitar enfatiza a procura por áreas de convergência no conflito e minimiza o valor de abordar as diferenças. Assuntos que causam ressentimentos não são discutidos. Nesse enfoque, o valor dado ao relacionamento entre os indivíduos é maior que o atribuído à resolução da questão. Embora esse enfoque possa causar situação de conflito sustentável, não resolve o problema.

COMPROMETER

No enfoque que envolve o compromisso, os membros da equipe procuram por uma posição intermediária. Eles focam em dividir a diferença. Procuram por uma solução que trará algum nível de satisfação para cada indivíduo. No entanto, pode não ser a ideal. Veja o caso em que os membros do projeto estão estimando as durações das atividades. Um membro da equipe diz "Eu acho que levará 15 dias". Outro diz "De jeito nenhum; não deve levar tanto tempo. Talvez 5 ou 6 dias". Então, eles rapidamente dividem a diferença e concordam em 10 dias, que talvez não seja a melhor estimativa.

COLABORAR, ENFRENTAR OU SOLUCIONAR O PROBLEMA

No enfoque que envolve colaboração, enfrentamento ou solução de problemas, os membros da equipe enfrentam a questão diretamente. Buscam um resultado em que todos ganham. Eles dão muito valor tanto para o resultado quanto para o relacionamento entre os indivíduos. Cada pessoa deve abordar o conflito com atitude construtiva e disposição para trabalhar de boa-fé com os outros para resolver a questão. Há uma troca aberta de informações sobre o conflito como cada um o percebe. As diferenças são exploradas e resolvidas para que se chegue à melhor solução global. Cada indivíduo está disposto a abandonar ou redefinir sua posição à medida que novas informações são compartilhadas com o objetivo de chegar a uma solução ideal. Para que esse enfoque funcione, é necessário ter um ambiente de trabalho saudável no qual haja alto nível de confiança, relacionamentos sejam genuínos e pessoas não tenham medo de retaliações se forem honestas umas com as outras.

As diferenças podem se intensificar e levar a discussões emocionadas. Quando indivíduos tentam resolver um conflito, não podem se deixar levar pelo emocional. Precisam ser capazes de gerenciar, mas não suprimir suas emoções. Precisam ter calma para entender o ponto de vista da outra pessoa. A seguinte seção oferece um enfoque eficiente para a solução colaborativa dos problemas.

Conflitos desnecessários podem ser evitados ou minimizados por meio do envolvimento antecipado da equipe do projeto no planejamento, da articulação clara dos papéis e responsabilidades de cada membro, da comunicação aberta, franca e oportuna, de procedimentos operacionais claros, e de esforços sinceros para a construção da equipe por parte do gestor e da equipe do projeto.

Reforce sua aprendizagem

45. Quais são os cinco enfoques para resolver conflitos?

Solucionando problemas

É incomum que uma equipe conclua um projeto sem encontrar nenhum problema. Normalmente, vários tipos de problemas ocorrem durante a trajetória, alguns mais sérios que outros. Por exemplo, o projeto pode se atrasar algumas semanas, ameaçando a conclusão na data solicitada pelo cliente. Ou pode estar com problemas de orçamento – talvez 50% do dinheiro tenha sido gasto, mas somente 40% do trabalho tenha sido concluído. Alguns problemas são de natureza técnica – um novo sensor óptico não está oferecendo a precisão de dados necessária, ou um novo equipamento de montagem de alta velocidade continua a apresentar problemas técnicos e arruinar componentes importantes. A eficácia com que a equipe soluciona problemas pode significar a diferença entre o sucesso e o fracasso do projeto.

UM ENFOQUE DE NOVE PASSOS PARA A SOLUÇÃO DE PROBLEMAS

Para auxiliar equipes de projeto a solucionar problemas de forma eficaz, é preciso um enfoque disciplinado, criativo e eficiente. Aqui estão nove passos para a solução de problemas, seguidos por uma discussão do tipo *brainstorming* – uma técnica útil em muitos dos passos do enfoque para a solução de problemas.

1. *Desenvolver uma declaração do problema.* É importante começar com uma declaração por escrito sobre o problema, que ofereça definição e limites. A declaração do problema oferece um veículo para que os membros da equipe que vão solucioná-lo concordem sobre a natureza exata do problema que estão tentando resolver. A declaração deve ser a mais específica possível, porque vai ajudar a definir os passos seguintes no processo de solução. Também deve incluir medidas quantitativas quanto ao problema porque estas podem ser usadas como critério de apoio para determinar se o problema foi, de fato, resolvido.
   - Um exemplo de declaração de problema improdutiva é "Estamos atrasados no projeto". Um exemplo de uma declaração de problema mais adequada é "Estamos duas semanas atrasados no projeto. Parece que podemos perder a data de conclusão solicitada pelo cliente, que é daqui a quatro semanas, em duas semanas se não fizermos algo. Se não cumprirmos a data solicitada, terá direito a 10% de redução no preço de acordo com o contrato".
   - Outro exemplo de uma declaração ineficaz é "O sistema de sensoriamento não funciona". Uma melhor declaração seria "O sistema de sensoriamento está fornecendo dados incorretos quando mede as bordas arredondadas das peças".
2. *Identificar causas em potencial do problema.* É possível que haja muitas explicações por que um problema ocorreu ou está ocorrendo. O que é especialmente verdadeiro sobre problemas técnicos. Veja o exemplo de um projeto que envolve o desenvolvimento de um sistema de computador com múltiplos usuários, no qual os dados não estão sendo transmitidos do servidor do computador central para todas as estações de trabalho dos usuários. A causa poderia ser um problema no hardware ou software, ou um problema com o servidor ou com alguma das estações de trabalho. Uma técnica normalmente usada para identificar potenciais causas de um problema é o *brainstorming*. Essa técnica será discutida na próxima seção.
3. *Reunir dados e verificar as causas mais prováveis.* Nas etapas iniciais do processo de solução de problemas, a equipe está geralmente reagindo aos sintomas, e não lidando com o que deve estar sendo a causa do problema. O que é particularmente provável quando o problema é descrito no que se refere aos sintomas. Suponha que uma pessoa vá ao médico e diz que tem tido dores de cabeça. O médico percebe que pode haver muitas causas, como estresse, tumores, uma alteração da dieta, ou um problema associado ao ambiente. Por isso, o médico tenta reunir dados adicionais sobre algumas das causas mais prováveis, fazendo perguntas e, possivelmente, solicitando alguns exames ao paciente. O médico vai, então, usar essa informação para reduzir a lista de causas possíveis

para o problema. É importante que a equipe vá além dos sintomas e reúna os fatos antes de passar para o próximo passo: identificar possíveis soluções. Senão, muito tempo pode ser perdido no desenvolvimento de soluções para os sintomas, em vez de para a causa do problema. Fazer um levantamento de dados, seja por meio de perguntas, conduzindo entrevistas e testes, lendo relatórios ou analisando dados, exige tempo. Entretanto, deve ser feito para focar o trabalho da equipe no restante do processo de solução do problema.

4. *Identificar possíveis soluções*. Esse é o passo divertido e criativo no processo de solução do problema. Também é um passo fundamental no processo. Membros da equipe precisam ter cuidado para não pular para a primeira solução sugerida, ou mesmo para a mais óbvia. Ficarão decepcionados mais tarde, quando a solução imediata e óbvia não funcionar e voltar para a lista. Por exemplo, quando um projeto está atrasado em duas semanas, a solução óbvia pode ser perguntar apenas ao cliente se ele aceita que seja entregue duas semanas mais tarde. Porém, essa solução pode ter o efeito contrário. Se o gestor aborda o cliente e pergunta se o projeto pode ser entregue mais tarde, este pode reagir de forma negativa, ameaçando não fechar mais negócios com a empresa e ligar para o supervisor do gestor para reclamar sobre o atraso. A técnica de *brainstorming*, discutida adiante, é muito útil nesse passo para ajudar a identificar várias soluções possíveis.

5. *Avalie as soluções alternativas*. Uma vez que várias soluções potenciais tenham sido identificadas no passo 4, é preciso avaliá-las. Pode haver muitas soluções adequadas para o problema, mesmo que diferentes. Cada solução viável deve ser avaliada. A pergunta que surge é a seguinte: "Avaliadas com relação a quê?". Os critérios precisam ser estabelecidos. Então, nesse passo, a equipe responsável pela solução do problema precisa, primeiramente, estabelecer os critérios que serão usados para avaliar as soluções alternativas. Uma vez que tenham sido estabelecidos, a equipe pode querer usar uma tabela de pontuação semelhante àquela na Figura 3.2. Um peso diferente pode ser atribuído a cada critério, dependendo do quão importante ele é. Por exemplo, o custo da implementação da solução pode ter um peso muito maior que o tempo estimado para implementá-la. Assim como no passo 3, essa etapa pode levar algum tempo se você precisar reunir dados para avaliar as soluções alternativas de forma inteligente. Por exemplo, é preciso tempo para coletar informações sobre os custos de peças ou materiais necessários para algumas das soluções, especialmente se você precisa solicitar orçamentos de vários vendedores ou fornecedores. Cada pessoa na equipe responsável pela solução do problema deve completar uma tabela de pontuação para a avaliação e cada uma das possíveis soluções. Essas tabelas de pontuação serão usadas no próximo passo.

6. *Determinar a melhor solução*. No primeiro passo, as tabelas de pontuação para avaliação, completadas no passo 5 por cada membro da equipe responsável pela solução do problema, são usadas para ajudar a determinar a melhor solução. Tornam-se a base de discussão entre os membros da equipe. Essas tabelas de pontuação não são usadas como um simples mecanismo para a determinação da melhor solução, mas como material para o processo de tomada de decisão. É nesse momento que se torna importante ter uma equipe abrangente em termos de conhecimento relevante. A decisão sobre qual a melhor solução é baseada no conhecimento e especialidade dos membros da equipe responsável pela solução do problema, em conjunto com as tabelas de pontuação para avaliação.

7. *Revisar o planejamento do projeto*. Uma vez que a melhor solução for selecionada, é preciso preparar um plano para a sua implementação. Atividades específicas devem ser definidas, juntamente com as durações e custos estimados. As pessoas e os recursos necessários para cada tarefa também devem ser identificados. Os membros da equipe do projeto que serão responsáveis pela implementação da solução devem desenvolver essa informação de planejamento. Em seguida, deve ser incorporada ao projeto geral para determinar que impacto terá a solução, se algum, nas partes do projeto. É de especial interesse verificar se a solução selecionada vai gerar outros problemas. Por exemplo, a melhor solução para o problema técnico com um sistema de sensoriamento pode ser fazer um pedido de uma nova peça do fornecedor, mas, se o tempo de entrega for de dois meses,

essa solução pode fazer que todo o projeto se atrase e ameace a conclusão dentro do prazo esperado. Se o risco não foi levado em consideração no passo 5, a equipe responsável pela solução do problema talvez precise reavaliá-la para determinar se ainda é a melhor solução.

8. *Implementar a solução.* Uma vez que o plano para a implementação da melhor solução tenha sido desenvolvido, os membros mais indicados da equipe deverão prosseguir e desempenhar suas respectivas tarefas.
9. *Determinar se o problema foi resolvido.* Depois que a solução tenha sido implementada, é importante determinar se o problema foi, de fato, resolvido. Esse é o momento em que a equipe volta à declaração do problema no passo 1 e compara os resultados da implementação da solução à medida definida para o problema. A equipe deve perguntar: "A solução selecionada resolve o que esperávamos que resolvesse? O problema está resolvido?". A solução pode ter apenas resolvido parte do problema, ou talvez não tenha solucionado o problema em nada. Por exemplo, talvez depois que a nova peça ordenada para o sistema de sensoriamento fosse instalada, o sistema ainda oferecesse uma leitura incorreta dos dados. Se o problema não for resolvido, a equipe responsável pela solução deverá voltar aos passos 2 e 3 para verificar o que mais pode estar causando o problema.

Reforce sua aprendizagem

46. Quais são os nove passos envolvidos na solução do problema?

Dependendo da magnitude e da complexidade do problema, o processo de nove passos discutido pode levar algumas horas ou vários meses. A equipe responsável pela solução deve incluir aqueles indivíduos mais familiarizados com o problema, bem como aqueles com o conhecimento específico que possa ser necessário. Ocasionalmente, o indivíduo com o conhecimento necessário pode ser um colaborador externo, como um consultor, que pode oferecer uma perspectiva diferente.

BRAINSTORMING

Brainstorming é uma técnica usada na solução de problemas na qual os membros de um grupo contribuem com ideias de forma espontânea. Antes que a equipe escolha uma solução para o problema, deve-se assegurar de que explorou a maior diversidade possível de opções e ideias. *Brainstorming* é um modo de gerar muitas ideias de maneira divertida. Gera entusiasmo, criatividade, melhores soluções e maior compromisso. É particularmente útil em dois dos nove passos para a solução de problemas: passo 2, identificar causas em potencial do problema, e passo 4, identificar possíveis soluções.

No *brainstorming*, a *quantidade* de ideias geradas é mais importante do que a *qualidade*. O objetivo é que o grupo produza a maior quantidade possível de ideias, incluindo aquelas mais originais e heterodoxas.

A equipe senta ao redor de uma mesa, com um facilitador encarregado de registrar as ideias em um *flipchart*, computador com projetor ou quadro de giz. Para dar início ao processo, um membro da equipe apresenta uma ideia. Por exemplo, durante uma sessão de *brainstorming* para um projeto que está atrasado em duas semanas, o primeiro membro da equipe pode dizer "Trabalhar horas extras". Em seguida, seria a vez do próximo membro dar uma ideia, tal como "Contratar ajuda temporária". E assim por diante. O processo continua na ordem de posicionamento das pessoas na mesa, cada uma sugerindo de cada vez. Qualquer um que não consiga apresentar uma ideia em sua vez pode dizer apenas "Passo". Algumas pessoas vão sugerir ideias que aperfeiçoem outras mencionadas anteriormente. *Construir* envolve a combinação de várias outras em uma única ou melhorar a ideia de outra. À medida que as ideias começam, o facilitador as registra para que todos possam vê-las. Esse processo simples continua até que ninguém consiga mais apresentar nenhuma ideia ou até que o tempo se esgote.

Reforce sua aprendizagem

47. No *brainstorming*, a ________ de ideias geradas é mais importante que a ________.

Duas regras importantes devem ser seguidas para que o *brainstorming* funcione: *não deve haver nenhuma discussão nem comentário crítico.* Assim que um participante apresentou sua ideia, é a vez da próxima pessoa. Indivíduos devem apenas apresentar uma ideia, e não discuti-la, justificá-la, ou tentar vendê-la. Outros participantes não podem fazer nenhum comentário, nem críticas, nem dar apoio, e ninguém pode fazer perguntas sobre a pessoa que apresentou a ideia. Obviamente, tais comentários "assassinos" como, por exemplo, "Isto nunca vai dar certo", "Essa é uma ideia estúpida" ou "O chefe nunca vai aprovar isso" não são permitidos, mas os participantes também devem ter cuidado para não usar a linguagem corporal, como levantar as sobrancelhas, tossir, rir ou enviar mensagens críticas.

O *brainstorming* pode ser uma forma eficaz e divertida de ajudar uma equipe responsável pela solução de um problema a descobrir qual a melhor solução.

Gestão de tempo

As pessoas envolvidas em projetos são normalmente muito ocupadas com suas tarefas específicas, comunicando-se, preparando documentos, participando de reuniões e viajando. Por isso, gerir o tempo de forma eficiente é essencial para o bom desempenho da equipe. A seguir, algumas sugestões para ajudar você a gerenciar o seu tempo de forma eficiente:

1. *Ao final de cada semana, identifique as várias metas (duas a cinco) que você quer alcançar na próxima semana.* Liste as metas em ordem de prioridade com a mais importante (não a mais urgente) em primeiro lugar. Leve em consideração o tempo em que você estará disponível; consulte a sua agenda para a semana para verificar se tem alguma reunião ou outros compromissos. Não tente criar uma lista exaustiva, com múltiplas páginas, de tudo que gostaria de fazer. Mantenha essa lista de metas à vista para que você a consulte com frequência.
2. *No fim de cada dia, faça uma lista de tarefas que devem ser feitas no próximo dia.* Os itens na lista diária de tarefas a fazer devem servir de apoio para o cumprimento das metas da semana. Liste os itens em ordem de prioridade, mais uma vez colocando o mais importante (não necessariamente o mais fácil ou mais urgente) em primeiro lugar. Antes que você prepare uma lista de atividades a fazer, consulte aquele dia na sua agenda para verificar quanto tempo tem disponível para dedicar à execução dos itens na sua lista. Você pode ter reuniões ou compromissos que vão reduzir o tempo disponível. Deve permitir um período flexível durante a sua programação diária para acomodar eventos inesperados que possam surgir. Não faça uma lista exaustiva de tudo o que gostaria de fazer quando não há tempo – apenas causa frustração.

   Liste somente o que você sabe que pode, de verdade, executar. Não adote o hábito de simplesmente adiar qualquer tarefa que não tenha sido executada para o próximo dia. Você vai terminar com mais itens adiados que executados! É importante escrever uma lista, e não apenas fazê-la mentalmente. Escrevê-la consolida o compromisso de executá-la.
3. *Antes de qualquer outra atividade pela manhã, leia a lista diária de tarefas e a mantenha à vista durante todo o dia.* Deixe todo o resto de lado e comece a trabalhar no primeiro item. Foco e disciplina pessoal são extremamente importantes. Não desvie a atenção para itens menos importantes que possam ser menos desafiadores, como leitura de mensagens eletrônicas que não são essenciais ou arquivamento. À medida que você completa um item, exclua-o da lista; o que proporciona uma sensação de realização. Então, comece logo em seguida o próximo item. Novamente, não opte por trabalhar nos itens menos importantes presentes na sua lista.
4. *Controle as interrupções.* Não deixe que telefonemas, mensagens eletrônicas ou visitantes inesperados desviem sua atenção do trabalho nos itens da lista. Você pode usar um bloco para anotar os telefonemas que deve retornar e as mensagens que deve responder ou enviar, em vez de deixar que interrompam seu trabalho no decorrer do dia. Em certos momentos, você pode optar por fechar a porta para que as pessoas saibam que não devem interromper. Quando estiver trabalhando em um item específico de sua lista, guarde outros documentos para eliminar a tentação de começar a trabalhar em outra coisa.
5. *Aprenda a dizer não.* Não se deixe envolver em atividades que vão consumir o seu tempo e não vão contribuir com o cumprimento de suas metas. Talvez você tenha de recusar convites para participar de reuniões ou via-

gens, servir em comitês ou revisar documentos. Você pode precisar encurtar conversas de corredor. Aprenda a dizer não ou vai sobrecarregar-se e acabar sendo uma pessoa muito ocupada e que não cumpre suas metas.

6. *Faça uso eficaz do tempo de espera.* Por exemplo, sempre carregue seu smartphone, tablet eletrônico, ou algum material para leitura com você, caso fique preso em um aeroporto, tráfego intenso ou no consultório do dentista.
7. *Tente lidar com a maior parte da documentação e das mensagens eletrônicas de uma única vez.* Revise sua correspondência ou mensagens eletrônicas no final do dia para que isso não o desvie do trabalho. Pode ser que haja algo na sua correspondência ou lista de e-mails que faça que você adicione um item à lista que preparou para o dia seguinte. Ao revisar a correspondência ou e-mails, faça algo com relação a cada documento enquanto o lê:
   - Quando se tratar de correspondência sem interesse ou lixo eletrônico, jogue fora ou os apague sem ler.
   - Se for possível, jogue fora ou apague depois de ler; arquive somente se não puder obter a informação em outro lugar, se necessário.
   - Se for necessário, envie uma breve resposta eletrônica ou escreva a mão uma resposta no documento e devolva-o ao autor.
   - Se for preciso um período longo para a leitura do documento, incorpore-o em suas futuras listas (se o item tiver uma contribuição importante para oferecer às suas metas semanais), ou coloque-o na sua pasta para que possa lê-lo quando estiver preso em algum lugar (veja o item 6, acima).
8. *Recompense a si mesmo no final da semana se cumpriu com todas as suas metas.* Assegure-se de que está sendo honesto consigo. Recompense a si mesmo por cumprir todas as suas metas, não por trabalhar duro e estar ocupado sem cumprir suas metas. Tenha em mente que a recompensa deve ser um incentivo e uma premiação associada diretamente ao cumprimento das metas. Se não cumprir as metas semanais, você não deve recompensar a si mesmo. Senão, a recompensa não terá significado e não vai constituir um incentivo para que cumpra as metas.

Reforce sua aprendizagem

48. Quais são algumas medidas que você pode tomar para gerenciar o tempo de forma mais eficaz?

GESTÃO DE PROJETOS NO MUNDO REAL

A missão do Google de criar a equipe perfeita

O que torna uma equipe perfeita? Faz diferença se a equipe é composta de pessoas com interesses semelhantes, se são todos qualificados no tópico do projeto, ou se são motivados pelas mesmas recompensas? Existem características específicas que definem uma equipe efetiva e eficiente? Se houver, essas características podem ser selecionadas para possibilitar a melhor experiência e os resultados de mais alto nível da equipe?

O Projeto Aristóteles, do Google, foi estabelecido para encontrar as especificações que permitissem criar equipes perfeitas. Exploraram passatempos, origens educacionais, padrões de socialização, amizades fora do trabalho, comportamentos extrovertidos e introvertidos, e muitos dados sobre padrões de comunicação e tipos de personalidade.

Após uma busca e um exame de dados aprofundados, eles consideraram impossível definir um padrão. Abeer Dubey, gestor da divisão de análises de pessoal, do Google, comentou: "analisamos 180 equipes de toda a empresa. Tínhamos muitos dados em mãos, mas não havia nada mostrando que uma mistura de tipos específicos de personalidades ou habilidades ou origens fazia alguma diferença. A parte da equação relacionada a 'quem' parecia não importar".

Algumas das equipes bem-sucedidas do Google eram compostas por amigos que se socializaram em situações externas ao local de trabalho e outras equipes eram formadas por estranhos entre si. A força da gestão variou, com algumas equipes efetivas lideradas por gestores fortes, e outras, por gestores que utilizaram um ambiente mais do tipo matriz com menos hierarquia. Dubey observou: "no Google, somos bons em encontrar padrões, mas não havia padrões fortes aqui".

Como não estavam conseguindo encontrar quaisquer padrões para explicar a produtividade, eficácia ou qualquer uma das outras normas das equipes, os pesquisadores do Projeto Aristóteles resolveram recorrer a artigos acadêmicos e a temas nos comentários feitos pelos membros da equipe. Verificaram declarações sobre regras não escritas, a cultura de equipe, o reforço de comportamentos, o encorajamento do desempenho, desânimo por qualquer coisa que não se relacionasse à tarefa, e as personalidades dos membros do grupo.

Nas revistas acadêmicas, a equipe encontrou referências às pesquisas sobre equipes realizadas pela Carnegie Mellon University, pelo Instituto de Tecnologia de Massachusetts e pela Union College, nos Estados Unidos, por um grupo de psicólogos que tentava definir e medir sistematicamente a inteligência de equipes. Descobriram que algumas equipes tinham indivíduos inteligentes que permaneceram agindo individualmente e não aumentaram o quociente de inteligência (QI) total da equipe, e que outras equipes que eram compostas de pessoas com menores níveis de QI e que trabalhavam em conjunto, aumentaram o QI total do grupo. Na pesquisa, eles realizaram um teste em que as pessoas tinham de "ler" os olhos de outras em fotografias e declarar o que acreditavam que a pessoa na foto estava pensando ou sentindo. Foi interessante para os pesquisadores e a equipe do Projeto Aristóteles observar que as pessoas em equipes mais bem-sucedidas obtiveram pontuações acima da média no teste e que as pessoas em equipes ineficazes obtiveram pontuações abaixo da média. Os psicólogos concluíram que equipes bem-sucedidas transmitem a compreensão de quando alguém está chateado ou feliz e que essas equipes propiciam um ambiente psicologicamente seguro.

Para testar esta teoria no Google, o projeto Aristóteles trabalhou com um gestor que havia sido membro da equipe S.W.A.T. antes de entrar para o Google. Ele não tinha experiência em computadores, mas entendia de gestão. Matt Sakaguchi liderou uma equipe que particularmente não trabalhava muito bem. Então foi designado para uma nova equipe, e quis saber mais sobre como conseguir que sua nova equipe trabalhasse melhor. O projeto Aristóteles deu a ele uma pesquisa para conduzir com sua nova equipe, que incluía perguntas que questionavam se os membros da equipe entendiam seus papéis e suas responsabilidades e se sabiam quando seu trabalho causava impacto.

Surpreendentes para Sakaguchi, os resultados indicaram que sua nova equipe estava insatisfeita e que ele não havia identificado seus sentimentos. Sakaguchi levou sua equipe para um local externo, a fim de discutir os resultados da pesquisa e pensar no que poderia ser feito. Ele começou a sessão com uma história sobre os próprios problemas de saúde que estava enfrentando. Os membros da equipe ficaram estupefatos; eles estavam trabalhando com Sakaguchi havia dez meses e não tinham tomado conhecimento desse fato. Outros membros da equipe revelaram seus desafios pessoais com situações sociais e de saúde. Logo desenvolveram um ambiente onde os membros da equipe se sentiram seguros para compartilhar honestamente sobre o que os incomodavam. Como uma equipe, desenvolveram novas normas para aumentar a comunicação, fazer um maior esforço para incluir os outros e observar as emoções alheias. Sakaguchi concordou em fornecer mais informações à equipe sobre seu papel na missão do Google.

O resultado do que o Google descobriu com o projeto Aristóteles foi que ninguém quer ser obrigado a deixar a personalidade e a vida pessoal em casa quando vão para o trabalho. As pessoas passam uma parte significativa do seu dia nos locais de trabalho e precisam se sentir psicologicamente seguras para compartilhar aspectos de suas vidas sem medo de recriminação. O Google aprendeu que o sucesso é construído com base nas experiências dos membros da equipe e em como eles se sentem. As conversas complexas e o alerta emocional que é necessário não podem ser otimizados pela coleta e seleção de dados. Os membros individuais nas equipes bem-sucedidas se ouvem entre si e têm sensibilidade quanto às situações pessoais e profissionais uns dos outros.

Com base em informações de Duhigg, C. (2016). What Google learned from its quest to build the perfect team. *The New York Times Magazine*. Disponível em: http://www.nytimes.com/2016/02/28/magazine/what-google-learned-from-its-quest-to-build-the-perfect-team.html?_r=0.

FATORES ESSENCIAIS PARA O SUCESSO

- O sucesso do projeto exige uma equipe eficaz. Embora o planejamento e as técnicas de gestão de projeto sejam necessárias, são as pessoas – o gestor e a equipe – a chave para o sucesso do projeto.
- Reunir um grupo de pessoas para que trabalhem juntas em um projeto não é suficiente para uma equipe. Ajudar esses indivíduos a se desenvolver e evoluir para uma equipe coesa e eficaz exige esforço do gestor e de cada membro da equipe do projeto.
- As equipes devem ter o menor número possível de pessoas no decorrer de todo o projeto.
- Uma reunião inaugural do projeto deve ser realizada o mais cedo possível para informar os membros, reduzir a ansiedade, administrar as expectativas e inspirar a equipe.
- Características normalmente associadas às equipes de projeto eficazes incluem entendimento claro do objetivo do projeto, expectativas claras sobre os papéis e responsabilidades de cada pessoa, orientação para resultados, alto grau de cooperação e colaboração e alto nível de confiança.
- Cada membro de uma equipe de projeto precisa ajudar a criar e promover um ambiente positivo.
- Membros eficazes de uma equipe têm grandes expectativas sobre si mesmo. Planejam, controlam e sentem-se responsáveis por seus esforços individuais no trabalho.
- Membros de equipes eficazes comunicam-se de forma aberta, franca, sem ambiguidade e oportuna. Compartilham informações, ideias e sentimentos prontamente. Oferecem *feedback* construtivo uns aos outros.
- Os membros eficazes de uma equipe vão além de suas tarefas específicas; atuam como recursos uns à disposição dos outros.
- A diversidade da equipe é capaz de trazer ideias e perspectivas únicas aos projetos.
- Cada membro assume um compromisso pessoal para entender e valorizar a diversidade e o respeito às diferenças dos outros membros da equipe.
- A diversidade é valorizada como ponto forte que pode enriquecer a comunicação, promover melhores relacionamentos, criar um ambiente de trabalho prazeroso e melhorar o desempenho da equipe.
- O comportamento ético é fundamental nas relações comerciais com clientes, fornecedores e subcontratados.
- O gestor e a equipe do projeto precisam reconhecer abertamente que a divergência é inevitável durante o desempenho do projeto e chegar a um consenso sobre como deve ser resolvido.
- Equipes de projeto eficazes resolvem conflitos por meio de *feedback* e confronto positivo dos problemas que sejam construtivos e oportunos. A divergência não é suprimida; em vez disso, é vista como normal e uma oportunidade de crescimento.
- Resolvidos da forma correta, os conflitos podem ser benéficos. Possibilitam que os problemas sejam revelados e discutidos. Estimulam a discussão e exigem que os indivíduos esclareçam seus pontos de vista. Podem promover a criatividade e aprimorar o processo de solução de problemas.
- A resolução de conflitos não é responsabilidade exclusiva do gestor; conflitos entre membros da equipe do projeto devem ser resolvidos pelos indivíduos envolvidos.
- Cada pessoa deve abordar o conflito com atitude construtiva e disposição para trabalhar de boa-fé com os outros para resolver a questão.
- Para gerenciar o tempo de forma eficaz, os membros da equipe devem estabelecer metas semanais e fazer listas de tarefas diárias.

! RESUMO

Uma equipe é um grupo de indivíduos que trabalha de forma interdependente para alcançar o objetivo de um projeto. Trabalho em equipe é o esforço cooperativo dos membros de uma equipe para alcançar uma meta comum. A eficácia da equipe do projeto, ou a falta dela, pode significar a diferença entre o sucesso e o fracasso do projeto.

Quando um projeto é iniciado, uma das primeiras atitudes que o gestor deve tomar é obter e reunir a equipe do projeto. Os membros da equipe do projeto são selecionados ou designados com base não só em suas especialidades e experiências, mas também na disponibilidade. As equipes de projeto devem ter o menor número possível de pessoas no decorrer de todo o projeto.

Equipes de projeto evoluem por meio de várias etapas de desenvolvimento. A formação, o estágio inicial no processo de desenvolvimento de equipes, envolve a transição de indivíduo para membro de equipe. Durante esse estágio, os indivíduos começam a se conhecer. Durante a fase de perturbação, conflitos surgem e a tensão aumenta. A motivação e a disposição são baixas. Os membros podem até mesmo resistir à formação da equipe. Porém, depois de passar pelas dificuldades da fase de perturbação, a equipe passa para o estágio de ajuste em seu desenvolvimento. Os relacionamentos entre os membros da equipe e entre a equipe e o gestor se estabilizam, e a maioria dos conflitos interpessoais é resolvida. O quarto estágio no desenvolvimento e crescimento das equipes é o chamado de realização (*performing*). Nesse estágio, a equipe está altamente comprometida e ansiosa para alcançar o objetivo do projeto. Os membros compartilham um sentimento de unidade.

O gestor deve agendar uma reunião inaugural o mais cedo possível durante o estágio de formação do desenvolvimento da equipe para informar os membros, reduzir a ansiedade, administrar expectativas e inspirar a equipe. Oferece oportunidade para os membros se conhecerem. O gestor deve fornecer uma visão geral do projeto e discutir papéis, responsabilidades, processos, procedimentos e expectativas.

As características das equipes eficazes de projeto incluem entendimento claro do objetivo do projeto, expectativas claras sobre os papéis e responsabilidades de cada pessoa, orientação para resultados, alto grau de cooperação e colaboração e alto nível de confiança. São barreiras à eficácia da equipe, a falta de visão clara e objetiva, de definição clara de papéis e responsabilidades, de estrutura do projeto, de compromisso, de comunicação, de liderança, a rotatividade dos membros e o comportamento disfuncional.

O que as pessoas que trabalham em projetos têm em comum é que apreciam o desafio de realizar algo e trabalham como parte de uma equipe. Cada membro precisa ajudar a criar e promover um ambiente positivo e eficaz. Membros eficientes colocam o sucesso do projeto acima de seus planos pessoais.

Trabalho em equipe é o esforço cooperativo para alcançar uma meta comum. A formação da equipe – desenvolvimento de um grupo de indivíduos em uma equipe para realizar o objetivo do projeto – é um processo contínuo. É responsabilidade tanto do gestor quanto da equipe do projeto. A socialização entre os membros contribui com a construção da equipe. Para facilitar a socialização, a equipe pode requisitar que os membros estejam fisicamente localizados em uma mesma área do escritório por toda a duração do projeto. Eles também podem organizar e participar de eventos sociais.

Diversidade significa reconhecimento, entendimento e valorização das diferenças e a criação de um ambiente de trabalho que reconhece, respeita e aproveita as diferenças entre os membros da equipe em favor dos benefícios da conquista de uma meta comum, tal como o objetivo do projeto. A diversidade da equipe é capaz de trazer ideias e perspectivas únicas aos projetos. Todos os membros possuem experiências, qualidades e valores que adicionam à equipe. Tais diferenças podem levar a um processo mais criativo, rápido e eficiente de solução de problemas e de tomada de decisões. Algumas dimensões de diversidade incluem idade ou geração, aparência, etnia ou descendência, gênero, saúde, *status* profissional, conjugal e parental, nacionalidade e afiliação religiosa, identidade sexual e expressão de gênero. Os membros da equipe não devem estereotipar ou fazer suposições sobre o comportamento ou o desempenho de outro membro com base em sua diversidade.

São obstáculos para a valorização da diversidade a falta de consciência e de entendimento. Duas medidas que podem ser tomadas pela organização para criar e sustentar um clima positivo e de apoio à diversidade são desenvolver uma política por escrito e oferecer treinamento sobre diversidade no ambiente de trabalho. Cada membro da equipe pode assumir um compromisso pessoal para entender e valorizar a diversidade e o respeito às diferenças dos outros membros. A diversidade deve ser vista e valorizada pela equipe como ponto forte que pode enriquecer a comunicação, promover relacionamentos melhores, criar um ambiente de trabalho prazeroso e melhorar o desempenho.

O comportamento ético é necessário em uma organização e é fundamental nas relações de negócios com cliente, fornecedores e subcontratadas. Clientes e fornecedores querem fechar negócios com um contratante ou organização em que possam confiar. Distorções intencionais, fraude ou representações incorretas são comportamentos completamente antiéticos. Duas medidas que uma organização pode tomar para ajudar a prevenir qualquer conduta inadequada é desenvolver uma política de comportamento ético por escrito e oferecer treinamentos sobre ética no local de trabalho. Uma política de comportamento ético deve incluir tópicos sobre expectativas, um processo para a comunicação do mau comportamento e as consequências para práticas antiéticas. Condutas inadequadas ou conflitos de interesses devem ser abordados e a ação disciplinar adequada aplicada deve mostrar que tal comportamento é inaceitável e não será tolerado. Cada membro deve responder por suas ações. A integridade pessoal é a fundação da ética no local de trabalho.

A ocorrência de conflitos nos projetos é inevitável. Durante um projeto, conflitos podem surgir de diversas situações. Eles podem envolver os membros da equipe, o gestor e até mesmo o cliente. Potenciais fontes de conflito nos projetos incluem diferenças de opinião sobre quanto trabalho deve ser feito, como o trabalho deve ser feito, qual o nível de qualidade, quem deve ser designado para trabalhar em quais tarefas, a sequência na qual o trabalho deve ser feito, quanto tempo deve durar e quanto deve custar. Conflitos também podem surgir em consequência das diferenças nos valores, nas atitudes e personalidade dos indivíduos. A resolução de conflitos não é responsabilidade exclusiva do gestor; conflitos entre membros da equipe devem ser resolvidos pelos indivíduos envolvidos. Abordados da forma adequada, os conflitos podem ser benéficos porque revelam os problemas e permitem que sejam resolvidos.

É incomum que uma equipe conclua um projeto sem encontrar alguns problemas. Uma abordagem útil de nove passos para a solução de problemas inclui desenvolver uma declaração do problema, identificar as potenciais causas, reunir dados e verificar as causas mais prováveis, identificar possíveis soluções, avaliar soluções alternativas, determinar a melhor solução, revisar o plano do projeto, implementar a solução e determinar se o problema foi resolvido. *Brainstorming* é uma técnica usada na solução de problemas na qual os membros de um grupo contribuem com ideias de forma espontânea. No *brainstorming*, a quantidade de ideias geradas é mais importante do que a qualidade.

A gestão eficaz do tempo é essencial para o bom desempenho da equipe. Para administrar o tempo de forma eficaz, os membros da equipe devem identificar metas semanais, fazer listas diárias de tarefas a ser realizadas, focar no cumprimento dessas tarefas, controlar interrupções, aprender a dizer não para atividades que não os mova na direção de suas metas, fazer uso eficaz do tempo de espera, lidar com documentos e mensagens eletrônicas somente uma vez ao dia e recompensar a si mesmos por cumprir suas metas.

? QUESTÕES

1. Discuta os estágios do desenvolvimento de equipes. Fale do processo, dos problemas e do nível de produtividade de cada estágio.
2. Quais são os benefícios de uma reunião inaugural de projeto? Com base em sua experiência em projetos, descreva como uma reunião inaugural pode ser melhorada.
3. Quais são as cinco características associadas às equipes de projeto eficazes? O mesmo pode ser dito sobre a eficácia de um casal, orquestra ou equipe esportiva profissional? Por quê?
4. Quais são as barreiras comuns à eficácia da equipe? Pense em um projeto no qual você trabalhou. Discuta quaisquer barreiras ao sucesso.
5. Por que se diz que não há EU na EQUIPE? Você concorda ou discorda? Como você pode ser um membro eficaz da equipe?
6. Descreva as três atividades que facilitam o processo de construção da equipe. O gestor do projeto deve ser o responsável por todas elas?

7. Descreva algumas das dimensões de diversidade. Liste algumas formas por meio das quais você pode lucrar com a diversidade para alcançar o objetivo do seu projeto.
8. Qual o papel do gestor quanto ao comportamento ético na equipe? Quais os passos que podem ser tomados para ajudar a assegurar um alto grau de comportamento ético? Descreva uma situação na qual você se viu confrontado com uma decisão ética e o resultado da sua decisão.
9. Discuta alguns tipos de conflitos que podem surgir durante um projeto. Descreva duas situações nas quais você experimentou esses tipos de conflito.
10. Descreva os métodos para lidar com conflitos em um projeto. Como o conflito foi resolvido nas duas situações que você descreveu na sua resposta à pergunta 9?
11. O gestor de um banco local notou que, depois que um novo sistema de informação foi instalado no banco, algumas transações dos clientes não estavam sendo postadas. O gestor sabia que esse problema poderia levar a sérias dificuldades financeiras, assim como clientes insatisfeitos. Descreva como poderia aplicar o processo de nove passos para a solução de problemas descrito no capítulo para solucionar esse problema.
12. Com um ou alguns colegas, conduza uma sessão de *brainstorming* e liste a maior quantidade possível de usos para um clipe de papel.
13. Como as pessoas podem administrar o tempo de forma mais eficaz? Quais dessas sugestões você pratica atualmente? Para a próxima semana, tente administrar melhor o seu tempo. Atente para todos os conselhos dados no livro. Ao final da semana, escreva um resumo da sua experiência.

PESQUISA NA INTERNET

1. *The Fish! Philosophy* (*O peixe! Filosofia!*), desenvolvido por Charthouse®, inclui quatro práticas simples, interconectadas, que ajudam a construir fortes relações nas equipes, com clientes ou com outros, como colegas de classe, família, amigos e colegas de trabalho. Procure na Web pelos recursos relacionados a *The Fish! Philosophy*. Para cada uma das quatro práticas, faça uma lista de pelo menos cinco ideias ou ações que membros de equipe poderiam realizar para construir relações fortes seguindo essa prática.
2. Faça uma busca na internet por ideias sobre equipes de projeto eficazes. Resuma o que você encontrou e compare com o que foi apresentado nesse capítulo.
3. Faça uma busca na internet por ideias sobre fontes de conflito e estratégias para a resolução de conflitos. Resuma o que você encontrou e compare com o que foi apresentado nesse capítulo.
4. Faça uma busca na internet por ideias sobre gestão do tempo. Imprima as ideias listadas em pelo menos um site e discuta as que você acredita que são as cinco estratégias mais eficazes para a gestão do tempo.
5. Faça uma busca na internet por um estudo de caso sobre o desenvolvimento de equipes de projeto. O gestor obteve êxito na construção de seu time? Por quê? Descreva pelo menos um dilema ético que o gestor ou a equipe podem ter de enfrentar no projeto.

REFERÊNCIAS

Aga, D. A., Noorderhaven, N., e Vallego, B. (2015). Transformational leadership and project success: The mediating role of team-building. *International Journal of Project Management*, *34*(5), 806-818.

Alberola, J. M., Del Val, E., Sanchez-Anguix, V., Palomares, A., e Teruel, M. D. (2016). An artificial intelligence tool for heterogeneous team formation in the classroom. *Knowledge-Based Systems*, *101*, 1-14.

Blake, R., e Mouton, J. (1978). *The new managerial grid*. Houston, TX: Gulf Publishing Co.

Debernard, A., Cavender, R., Velasquez, E., e Spielvogel, E. (2016). In safe hands. *PM Network, 30*(3), 22-23.

Duhigg, C. (2016). What Google learned from its quest to build the perfect team. *The New York Times Magazine*. Retrieved from http://www.nytimes.com/2016/02/28/magazine/what-google-learned-from-its-quest-to-build-the-perfect-team.html?_r=0

Enninga, T., e van der Lugt, R. (2016). The innovation journey and the skipper of the raft: About the role of narratives in innovation project leadership. *Project Management Journal, 47*(2), 103-114.

Ekrot, B., Kock, A., e Gemünden, H. G. (2016). Retaining project management competence Antecedents and consequences. *International Journal of Project Management, 34*(2), 145-157.

Fellows, R. e Liu, A. (2016). Sensemaking in the cross-cultural contexts of projects. *International Journal of Project Management, 34*(2), 246-257.

Higginbottom, K. (2014). How to Support transgender employees in the workplace. *Forbes Leadership*. Retrieved from http://www.forbes.com/sites/karenhigginbottom/2014/06/24/how-to-support-transgender-employees-in-the-workplace/#5b82bdf758b1

Hoegl, M., e Muethel, M. (2016). Enabling Shared leadership in virtual project teams: A practitioners Guide. *Project Management Journal, 47*(1), 7-12.

Jacobsson, M., e Hällgren, M. (2016). Impromptu teams in a temporary organization: On their nature and role. *International Journal of Project Management, 34*(4), 584-596.

Jungmann, F., Hilgenberg, F., Porzelt, S., Fischbach, M., e Wegge, J. (2016). Team work and leadership in an aging workforce: Results of an intervention project. In B. Deml, P. Stock, R. Bruder, e C.M. Schlick (Eds.), *Advances in ergonomic design of systems, products and processes* (pp. 57 70). Berlin Heidelberg: Springer Berlin Heidelberg.

Kraft, K., e Prytherch, H. (2016). Most significant change in conflict settings: Staff development through monitoring and evaluation. *Development in Practice, 26*(1), 27-37.

Lee, C. K., Yiu, T. W., e Cheung, S. O. (2016). Selection and use of alternative dispute resolution (ADR) in construction projects Past and future research. *International Journal of Project Management, 34*(3), 494-507.

Lin, T., Chen, C., Hsu, J. S., e Fu, T. (2015). The impact of team knowledge on problem solving competence in information systems development team. *International Journal of Project Management, 33*(8), 1692-1703.

Monzon, A., Chow, T., Guthrie, P., Lu, Z., Chuma, C., He, H., e Kuzkov, S. (2016). Methods for promoting knowledge exchange and networking among young professionals in the aerospace sector IAF s IPMC Workshop 2013 Insights. *Acta Astronautica, 118*, 123-129.

Project Management Institute. (2017). *A guide to the project management body of knowledge* (PMBOK® Guide) (6th ed.). Newtown Square, PA: Author.

Thomas, K., e Kilmann, R. (1975). The social desirability variable organizational research: An alternative explanation for reported findings, *Academy of Management Journal, 18*(4), 741-752.

Tuckman, B., e Jensen, M. (1977). Stages of small-group development revisited. *Group e Organization Studies, 2*(4), 419-427.

Turner, J. R. (2016). Team cognition conflict: A conceptual review identifying cognition conflict as a new team conflict construct. *Performance Improvement Quarterly, 29*(2). Doi:10.1002/piq21219

Turner, M., e Mariani, A. (2016). Managing the work-family interface: Experience of construction project managers. *International Journal of Managing Projects in Business, 9*(2), 243-258.

Van Marrewijk, A., e Smits, K. (2016). Cultural practices of governance in the Panama Canal expansion megaproject. *International Journal of Project Management, 34*(3), 533-544.

Comunicação e documentação do projeto 12

Eric Broder Van Dyke/Shutterstock.com

- Comunicação pessoal
  - *Comunicação verbal*
  - *Comunicação escrita*
  - *Escuta eficaz*
- Reuniões
  - *Tipos de reuniões de projeto*
  - *Reuniões eficazes*
- Apresentações
  - *Prepare a apresentação*
  - *Faça a apresentação*
- Relatórios
  - *Tipos de relatórios de projeto*
  - *Relatórios úteis*
- Acompanhamento das alterações do documento
- Plano de comunicação do projeto
- Comunicação com as partes interessadas
- Ferramentas colaborativas de comunicação
- Resumo
- Questões
- Pesquisa na internet
- Referências

Os conceitos abordados nesse capítulo apoiam as seguintes áreas do *PMBOK® Guide:*

Gestão de comunicações do projeto
Gestão de integração do projeto
Gestão de recursos do projeto
Gestão das partes interessadas do projeto

GESTÃO DE PROJETOS NO MUNDO REAL

Monitoramento e controle das comunicações

Quando o San Francisco Giants venceu o campeonato mundial de 2014 da Liga Principal de Beisebol, os fãs queriam homenagear o time em um desfile para comemorar a vitória. Sara Hunt, vice-presidente da Giant Enterprises, uma subsidiária da equipe de beisebol do San Francisco Giants, começou a trabalhar. Hunt gerencia os eventos públicos do time que não sejam partidas de beisebol.

"Em geral, ninguém quer começar a planejar muito cedo", comentou Hunt, "mas também é preciso ter tempo suficiente para criar um evento sem problemas com um ambiente seguro para todos os participantes".

Com um potencial para mais de um milhão de fãs nas ruas de San Francisco, Califórnia, Hunt precisava planejar os muitos aspectos do desfile. Que ruas deveriam ser utilizadas para a rota? Onde deveria ser instalado o estande VIP? Que equipes de televisão e jornais cobririam o evento e onde deveriam instalar seus equipamentos? Quais seriam os possíveis riscos de segurança: bombas, uma fuga em massa das pessoas, terremotos, falhas de energia? Quais equipes de emergência deveriam estar no local?

Hunt havia planejado outros eventos que enfrentaram problemas durante a realização e queria garantir que estivesse pensando em todos os detalhes com uma visão suficientemente ampla e que houvesse comunicações suficientes no local para lidar com quaisquer problemas críticos. Um desses eventos anteriores foi um concerto particular para um cliente corporativo do San Francisco Giants. Durante o evento, o sistema de som falhou. Enquanto as equipes trabalhavam rapidamente para restaurar o sistema de som, Hunt monitorava as mídias sociais para avaliar a reação do público à falha do som. Os participantes passaram a relatar a emoção que estavam sentindo ao verem uma *performance* acústica improvisada. Assim que o sistema de som foi restaurado, Hunt e sua equipe de eventos decidiram permitir que o público aproveitasse o desempenho com som não amplificado por algum tempo antes de acionarem novamente a amplificação.

O desfile da vitória para os campeões foi bem-sucedido. Além dos fãs, outras partes interessadas presentes no evento incluíram os profissionais de relações públicas, funcionários da prefeitura, representantes e membros da equipe dos Giants, membros da equipe de eventos e produtores, policiais e bombeiros municipais, e o departamento de obras públicas da cidade. Hunt atribui o sucesso obtido às fortes relações existentes entre os stakeholders e ao bom sistema de comunicações. Os sistemas que foram instalados eram capazes de administrar qualquer crise ou situação perigosa. "Independentemente de se tratar de um terremoto ou uma fuga em massa, é necessário envolver os recursos de emergência certos para reagir rápida e completamente", afirmou Hunt.

Alguns eventos, como esse desfile, precisam ser planejados rapidamente. Registros efetuados e lições aprendidas podem ajudar a elaborar um planejamento de eventos em curto prazo. Outros eventos, como a visita do Papa aos Estados Unidos, na Filadélfia, Pensilvânia, ou no Quênia, Uganda, na República Centro-Africana, têm períodos de planejamento muito mais longos e níveis de avaliação de risco bem mais altos. As comunicações nesses projetos são amplas. A visita do Papa à Filadélfia, Pensilvânia, exigiu a maior iniciativa de segurança da história dos EUA para uma visita papal. Quando o Papa esteve em Uganda foi preciso um sistema de comunicação entre 12.800 profissionais que proporcionaram a segurança em diversos departamentos e regiões geográficas do país.

Os projetos bem-sucedidos dependem do monitoramento e controle das comunicações, algumas das quais já estão nos canais usuais do projeto e outras são novas devido ao desenvolvimento de ferramentas tecnológicas. Hunt observou que "a capacidade de utilizar informações em tempo real é surpreendente, e isso tem um enorme impacto sobre como gerenciamos os eventos atualmente". Independentemente do tamanho do seu projeto e do tempo de planejamento necessário, é preciso ter um bom plano de comunicação e de gestão das comunicações.

Com base em informações de Blake, M. (2016). Crowd control. *PM Network*, *30*(2), 6-8.

Esse capítulo discute um elemento vital para a atuação eficaz de uma comunicação do projeto. A comunicação acontece entre a equipe do projeto e o cliente ou patrocinador e outras partes interessadas, entre os membros da equipe e entre a equipe e a alta gerência da organização. A comunicação pode envolver duas ou um grupo de pessoas. Pode ser verbal ou escrita. Pode ser face a face ou envolver alguma mídia, como telefone, mensagem de voz, e-mail, torpedo, cartas, memorandos, videoconferências, sistemas de desenvolvimento de documentos, e ferramentas Web 2.0 compartilhadas. Pode ser formal, como um relatório ou uma apresentação em uma reunião, ou informal, como uma conversa de corredor ou uma mensagem de texto. Esse capítulo cobre vários tipos de comunicação usados durante o projeto. Você se familiarizará com:

- Sugestões para melhorar a comunicação pessoal, como diálogos face a face e comunicações escritas.
- Escuta eficaz.
- Vários tipos de reuniões de projeto e sugestões para reuniões eficazes.
- Apresentações de projeto formais e sugestões para apresentações efetivas.
- Relatórios de projeto e sugestões para preparar relatórios úteis.
- Monitoramento e controle de mudanças em documentos do projeto.
- Um plano de comunicação do projeto.
- Comunicação com os stakeholders
- Ferramentas colaborativas de comunicação.

RESULTADOS DE APRENDIZAGEM

Após o estudo deste capítulo, você estará apto a:

- Discutir e aplicar técnicas para melhorar a comunicação pessoal verbal e escrita.
- Descrever quatro barreiras para ouvir eficazmente e aplicar técnicas para melhorar a escuta e o entendimento.
- Preparar e facilitar a eficácia das reuniões de projeto.
- Preparar e fazer apresentações informativas e interessantes.
- Preparar relatórios úteis, legíveis e compreensíveis.
- Explicar como rastrear as mudanças para os documentos do projeto.
- Criar um plano de comunicação do projeto.
- Comunicar-se efetivamente com as partes interessadas do projeto.
- Descrever ferramentas colaborativas usadas para melhorar a comunicação em projetos.

Comunicação pessoal

Muitas vezes, a comunicação inadequada é a principal causa do fracasso no cumprimento do enfoque, do cronograma e do orçamento do projeto ou da falha em atender os objetivos referentes à satisfação dos clientes. A comunicação efetiva e o fluxo de informações oportunas são essenciais e representam a força vital para a gestão de projeto bem-sucedida.

A comunicação pessoal eficaz e frequente é crucial para manter a movimentação do projeto, identificar problemas em potencial, solicitar sugestões para melhorar o desempenho do projeto, manter a satisfação do cliente, manter o envolvimento do stakeholder, e evitar surpresas. A comunicação pessoal pode ocorrer por palavras ou por meio não verbal, como a linguagem corporal. Pode ser face a face ou usar alguma mídia, incluindo telefone, mensagem de voz, e-mail, torpedo, memorandos, videoconferência, sistemas de desenvolvimento de documentos e ferramentas Web 2.0 compartilhadas. A comunicação pessoal pode ser verbal ou escrita.

Reforce sua aprendizagem

1. ____________ e oportuna são essenciais para ____________ gestão de projetos.

Reforce sua aprendizagem

2. Identifique dois tipos de comunicação verbal pessoal.

COMUNICAÇÃO VERBAL

A comunicação verbal pessoal pode ser face a face ou por telefone. Pode ser por meio de correio de voz ou videoconferência. A informação pode ser comunicada de forma mais precisa e oportuna pela comunicação verbal. Tal comunicação fornece um fórum para discussão, esclarecimento, entendimento e *feedback* imediato. A comunicação face a face também fornece oportunidade para observar a linguagem corporal que vem com a comunicação. Até mesmo as conversas telefônicas permitem ao ouvinte escutar o tom, a flexão, a velocidade, o volume e a emoção da voz. A linguagem corporal e o tom são elementos importantes que enriquecem a comunicação verbal. Situações face a face fornecem uma oportunidade ainda mais enriquecida de comunicação que conversas telefônicas.

Reforce sua aprendizagem

3. A linguagem corporal pode ser usada não apenas pela pessoa que está falando, mas também pelo __________, como uma forma de fornecer __________ à pessoa que está falando.

A linguagem corporal pode ser usada não apenas pela pessoa que está falando, mas também pelo ouvinte, como uma forma de fornecer um *feedback*. A linguagem corporal positiva pode incluir contato visual direto, um sorriso, gesticulações, inclinação para a frente e aceno com a cabeça em reconhecimento ou concordância. A linguagem corporal negativa pode ser uma reprovação, cruzamento de braços, relaxamento, inquietação, olhar fixo ou distante, um rabisco ou bocejo. Na comunicação pessoal, as pessoas precisam ser sensíveis à linguagem corporal que reflete a diversidade cultural dos participantes, tanto se esses forem outros membros da equipe quanto o cliente ou outras partes interessadas. Ao se comunicar com indivíduos de outras culturas ou países, você precisa estar ciente dos costumes deles quanto a saudação, gestos, contato visual e protocolo. Por exemplo, os gestos com as mãos, a proximidade com a pessoa com quem se comunica, balançar a cabeça, e o toque têm significados diferentes em culturas diferentes.

Reforce sua aprendizagem

4. Na comunicação pessoal, as pessoas precisam ser sensíveis à linguagem corporal que reflete a __________ __________ dos participantes.

Ao se comunicar verbalmente, deve-se cuidar para não fazer comentários, usar palavras ou frases que possam ser vistas como sexistas, racistas, preconceituosas ou ofensivas. Os comentários não têm de ser feitos diretamente a uma pessoa em particular para ser ofensivos. Os comentários feitos em um ambiente de grupo podem ser ofensivos a alguns indivíduos no grupo. Podem achar algumas declarações ofensivas para eles ou para um conhecido. Comentários sobre costumes étnicos, sobrenomes, dialetos, práticas religiosas, características físicas, aparência ou modos podem ser ofensivos, mesmo se a ofensa não for intencional ou se for dita numa brincadeira. *Por isso, pense antes de falar; não é possível cancelar aquilo que você disse.*

Um grau alto de comunicação face a face é especialmente importante no começo de um projeto para promover a construção da equipe, desenvolver bons relacionamentos de trabalho e estabelecer expectativas mútuas e criar confiança. Instalar a equipe em uma mesma área facilita a comunicação. É muito mais fácil chegar ao escritório de alguém para perguntar algo do que ligar e talvez esperar por vários dias pelo retorno da ligação. Entretanto, correio de voz permite que as pessoas se comuniquem verbalmente de forma oportuna quando a conversa face a face não for possível. Nem sempre é viável instalar a equipe em uma área em comum, especialmente se for uma equipe virtual que inclui membros ou contratados em diferentes localizações geográficas. Em tais casos, a videoconferência pode ser útil, se disponível.

Reforce sua aprendizagem

5. Os membros da equipe precisam ser __________ em iniciar a comunicação oportuna para __________ e __________ informação.

Os membros da equipe precisam ser proativos em iniciar a comunicação oportuna com outros membros e com o gestor para obter e dar informações, em vez de esperar por uma reunião de projeto que pode ocorrer dali a várias semanas. O gestor, particularmente, deve sair do escritório regularmente e fazer uma visita a cada membro da equipe. Ele deve tomar a iniciativa de visitar o cliente ou a alta gerência da organização do projeto para uma comunicação face a face, em vez de esperar que seja convocado para uma reunião. Se uma visita ao cliente envolver uma viagem longa, o gestor deve manter conversas telefônicas regulares entre as visitas.

A comunicação verbal deve ser frequente, oportuna, clara, concisa, honesta e sem ambiguidade. Às vezes, tentar ser muito diplomático, especialmente ao comunicar um problema ou preocupação, pode ser confuso ou resultar em expectativas pouco claras. A comunicação com uma pessoa pode não funcionar da mesma maneira que com outra. Por exemplo, o estado emocional de uma pessoa pode influenciar no modo como a comunicação é recebida. Você deve fazer perguntas para verificar se houve entendimento sobre o que está sendo comunicado. Peça que a pessoa declare o que entendeu sobre o assunto caso não tenha certeza de que o ponto tenha sido totalmente compreendido. Da mesma forma, se não tiver certeza do que o outro está tentando dizer, parafraseie o que se imagina ter sido dito para assegurar o entendimento mútuo.

Finalmente, o momento da comunicação verbal é importante. Por exemplo, você não deve invadir o escritório de um colega e interrompê-lo se ele estiver no meio de algo importante. Em vez disso, pergunte quando seria oportuno se reunirem. Você deve indicar por quanto tempo e sobre o que precisam conversar. Então, ele saberá se deve esperar por uma conversa de 10 minutos sobre algo trivial ou 1 hora de reunião sobre um assunto crucial. Da mesma forma, ao telefonar para outra pessoa, você deve dizer logo no começo sobre que tópicos irão discutir e por quanto tempo e, então, perguntar se pode ser naquele momento ou se deve ligar em um momento mais conveniente.

Reforce sua aprendizagem

6. Identifique dois métodos que podem ser usados para gerar um *feedback* durante a comunicação verbal.

COMUNICAÇÃO ESCRITA

A comunicação escrita é geralmente feita por meio de correspondência interna entre a equipe e por correspondência externa com clientes ou outros fora da empresa, como os subcontratados ou alguns stakeholders. A correspondência escrita é normalmente feita por e-mail ou pode ser enviada como cópia impressa. Documentos formais do projeto, como contratos e emendas, que precisam de assinaturas, normalmente são enviados como cópia impressa.

Reforce sua aprendizagem

7. Quais são os dois tipos de comunicação escrita pessoal?

E-mail é um meio eficaz de se comunicar com um grupo quando não é possível fazer uma reunião ou quando a informação precisa ser distribuída de forma rápida. A comunicação escrita deve ser usada apenas quando houver necessidade. Os participantes do projeto normalmente estão muito ocupados e não têm tempo de ler mensagens banais ou documentos irrelevantes com informações que poderiam ser passadas verbalmente na reunião seguinte.

Um e-mail pode ser adequado para confirmar uma conversa face a face ou por telefone, ratificando uma decisão ou ações em vez de confiar na memória de uma pessoa. Quando um e-mail for usado para confirmar uma conversa, as pessoas não envolvidas na discussão, mas que podem precisar da informação, devem ser copiadas. Também, tal comunicação escrita pode ser importante se um membro deixar o projeto – o substituto deve ter um registro das ações e decisões anteriores.

A comunicação escrita pode ser usada principalmente para informar, confirmar e requisitar – por exemplo, lembrar a equipe de que o cliente vai visitá-los em determinada data ou pedir que os membros da equipe forneçam dados por escrito para o relatório trimestral sobre o progresso do projeto para o cliente.

A comunicação escrita deve ser clara e concisa e não incluir dissertações longas ou anexos extremamente volumosos. Os participantes do projeto estão ocupados com suas tarefas e verão esses e-mails ou mensagens eletrônicas mais como interferências que como uma ajuda. Por outro lado, um e-mail relacionado ao trabalho não deve incluir *emoticons* ou abreviações típicas de mensagem de texto, pois podem ser considerados pouco profissionais e não ser entendidos por todos os receptores, que podem interpretá-los erroneamente. KWIM :-) ["know what I mean?", ou "sabe o que quero dizer?"] Evite enviar um e-mail com uma mensagem muito emotiva. Em vez disso, grave um rascunho, revise-o no dia seguinte, e você provavelmente vai modificá-lo para diminuir as emoções nele expressas e agir de modo mais profissional.

ESCUTA EFICAZ

Reforce sua aprendizagem

8. A falha ao __________ pode provocar uma __________ na comunicação.

O objetivo da comunicação deve ser *alcançar o entendimento.* "Eu sei que você acredita ter entendido o que me ouviu dizer. Mas o que não percebe é que o que pensa ter ouvido não é o que eu quis dizer". Comunicar-se é mais do que falar e ouvir. As palavras não são o centro da comunicação, mas sim o entendimento – não apenas ser entendido, mas também entender. A pessoa que fala frequentemente supõe que o ouvinte está entendendo o que está dizendo. A metade da comunicação eficaz é ouvir. A falha ao ouvir pode provocar uma quebra na comunicação.

Aqui estão algumas barreiras para a escuta eficaz:

- *Fingir que está ouvindo.* Você ouve e pensa mais rápido que a média das pessoas falam. Isso pode levá-lo a desviar o pensamento, entediar-se ou pensar sobre o que quer falar como resposta.
- *Distrações.* Se tentar fazer outra coisa, como atender o telefone ou ler ou enviar uma mensagem, enquanto alguém está falando com você, não conseguirá focar a pessoa que está falando. Também é fácil se distrair com pessoas conversando por perto ou com coisas acontecendo do outro lado da janela.
- *Mente fechada e preconceituosa.* Ouvir o que apoia seu ponto de vista e desligar-se para as coisas com as quais discorda é conhecido como escuta seletiva. O preconceito na escuta também pode ser atribuído a sentimentos quanto ao estilo de vestuário, aparência, tom de voz ou modos do falante.
- *Impaciência.* Se estiver ansioso para que a pessoa que está falando chegue ao ponto, ou se tem dificuldade de esperar pela chance de interromper e falar, você pode se desligar do que está sendo falado.
- *Chegar a conclusões precipitadas.* Se começar a tirar conclusões sobre o que está sendo dito antes de o falante terminar, você pode não ouvir a história toda ou todos os fatos.

Reforce sua aprendizagem

9. Faça uma lista de algumas barreiras comuns para a escuta eficaz.

Ouvir é mais do que simplesmente deixar a outra pessoa falar. Precisa ser um processo ativo, não passivo. A escuta ativa aumenta o entendimento e reduz os conflitos. Seguem algumas sugestões para melhorar a habilidade de ouvir:

- *Foque a pessoa que está falando.* Olhar para a pessoa que está falando ajuda a se concentrar e a prestar atenção na linguagem corporal do falante.
- *Envolva-se na escuta ativa.* Forneça *feedback* verbal e não verbal à pessoa que fala. Pode-se entender como linguagem corporal acenar com a cabeça em entendimento ao que a pessoa está dizendo, sorrir ou simplesmente se inclinar para a frente atentamente. Pode ser um comentário verbal que não precise de uma resposta do falante, como "Interessante", "Entendo", ou "Hum-hum". Pode ser uma paráfrase do que o falante está dizendo, como "Você está dizendo que... " ou "Você quer dizer que...". Tais paráfrases darão ao falante uma oportunidade de esclarecer quaisquer mal-entendidos.
- *Faça perguntas.* Quando você precisa de mais clareza ou mais informações sobre algo que a pessoa está dizendo, faça uma pergunta investigativa, como "Você poderia falar mais sobre isso?".
- *Não interrompa.* Quando uma pessoa está falando, ouça todo o enunciado ou espere por uma pausa apropriada antes de interromper com uma pergunta ou comentário. Não interrompa ou mude de assunto antes de a pessoa que está falando completar sua mensagem.

Reforce sua aprendizagem

10. O que se pode fazer para melhorar suas habilidades de escuta?

Boas habilidades de escuta são importantes para que os membros da equipe sejam eficazes ao se comunicar entre si ou com o cliente.

Reuniões

Uma reunião pode ser um veículo para incentivar a construção da equipe e reforçar as expectativas, as funções e o comprometimento dos membros com o objetivo do projeto. Essa trata de vários aspectos das reuniões que podem acontecer durante um projeto e fornece sugestões para assegurar que as reuniões sejam eficazes.

TIPOS DE REUNIÕES DE PROJETO

Os tipos mais comuns de reuniões de projeto são:

- Reunião inaugural do projeto.
- Reuniões de análise de *status*.
- Reuniões para solução de problemas.
- Reuniões de análise crítica de projeto.
- Reunião de avaliação pós-projeto.

Veja no Capítulo 11 mais informações sobre a reunião inaugural do projeto e no Capítulo 9, sobre a reunião de avaliação pós-projeto.

Não é incomum que um contrato entre um cliente e um contratado inclua a necessidade de reuniões periódicas de análise de *status* e de análise crítica.

REUNIÕES DE ANÁLISE DE *STATUS*

Uma reunião de análise de *status* do projeto normalmente é liderada ou convocada pelo gestor do projeto; geralmente envolve todos ou alguns dos membros da equipe e também pode incluir o cliente e/ou a alta administração da equipe do projeto. Os principais propósitos de tal reunião são informar, identificar problemas e itens de ação. As reuniões devem ser feitas regularmente para que problemas atuais e em potencial sejam identificados antecipadamente e para que surpresas que possam colocar o objetivo do projeto em risco sejam prevenidas. Por exemplo, essas reuniões de análise podem ser semanais com a equipe e menos frequentes com o cliente – talvez mensal ou trimestralmente, dependendo da duração total do projeto ou das exigências contratuais.

Reforce sua aprendizagem

11. Quais os principais propósitos de uma reunião de análise de posicionamento?

Uma amostra da programação para tal reunião é exibida na Figura 12.1. Nela há alguns dos assuntos que podem ser discutidos em cada item da programação:

- *Realizações desde a última reunião.* Etapas principais do projeto que foram alcançadas devem ser identificadas, e as ações nos itens das reuniões anteriores devem ser revistas.
- *Custo, cronograma, escopo do trabalho – posicionamento.* A *performance* deve ser comparada ao plano-base. É importante que o *status* seja baseado em informações atuais quanto a tarefas concluídas e gastos reais.
- *Custo, cronograma e escopo do trabalho – tendências.* Quaisquer tendências positivas ou negativas nas atividades do projeto devem ser identificadas. Mesmo que um projeto esteja adiantado, o fato de que o cronograma tenha escorregado nas últimas semanas pode indicar que ações corretivas devam ser iniciadas agora, antes que o projeto fique atrasado.
- *Custo, cronograma e escopo do trabalho – previsões.* Baseado em *status*, tendências e tarefas atuais do projeto que ainda precisam ser completadas, a data prevista para finalizar o projeto e o custo previsto ao ser completado devem ser revistos e comparados ao objetivo do projeto e ao plano-base.

Reunião de equipe de análise de *status* do projeto

Programação

8:00	Realizações desde a última reunião.	
	• Hardware	Steve
	• Software	Alex
	• Documentação	Wendy
8:30	Custo, cronograma e escopo do trabalho	Jack
	• *Status*	
	• Tendências	
	• Previsões	
	• Variações	
8:50	Atualização da avaliação do risco	Teresa
9:00	Atualização das questões envolvendo stakeholders	Jack
9:10	Ações corretivas, se necessárias	Conforme as ações
9:30	Oportunidades para melhoria	Todos
9:40	Discussão aberta	Todos
9:55	Atribuições do item de ação	Jack
10:00	Encerramento	

FIGURA 12.1 ▪ Programação de análise de posicionamento do projeto.

- *Custo, cronograma e escopo do trabalho – variações.* Quaisquer diferenças entre o progresso real e o planejado quanto ao custo e cronograma para os pacotes de trabalho do projeto e atividades devem ser identificadas. Essas variações podem ser positivas – por exemplo, estar adiantado no cronograma – ou negativas – por exemplo, ultrapassar o orçamento do valor ganho pelo trabalho que foi realizado. As variações negativas ajudarão a apontar tanto problemas atuais quanto os em potencial. Deve-se dar atenção em especial às partes do projeto que obtiveram variações negativas e que continuam a piorar.
- *Atualização da avaliação de risco.* Determine se há mudanças na probabilidade de ocorrência ou de impacto em potencial de quaisquer riscos previamente identificados. Uma atenção especial deve ser dada à revisão dos pontos disparadores de cada risco para determinar se os planos de resposta a um risco qualquer estão na iminência de terem de ser implementados. Identifique quaisquer riscos novos.
- *Atualização das questões relacionadas às partes interessadas.* Revise o registro de problemas das partes interessadas para se certificar de que quaisquer questões polêmicas serão resolvidas de maneira oportuna. Além disso, identifique problemas que já tenham sido resolvidos, assim como quaisquer novos desafios que tenham sido detectados.
- *Ações corretivas.* Em alguns momentos, as ações corretivas para lidar com problemas atuais e em potencial podem ocorrer durante a reunião de análise de posicionamento – por exemplo, recebendo a aprovação do cliente ou da gerência para prosseguir com a compra de certos materiais ou com a autorização de hora extra para que o projeto volte ao cronograma. Em outros casos, reuniões individuais para solucionar problemas podem ser necessárias para que certos membros da equipe do projeto possam desenvolver ações corretivas – por exemplo, a fim de desenvolver uma resposta para o problema de um stakeholder que envolve mudar a localização planejada de uma instalação de armazenamento de produtos químicos devido à proximidade de uma escola de ensino fundamental.

- *Oportunidades para melhoria.* As oportunidades para a melhoria também devem ser identificadas. Por exemplo, um membro da equipe do projeto pode apontar que as especificações técnicas podem ser alcançadas com o uso de um material alternativo ou uma peça de equipamento que seja substancialmente menos cara que aquela que havia sido planejada inicialmente. Ou pode sugerir que poderiam economizar muito tempo replicando e modificando um pouco certo software já existente em vez de desenvolver um programa completamente novo.
- *Atribuições do item de ação.* Itens específicos de ação devem ser identificados e atribuídos a membros específicos da equipe. Para cada item de ação, deve-se anotar a pessoa responsável e a data estimada para que esteja completo. A data de término deve ser estimada pela pessoa responsável pelo item de ação. Quando as pessoas verbalizam seu comprometimento com a data durante uma reunião, diante de outras pessoas, normalmente se esforçarão para completar no período.

Deve-se notar que ouvir as informações fornecidas durante a reunião de análise de posicionamento é uma forma, mas não a única, que o gestor do projeto tem para conseguir o entendimento verdadeiro do posicionamento do projeto. Precisa validar o que foi dito durante essa reunião por meio de comunicação pessoal com cada membro da equipe. O gestor também deve pedir para verificar quaisquer produtos tangíveis, ou que serão entregues, como desenhos, protótipos ou relatórios. Isso validará que o item está realmente completo (e não apenas quase completo) e mostrará que o gestor está realmente interessado no trabalho de um indivíduo e reconhece sua importância na realização bem-sucedida do objetivo.

REUNIÕES PARA SOLUÇÃO DE PROBLEMAS

Quando um problema atual ou potencial é identificado por um membro da equipe, deve-se marcar prontamente uma reunião para solução de problemas com os outros membros apropriados, e não esperar pela próxima reunião de análise de posicionamento. A identificação e solução de problemas o quanto antes são importantes para o sucesso do projeto.

O gestor e sua equipe precisam estabelecer diretrizes no começo do projeto quanto a quem e quando deve iniciar as reuniões de solução de problemas, bem como o nível de autorização necessário para implementar ações corretivas.

As reuniões de solução de problemas devem seguir uma boa abordagem, como:

1. Desenvolver uma declaração de problema.
2. Identificar causas em potencial do problema.
3. Reunir dados e verificar as causas mais prováveis.
4. Identificar possíveis soluções.
5. Avaliar as soluções alternativas.
6. Determinar a melhor solução.
7. Revisar o plano do projeto.
8. Implementar a solução.
9. Determinar se o problema foi solucionado.

Reforce sua aprendizagem

12. Verdadeiro ou falso: quando membros da equipe identificam problemas atuais ou em potencial, devem esperar até a reunião de análise de posicionamento seguinte para colocá-los em discussão.

Veja, no Capítulo 11, sobre a abordagem para a solução de problemas em nove passos.

REUNIÕES DE ANÁLISE CRÍTICA DE PROJETO

Os projetos que envolvem uma fase de desenho, como o desenvolvimento de um sistema de informação, de um site ou o desenho de uma planta para a reforma de um hospital, podem precisar de uma reunião de análise crítica do projeto principalmente para assegurar que o patrocinador ou o cliente concorda e aprova a solução técnica desenvolvida pela equipe ou contratado.

Por exemplo, uma companhia contrata um consultor para desenhar, desenvolver e implementar um sistema de informação para rastrear os pedidos de clientes desde a entrada do pedido até o recebimento de pagamento. A companhia pode exigir que o consultor analise o desenho do sistema com representantes da companhia antes de aprovar a próxima fase do projeto, o que envolve o desenvolvimento detalhado do sistema e a compra de hardware e software. Numa fase posterior do projeto, a companhia pode desejar que um grupo de determinados funcionários analisem e aprovem a interface do usuário e os formatos de tela desenvolvidos pelo consultor para assegurar que atendam às necessidades e expectativas das pessoas que usarão o sistema.

Em muitos projetos, há duas reuniões de análise crítica:

1. *Uma reunião preliminar* que ocorre quando a equipe do projeto ou o contratado completa o desenho inicial, os desenhos conceituais, as especificações ou o fluxograma. A razão dessa reunião preliminar é a aprovação pelo patrocinador ou cliente quanto à solução técnica antes de comprar materiais que demoram a ser entregues para que não haja atraso no cronograma do projeto.
2. *Uma reunião final* que ocorre quando a equipe do projeto ou o contratado completou as especificações detalhadas, os desenhos, os formatos de tela e de relatório, entre outros. A razão para essa reunião é obter a aprovação do patrocinador ou cliente antes de começar a construir, montar e produzir o resultado do projeto.

Reforce sua aprendizagem

13. Em muitos projetos, normalmente há duas reuniões de análise crítica do projeto de desenho: uma reunião de revisão __________ e uma reunião __________.

REUNIÕES EFICAZES

Antes, durante e depois da reunião, o organizador ou líder pode tomar várias medidas para assegurar que a reunião seja eficaz.

ANTES DA REUNIÃO

- *Determinar se uma reunião é realmente necessária* ou se um outro mecanismo, como uma chamada em conferência, pode ser mais apropriado.
- *Determinar o objetivo da reunião.* Por exemplo, para compartilhar informação, planejar, coletar *inputs* ou ideias, tomar uma decisão, persuadir ou vender, solucionar um problema ou avaliar o posicionamento.
- *Determinar quem precisa participar da reunião,* de acordo com o objetivo. O número de participantes deve ser o mínimo necessário para alcançar o objetivo da reunião. Membros da equipe normalmente estão ocupados com suas tarefas e não querem participar de reuniões para as quais não podem contribuir ou das quais não têm nada a ganhar. Indivíduos que são convidados a atender a uma reunião devem saber por que foram chamados a participar.
- *Distribuir uma programação bem antes da reunião* para os convidados. O programa deve incluir:
  - o objetivo da reunião;
  - tópicos a serem abordados. Os itens devem ser listados do mais para o menos importante. Se o tempo acabar, os itens mais importantes terão sido abordados;
  - o tempo fixado para cada tópico e quem o abordará, fará a apresentação ou liderará a discussão.

A Figura 12.2 é uma amostra de programa para uma reunião de análise de projeto com um cliente. Quaisquer documentos ou dados que os participantes necessitem rever devem acompanhar a programação antes da reunião. Deve-se ter tempo suficiente entre a distribuição do anúncio e a data da reunião para permitir que os

Reunião de análise crítica do projeto com o cliente

Programação

8:00	Comentários iniciais	Jeff
8:15	Revisão técnica	
	• *Design* do sistema.	Joe
	• Treinamento	Cathy
	• Planos de instalação	Jim
10:00	Pausa	
10:15	Posicionamento do projeto	Jeff
	• Programação	
	• Custo	
11:00	Avaliação de riscos	Teresa
11:15	Questões envolvendo stakeholders	Jeff
11:30	Mudanças propostas	Joe
12:30	Discussão aberta (caixas de almoço)	
1:00	Encerramento	

FIGURA 12.2 ▪ Programação de reunião de análise crítica do projeto do cliente.

participantes se preparem adequadamente. Alguns participantes podem necessitar coletar e analisar dados ou preparar a apresentação ou apostilas.

- *Preparar recursos visuais ou apostilas. Slides* em PowerPoint, gráficos, quadros, tabelas, diagramas, fotografias e modelos físicos são recursos visuais eficazes. Frequentemente, esses materiais focam a discussão e evitam incoerências e desentendimentos. Uma imagem vale mil palavras!
- *Providenciar uma sala de reuniões.* A sala deve ser grande o suficiente para que as pessoas não fiquem amontoadas ou desconfortáveis. As cadeiras devem ser organizadas de forma que todos os participantes possam ver uns aos outros; isso facilitará a participação. Os recursos visuais apropriados e os acessórios (projetor, tela, computador, *flipchart*) devem estar na sala e ser testados antes de a reunião começar. Se algum dos apresentadores for usar *slides* em PowerPoint, economiza-se tempo ao carregar o arquivo no computador antes de a reunião começar. Comes e bebes devem ser encomendados se a reunião for longa. Por exemplo, almoço pode ser servido para que as discussões não sejam interrompidas.

Em alguns casos, uma sala de conferência pode ser designada como "sala de projeto", onde todas as reuniões do projeto podem acontecer ou os membros da equipe podem se reunir para discussões sobre solução de problemas. Às vezes, em tais salas ficam os planos do projeto, os cronogramas, os quadros de posicionamento e os diagramas do sistema colocados nas paredes para uma fácil referência aos membros da equipe do projeto.

Reforce sua aprendizagem

14. Para assegurar a sua eficácia, quais são alguns passos que o organizador ou líder deve tomar antes da reunião?

Reforce sua aprendizagem

15. Verdadeiro ou falso: é sempre uma boa ideia esperar até que todos cheguem antes de começar a reunião, mesmo que passe do horário marcado.

DURANTE A REUNIÃO

- *Começar a reunião no horário marcado.* Se o líder da reunião esperar pelos atrasados, as pessoas criarão o hábito de chegar atrasado, porque sabem que a reunião não vai começar de qualquer forma. Se a reunião começa no horário, as pessoas criarão o hábito de chegar no horário em vez de se envergonharem por chegar com a reunião em andamento.
- *Designar alguém para tomar notas.* Alguém deve ser designado (de preferência antes da reunião) para fazer anotações. As anotações devem ser concisas e cobrir as decisões e os itens de ação, atribuições, e datas previstas para o término. As minutas detalhadas da reunião podem ser um tormento tanto para quem está escrevendo quanto para quem lerá e, por isso, devem ser evitadas.
- *Pedir que todos os participantes desliguem celulares, iPods e outros dispositivos de comunicação* para que todos tenham a atenção focada na reunião.
- *Rever o motivo da reunião e o programa.* Seja conciso e não faça um discurso prolongado.
- *Facilitar – não dominar – a reunião.* O gestor não deve liderar todas as discussões, mas fazer que outros participantes liderem a discussão nos tópicos designados a eles. Um bom facilitador vai:
    - Manter a reunião em movimento e no tempo programado.
    - Incentivar a participação, especialmente de pessoas que pareçam hesitar em participar.
    - Limitar a discussão por participantes que tenham a tendência a falar demais, se repetir ou fugir do tópico programado.
    - Controlar as interrupções e as conversas paralelas.
    - Esclarecer os pontos que estão sendo discutidos.
    - Resumir as discussões e fazer a transição para os próximos tópicos no programa.

    É útil fazer que a equipe participe no desenvolvimento das diretrizes do projeto durante uma reunião no começo do projeto, como na reunião inaugural do projeto, para que todos entendam e se comprometam com comportamento esperado durante as reuniões. Um exemplo de código de conduta para reuniões de equipe apresenta-se na Figura 12.3.
- *Resumir os resultados da reunião* no final dela e certificar de que todos os participantes tenham entendido claramente as decisões e os itens de ação. O líder da reunião deve verbalizar esses itens para evitar quaisquer mal-entendidos.
- *Não estender a reunião além do horário programado.* Os participantes podem ter outros compromissos ou reuniões subsequentes. Se todos os itens não forem mencionados, é melhor marcar outra reunião com as pessoas envolvidas nesses itens. Esses devem ser os itens de menor prioridade, pois os tópicos devem ter sido programados dos mais importantes aos menos importantes.
- *Avaliar o processo da reunião.* Periodicamente, ao final de uma reunião, reserve um horário para que os participantes possam discutir abertamente o que houve e determinem se quaisquer mudanças devem ser feitas para melhorar a eficácia das próximas reuniões.

A Figura 12.4 é um *checklist* para a classificação da eficácia de uma reunião. Os membros da equipe de projeto podem completar esse instrumento de avaliação periodicamente durante o projeto. Depois que a pontuação de todos os membros for resumida, a equipe, incluindo o gestor, deve discutir como aperfeiçoar as áreas que apresentem uma classificação baixa.

Reunião da equipe

Corporação New Pig

Gestão da qualidade de equipe

Código de conduta

- Mantenha-se no tópico em questão.
- Chegue no horário e encerre no horário.
- Uma pessoa fala de cada vez.
- Todos têm a responsabilidade de participar. Esteja preparado.
- Seja franco, honesto e sincero.
- Limite os comentários sarcásticos e cínicos a zero.
- O tom geral dos encontros deve ser positivo.
- Elimine a negatividade.
- Faça críticas construtivas.
- Preste atenção. Procure entender primeiro e depois ser entendido.
- Evite fofoca.
- As ideias pertencem ao grupo, não ao indivíduo.
- A equipe fala em uma única voz após a decisão ser tomada. Saiam unidos.
- Reforce o comportamento positivo.
- Mantenha a calma. Se perder a calma, você será o errado — e ninguém mais.

FIGURA 12.3 ▪ Código de conduta de reunião de equipe.

APÓS A REUNIÃO

Publicar os resultados dentro de 24 horas depois da reunião. O documento de resumo deve ser conciso e de uma página, se possível.

Deve-se confirmar decisões que foram feitas e listar os itens de ação, incluindo quem é responsável, a data estimada para terminar e a entrega esperada. Também pode incluir a lista de presença e ausência. Os resultados da reunião devem ser atribuídos a todos os indivíduos que foram convidados, tendo ou não participado da reunião. As anotações da reunião não devem incluir uma narrativa detalhada das discussões da reunião. A Figura 12.5 é uma amostra da lista de itens de ação de uma reunião.

Reuniões eficazes, assim como projetos bem-sucedidos, exigem bom planejamento e bom desempenho.

Qual a eficácia de suas reuniões?

	De forma alguma		De certa forma		Sempre
1. A programação é enviada em tempo para permitir a preparação?	1	2	3	4	5
2. A programação está numa sequência apropriada?	1	2	3	4	5
3. Há tempo suficiente para cada item?	1	2	3	4	5
4. A sala está devidamente organizada?	1	2	3	4	5
5. Os participantes designados comparecem?	1	2	3	4	5
6. As reuniões começam no horário?	1	2	3	4	5
7. Os participantes sabem por que foram convidados?	1	2	3	4	5
8. Os objetivos da reunião são entendidos?	1	2	3	4	5
9. Os objetivos para cada programa estão claros?	1	2	3	4	5
10. As reuniões são mantidas na direção e não permitem que se desviem?	1	2	3	4	5
11. Há participação balanceada de todos os presentes?	1	2	3	4	5
12. Os participantes ouvem uns aos outros?	1	2	3	4	5
13. O líder mantém o controle?	1	2	3	4	5
14. As reuniões têm um tom produtivo e positivo?	1	2	3	4	5
15. As reuniões terminam no horário?	1	2	3	4	5
16. As decisões e itens de ação são documentados e os documentos distribuídos?	1	2	3	4	5
17. As reuniões são um valioso uso de tempo?	1	2	3	4	5

FIGURA 12.4 ▪ *Checklist* de eficácia da reunião.

Itens de ação da reunião de análise da programação do projeto de 1º de março

Ação	Quem	Até quando
1. Revisar o documento de exigências do sistema	Tyler	10 de março
2. Marcar a reunião de análise com o cliente	Jim	11 de março
3. Mudar o pedido de compra de computadores de 15 para 20	Maggie	19 de março
4. Avaliar a viabilidade de código de barras e reconhecimento de caracteres ópticos para a entrada de dados	Hannah	19 de março

FIGURA 12.5 ▪ Lista de itens de ação.

Apresentações

Frequentemente, o gestor do projeto ou os membros da equipe são convocados a fazer uma apresentação formal. A plateia pode ser de representantes da organização do cliente, a alta gerência da organização do projeto, a própria equipe do projeto, um determinado grupo de stakeholders, ou o público, como numa conferência. Pode ser composta de uma pessoa (o cliente) ou de centenas de espectadores em uma conferência nacional. A apresentação pode durar dez minutos ou uma hora ou mais. O assunto pode ser uma análise geral do projeto; a sua posição atual; um problema sério que está prejudicando a realização do objetivo, como um atraso no cronograma previsto ou orçamento ultrapassado; ou uma tentativa de persuadir o cliente a expandir ou redirecionar o escopo de trabalho do projeto; ou uma resposta para um grupo de stakeholders em relação à sua preocupação quanto a uma questão envolvendo segurança.

Em tais situações, a atenção está em você, o orador. A seguir, algumas sugestões que podem ajudar a preparar e entregar sua apresentação.

PREPARE A APRESENTAÇÃO

- *Determine o objetivo da apresentação.* É para informar ou persuadir? O que você quer alcançar? Por exemplo, você quer que a plateia entenda o projeto, ou que o cliente concorde com as mudanças sugeridas no escopo do trabalho do projeto?
- *Conheça a plateia.* Qual seu nível de conhecimento ou familiaridade com o assunto? Quais são seus cargos – gestor sênior e chave nas decisões, ou seus colegas? Qual é sua influência potencial no projeto?
- *Faça um esboço da apresentação.* Somente após ter feito o esboço é que se deve desenvolver um roteiro da apresentação. Leia a apresentação várias vezes, mas não tente memorizá-la.
- *Use linguagem simples que a plateia entenderá.* Não use jargões, acrônimos ou terminologias que a plateia não entenderá. Não tente impressioná-los com seu poder de discurso! Não faça colocações que possam ser vistas como sexistas, racistas, preconceituosas, ofensivas, sarcásticas ou profanas.
- *Faça anotações ou prepare um esboço final que usará durante a apresentação.* Sim, não há problema em usar anotações.
- *Prepare recursos visuais e teste-os.* Os recursos visuais, como *slides* em PowerPoint, podem melhorar a apresentação. Use uma fonte grande o suficiente para que os *slides* sejam legíveis de qualquer ponto da sala de apresentação. *Slides* de texto, gráficos, diagramas e tabelas devem ser simples e não cheios; não deve haver muito texto, e os diagramas não devem ser complexos. Deve-se colocar uma ideia por quadro ou *slide*, e não mais que quatro linhas de texto por *slide* e oito palavras por linha. De outra forma, o público ficará mais focado na leitura dos *slides* que em ouvir o que você está dizendo. Gráficos multicoloridos são mais atraentes que os textos em branco e preto, mas escolha as cores cuidadosamente, pois pode sobrecarregar o público com cores demais ou combinações contrastantes que são difíceis de ler.

  Se for utilizado um vídeo, deverá ser breve, geralmente, com menos de seis minutos. As pessoas não estão vindo assistir a um vídeo, querem escutá-lo; não confie em um vídeo para substituir você na transmissão de uma mensagem.
- *Pratique, pratique, pratique – mais do que pensa ser necessário.* Você pode querer fazer uma experiência apresentando a seus colegas. Peça a opinião deles; solicite sugestões de como melhorá-la. Alguns critérios que podem ser usados para avaliar a apresentação são:
  - **Organização**: abertura, introdução, esboço, fluxo lógico, transições, conclusão, encerramento.
  - **Conteúdo**: compreensão/completa, nível de detalhes, clareza, duração da apresentação.
  - **Comportamento profissional**: contato visual, maneirismos, gestos, presença profissional e aparência.
  - **Linguagem e voz**: uso correto da gramática, dicção, projeção e tom de voz, entusiasmo, ritmo da fala, uso de terminologia ou jargão.
  - ***Slides* em PowerPoint e recursos visuais**: legíveis, concisos, compreensivos, uso de gráficos, outras exposições.

Reforce sua aprendizagem

16. Quais são algumas das etapas importantes para preparar uma apresentação?

- *Faça cópias das apostilas.* Se as pessoas da plateia não precisam fazer muitas anotações, são capazes de prestar atenção total à apresentação.
- *Peça os equipamentos audiovisuais antecipadamente.* Se for um computador, projetor, microfone, tribuna ou um ponteiro, você não quer descobrir no último minuto que não há disponibilidade. Certifique-se de que você tem cópias suficientes para todos.
- *Vá à sala de reuniões quando estiver desocupada e confira o espaço.* Fique no lugar onde fará a apresentação (na frente da sala, na tribuna, ou no palco). Teste o projetor e o microfone.

FAÇA A APRESENTAÇÃO

- *Espere um pouco de nervosismo; todos os oradores passam por isso.* Lembre-se de que sabe mais sobre o assunto que a maioria das pessoas na plateia.
- *Desligue seu celular* ou outras tecnologias que possam distraí-lo ou a plateia.
- *Conheça bem suas falas de abertura.* As falas de abertura são cruciais; esteja muito bem preparado. Devem ser ditas com confiança e de forma relaxada. É nesse momento que se estabelece a credibilidade com a plateia. Você não pode se atrapalhar nas falas de abertura ou dizer algo que possa alienar os ouvintes.
- *Use a abordagem 3 Is em sua apresentação*:
  - Primeiro, informe-os sobre o que vai falar (seu sumário).
  - Depois, informe-os (o corpo de sua apresentação).
  - Finalmente, informe-os sobre o que você falou (seu resumo).
- *Fale com o público, não por ele.* Mantenha o máximo possível de contato visual com o público e refira-se a suas anotações o menos possível (você ficará feliz por ter praticado muito de antemão).
- *Fale claramente e com confiança.* Não fale muito rápido ou muito lentamente. Fale em frases curtas e compreensivas – e não frases confusas, longas e complexas. Pause de modo conveniente após um ponto importante ou antes de começar um novo item. Faça uso inflexões apropriadas em seu discurso para ajudá-lo a mostrar seu ponto de vista. Não apresente o discurso em tom monótono. Fique de pé e fale com confiança e entusiasmo.
- *Use gestos apropriados para ajudá-lo a mostrar sua ideia.* Faça movimentos com as mãos, expressões faciais e linguagem corporal. Não congele em um ponto; vá de um lado a outro, se necessário. Em um auditório grande, é melhor ter um microfone portátil que ficar preso ao púlpito com um microfone fixo. Se você caminhar, seja numa sala de reunião pequena, seja num auditório, sempre olhe para o público ao falar; nunca fale de costas para a plateia, olhando a tela de projeção.
- *Não leia os* slides *para a plateia.* Elabore uma única ideia ilustrada por cada recurso visual e dê exemplos, se necessário. As pessoas não estão ali para ouvir você ler slides; querem ouvir o que você tem a dizer (não ler).
- *Não fique em frente ao recurso visual.* Não pare em uma posição em que bloqueie a visão de qualquer pessoa da tela de projeção, *flipchart* ou outros recursos visuais.
- *Instigue o interesse em sua apresentação.* Desenvolva sua "história" com lógica e entendimento. Aumente o ritmo de sua apresentação gradualmente.
- *Mantenha-se nos pontos principais do esboço.* Não desvie ou saia do tópico ou do esboço. Será perda de tempo e confundirá a plateia.
- *Ao mostrar pontos importantes, explique ao público porque são importantes.*
- *Resuma os pontos em um item em particular antes de passar para o próximo item do seu esboço.*

- *Saiba bem suas falas de conclusão.* A conclusão é tão importante quanto a abertura. Ligue a conclusão ao propósito da apresentação. Termine com convicção e confiança.
- *Reserve tempo para interações com o público,* se necessário. Pergunte se há dúvidas ou questões. Você deve informar no começo da apresentação se haverá tempo para perguntas no final ou se pode ser interrompido no decorrer dela. A última opção pode ser arriscada se você tiver um tempo fixo limitado ou um programa para completar. Porém, se for uma apresentação feita a um cliente, conduzida em uma sala de reunião pequena, responder a questões durante pode ser mais apropriado que esperar que o cliente guarde todas as perguntas até o final da apresentação. Na verdade, parte da sua estratégia pode ser trazer o cliente para a discussão ao evocar suas reações ou opiniões.
- *Ao responder às questões, seja sincero, simples e confiante.* Não demore muito ao responder a perguntas que são feitas, caso contrário, você limitará o número de perguntas que podem ser feitas no tempo disponível. Se não souber a resposta ou não puder divulgá-la, diga; essa é uma resposta legítima. Não seja defensivo ao responder.

Reforce sua aprendizagem

17. O que é mais importante ter em mente quando estiver fazendo uma apresentação?

Relatórios

Relatórios escritos são tão importantes quanto os verbais na comunicação de informações sobre um projeto. Os tipos exigidos, o conteúdo, o formato, a frequência e a distribuição dos relatórios que a organização do projeto deve preparar podem ser especificados pelo cliente no contrato ou identificados no plano de comunicação do projeto.

Alguns relatórios podem ser distribuídos a um grande número de receptores. É importante saber quem vai receber cópias dos relatórios. O público pode ser muito diversificado e incluir pessoas que têm muito conhecimento sobre o projeto, bem como indivíduos que sabem apenas o que estão lendo nos relatórios periódicos que recebem. Os receptores dos relatórios podem ter diferentes níveis de sofisticação técnica, e alguns podem não entender certas linguagens técnicas ou jargões.

É importante ter em mente que *os relatórios devem ser escritos abordando o que é de interesse para o leitor, não o que interessa à pessoa que os escreve.*

As seções a seguir discutem dois tipos comuns de relatórios de projeto e oferecem sugestões para assegurar que os relatórios sejam úteis.

Reforce sua aprendizagem

18. Os relatórios do projeto devem ser escritos abordando o que é de interesse para o ______________ não o que é de interesse à pessoa que os ______________.

TIPOS DE RELATÓRIOS DE PROJETO

Os dois tipos mais comuns são:

- Relatório de progresso.
- Relatórios finais.

RELATÓRIOS DE PROGRESSO

É importante ter em mente que um relatório de progresso não é um relatório de atividade. Não confunda atividade ou atarefamento com progresso e realização. O cliente, em particular, está interessado nas realizações do projeto – que progresso foi feito para alcançar o objetivo do projeto – e não quais atividades estão mantendo a equipe ocupada.

Os relatórios de progresso podem ser preparados pelos membros da equipe para o gestor do projeto ou para o gestor funcional (numa organização matricial), pelo gestor do projeto para o cliente, ou pelo gestor do projeto para a alta administração da organização.

Reforce sua aprendizagem

19. O principal propósito dos relatórios de progresso é relatar o ______________ no projeto, em vez das ______________ que mantêm a equipe do projeto ocupada.

Os relatórios de progresso normalmente cobrem um período específico, chamado de período do relatório. Esse período pode ser uma semana, um mês, um bimestre ou o que for melhor para o projeto. A maioria dos relatórios de progresso cobre apenas o que houve durante o período de relatório, em vez do progresso acumulado desde o começo do projeto.

Uma amostra de esboço de um relatório de progresso aparece na Figura 12.6. Os itens que podem estar inclusos em um relatório de progresso são os seguintes:

- *Realizações desde o relatório anterior.* Essa seção deve identificar as principais etapas do projeto que foram alcançadas. Também pode incluir um relato sobre a realização de metas (ou falta delas) específicas estabelecidas para o período de relatório, como o término de etapas específicas ou realizações.
- *A posição atual do desempenho do projeto.* Dados sobre custo, cronograma e escopo do trabalho são comparados ao plano-base.
- *Progresso em direção à resolução de problemas previamente identificados.* Se não houver progresso nos itens levantados nos relatórios de progresso anteriores, uma explicação deve ser fornecida.
- *Problemas atuais ou em potencial desde o relatório anterior.* Podem incluir (1) problemas técnicos como protótipos que não funcionam ou resultados de teste que não foram obtidos de acordo com o esperado; (2) problemas no cronograma, como atraso porque algumas tarefas demoraram mais do que o esperado, materiais que foram entregues tarde, ou atraso na construção por causa do clima; e (3) problemas no orçamento, como ultrapassar os custos porque os materiais custaram mais que o estimado originalmente ou as atividades foram além das planejadas.
- *Ações corretivas planejadas.* Essa seção deve especificar as ações corretivas a serem tomadas durante o próximo período de relatório para solucionar cada problema identificado. Deve incluir uma declaração explicando se o objetivo do projeto está sendo ameaçado com respeito a escopo, qualidade, custo ou cronograma, por quaisquer dessas ações corretivas.
- *Metas que se espera alcançar durante o próximo período de relatório.* Essas metas devem estar de acordo com o último plano do projeto.

Nenhuma informação no relatório de progresso deve surpreender os leitores. Por exemplo, quaisquer problemas identificados devem já ter sido discutidos verbalmente antes da preparação do relatório de progresso.

Relatório de progresso do projeto para o período de 1º de julho a 30 de setembro.

Tabela de conteúdos

1. Realizações desde o relatório anterior
2. Posição atual do desempenho do projeto
   2.1 Custo
   2.2 Cronograma
   2.3 Escopo do trabalho
3. Progresso em direção a resolução de problemas previamente identificados
4. Problemas atuais ou em potencial desde o relatório anterior
5. Ações corretivas planejadas
6. Marcos que se espera alcançar durante o próximo período de relatório

FIGURA 12.6 ▪ Esboço de relatório de progresso do projeto.

RELATÓRIO FINAL

O relatório final do projeto é normalmente um resumo. Não é um acúmulo dos relatórios de progresso, nem um histórico cronológico detalhado do que aconteceu durante o projeto. O relatório final pode incluir o seguinte:

- *A necessidade original do cliente.*
- *O objetivo original do projeto.*
- *As exigências originais do cliente.*
- *A descrição do projeto.*
- *O nível em que o objetivo do projeto original foi atingido* quanto ao escopo, exigências de qualidade, orçamento e cronograma. Se não foi alcançado, uma explicação deve ser incluída.
- *Os benefícios reais* versus *os benefícios antecipados* para o cliente como resultado do projeto.
- *Considerações futuras.* Essa seção deve incluir ações que o cliente pode querer considerar no futuro para melhorar ou expandir os resultados do projeto. Por exemplo, se o projeto foi construir um prédio de escritórios, considerações futuras podem ser: adicionar um pátio de estacionamento, uma academia de ginástica ou uma escola de ensino infantil adjacente ao prédio. Se o projeto era organizar um festival comunitário, podem ser: mudar a época do ano, estender a duração do festival, tomar ações para melhorar o fluxo dos pedestres.
- *Uma lista de todas as entregas* (equipamentos, materiais, software, documentos como desenhos e relatórios e outros) fornecida pelo cliente.
- *Dados do teste de aceitação final* de um sistema ou peça de equipamento, que fornecem a base na qual o cliente aceitou os resultados do projeto ou as entregas.

Reforce sua aprendizagem

20. Verdadeiro ou falso. Um relatório final de projeto é um acúmulo dos relatórios de progresso preparados durante o projeto.

RELATÓRIOS ÚTEIS

Levar em consideração as seguintes diretrizes quando se prepara relatórios de projeto ajuda a assegurar sua utilidade e valor para os receptores:

- *Faça relatórios concisos.* Não tente impressionar o receptor com volume. O volume de um relatório não se equipara com o progresso do projeto ou com a realização. Se os relatórios forem breves, haverá mais chance de serem lidos. Além disso, a preparação do relatório pode ser uma atividade demorada; por isso, o gestor do projeto deve tentar minimizar o tempo que a equipe precisa para desenvolver informações para os relatórios.
- *Faça relatórios legíveis e compreensíveis.* Use frases curtas e compreensíveis em vez de frases compostas, complexas e longas. Parágrafos longos instigarão o leitor a pular a página e perder pontos importantes. Use linguagem simples que vários receptores entenderão. Não use jargões, acrônimos ou terminologias que os leitores não entenderão. Leia o relatório em voz alta para verificar o conteúdo e o estilo. É de fácil entendimento e leitura, ou soa formal e confuso?
- *Coloque os pontos mais importantes primeiro* – no relatório e em cada parágrafo. Alguns leitores tendem a ler a primeira frase e depois deslizar pelo resto do parágrafo.
- *Use gráficos quando possível* – como quadros, diagramas, tabelas ou desenhos. Lembre-se, uma imagem vale mais que mil palavras. Não coloque dados demais nos gráficos. Coloque um conceito ou tema por gráfico. É melhor ter vários gráficos simples que um cheio de informações.

Reforce sua aprendizagem

21. Quais são algumas das diretrizes importantes para ter em mente quando preparar um relatório?

- *Preste atenção tanto ao formato do relatório quanto ao conteúdo.* O relatório deve ser aberto, convidativo e organizado de forma compreensível para os leitores. Não deve ser confuso ou com letra pequena que seja difícil de ler. Não deve conter materiais, gráficos ou formas que sejam confusos ou ilegíveis.

Relatórios escritos, assim como a comunicação verbal, deixam uma impressão – positiva ou negativa – com a audiência. Os relatórios devem ser preparados com cuidado e reflexão. A preparação do relatório deve ser vista como uma oportunidade para impressionar positivamente, e não como uma atividade onerosa e demorada. Pode valer a pena pedir que os receptores enviem comentários periódicos sobre o valor e utilidade dos relatórios para suas necessidades e interesses, e solicitar sugestões que possam melhorá-los.

Acompanhamento das alterações do documento

Além dos relatórios de projeto, muitos outros documentos podem ser criados tanto pela equipe do projeto quanto pelo cliente. Alguns exemplos são esboços do projeto, especificações, desenhos de engenharia, listas de materiais, instruções de manutenção, materiais de treinamento, plantas e software para controlar os movimentos de um robô. Os documentos do projeto podem ser textos, formulários, desenhos, listas, manuais, fotografias, vídeos ou software. Podem ser papéis de tamanho grande, como nos desenhos de engenharia ou em formato eletrônico, como documentos em PowerPoint ou uma simulação em vídeo.

As revisões dos documentos do projeto podem resultar em mudanças iniciadas pelo cliente ou pela equipe do projeto. Algumas mudanças são triviais; outras, significantes, afetando o âmbito, o orçamento e a programação do trabalho. Um exemplo de mudança pequena é atualizar os desenhos e instruções de montagem das barracas do festival porque um benfeitor doou toldos para todas elas. Um exemplo de mudança grande é uma troca de localização, tamanho e tipo de algumas janelas exigida pelo cliente ao ver a casa ser construída. Nesse caso, é importante que o contratado pare o trabalho em tais janelas e informe ao cliente quaisquer custos adicionais ou atrasos no cronograma que possam ser provocados pelas exigências por mudanças. Essas mudanças devem ser documentadas por escrito para o cliente, que deve aprová-las antes de continuar o trabalho e encomendar novos materiais. Quando as mudanças são aprovadas, as plantas e desenhos da casa precisam ser revistos para que possam ser incorporados.

Durante um projeto, vários documentos serão revisados para incorporar mudanças. No começo do projeto, um **sistema de controle de documentos**, também denominado *sistema de controle de configuração* precisa ser estabelecido para o processo e os procedimentos que definem como as mudanças em documentos serão efetuadas, aprovadas e comunicadas. Tal sistema deve ser comunicado a todos os participantes do projeto. É importante que a equipe saiba qual é a última versão de um documento para que possa fazer seu trabalho corretamente com base nas informações e documentações mais atuais. Por exemplo, o comprador não gostaria de que o construtor usasse desenhos desatualizados se o arquiteto tivesse acabado de fazer uma revisão que muda a localização das paredes internas.

Reforce sua aprendizagem

22. No ____________ do projeto, um sistema de ____________ de documentos precisa ser estabelecido para controlar como as ____________ em documentos serão ____________, ____________, e ____________.

É uma boa prática colocar em cada página de cada tipo de documento: (1) a data da última revisão; (2) um número de análise sequencial; e (3) as iniciais da pessoa que fez as mudanças. Por exemplo, uma anotação no canto direito inferior de um desenho de planta para a organização de um escritório pode indicar Rev. 4, 29/12/17, ES, que denota que a versão mais recente da planta é a de número 4, feita no dia 29 de dezembro de 2017, por Elisabeth Smith (ES). Para documentos criados usando software como Microsoft Word, o programa tem capacidade de rastrear mudanças detalhadas nos documentos.

Tão importante quanto manter em dia os números de análise e datas em documentos é a distribuição oportuna dos documentos atualizados às pessoas apropriadas do projeto. Quando são feitas mudanças, os documentos atualizados devem ser distribuídos imediatamente a todos os membros da equipe cujo trabalho será afetado. E, quando os documentos revisados são distribuídos, devem ser acompanhados por um memorando explicando as mudanças que foram feitas no documento anterior. O que será útil às pessoas que receberão o documento para que não precisem voltar e comparar o novo material com o antigo para tentar encontrar as mudanças. Se apenas algumas mudanças foram feitas, a distribuição das páginas que sofreram mudança pode ser suficiente. Quando são extensivas, pode ter sentido distribuir o documento revisado inteiro e não apenas as páginas revisadas. Veja na seção "Gestão de mudanças" no Capítulo 10, informações relacionadas.

Reforce sua aprendizagem

23. Quando são feitas ________ em documentos, devem ser ________ imediatamente aos ________ ________ cujo ________ será ________ pelas mudanças.

Plano de comunicação do projeto

Nem todos os interessados ou membros da equipe querem ou precisam de todos os documentos do projeto. Um **plano de comunicação** define a geração e distribuição dos documentos entre os interessados. Identifica os vários documentos, quem é responsável pela criação de cada um deles, até quando ou com que frequência deve ser distribuído, para quem deve ser entregue e que ação se espera de cada receptor. Normalmente o alvará ou contrato do projeto inclui as exigências do patrocinador ou do cliente por documentos específicos, incluindo a frequência, a necessidade de aprovação do cliente e quem, na organização do cliente, deve receber cópias de quais documentos. Para quaisquer fontes externas que são usadas no projeto, como empreiteiros, consultores ou vendedores, a organização definirá as exigências quanto à documentação, exigência de aprovação e distribuição e as incluirá em subcontratos ou pedidos de compra.

A Figura 12.7 é um modelo de um plano de comunicação do projeto; cada linha da matriz deve incluir informações relacionadas a um documento específico. Os elementos a seguir podem ser incluídos no plano:

Reforce sua aprendizagem

24. Um plano de ________ define a ________ e ________ dos ________ do projeto entre os ________.

- Os *documentos* incluem o alvará do projeto, o contrato e aditivos, o plano de comunicação, documento de requisitos, documento do escopo, plano de qualidade, estrutura analítica do projeto, a matriz de responsabilidades, rede de atividades, orçamentos, plano de gestão de riscos, registro de problemas do stakeholder, desenhos, especificações, listas de material, manuais de instrução, materiais de treinamento, planos de teste, aceitação formal das entregas, programação de reunião, minutas das reuniões, tempo utilizado e relatórios de porcentagem completada, exigência de viagem e relatórios de gasto, relatórios de progresso, subcontratos e aditivos, pedidos de compra e notas fiscais.
- O *autor ou criador* é o nome ou título da(s) pessoa(s) responsável(eis) pela criação ou preparação do documento.

Documento	Autor ou gerador	Data ou frequência	Receptores	Ação exigida (I, C ou A)	Comentários

Legenda: **I**: Apenas para informação; **C**: Para revisão e comentários; **A**: Para revisão e aprovação

FIGURA 12.7 ▪ Plano de comunicação do projeto.

- A *data exigida ou a frequência* pode ser a data específica na qual o documento deve estar completo e distribuído aos receptores. Por exemplo, alguns documentos podem ter uma entrega exigida de projeto, como as especificações preliminares, em que o cliente exige uma data de conclusão e com a qual um pagamento de progresso pode estar associado. Outros documentos, como os relatórios de progresso, devem ser completados e distribuídos em intervalos regulares, como quinzenalmente, mensalmente, ou até o dia 15 de cada mês. Ainda, outros documentos como emendas contratuais, pedidos de compra, revisões de desenhos, ou especificações podem não ter uma data específica ou frequência regular, mas ser gerados com base "na necessidade".
- Os *receptores* incluem o nome ou título de cada pessoa para quem o documento deve ser distribuído. Isso é chamado de lista de distribuição de um documento.
- *Ação exigida* indica que ação cada receptor de um documento deve tomar após recebê-lo. Por exemplo, o documento pode ser distribuído a alguns interessados apenas como informação, pode ser fornecido a alguns receptores para que revisem e forneçam comentários, ou o receptor pode ser o cliente ou patrocinador que deve rever e aprovar um documento em particular, como um desenho ou relatório.
- *Comentários* podem incluir anotações especiais ou condições relacionadas a um documento específico, como a aprovação exigida dentro de uma semana, documento a ser traduzido para o espanhol, documento contendo informação de proprietário ou confidencial, entre outros.

O plano de comunicação do projeto precisa ser atualizado assim que o interessado e suas informações precisem de mudança, ou se novas pessoas ou documentos foram identificados.

Comunicação com as partes interessadas

A equipe do projeto deve receber com boa vontade a participação, o envolvimento, as opiniões e os debates por parte dos stakeholders. Isso vai construir o apoio ao projeto. A comunicação com as partes interessadas exige que a equipe do projeto empregue comunicações verbais e escritas eficazes e, em particular, a escuta efetiva, para alcançar uma plena compreensão. As preocupações dos stakeholders devem ser abordadas antecipadamente, positivamente e em tempo hábil; e não de forma conflitante, sendo adiadas, ignoradas ou descartadas. O gestor do projeto precisa proporcionar oportunidades para a comunicação regular "de mão dupla" com cada stakeholder, e não apenas quando for identificado um problema ou uma preocupação. O gestor e a equipe do projeto precisam ouvir atentamente uns aos outros, ter a mente aberta, ser criteriosos e se comportar profissionalmente; e não podem querer dominar as discussões, ter reações exageradas, ficar na defensiva, nem perder o controle de suas emoções. Na maioria das situações, cada stakeholder deve ser tratado individualmente porque cada um deles tem seus interesses e preocupações únicos, em vez de lidar com todas as partes interessadas como um grupo.

É importante ter uma comunicação regular com os vários stakeholders do projeto. A equipe do projeto precisa manter os stakeholders informados regularmente quanto ao *status* do projeto e às atualizações e mudanças realizadas; caso contrário, poderão chegar a conclusões erradas sobre o *status* de questões que são importantes para eles. Essas informações devem ser fornecidas por escrito ou publicadas no site do projeto para minimizar a chance de interpretações errôneas de discussões e apresentações verbais, ou mesmo de rumores.

Reforce sua aprendizagem

25. É importante ter ____________ com os vários ____________ do projeto.

Em vez de apenas fornecer informações em reuniões com as partes interessadas, a equipe do projeto deve propiciar oportunidades para perguntas, debates e comentários. Durante as reuniões, os membros da equipe do projeto devem utilizar técnicas de escuta ativa. Após as reuniões, o gestor do projeto deve fazer um acompanhamento, fornecendo uma cópia por escrito das respostas às questões e preocupações dos stakeholders ou publicando essas informações no site do projeto. Isso vai minimizar qualquer mal-entendido, desinformação ou reinterpretação de informações que possam ser transmitidas verbalmente a pessoas que não estivessem nas reuniões.

O envolvimento e o apoio das partes interessadas são aspectos importantes para o sucesso do desempenho e a realização do objetivo do projeto. A comunicação regular e honesta, a confiança, o respeito, ter a mente aberta e uma atitude positiva de que todos devem "sair ganhando" são fundamentais para o envolvimento bem-sucedido dos stakeholders.

Ferramentas colaborativas de comunicação

As reuniões criam um fórum e a oportunidade para a colaboração da equipe. Entretanto, reuniões presenciais nem sempre são viáveis, oportunas ou práticas, especialmente quando muitos membros da equipe estão envolvidos e há restrições como viagem. *Virtual project teams* podem estar geograficamente dispersos, localizados em várias construções de um complexo de escritórios ou em escritórios diferentes em várias cidades de um estado, por todo o país ou em vários continentes. Também, com a telecomunicação, alguns membros da equipe podem trabalhar de suas casas.

Há várias ferramentas de comunicação colaborativas, como teleconferência, sistemas de gestão de conteúdo, extranets e espaços de trabalho colaborativo na internet incluindo ferramentas Web 2.0 e *groupware* que permitem que todos ou alguns membros da equipe se comuniquem e colaborem uns com os outros. O uso de tais ferramentas de comunicação podem ser importantes quando membros da equipe estão em locais diferentes e uma reunião presencial em um local em comum se torna inconveniente ou impraticável. Essas ferramentas facilitam o compartilhamento de informação sobre o projeto e podem melhorar a comunicação, colaboração, trabalho em equipe, produtividade e *performance* da equipe. Ferramentas de comunicação colaborativas variam de e-mail, que depende da escrita e da leitura, a ferramentas de áudio como teleconferências e videoconferências, que se baseiam em áudio e vídeo. Para comunicações que não são face a face, o e-mail é o método usado com mais frequência para transmitir e distribuir informações sobre o projeto. As informações podem ser distribuídas rápida e eficazmente à equipe ou a vários subgrupos por uma seleção de listas de distribuição.

Os dispositivos de comunicação eletrônica, como smartphones e tablets, podem ter recursos e aplicativos capazes de oferecer aos membros da equipe maior acesso e flexibilidade ao utilizar várias tecnologias interativas de telecomunicações e ferramentas de colaboração, como e-mail, acesso à internet, videoconferência, gestão de documentos e ferramentas de colaboração na Web 2.0. Esses dispositivos permitem maior produtividade, acesso instantâneo a informações, e possibilitam aos usuários gerenciar seu tempo de trabalho nos negócios de forma mais eficiente.

A teleconferência permite a troca de informação ao vivo entre membros da equipe. Inclui ferramentas como ligações em conferência e videoconferência. Pode facilitar o compartilhamento de informações de forma mais interativa que o e-mail. A teleconferência elimina os custos de viagem e permite que membros da equipe sejam mais produtivos por não ter de viajar para as reuniões. As ligações em conferência permitem que pessoas em locais diferentes interajam usando voz/áudio, enquanto a videoconferência enriquece a interação usando áudio e vídeo. A videoconferência pode envolver localizações múltiplas em que vários membros da equipe se reúnem em salas equipadas com câmeras e *displays*. Videoconferência pela internet, em que cada participante faz uso do próprio computador, tablet eletrônico ou smartphone, é outra ferramenta usada para conduzir reuniões ao vivo. Essa técnica pode ser particularmente útil para os membros da equipe que se telecomunicam e não necessitam se deslocar para uma sala de videoconferência. A videoconferência pela internet pode permitir que os participantes também compartilhem dados, documentos ou vídeos, como uma planilha, *sli-*

Reforce sua aprendizagem

26. A teleconferência inclui ferramentas como ligações em ____________ e ____________.

des de PowerPoint ou *webcast*, para outros participantes verem em seus computadores ou tablets durante uma sessão. Assim como a preparação de uma reunião presencial, é uma boa prática preparar e distribuir a programação aos participantes antes da reunião e fornecer cópias dos materiais (documentos, *slides* etc.) que serão referenciados durante a sessão. Ao programar uma teleconferência, é preciso saber as diferenças de fuso horário dos participantes.

Os sistemas de administração de documentos podem fornecer um depósito central para as informações do projeto e capturar os esforços dos membros da equipe num ambiente de conteúdo gerenciado. Um sistema de gestão de conteúdo é usado para administrar o conteúdo de um *website*, documentos ou arquivos. Tal sistema pode ser usado por um grupo de contribuintes para compartilhar, desenvolver, adicionar e editar documentos, como um relatório de projeto, especificações técnicas ou um manual de instruções. Tais sistemas também podem fornecer informações sobre a gestão de documentos, como uma folha de registro de quem acessou quais documentos e quando e que mudanças podem ter sido feitas. Alguns sistemas também podem incorporar o encaminhamento automático de documentos para aprovação, incluindo notificação de e-mail, por exemplo.

Um servidor pode ser dedicado a um projeto específico, ou haver um espaço reservado num servidor como um local para compartilhar documentos do projeto e arquivos, como documentos de exigência, propostas, especificações, contratos, desenhos, formulários, planos, cronogramas, orçamentos, um calendário do projeto, programa de reuniões e itens de ação, relatórios do projeto, materiais de apresentação etc. Extranet é uma rede "privada" que faz uso da internet para compartilhar com segurança a armazenagem de informação do projeto entre a equipe, os contratados e o cliente. Pode ser uma parte restrita de um site em que os usuários registrados precisam se conectar para acessar as informações e documentos. Os espaços de trabalho do projeto na internet permitem o acesso completo à informações de todo o projeto, por projetos múltiplos, e fornecem inúmeros relatórios e ferramentas de comunicação.

Groupware é outra ferramenta colaborativa. É um software que ajuda as pessoas envolvidas numa tarefa em comum. O *groupware* pode apoiar a geração de ideias da equipe, a troca de ideias ou *brainstorming*, a solução de problemas e a tomada de decisões. Um exemplo de *groupware* é um sistema de suporte de decisão, que é um software que facilita tomar decisões em grupo. É particularmente útil na geração de ideias e *brainstorming*. Os participantes da sessão fornecem seus *inputs* simultaneamente. O sistema permite que os participantes contribuam anonimamente, quando apropriado. Também permite que o grupo categorize, classifique e vote em várias declarações ou entradas. Os relatórios, incluindo gráficos, dos resultados podem ser produzidos automaticamente.

GESTÃO DE PROJETOS **NO MUNDO REAL**

A comunicação de mudanças no Canal

Seu projeto está atrasado devido a um problema que ocorreu. Foi divulgado na mídia um vídeo mostrando o problema. O vídeo se tornou viral e milhões de pessoas o assistiram. O público está indignado. O que você tem de fazer? Como pode reduzir os danos causados? Que comunicações são necessárias para tranquilizar o público?

A Panama Canal Authority deparou com esse desafio em 2015 quando o vazamento de uma eclusa do Canal provocou um atraso de semanas no projeto de ampliação do Canal do Panamá. O vídeo viral gerou muitas dúvidas nos milhões de stakeholders. A empreiteira responsável trabalhou rapidamente para determinar e implementar uma solução. "Esse projeto tem 4 milhões de proprietários", afirmou Jorge de la Guardia, gestor executivo da divisão de gestão de projetos de eclusas, na Panama Canal Authority, no Panamá, em referência à população panamenha. O gestor de la Guardia continuou: "Esse é um tema muito emotivo nesse país. Não se trata de um problema insolúvel, mas tem uma repercussão muito grande".

O Canal do Panamá foi inaugurado em 1914 sob a direção do U.S. Corps of Engineers, com mão de obra principalmente estrangeira. À medida que os navios de contêineres foram ficando maiores, eles não podiam mais se encaixar nas eclusas do Canal. "Não estávamos mais captando todos os negócios que podíamos. Estávamos perdendo negócios", comentou de la Guardia. Essa primeira grande renovação desde que o canal havia sido inaugurado incluiu quatro grandes áreas de projeto e utilizou um escritório de gestão de projetos para supervisioná-las. O projeto avaliado em $ 5,6 bilhões e com duração prevista para oito anos precisava avançar rapidamente a fim de expandir o Canal, que tem uma extensão de 80 quilômetros, dentro do prazo e do orçamento.

Como em todos os grandes projetos, há grandes riscos quando ocorrem atrasos. Além do vazamento nas eclusas, a construção foi interrompida para negociar quem pagaria os custos extras que haviam excedido o limite de modificações, avaliado em $ 5 milhões. "Se houvesse algo que valesse a pena mudar, então isto seria aprovado, mas precisava ser algo muito necessário", declarou Ilya Marotta, vice-presidente executiva na Panama Canal Authority, Panamá, que foi autorizada a aprovar mudanças até o limite de $ 5 milhões. Outro problema incluiu contratados que enfrentavam um atraso de seis meses causado pela *startup* contratada para a colocação de concreto.

O projeto estava programado para conclusão com uma sobrecarga de tempo de trabalho de 18 meses. O projeto poderia ter implementado mudanças para reduzir o tempo; no entanto, essas mudanças poderiam reduzir a qualidade do trabalho. O projeto incluía mais de 10 mil atividades, 350 membros da equipe do projeto no escritório de gestão, mais os contratados para sua realização. Foi determinado que 90% da força de trabalho para concluir o projeto eram do Panamá.

A implementação de reuniões semanais, o controle das tarefas do projeto em relação aos documentos básicos, o uso de práticas rigorosas de gestão de mudanças e a consolidação de talentos no escritório de gestão de projetos garantiram comunicação, monitoramento e controle eficientes. A comunicação ajudou na tomada de decisões mais rapidamente, o que acelerou a execução do projeto e fez as operações decorrerem sem problemas. "Esse projeto era tão grande e tinha de ser concluído muito rapidamente. As decisões precisavam ser tomadas com agilidade para possibilitar eficiência e rentabilidade a fim de ser concluído dentro do prazo previsto", afirmou Marotta.

Os navios que foram identificados como pós-Panamax porque não cabiam no canal devido às suas dimensões, transportam 45% por cento da carga mundial e deverão transportar 62% da capacidade total de contêineres em 2030. A hidrovia de 80 quilômetros agora pode suportar a passagem desses enormes navios de carga denominados pós-Panamax através de suas eclusas. As comunicações referentes aos projetos no escritório de gestão de projetos ajudaram a tornar possível e também a reduzir os problemas que poderiam ter causado a falha no cumprimento dos objetivos e atrasos ainda maiores.

Com base em informações de Parsi, N. (2016). Channel changer. *PM Network, 30*(4), 52-57.

FATORES ESSENCIAIS PARA O SUCESSO

- A comunicação pessoal eficaz e frequente é crucial para o sucesso da gestão do projeto.
- Um grau alto de comunicação face a face é importante no começo do projeto para promover a construção da equipe, desenvolver bons relacionamentos de trabalho e estabelecer expectativas mútuas.
- A linguagem corporal e os costumes que são reflexo de uma diversidade cultural devem ser considerados na comunicação.
- Deve-se cuidar para não fazer comentários, usar palavras ou frases que possam ser vistas como sexistas, racistas, preconceituosas ou ofensivas.
- O coração da comunicação é o entendimento – não apenas ser entendido, mas entender. A metade da comunicação eficaz é ouvir. A falha ao ouvir pode provocar uma quebra na comunicação.
- A comunicação deve ser frequente, oportuna, clara, concisa, honesta e sem ambiguidade, livre de jargões e não ofensiva.
- Alcançar a satisfação do cliente requer comunicação contínua com ele para mantê-lo informado e determinar se as expectativas foram mudadas. Pergunte regularmente qual o nível de satisfação do cliente com o progresso do projeto.
- Mantenha o cliente e a equipe do projeto informados sobre o seu progresso, e sobre possíveis problemas em tempo hábil.
- Devem-se fazer reuniões quanto à posição do projeto regularmente. Faça que a equipe desenvolva diretrizes na reunião inaugural do projeto para que todos entendam e estejam comprometidos com o comportamento esperado durante as reuniões.
- Não confunda atividade e atarefamento com realização quando comunicar o progresso do projeto.
- Os relatórios devem ser escritos abordando o que é de interesse para os leitores, não para quem os escreve.
- Faça relatórios concisos, legíveis e compreensíveis. Preste tanta atenção ao formato, organização, aparência e legibilidade quanto ao conteúdo.
- No começo do projeto, um sistema de controle de documentos deve ser estabelecido para definir como mudanças sejam documentadas, aprovadas e comunicadas.
- No começo do projeto, prepare um plano de comunicação para assegurar que todos os stakeholders recebam todas as informações e os documentos de que necessitam.
- Quando os documentos são atualizados, devem ser imediatamente distribuídos a todos os membros da equipe cujo trabalho será afetado.
- Comunicação regular e honesta, confiança, respeito, ter a mente aberta e atitude positiva de vitória são fundamentais para o envolvimento bem-sucedido das partes interessadas.

RESUMO

A comunicação do projeto pode ocorrer de várias formas, incluindo a comunicação pessoal, reuniões, apresentações, relatórios e documentação do projeto. Pode ser presencial ou por alguma mídia, incluindo telefones, correio de voz, e-mail, mensagens de texto ou torpedos, videoconferências, sistemas de controle de documentos ou ferramentas Web compartilhadas. Pode ser formal ou informal. A comunicação pessoal pode ser tanto oral como escrita. A comunicação verbal pode ser face a face ou por telefone ou computador. A informação pode ser transmitida de forma precisa e oportuna por meio da comunicação verbal. Tal comunicação fornece um fórum para discussão, esclarecimento, entendimento e *feedback* imediato. A linguagem corporal e o tom de voz são elementos importantes na comunicação verbal. A linguagem corporal e os costumes, que são reflexo de uma diversidade cultural, devem ser considerados na comunicação. A comunicação verbal deve ser direta, sem ambiguidade, livre de jargão técnico e não ofensiva. Pedir ou fornecer *feedback* melhora o entendimento.

A comunicação pessoal escrita é geralmente realizada por correspondência interna ou externa. Tais meios podem ser usados para se comunicar eficazmente com um grande grupo de pessoas, mas não devem ser usados para assuntos triviais. A comunicação escrita deve ser clara e concisa e ser usada principalmente para informar, confirmar ou requisitar.

A escuta é uma parte importante da comunicação eficaz. A falha ao ouvir pode provocar uma quebra na comunicação. Barreiras comuns à escuta eficaz incluem fingir que está ouvindo, distrações, preconceito e mente fechada, impaciência e tirar conclusões antecipadas. As habilidades de escuta podem melhorar por meio de foco na pessoa que está falando, participação, escuta ativa, perguntas e não interrupção.

As reuniões de projeto são outro fórum para a comunicação. Os três tipos mais comuns de reuniões de projeto são de análise de *status*, solução de problemas e reuniões de análise crítica do projeto. Os propósitos de uma reunião de análise de *status* são: informar, identificar problemas e estabelecer itens de ação. Os itens frequentemente cobertos incluem as realizações desde a última reunião; custo; cronograma e escopo do trabalho – posições, tendências, previsões, e variações; atualização da avaliação de risco; atualização de questões relacionadas às paretes interessadas, ações corretivas; oportunidades para melhoria e avaliação do item de ação. As reuniões de solução de problemas são marcadas quando surgem problemas ou há problemas em potencial, e devem ser usadas para desenvolver uma declaração de problema, identificar possíveis causas, coletar dados, identificar e avaliar possíveis soluções, determinar a melhor solução, implementar a solução e avaliá-la. As reuniões de análise crítica do projeto são para projetos que incluem uma fase de projeto de produto. Normalmente incluem uma reunião para rever o projeto de produto preliminar, em que o cliente revê o conceito inicial, e uma reunião de análise crítica do projeto final, em que o cliente revê o documento de projeto completo e detalhado. Essas reuniões são um mecanismo para obter a aprovação do cliente antes de prosseguir com o restante do esforço do projeto.

Antes de qualquer reunião, o motivo e as pessoas que precisam participar devem ser determinados, um programa feito e distribuído, materiais preparados e a sala organizada. A reunião propriamente dita deve começar pontualmente, devem ser feitas anotações e o programa, revisto. O líder da reunião deve facilitar e não dominar a reunião. Após a reunião, itens de decisão e de ação devem ser publicados e distribuídos.

Os gestores do projeto e os membros da equipe normalmente são convidados a fazer apresentações formais. Ao se preparar para a apresentação, é importante determinar o motivo, conhecer o público-alvo, fazer um esboço, desenvolver anotações e recursos visuais, fazer cópias das apostilas e praticar. Você deve começar dizendo ao público sobre o que falará, depois discursar sobre o assunto e, então, resumir a apresentação sobre o que foi dito. A informação deve ser clara, simples e interessante e ser concluída dentro do tempo predeterminado.

Os relatórios escritos são normalmente necessários durante um projeto. Os dois tipos mais comuns são os de progresso e os finais. Os relatórios de progresso normalmente cobrem as realizações desde o relatório anterior, quaisquer possíveis problemas que tenham sido identificados e as ações corretivas que estão planejadas, e as metas que devem ser atingidas durante o próximo período de relatório. Os relatórios finais fornecem um resumo do projeto e normalmente incluem itens como: a necessidade original do cliente, o objetivo do projeto original e os requisitos, uma descrição do projeto, os benefícios trazidos pelo projeto e uma lista dos resultados produzidos. Todos os resultados devem ser claros, concisos e confiáveis. Devem ser escritos para abordar o que é de interesse para os leitores, não para os autores.

Durante o projeto, muitos tipos de documentos podem ser criados, como especificações, manuais ou desenhos. Podem precisar de análise como resultado de mudanças feitas pelo cliente ou pela equipe. No começo do projeto, um sistema de controle de documentos deve ser estabelecido para o processo e os procedimentos que definem as mudanças em documentos, que deverão ser aprovadas e comunicadas.

Um plano de comunicação do projeto define a geração e a distribuição de documentos entre os interessados durante todo o projeto. Identifica os vários documentos, quem é responsável pela criação de cada um deles, até quando ou com que frequência cada um deve ser distribuído, para quem deve ser entregue e que ação se espera de cada receptor.

O diálogo com as partes interessadas exige que a equipe do projeto empregue comunicações verbais e por escrito que sejam eficientes e, em particular, a escuta efetiva, para alcançar a compreensão. As preocupações dos stakeholders devem ser abordadas antecipadamente, de modo positivo e em tempo hábil; e não de maneira conflitante, sendo adiadas, ignoradas ou descartadas. O gestor do projeto precisa proporcionar oportunidades para a comunicação regular "de mão dupla" com cada stakeholder, e não apenas quando for identificado um problema ou uma preocupação.

O gestor e a equipe do projeto precisam ouvir atentamente uns aos outros, ter a mente aberta, ser criteriosos e se comportar profissionalmente; e não podem querer dominar as discussões, ter reações exageradas, ficar na defensiva, nem perder o controle de suas emoções. O envolvimento e o apoio das partes interessadas são importantes para o desempenho bem-sucedido e a conclusão dos objetivos do projeto.

Ferramentas de comunicação colaborativas permitem que todos ou alguns membros da equipe, incluindo os contratados e o cliente, possam se comunicar e colaborar. Isso pode ser importante para membros virtuais do projeto, que se encontram em diferentes locais geográficos, pois nem sempre é conveniente ou prático reunir todos em um local para uma reunião presencial. Essas ferramentas facilitam o compartilhamento de informações sobre o projeto e podem melhorar comunicação, colaboração, trabalho em equipe, produtividade e desempenho da equipe. Também podem apoiar e avançar a geração e a troca de ideias, a solução de problemas, a tomada de decisões e o desenvolvimento e gestão dos documentos.

? QUESTÕES

1. Discuta por que as comunicações verbal e escrita são importantes para o sucesso do projeto e descreva várias formas de melhorar as comunicações.
2. Por que as habilidades de escuta são importantes na comunicação eficaz? Como você pode melhorar suas habilidades de escuta?
3. Pelos próximos dias, observe a linguagem corporal das pessoas com que se comunica. Descreva o que fazem de positivo ou negativo.
4. Diga por que é importante ser sensível às composições diversas de uma equipe de projeto, especialmente em relação à comunicação.
5. Enumere 10 melhores práticas (o que se deve e o que não se deve fazer) referente à etiqueta nas comunicações eletrônicas em um ambiente de negócios.
6. Qual é o motivo das reuniões de análise de *status*? Quando devem ser conduzidas? O que deve ser abordado em tais reuniões?
7. Por que reuniões de solução de problema são conduzidas? Quem deve convocar tais reuniões? Descreva a abordagem que deve ser seguida.
8. O que deve ser feito antes de uma reunião para se preparar corretamente? O que deve ser feito durante a reunião para assegurar que seja eficaz? Descreva como computadores, telefones celulares, tablets e outras tecnologias podem ajudar ou atrapalhar a eficiência da reunião.
9. Se pedissem que você aconselhasse alguém em como preparar e realizar uma apresentação importante, o que diria? Para cada passo listado, diga por que é importante.
10. Por que os relatórios de progresso são uma parte integral das comunicações do projeto? O que eles devem incluir? Como se diferenciam do relatório final?
11. Por que é importante rastrear as mudanças feitas nos documentos do projeto? Como você pode alcançar o controle efetivo?
12. Descreva o que o termo "ferramentas de comunicação colaborativas" e ferramentas da Web 2.0 significa e forneça uma lista com algumas dessas ferramentas. Como podem melhorar as comunicações do projeto?

PESQUISA NA INTERNET

1. Pesquise na internet por "comunicações de projeto eficazes". Resuma pelo menos um site e compare-o com o que foi apresentado nesse capítulo. Que novas percepções você adquire com esse site?
2. Pesquise na internet por "habilidade de escuta eficaz". Identifique várias técnicas úteis que não foram apresentadas nesse capítulo.
3. Pesquise na internet por "estratégias de reunião eficazes". Identifique várias técnicas que não foram apresentadas nesse capítulo. Além disso, identifique pelo menos uma ferramenta que permita reuniões eletrônicas ou on-line. Descreva as características dessa ferramenta.
4. Busque na internet por "relatórios de projeto". Imprima e descreva pelo menos um site que discuta métodos para escrever relatórios de projeto eficazes ou forneça uma revisão de uma página de um pacote de software que ajude gestores a escrever relatórios de projeto.
5. Para melhorar a comunicação, muitos projetos hoje têm seus próprios sites e promovem o compartilhamento utilizando ferramentas Web 2.0. Busque na internet pelo menos um software de comunicação colaborativo baseado na internet. Descreva o que faz. Você acha que esse produto pode ser usado para melhorar as comunicações do projeto?

REFERÊNCIAS

Aalton, K., Kujala, J., Havela, L., e Savage, G. (2016). Stakeholder dynamics during the project front-end: The case of nuclear waste repository projects. *Project Management Journal, 46*(6), 15-41

Blake, M. (2016). Crowd control. *PM Network, 30*(2), 6-8.

Couch, C. (2016). Mine sweepers. *PM Network, 30*(3), 11-12.

Davis, K. (2016). A method to measure success dimensions relating to individual stakeholder groups. *International Journal of Project Management, 34*(3), 480-493.

Eskerod, P., Huemann, M., e Ringhofer, C. (2015). Stakeholder inclusiveness: Enriching project management with general stakeholder theory. *Project Management Journal, 46*(6), 42-53.

Eskerod, P., Huemann, M., e Savage, G. (2015). Project stakeholder management Past and present. *Project Management Journal, 46*(6), 6-14.

Hendershot, S. (2016). Data done right. *PM Network, 30*(3), 41-45.

Hooge, S., e Dalmasso, C. (2015). Breakthrough ReD stakeholders: The challenges of legitimacy in highly uncertain projects. *Project Management Journal, 46*(6), 54-73.

Joslin, R., e Müller, R. (2016). The relationship between project governance and project success. *International Journal of Project Management, 34*(4), 613-626.

Lopez-Vega, H., Tell, F., e Vanhaverbeke, W. (2016). Where and how to search? Search paths in open innovation. *Research Policy, 45*(1), 125-136.

Lundmark, E. E., e Klofsten, M. M. (2014). Linking individual-level knowledge sourcing to project-level contributions in large ReD-driven product-development projects. *Project Management Journal, 45*(6), 73-82.

Mazur, A. K., e Piskarski, A. (2015). Major project managers internal and external stakeholder relationships: The development and validation of measurement scales. *International Journal of Project Management, 33*(8), 1680-1691.

Parsi, N. (2016). Channel changer. *PM Network, 30*(4), 52-57.

Project Management Institute. (2017). *A guide to the project management body of knowledge (PMBOK® Guide)* (6th ed.). Newtown Square, PA: Autor.

Trencher, G., Daneri, D. R., McCormick, K., Tereda, T., Petersen, J., Yarime, M., e Kiss, B. (2016). The role of students in the co-creation of transformational knowledge and sustainability experiments: Experiences from Sweden, Japan, and the USA. In W. L. Filho e L. Brandli (Eds.), *Engaging stakeholders in education for sustainable development at university level* (pp. 191-215). Switzerland: Springer International Publishing.

Turkulainen, V., Aaltonen, K., e Lohikoski, P. (2015). Managing project stakeholder communication: The Qstock Festival Case. *Project Management Journal, 46*(6), 74-91.

van Offenbeek, M. A. G., e Vos, J. F. J. (2016). An integrative framework for managing project issues across stakeholder groups. *International Journal of Project Management, 34*(1), 44-57.

Yalegama, S., Chileshe, N., e Ma, T. (2016). Critical success factors for community driven development projects: A Sri Lankan Community Perspective. *International Journal of Project Management, 34*(4), 643-659.

Estruturas organizacionais da gestão de projetos

13

Goodluz/Shutterstock.com

- Estrutura organizacional funcional
- Estrutura organizacional de projeto autônoma
- Estrutura organizacional matricial
- Vantagens e desvantagens de estruturas organizacionais
  - *Estrutura organizacional funcional*
  - *Estrutura organizacional de projeto autônoma*
  - *Estrutura organizacional matricial*
- Resumo
- Questões
- Pesquisa na internet
- Referências

Os conceitos abordados neste capítulo apoiam as seguintes áreas do *PMBOK® Guide:*

Gestão de integração de projeto
Gestão de recursos do projeto

GESTÃO DE PROJETOS NO MUNDO REAL

Como se reportar em uma organização matricial

A organização de uma sala de redação depende de onde o jornal, seja impresso ou on-line, está localizado. Muitas vezes, as salas de redação alemãs e anglo-americanas são estruturas organizacionais funcionais com procedimentos orientados a processos. Os artigos e as colunas são conduzidos pelas competências dos escritórios e jornalistas. Algumas das redações na Europa Central são mais holísticas e enfatizam uma estrutura de furo jornalístico, em que uma equipe observa um subsistema e fornece informações à equipe editorial para transformar as observações em artigos a serem publicados em jornais impressos ou seções de revistas on-line.

O trabalho de produção de notícias tem se modificado. As histórias digitais interativas relatadas por jornalistas, analistas de dados, designers de interação, fotógrafos e videógrafos exigem maior trabalho em equipe. Com as mudanças na quantidade e no uso de conteúdos digitais e com níveis mais elevados de contexto dinâmico, uma sala de redação na Suíça transformou sua organização em um trabalho de equipe interdependente, que utilizava uma estrutura organizacional matricial.

Em vez de utilizar uma estrutura de projeto para gerenciar os projetos finitos estruturados, seus artigos de notícias, a agência de notícias optou por uma organização matricial a ser formada em torno dos tópicos em andamento a fim de ter equipes interdependentes, nas quais os projetos finitos seriam concluídos.

O papel do gestor de projeto nas equipes diminuiu em sua autoridade à medida que houve a mudança da estrutura organizacional funcional para a estrutura organizacional matricial. Na estrutura organizacional funcional, os gestores de projeto tinham um papel definido na organização hierárquica. A transição para a organização matricial resultou em gestores de projetos com menor autoridade e maior controle da gestão de comunicação.

A equipe de redação descobriu que as vantagens da estrutura organizacional matricial estão em canais de comunicação mais laterais, na maior gestão das informações, em uma flexibilidade aprimorada, maiores níveis de oportunidades para o crescimento profissional dos membros da equipe de redação e maior capacidade de utilizar e integrar a tecnologia em seus trabalhos.

Havia obstáculos e desvantagens para a organização matricial que precisavam ser equilibrados. Os membros das equipes não tinham uma única linha de autoridade à qual reportar e, desse modo, não sabiam de quem deveriam receber atribuições ou avaliações de desempenho. Às vezes, pode haver conflito devido às diferenças de formação e experiências. Havia o potencial de altos custos de administração associados à realização de mais reuniões e ao envolvimento dos profissionais com decisões atrasadas devido à autoridade reduzida dos gestores de projeto.

Um membro da equipe de notícias comentou que os editores-chefe eram muito bons em informar seus colegas a respeito de tópicos e eventos que sua equipe multifuncional estaria cobrindo, e disse que os gerentes de diferentes níveis diriam, "Ei! Vamos fazer isso juntos!".

A transição exigiu tempo e ajustes. Os jornalistas costumavam trabalhar em suas pequenas equipes de projeto e se reportar aos colegas de trabalho informalmente. Com a organização matricial, eles passaram a ter reuniões diárias nas quais se reportavam aos outros; alguns membros da equipe sentiram que esses relatórios eram um fardo. Eles também estavam acostumados a relatar sobre seu ritmo de trabalho. Levou algum tempo para reduzir os excessos quando jornalistas nas diferentes equipes trabalhavam em um assunto similar. Eles perceberam os requisitos referentes à coordenação e comunicação, como um aumento dos custos e conflitos relativos a suas funções.

Os jornalistas experimentaram resultados mais positivos relacionados à flexibilidade. Quando um relatório precisava de membros de vários setores para trabalharem juntos em um projeto interdependente, eles cumpriam com as obrigações de seus projetos por determinado período e eram realocados ao setor regularmente atribuído quando o projeto era concluído. Estas oportunidades de trabalho interdependente ajudaram a desenvolver novos líderes na organização. Jornalistas que não eram líderes de projeto na estrutura organizacional funcional descobriram que poderiam liderar uma equipe interdependente. Era necessário algum tempo para desenvolver relacionamentos com os outros jornalistas na equipe a fim de ajudar a coordenar as decisões e as atribuições do trabalho em equipe. O uso do sistema de marcação das habilidades foi benéfico para aprender e escolher os membros da equipe. Cada pessoa foi identificada com palavras-chave que representavam habilidades além do jornalismo, como a capacidade de falar outro idioma, passatempos, afiliação familiar e outras competências. Os gestores de equipes interdependentes poderiam buscar pessoas com as habilidades necessárias para sua equipe.

As equipes enfrentaram conflitos durante a transformação. Em grande parte devido à mudança no modo como as pessoas trabalhavam. Escrever um artigo em conjunto com uma equipe era algo muito diferente para quem estava acostumado a escrever artigos como um único autor. Às vezes, ocorreram experiências com ambiguidade de função, que levaram ao estresse, especialmente para os gestores de projeto e para as mudanças nas demandas de seu trabalho. Foram levantadas dúvidas sobre quem poderia se encarregar de uma história e criar uma equipe interpendente para reunir informações e comunicar as descobertas.

Alguns dos conflitos e resistências foram causados pela relutância em desistir do poder e experimentar uma potencial perda de *status*. Com o tempo, no entanto, haverá possibilidades para o estabelecimento de novos níveis de liderança e competências. Eles aprenderam que a natureza interdependente da organização matricial era necessária para manter o ritmo e gerenciar a crescente complexidade de assimilar a história, e também os requisitos digitais na cobertura de notícias e a experiência dos leitores.

Com base em informações de Grubenmann, S. (2016). Matrix organisation: The design of cross-beat teamwork in newsrooms. *Journalism Practice*, 1 19. Doi:10.1080/17512786.2016.1140588.

Apesar de existirem várias configurações em que as pessoas podem ser organizadas para trabalhar em projetos, os tipos mais comuns de estruturas organizacionais são: funcional, projeto autônomo e matricial. Os exemplos aqui dizem respeito a empresas industriais, no entanto, os conceitos são aplicáveis a outros setores, tais como empresas de serviços, agências governamentais e públicas e para organizações sem fins lucrativos, incluindo instituições de ensino, de saúde e fundações de caridade. Você se familiarizará com:

- As características dos três tipos de estruturas organizacionais.
- As vantagens e as desvantagens de cada tipo.
- O papel de um escritório de gestão de projetos.

RESULTADOS DE APRENDIZAGEM

Após o estudo deste capítulo, você estará apto a:

- Explicar os três tipos de estruturas organizacionais de gestão de projetos.
- Discutir as vantagens e desvantagens de cada tipo de estrutura organizacional de gestão de projeto.
- Descrever o papel de um escritório de projetos em uma estrutura organizacional matricial.

Estrutura organizacional funcional

Uma **estrutura organizacional funcional** é aquela em que os indivíduos são organizados em grupos que desempenham a mesma função ou possuem as mesmas experiências ou habilidades. A Figura 13.1, a seguir, representa essa estrutura para uma empresa industrial que vende produtos eletrônicos padrão. Estruturas organizacionais funcionais são normalmente utilizadas em empresas que vendem e produzem principalmente produtos padronizados. Por exemplo, uma empresa que fabrica e vende dispositivos médicos eletrônicos pode ter uma estrutura organizacional funcional. Nessa estrutura, os grupos consistem de indivíduos que desempenham a mesma função, como engenharia ou manufatura, ou têm os mesmos conhecimentos ou habilidades, como design gráfico ou montagem mecânica. Cada grupo fun-

Reforce sua aprendizagem

1. A organização funcional enfatiza a importância da contribuição da ____________ de cada componente funcional para os produtos da empresa.

Reforce sua aprendizagem

2. Uma empresa com uma estrutura funcional poderá periodicamente formar equipes de projeto para trabalhar em projetos ______________ da empresa.

cional, ou componente, concentra-se na realização de suas próprias atividades em apoio à missão de negócios da empresa. O foco é a excelência técnica e a competitividade de custos de produtos da empresa, bem como a importância da contribuição da especialidade de cada componente funcional para os produtos da empresa.

Uma empresa com uma estrutura organizacional funcional poderá periodicamente formar equipes de projeto para trabalhar em projetos internos da empresa, tais como o desenvolvimento de novos produtos, a implementação de um novo sistema de informação, redesenhar o plano de piso do escritório, aprimorar o processo de fabricação, implementar um projeto de redução do consumo de energia, ou atualizar a política da empresa e o manual de procedimentos. Para esses projetos, uma equipe multifuncional é formada com membros escolhidos pelos gestores da empresa de acordo com as subfunções apropriadas em marketing, engenharia, fabricação e compras. Os membros da equipe podem ser designados para o projeto em tempo integral ou meio período, para uma parte do projeto, ou para a duração do projeto inteiro. Na maioria dos casos, no entanto, as pessoas continuam a realizar suas tarefas funcionais enquanto servem na equipe do projeto por meio período. Um dos membros da equipe, ou, possivelmente, um dos gestores funcionais ou vice-presidentes, é designado como o líder de projeto ou gestor.

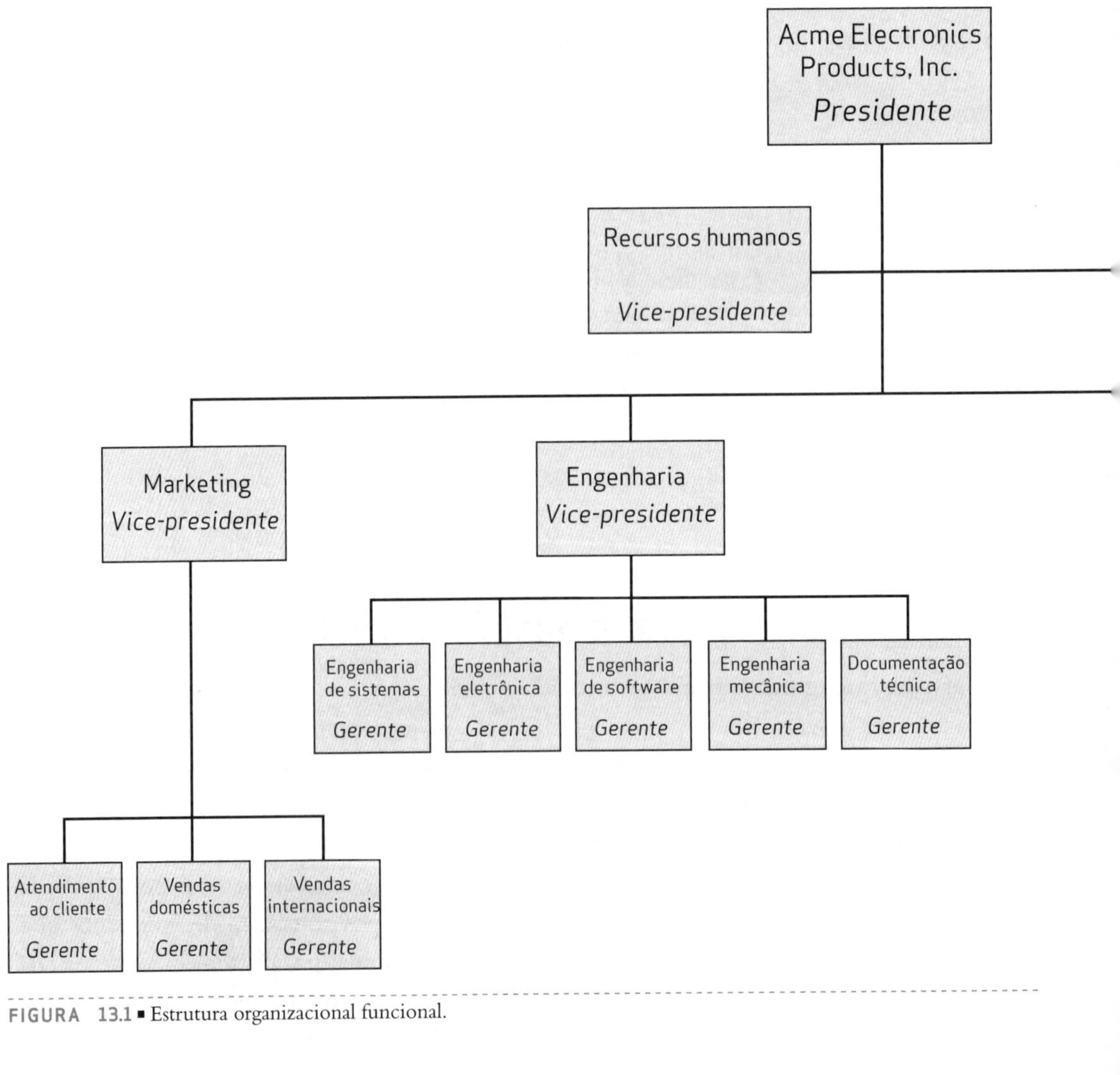

FIGURA 13.1 ▪ Estrutura organizacional funcional.

Em uma organização funcional, o gestor de projeto não tem autoridade total sobre a equipe do projeto, porque administrativamente os membros continuam a trabalhar para os seus respectivos gestores funcionais. O gestor de projeto pode ter autoridade no projeto, mas o gestor funcional detém a autoridade administrativa e técnica sobre o pessoal que é atribuído à equipe. Como os membros da equipe veem sua contribuição para o projeto em termos de seu conhecimento técnico ou funcional, permanecem fiéis aos seus gestores funcionais. Se houver um conflito entre os membros da equipe, é normalmente resolvido por meio da hierarquia de organização, desacelerando o esforço do projeto. Por outro lado, se o presidente da empresa der ao gestor de projetos a autoridade para tomar decisões quando não houver acordo entre os membros da equipe, estas podem refletir os interesses do próprio componente funcional do gestor de projeto e não os melhores interesses de todo o projeto. Por exemplo, em uma situação em que há desacordo sobre o projeto de um novo produto, o gestor do projeto, que é da função de engenharia, toma uma decisão que reduz o custo de projeto de engenharia do produto, mas aumenta o custo de fabricação. Ao relatar o progresso do projeto ao presidente da empresa, o gestor do projeto faz alguns comentários tendenciosos sobre os pontos de vista dos membros da equipe de outros componentes funcionais, como "Se os funcionários da fabricação estivessem mais dispostos a considerar outros métodos de produção, poderiam tornar o produto de menor custo. A engenharia já reduziu seus custos de projeto". Tal situação poderia exigir que o presidente da empresa se ocupasse com esse conflito.

Reforce sua aprendizagem

3. Verdadeiro ou falso: na organização funcional, as pessoas continuam a realizar suas tarefas funcionais enquanto servem na equipe de um projeto por meio período.

Como os projetos não fazem parte da rotina normal de uma estrutura organizacional funcional, é necessário estabelecer uma compreensão clara do papel e das responsabilidades de cada pessoa designada para a equipe

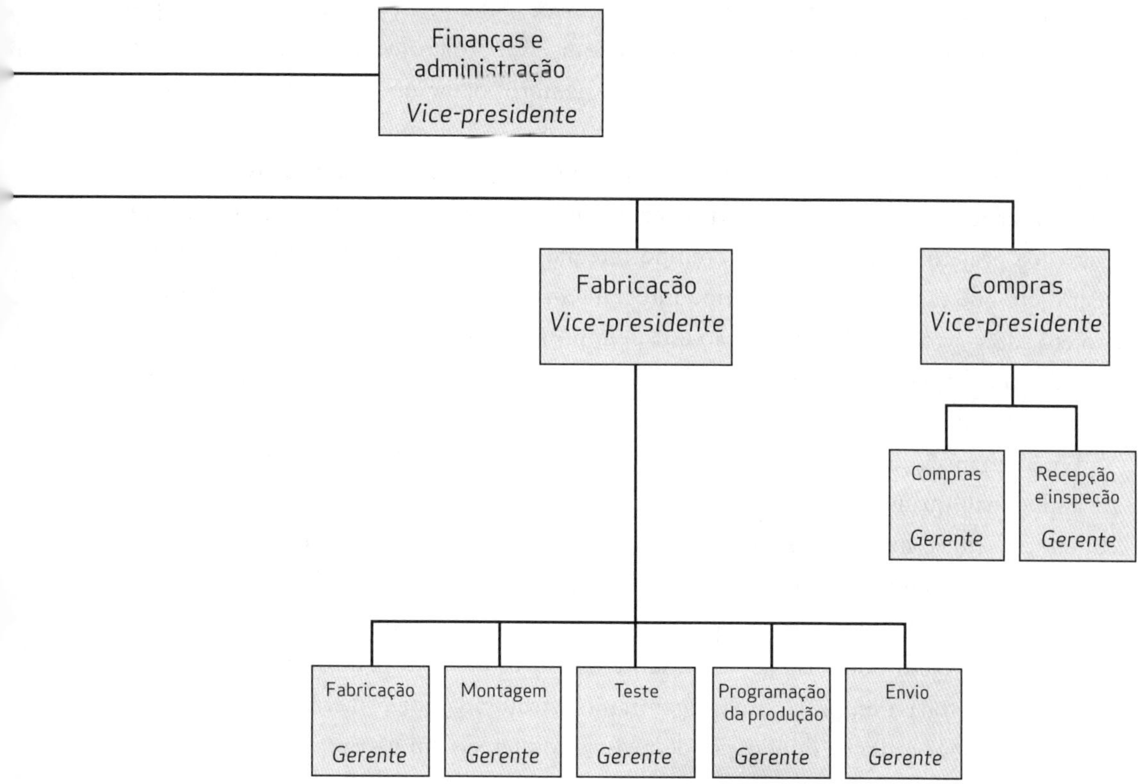

do projeto. Se o gestor de projeto não tem autoridade total sobre as decisões do projeto, então deve contar com habilidades de liderança e persuasão para construir consenso, lidar com conflito e unificar os membros da equipe para alcançar o objetivo do projeto. O gestor de projetos também precisa ter tempo para atualizar os gestores funcionais na empresa periodicamente sobre a situação do projeto e agradecer o apoio do pessoal deles atribuído ao projeto.

Pode haver situações em que uma equipe é designada para trabalhar em um projeto que é estritamente dentro de um determinado componente funcional. Por exemplo, o gestor de documentação técnica pode formar uma equipe de projeto de editores e especialistas de documentação para desenvolver padrões comuns para todos os documentos técnicos. Nesse caso, o gestor funcional em especial tem autoridade total sobre o projeto, e os conflitos podem ser tratados mais rapidamente do que quando surge em uma equipe de projeto multifuncional.

Empresas com estruturas organizacionais funcionais podem terceirizar um projeto, como o desenvolvimento de um sistema de informação, ou um pacote de trabalho específico, como a criação de vídeos de treinamento, para subcontratadas externas ou consultores.

Estrutura organizacional de projeto autônoma

Uma **estrutura organizacional de projeto autônoma**, também referida como *estrutura organizacional projetizada*, é aquela em que cada projeto funciona como próprio da entidade um tanto independente com recursos atribuídos unicamente a cada projeto. A Figura 13.2 ilustra essa estrutura para um negócio que vende projetos de logística rápida para capitais e interior. Um pedido médio do cliente será um projeto de milhões de dólares que vai exigir vários anos de engenharia, fabricação e instalação. Essa empresa está no ramo de projetos, mas não produz produtos padronizados. Trabalha em vários projetos ao mesmo tempo, em vários estágios de conclusão. Como os projetos estão terminando e outros já estão concluídos, a empresa espera obter contratos para novos projetos. O pessoal é contratado para trabalhar em um projeto específico, mas pode ser transferido de um projeto recém-concluído, caso tenha as competências adequadas. Cada equipe de projeto dedica-se a apenas um projeto. Quando seus projetos estiverem concluídos, a menos que os membros da equipe sejam atribuídos a outro projeto, eles podem ser demitidos.

Na organização de projeto autônoma, todos os recursos necessários para concluir cada projeto opera como uma entidade própria de certa forma independente. Todos os recursos necessários para realizar cada projeto são atribuídos em tempo integral para trabalhar nesse projeto. Um gestor de projeto que trabalha nele em tempo integral tem completa autoridade administrativa e de projeto sobre a equipe. A organização está bem posicionada para ser altamente responsiva ao objetivo do projeto e às necessidades do cliente, pois cada equipe de projeto é estritamente dedicada a apenas um projeto.

Reforce sua aprendizagem

4. Em uma organização de projeto autônoma, todos os recursos são atribuídos para trabalhar em período ______ em um determinado projeto. O gestor de projeto tem completa autoridade ______ e ______ sobre a equipe do projeto.

Uma organização de projeto autônoma pode ser tanto ineficiente em custos para projetos individuais quanto para a sua empresa matriz. Cada projeto deve pagar os salários de sua equipe específica, mesmo durante períodos em que não é totalmente utilizada. Por exemplo, se o atraso de uma parte do projeto deixar alguns recursos sem trabalho a fazer por várias semanas, os fundos do projeto devem cobrir esses custos. Se o tempo não aplicado se tornar excessivo, o projeto pode não ser lucrativo e drenar os lucros de outros projetos. Do ponto de vista de toda a empresa, uma organização estruturada por projetos pode ter um custo ineficiente por causa da duplicação de recursos ou tarefas em vários projetos simultâneos.

Pelo fato de os recursos não serem compartilhados entre projetos, geralmente não são desviados para um projeto similar concorrente, mesmo quando não são totalmente utilizados

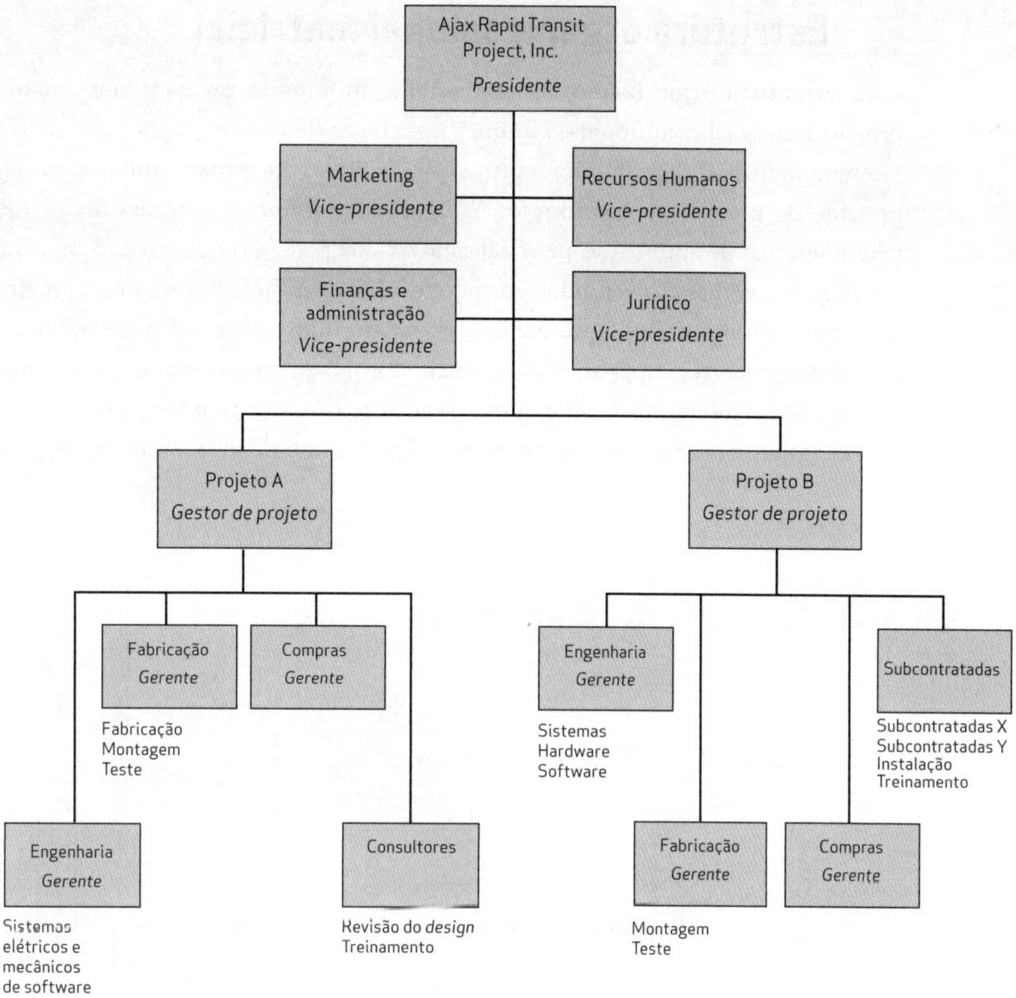

FIGURA 13.2 ▪ Estrutura organizacional de projeto autônoma.

no projeto a que se dedicam. Além disso, há pouca oportunidade para os membros de equipes de projetos diferentes compartilharem conhecimento ou experiência técnica, já que cada equipe do projeto tende a estar isolada e focada estritamente em seu próprio projeto. No entanto, pode haver algumas funções de apoio em toda a empresa que servem a todos os projetos. A Figura 13.2 mostra, por exemplo, que a função de recursos humanos serve a todos os projetos, porque não faria sentido cada projeto contratar sua própria equipe de recursos humanos. E, por ter um componente funcional comum, recursos humanos, a empresa provavelmente terá políticas de recursos humanos e procedimentos consistentes.

Em uma organização de projeto autônoma, um planejamento detalhado e preciso e um sistema de controle eficaz são necessários para assegurar a utilização ideal dos recursos do projeto e concluir com sucesso o projeto dentro do orçamento.

Estruturas organizacionais de projeto autônomas são encontradas principalmente em empresas que estão envolvidas em projetos muito grandes. Esses projetos podem ser de alto valor em dólares e de longa duração. Estruturas organizacionais baseadas em projetos são predominantes nas indústrias de construção e aeroespacial.

Reforce sua aprendizagem

5. Uma organização de projeto autônoma pode ser ____________.

Reforce sua aprendizagem

6. Estruturas organizacionais de projeto autônomas são encontradas principalmente em empresas que estão envolvidas em projetos muito ____________.

Reforce sua aprendizagem

7. A estrutura organizacional matricial fornece foco no projeto e no ______________ pela estrutura ______________, mas mantém a especialização da estrutura ______________.

Estrutura organizacional matricial

Uma **estrutura organizacional matricial** é um híbrido das estruturas organizacionais de projeto funcional e autônoma, em que os recursos de componentes funcionais apropriados são temporariamente atribuídos a projetos específicos que têm gestores de projeto do componente do projeto da organização. A Figura 13.3 mostra a estrutura de uma empresa que vende sistemas de automação personalizados. Cada pedido do cliente é para um sistema único. Alguns sistemas são vendidos por pouco mais de $ 50.000 e levam de quatro a seis meses para serem projetados e produzidos, enquanto outros custam vários milhões de dólares e podem levar até três anos para serem concluídos. Da mesma forma que a Ajax Rapid Transit Project, Inc., na Figura 13.2, a empresa Specialized Automation Systems, Inc., está no negócio de projetos, no entanto, envolve um maior número de projetos de menor tamanho. Está

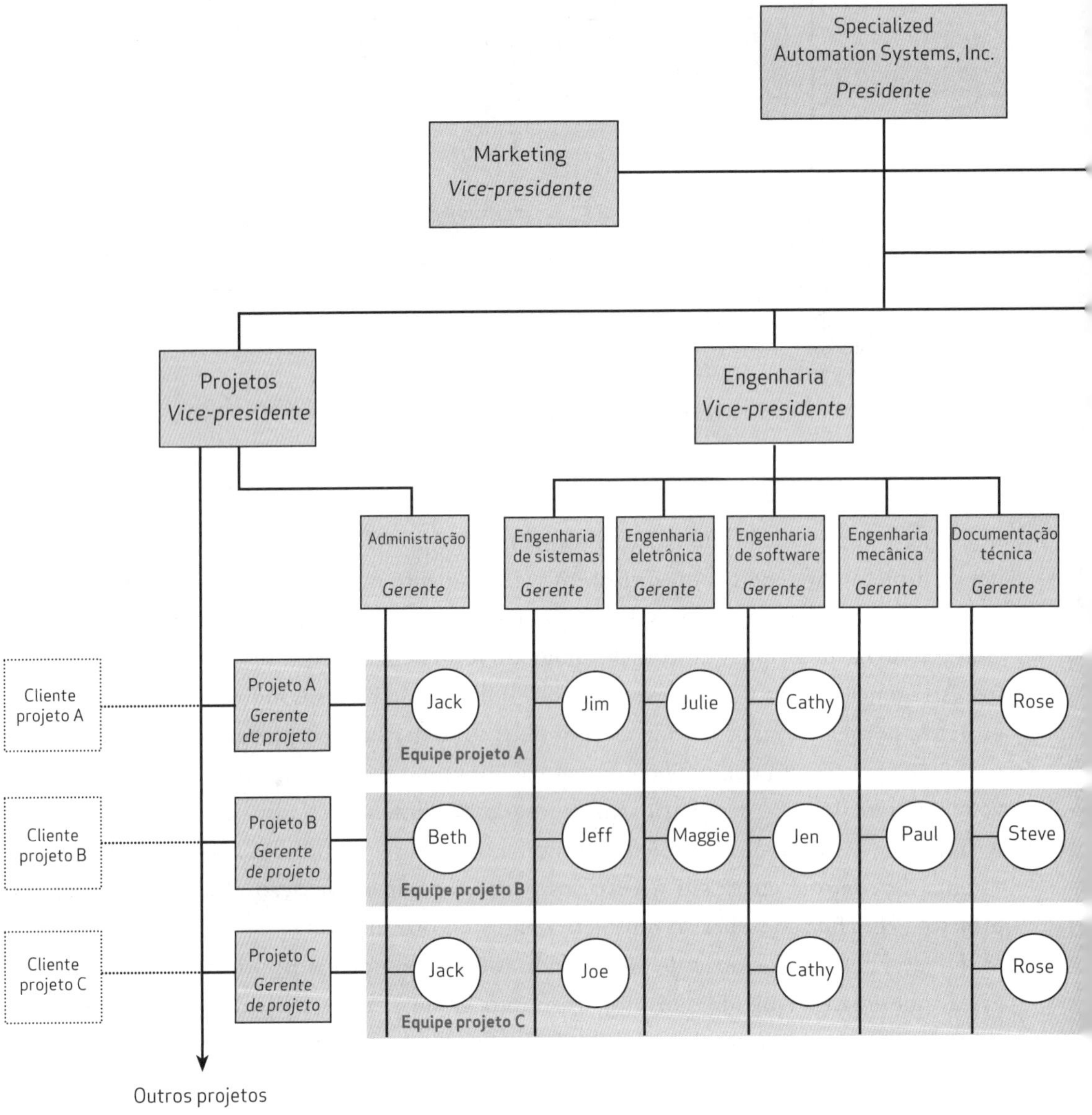

FIGURA 13.3 ▪ Estrutura organizacional matricial.

trabalhando em vários projetos ao mesmo tempo, que variam em tamanho e complexidade. Projetos estão continuamente sendo concluídos e iniciados.

A estrutura organizacional matricial define o foco do projeto e do cliente referente à estrutura de projeto autônoma, mas mantém a especialização da estrutura funcional. O projeto e os componentes funcionais da estrutura matricial têm cada um responsabilidades específicas, contribuindo conjuntamente para o sucesso de cada projeto e da empresa. O gestor de projeto é responsável pelos resultados do projeto, enquanto os gestores funcionais são responsáveis por fornecer os recursos necessários para alcançar os resultados.

Reforce sua aprendizagem

8. Na organização matricial, os componentes ________ fornecem um conjunto de ________ para apoiar projetos em andamento.

A organização matricial proporciona a utilização eficaz dos recursos da empresa. Os componentes funcionais, tais como engenharia de sistemas, testes e assim por diante, estão ao abrigo da equipe técnica e fornecem um conjunto de conhecimentos para apoiar projetos em andamento.

Os gestores de projeto são parte do componente dos projetos da organização. Quando a empresa recebe um pedido de um novo sistema, o vice-presidente de projetos atribui um novo gestor de projeto. Um projeto pequeno pode ser atribuído a um gestor que já está ge-

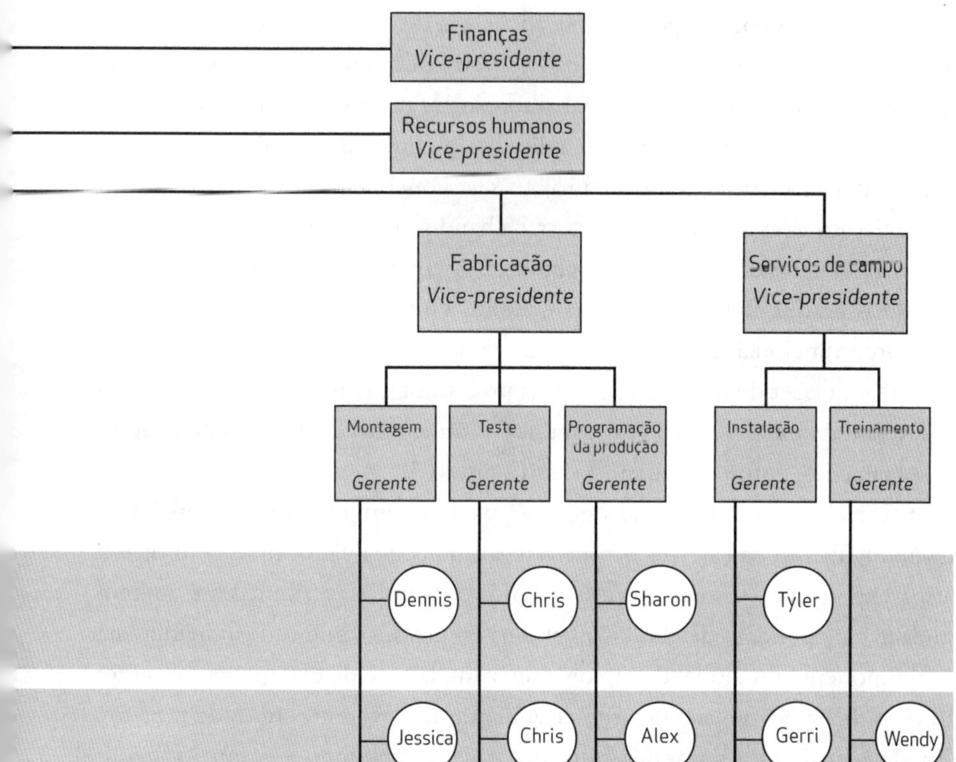

renciando vários outros pequenos projetos. Um grande projeto pode ser atribuído a um gestor de projeto em tempo integral.

O gestor do projeto, em seguida, reúne-se com os gestores funcionais para negociar as atribuições de vários indivíduos de acordo com os componentes funcionais para trabalhar no projeto. Esses indivíduos são encarregados do projeto para o período em que sejam necessários. Alguns podem ser designados para o projeto em tempo integral, enquanto outros por apenas meio período. Algumas pessoas podem ser atribuídas a um projeto para toda a sua duração, outros podem trabalhar em apenas uma parte, ou mesmo de vez em quando, dependendo de quando sua especialidade for necessária e quanto de suas horas o orçamento do projeto pode suportar. Em uma organização matricial, não é incomum para um indivíduo de um componente funcional ser encarregado em tempo parcial a vários projetos simultâneos. A Figura 13.3 mostra, por exemplo, que Jack, Cathy, Rose, Chris e Alex estão todos trabalhando meio período em dois projetos. Alguns projetos não exigem certos tipos de especialização. Por exemplo, os projetos A e C não necessitam de nenhuma atividade de engenharia mecânica, e o projeto A não inclui nenhum treinamento.

A distribuição do tempo das pessoas entre os resultados de diversos projetos na utilização eficaz dos recursos minimiza os custos totais de cada projeto e de toda a empresa.

Conforme os projetos ou tarefas específicas são concluídos, os indivíduos disponíveis são encarregados de novos projetos. O objetivo é maximizar o número de pessoas-hora funcionais empregadas para trabalhar em projetos dentro das limitações de orçamento de projetos individuais, e para minimizar o tempo não aplicado, porque o salário custa por tempo não aplicado e têm de ser absorvido pela empresa, reduzindo a rentabilidade geral. Claro, o tempo não aplicado deve ser previsto, como férias, feriados, doenças, atividades de formação e de trabalho, para as propostas de novos projetos.

Reforce sua aprendizagem

9. A estrutura organizacional matricial resulta na utilização eficaz de ____________ e minimiza ____________ gerais porque isso permite o ____________ do tempo dos indivíduos entre vários ____________.

É importante notar que, se o tempo total não aplicado do corpo funcional for alta, a empresa pode não ser rentável, mesmo que cada projeto seja concluído dentro das horas orçadas. Isso acontecerá caso a empresa não esteja trabalhando em projetos suficientes para utilizar o pessoal em alguns dos componentes funcionais. A empresa precisa sempre ter novos projetos entrando assim que alguns deles são concluídos a fim de manter uma taxa de hora aplicável para o corpo funcional. Se a quantidade de tempo não aplicado for excessiva, os indivíduos talvez tenham de ser demitidos. A empresa precisa estar constantemente à procura de oportunidades para desenvolver projetos para novos ou antigos clientes ou de propostas em resposta a solicitações, como foi discutido no Capítulo 3.

A organização matricial fornece oportunidades às pessoas nos componentes funcionais para levar a cabo o desenvolvimento da carreira por meio de atribuições a vários tipos de projetos. Como ampliam sua experiência, tornam-se mais valiosos para futuras atribuições e aumentam a sua elegibilidade para posições de nível mais alto na empresa. Como cada indivíduo em um determinado componente funcional desenvolve uma ampla base de experiência, o gestor funcional ganha maior flexibilidade para determinar indivíduos a diferentes tipos de projetos.

Reforce sua aprendizagem

10. Em uma organização matricial, cada membro de uma ____________ ____________ tem relação de subordinação dupla: ao gestor temporário e ao ____________ ____________ permanente.

Todos os indivíduos atribuídos a um determinado projeto, incluindo a equipe, sob a liderança de um gestor de projeto, integram e unificam os seus esforços. Pessoas designadas para vários pequenos projetos serão membros de várias equipes de projeto. Cada membro de uma equipe de projeto tem uma relação de subordinação dupla; em certo sentido, cada membro tem dois gestores – um gestor de projeto temporário e um gestor funcional permanente. Para uma pessoa atribuída a vários projetos simultâneos, as prioridades de trabalho podem causar conflito e ansiedade.

É fundamental especificar a quem o membro da equipe deve se reportar e para quais responsabilidades ou tarefas foi designado. Portanto, é importante que as responsabilidades de gestão de projetos e as de gestão funcional sejam delineadas em uma organização matricial.

Na estrutura organizacional matricial, o *gestor de projeto* é o intermediário entre a empresa e o cliente. O gestor de projeto define *o que tem de ser feito* (âmbito do trabalho), *até quando* (cronograma) e *qual a quantidade de dinheiro* (orçamento) necessária para realizar o projeto e satisfazer o cliente. Ele é responsável por liderar o desenvolvimento do plano do projeto, que estabelece o cronograma e o orçamento do projeto, a atribuição de tarefas específicas, pacotes de trabalho ou atividades e orçamentos para os vários componentes funcionais da organização. Ao longo do projeto, o gestor é responsável tanto por controlar o desempenho do trabalho dentro do cronograma e o orçamento quanto por relatar o andamento do projeto ao cliente e à alta gerência da empresa. Um administrador de projetos pode ser atribuído a cada projeto para apoiar o gestor e a equipe de projeto no planejamento, controle e emissão de relatórios.

Reforce sua aprendizagem

11. Em uma organização matricial, o gestor de projeto define __________, __________ e __________ para realizar o projeto e satisfazer o cliente.

Cada *gerente funcional*, na estrutura organizacional matricial, é responsável por *como as tarefas de trabalho atribuídas serão realizadas* e *quem fará cada tarefa*. O gestor funcional de cada componente da organização fornece orientação técnica e liderança aos indivíduos designados para projetos. Também é o responsável por garantir que todos os pacotes de trabalho ou tarefas atribuídas ao seu componente funcional sejam cumpridos em conformidade com os requisitos técnicos e de qualidade do projeto dentro do orçamento atribuído na programação.

Em um ambiente de múltiplos projetos, cada gestor funcional pode ter muitos indivíduos atribuídos a partes de muitos projetos simultâneos, particularmente se os projetos forem pequenos demais para exigir pessoas em tempo integral ou se precisam de certa especialidade por apenas breves períodos. O gestor funcional deve monitorar continuamente as atribuições dos indivíduos nos projetos ou de seu componente funcional e fazer as realocações necessárias em resposta às mudanças de condições em vários projetos, como atrasos no cronograma ou mudanças de clientes. Por exemplo, se um projeto está atrasado porque o cliente está levando mais tempo do que o previsto para analisar e aprovar os projetos de engenharia ou porque o envio de uma peça de equipamento de um fornecedor está levando mais tempo do que o estimado, os indivíduos designados para o projeto devem ser temporariamente transferidos para outros projetos, se possível. Em uma situação em que um projeto está atrasado e em risco de não ser concluído até a data exigida pelo cliente, o gestor funcional pode atribuir temporariamente pessoas de outros segmentos de projetos que têm margem de tempo positiva ou estão à frente no cronograma.

Reforce sua aprendizagem

12. Em uma organização matricial, cada gestor funcional é responsável por __________ as tarefas serão realizadas e __________ fará cada tarefa.

A organização matricial proporciona um ambiente de verificações e balanços. O fato de que possíveis problemas possam ser identificados, tanto por meio do projeto quanto pela estrutura funcional, reduz a probabilidade de que sejam suprimidos além do ponto em que podem ser corrigidos sem colocar em risco o sucesso do projeto. A estrutura organizacional matricial permite uma rápida resposta aos problemas identificados porque tem tanto um caminho horizontal (projeto) quanto um vertical (funcional) para o fluxo de informação.

Reforce sua aprendizagem

13. A estrutura organizacional matricial permite uma resposta rápida a problemas identificados porque tem tanto um caminho __________ quanto __________ para o fluxo de __________.

A Figura 13.3 mostra um componente organizacional do vice-presidente de projetos a quem os gestores de projeto se reportam. Tal unidade tem um papel importante na estrutura organizacional matricial. Esse componente organizacional é muitas vezes referido como **escritório de gestão de projetos** (EGP). Esse escritório supervisiona e coordena vários projetos. Pode ajudar a resolver os conflitos entre os projetos prioritários e facilitar as decisões sobre a prioridade entre os projetos em termos de menor risco global para a empresa e de re-

Reforce sua aprendizagem

14. O ________ ________ ________ tem um papel importante na estrutura organizacional matricial. Ele ________ e ________ vários ________.

lacionamento com os clientes, especialmente se a empresa tem outros projetos em curso ou propostas de um determinado cliente. O PMO poderá também dar apoio e treinamento a equipes de projeto e fornecer pessoal de apoio administrativo aos projetos. O PMO pode estabelecer procedimentos consistentes e desenvolver melhores práticas e modelos para planejamento, monitoramento e controle de projetos, coleta de dados, documentação e relatórios de projeto, por exemplo. Poderia ser o repositório de documentos do projeto arquivados e gerenciar uma base de conhecimento de lições aprendidas. Muitas vezes, o PMO fornece suporte central ao sistema de informação de gestão de projetos da empresa.

Vantagens e desvantagens de estruturas organizacionais

Nas seções anteriores discutimos as características das estruturas organizacionais funcional, de projeto autônoma e matricial. A Tabela 13.1 lista algumas das vantagens e desvantagens mais significativas que são particulares para cada uma das três estruturas de organização.

ESTRUTURA ORGANIZACIONAL FUNCIONAL

Ao manter especialistas da mesma disciplina juntos em uma unidade organizacional, reduz a duplicação e sobreposição de atividades e fornece os benefícios associados com especialização: um ambiente no qual as pessoas podem compartilhar e manter-se com o conhecimento e as habilidades de sua disciplina particular. Por exemplo, todos os indivíduos em uma unidade de engenharia da computação podem compartilhar software e discutir abordagens para o desenvolvimento de sistemas de computador.

Porém, organizações funcionais podem ser insulares, em que cada componente funcional está preocupado apenas com o próprio desempenho. O trabalho em equipe com outras funções não é enfatizado, e há pouca fertilização cruzada de ideias entre funções. O foco no projeto também não é ressaltado, e decisões podem ser res-

TABELA 13.1 ▪ Vantagens e desvantagens de estruturas organizacionais.

	Vantagens	Desvantagens
Estrutura funcional	• Sem duplicação de atividades • Excelência funcional	• Insularidade • Tempo de resposta lento • Falta de foco no cliente
Estrutura de projeto autônoma	• Controle sobre recursos • Resposta aos clientes	• Custo ineficiente • Baixo nível de transferência de conhecimento entre os projetos
Estrutura matricial	• Utilização eficiente dos recursos • Especialização funcional disponível para todos os projetos • Aprendizagem incrementada e transferência de conhecimento • Melhoria da comunicação • Foco no cliente	• Duplas relações de subordinação • Necessidade de equilíbrio de poder

tritas, em vez de relacionadas ao interesse global do projeto. A estrutura hierárquica diminui a comunicação, a resolução de problemas e a tomada de decisão.

Tomemos o caso em que há um problema com falhas de produto. A engenharia acredita que a causa provém da fabricação que não está produzindo o produto corretamente. A fabricação afirma que o problema foi causado pela engenharia que não projetou corretamente, ou porque havia erros nos desenhos de engenharia enviados à fabricação. Tal problema poderia trabalhar seu trânsito pela cadeia de comando, e sua resolução poderia ficar para o presidente da empresa. A organização funcional precisa de foco no cliente. Existe uma fidelidade mais forte à função do que ao projeto ou cliente.

Reforce sua aprendizagem

15. Quais são algumas vantagens e desvantagens da estrutura organizacional funcional?

ESTRUTURA ORGANIZACIONAL DE PROJETO AUTÔNOMA

Em uma organização de projeto autônoma, todos os indivíduos da equipe trabalham para o gestor de projeto. Portanto, ele tem controle total sobre os recursos, incluindo a autonomia sobre como o trabalho é feito e por quem. Não há nenhum conflito com outros projetos sobre prioridades e recursos, porque todos os recursos para um projeto são totalmente dedicados a ele. A organização do projeto é altamente sensível ao cliente. Por exemplo, se o cliente fizer alterações no escopo de trabalho, o gestor tem autonomia para transferir recursos para acomodar as mudanças imediatamente.

A estrutura organizacional do projeto pode ser ineficiente em termos de custo por causa da subutilização de recursos. Com indivíduos encarregados em tempo integral ao projeto, pode haver momentos em que a atividade de trabalho diminua e os membros da equipe não estejam trabalhando em um alto nível de produtividade. Quando o trabalho está lento, pessoas tendem a estendê-lo para preencher o tempo disponível. Se não há mais nada a fazer, uma atividade de uma semana pode prolongar para duas ou três semanas, levando os custos do projeto a aumentar. Além disso, se algumas pessoas não têm tarefas a fazer por períodos temporários, o tempo não aplicado ainda é um custo para a empresa e corrói a sua rentabilidade. Outro fator que afeta a ineficiência de custos em organizações estruturadas por projetos é a potencial falta de oportunidade para eficiências de custo que alavanquem as atividades com outros projetos simultâneos. Por exemplo, se as equipes de diversos projetos encomendaram materiais e insumos em conjunto, em vez de encomendar de forma independente, podem ser capazes de obter melhores preços.

Na estrutura organizacional de projetos autônoma, há um baixo nível de transferência de conhecimento entre os projetos. Os indivíduos dedicam-se a trabalhar em um projeto. Eles não têm uma "casa" funcional para servir como uma fonte de conhecimentos funcionais e compartilhados. Além disso, no final de um projeto, as pessoas podem ser demitidas se não houver um novo projeto para que elas possam ser atribuídas. Em tais casos, o que aprenderam no projeto é perdido para a empresa. Em uma organização por projeto, os membros da equipe experimentam ansiedade elevada sobre redesignação conforme o projeto se aproxima da conclusão, especialmente porque eles não têm uma casa funcional para a qual possam retornar.

Reforce sua aprendizagem

16. Quais são algumas vantagens e desvantagens da estrutura organizacional de projeto autônoma?

ESTRUTURA ORGANIZACIONAL MATRICIAL

A estrutura organizacional matricial tenta capitalizar as vantagens de ambas as estruturas de projeto, a funcional e a autônoma, enquanto supera as suas desvantagens. A estrutura matricial permite a utilização eficiente de recursos por indivíduos que são encarregados de várias funções por tempo parcial, se necessário, em projetos específicos, ou por terem sido designados apenas por uma duração limitada em determinados projetos. Além disso, não é incomum para os indivíduos em uma função específica trabalhar em dois ou mais projetos simultaneamente. Porque eles têm uma matriz funcional, podem ser movidos entre os projetos, conforme necessário, para acomodar as alterações do projeto. Por exemplo, se um projeto está atrasado, o gestor funcional pode implantar alguns dos membros de sua equipe em outros projetos, em vez de o tempo não aplicado aumentar o custo para a empresa.

A estrutura matricial proporciona um núcleo de experiência funcional que está disponível a todos os projetos, e, assim, essa experiência é mais bem utilizada. Indivíduos em um componente funcional têm uma disciplina comum e podem colaborar e aprender uns com os outros. Esse componente funcional é como uma casa para as pessoas no final de um projeto, enquanto esperam pela atribuição de outros projetos. O conhecimento delas permanece com a empresa, pronto para ser usado em projetos futuros. Como as pessoas trabalham em mais e diferentes projetos, experimentam um maior aprendizado e crescimento, e seus conhecimentos e habilidades são transferidos de um projeto para outro.

A estrutura matricial também facilita uma melhor comunicação, possibilitando a identificação de problemas mais oportuna e a resolução de conflitos.

Os membros da equipe de projeto têm dois canais por meio dos quais enviam avisos sobre um problema potencial: o gestor do projeto e o gestor funcional. Essas vias de comunicação dupla aumentam as chances de que os problemas sejam identificados e não reprimidos.

Finalmente, a organização matricial é focada no cliente. O gestor de projeto é o ponto central designado para a comunicação com o cliente, e as unidades funcionais são criadas para apoiar projetos.

Os membros de uma equipe de projeto em uma estrutura organizacional matricial têm relação de subordinação dupla: temporariamente se reportam a um gestor de projeto, enquanto administrativamente ainda se reportam a seu gestor funcional. Se um indivíduo é designado para trabalhar em vários projetos, pode ter vários gestores. Isso pode causar ansiedade e conflitos sobre prioridades de trabalho. Esses indivíduos têm fidelidade permanente a sua matriz funcional, que é agravada pela fidelidade necessária à equipe do projeto. Uma empresa que utiliza uma estrutura organizacional matricial deve estabelecer as diretrizes operacionais para assegurar um equilíbrio adequado de poder entre os gestores de projeto e os funcionais. Conflitos surgirão entre gestores de projeto e gestores funcionais sobre as prioridades, a atribuição de indivíduos específicos para projetos, abordagens técnicas para o trabalho e alterações de projetos. Se houver um desequilíbrio de poder, tais conflitos não poderão ser resolvidos a serviço dos interesses tanto do cliente quanto da empresa.

Reforce sua aprendizagem

17. Quais são algumas vantagens e desvantagens da estrutura organizacional matricial?

GESTÃO DE PROJETOS NO MUNDO REAL

Como atender aos objetivos estratégicos com um Escritório de Gestão de Projetos

A rigorosa gestão de projetos tem ajudado as empresas a gerenciarem cronogramas e orçamentos e a incorporar controles de forma que seus processos sejam simplificados e as equipes trabalhem juntas para o sucesso da organização. A Arcon Managed Security Services, no Rio de Janeiro, Brasil, verificou a necessidade de ter mais estabilidade em seus projetos à medida que ajudou a monitorar e avaliar mais de 2 bilhões de possíveis incidentes relacionados à segurança cibernética em todo o mundo. Ramiro Rodríguez, especialista em soluções tecnológicas para várias empresas nacionais e multinacionais, foi selecionado para liderar o novo escritório de gestão de projetos (EGP) da Arcon, visando aumentar o nível de maturidade dos processos e procedimentos de gestão de projetos da organização.

Como proficional de Gestão de Projetos (PMP – Project Manaement Professional,)® e líder do EGP, Rodriguez forneceu apoio aos gestores de projetos da empresa e orientação para o alinhamento com a estratégia da organização. Como resultado dos esforços de desenvolvimento profissional, todos os membros da pequena equipe do EGP obtiveram certificações em PMP. Com um núcleo comum de conhecimento, eles definiram esforços para estabelecer práticas padronizadas de gestão de projetos, com o EGP fornecendo orientação para o desenvolvimento dos principais indicadores de desempenho.

Cada gestor de projeto recebeu a atribuição de até 20 projetos para supervisionar em determinado momento. Antes da implementação do EGP, esses projetos ocorriam em silos com muito trabalho redundante sendo realizado. Sem um guia central para gerenciar o portfólio de projetos na Arcon, a organização e a execução foram controladas pelos gestores de projetos independentes. Nenhum banco de dados centralizado do projeto estava disponível para armazenamento das lições aprendidas ou de outros elementos importantes, como documentos padronizados, em um sistema de gestão de conhecimentos.

Juntos, os membros da equipe criaram uma metodologia específica para orientar seus projetos desde a fase de análise até sua conclusão. Os métodos melhoraram sua capacidade de determinar os riscos do projeto, identificar as tarefas necessárias e atribuir responsabilidades. O desenvolvimento de documentos e modelos padronizados resultou em economia de tempo e na redução de silos para as tarefas do projeto. Rodriguez comentou: "Tudo isto criou um *benchmark* para podermos aprimorar os processos à medida que avançamos". Um apoio essencial que o EGP proporcionou aos gestores de projeto e suas equipes foi a comunicação com os clientes para ajudar a alinhar os interesses entre os clientes e os possíveis resultados dos projetos. O EGP apoiou o gestor do projeto para ajudar a esclarecer os pedidos feitos pelos clientes a fim de garantir que os resultados do projeto fossem viáveis e obtidos. "Uma boa comunicação depende da clareza e transparência", reforçou Rodriguez.

O EGP implantou uma ferramenta de painel de projeto para comunicar as atualizações de *status* aos gestores de projeto e suas equipes, e os gestores de projeto poderiam avaliar os recursos envolvidos em seus projetos. Como resultado da redução dos silos, do monitoramento e controle dos projetos com painéis, da implementação de procedimentos padronizados e da melhoria da metodologia de gestão de projetos, o EGP reportou uma redução projetada de 16% nos custos do projeto. As atualizações do sistema de gestão de projetos na Arcon com a implementação de um EGP ajudaram a Arcon a alcançar seus objetivos estratégicos, ao mesmo tempo que proporcionaram segurança valiosa contra ataques cibernéticos à sua base global de clientes.

Com base em informações de Rodrigues, R. (2016). Upgrading the system. *PM Network, 30*(3), 20-21.

FATORES ESSENCIAIS PARA O SUCESSO

- Na organização matricial, é importante delinear as responsabilidades de gestão de projetos e as responsabilidades de gestão funcional.
- Quando uma estrutura organizacional matricial for implementada, as diretrizes operacionais devem ser estabelecidas para garantir equilíbrio de poder entre os gestores de projeto e os gestores funcionais.
- As equipes de projeto devem ser mantidas tão pequenas quanto possível ao longo do projeto.

RESUMO

As três estruturas mais comuns utilizadas para organizar as pessoas para trabalhar em projetos são as estruturas funcional, de projeto autônoma e organizacional matricial. Essas estruturas são aplicáveis à grande maioria das empresas, bem como ao público e às organizações sem fins lucrativos.

As estruturas organizacionais funcionais são aquelas em que os indivíduos são organizados em grupos que desempenham a mesma função ou que têm as mesmas experiências ou habilidades. São normalmente utilizadas em empresas que vendem e produzem principalmente produtos padronizados. O foco é a excelência técnica e a competitividade de custos e de produtos da empresa, bem como a importância da contribuição da especialidade de cada componente funcional para os produtos da empresa. Para projetos, é formada uma equipe multifuncional com membros selecionados das subfunções apropriadas. Nessa estrutura, o gestor de projeto não tem autoridade total sobre a equipe, porque, administrativamente, os membros continuam a trabalhar para os seus respectivos gestores funcionais. Se houver um conflito entre os membros da equipe, normalmente o conflito é resolvido segundo a hierarquia de organização. Uma empresa com uma estrutura organizacional funcional poderá periodicamente formar equipes para trabalhar em projetos internos, ou terceirizar um projeto ou pacotes de trabalho específicos para recursos externos, como subcontratadas ou consultores.

A estrutura organizacional de projeto autônoma é aquela em que cada projeto opera como sua própria entidade independente com recursos dedicados designados unicamente a cada projeto. É utilizada por empresas que estão trabalhando em vários projetos ao mesmo tempo e seus produtos não são padronizados. As pessoas são contratadas para trabalhar em um projeto específico, e cada equipe de projeto dedica-se a apenas aquele projeto. Quando o projeto é concluído, os membros da equipe podem ser alocados para outro projeto, se tiverem o conhecimento adequado. Um gestor de projeto em tempo integral tem autoridade administrativa sobre a equipe do projeto. A organização estruturada por projetos é bem posicionada para ser altamente responsiva ao objetivo do projeto e às necessidades do cliente, pois cada equipe de projeto se dedica estritamente a apenas um projeto. Do ponto de vista de toda a empresa, uma organização de projeto autônoma pode ter um custo ineficiente por causa da duplicação de recursos ou tarefas em vários projetos simultâneos. Além disso, há pouca oportunidade para os membros de equipes de projetos diferentes compartilharem o conhecimento ou a experiência técnica. Estruturas organizacionais de projeto autônomas são encontradas principalmente em empresas que estão envolvidas em projetos muito grandes com altos valores financeiros e de longa duração.

A organização matricial é um híbrido de estrutura funcional e de estruturas organizacionais de projeto autônomas em que os recursos de componentes funcionais apropriados são temporariamente atribuídos a projetos específicos que têm gestores de projeto do componente de projeto da organização. É apropriada para empresas que estão trabalhando em vários projetos ao mesmo tempo que variam em tamanho e complexidade. Fornece foco no projeto e no cliente da estrutura do projeto enquanto mantém a especialização da estrutura funcional. Os componentes do projeto e funcionais da estrutura matricial têm cada um suas responsabilidades, contribuindo conjuntamente para o sucesso de cada projeto e da empresa. Além disso, a organização matricial fornece a utilização eficaz dos recursos da empresa. A divisão do tempo dos indivíduos entre os diversos projetos resulta na utilização eficaz dos recursos e minimiza os custos totais de cada projeto e de toda a empresa. Todos os indivíduos atribuídos a dado projeto fazem parte da equipe do projeto sob a liderança de um gestor de projeto que integra e unifica os seus esforços.

Na estrutura matricial, o gestor de projeto é o intermediário entre a empresa e o cliente. Ele define o que tem de ser feito, até quando, qual o orçamento para realizar o objetivo do projeto e satisfazer o cliente. O gestor do projeto é responsável por liderar o desenvolvimento do plano do projeto, estabelecer o cronograma e o orçamento do projeto e a atribuição de pacotes de trabalho ou orçamentos para os vários componentes funcionais da organização da empresa. Cada gestor funcional é responsável por como as atividades atribuídas serão realizadas e quem as realizará.

As vantagens de uma estrutura organizacional funcional são a não duplicação de atividades e a excelência funcional. As desvantagens incluem a insularidade, o tempo de resposta lento e a falta de foco no cliente. A estrutura organizacional de projeto autônoma tem controle sobre os recursos e a capacidade de resposta aos clientes como vantagens. Ineficiência de custos e baixo nível de transferência de conhecimento entre projetos são suas desvantagens. As vantagens de uma estrutura organizacional matricial incluem utilização eficiente dos recursos, especialização funcional disponível a todos os projetos, aumento da aprendizagem e transferência de conhecimento, uma melhor comunicação e foco no cliente. Suas desvantagens são as duplas relações de subordinação e a necessidade de um equilíbrio de poder.

QUESTÕES

1. Descreva o que é uma organização funcional. Certifique-se de discutir as vantagens e as desvantagens dessa estrutura.
2. Descreva o que é uma organização de projeto autônoma. Certifique-se de discutir as vantagens e as desvantagens dessa estrutura.
3. Descreva o que é uma organização matricial. Certifique-se de discutir as vantagens e as desvantagens dessa estrutura.
4. Qual o tipo de estrutura organizacional é frequentemente utilizado por empresas que produzem produtos padronizados? Por quê?
5. Discuta alguns dos problemas que podem ser encontrados quando uma organização funcional desenvolve novos produtos.
6. Por que uma organização de projeto autônoma é considerada uma entidade de certa forma independente?
7. Por que uma organização de projeto autônoma às vezes é considerada ineficiente quanto ao custo?
8. Qual estrutura organizacional é considerada um híbrido? Explique.
9. Como uma organização matricial prevê o desenvolvimento da carreira?
10. Quais são as responsabilidades do gestor de projeto em uma organização de matriz?
11. Quais são as responsabilidades do gestor funcional em uma organização de matriz?
12. Quais são as responsabilidades do vice-presidente de projetos em uma organização de matriz?
13. Qual é o papel de um escritório de gestão de projetos? Que estrutura organizacional dá melhor suporte tendo um escritório de gestão de projetos? Por quê?

PESQUISA NA INTERNET

1. Busque na internet por "estruturas organizacionais funcionais". Resuma pelo menos um site e compare-o com o que foi apresentado neste capítulo. Que novas percepções você adquire com esse site?
2. Busque na internet por "estruturas organizacionais de projeto autônomas". Resuma pelo menos um site e compare-o com o que foi apresentado neste capítulo. Que novas percepções você adquire com esse site?
3. Busque na internet por "estruturas organizacionais matriciais". Resuma pelo menos um site e compare-o com o que foi apresentado neste capítulo. Que novas percepções você adquire com esse site?
4. Procure na Web pelo escritório de gestão de projetos. Resuma pelo menos um site e compare-o com o que foi apresentado neste capítulo. Quais novos conhecimentos você obteve neste site?
5. Busque na internet por "falhas e êxitos na gestão de projetos". Escreva um comentário de uma página sobre um estudo de história ou caso que você encontrou e inclua sua opinião sobre a forma como a organização do projeto pode ter afetado o resultado.

REFERÊNCIAS

Badewi, A., e Shebab, E. (2016). The impact of organizational project benefits management governance on ERP project success: Neo-institutional theory perspective. *International Journal of Project Management, 34*(3), 412-428.

Bowker, G. C. (2016). Infrastructure and organizational transformation: Classifying nurses work. In W. J. Orlikowski, G. Walsham, M. R. Jones, e J. I. DeGross (Eds.), *Information Technology and Changes in Organizational Work* (344-370). Cham, Switzerland: Springer International Publishing.

Darling, E. J., e Whitty, S. J. (2016). The project management office: It s just not what it used to be. *International Journal of Managing Projects in Business, 9*(2), 282-308.

Davies, A., e Brady, T. (2016). Explicating the dynamics of project capabilities. *International Journal of Project Management, 34*(2), 314-327.

Gonser, G. (2016). In the spotlight. *PM Network, 30*(3), 27-28.

Grubenmann, S. (2016). Matrix organisation: The design of cross-beat teamwork in newsrooms. *Journalism Practice*, 1-19. Doi:10.1080/17512786.2016.1140588.

Landsman, D. (2016). Connected cruises. *PM Network, 30*(3), 16-17.

Malhotra, M. K., Ahire, S., e Shang, G. (2016). Mitigating the impact of functional dominance in cross-functional process improvement teams. *Decision Sciences*. Doi:10.1111/deci.12217.

Moodley, D., Sutherland, M., e Preterms, P. (2016). Comparing the power and influence of functional managers with that of project managers in matrix organisations: The challenge in duality of command. *South African Journal of Economic and Management Sciences, 19*(1), 103-117.

Padovani, M., e Carvalho, M. M. (2016). Integrated PPM process: Scale development and validation. *International Journal of Project Management, 34*(4), 627-642.

Petro, Y., e Gardiner, P. (2015). An investigation of the influence of organizational design on project portfolio success, effectiveness and business efficiency for project-based organizations. *International Journal of Project Management, 33*(8), 1717-1729.

Project Management Institute. (2017). *A guide to the project management body of knowledge (PMBOK® Guide)* (6th ed.). Newtown Square, PA: Autor.

Rodrigues, R. (2016). Upgrading the system. *PM Network, 30*(3), 20-21.

Sicotte, H. S., Drouin, N. D., e Delerue, H. V. (2014). Innovation portfolio management as a subset of dynamic capabilities: Measurement and impact on innovative performance. *Project Management Journal, 45*(6), 58-72.

Sweeney, B. (2016). Pipe dream. *PM Network, 30*(3), 16.

Wen, Q., e Qiang, M. (2016). Enablers for organizational project management in the Chinese context. *Project Management Journal, 47*(1), 113-126.

Estudo de casos

CAPÍTULO 1 – ESTUDO DE CASO 1

Uma organização sem fins lucrativos

Em uma faculdade local, os funcionários da organização de serviços comunitários estudantis – que coleta e compra alimentos para distribuir a pessoas carentes – estão na reunião do mês de fevereiro. Na sala estão Beth Smith, a presidente da organização, e dois funcionários: Rosemary Olsen, vice-presidente, e Steve Andrews, coordenador voluntário. Beth anuncia: "Nossos fundos estão escassos. As demandas no banco de alimentos aumentaram. Precisamos descobrir como obter mais fundos".

"Precisamos de um projeto de arrecadação de fundos", responde Rosemary.

Steve sugere: "Não podemos perguntar ao prefeito se pode aumentar a alocação de fundos?"

"Eles estão dificultando. Podem até cortar nossa participação no ano que vem", diz Beth.

"Quanto precisamos para aguentar este ano?" pergunta Rosemary.

"Cerca de $ 10.000", responde Beth. "E vamos começar a precisar desse dinheiro em dois meses."

"Precisamos de muitas coisas além do dinheiro. Precisamos de mais voluntários, mais espaço para armazenamento e mais doações de alimentos", declara Steve.

"Bem, acho que podemos fazer tudo isso parte do projeto de arrecadação de fundos. Isso será divertido!" afirma Rosemary alegremente.

"Esse projeto está crescendo. Nunca conseguiremos terminá-lo a tempo", diz Beth.

Rosemary responde: "Vamos dar um jeito e terminá-lo. Sempre conseguimos".

"Precisamos mesmo de um projeto? O que vamos fazer ano que vem? Outro projeto?", questiona Steve. "Além disso, estamos tendo dificuldades para conseguir voluntários. Talvez tenhamos de pensar sobre como podemos operar com menos dinheiro. Por exemplo, como vamos conseguir mais doações de alimentos regularmente para que não precisemos comprar essa quantidade de comida?"

Rosemary interrompe: "Ótima ideia! Você trabalha nisso enquanto também tentamos arrecadar fundos. Não podemos deixar pedra sobre pedra".

"Tempo esgotado", diz Beth. "Essas são ideias muito boas, mas temos fundos e voluntários limitados e uma demanda crescente. Precisamos fazer algo para garantir que nossas portas não fechem em dois meses. Acho que todos concordam que precisamos ter algum tipo de iniciativa. Mas não tenho certeza se todos concordam com o objetivo."

PERGUNTAS SOBRE O CASO

1. Quais são as necessidades que precisam ser identificadas?
2. Qual é o objetivo do projeto?
3. Quais suposições, se houver alguma, devem ser feitas a respeito do projeto a ser realizado?
4. Quais são os riscos envolvidos no projeto?

ATIVIDADE EM GRUPO

Entre em contato com uma organização sem fins lucrativos em seu bairro. Diga aos funcionários dela que vocês estão interessados em aprender sobre suas operações. Peça que eles descrevam algum projeto em que estejam trabalhando no momento. Quais são os objetivos? As restrições? Os recursos?

Se possível, peça que a equipe contribua algumas horas para o projeto. Por meio desse processo, vocês estarão ajudando alguém necessitado e, ao mesmo tempo, aprendendo sobre um projeto do mundo real. Preparem um relatório resumindo o projeto e o que foi aprendido com essa experiência.

C CAPÍTULO 1 - ESTUDO DE CASO 2

E-commerce para um minimercado

Matt e Grace têm um minimercado em uma cidade rural com uma população grande e cada vez mais idosa. Por causa de sua localização afastada, eles não têm concorrência com as cadeias de supermercados. Uma pequena faculdade particular de artes liberais, com cerca de 1.500 alunos, também está localizada na cidade.

"Acho que precisamos de um aplicativo e um site para nossa loja", Matt diz a Grace.

"Por quê?", pergunta Grace.

"Todo mundo tem um aplicativo. É a onda do futuro", responde Matt.

"Não sei se é uma boa ideia, Matt. O que teria em nosso aplicativo e site?", Grace pergunta.

"Bem, para começar, poderia ter uma foto de nosso mercado com você e comigo na frente dele", diz Matt.

"E o que mais?", pergunta Grace.

Matt responde: "Ah, talvez as pessoas pudessem procurar pelos produtos e comprá-los pelo aplicativo ou site. Aqueles garotos da faculdade podem gostar; eles gostam de usar o smartphone o tempo todo. Isso aumentará nosso negócio. Eles vão comprar comida de nossa loja em vez da pizza e dos hambúrgueres que sempre comem ou pedem da Lanchonete do Sam. E aquelas pessoas que moram em condomínios próprios para idosos poderiam usá-lo também. Fiquei sabendo que eles estão aprendendo a usar computador, smartphones e tablets. E talvez possamos até começar um serviço de entregas".

"Espere um pouco", diz Grace. "Esses universitários pedem pizza e hambúrgueres do Sam tarde da noite, bem depois de já termos fechado. E acho que os senhores e as senhoras gostam de sair. Eles têm um veículo que traz alguns deles aqui na loja todos os dias, e nem compram tanto assim. E como eles pagariam pelas compras feitas no aplicativo ou site? Eu sou a favor de nos atualizarmos, mas não tenho certeza de que faça sentido para nosso minimercado, Matt. O que estaremos tentando conquistar com um site?"

"Já expliquei para você, Grace. É assim que todos os negócios funcionam. Ou a gente acompanha o progresso ou ficaremos fora do mercado", responde Matt.

"Isso tem a ver com a reunião da Câmara de Comércio que você foi, em Big Falls, semana passada, onde você disse que tinha um consultor divulgando sobre *e-business* ou algo assim?", questiona Grace.

"É, talvez", Matt afirma. "Acho que vou ligar a ele e pedir que dê uma passada aqui para dizer o que eu quero".

"Quanto você acha que isso vai nos custar, Matt?", pergunta Grace. "Acho que precisamos pensar mais sobre isso. Você sabe que, provavelmente, teremos de pavimentar o estacionamento neste verão."

Matt responde: "Não se preocupe. Vou dar um jeito. Confie em mim. Nosso negócio vai crescer tanto que em pouco tempo só nos trará lucros. Além disso, não deve custar muito caro; esse consultor provavelmente faz esses tipos de projetos o tempo todo".

PERGUNTAS SOBRE O CASO

1. Quais são as necessidades que precisam ser identificadas?
2. Qual é o objetivo do projeto?
3. O que Matt e Grace precisam saber antes de conversar com o consultor?
4. O que o consultor deve dizer a Matt e Grace?

ATIVIDADE EM GRUPO

Selecione dois participantes do curso para usar o *script* desse estudo de caso e interpretar Matt e Grace diante da turma. Em seguida, divida os participantes do curso em grupos de três ou quatro para discutir as perguntas sobre o caso. Cada grupo deve escolher um representante para apresentar suas respostas para a turma.

ATIVIDADE OPCIONAL

Peça que cada participante do grupo entre em contato com uma empresa que passou a funcionar on-line e pergunte o que a levou a tomar essa decisão e se o projeto atendeu as expectativas iniciais dela.

C CAPÍTULO 2 - ESTUDO DE CASO 1

Uma empresa farmacêutica de médio porte

Jennifer Childs é proprietária e CEO de uma empresa farmacêutica de médio porte, global, com escritórios de vendas ou fábricas em oito condados. Em uma reunião com a equipe em outubro, ela disse aos seus gestores que a expectativa dos lucros da empresa para o ano é de $ 2 milhões a mais do que no ano anterior. Childs disse que gostaria de reinvestir esse lucro adicional no financiamento de projetos da empresa que aumentem as vendas ou reduzam os custos. Pediu que seus três principais gestores se unissem para desenvolver uma lista prioritária de possíveis projetos e que, em seguida, se reunissem com ela para "vender" suas ideias. Jennifer mencionou que eles não devem presumir que os fundos sejam divididos por igual entre eles. Também disse que sua vontade é investir tudo em um único projeto que seja apropriado.

Julie Chen, gestor de desenvolvimento de produtos, tem uma equipe de cientistas trabalhando em um novo medicamento. No entanto, esse esforço está levando muito mais tempo do que o esperado. Ela está preocupada com o fato de que as empresas maiores estejam trabalhando em um medicamento semelhante e que coloquem esse produto no mercado primeiro. Sua equipe ainda não fez nenhum grande avanço, e alguns testes não estão produzindo os resultados esperados. Ela sabe que é um projeto arriscado, mas sente que não pode pará-lo agora. Julie acredita que o crescimento em longo prazo da empresa depende desse novo medicamento, que pode ser vendido no mundo todo. Chen tentou ser otimista nas reuniões com a equipe sobre o progresso desse projeto em desenvolvimento, mas sabe que Jennifer está ficando impaciente e que seus colegas acreditam que ela deveria ter encerrado o projeto após os testes iniciais terem se mostrado menos promissores. Julie gostaria de usar os fundos adicionais para acelerar o desenvolvimento do projeto. Ela contrataria um cientista altamente especializado de uma empresa maior e compraria mais equipamentos laboratoriais sofisticados.

Tyler Ripken, gestor de produção na maior e mais antiga fábrica da empresa, trabalha lá há apenas seis meses. A primeira observação dele é que o fluxo de produção é bastante ineficaz. Acredita que esse é o resultado de um planejamento ruim quando acréscimos foram feitos à fábrica ao longo dos anos à medida que a empresa crescia. Tyler gostaria de montar diversas equipes de funcionários para implantar um *layout* melhor dos equipamentos da fábrica. Acha que isso aumentaria a capacidade da fábrica enquanto reduziria os custos. Quando Tyler menciona sua ideia a alguns dos supervisores, lembram que, quando o pai de Jennifer gerenciava o negócio, ela era encarregada da produção e responsável pelo projeto do *layout* atual da fábrica. Eles também lembraram a Tyler que Jennifer não é fã de equipes de funcionários. Ela acredita que os funcionários da produção são pagos para fazer seus trabalhos, e espera que seus gestores sejam os únicos a trazer e implantar novas ideias.

Jeff Matthews, gestor de operações, é responsável pelos computadores e sistemas de informação da empresa, assim como suas operações de contabilidade. Jeff acredita que os sistemas de computadores da empresa estão desatualizados e, conforme o negócio tem crescido com locações mundiais, os equipamentos de computador mais antigos ficaram incapazes de lidar com o volume das transações. Ele acha que um novo sistema de computadores poderia rastrear melhor os pedidos do cliente, reduzir as reclamações deles e emitir mais faturas, melhorando assim o fluxo de caixa. Os funcionários na equipe de Jeff brincam sobre os sistemas de computador desatualizados e o pressionam para comprar equipamentos mais novos. Jennifer já disse a Jeff que não está interessada em gastar com novos computadores só para que tenham os últimos modelos, sobretudo quando o sistema atual está funcionando direito. Ela sugeriu que Jeff procurasse contratar um serviço externo para fazer as operações de contabilidade e reduzir sua própria equipe. Jeff gostaria de usar os bons lucros deste ano para comprar novos computadores e contratar um programador para atualizar o software e executá-lo nos computadores novos. Ele acha que teria uma boa relação custo-benefício.

Após a reunião de Jennifer com a equipe em outubro, Joe Sanchez, gestor de marketing, passa no escritório de Jennifer. Ele diz que, embora ninguém tenha pedido sugestões para o projeto dos lucros extras, sua vontade é que ela abandone esse projeto sem sentido e dê a ele um orçamento maior para contratar mais representantes de vendas em diversas outras cidades. "Isso aumentaria as vendas mais rápido do qualquer outra coisa", disse Joe a ela. "E, ainda por cima, era isso o que seu pai teria feito!" Joe está contando com as discordâncias entre os outros três gestores ao estabelecer as prioridades. Ele espera que, se Jennifer vir uma falta de consenso, pode dar a ele os fundos para contratar representantes de vendas adicionais.

PERGUNTAS SOBRE O CASO

1. Como Jennifer deve agir para tomar sua decisão?
2. Que tipos de dados ou informações adicionais ela deve coletar?
3. O que exatamente Jennifer deve exigir que os outros enviem na forma de propostas?
4. O que você acha que Jennifer deve fazer com os $ 2 milhões? Ao explicar sua resposta, aborde as preocupações e posições de Julie, Tyler, Jeff e Joe.

ATIVIDADE EM GRUPO

Selecione cinco participantes do curso para interpretar os papéis de Jennifer, Julie, Tyler, Jeff e Joe. Enquanto Jennifer e Joe saem da sala, faça que Julie, Tyler e Jeff representem uma reunião (de preferência na presença dos outros participantes do curso) na qual discutirão os projetos propostos para desenvolver uma lista prioritária para "vender" para Jennifer.

Quando Jennifer e Joe entrarem novamente na sala, faça que os cinco participantes representem (de preferência diante da turma) uma reunião com Jennifer em que Julie, Tyler e Jeff tentam vender a ela a lista prioritária de projetos e Joe promova sua pauta.

Discuta o que ocorreu. Quais posições os participantes tomaram? Como a última decisão foi tomada? Qual foi a decisão final?

C CAPÍTULO 2 - ESTUDO DE CASO 2

Melhorias de transporte

Polk County é o maior condado do estado, contudo é um dos menos populosos. O terreno bastante montanhoso abriga inúmeros lagos e florestas, que fornecem bastante pesca e caça a muitos de seus moradores e visitantes. Os invernos podem ser bem rigorosos. A idade média da população é de mais de 65 anos e é substancialmente maior do que as estatísticas do estado.

A sede do condado, Mainville, está localizada no lado leste. Com uma população de 15 mil, é a maior cidade do condado. A maioria dos moradores de Mainville trabalha para o hospital, o sistema educacional, o governo ou o hipermercado Big John's, fora dos limites da cidade. O maior empregador é a instituição carcerária estadual para delinquentes do sexo feminino localizada na parte sudeste.

Um conselho de três delegados governa o condado. Os membros atuais são os delegados Thomas, Richardson e Harold, todos de regiões remotas do condado. Cada um recebe um salário mínimo para servir no conselho e viajar para Mainville uma vez por semana para a reunião dos delegados no prédio comercial do condado. Os delegados Thomas e Harold estão aposentados. O delegado Richardson vive na margem oeste e é o capataz do Ye Olde Saw Mill no condado vizinho à oeste.

JR é o supervisor do Departamento de Transportes; ele reside em Mainville. A maior parte do orçamento do departamento é utilizada para limpar e salgar as estradas durante os invernos longos e para manutenção mínima. Perto de cinco anos atrás, quando um morador de Mainville e senador Joe Schmooze faleceu, o Departamento de Transportes recebia uma alocação especial dos fundos estaduais. JR trabalhou para Joe, o antigo supervisor do Departamento de Transportes, e ficaram amigos. Joe, após anos sendo reeleito e conseguindo um nível hierárquico no Senado, foi nomeado o chefe do Comitê de Transportes. Com seu cargo, Joe podia garantir que os fundos fossem disponibilizados todos os anos para Polk County. O novo senador que representa Polk County está concentrado no desenvolvimento econômico do condado, não nos transportes.

Sem a alocação estadual especial, as estradas do condado têm se deteriorado progressivamente. Diversos projetos cruciais precisam ser executados: a entrada do hipermercado Big John's, a estrada Elk Mountain e a ponte na Rota 1045. Com o atual orçamento, JR está preocupado com o fato de que nenhum dos projetos possa ser feito. Os delegados não estarão dispostos a elevar os impostos, mas podem alocar os fundos do orçamento de outro departamento para pagar por esses projetos. A decisão final deve ser tomada pelos delegados em sua reunião orçamentária de 15 de setembro.

JR está trabalhando com seu estagiário, Zachary, um morador de Mainville, para reunir as informações sobre cada um dos projetos até 15 de agosto. Zachary está começando seu ano como engenheiro civil principal na universidade estadual em outubro. JR está preocupado com o fato de que ele não apresente uma boa solução para, pelo menos, um dos projetos, então os delegados provavelmente não investirão em nenhum deles. Ele está bastante preocupado com o fato de que todos os três estejam esperando acontecer desastres.

"Por que os delegados apenas não dão dinheiro para os três projetos?", Zachary perguntou à JR.

"Gostaria que isso fosse simples", respondeu JR. "Eles não querem aumentar os impostos e, mesmo que quisessem, somos um condado pobre e as pessoas, provavelmente, não teriam dinheiro para pagar mais impostos. Eles também têm outros orçamentos com que se preocupar além do Departamento de Transporte. Tenho certeza de que todos os outros departamentos do condado gostariam de mais dinheiro também."

"Zachary, espero que alguma coisa do que você aprendeu na universidade possa ajudá-lo a reunir o que preciso – uma classificação prioritária dos três projetos e as informações sobre cada deles um para apoiá-la. Eu sei que os delegados farão muitas perguntas e preciso estar preparado. Se tivermos sorte, eles aprovarão o projeto que recomendarmos. Se não tivermos uma boa história para ajudá-los com uma decisão, podem simplesmente discutir e ficar no impasse sem tomar nenhuma decisão. E não conseguiremos mais dinheiro para nenhum projeto. É, acho que isso dará a oportunidade de você ter um tipo diferente de aprendizado daquele que teve na universidade. Por que não nos reunimos na próxima semana para que você possa me dar ideias sobre como vai lidar com isso? Esse pode ser um trabalho maior do que imagina. Eu quero que você trabalhe em período integral pelos próximos dois meses. É muito importante e quero que faça um trabalho completo."

Zachary juntou as seguintes informações para a reunião com JR sobre os três projetos. Ele percebeu que tinha uma conexão pessoal com cada uma delas.

O primeiro projeto, a entrada para o hipermercado Big John's, é uma estrada de duas pistas na base de uma colina. É difícil para os motoristas que viajam em uma direção ver os carros que viajam na direção oposta até que passem pelo cume. O que pode tornar difícil para os carros virarem à esquerda em direção à loja e para aqueles que param fora do estacionamento. Inúmeros acidentes já aconteceram. Apenas alguns meses atrás, Peggy Sue Suite, uma das melhores amigas de Zachary, ficou seriamente ferida quando uma caminhonete atingiu seu carro na traseira enquanto ela esperava para virar à esquerda a fim de entrar na loja.

O número de carros que circulam na estrada aumentou nos últimos três anos, desde que a loja abriu. Diversos moradores levaram suas preocupações para as reuniões dos delegados no passado. Os delegados só disseram para as pessoas terem cuidado. JR falou com o gestor da loja sobre ajudá-lo a pagar pelas melhorias da estrada, ampliá-la e acrescentar uma pista de desvio ou instalar um semáforo. JR está preocupado com o fato de que, se algo não for feito, alguém acabará morrendo. O gestor respondeu: "O hipermercado Big John's tem sido um bom cidadão da comunidade porque criou empregos, manteve seus preços baixos, deu descontos aos idosos e doou uma porcentagem de seus recibos de vendas para muitas instituições de caridade e coletores de fundos do condado. Nós mal estamos lucrando. Se não lucrarmos, a matriz nos fechará e muitas pessoas perderão seus empregos". O gestor simpatizou com JR a respeito da questão de segurança.

Zachary também descobriu que muitas pessoas vão à loja porque não há outros *shopping centers* no condado e que a esposa do delegado Thomas trabalha meio período na loja.

O segundo projeto é ampliar e reparar a estrada Elk Mountain na parte noroeste do condado. Os invernos tiveram influência na estrada e a deixaram com grandes e profundos buracos. O aumento do desemprego no condado levou a um aumento de madeireiros independentes que usam a estrada para levar madeiras da Elk Mountain para diversas serrarias, incluindo a Ye Olde Saw Mill no condado vizinho. A falta de reparo ao longo dos anos e os caminhões pesados estão fazendo que a estrada se deteriore cada vez mais rápido. Os delegados Thomas e Richardson viram as condições agravantes da estrada; eles a usam frequentemente quando vão caçar e pescar em Elk Mountain. Ambos receberam muitas reclamações de amigos que utilizam a estrada.

Zachary sabe quão ruim a estrada está por experiência própria. Semana passada, tiveram de prender o silenciador e o escapamento do carro com arame à estrutura porque o suporte havia enferrujado. Enquanto estava dirigindo pela estrada Elk Mountain, Zachary quase foi atingido por um caminhão de madeiras que era bem maior do que seu pequeno carro; ele foi forçado a sair da estrada. O escapamento, a suspensão e o silenciador foram arrancados do carro de Zachary ao atingir um buraco profundo.

O terceiro projeto, County Road 1045, diz respeito à principal estrada para a instituição carcerária estadual na parte sudeste do condado. Próximo à prisão fica a ponte que passa sobre o Crockett Creek que mal passou pela última inspeção há quatro anos. A cada primavera, durante o degelo de inverno, o Crockett Creek ameaça varrer a ponte. Se a ponte for levada ou fechada, o retorno ficaria a quase 24 quilômetros para a maioria das pessoas que trabalha na prisão.

O delegado Thomas sugeriu, em uma reunião do ano passado, "Vamos esperar que a ponte seja destruída e, quem sabe, o estado nos dê dinheiro para construir uma nova. Além disso, aquelas pessoas que trabalham na prisão ganham muito dinheiro em comparação aos aposentados com renda fixa". O delegado Harold, cuja filha é uma agente penitenciária, ficou nervoso e começou a gritar com o delegado Thomas na reunião.

O irmão de Zachary também é um agente penitenciário. Ele disse à Zachary: "É só uma questão de tempo até que a ponte do Crockett Creek desmorone. Juro que posso senti-la tremendo quando passo sobre ela. Só espero que nem eu nem minha namorada (a filha do delegado Harold) estejamos sobre ela quando acontecer".

PERGUNTAS SOBRE O CASO

1. Quais critérios Zachary deve usar para avaliar os projetos?
2. Quais suposições ele deve fazer?
3. Quais dados e informações adicionais ele deve reunir e como deve fazê-lo?
4. Após ter avaliado cada projeto com os critérios de avaliação, como deve decidir a prioridade dos três projetos?

ATIVIDADE EM GRUPO

Peça que cada participante do curso responda a primeira pergunta sobre o caso. Em seguida, divida os participantes do curso em grupos de três ou quatro para discutir as perguntas sobre o caso. Cada grupo deve selecionar um representante para apresentar suas respostas para a turma.

C CAPÍTULO 3 - ESTUDO DE CASO 1

Sistemas de informação médica

Maggie Pressman, Paul Goldberg e Steve Youngblood são sócios igualitários em uma empresa de consultoria especializada em projetar e instalar sistemas de informação computadorizada para médicos. Esses sistemas incluem prontuários dos pacientes, receitas, faturamentos e processamento dos planos de saúde. Em alguns casos, os clientes médicos têm um sistema manual e querem informatizá-lo; em outras situações, já têm um sistema de computador que precisa ser atualizado e melhorado.

Na maioria dos casos, a firma de consultoria adquire o hardware necessário, assim como alguns pacotes de software. Eles acrescentam parte do seu próprio software personalizado para atender às exigências específicas do médico e instalam o sistema completo e integrado. Eles também oferecem treinamento aos funcionários do consultório do médico. O custo da maioria dos projetos varia de $ 10 mil a $ 40 mil, dependendo da quantidade de hardware necessária. A maioria dos médicos está disposta a gastar essas quantias em vez de contratar uma secretária para cuidar da papelada cada vez maior.

A Dra. Houser, uma das médicas para quem Paul fez um projeto no passado, deixou seu consultório particular para trabalhar em uma grande clínica médica. Essa organização tem seis consultórios por toda a região com uma média de oito médicos em cada consultório. Dois dos consultórios também incluem uma farmácia. A organização emprega um total de 200 pessoas. A Dra. Houser entrou em contato com Paul e perguntou se sua firma de consultoria estaria interessada em enviar uma proposta para atualizar o sistema de informação de toda a clínica médica regional. O projeto incluirá a integração de seis consultórios e duas farmácias em um sistema; os médicos eventualmente contratarão algum profissional de sistemas de informação para cuidar da operação do sistema. Atualmente, cada consultório tem seu próprio sistema.

Paul descobriu com a Dra. Houser que alguns dos outros médicos têm pacientes que trabalham para grandes firmas de consultoria que acham que também poderiam fazer o trabalho. Ela disse que uma equipe de representantes dos seis consultórios e das duas farmácias, com a ajuda do gestor de compras da organização, preparou uma chamada de propostas. As propostas entram em vigor em duas semanas. A CDP foi enviada duas semanas atrás para firmas de consultoria maiores, que já estão trabalhando em suas propostas. O gestor de compras não conhecia a firma de consultoria de Paul, e esse foi o motivo pelo qual ele não recebeu uma cópia da CDP.

A Dra. Houser disse a Paul que sente muito por não ter podido conversar mais com ele sobre isso, mas que ela não estava envolvida como alguns dos outros médicos, que discutiram as ideias com seus pacientes que trabalham em firmas de consultoria maiores antes de a CDP ser enviada. A Dra. Houser diz que fará que o gestor de compras envie à Paul a CDP, se ele estiver interessado e puder enviar a proposta dentro de duas semanas.

"Claro", disse Paul. "Vou até aí à tarde e pego!" Ele pergunta se ela sabe quanto dinheiro a clínica alocou para o projeto, mas ela não sabe. Paul pega a CDP e faz cópias para Maggie e Steve. Paul está empolgado com a oportunidade quando se reúne com eles. "Se formos fazer esse projeto, isso nos levará a uma área comercial totalmente nova", Paul diz a eles. "Essa é a grande chance pela qual estávamos esperando!", grita.

Maggie lamenta, "Isso não poderia ter acontecido em um momento pior. Estou trabalhando em três projetos para outros médicos e eles estão me pressionando para terminar logo. Na verdade, um deles não está muito satisfeito. Ele disse que, se eu não terminar o projeto em duas semanas, ele não esperará mais e não nos recomendará a outros médicos. Estou trabalhando 16 horas por dia para dar conta. Estou extremamente comprometida. Concordo com você, Paul, é uma grande oportunidade, mas temo não ter tempo para ajudar com a proposta".

Steve pensa em voz alta, "Preparar a proposta é uma coisa, mas nós podemos fazer o projeto? Acho que nós três temos perícia para tanto, mas esse projeto é realmente grande, e temos outros clientes também".

Paul rebate, "Podemos contratar mais pessoas. Tenho alguns amigos que, provavelmente, topariam fazer um trabalho de meio período. Nós podemos fazer isso! Se não buscarmos projetos como esse, sempre seremos uma firma pequena, com cada um de nós trabalhando 12 horas por migalhas. E esses trabalhos pequenos para consultórios individuais não vão durar para sempre. Um dia, todos serão informatizados e nós estaremos fora do negócio. O que temos a perder por enviar uma proposta? Não podemos vencer se não enviarmos uma!"

PERGUNTAS SOBRE O CASO

1. Por que essa equipe não recebeu a CDP ao mesmo tempo que as firmas de consultoria maiores receberam?
2. Por que essa equipe está sendo considerada uma candidata a enviar uma proposta?
3. Desenvolva uma lista de prós e contras para ajudar a determinar se eles devem enviar uma proposta.
4. O que Maggie, Paul e Steve devem fazer? Ao explicar sua resposta, aborde as preocupações de cada um dos três membros da equipe.

ATIVIDADE EM GRUPO

Divida os participantes do curso em equipes de três ou quatro para discutir o caso e decidir se a firma de consultoria deve enviar uma proposta. Cada equipe deve dar motivos para essa decisão. Peça que cada equipe escolha um porta-voz para apresentar a decisão e motivos para toda a turma.

C CAPÍTULO 3 - ESTUDO DE CASO 2

Nova fábrica na China

Em sua reunião de 15 de janeiro, a diretoria da Omega Consolidated Industries tomou a decisão de construir uma nova fábrica na China e aprovou os fundos de até $ 180 milhões para a construção e início da atividade. Ela quer que a nova fábrica fique pronta em dois anos a partir da data em que uma contratada for selecionada para sua criação e construção. A Omega é uma corporação mundial com sede em Londres.

O conselho pediu a I. M. Uno, presidente da Omega, para montar uma equipe para desenvolver uma CDP e enviá-la a possíveis contratadas para projetar e construir a fábrica, incluindo a instalação de todos os equipamentos de produção, escritórios e um sistema de informação integrado. A equipe também seria responsável por monitorar o desempenho da contratada selecionada para garantir que cumpra todos os requisitos contratuais e especificações de desempenho.

A Srta. Uno selecionou quatro membros de sua equipe de gestão:

- Alysha Robinson, que será a gestor de planta da nova unidade;
- Jim Stewart, diretor financeiro;
- Olga Frederick, vice-presidente de engenharia,
- Willie Hackett, gestor de compras.

A equipe escolhe Alysha como sua líder. Em 30 de abril, eles desenvolveram uma CDP abrangente que incluía:

- Uma declaração de trabalho descrevendo as principais tarefas que a contratada deve completar, bem como as especificações do desempenho para a capacidade de produção da fábrica.
- Uma exigência de que a contratada complete o projeto em 24 meses após a assinatura do contrato.
- Os critérios pelos quais a equipe avaliaria as propostas:

Experiência relatada	30 pontos.
Custo	30 pontos.
Programação	30 pontos.
Design inovador	30 pontos.

O contrato teria um preço fixo.

A CDP não declara quanto de fundos a Omega tinha disponível para o projeto.

Em 15 de maio, a equipe anunciou a chamada de proposta em diversas publicações e sites comerciais e exigiu que as contratadas interessadas enviassem uma proposta até 30 de junho.

Em 30 de junho, a equipe da Omega recebeu três propostas:

1. J&J, Inc., uma firma norte-americana, enviou uma proposta de $ 150 milhões. No entanto, a proposta afirmou que eles precisariam de 30 meses para finalizar o projeto.
2. A Robeth Construction Company, da Irlanda, enviou uma proposta de $ 175 milhões. Eles construíram diversas outras instalações para a Omega anteriormente e seus funcionários sentiram que tinham um bom relacionamento com a Srta.

Uno, Jim Stewart e o antecessor de Olga Frederick, que recentemente deixou a Omega para se tornar presidente de uma das concorrentes da Omega, que também estava considerando construir uma fábrica na China.

3. A Kangaroo Architects and Engineers, da Austrália, enviou uma proposta de $ 200 milhões. Embora a Kangaroo nunca tenha feito um projeto para a Omega, eles são uma das maiores empreiteiras do mundo, tendo projetado e construído diversos tipos de instalações, e com uma grande reputação por conceitos inovadores, como projetos ambientalmente "verdes", e por construir instalações-modelo vencedoras de prêmios. Eles construíram instalações para muitas das concorrentes da Omega.

A equipe ficou desapontada porque eles receberam apenas três propostas; eles esperavam pelo menos oito.

No dia 5 de julho, uma quarta proposta foi recebida da Asia General Contractors, uma empresa baseada na China. A proposta foi de $ 160 milhões. Eles construíram muitas instalações na China para outras corporações mundiais e afirmaram que têm um bom conhecimento de muitas subcontratadas comerciais de confiança na China que seriam necessárias para construir a instalação. A proposta também declarou que eles concluiriam o projeto em 20 meses.

A equipe agendou uma reunião para o dia 15 de julho para discutir as propostas com uma equipe, para classificar cada uma delas de acordo com os critérios de avaliação. Isso deu aos membros da equipe duas semanas para ler individualmente as propostas e desenvolver seus comentários a respeito de cada uma delas, mas concordaram em não classificá-las individualmente antes da reunião de 15 de julho.

No dia 15 de julho, Alysha abriu a reunião e disse: "Gosto da proposta da Kangaroo porque proporcionaria uma instalação-modelo de ponta".

Jim interrompeu-a, dizendo: "A proposta deles é maior do que o conselho alocou para esse projeto, não acho que devemos considerá-los mais. Por mim, eles estão fora".

Alysha respondeu: "Apesar de precisarmos de um fundo adicional àquele que foi originalmente aprovado pelo conselho, estou confiante de que posso persuadir I. M. e o conselho para aprovar a quantia adicional necessária".

Jim disse: "Gosto da proposta da ROBETH. Trabalhamos com eles antes, durante meus 30 anos aqui na Omega, e o custo de sua proposta é exatamente aquele que o conselho alocou. Conheço muitas pessoas na ROBETH".

Olga mencionou: "Só estou aqui na Omega a menos de um ano, mas peguei os últimos relatórios dos projetos anteriores que a ROBETH fez para a Omega para analisar e descobri que ela não cumpriu as programações propostas da maioria dos projetos ou que alguns dos sistemas de produção nunca atenderam todas as especificações de desempenho". Ela continuou: "Também estou preocupada com a relação continuada da ROBETH com meu antecessor, que agora é presidente de uma de nossas maiores concorrentes, e com o possível conflito de interesses caso eles também forem a contratada selecionada por nosso concorrente para construir a fábrica que eles estão considerando na China. Eles podem usar parte dos nossos processos de propriedade em seu projeto para a fábrica de nosso concorrente. Acho que seria muito arriscado trabalhar com eles".

Ela continuou: "Acho que a proposta da Asia General Contractors deveria ser seriamente considerada, apesar de ter chegado alguns dias depois da data exigida".

Willie se pronunciou: "Eu discordo totalmente. Isso seria injusto com as outras três empreiteiras."

Olga respondeu: "Acho que é nosso trabalho selecionar a empresa que nos fornecerá o melhor valor e não ficar preocupado com algumas regras tolas sobre estar alguns dias atrasado; quem se importa? Além do mais, eles afirmam que podem completar o projeto em 20 meses, o que significa que teremos a instalação completamente operacional mais rápido do que com qualquer uma das outras contratadas. O que também significa mais produtos liberados mais rápido, mais receitas e fluxo de caixa mais cedo e um melhor retorno de nosso investimento".

Após os comentários iniciais de todos, Alysha disse: "Tudo bem, acho que temos uma classificação para essas quatro propostas pelos critérios de avaliação".

Jim interrompeu: "Você quer dizer três propostas".

Olga disse alto: "Acho que ela disse quatro propostas, e não três. Não vamos ficar presos em jogos burocráticos; temos uma importante decisão a tomar".

I. M. Uno está esperando que a equipe recomende uma contratada a ela até 31 de julho para que possa revisá-la e apresentá-la à diretoria em sua reunião de 15 de agosto.

PERGUNTAS SOBRE O CASO

1. Existe algo que a equipe deveria ter feito quando recebeu somente três propostas em 30 de junho?
2. A equipe deveria considerar a proposta da Asia General Contractors? Por quê?
3. Após compartilhar seus comentários individuais no início da reunião de 15 de julho, como a equipe deveria ter procedido com o restante da reunião e com qualquer acompanhamento?
4. Como o processo de seleção teria sido melhorado? Há algo que o conselho, I. M. Uno, Alysha ou a equipe pudesse ter feito diferente?

ATIVIDADE EM GRUPO

Divida os participantes do curso em equipes de três ou quatro para discutir esse caso e decida qual contratada deve ser selecionada para projetar e construir a fábrica na China. Cada equipe deve dar motivos para essa decisão. Peça que cada equipe selecione um porta-voz para apresentar a decisão e motivos para toda a turma.

C CAPÍTULO 4 - ESTUDO DE CASO 1

Um centro de pesquisa médico sem fins lucrativos

Alexis é o diretor de assuntos externos para o centro de pesquisa médico sem fins lucrativos que faz pesquisa sobre doenças relacionadas ao envelhecimento. O trabalho do centro depende dos fundos de muitas fontes, incluindo o público em geral, os estados individuais e concessões de corporações, fundações e o governo federal.

Seu departamento prepara um relatório anual das conquistas do centro e do *status* financeiro para a diretoria. É basicamente um texto com alguns gráficos e tabelas, tudo preto e branco, com uma capa simples. É uma leitura extensa e bastante maçante. É mais barato de produzir do que o esforço de reunir conteúdo, que exige tempo para solicitar e expedir informações dos outros departamentos do centro.

Na última reunião do conselho, os membros sugeriram que o relatório anual fosse "modernizado" em um documento que pudesse ser usado para fins promocionais e de comercialização. Eles querem que você envie o próximo relatório anual para as diversas partes interessadas do centro, doadores antigos e futuros doadores com alto potencial. O conselho acha que esse documento é necessário para colocar o centro médico "na mesma liga" que outras organizações sem fins lucrativos que ele sente que competem por doações e fundos. O conselho acha que o relatório anual poderia ser usado para informar essas partes interessadas sobre os avanços que o centro está fazendo em seus esforços de pesquisa e sua forte gestão fiscal para utilizar efetivamente os fundos e as doações que recebe.

Você precisará produzir um relatório anual mais curto, mais simples e mais fácil de ler, que mostre os benefícios da pesquisa do centro e o impacto deste na vida das pessoas. Você incluirá fotos de diversos hospitais, clínicas e unidades de tratamento prolongado que estão usando os resultados da pesquisa do centro. Também incluirá os depoimentos dos pacientes e familiares que foram beneficiados com a pesquisa do centro. O relatório deve ser "visualmente atrativo". Precisa ser multicolorido, com muitas fotos e gráficos fáceis de compreender, e deve ser escrito em um estilo que possa ser entendido pelos possíveis doadores.

Esse é um empreendimento significativo para seu departamento, que inclui três outros membros da equipe. Você terá de contratar algumas das atividades e pode ter de viajar para diversas clínicas médicas pelo país para tirar fotos e obter depoimentos. Também será preciso aprovar o design, a impressão e a distribuição para leilão entre diversas contratadas para que elas apresentem propostas e preços. Você estima que aproximadamente 5 milhões de cópias necessitem ser impressas e enviadas.

Hoje é dia 1º de abril. O conselho pede que você compareça na próxima reunião no dia 15 de maio para apresentar um planejamento, programação e orçamento detalhados sobre como concluirá o projeto. O conselho quer o relatório anual "pelo correio" até 15 de novembro para que possíveis doadores o recebam por volta da época das festas de final de ano, quando podem estar "de bom humor". O ano fiscal do centro acaba dia 30 de setembro, e suas declarações financeiras devem estar disponíveis até 15 de outubro. Entretanto, as informações não financeiras para o relatório podem começar a ser reunidas logo após a reunião do conselho do dia 15 de maio.

Felizmente, você está fazendo um curso de gestão de projetos à noite na universidade local e vê isso como uma oportunidade de aplicar o que está aprendendo. Sabe que esse é um grande projeto e que o conselho tem grandes expectativas. E quer ter certeza de que atenderá suas expectativas e fará que eles aprovem o orçamento que precisa para esse projeto. Entretanto, eles somente farão isso se estiverem confiantes de que você tem um plano detalhado mostrando como fará tudo. Você e sua equipe têm seis semanas para preparar um plano para apresentar ao conselho no dia 15 de maio. Se aprovado, terá seis meses, de 15 de maio a 15 de novembro, para implantar o plano e concluir o projeto.

Sua equipe consiste em Grace, especialista em marketing; Levi, escritor/editor; e Lakysha, assistente de pessoal, cujo passatempo é fotografia (ela frequenta a faculdade noturna para obter graduação em fotojornalismo e ganhou diversos concursos locais de fotografia).

PERGUNTAS SOBRE O CASO

Você e sua equipe precisam preparar um plano para apresentar ao conselho. É preciso:

1. Estabelecer o objetivo do projeto e fazer uma lista de hipóteses sobre ele.
2. Desenvolver uma estrutura analítica do projeto.

3. Preparar uma lista das atividades específicas que precisam ser realizadas para cumprir o objetivo do projeto.
4. Para cada atividade, atribua uma pessoa que será responsável.
5. Crie um diagrama de rede que mostre a sequência e as relações dependentes de todas as atividades.

Observação: Este estudo de caso continuará nos casos dos capítulos 5 a 8, portanto, guarde os resultados de seu trabalho.

ATIVIDADE EM GRUPO

Divida os participantes em grupos de quatro, com cada pessoa do grupo assumindo o papel de Alexis, Grace, Levi ou Lakysha. Então, aborde cada uma das etapas listadas anteriormente.

C CAPÍTULO 4 - ESTUDO DE CASO 2

O casamento

Tony e Peggy Sue formaram-se em uma universidade do Texas em maio passado. Ela recebeu graduações em pedagogia e ele se formou em gastronomia. Ambos trabalham em Dallas. Peggy Sue leciona e Tony é *chef* do restaurante de um *resort*.

É dia de Natal e Tony pede a mão de Peggy Sue em casamento. Ela animadamente aceita. Eles marcaram a data do casamento para 30 de junho.

Tony é da cidade de Nova York. Ele é o único filho homem de "Big Tony" e Carmella. É conhecido por "Little Tony" na sua família e tem três irmãs mais novas, todas solteiras. A família tem um restaurante chamado Big Tony's, e todos os quatro filhos trabalham no restaurante desde jovens. Eles têm uma família grande com muitos parentes, a maioria deles mora em Nova York. Eles também têm muitos amigos na vizinhança.

Peggy Sue é de Cornfield, Nebraska. É a mais nova de quatro irmãs. Ela e suas irmãs trabalharam na fazenda da família quando eram mais novas. Seu pai faleceu há muitos anos. Sua mãe, Mildred, agora vive sozinha na fazenda da família e arrenda as terras para um fazendeiro vizinho. As irmãs de Peggy Sue são casadas com homens locais e vivem em Cornfield. Todos os casamentos foram pequenos (cerca de 50 pessoas), simples e quase iguais. Mildred tem planos de casamento em um procedimento operacional quase padrão – 9 horas cerimônia em uma pequena igreja, seguida por um *brunch* no salão da igreja, e é isso. Elas não podem pagar por casamentos muito elaborados, pois a renda da fazenda tem sido bem pouca. As irmãs de Peggy Sue não foram para a faculdade e ela teve de fazer empréstimos para pagar suas despesas na faculdade.

Tony e Peggy Sue decidem ligar para casa e anunciar a boa-nova sobre seu noivado e o futuro casamento.

Tony liga para casa e conta a novidade à sua mãe, Carmella. Ela diz: "Isso é ótimo, querido! Estava esperando por esse dia. Não posso acreditar que meu filhinho vai se casar. Estou tão feliz. Vamos ter o maior e o melhor casamento de todos. Todos os nossos amigos e familiares virão celebrar. Chamaremos umas 300 pessoas. E, é claro, faremos a recepção em nosso restaurante; a sala de banquetes deve ser grande o bastante. Vou contar ao seu primo Vinnie que você quer que ele seja seu padrinho. Vocês cresceram juntos, embora não tenham se visto tanto depois que você foi fazer faculdade no Texas. Chamarei a tia Lucy assim que desligarmos e direi a ela que queremos que a pequena Maria e a Teresa sejam as floristas e que o pequeno Nicky leve as alianças. E, ah, já ia esquecendo o mais importante: suas irmãs serão as damas de honra. Já sei qual será a cor de seus vestidos: rosa escuro – elas ficarão lindas. E, querido, eu ainda não pedi ao seu pai, mas sei que ele vai concordar comigo; na segunda-feira vou ligar para minha amiga Francine, a agente de viagens, e comprar duas passagens para vocês passarem uma lua de mel de duas semanas na Itália. Você nunca esteve lá e deve ir. Será um presente meu e de seu pai. E dê os parabéns à Peggy Lee, Peggy Susie ou o que seja. Estamos tão felizes por vocês dois. É seu casamento e não quero interferir. Só estou aqui para ajudar. Você sabe o que quero dizer. Então, meu pequeno Tony, o que você precisar que eu faça, é só pedir. E mais uma coisa, vou procurar o padre Frank após a missa de domingo e pedir que ele já marque no seu calendário a cerimônia para as duas da tarde do dia 30 de junho. Tchau, garotão. Vou dizer para o papai que você ligou. E mal posso esperar para contar para todo mundo e dizer que se preparem para festejar no dia 30 de junho".

Peggy Sue também ligou para a mãe para contar a novidade sobre o futuro casamento. Mildred respondeu: "Isso é maravilhoso, querida. Estou feliz por você estar finalmente se casando. Você esperou tanto terminar a faculdade e tudo mais. Vou começar a aprontar tudo. Eu sei como fazer de olhos fechados agora. Vou mencionar para o reverendo Johnson após o culto de domingo. Vou dizer às suas irmãs para esperarem para serem damas de honra novamente para manter a tradição da família. Acho que Holley será a dama de honra; é a vez dela. Aliás, ela terá seu terceiro filho provavelmente perto de seu casamento, mas não acho que fará diferença. Bem, acho que logo mais você terá seus próprios bebês, como suas irmãs. Estou feliz que vocês finalmente se assentaram. Você deve realmente pensar a respeito de se mudar para cá novamente, agora que terminou a faculdade. Eu vi Emma Miller, sua professora de ensino médio, na mercearia outro dia. Ela me disse que está se aposentando. Eu disse que você ficaria animada em saber e, provavelmente, iria querer se candidatar para a vaga dela."

"Ela disse que não acha que terão muitas pessoas se candidatando, então acho que terá uma boa chance. Você poderia vir morar aqui. A casa é tão grande e solitária. Há muito espaço e acho que posso ajudar você a cuidar dos bebês. E seu namorado, Tony... não é cozinheiro ou algo do tipo? Tenho certeza de que ele poderia arrumar um emprego em um restaurante na cidade. Ah, querida, estou tão feliz. Estou torcendo para que você volte desde que foi embora. Vou contar para suas irmãs a novidade quando elas vierem jantar aqui essa noite. Não vai demorar muito para que nós estejamos juntas novamente. Tchau, querida, e tenha cuidado nessa cidade grande."

Tony e Peggy Sue começaram a discutir seu casamento. Eles decidem que querem um grande casamento – com suas famílias e amigos, incluindo muitos de seus colegas de faculdade. Querem uma cerimônia e uma recepção externa, incluindo muita comida, música e dança a noite toda. Eles não têm certeza de quanto vai custar, entretanto, e percebem que a mãe de Peggy Sue não pode pagar pelo casamento, de modo que terão de arcar com as despesas. Tony e Peggy Sue têm de pagar os empréstimos da faculdade, mas esperam que os presentes em dinheiro que receberem dos convidados seja suficiente para pagar pelas despesas do casamento e talvez sobre alguma coisa para a lua de mel.

Agora é Ano-novo, e Tony e Peggy Sue decidem sentar-se e começar a elaborar o plano detalhado de todas as coisas que precisam aprontar para o casamento.

PERGUNTAS SOBRE O CASO

1. Faça uma lista de suposições que serão usadas como base para o planejamento do casamento. E não é aceitável assumir que Tony e Peggy Sue vão apenas fugir, não importa quão tentador pareça ser.
2. Desenvolva uma estrutura analítica do projeto.
3. Faça uma lista de atividades específicas que precisam ser feitas entre hoje e a data do casamento.
4. Para cada atividade, identifique a pessoa (Tony, Peggy Sue etc.) que será responsável pela sua realização.
5. Crie um diagrama de rede que mostre a sequência e as relações dependentes de todas as atividades.

Observação: Este estudo de caso continuará nos casos dos capítulos 5 a 8, portanto, guarde os resultados de seu trabalho.

ATIVIDADE EM GRUPO

Divida os participantes do curso em grupos de três ou quatro, então aborde cada uma das etapas listadas acima.

C CAPÍTULO 5 - ESTUDO DE CASO 1

Um centro de pesquisa médico sem fins lucrativos

Este estudo de caso é uma continuação de um caso iniciado no Capítulo 4.

PERGUNTAS SOBRE O CASO

1. Desenvolva uma duração estimada para cada atividade.
2. Partindo de uma data de início do projeto de 0 (ou 15 de maio) e de uma data de conclusão necessária para o projeto de 180 dias (ou 15 de novembro), calcule as datas DIC, DTC, DIT e DTT e a FT para cada atividade. Se seus cálculos resultarem em uma programação do projeto com FT negativa, revise o escopo do projeto, durações estimadas da atividade e/ou sequência ou relações entre as atividades para chegar em uma programação-base aceitável para concluir o projeto dentro de 180 dias (ou até 15 de novembro). Descreva as revisões feitas por você.
3. Determine o caminho crítico e identifique as atividades que o compõem.
4. Produza um gráfico de barras (gráfico de Gantt) com base nas datas DIC e DTC da programação no item 2.

Observação 1: Este estudo de caso continuará nos casos dos capítulos 6 a 8, portanto, guarde os resultados de seu trabalho.
Observação 2: DIC = data de início mais cedo; DTC = data de término mais cedo; DIT = data de início mais tarde; DTT = data de término mais tarde.

ATIVIDADE EM GRUPO

Divida os participantes do curso nos mesmos grupos da atividade do capítulo anterior. Então, aborde cada uma das etapas acima.

C CAPÍTULO 5 - ESTUDO DE CASO 2

O casamento

Este estudo de caso é uma continuação de um caso iniciado no Capítulo 4.

PERGUNTAS SOBRE O CASO

1. Desenvolva uma duração estimada para cada atividade.
2. Partindo de uma data de início do projeto de 0 (ou 1º de janeiro) e de uma data de conclusão necessária para o projeto de 180 dias (ou 30 de junho), calcule as datas DIC, DTC, DIT e DTT e a FT para cada atividade. Se seus cálculos resultarem em uma programação do projeto com FT negativa, revise o escopo do projeto, durações estimadas da atividade e/ou sequência ou relações dentre as atividades para chegar em uma programação-base aceitável para concluir o projeto dentro de 180 dias ou 30 de junho). Descreva as revisões feitas por você.
3. Determine o caminho crítico e identifique as atividades que compõem o caminho crítico.
4. Produza um gráfico de barras (gráfico de Gantt) com base nas datas DIC e DTC da programação no item 2.

Observação: Este estudo de caso continuará nos casos dos capítulos 6 a 8, portanto, guarde os resultados de seu trabalho.

ATIVIDADE EM GRUPO

Divida os participantes do curso nos mesmos grupos da atividade do capítulo anterior. Então, aborde cada uma das etapas acima.

C CAPÍTULO 6 - ESTUDO DE CASO 1

Um centro de pesquisa médico sem fins lucrativos

Este estudo de caso é uma continuação do estudo de caso dos capítulos 4 e 5.

PERGUNTA SOBRE O CASO

1. Partindo das atribuições de responsabilidade feitas por você no Capítulo 4 e a programação-base que desenvolveu no Capítulo 5, elabore agora uma tabela de demanda de recursos, para cada atividade, com base no cronograma "tão cedo quanto possível" (TCQP).

Observação: Este estudo de caso continuará nos casos dos capítulos 7 e 8, portanto, guarde os resultados do seu trabalho.

ATIVIDADE EM GRUPO

Divida os participantes do curso nos mesmos grupos da atividade do capítulo anterior e responda às perguntas listadas acima.

C CAPÍTULO 6 - ESTUDO DE CASO 2

O casamento

Este estudo de caso é uma continuação do estudo de caso dos capítulos 4 e 5.

PERGUNTA SOBRE O CASO

1. Partindo das atribuições de responsabilidade feitas por você no Capítulo 4 e a programação-base que desenvolveu no Capítulo 5, elabore agora uma tabela de demanda de recursos, para cada atividade, com base no cronograma "tão logo quanto possível" (ASAP).

Observação: Este estudo de caso continuará nos casos dos capítulos 7 e 8, portanto, guarde os resultados do seu trabalho.

ATIVIDADE EM GRUPO

Divida os participantes do curso nos mesmos grupos da atividade do capítulo anterior e responda às perguntas listadas.

CAPÍTULO 7 – ESTUDO DE CASO 1

Um centro de pesquisa médico sem fins lucrativos

Este estudo de caso é uma continuação do estudo de caso dos capítulos 4, 5 e 6.

PERGUNTAS SOBRE O CASO

1. Partindo da programação do Capítulo 5, estime o custo para cada atividade.
2. Determine o custo orçado total para o projeto.
3. Prepare um custo orçado por tabela de período (similar a algumas tabelas apresentadas no Capítulo 7) e uma curva do custo orçado cumulativo (COC) (similar a algumas figuras apresentadas no Capítulo 7) para o projeto.

Observação: Este estudo de caso vai continuar no caso do Capítulo 8, portanto, guarde os resultados de seu trabalho. Então, aborde cada uma das etapas listadas acima.

ATIVIDADE EM GRUPO

Divida os participantes do curso nos mesmos grupos da atividade do capítulo anterior. Então, aborde cada uma das etapas listadas acima.

CAPÍTULO 7 – ESTUDO DE CASO 2

O casamento

Este estudo de caso é uma continuação do estudo de caso dos capítulos 4, 5 e 6.

PERGUNTAS SOBRE O CASO

1. Usando a programação do Capítulo 5, estime o custo para cada atividade.
2. Determine o custo orçado total para o projeto.
3. Prepare um custo orçado por tabela de período (similar a algumas tabelas apresentadas no Capítulo 7) e uma curva do custo orçado cumulativo (COC) (similar a algumas figuras apresentadas no Capítulo 7) para o projeto.

Observação: Este estudo de caso será continuado no caso do Capítulo 8, portanto, guarde os resultados de seu trabalho.

ATIVIDADE EM GRUPO

Divida os participantes do curso nos mesmos grupos da atividade do capítulo anterior. Então, aborde cada uma das etapas listadas acima.

CAPÍTULO 8 – ESTUDO DE CASO 1

Um centro de pesquisa médico sem fins lucrativos

Este estudo de caso é uma continuação do estudo de caso dos capítulos 4 a 7.

PERGUNTAS SOBRE O CASO

1. Identifique pelo menos quatro riscos que poderiam comprometer o projeto.
2. Crie uma matriz de avaliação de riscos, incluindo um plano de resposta para cada um desses riscos.

ATIVIDADE EM GRUPO

Divida os participantes do curso nos mesmos grupos da atividade do capítulo anterior e responda às perguntas listadas acima.

Parabéns por completar este estudo de caso! Se você desenvolver uma estrutura analítica de projeto (EAP), diagrama de rede, programação, gráfico de barras, planejamento de recursos e tabela e gráfico de orçamento utilizando manualmente lápis e papel, provavelmente será tedioso, propenso a erros, frustrante e levará muito tempo. Um software de aplicação, como Microsoft Project, Word e Excel, pode automatizar muitas dessas tarefas e permitir que você use seu tempo com mais eficiência para analisar a programação do projeto e o desempenho de custo e gerenciar o projeto de maneira bem-sucedida.

C CAPÍTULO 8 - ESTUDO DE CASO 2

O casamento

Este estudo de caso é uma continuação do estudo de caso dos capítulos 4 a 7.

PERGUNTAS SOBRE O CASO

1. Identifique pelo menos quatro riscos que poderiam comprometer o casamento.
2. Crie uma matriz de avaliação de riscos, incluindo um plano de resposta para cada um desses riscos.

ATIVIDADE EM GRUPO

Divida os participantes do curso nos mesmos grupos da atividade do capítulo anterior e responda às perguntas listadas acima.

Parabéns por completar Este estudo de caso! Se você desenvolver uma estrutura analítica de projeto (EAP), diagrama de rede, programação, gráfico de barra, planejamento de recursos e tabela e gráfico de orçamento utilizando manualmente lápis e papel, provavelmente será tedioso, propenso a erros, frustrante e levará muito tempo. Um software de aplicação, como Microsoft Project, Word e Excel, pode automatizar muitas dessas tarefas e permitir que você use seu tempo com mais eficiência para analisar a programação do projeto e o desempenho de custo e gerenciar o projeto de maneira bem-sucedida.

C CAPÍTULO 8 - ESTUDO DE CASO 3

Projeto estudantil de arrecadação de fundos

Em setembro, durante a reunião inaugural do ano acadêmico, o Conselho de Fraternidades e Irmandades (Council of Fraternities and Sororities, CFS) da Mount Clement University decidiu organizar um projeto para arrecadar fundos para ajudar a atualizar a unidade de tratamento intensivo pediátrica do hospital local. O CFS consiste em representantes de cada uma das 24 fraternidades e irmandades. Havia 15 representantes na reunião.

Embora os membros do conselho que estavam na reunião expressassem entusiasmo por tal empenho, também levantaram algumas preocupações, incluindo:

- Que tipo de projeto deveremos elaborar?
- Qual será a melhor época do ano para fazê-lo?
- Temos uma meta para a quantidade de dinheiro que queremos arrecadar?
- Como devemos atribuir as responsabilidades para todas as fraternidades e irmandades?
- E os membros do conselho que não estão na reunião? E se eles não apoiarem a ideia?
- Vamos precisar de dinheiro no começo para dar início às atividades e pagar por propaganda e outras necessidades?
- Precisamos de algum tipo de aprovação?

Hannah diz: "Isso está ficando complicado. Há muitas perguntas e incógnitas".

Marcus acrescentou: "E se não conseguirmos juntar dinheiro suficiente? Isso será embaraçoso, sobretudo se tivermos muito trabalho".

Teresa respondeu: "Claro que terá muito trabalho, mas temos muitas pessoas em nossas fraternidades e irmandades que podem nos ajudar".

Cathy disse: "Talvez devamos tentar identificar quais podem ser os riscos e então ver se ainda podemos fazê-lo?"

Meghan disse: "Eu não vou ficar parada em esquinas segurando uma latinha para coletar dinheiro".

Wendy acrescentou: "Nem eu, mas têm muitas outras coisas que podemos fazer para arrecadar dinheiro que podem ser divertidas para os alunos".

"Talvez até a comunidade participe. Isso nos ajudará a arrecadar mais dinheiro que apenas com os alunos", complementou Sophie.

Suli falou: "Estou querendo montar um comitê de planejamento. Quem mais quer fazer parte? Poderemos nos reunir amanhã às 5 horas. Enviarei um e-mail aos membros do CFS que não estavam aqui para convidá-los. Será um grande momento e vamos arrecadar muito dinheiro. Haverá riscos em tudo o que fizermos, mas vamos superá-los. Temos de ter uma atitude positiva".

PERGUNTAS SOBRE O CASO

1. O que você recomendaria para as próximas etapas possíveis?
2. Identifique três possíveis projetos para arrecadar fundos para a unidade de tratamento intensivo pediátrica do hospital.
3. Selecione um dos três projetos e identifique quatro riscos que possam comprometer o sucesso do projeto.
4. Desenvolva um plano de respostas que indique como evitar ou atenuar cada um dos quatro riscos.

ATIVIDADE EM GRUPO

Divida os participantes do curso em equipes de três ou quatro. Peça que eles:

- Façam um *brainstorm* de uma lista de oito possíveis projetos para arrecadar fundos para o hospital.
- Escolha um dos oito projetos.
- Para o projeto selecionado, identifique seis riscos que possam comprometer o sucesso do projeto.
- Desenvolva um plano de respostas que indique como evitar ou atenuar cada um dos seis riscos.

Peça que cada equipe selecione um porta-voz para apresentar as respostas para toda a turma.

C CAPÍTULO 9 - ESTUDO DE CASO 1

Projeto de expansão da fábrica

Jacob Clemson é o proprietário da Digitsig, Inc., uma empresa de eletrônicos canadense, em crescimento. A empresa tem recebido pedidos de clientes do mundo todo, e as vendas têm expandido rapidamente. A fábrica agora está trabalhando em três turnos e está na capacidade máxima. Jacob teve de locar um espaço adicional em um edifício a quilômetros de distância. Ele sabe que deve expandir sua fábrica para acompanhar a demanda de crescimento, aumentar a eficiência e reduzir os custos associados com os materiais transportados por caminhões e o vaivém de produtos entre a fábrica e o edifício que está alugando. O custo da locação foi bem alto porque não havia muito espaço disponível na área e Jacob estava desesperado para conseguir mais espaço de imediato, senão não poderia acompanhar a demanda e os clientes procurariam seus concorrentes.

Jacob encontrou Andy Gibson, coproprietário da AG Contractors, em um recente evento de *networking* comercial. Ele contou a Andy sobre suas necessidades de expansão. Andy disse: "Podemos fazer isso por você, Sr. Clemson. Fizemos muitos projetos semelhantes. Como você deve saber, os negócios estão crescendo na região, e conseguir uma empreiteira não será fácil. Mas foi sorte nos encontrarmos porque estamos terminando outro projeto e, provavelmente, podemos começar a trabalhar no seu se entrarmos em acordo de imediato. Tenho outras quatro propostas pendentes e, se fecharmos acordo com eles, não poderemos lidar com outros projetos. E como eu disse, acredito que todas as outras empreiteiras estejam bem ocupadas. Parece que você realmente precisa começar logo a expansão dessa fábrica, e acho que podemos ajudá-lo".

Jacob ficou preocupado em não conseguir outra empreiteira e não quis perder mais tempo. Então, ele assinou um contrato com a AG Contractors, pelo que pensou que fosse um preço razoável, para projetar e construir a expansão de sua fábrica. O espaço de expansão seria usado primeiramente para armazenamento do estoque dos materiais recebidos e dos produtos acabados. Ele concordou com uma cláusula extra no contrato para pagar a AG Contractors um bônus de 10% se eles concluírem o edifício em 12 meses e não em 15 meses, tempo que Andy disse que normalmente levaria.

Agora já se passaram 14 meses. Andy Gibson e Gerri Penk, gestor de projetos recém-contratado da AG Contractors, foram ao escritório de Jacob Clemson. A recepcionista perguntou: "Posso ajudá-lo?".

Andy respondeu, "Jacob está?".

"Sim, está. Você tem hora marcada?", respondeu a recepcionista. Andy se apressou em dizer, "Eu não preciso! Vai ser rápido". E Gerri, surpreso, o seguiu. Ele bateu à porta do Sr. Clemson uma vez, abriu-a e entrou sem esperar por uma resposta.

Surpreso, Jacob Clemson olhou para o alto e disse: "Estou bem no meio desse importante..."

Andy interrompeu. "Só vai levar um minuto. Só quero dizer que você tem seu projeto de expansão da fábrica concluído no prazo e dentro do orçamento. Terminamos em 12 meses, como eu sabia que faríamos, quer dizer, como eu esperava que faríamos. Tive de pressionar de algumas de nossas subcontratadas, mas é assim que funciona nesse negócio. Tenho certeza de que você pensa do mesmo jeito, Jacob, ou não estaria onde está hoje".

Jacob Clemson falou: "Bem, houve alguns problemas..."

Mas Andy o interrompeu novamente: "Em um grande projeto como esse, sempre há problemas, e algumas pessoas acabam novamente ficando irritadas. Mas sempre acontece. Não se preocupe. No final, tudo se resolve. Achei que talvez a gente pudesse ir almoçar para comemorar, mas temos outra reunião do outro lado da cidade. Ligue-me, um dia desses, e quem sabe podemos nos reunir e ver se eu posso ajudá-los com outros projetos que você possa ter". Andy se virou e saiu rapidamente do escritório de Jacob, passando direto por Gerri, que saiu correndo para alcançá-lo.

Depois que eles saíram, Jacob ainda estava surpreso e ficou furioso. Ele pensou consigo, "Outro projeto? Por cima do meu cadáver. Que tipo de pessoa ele acha que eu sou? Conseguir terminar o projeto no prazo e dentro do orçamento – será que acha que é só isso que importa? Esse projeto foi um pesadelo. Acabou custando 50% a mais do que o preço original da AG por causa das mudanças que ocorreram. Eles nunca perguntaram, nunca ouviram, nunca me disseram o que estava acontecendo e nunca retornaram minhas ligações. Que bando de incompetentes! Nunca mais farei negócios com eles".

À medida que Andy e Gerri caminhavam para o carro de Andy, este disse à Gerri "Aí está, outro cliente AG satisfeito. E um bem inocente também", Andy riu. "Eu sabia que conseguiríamos concluir o projeto em 12 meses. Mas eu sabia que ele estava desesperado e disse que levaria 15 meses, e fiz que ele concordasse em pagar um bônus caso conseguíssemos terminá-lo em 12 meses."

Gerri perguntou: "Andy, não é antiético?"

"Ei, os negócios estão crescendo na Digitsig; eles têm muita grana. Além disso, o problema é dele por ter esperado tanto tempo antes de decidir fazer a obra. Teve sorte por eu tê-lo ajudado a sair de uma situação difícil. Mas eu tenho de dizer, Gerri, fiquei pensando por que ele estava construindo todo aquele espaço do armazém para o estoque quando a maioria dos outros negócios estão utilizando entregas *just-in-time*. Mas eu não ia dizer a ele. É incrível ele estar no ramo. Ah, bem, você vai descobrir que esse é um mundo cão, Gerri."

Gerri respondeu: "Andy, eu tenho a impressão de que talvez o Sr. Clemson não estava totalmente satisfeito. Quero dizer, ele realmente não disse que estava".

"Ele também não disse que não estava", repreendeu Andy. "Além do mais, ele nunca pareceu interessado no projeto, nunca perguntou se havia alguma reunião e, quando eu tentei agendar, ele estava muito ocupado. E seus pagamentos sempre atrasavam – como se ele fosse mesquinho ou algo do tipo. Acredite, ele se divertiu com o que AG fez. Estava desesperado para terminar o projeto, e nós o fizemos por ele – no prazo e dentro do orçamento. E lucramos bastante com o projeto. Então, ambas as partes saíram vencedoras."

"Na verdade, eu usarei o velho Jacob como referência com o novo cliente que vai se reunir conosco essa tarde para revisar sua CDP. Os clientes sempre pedem por referências de projetos anteriores, mas, honestamente, raramente entram em contato com eles."

"Gerri, você aprenderá que é preciso concentrar-se no próximo cliente e não se preocupar com os antigos. Funciona, pode acreditar, ou eu não estaria dirigindo esse Porsche. Talvez eles não ensinem isso a você no MBA, Gerri, mas eu aprendi na escola da vida quando assumi esse negócio do meu pai. Ele era muito querido na comunidade e eu estou apenas seguindo os passos dele."

PERGUNTAS SOBRE O CASO

1. O que Andy Gibson deveria ter feito de diferente em sua reunião com Jacob Clemson no escritório de Jacob?
2. Quais são as coisas que Andy poderia ter feito diferente em seu contato inicial com Jacob e durante o projeto?
3. Quais são as coisas que Jacob poderia ter feito diferente no primeiro encontro com Andy Gibson e durante o projeto?
4. O que Gerri deveria fazer?

ATIVIDADE EM GRUPO

Divida os participantes do curso em grupos de três ou quatro para desenvolver as respostas das perguntas sobre o caso. Cada grupo deve escolher um representante para apresentar as respostas para a turma.

C CAPÍTULO 9 - ESTUDO DE CASO 2

Projeto de relatório sobre a pesquisa de mercado

Meghan é gestor de projetos por mais de 10 anos na Effective Market Research. A presidente da empresa, Allison, está muito contente com a atenção cuidadosa de Meghan aos detalhes em todos os projetos. O portfólio de projetos da Effective Market Research mais do que triplicou desde que Meghan foi contratada como gestor de projetos.

A equipe de projetos de Meghan é composta por oito membros, cada um deles com uma especialidade para pesquisa de mercado. Além de fazer uma excelente pesquisa de mercado, o cliente da equipe comenta sobre as avaliações do projeto, em geral incluindo uma declaração especificamente relacionada a quão bem informados estavam no decorrer do projeto. Meghan é muito cuidadosa com relação ao planejamento de comunicação de cada projeto. Ela reúne informações do cliente e se certifica de que esteja satisfeito com o projeto em cada reunião de atualização.

Christine, diretora do Grupo de Desenvolvimento da Força de Trabalho da Região Norte, esteve em uma reunião e viu uma cópia de um dos relatórios para pesquisa de mercado concluído pela equipe de Meghan. Christine tinha fundos disponíveis para contratar um grupo para fazer pesquisa de mercado em sua região. Diversas propostas que Christine queria fazer para conseguir fundos para o desenvolvimento da força de trabalho exigiam os mesmos tipos de informação que estavam naquele relatório.

Christine entrou em contato com o departamento de vendas da Effective Market Research para questionar a respeito da compra de um relatório de pesquisa de mercado para sua região. O departamento de vendas confirmou uma reunião presencial para que Allison e Meghan se encontrassem com Christine para discutir as exigências do projeto.

Na reunião, Christine descreveu as informações que precisava. Meghan ouviu atentamente e elaborou uma lista de entregas do projeto. Ao término da reunião, Allison e Meghan desenvolveram uma proposta do projeto e enviaram o documento para que Christine pudesse analisar e autorizar. A equipe financeira da Effective Market Research trabalhou com o departamento financeiro do Grupo de Desenvolvimento da Força de Trabalho da Região Norte para assegurar um contrato de preço fixo para o trabalho.

Meghan e sua equipe compareceram à primeira reunião com Christine e sua nova gestor de projetos, Sarah. Na reunião, Christine declarou: "Minhas tarefas na Região Norte aumentaram e estou colocando Sarah no comando do projeto de pesquisa de mercado. Sarah é a pessoa de contato para vocês e deve ser comunicada de todos os detalhes. Eu só não tenho tempo de lidar com o projeto agora". Meghan atualizou o planejamento de comunicação para ter todas as comunicações com Sarah pelo restante do prazo programado do projeto.

Três semanas antes de o relatório final vencer, Meghan enviou uma cópia do rascunho para Sarah revisar. Três dias depois, Meghan recebeu um bilhete dizendo, "Meghan, o relatório parece ótimo! Christine e eu conversamos sobre ter mais algumas fotos da região que você fotografou, no relatório, e um pequeno documento de resumo de duas páginas que poderíamos compartilhar com os encarregados da região e com os supervisores locais. Acho que isso é tudo o que vão analisar".

Meghan atualizou a programação do projeto e marcou uma reunião com Sam, especialista gráfico da equipe, para o dia seguinte. "Sam, recebi um *feedback* da Região Norte para incluir mais fotos no relatório. O que você acha que é melhor? O resumo de duas páginas já está sendo finalizado como uma das entregas do projeto. Isso não fazia parte dos documentos de análise de três semanas atrás."

"No arquivo, há sete gráficos que não foram usados no relatório. Podemos incluí-los como uma colagem na capa e colocar cada um deles na página que mostra os dados para o tipo de trabalho que está sendo realizado na imagem. O relatório está sendo distribuído eletronicamente de acordo com o planejamento de comunicação, portanto, os gráficos adicionais não aumentarão os custos de produção", sugeriu Sam. Meghan e Sam concordaram com a técnica.

Meghan enviou à Sarah o resumo de duas páginas e o novo relatório para a aprovação final. Sarah confirmou que tudo estava ótimo. O relatório final foi enviado à Sarah para distribuição no Grupo de Desenvolvimento da Força de Trabalho da Região Norte mais de uma semana antes da data de vencimento. A equipe financeira da Effective Market Research enviou a fatura final para os últimos 25% dos custos do projeto. Meghan enviou o formulário da avaliação do projeto à Sarah e se reuniu com os membros da sua equipe.

Dois dias depois, Meghan recebeu o seguinte e-mail, "Meghan, não aprovo esse relatório e não pode ser distribuído. Vejo todos os tipos de problemas que devem ser corrigidos antes de o relatório ficar OK". O e-mail foi enviado por Christine.

Meghan foi muito cuidadosa para seguir as direções de Christine e teve a aprovação de Sarah para o relatório final. Meghan enviou um bilhete, "Christine, por favor me informe quais são os problemas no relatório para que possamos fazer as correções". Meghan ficou um pouco preocupada que Christine tivesse respondido desse modo quando a comunicação de Sarah sugeriu que Christine aprovou o relatório. Sarah era para ser o contato de Meghan.

PERGUNTAS SOBRE O CASO

1. A equipe de Meghan satisfez o cliente? Por quê?
2. Como Meghan respondeu aos comentários de Christine após Sarah ter feito o *feedback* e aprovação para o relatório final?
3. A equipe de projetos passou pelas etapas de término desse projeto. Eles tiveram uma semana de folga no cronograma antes de ter provocado o adiamento do outro projeto. O que Meghan deveria fazer com sua equipe?
4. O que Meghan deveria ter feito diferente no projeto?

ATIVIDADE EM GRUPO

Divida os participantes do curso em grupos de três ou quatro para desenvolver as respostas das perguntas sobre o caso. Cada grupo deve escolher um representante para apresentar as respostas para a turma.

C CAPÍTULO 10 - ESTUDO DE CASO 1

Codeword

Codeword é uma empresa de porte médio que cria e fabrica sistemas eletrônicos para a indústria de transporte público. Compete com outras empresas para ganhar contratos para fornecer esses sistemas. Quando a Codeword recebe um contrato, cria um projeto para concluir o trabalho. A maioria dos projetos varia de $ 10 milhões a $ 50 milhões no custo e de um a três anos de duração. A Codeword pode ter de 6 a 12 projetos acontecendo ao mesmo tempo, em diversos estágios de conclusão – alguns que acabaram de começar e outros já sendo finalizados.

A Codeword tem diversos gestores de projetos que se reportam ao gestor geral; as outras pessoas reportam-se ao seu gestor funcional. Por exemplo, os engenheiros eletrônicos reportam-se ao gestor de engenharia elétrica, que se reporta ao gestor geral. O gestor funcional atribui determinados indivíduos para trabalhar em diversos projetos. Algumas pessoas trabalham período integral em um projeto, ao passo que outras dividem o tempo em dois ou três projetos. Embora os indivíduos sejam encarregados de trabalhar para um gestor de projetos em um plano, administrativamente eles ainda se reportam a seu gestor funcional.

Jack Kowalski está na empresa há 12 anos, desde que se formou em engenharia elétrica na faculdade. Trabalhou para conseguir ser engenheiro eletrônico sênior e se reporta ao gestor de engenharia elétrica. Ele trabalhou em muitos projetos e é respeitado na empresa. Jack recebeu uma proposta para ser gestor de projetos. Quando a Codeword recebeu um contrato de $ 15 milhões para projetar e fabricar um avançado sistema eletrônico para uma nova aeronave, o gestor geral promoveu Jack para gestor de projetos e pediu que ele cuidasse desse projeto.

Jack trabalha com os gestores funcionais para conseguir as melhores pessoas disponíveis atribuídas a esse projeto. A maioria das pessoas são colegas que trabalharam com Jack em projetos anteriores. Entretanto, com o cargo de Jack como engenheiro eletrônico sênior vago, o gestor de engenharia elétrica não tinha ninguém com o nível apropriado de experiência para ser atribuído ao projeto de Jack. Portanto, o gestor contratou uma nova pessoa, Alfreda Bryson. Atraída de um concorrente, Alfreda é Ph.D. em engenharia eletrônica e tem oito anos de experiência. Ela pode pedir um salário alto – maior do que Jack está ganhando. Foi encarregada do projeto de Jack em período integral como engenheira eletrônica sênior.

Jack tem um interesse especial no trabalho de Alfreda e solicita uma reunião com ela para discutir suas abordagens sobre o projeto. A maioria dessas reuniões tornou-se monólogos, com Jack sugerindo como Alfreda deveria fazer o projeto e não prestando muita atenção ao que ela dizia.

Por fim, Alfreda perguntou a Jack por que ele estava gastando mais tempo para revisar seu trabalho do que com os outros engenheiros do projeto. Ele respondeu, "Eu não tenho de verificar o trabalho deles. Sei como trabalham. Já trabalhamos juntos em outros projetos. Você é novata e eu quero ter certeza de que você entende a forma como vamos fazer as coisas aqui, que pode ser diferente do que com seu antigo empregador".

Em outra ocasião, Alfreda mostra a Jack o que acha que é uma abordagem de projeto criativa que resultaria em um sistema de custo inferior. Jack diz a ela: "Eu nem preciso de um Ph.D. para afirmar que isso não vai funcionar. Não seja tão enigmática; atenha-se à engenharia de som básica".

Durante uma viagem de negócios com Dennis Freeman, outro engenheiro encarregado do projeto, que era conhecido de Jack há seis anos, Alfreda disse que estava frustrada pela forma como Jack a tratava. "Jack está agindo mais como o engenheiro eletrônico do projeto do que como o gestor de projetos", disse a Dennis. "Além do mais, eu já trabalhei mais com design de eletrônicos do que Jack jamais soube! Ele realmente não está atualizado com as metodologias de design eletrônico." Também contou a Dennis que está planejando discutir o assunto com o gestor de engenharia elétrica e que nunca teria aceitado o trabalho na Codeword se soubesse que ia ser desse jeito.

PERGUNTAS SOBRE O CASO

1. Você acha que Jack está pronto para trabalhar como gestor de projetos? Por quê? O que Jack poderia ter preparado para sua nova função?
2. Qual é o principal problema com a forma como Jack interage com Alfreda?

3. Por que você acha que Alfreda não teve uma discussão aberta com Jack sobre a forma como ele a está tratando? Se Alfreda abordasse Jack diretamente, como você acha que ele responderia?
4. Como você acha que o gestor de engenharia elétrica responderia a essa situação? O que o gestor deveria fazer?

ATIVIDADE EM GRUPO

Os participantes do curso devem dividir-se em grupos de quatro ou cinco alunos para discutir as seguintes questões:

- O que deveria ser feito para remediar a situação?
- O que poderia ser feito para evitar a situação?

Então, cada grupo deve escolher um representante para apresentar suas conclusões à turma.

C CAPÍTULO 10 - ESTUDO DE CASO 2

ICS, Inc.

Ivana é a proprietária da ICS, Inc., uma empresa de consultoria de sistemas de informação com 20 funcionários. A empresa cria e implanta projetos de tecnologia da informação em empresas de pequeno e médio porte na área metropolitana. Embora a ICS tenha um nível suficiente de negócios, o ambiente está se tornando mais competitivo à medida que mais empreendedores estão começando suas próprias empresas de consultoria em tecnologia da informação. Ivana faz todo o marketing para a ICS e é o contato principal entre a empresa e seus clientes.

A ICS acabou de receber um contrato da empresa Fortune 100 para projetar e implantar um sistema de *e-business* em um de seus centros de distribuição. A ICS venceu diversos concorrentes, incluindo algumas empresas de consultoria nacional maiores, para ganhar esse contrato. Isso ocorreu em parte pela licitação de um preço super baixo da ICS, e Ivana prometeu ao cliente que a ICS concluiria o projeto em seis meses, apesar de o cliente ter especificado que o projeto tinha de ser concluído em nove meses ou menos. Ela sabe que, se a ICS concluir com sucesso esse projeto e mostrar que pode vencer o prazo previsto pelo cliente, isso poderia levar a um contrato maior para implantar sistemas semelhantes nos outros centros de distribuição do cliente por todo o país.

Assim que Ivana souber que a ICS ganhou o contrato, vai chamar oito de seus funcionários para trabalhar no projeto. "Alguns de vocês podem não saber disso, mas eu enviei uma proposta para um grande cliente, nosso maior, para implantar um sistema de *e-business* em um de seus centros de distribuição. Esse realmente é um projeto importante para mim porque, se formos bem-sucedidos, haverá outros projetos com esse cliente, e a ICS pode se tornar uma grande empresa de consultoria – meu sonho vai se tornar realidade. Bom, esse é um contrato de preço fixo, e eu baixo nossos preços o máximo que der só para aumentar nossas chances de ganhar esse contrato. Também prometi a eles que poderíamos concluir o projeto em seis meses, apesar de saber que ficariam satisfeitos com nove meses. Então quero ser bem franca com todos vocês, esse projeto é bastante importante para mim e para a ICS, espero que cada um de vocês faça o necessário para finalizá-lo a tempo. Vocês vão ter de dar um jeito de fazer seus outros trabalhos nesse meio tempo. E quero enfatizar que não tolerarei erros. Há muita coisa em jogo. Preciso ir a um almoço de negócios agora. Mas aqui estão as cópias da proposta que enviei. Deem uma olhada, reúnam-se e ao trabalho."

Quando eles saíram da sala de conferências, Patrick, designer de sistemas, disse: "Vamos ler a proposta e nos reunirmos às 9 horas amanhã para descobrirmos quem precisa fazer o quê".

Ivana ouviu o comentário de Patrick por acaso e disse: "Amanhã!? Acho que você não me ouviu dizendo o quanto esse projeto é importante. Sugiro que vocês leiam a proposta agora e reúnam-se essa tarde ou essa noite".

Ester, programadora, falou: "Tenho uma consulta com meu obstetra hoje à tarde para um *check-up* do sexto mês".

Ivana repreendeu: "Bem, você terá de remarcar. O bebê só vai nascer daqui a três meses mesmo. Qual é o problema? Minha mãe teve cinco filhos com uma parteira, sem médico, e sobreviveu".

Depois que Ivana saiu, Ester, com lágrimas nos olhos, disse aos outros: "Que bruxa! Se eu não precisasse dos benefícios do plano de saúde, pediria demissão hoje mesmo".

O grupo reuniu-se no final daquela tarde. Patrick assumiu a liderança para facilitar as discussões apenas por ele ser o funcionário mais antigo. Harvey, o outro designer de sistemas do grupo e uma das pessoas mais jovens, perguntou "Patrick, você vai ser, tipo assim, o líder deste projeto?".

"Essa não é a forma que as coisas acontecem por aqui. Nós todos sabemos quem é o verdadeiro gestor de projetos, não é?", respondeu Patrick. E quase o grupo todo respondeu em uníssono "Ivana!" e riram.

Conforme o grupo discutia as propostas, muitas questões surgiram. E houve uma diferença de opiniões entre Patrick e Harvey a respeito da abordagem do design do sistema. A abordagem de Patrick era menos arriscada, mas mais demorada; a abordagem de Harvey era mais arriscada, mas levaria menos tempo para ser trabalhada. Patrick disse: "Deixe-me tentar falar com Ivana pela manhã e obter algumas respostas, se é que isso é possível".

"Talvez todos nós devêssemos falar com ela", disse Harvey.

"Ivana não é uma grande fã de reuniões longas com muitas pessoas. Ela acha que é uma perda de tempo de todo mundo", respondeu Patrick.

Patrick reuniu-se com Ivana na manhã seguinte. "Bem, todo mundo já tem tudo resolvido?" perguntou Ivana.

"Na verdade, ficamos até tarde da noite de ontem discutindo a proposta e temos algumas dúvidas. A proposta pareceu ambígua em algumas..."

Ivana interrompeu: "Ambígua! O cliente não achou que fosse ambígua. Eu não acho que seja ambígua. Então você vai ter de me dizer por que vocês a acham ambígua".

"Bom, por exemplo, Harvey e eu criamos duas soluções técnicas para o projeto: uma mais arriscada, mas menos demorada, e outra menos arriscada, mas que pode levar mais tempo", disse Patrick.

"Uma reunião e vocês já estão discutindo como criancinhas!", Ivana esbravejou. "Nunca ouviram falar de espírito de equipe? Eis o que eu acho menos arriscado e menos demorado: nem deveria nem poderia. Era para vocês dois darem um jeito e não ficarem perdendo tempo. Tenho de tomar todas as decisões por aqui? E o que mais? Não tenho o dia todo. E estou feliz em saber que todos estavam dispostos a trabalhar até tarde ontem porque esse é o tipo de comprometimento que vai ser necessário para concluir esse projeto a tempo. Você sabe que eu pago salários altos e espero que as pessoas façam o que for preciso para terminar o projeto. E, se tiver alguém que não possa lidar com isso, que encontre trabalho em outro lugar. Eles verão que a grama nem sempre é mais verde no jardim do vizinho."

Assim que Patrick se virou e saiu do escritório de Ivana, ela disse: "Aliás, como recompensa por ganhar o contrato, vou me presentear com umas férias de duas semanas na Europa. E diga aos outros que quando eu voltar espero encontrar o projeto encaminhado; e sem brigas".

No final do dia, Ivana estava andando pelo corredor, viu Ester e disse: "Acredito que você tenha conseguido remarcar a consulta médica".

Ester disse: "Sim, mas só por mais duas semanas. Vai ser difícil tentar acompanhar o trabalho durante esses últimos três meses".

"Difícil?", perguntou Ivana. "Deixe-me dizer o que é difícil. Eu ajudei a criar meus quatro irmãos depois que minha mãe morreu dando à luz a minha irmã caçula. Então eu dei duro estudando à noite por quase dez anos enquanto criava quatro crianças sozinha. Então, da próxima vez que você achar que uma coisa é difícil, pense em quão difícil foi para outras pessoas. Espero que você possa concluir a maior parte do seu trabalho no projeto antes de o bebê chegar. Estou contando com você".

Por volta das 18 horas, Harvey passou no escritório de Ivana. "Tem um minuto?", perguntou Harvey. "Só um minuto", respondeu Ivana. "Vou me encontrar com um amigo para jantar, então seja rápido."

"Haverá uma conferência em Las Vegas no mês que vem," Harvey disse, "e eu gostaria de saber se você pode aprovar minha ida. Haverá muitas coisas novas que eu poderia aprender que pode nos ajudar neste projeto".

"Você só pode estar brincando!", respondeu Ivana. "Você quer que eu pague para enviá-lo para uma conferência para farrear enquanto eu tenho um prazo para terminar esse projeto? E todo o resto estará aqui trabalhando como loucos? Onde está seu senso de prioridades? Você não se sente nem um pouco responsável pelo resto da equipe de projetos? Eu sou a única aqui que pensa no trabalho em equipe, só pode! Talvez quando o projeto acabar, você possa encontrar alguma conferência que seja mais perto e mais barata. Tenho de ir. A propósito, diga a quem sair por último para ver se a cafeteira foi desligada. Ontem à noite ficou ligada." Conforme Ivana passou às pressas, Harvey murmurou: "Às vezes acho que tenho de ser a mãe de todo mundo aqui".

PERGUNTAS SOBRE O CASO

1. Considerando o estilo administrativo de Ivana, como o grupo de funcionários atribuídos ao projeto deveria proceder?
2. Como os membros do projeto interagem com Ivana por todo o projeto?
3. Por que você acha que Ivana se comporta dessa forma?
4. Os membros do projeto de Ivana deveriam abordar seu estilo administrativo? Se sim, como?

ATIVIDADE EM GRUPO

Selecione cinco participantes do curso para realizar uma sátira deste caso na frente da turma. Uma pessoa será o narrador descrevendo a cena e as transições entre as cenas. Os outros quatro participantes vão representar os papéis de Ivana, Patrick, Ester e Harvey e ler suas falas.

Ao término da sátira, peça que a classe toda discuta suas respostas para as perguntas do caso.

CAPÍTULO 11 – ESTUDO DE CASO 1

Eficácia de equipe?

Colin e Raouf tiveram uma daquelas típicas conversas paralelas durante a reunião, quando Henri, obviamente irritado, olhou para Colin. "Em meus 20 anos de experiência, nunca vi um projeto de hardware tão desprezível. Um aluno do primeiro ano da faculdade poderia fazer melhor", disse Henri, elevando sua voz para Colin. "Não é de espantar que estejamos um mês atrasados. Agora vamos ter de gastar mais tempo e dinheiro projetando novamente. Se você está numa fria, Colin, deveria ter pedido ajuda a alguém. Vou analisar a situação com Jack quando ele voltar na sexta-feira. É isso. A reunião acabou. Precisamos passar mais tempo trabalhando do que jogando conversa fora nas reuniões." Todos da equipe de projetos ficaram, de certo modo, surpresos com a tirada de Henri, porém essa não foi a primeira vez. Todos se sentiram mal por Colin, mas outros já vivenciaram a ira de Henri no passado.

Henri é o líder da equipe de sistemas de hardware, e Colin é o designer do sistema de hardware atribuído à equipe de Henri. Jack, o gestor de projetos, esteve fora da cidade por diversos dias para uma reunião com o cliente e pediu para Henri presidir a reunião do projeto semanalmente em sua ausência.

Após a reunião, Colin foi ao escritório de Raouf, que é um designer de software aplicativo. Colin e Raouf desenvolveram uma amizade no último ano. Eles descobriram que ambos se formaram na mesma universidade, com alguns anos de diferença. Estão entre os membros mais jovens da equipe de projetos, junto com Fátima, líder do sistema de software. "Vou pegar aquele babaca nem que seja a última coisa que eu faça", disse Colin a Raouf.

"Pega leve, Colin. Você tem razão: ele é um babaca. Todo mundo sabe que ele não sabe o que está fazendo e que está numa pior. Já sacamos", respondeu Raouf. "Mas preste atenção em como Henri nunca se comporta desse jeito na frente de Jack. Somente quando Jack não está por perto ou nas reuniões."

"Bom, assim que Jack chegar, na sexta-feira, vou contar a ele sobre Henri. Ninguém precisa aguentar esse tipo de baboseira na frente de todo mundo", disse Colin.

"Talvez você devesse falar com Henri primeiro, Colin" sugeriu Raouf.

"É, você está certo!", riu Colin.

"O que você acha que Jack fará?", perguntou Raouf.

"Demiti-lo, eu espero", respondeu Colin.

"Duvido", declarou Raouf, "Jack parece sempre dar um desconto para ele. Parece que sente pena ou algo do tipo".

"Talvez Jack devesse estar preocupado com todas as laranjas boas, e se livrar da laranja podre!", respondeu Colin.

Jack voltou para o escritório na sexta-feira de manhã. Ele estava tirando a jaqueta quando Colin apareceu. "Jack, em uma das reuniões do projeto, você disse que tinha uma política de portas abertas, então estou aqui para falar sobre um problema com Henri", disse Colin. Jack começou a desfazer sua pasta e tinha um monte de coisas para colocar em dia após ter ficado fora a semana toda. Ele viu como Colin estava chateado, então disse "Claro, Colin, tenho uns 10 minutos antes da reunião com nosso departamento de contratos para rever algumas emendas".

Colin exclamou "Isso não vai levar muito tempo. Só quero dizer que, quando você esteve fora, Henri me acusou de ser um péssimo designer na frente de toda a equipe de projetos. Ele me culpou pelo projeto estar um mês atrasado. Sempre faz esse tipo de coisa. Por que você o deixa agir impunemente? Ninguém gosta dele. Você não pode se livrar dele ou alocá-lo em outro projeto?".

Jack foi pego de surpresa. Ele respondeu "Colin, você realmente parece chateado. Vamos nos reunir na segunda-feira quando eu tiver mais tempo. Assim você terá o fim de semana para esfriar a cabeça".

"Não há mais nada a dizer. Isso é tudo. Se você não acredita em mim, pode perguntar para qualquer um", disse Colin, enquanto saía do escritório de Jack.

Jack pediu a Rosemary, sua assistente administrativa, que tinha escutado a conversa do lado de fora de seu escritório, para marcar uma reunião com Henri para o fim daquela tarde. Naquela reunião, Jack contou a Henri sobre os comentários de Colin. Jack sabia que Henri estava estressado porque seu filho havia sido preso recentemente por venda de drogas. Henri disse a Jack, "Parece que Colin exagerou e falou sem pensar. Na reunião, eu disse a Colin que havia algumas lacunas em seu projeto e sugeri que ele se reunisse com alguns colegas e desse uma nova olhada. Você sabe como são esses jovens. Eles precisam aprender a ser responsáveis por suas ações".

"E sobre o projeto estar atrasado? Isso é novidade para mim", perguntou Jack.

Henri respondeu: "Bom, eu não quis dizer que a culpa era do Colin. Para ser franco com você, Fátima e seu grupo de geniozinhos do software não são os que trabalham mais duro. Quero dizer, eles estão sempre fazendo palhaçadas e tagarelando entre si e incomodando minha equipe de hardware. Não é surpresa o projeto estar atrasado. De qualquer forma, não se preocupe com Colin. Ele é jovem e vai aprender a não ser casca grossa. Vou conversar com ele. Vou dizer para ele parar de sair com aquele pessoal do software para que não desenvolva nenhum mau hábito".

Naquela mesma tarde de sexta-feira, Colin estava chamando a maioria dos membros jovens da equipe de projetos para fazer um *happy hour* depois do trabalho. Eles incluíram a maioria do pessoal do software, e Rosemary, assistente administrativa de Jack. Ela está interessada por Colin e esperando que ele a chame para sair. Ela disse a Colin que ouviu Henri dizer a Jack que Fátima e o grupo de software estavam causando atrasos no projeto porque passam muito tempo se divertindo em vez de trabalhar. Mais tarde, Colin foi conversar com Fátima e Raouf, que estavam sentados juntos. Colin disse a eles "Tenho uma informação de primeira mão, Henri disse a Jack que o projeto está bem atrasado por causa da sua equipe de software. Sugiro que você vá e fale com Jack. Henri está envenenando esse projeto. Se Jack acreditar nele, todos seremos demitidos antes do término desse projeto. Ei, eu tenho coragem de falar com Jack. Agora, vocês precisam fazer isso também. Temos de ficar firmes contra Henri. Jack tem de saber que Henri é um grande tagarela e está perturbando toda a equipe de projetos e causando discórdia, e é por isso que o projeto está atrasado. Resumindo, o projeto nunca terá sucesso se Henri continuar trabalhando nele. E isso vai afetar nossas carreiras – estarmos associados com um projeto fracassado. Jack não terá escolha quando vir que todos nós estamos contra Henri".

PERGUNTAS SOBRE O CASO

1. Cite algumas coisas que Colin poderia ter feito na reunião ou depois dela quando Henri o atacou verbalmente.
2. Há algo mais que Raouf poderia ter feito durante ou depois de sua reunião com Colin para evitar que a situação piorasse?
3. Jack poderia ter lidado com Colin nessa reunião de uma forma melhor? Há algo que Jack poderia ter feito após a reunião com Colin e antes de se encontrar com Henri? Quais são as coisas que Jack poderia ter feito em sua reunião com Henri?
4. O que Fátima deveria fazer?

ATIVIDADE EM GRUPO

Divida a classe em quatro grupos e atribua uma das perguntas do caso para cada grupo discutir e desenvolver as respostas. Cada grupo deve identificar um representante para apresentar as respostas para a turma.

C CAPÍTULO 11 - ESTUDO DE CASO 2

Novo membro da equipe

A Straight Arrow Systems Corp., situada em Los Angeles, desenvolve e constrói sistemas personalizados. Seu principal cliente é o mercado militar. Um de seus projetos atuais é desenvolver uma identificação pessoal e um sistema de rastreamento, conhecido como PITS.

Bob Slug é o líder da equipe para o pacote de trabalho de desenvolvimento do hardware. Tem ocorrido uma rotatividade de pessoas maior do que o normal na equipe de Bob. Hoje, Bob está finalizando uma breve reunião de orientação com o mais novo membro de sua equipe, Brad. É o primeiro dia de Brad na Straight Arrow Systems. Brad se formou recentemente em uma grande universidade no sul da Califórnia. Seu pai está no serviço militar e, antes da faculdade, Brad morou em vários países onde o pai dele esteve posicionado.

"Antes de apresentar o resto da equipe para você na reunião semanal de projetos nesta tarde, quero passar rapidamente o *background* de cada um deles para que você possa saber onde está pisando", Bob disse a Brad, conforme ele revirava os olhos. Ele continuou, "Eles certamente formam um grupo diferente de caracteres. Às vezes, pergunto-me como conseguimos dar conta de tudo. Você provavelmente vai acabar ouvindo que nós tivemos umas mudanças em nossa equipe, mas acho que foi para melhor. Havia pessoas que simplesmente não se encaixavam, se é que você me entende."

"Primeiro, tem uma asiática: Yoko não sei das quantas. Não consigo pronunciar, então a chamo de 'Yoyo'", diz Bob rindo. Ele continua, "Essas pessoas são boas em tarefas detalhadas, então eu basicamente a designei para conferir o trabalho de outras pessoas".

"Em seguida, vem a Autumn. Parece que ela ainda está no ensino médio. Ela sempre tem um desses iPods plugados em suas orelhas, então é difícil levá-la a sério. Quando ela fala, sempre usa termos "*techie*". Esses jovens não sabem como se comunicar. Tudo o que fazem é ficar sentados na frente do computador o dia todo. E ela sempre está me perguntando como está indo. Tipo, não sou a mãe dela. De qualquer forma, fiquei de mãos atadas ao contratá-la porque a gerência disse que não havia mulheres suficientes na minha equipe. Depois eles querem saber o porquê da rotatividade. O que eu sei é que logo ela também estará grávida e de licença."

"E tem o Jared, o cara com tatuagem. Preciso dizer mais alguma coisa?", disse Bob, conforme ele sacudia a cabeça. "Se ele não respeita seu próprio corpo, como posso esperar que respeite minha autoridade? É provável que ele dê trabalho para os pais também."

"Tyrell é o negro, obviamente. Ele não fala muito. É provável que não se sinta muito à vontade, já que é o único negro da equipe. Espero que ele saia logo, assim não vou precisar dar a ele nenhuma tarefa de longo prazo."

"Jay é o cara de turbante. Ele realmente tem de usar aquilo? Quero dizer, vamos lá, aqui é a América. Ele também me intriga. Está sempre olhando para baixo quando há alguma mulher por perto e nunca aperta a mão de ninguém."

"Aquela é a Tanya. Ela tem dois filhos pequenos. Não sei ao certo se é casada. Enfim, não posso contar com ela porque sempre sai quando os filhos ficam doentes. E ela não pode trabalhar até tarde porque tem de pegar as crianças na babá. Uma mãe com filhos pequenos deveria ficar em casa com eles, como minha esposa."

"E você vai ver que Jose sempre está ao telefone falando em espanhol para que ninguém entenda o que ele está dizendo. Certamente, não está se esforçando e acho que o resto da equipe não gosta disso nele. Aliás, ele tem cinco filhos." disse Bob com uma risada. Ele continuou, "Ele foi outro que fui pressionado a contratar".

"E tem também o Kenneth. Tudo que posso dizer é para que seja cuidadoso perto dele. Acredito que está procurando um namorado, se é que você me entende; é um tanto afeminado.

"E essa é Brenda, a gordinha, você não vai sentir a falta dela", disse Bob, com um sorriso malicioso. "Quando temos reuniões com o cliente, sempre me certifico de que Brenda tenha outras coisas para fazer. Não quero que eles tenham uma imagem ruim da equipe. Por outro lado ela é uma verdadeira espectadora se você me entende, disse Bob, enquanto piscava.

"Stan é o cara que parece que tem cem anos de idade. Ele já deveria ter se aposentado há muito tempo. É muito velho para ter boas ideias. Eu nem me preocupo em perguntar nada a ele. Ele só está aqui para conseguir uma pensão maior, e todo mundo sabe disso."

"Fred é o cara da cadeira de rodas. Ele é legal, mas demora mais que o normal para fazer as coisas e acompanhar o ritmo. Eu tenho de me certificar em não dar nenhuma tarefa muito desafiadora a ele ou vai atrasar toda a equipe."

"Por fim, tem a Sandy. Ninguém gosta dela. Ela tem dificuldade de se relacionar com o resto da equipe. Parece que não confia em ninguém. Não é de espantar que seja divorciada. Acho que isso não é surpresa. Ela não é o melhor modelo. Parece que ela nunca saiu com ninguém aqui da equipe. O que você acha?" Bob disse levantando as sobrancelhas.

"Como a gerência espera que eu dirija esse ônibus, quando tenho tantos pneus furados?"

"Graças a Deus que tenho Bill na equipe. Conheço ele há muito tempo. Estudamos na State University juntos, e nossas famílias frequentam a mesma igreja Metodista. Nós dois servimos ao exército juntos também, então ele é o verdadeiro mestre das tarefas com quem eu sei que posso sempre contar".

Bob continua, "Quero que você saiba, Brad, que eu não sou preconceituoso ou nada do tipo. Apenas sou direto e chamo as coisas como eu as vejo. Algumas pessoas podem não gostar, mas pelo menos eu sei qual é minha posição. Essas pessoas são quem são. Eu não sei de onde elas são. Com certeza, não os vejo no meu bairro ou na minha igreja aos domingos. Elas só não têm a ética de trabalho que deveriam ter, como Bill e eu. Só uns valores estranhos. A maioria deles nunca vai para a frente se não mudar suas atitudes. Preciso fazer o meu melhor, entregar o trabalho com a equipe que eu tenho. Mas é difícil realizar alguma coisa, ser deixado sozinho e estar sempre preocupado com as pessoas que podem se ofender com o que você diz e, então, ir choramingar para a gerência ou ameaçar processar você. Não é como nos velhos tempos, quando todos eram iguais. Sinceramente, eu não acho que alguns deles possam gostar de trabalhar uns com os outros porque podem superar suas diferenças. Alguns deles até acham que eu é que sou o diferente da história. Dá para acreditar?"

"Então, já deu para você ver que, com a equipe à qual estou preso, é um verdadeiro desafio concluir nossas tarefas de desenvolvimento de hardware no prazo. Há dias em que eu REALMENTE acho o nome PITS (*pits* significa abismo) propício para esse projeto! Se eu tivesse mais pessoas como Bill na equipe, as coisas seriam bem mais simples".

"Brad, parece que Bill, você e eu vamos carregar a equipe. Somos os únicos diferentes. Espero poder contar com você para compensar a moleza e ajudar a colocar o desenvolvimento de hardware novamente no planejamento. E, Brad, não saia por aí contando o que eu disse sobre essas pessoas, porque, se chegar ao ouvido delas, ficarão agitadas e vão correndo reclamar para a gerência, e eu vou perder minha confiança em você."

PERGUNTAS SOBRE O CASO

1. Bob demonstra quais comportamentos com relação à valorização das diversidades da equipe? Cite algumas alternativas para Brad. O que ele deveria fazer?
2. O que qualquer membro da equipe deveria fazer?
3. O que poderia ser feito para melhorar o clima em relação à diversidade nesse caso?
4. O que você acha que a supervisora direta de Bob faria se soubesse das ações dele?

ATIVIDADE EM GRUPO

Divida os participantes do curso em equipes de três ou quatro para discutir e desenvolver as respostas das perguntas sobre o caso. Peça que cada equipe selecione um porta-voz para apresentar as respostas para toda a turma.

C CAPÍTULO 12 - ESTUDO DE CASO 1

Escritório de comunicações

Cathy Buford é a líder de criação de uma equipe de projetos em um grande e complexo projeto técnico para um cliente bastante exigente. Joe Jackson é o engenheiro atribuído a sua equipe.

São aproximadamente 9h30 quando Joe entra no escritório de Cathy. Ela está com a cabeça baixa e trabalhando.

"Cathy", diz Joe, "você vai para a partida do Little League hoje à noite? Você sabe, eu me voluntariei como técnico esse ano".

"Ah. Oi, Joe. Estou muito ocupada", Cathy responde.

Joe então se senta no escritório de Cathy. "Fiquei sabendo que seu filho é um bom jogador de beisebol."

Cathy mistura alguns papéis e tenta se concentrar no trabalho. "Hã? Acho que sim. Estou tão atolada."

"É, eu também", diz Joe. "Tive de tirar uma folguinha para escapar por um tempo."

"Já que você está aqui", Cathy diz, "Estive pensando que talvez devesse fazer a avaliação usando um código de barras ou a tecnologia de reconhecimento óptico de caracteres, para entrada de dados. Poderia..."

Joe interrompe: "Olhe para aquelas nuvens pretas se formando lá fora. Espero que o jogo não afunde hoje à noite".

Cathy continua: "Algumas das vantagens dessas tecnologias são...". Ela continua por alguns minutos. "Então, o que você acha?"

"Hã? Não, não vão funcionar", é a resposta de Joe. "Acredite em mim. Além disso, o cliente é um cara tipo "artesanal", e isso aumentaria os custos do projeto."

"Mas se pudermos mostrar ao cliente que isso poderia economizar dinheiro e reduzir erros de contribuição", Cathy insiste, "ele provavelmente pagaria o extra necessário para implantar as tecnologias."

"Economizar o dinheiro dele!", Joe exclama. "Como? Despedindo as pessoas? Já temos muita redução de custo nesse país. E o governo e os políticos não estão fazendo nada a respeito. Não importa em quem você vota. São todos iguais."

"A propósito, ainda preciso da sua contribuição para o relatório de progresso", Cathy o lembra. "Preciso enviá-lo por e-mail para o cliente amanhã. Como você já sabe, preciso de 8 a 10 páginas. Precisamos de um relatório grande para mostrar ao cliente como estamos ocupados."

"O quê? Ninguém me disse", Joe falou.

"Enviei um e-mail para a equipe de criação umas semanas atrás dizendo que eu precisava da contribuição de todos até sexta-feira. Você pode, provavelmente, usar o material que preparou para a reunião de análise do *status* amanhã à tarde", responde Cathy.

"Eu tenho de fazer uma apresentação na reunião de amanhã? Isso é novidade para mim", Joe diz a ela.

"Isso estava na programação distribuída semana passada", diz Cathy.

"Eu não tenho tempo para ler todos os e-mails da minha caixa de entrada", Joe retruca.

"Bem, terei que improvisar. Vou usar alguns de meus *slides* de seis meses atrás. Ninguém saberá a diferença. Aquelas reuniões são perda de tempo mesmo. Ninguém liga para elas. Todos acham que são uma perda de duas horas toda semana."

"De qualquer forma, você consegue me mandar sua contribuição por e-mail para o relatório de progresso até o final do dia?", pergunta Cathy.

"Tenho de sair mais cedo para a partida."

"Que partida?"

"Você não ouviu nada do que eu disse? A partida do Little League."

"Talvez você devesse começar a trabalhar agora", Cathy sugere.

"Só tenho que primeiro ligar para o Jim, meu técnico assistente, sobre o jogo de hoje", diz Joe. "Depois vou escrever alguns parágrafos. Ei, espere um pouco, vou ligar para o Jim agora!" Joe pega o telefone da mesa de Cathy e liga para Jim e começa a perguntar para ele várias coisas sobre o jogo. Cathy tenta se concentrar em seu trabalho enquanto Joe conversa em tom alto com Jim. Após desligar, Joe observa, "Você não pode fazer algumas anotações na reunião de amanhã quando eu estiver falando? Devem ser suficientes para o que você precisa para o relatório".

"Não posso esperar até lá. O relatório tem de ser enviado amanhã e eu estarei trabalhando até tarde da noite."

"Então você não vai estar na partida?"

"Apenas me envie sua parte."

"Não sou pago para ser digitador", Joe declara. "Posso escrever bem mais rápido à mão. Você pode pedir para alguém digitar. Provavelmente vai precisar editar de qualquer forma. O último relatório para o cliente parecia completamente diferente da contribuição que eu fiz. Parecia que você o tinha reescrito completamente."

Cathy olha para sua mesa e tenta continuar a trabalhar.

PERGUNTAS SOBRE O CASO

1. Cite alguns dos problemas de comunicação apresentados neste caso.
2. O que Cathy deveria fazer? O que você acha que Joe fará?
3. Qual teria sido a melhor maneira com que Cathy e Joe poderiam ter lidado com essa situação?
4. O que poderia ter sido feito para evitar o problema de comunicação entre Cathy e Joe?

ATIVIDADE EM GRUPO

Peça que dois participantes representem essa cena. Em seguida, faça uma discussão que aborde as quatro questões acima.

C CAPÍTULO 12 - ESTUDO DE CASO 2

Comunicações internacionais

"Samuel, é Angelique ligando de novo. É quarta-feira, 9 horas. Preciso falar com você. Faz tempo que a gente não se fala e preciso de uma atualização do projeto. Há algumas mudanças no posicionamento do equipamento no prédio que eu queria discutir com você. Tentei mandar e-mail várias vezes a você nas últimas semanas, mas sempre voltava. Você está com algum problema com seu e-mail? Por favor, me ligue hoje. Tenho de fazer um relatório para a diretoria para segunda-feira e preciso saber a situação do projeto."

Angelique desligou o telefone após ter deixado a mensagem. Não estava satisfeita. Ela esteve tentando entrar em contato com Samuel por várias semanas e pensou: "É isso! Se ele não me retornar hoje, vou ligar para o chefe dele amanhã bem cedo".

Angelique foi recém-nomeada como gestor de fábrica da mais nova unidade da ElectroTech Corporation, que a Thomson Industries estava projetando e construindo para a ElectroTech da Irlanda. Ela estava atualmente localizada na matriz da ElectroTech em Boston, mas seria realocada para a Irlanda assim que a construção começasse.

Samuel foi o gestor de projetos na Thomson Industries, a principal contratada para o projeto e a construção da nova fábrica. Seu escritório ficava em Dallas. Embora tivesse gerenciado diversos projetos no passado, as contratadas eram menores e ficavam na região de Dallas. Ele conhecia a maioria das subcontratadas por ter trabalhado nelas em diversos projetos. O projeto da ElectroTech era, de longe, o maior e mais complexo já designado a ele. Por exemplo, nesse projeto, duas das maiores subcontratadas que forneceriam equipamentos para a fábrica estavam situadas na Alemanha e no Japão.

No início do projeto, Samuel marcou uma breve reunião em equipe e confessou a eles, "Boston e Irlanda não são diferentes de Dallas. Quanto à preocupação das subcontratadas alemãs e japonesas, minha abordagem será direta: construir os equipamentos de acordo com nossas especificações e entregá-los no prazo, ou não serão pagas. Simples assim. Sem desculpas, sem negociações. O contrato da ElectroTech tem uma cláusula de bônus por conclusão antecipada, e eu pretendo cumpri-la. Então teremos de jogar duro com todas as subcontratadas; não podemos deixar nenhum desses atrasos estragar nossas chances de obter o bônus. E outra coisa, precisamos ser firmes para manter todas as mudanças do cliente. O que dará razão para atrasos e desculpa para não pagar o bônus".

"Temos alguns seniores muito bons atribuídos a esse projeto, portanto, podemos começar rápido. Todos devem saber muito bem o que precisa ser feito, então não devemos ter de gastar muito tempo com reuniões para discutir e planejar. Podemos concentrar todo nosso tempo em fazer o trabalho em vez de falar sobre ele. Não me atrapalhe com papelada ou e-mails. Já faço o suficiente para acompanhar nossos orçamentos e programações, ficando em cima de nossas subcontratadas, evitando que a ElectroTech faça um monte de mudanças e tirando a gerência do nosso pé."

Quando Samuel voltou para seu escritório depois do almoço, Penny, a assistente administrativa deles, disse: "Verifiquei suas mensagens de voz e Angelique deixou outra. Disse que precisa falar com você algo sobre mudanças. Também falou algo sobre seu e-mail não estar funcionando".

Samuel respondeu, "Mudanças, eu sabia! É exatamente por isso que eu não quero falar com ela. Tinha de ser mulher para ficar mudando de ideia sobre uma coisa ou outra. Graças a Deus os homens não agem assim, ou nunca conseguiríamos fazer nada. E quanto aos meus e-mails, eu pedi para o Larry alterar algo em meu computador, então todo mundo que me enviar e-mail receberá mensagem dizendo que não foi entregue. Depois de um tempo, receberão uma mensagem que afirma que não estou interessado em receber cópias de e-mails cheios de futilidades e detalhes".

Penny disse a Samuel: "Você realmente deveria verificar seus e-mails. Alguns podem ser importantes".

Samuel exclamou: "Eu gerenciei muitos projetos de sucesso, todos sem e-mail. Mais trabalho e menos falação, essa é a chave para um projeto de sucesso".

Penny disse: "Talvez eu possa pedir para o Larry encaminhar seus e-mails para mim para que eu pelo menos possa analisá-los".

"Vá em frente, se você quiser", respondeu Samuel. "Você só vai arranjar mais trabalho. Se algo for realmente importante, as pessoas vão descobrir outro jeito de entrar em contato comigo. Como você acha que nós trabalhávamos antes de existir o e-mail? Além do mais, com você analisando minhas mensagens de voz, eu posso controlar meu tempo e decidir com quem eu preciso falar e quando, e não quero ser atrapalhado por pessoas me ligando e me dizendo por que não podem fazer tal coisa. Elas têm de descobrir como se virar sozinhas. Têm de adquirir o hábito de resolver os problemas quando surgem, em vez de correr para o chefe e choramingar."

Samuel não retornou a mensagem de voz de Angelique. Na manhã seguinte, ela ligou para Michael Jetson, vice-presidente de projetos da Thomson Industries e chefe de Samuel. Ela criticou o fato de Samuel não ter retornado suas ligações e seus e-mails. Ela ameaçou reter os futuros pagamentos das faturas da Thomson se Samuel não falasse com ela.

Michael foi até o escritório de Samuel. Ele estava revisando os relatórios de custo do projeto. "Samuel, eu recebi uma ligação da Angelique da ElectroTech. Ela estava bem chateada. Disse que você não retornou suas ligações e que precisa falar com você."

Samuel respondeu, "Isso está absolutamente certo. E você sabe por que eu não estou falando com ela? Porque ela quer fazer um monte de mudanças, e isso atrasaria muito o projeto e arruinaria nossas chances de ganhar aquele bônus por conclusão antecipada".

"Eu disse a ela que você ligaria, Samuel, então, por favor, faça isso ainda hoje. Esse é um projeto importante para nós e eu não quero um cliente infeliz", disse Michael.

"Michael, você sabe como as mulheres são. Ficam emotivas com qualquer coisa. Eu vou ligar para ela e acalmá-la. Teria sido melhor se ela tivesse me avisado que ia ligar para você em vez de agir pelas costas, mas é assim que fazem!" respondeu Samuel.

Depois que Michael saiu do escritório de Samuel, Penny trouxe um fax da subcontratada japonesa. Dizia: "Analisamos as especificações recém-revisadas dos equipamentos que você nos enviou. Descobrimos que foram mudadas sem nosso conhecimento. Algumas de nossas exigências de desempenho foram significativamente alteradas e lamentamos que não possam ser cumpridas a menos que façamos um reprojeto de engenharia consistente. Gostaríamos de nos reunir com você para discutir os custos adicionais exigidos para esses esforços a mais e atender às suas especificações revisadas".

Samuel disse, "Isso só pode ser uma piada. Não vamos pagar a eles nenhum centavo a mais. Eles têm dinheiro suficiente no subcontrato para fazer quantos projetos forem necessários. Não quero negociar com eles por mais dinheiro. É melhor perceberem que na América não fazemos negócios desse jeito, ou pelo menos eu não faço. Penny, redija uma carta para eles, com minha assinatura, dizendo que não vemos uma base para providenciar mais fundos. Eles sabiam que as especificações iniciais foram acertadas antes e deveriam antecipar que mais projetos de engenharia seriam exigidos, uma vez que as coisas estivessem firmadas. Faça uma carta sucinta e firme. Não quero deixar nenhuma brecha para ter de entrar em alguma negociação do tipo 'você precisa se safar'".

"Mais duas coisas, Penny", disse Samuel. "Agende uma reunião de projeto amanhã com quem estiver por aqui. Preciso ser atualizado sobre algumas coisas que estão acontecendo. Preciso descobrir se alguém tem falado com os japoneses ou com Angelique sem me informar. Se eu descobrir o que está acontecendo, a chapa de algumas pessoas vai esquentar depois da reunião. Será que as pessoas não sabem que é sua função me manter informado? E outra coisa. Ligue para Angelique e veja se ela pode voar para Dallas para uma reunião na sexta-feira. Eu não tenho tempo de ir até lá. Tenho uma partida de tênis com um velho amigo na sexta-feira à noite. Além disso, é ela quem precisa falar comigo, então deixe que venha aqui. Talvez isso a relaxe um pouco. Faça também umas reservas para nós naquele restaurante novo perto do *shopping*. Depois que eu a bajular enquanto tomamos uns drinques no almoço, vou sugerir para que ela vá ao *shopping* fazer compras antes de voltar para Boston. Compras, é o que as mulheres precisam para se livrar do estresse, certo, Penny?"

PERGUNTAS SOBRE O CASO

1. Quais são os erros de comunicação que Samuel comete?
2. O que Angelique deveria fazer quando receber a ligação de Penny perguntando se ela pode ir para Dallas se encontrar com Samuel?
3. O que mais Michael poderia ter dito em sua conversa com Samuel a respeito do telefonema de Angelique? Penny deveria fazer algo com relação ao estilo de comunicação de Samuel e seus comentários insensíveis?
4. Quais seriam os elementos de um bom planejamento de comunicação para administrar um projeto multinacional como esse?

ATIVIDADE EM GRUPO

Divida os participantes do curso em grupos de três ou quatro para desenvolver as respostas das perguntas sobre o caso. Cada grupo deve identificar um representante para apresentar as respostas para a turma.

C CAPÍTULO 13 - ESTUDO DE CASO 1

Multi Projects

A Multi Projects, Inc., é uma firma de consultoria bem estabelecida com 400 funcionários. Tem muitos projetos acontecendo ao mesmo tempo para vários clientes. A Multi Projects tem uma boa reputação e quase 30% de seus negócios são de clientes antigos. Visa às empresas em crescimento para negócios futuros e tem sido bem-sucedida nessa área também. Por causa do crescimento, as coisas têm sido bastante agitadas, com os funcionários tentando dar conta do trabalho, manter os clientes antigos satisfeitos e fazer o impossível para acomodar os novos clientes. A Multi Projects contratou novos funcionários – na verdade, aumentou de 300 para 400 funcionários nos últimos dois anos.

A Multi Projects tem uma estrutura organizacional matricial. À medida que novos projetos ingressam, um gestor de projetos é designado. Ele pode ser designado para diversos projetos ao mesmo tempo, dependendo do tamanho deles. Os projetos variam de $ 20 mil a $ 1 milhão e podem ter de um mês a dois anos de duração. A maioria dos projetos tem cerca de seis meses de duração e vale cerca de $ 60 mil a $ 80 mil. A firma faz inúmeros serviços de consultoria, incluindo pesquisa de mercado, projeto do sistema de fabricação e recrutamento executivo. Seus clientes são corporações de médio e grande porte e incluem bancos, fabricantes e agências do governo.

A Multi Projects acabou de receber uma ligação da Growin Corporation, que quer dar continuidade a um projeto que a Multi Projects propôs há quase seis meses. Os parceiros da Multi Projects ficaram surpresos com as boas notícias. Pensaram que o projeto estava inativo. Também estavam bastante interessados em realizar o primeiro projeto para a Growin Corporation porque é uma corporação em crescimento rápido. A Multi Projects vê uma oportunidade para fazer diversos projetos com a Growin Corporation no futuro.

Jeff Armstrong foi designado como gestor de projetos para da Growin Corporation. Está na Multi Projects há aproximadamente um ano e ansioso para pegar um projeto desafiador para gerenciar. Ele trabalhou na proposta para o projeto da Growin.

Tyler Bonilla é o engenheiro de sistemas sênior. Está na Multi Projects há oito anos. Tem uma excelente reputação e os clientes antigos com quem trabalhou geralmente pedem que seja designado para seus projetos. Ele gosta do que faz, apesar de estar extremamente ocupado. Atualmente, está trabalhando em um projeto para a Goodold Company, um cliente antigo. Goodold disse que uma das razões por que negocia com a Multi Projects, e não com outra firma de consultoria, é o grande trabalho que Tyler realiza nos projetos.

Jennifer Fernandez é a gestora da engenharia de sistemas. Está na Multi Projects há aproximadamente de 15 anos. Tyler se reporta a Jennifer, mas, por causa de sua carga de trabalho pesada e viagem associada, nem sempre vê Jennifer, a não ser em suas reuniões mensais com a equipe.

Julie Capriolo é a gestor de projetos da Goodold Company. Ela está na Multi Projects há cerca de dois anos. Tyler foi designado em período integral para seu projeto. O projeto tem uma agenda apertada e todos estão fazendo hora extra. Julie sente muita pressão, mas tem uma boa equipe de projetos – ela confia muito em Tyler. Ela ficou sabendo por um amigo que trabalhou com Jeff que ele é muito ambicioso e fará o que for preciso para se dar bem. Isso não é da conta de Julie porque ela e Jeff trabalham em projetos separados e não se encontram com tanta frequência.

O dia em que Jeff foi designado como gestor de projetos para a Growin Corporation, ele correu ao encontro de Tyler no corredor e disse: "Temos o projeto da Growin".

"Ótimo", responde Tyler.

Jeff continua, "Você sabe, uma das grandes razões para eles darem esse projeto para nós e não para outra firma de consultoria é porque nós prometemos que você seria o engenheiro de sistemas-líder do projeto, Tyler. Eles ficaram impressionados com você quando nos reunimos com eles para apresentar nossa proposta. Quando você acha que pode começar a trabalhar no projeto?"

"Infelizmente, não vou poder. Estou vinculado ao projeto da Goodold, e as coisas estão bastante agitadas. Vou estar neste projeto por mais quatro meses", diz Tyler.

"De jeito nenhum!", exclama Jeff. "Esse projeto da Growin é muito importante para mim – quero dizer, para nós. Vou cuidar disso".

"Você deveria falar com a Jennifer", Tyler diz a ele.

Jeff passa no escritório de Jennifer. Ela está ocupada, mas ele a interrompe. "Tenho de ter Tyler Bonilla no meu projeto da Growin. Ele quer trabalhar nele, mas disse que eu tinha de falar com você."

"Isso é impossível", disse Jennifer. "Ele está designado ao projeto da Goodold de Julie Capriolo pelos próximos quatro meses."

"Julie? Quem é ela? Esquece. Vou encontrá-la e resolver isso. Você provavelmente tem outra pessoa para designar para o projeto dela", disse Jeff, enquanto saiu voando de seu escritório à procura de Julie.

"Essa decisão é minha, não sua nem de Julie!" gritou Jennifer. Mas, nesse momento, Jeff sai e não ouve o que ela diz.

Julie está se reunindo com sua equipe de projetos na sala de conferência. Jeff bate na porta e a abre. "Tem alguma Julie aqui?", pergunta.

"Eu sou a Julie", ela responde.

"Preciso falar com você o mais rápido possível. É importante. Ah, a propósito, desculpe pela interrupção." Olhando na direção de Tyler, que estava na reunião, Jeff diz, "Ei, Tyler, a gente se fala depois, parceiro. Depois que eu conversar com Julie." Jeff então fecha a porta e volta para seu escritório. Julie ficou claramente incomodada com a interrupção.

Depois da reunião, Julie liga para Jeff. "Aqui é Julie. Sobre o que você queria conversar comigo que era tão urgente?"

"Sobre designar Tyler para meu projeto. Ele está interessado e eu já conversei com Jennifer a respeito", responde Jeff.

"Isso é impossível", afirma Julie. "Ele é fundamental para o projeto Goodold."

"Desculpe-me", diz Jeff, "mas, se o projeto da Growin for um sucesso, nós receberemos mais trabalhos deles do que jamais recebemos da Goodold Company".

"Já passa das 18 horas e eu tenho de sair da cidade por uma semana, mas discutirei com Jennifer assim que eu voltar", exclama Julie.

"Tudo bem, claro, que seja", responde Jeff.

No dia seguinte Jeff marca uma reunião com Jennifer e Tyler. Ele começa dizendo "Marquei essa reunião para saber quando o Tyler pode começar a trabalhar no projeto da Growin e como você [olhando para Jennifer] vai conseguir alguém para substituí-lo no projeto da fulana".

"Acho que Julie deveria estar aqui para essa reunião", disse Jennifer.

"Ela não pode vir. Parece que vai ficar fora da cidade por uma semana e precisamos dar andamento no projeto da Growin", Jeff diz a ela. "Precisamos nos preparar para uma reunião com eles na próxima semana. Além disso, é de Tyler que estamos falando, e ele prefere trabalhar no projeto da Growin. Não é, Tyler?"

"Ah, bem, agora que você perguntou, estou ficando cansado de trabalhar nos projetos da Goodold", responde Tyler. "Não estou aprendendo nada de novo. Quer dizer, é legal, mas eu queria mudar."

Jennifer está surpresa. "Você nunca disse nada para mim, Tyler."

Jeff interrompe, "Bem, então acho que está resolvido. Jennifer, você designa outra pessoa que se sentirá mais desafiada para o projeto da Goodold e avisa a Julie quando ela voltar. Enquanto isso, eu e meu amigo Tyler temos muito trabalho a fazer para nossa reunião com o pessoal da Growin semana que vem".

PERGUNTAS SOBRE O CASO

1. Por que Jeff está tão ansioso para começar o projeto da Growin?
2. O que há de errado com a abordagem de Jeff para lidar com essa situação?
3. O que Jennifer deveria fazer para resolver essa situação?
4. Quais vantagens e desvantagens da estrutura organizacional matricial são aparentes nessa história?

ATIVIDADE EM GRUPO

Faça uma discussão aberta entre os participantes do curso a respeito das seguintes questões:

- O que Jennifer deveria fazer em seguida?
- O que Tyler deveria fazer?
- O que poderia ser feito para evitar essa situação?
- Como cada um dos quatro indivíduos poderia ter lidado melhor com a situação?

C CAPÍTULO 13 – ESTUDO DE CASO 2

Organizar para o desenvolvimento de produtos

A Stevens Corporation é uma fábrica de multivisão, com produtos diversificados que servem os mercados de espaço aéreo, automotivo e médico. Sua divisão de instrumentos médicos está situada no centro-oeste e tem uma fábrica com mil funcionários. Vende diversos desses instrumentos, como analisadores, equipamentos de monitoramento e instrumentos de teste, para hospitais e laboratórios médicos. É líder de mercado e seus negócios estão estáveis. Tem uma boa reputação e exige um preço excelente por seus produtos. No entanto, a empresa não está crescendo tão rápido quanto as outras divisões da Stevens ou quanto a diretoria acha que deveria. Eles acham que a administração da divisão deveria ser menos complacente. Há diversos concorrentes entrando no mercado com produtos que têm mais qualidade e preços mais baixos. Ano passado, o CEO disse a Kareem, gestor geral da divisão de instrumentos médicos, que ele tinha de começar a desenvolver novos e melhores produtos para não perder participação de mercado para os concorrentes que estão surgindo.

Kareem trabalhou toda sua carreira de 20 anos na divisão e é um engenheiro de eletrônicos que trabalhou em muitos dos produtos atuais. Acredita que eles ainda tenham produtos de qualidade e que o departamento de marketing precisa fazer um trabalho para convencer os clientes de que os produtos da Stevens ainda têm o melhor valor em comparação com os dos concorrentes não comprovados. Também acha que o departamento de fabricação pode reduzir os custos por meio de negociações melhores com os fornecedores e fazer melhorias no processo de fabricação.

Ele acredita que a reputação da Stevens acabará tirando os novos produtos dos concorrentes do mercado. Além do mais, ele está hesitante em alocar mais recursos para qualquer esforço de desenvolvimento do produto que são necessários para acalmar o CEO e a diretoria. Ele quer manter a margem de lucros da divisão, que é usada para determinar seu bônus final anual.

A abordagem de Kareem foi estabelecer quatro equipes de desenvolvimento de produtos. A cada equipe foi atribuído um produto diferente que estava sendo ameaçado por produtos concorrentes com a meta de melhorias de desenvolvimento que igualaria ou superaria os produtos concorrentes. Ele simplesmente atribuiria cada um de seus quatro gestores de departamento para liderar as quatro equipes de desenvolvimento de produtos. Achava que criaria alguma rivalidade amigável. Os quatro gestores de departamento são:

- Tanya – gestor de marketing
- Khalid – gestor de engenharia eletrônica
- Lee – gestor de engenharia de sistemas computacionais
- Tony – gestor de fabricação

Kareem recebeu perguntas mais frequentes do CEO sobre o *status* do desenvolvimento dos produtos. Sabe que o progresso foi lento, e ele realmente não dá muita importância a isso porque crê que a Stevens simplesmente ultrapassará seus concorrentes que, acredita, estarem perdendo com seus produtos de preços mais baixos.

Kareem teve suas sessões anuais de análise de desempenho com seus gestores de departamento na última semana e perguntou a eles sobre os projetos de desenvolvimento do produto. Eis o que cada um deles disse:

Tanya, gestor de marketing, disse que nenhum dos gestores, incluindo Kareem, está dando prioridade aos projetos de desenvolvimento de produtos porque estão muito ocupados com seu trabalho regular. Disse que os esforços de desenvolvimento de produtos devem ser direcionados pelo mercado, e não pela engenharia. As outras equipes de desenvolvimento de produto lideradas por Khalid e Lee não estão interessadas em nenhuma contribuição do Departamento de Marketing; só querem desenvolver produtos altamente sofisticados com engenharia excessiva que seria muito complicado para os clientes usarem. Ela também disse que Tony somente está interessado em tornar qualquer produto mais barato, não necessariamente melhor, porque ele pensa que um custo de fabricação inferior por unidade é a meta definitiva. Tanya sugeriu a Kareem que ele aprovasse um novo cargo de gestor de desenvolvimento de produtos, que deveria reportar-se diretamente a ela e teria responsabilidade total por todos os projetos de desenvolvimento de produtos.

Ela disse a Kareem que diversas pessoas fundamentais de cada um dos outros departamentos deveriam ser renomeadas permanentemente para a gerência de desenvolvimento de produtos para trabalhar unicamente nisso. Tanya também expressou sua crença de que gestores de outros três departamentos pareciam colocar-se contra ela porque era mulher e só estava na divisão por pouco tempo. Ela os acusou de ser um bando de "bons meninos" que nunca saíram da fábrica para conversar com os clientes nos 20 anos em que trabalham lá. Se Kareem não aprovar a contratação de um gestor de desenvolvimento de produtos que se reporte a ela, Tanya disse que teria de reconsiderar seriamente seu interesse em ficar na Stevens Corporation. Tinha uma reputação excelente na indústria; muitas outras empresas a receberiam. Kareem sabe que levaria um tempo para que ele preenchesse o cargo de gestor de marketing e teria de pagar um salário mais alto do que queria para Tanya ficar na Stevens.

Khalid, gestor de engenharia eletrônica, disse a Kareem que os projetos de desenvolvimento de produtos não estão progredindo porque o departamento de engenharia de sistemas de computação está sempre em dúvida sobre se as características do produto devem ser feitas com base no hardware ou no software. Disse que Lee já tinha anunciado sua intenção de se aposentar no final do ano. Khalid disse a Kareem que, quando Lee se aposentar, o departamento de engenharia de sistemas de computação deveria ser incorporado ao departamento de Khalid. Afirmou que seria melhor controlar os projetos de desenvolvimento de produtos, que deveriam ser liderados pela engenharia de qualquer forma, porque todas as melhorias de produto exigem perícia em engenharia e em projeto. Não identificou a necessidade em envolver marketing nem fabricação. Ele constatou que o departamento de marketing deveria vender os produtos que a engenharia desenvolve, e o trabalho da fabricação é fazer os produtos da forma que a engenharia os projeta. Também disse que, se não substituir Lee, Kareem pode ganhar parte do orçamento do marketing "superfaturado".

Lee, gestor de engenharia de sistemas de computação, disse a Kareem que avaliou os produtos do concorrente e a grande diferença é que seus produtos são baseados no software, ao passo que os produtos da Stevens são eletrônicos, como têm sido há anos. Lee lembrou Kareem que foi há anos que ambos criaram produtos eletrônicos. Mas, hoje, é um ambiente diferente, com novas tecnologias e abordagens, e a Stevens teve de reprojetar seus produtos baseando-se no software. Ele sugeriu que, quando se aposentar no fim do ano, Kareem deveria apontar Nicole como a nova gestor de departamento de engenharia de sistemas de computação. Lee acredita que Nicole é jovem, brilhante, conhece o design do software melhor que qualquer um em seu departamento e poderia fazer um grande trabalho ao liderar os projetos de desenvolvimento de produtos. Ela é graduada em engenharia da computação e tem MBA. Ela está interessada em desenvolver os produtos da Stevens. Nicole conversa frequentemente com Tanya sobre marketing, clientes e concorrentes. Lee disse a Kareem que, se Nicole não for promovida, provavelmente sairá da Stevens e vai trabalhar em outra empresa, talvez com um dos concorrentes, onde seus talentos podem ser mais bem utilizados.

Tony, gestor de fabricação, disse a Kareem que ele (Kareem) precisava estar mais envolvido nos projetos de desenvolvimento de produtos e "começar a bater juntos algumas cabeças". Ele disse que o marketing e Khalid e Lee estão tentando fazer muitas mudanças nos produtos e que isso só aumentaria o preço ou reduziria as margens de lucro. Tony acredita que os outros gestores não se preocupam com custos ou qualquer mudança de processo de fabricação que teriam de ser feitas. Tony sugeriu que Kareem começasse a fazer reuniões regulares sobre o *status* do desenvolvimento de produtos para descobrir o que "realmente" está acontecendo e verificar todas as "políticas". Ele disse que todos os gestores de departamento se preocupam somente com seu próprio departamento e não estão dispostos a compartilhar informações ou cooperar com outras equipes. Como resultado, todas as equipes de desenvolvimento estavam sofrendo, e estava decaindo a cada dia. Ele disse a Kareem que aquilo começou como uma rivalidade amigável entre as equipes e tornou-se uma competição terrível. Avisou novamente a Kareem para fazer algo antes que a rentabilidade geral da corporação começasse a decair e o CEO tirasse todos os seus empregos ou até mesmo recomendasse a venda da divisão para um concorrente.

Finalmente, o CEO chama Kareem para uma reunião e diz a ele que o último relatório de marketing mostra que a divisão de instrumentos médicos perdeu participação de mercado no segundo trimestre consecutivo e quer saber por que Kareem não tem nenhuma melhoria de produto no mercado ainda. Kareem admitiu que não estava se esforçando ao máximo no desenvolvimento de seus produtos e não tinha dado a eles a prioridade necessária. Pensou que os concorrentes iriam desistir. Kareem discutiu sua abordagem para estabelecer as equipes de desenvolvimento e o *feedback* que acabou de receber dos gestores de seu departamento. O CEO não estava satisfeito e disse a Kareem que estava confiando demais em fazer as coisas do mesmo modo antigo e que era melhor ele procurar por novas ideias e abordagens ou seu cargo estaria em risco.

O CEO disse a Kareem que a situação é crítica e a diretoria está perdendo a paciência. Quando a diretoria o contratou no ano anterior, esperava que transformasse a Stevens de uma boa empresa nacional a uma grande empresa global e que todos os outros segmentos estão indo nessa direção, enquanto a divisão de instrumentos médicos permanece inalterada apesar de um aumento de vendas no mercado mundial de seus produtos. O CEO disse a Kareem que trará um consultor administrativo para avaliar o que está acontecendo em sua divisão e fazer recomendações sobre como obter o esforço de desenvolvimento de produtos organizado e de forma acelerada.

PERGUNTAS SOBRE O CASO

Você é o consultor administrativo contratado pelo CEO.

1. Como você iniciaria seu trabalho com Kareem e os gestores do departamento?
2. Desenvolva uma lista de perguntas que você faria.
3. Presumindo que os gestores de departamento tenham os mesmos argumentos que disseram a Kareem, quais recomendações você faria para o CEO, incluindo as mudanças na estrutura organizacional, para melhorar o tratamento dos projetos de desenvolvimento de produtos?
4. Quais diretrizes você recomendaria para que os departamentos ou os novos cargos pudessem trabalhar juntos nos projetos de desenvolvimento de produtos?

ATIVIDADE EM GRUPO

Divida os participantes do curso em grupos de três ou quatro membros para desenvolver as respostas das perguntas sobre o caso. Cada grupo deve escolher um representante para apresentar as respostas para a turma.

Apêndice A — Sistemas de informação para gestão de projeto

Inúmeros sistemas de informação para a gestão de projetos (SIGP) estão disponíveis para que usuários planejem, acompanhem e gerenciem seus projetos. Recentemente, os SIGP têm se tornado mais simples e podem ser normalmente personalizados para satisfazer as necessidades específicas de cada cliente. Os SIGP disponibilizam uma poderosa suíte de ferramentas on-line para auxiliar em diversos temas discutidos neste livro. Esse apêndice oferece:

- Uma discussão dos recursos disponíveis na maioria dos SIGP.
- Critérios para a seleção de um SIGP.
- Uma discussão sobre algumas vantagens de utilizar um SIGP.
- Uma discussão sobre algumas preocupações ao utilizar um SIGP.
- Uma discussão sobre como encontrar fornecedores de SIGP.

Características dos sistemas de informação para gestão de projetos

A lista de recursos a seguir está disponível pela maior parte dos SIGP atuais; embora não seja completa, essa lista oferece uma visão geral dos tipos de recursos disponíveis. Deve-se notar que, no entanto, SIGP diferentes disponibilizam recursos diferentes, e alguns dos recursos listados não são encontrados em todos os pacotes de gestão de projetos. Além disso, alguns produtos são muito melhores que outros em fornecer suporte de software com relação a alguns desses produtos.

1. **Orçamento e gestão de custos**
   Um dos recursos mais importantes que um SIGP pode oferecer é a capacidade de planejar e gerenciar com eficiência os custos dos projetos. Esse recurso geralmente inclui:
   - *Cobrança e métodos de faturamento*
     Como já foi discutido neste livro, projetos podem ser cobrados dos clientes de várias formas distintas. A maioria dos SIGP permite a seleção de um preço fixo, tempo e materiais, conclusão de metas, e métodos de faturamento baseados na porcentagem concluída. Além disso, procedimentos automáticos de faturamento podem ser definidos.
   - *Acompanhamento de custo baseado em conclusão*
     Esse recurso permite ao usuário acompanhar o progresso de cada tarefa e calcular automaticamente o custo restante estimado para a conclusão de cada tarefa e o custo estimado para a conclusão de todo o projeto.
   - *Gestão de valor agregado*
     Conforme descrito no Capítulo 7, é importante para o gestor do projeto entender o valor do trabalho executado de fato. Ferramentas de auxílio ao cálculo do valor e à gestão do valor agregado são comuns nos SIGP.
   - *Múltiplas moedas*
     Com o ambiente atual dos negócios, muitos projetos apresentam componentes comuns em diversos países. Alguns SIGP podem administrar o acompanhamento e o relatório em moedas de diversos países.
   - *Integração da folha de pagamento*
     Muitos dos SIGP estão em conformidade com a integração direta dos dados do projeto com os sistemas de folhas de pagamento mais comuns disponíveis no mercado.
   - *Acompanhamento com base na porcentagem a cumprir*
     É extremamente importante para o gestor acompanhar cada tarefa como se o projeto estivesse sendo cumprido. O acompanhamento com base na porcentagem a cumprir permite que o usuário registre o progresso com base na porcentagem como um meio de ajudar a manter o projeto dentro do orçamento.
   - *Contabilidade do projeto e controle de custo*
     A capacidade de comparar as despesas projetadas com as despesas reais, acompanhar os custos relativos ou não do trabalho, acompanhar o valor agregado e prever a receita e a lucratividade são apenas alguns recursos do software de contabilidade do projeto no âmbito dos SIGP.
     Existem inúmeras ferramentas para auxiliar o gestor do projeto a acompanhar e controlar os custos.

- *Estimativa do custo do projeto*
  Conforme discutido nos capítulos 3 e 7, é muito importante para o gestor do projeto e sua equipe estimarem de forma adequada o custo individual de tarefas e o custo do projeto como um todo. Os SIGP ajudam a fazer isso e também oferecem recursos para a captura e a utilização de dados históricos para que se estime com mais precisão os projetos futuros.
- *Relatório de tempo e despesa*
  Todos os SIGP oferecem recursos para o acompanhamento do tempo e das despesas. Funções de controle de horários trabalhados fornecem a possibilidade de determinar o tempo faturado e o não faturado, assim como várias escalas de trabalho e feriados. Recursos para a elaboração de relatórios ajudam o usuário a criar relatórios de despesas personalizados, definir categorias de despesas e acompanhar itens recebidos e pagos.

2. **Comunicações**
   Os recursos de comunicação dos SIGP evoluíram muito. A maioria dos sistemas oferece um conjunto de ferramentas, como essas discutidas a seguir:

- *Notificações automáticas de e-mail*
  Estes recursos podem ser usados para informar automaticamente um membro da equipe quando tem uma tarefa que deve ser concluída em poucos dias. Também podem ser usados para informar um membro da equipe se ele tem uma tarefa que não foi entregue na data prevista. Em virtude das interdependências de muitas tarefas, esse recurso pode ser usado também para informar automaticamente outros membros da equipe que podem ser afetados pelo atraso na conclusão da tarefa.
- *Gestão de colaboração*
  Uma vez que agora os SIGP são baseados na internet, têm a capacidade de oferecer dados do projeto de praticamente qualquer computador em qualquer lugar do mundo que tenha conectividade à internet, seja a partir de um servidor ou por intermédio do acesso à nuvem. Por isso, cada membro da equipe do projeto e cliente possuem acesso aos dados e podem receber informações em tempo real sobre o projeto.
- *Colaboração do cliente*
  Os recursos para a colaboração do cliente permitem que o gestor do projeto receba contribuições e aprovação do cliente on-line. Também possibilitam que o cliente visualize, em tempo real, os relatórios de progresso do projeto.
- *Fóruns de discussão*
  Para facilitar o intercâmbio aberto de ideias, versões mais recentes dos SIGP normalmente incluem fóruns de discussão pela internet que permitem à equipe do projeto e ao cliente ter um diálogo aberto on-line sobre qualquer aspecto do projeto. Usuários podem ver comentários anteriores e criar uma rede de ideias e sugestões.
- *Integração de e-mail*
  A capacidade de enviar toda a informação do projeto de forma eletrônica diretamente do sistema da conta de e-mail da equipe do projeto ou do cliente é outro recurso interessante de softwares modernos. E-mails também podem ser enviados em horas e formatos predefinidos – por exemplo, o envio de uma atualização matinal diária sobre o orçamento para o cliente.
- *Anexação de arquivos*
  A capacidade de anexar múltiplos e diversos formatos de arquivo à informação sobre o projeto é um recurso comum nos SIGP atuais.
- *Transmissão de mensagens instantânea e transmissão de mensagens de texto*
  Com equipes dispersas em vários locais, a transmissão de mensagens instantâneas ou de mensagens de texto permite a comunicação rápida e eficiente com outros membros da equipe. Uma mensagem instantânea (MI) ou mensagem de texto (MT) é semelhante a uma conversa telefônica. Uma MI ou uma conversa de texto pode ocorrer de forma síncrona ou assíncrona.
- *Caracteres internacionais*
  Com a globalização de projetos, muitos SIGP permitem a seleção de múltiplos caracteres internacionais ao planejar, acompanhar ou comunicar informações sobre o projeto.
- *Centro de mensagens*
  Esse recurso permite a definição de uma localização virtual para a postagem de informações cruciais sobre o projeto. Por exemplo, se um embarque de materiais foi atrasado, uma mensagem poderia ser postada no centro de mensagens, informando todos os membros da equipe e o cliente.
- *Acesso móvel*
  Com a convergência das mais modernas tecnologias, muitos SIGP permitem agora o acesso móvel das informações do projeto a partir de smartphones e tablets, permitindo assim que usuários acessem dados de forma virtual a qualquer momento de qualquer lugar.
- *Múltiplos idiomas*
  Além de operar em inglês, muitos SIGP podem agora ser operados em vários idiomas, como chinês, francês, espanhol e muitos outros.
- *Reuniões* on-line
  Vários SIGP possuem recursos que possibilitam reuniões on-line, conferências virtuais, *webinars*, compartilhamento de telas e ferramentas de colaboração ao vivo. O que pode poupar tempo e reduzir as despesas com viagens de usuários distantes geograficamente.
- *Avaliação da qualidade das informações*
  A aplicação de uma metodologia de controle de qualidade ajuda as organizações a gerenciar efeti-

vamente as informações dentro do SIGP. A gestão da qualidade reduz o potencial de má qualidade e aumenta o controle da quantidade ótima das informações compartilhadas. Outras classificações relacionadas à prioridade e ao público ajudam a comunicar informações essenciais com o nível de qualidade apropriado.

3. **Gestão de documentação**

Um dos recursos mais importantes dos SIGP é a capacidade de documentar um projeto do começo ao fim. Alguns recursos disponíveis são listados a seguir:

- *Processos de aprovação e encaminhamento*
  Para simplificar o fluxo de trabalho, documentos de processo podem ser encaminhados de forma eletrônica em direções predefinidas e incluir seções para que as aprovações possam ser vistas antes que os itens sejam processados.
- *Gestão de alteração de pedidos*
  Esse recurso possibilita o rastreamento de pedidos alterados faturáveis ou não e a estimativa e o rastreamento de seu efeito em orçamentos e cronogramas de projeto. Normalmente, pedidos alterados podem ser faturados e rastreados por meio de inúmeros métodos.
- *Gestão e automação de contratos*
  Vários SIGP possuem modelos de contratos e permitem a implantação de algumas regras de negócios e taxas de faturamento para projetos específicos. Muitas das disposições mais comuns dos contratos, como aquelas discutidas no Capítulo 3, são fornecidas nesses modelos.
- *Gestão de reuniões e pontos de ação*
  Conforme discutido anteriormente, muitos dos SIGP mais modernos oferecem um ambiente para reuniões on-line. No entanto, com relação à documentação, o software permite que a equipe do projeto rastreie discussões, decisões e pontos de ação relevantes.
- *Informação sobre o documento inicial do projeto*
  O recurso relativo ao documento inicial do projeto reúne informações fundamentais sobre o projeto, como quem é o patrocinador, o que o projeto deve alcançar, por que está sendo feito e quais as principais suposições e/ou riscos.
- *Gestão de requisitos*
  Esse recurso apoia a documentação e o rastreamento das principais entregas do projeto.
- *Requisitos de folga*
  Esse recurso acompanha o tempo pessoal e de férias de membros da equipe do projeto e automatiza os pedidos de folga, bem como a aprovação ou rejeição desse pedido. Relatórios de carga horária de trabalho podem ser automaticamente atualizados para gerenciar os recursos humanos de forma adequada.

4. **Integração e personalização**

A maior parte dos SIGP permite a personalização da interface do usuário e dos relatórios para satisfazer as necessidades específicas do projeto. Além disso, eles fornecem ligações com muitos outros sistemas de informação populares.

- *Interfaces de usuário personalizáveis*
  Usuários podem alterar o visual e a essência da interface. Podem mudar as cores, as fontes e os planos de fundo, assim como personalizar telas de entrada e relatórios de projeto.
- *Importação/exportação*
  Muitos SIGP permitem que o usuário importe informações de outros aplicativos, como processadores de texto, planilhas e aplicativos de banco de dados. O processo de trazer informações para os SIGP se chama importação. Do mesmo modo é geralmente possível enviar informações dos SIGP para esses aplicativos. O processo de envio de informações é chamado exportação.
- *Integração multimídia*
  Muitos SIGP possibilitam a elaboração de uma ampla variedade de gráficos, animações, recursos de voz e vídeo para incorporação ao projeto. Vídeos ou animações podem ser muito úteis, por exemplo, para mostrar ao cliente o design mais recente de uma ponte ou edifício.

5. **Tutoriais on-line**

As ferramentas de ajuda on-line para os SIGP têm evoluído há alguns anos. Os SIGP incluem agora demonstrativos muito detalhados, ajuda on-line, tutoriais profundos e até mesmo apresentações de vídeo.

6. **Planejamento do projeto**

Todos os SIGP permitem que o usuário defina as atividades e recursos que são necessários para a execução de um projeto. A lista a seguir oferece uma visão geral dos recursos de planejamento importantes do projeto.

- *Diagramas de rede e gráficos de barra (Gantt)*
  Um dos recursos mais importantes dos SIGP é a possibilidade de gerar diagramas de rede e gráficos de barra (Gantt) de forma rápida e fácil com base em dados atuais. Uma vez que o plano de base tenha sido criado, quaisquer modificações no plano podem ser facilmente inseridas no sistema, e os diagramas e gráficos vão refletir automaticamente essas alterações. Os SIGP permitem que tarefas em gráficos de Gantt sejam relacionadas para que as atividades precedentes possam ser vistas. Normalmente, o usuário pode retornar e avançar a partir da visualização do gráfico de Gantt e o diagrama de rede com um único comando.
- *Estimativa de duração do projeto*
  Durante a fase de planejamento, todas as atividades podem ser definidas em conjunto com suas estimativas de duração. Com base nas interdependências e em outros fatores como tempo de férias e feriados, os SIGP vão calcular uma estimativa geral da duração do projeto.

- *Definição de cronograma*
  Os SIGP oferecem apoio abrangente à elaboração de cronogramas. A maioria dos sistemas constrói gráficos de Gantt e diagramas de rede com base nas listas de tarefas e recursos e todas as informações relacionadas. Quaisquer alterações dessas listas serão automaticamente refletidas nos cronogramas. Além disso, usuários podem programar tarefas recorrentes, definir prioridades para tarefas programadas, fazer cronogramas reversos (da data final até o início do projeto), definir turnos de trabalho, calcular o tempo decorrido, programar tarefas para que iniciem o mais tarde possível e especificar uma data limite para o início e o fim do projeto.
- *Gestão de tarefas e interdependências*
  Da mesma forma que os SIGP permitem que uma lista de recursos seja mantida, também permitem que uma lista de atividades ou riscos seja mantida. Para cada tarefa, o usuário pode atribuir um título, uma data de início, uma data de conclusão, comentários e durações estimadas (incluindo estimativas otimistas, mais prováveis, e pessimistas em várias escalas de tempo) e podem especificar quaisquer relacionamentos precedentes com outras tarefas, assim como com a pessoa responsável. Geralmente, um SIGP permite milhares de tarefas que podem ser associadas a um projeto.
- *Análise de probabilidade*
  Um recurso muito útil dos SIGP é a capacidade de desempenhar uma análise de probabilidade ("e se"). Esse recurso possibilita que o usuário explore os possíveis efeitos de vários cenários. Em algum momento do projeto, o usuário pode perguntar ao sistema, "E se fossem atrasados por uma semana?" Os efeitos do atraso em todo o projeto seria automaticamente calculado, e os resultados seriam apresentados. Quase toda variável (pessoas, taxas de pagamento, custos) de um projeto pode ser testada para averiguar os efeitos de certas ocorrências. Esse tipo de análise permite ao gestor controlar melhor quaisquer riscos associados ao projeto.
- *Estrutura analítica do projeto*
  Além dos recursos mencionados, a maioria dos SIGP permite que você crie uma estrutura analítica do projeto (EAP) semelhante àquela apresentada no Capítulo 4. As EAPs são ferramentas muito úteis para auxiliar no processo de planejamento.

7. **Gestão de portfólio de projetos**
   Muitos gestores de projeto estão administrando múltiplos projetos e acompanhando questões significativas relacionadas a eles. A lista a seguir ilustra alguns recursos que podem ajudar:

   - *Gestão de problemas*
     O recurso de gestão de problemas ajuda os membros da equipe ou o cliente a registrar eletronicamente quaisquer problemas que tenham com o projeto. Os problemas podem estar relacionados a uma ampla variedade de temas e ser acompanhados e resolvidos eletronicamente.
   - *Gestão do conhecimento*
     Existem certas regras de negócio e/ou dados históricos e/ou experiências que podem ajudar oferecendo ideias e orientações para a conclusão bem-sucedida de seus projetos. Alguns dos SIGP mais novos possuem funções que permitem a você acumular parte dessas experiências e conhecimentos.
   - *Gestão das lições aprendidas*
     As oportunidades de registrar as lições aprendidas durante o projeto fornecem um recurso para consulta por outros membros da equipe durante e após o projeto. O acesso às lições aprendidas em um arquivo combinado para vários projetos dentro do SIGP ajuda os membros da equipe a conhecerem as lições aprendidas, como problemas potenciais ou práticas eficientes.
   - *Gestão de múltiplos projetos*
     Gestores de projeto experientes normalmente supervisionam simultaneamente vários projetos, e membros de equipes são alocados em mais de um projeto ao mesmo tempo. A maioria dos SIGP oferece apoio a essas situações. Podem armazenar com frequência múltiplos projetos em arquivos distintos, com interconexão entre eles; administrar centenas ou até mesmo milhares de projetos ao mesmo tempo; e criar gráficos de Gantt e diagramas de rede para múltiplos projetos.

8. **Acompanhamento e controle de projetos**
   Acompanhar o progresso, os custos reais e os recursos utilizados é um componente fundamental da gestão de projetos. Os SIGP permitem que o usuário defina um plano-base e compare o progresso e os custos reais do projeto com os definidos no plano-base. A maior parte dos SIGP possibilita o acompanhamento de tarefas em andamento, tarefas concluídas, custos associados, tempo gasto, datas de início e de conclusão, orçamento realmente comprometido ou gasto e recursos utilizados, assim como durações restantes, recursos e despesas.

   - *Análise de caminho crítico*
     Os SIGP vão calcular o caminho crítico para um projeto e normalmente exibi-lo em vermelho. Além disso, para quaisquer atividades que não façam parte do caminho crítico, os SIGP vão calcular a folga.
   - *Acompanhamento de marcos*
     Etapas devem ser definidas para cada projeto, e um SIGP vai auxiliar no acompanhamento do progresso em direção a essas etapas. Quaisquer delas que tenham sido concluídas com sucesso podem ser exibidas em diversos relatórios, e os membros da equipe do projeto podem ser informados eletronicamente.

- *Acompanhamento de subcontratados*

  Esse recurso permite o acompanhamento de subcontratados que são alocados para os projetos. O tempo gasto em tarefas, taxas e inúmeros outros itens podem ser acompanhados.
- *Tarefas prioritárias*

  Ao acompanhar o progresso de um projeto, o nível de prioridades pode mudar com frequência. Esse recurso permite estabelecer e redefinir a prioridade de qualquer tarefa com base em uma situação específica. As prioridades das tarefas são geralmente definidas como baixa, média, alta e urgente, mas também podem ser definidas em escala numérica, como de 1 a 10.
- *Lembretes de tarefas*

  Conforme mencionado no item 2, "Comunicações", notificações automáticas por e-mail podem ser enviadas. O que pode ser feito de várias formas. Um modo comum é lembrar a pessoa responsável de que uma tarefa está programada para começar, para terminar ou determinadas etapas de progresso devem ser atingidas.

9. **Geração de relatório**

A maior parte dos SIGP atuais possui extensas capacidades de relatório. Entre os relatórios que podem ser gerados estão (a) sobre o projeto como um todo; (b) sobre as etapas principais; (c) que fornecem uma variedade de informações sobre intervalos de datas – como tarefas que tenham sido concluídas dentro desse intervalo, que estejam em andamento e tarefas que vão iniciar dentro daquele intervalo; (d) relatórios financeiros, que mostram uma ampla variedade de informações, incluindo orçamentos para todas as tarefas, bem como de todo o projeto, para tarefas e recursos que estão fora do orçamento, custos orçados cumulativos, custos reais, e custos comprometidos; (e) análise de valor agregado e gestão de relatórios; (f) relatórios de alocação de recursos para cada recurso ou grupo de recursos envolvidos em um projeto; e (g) base para os relatórios de variação real.

- *Relatório personalizado*

  Quase todos os SIGP permitem ao usuário personalizar relatórios, selecionando os dados desejados em um conjunto com o formato desejado (por exemplo, fonte, cor etc.).
- *Indicadores do painel de controle*

  Indicadores de painel de controle oferecem um relatório visual que pode ser personalizado pelo gestor do projeto para consultar rapidamente as informações que são mais importantes para ele. Por exemplo, o painel de controle do gestor pode oferecer um resumo visual de quais tarefas foram feitas, quais estão em andamento e quais estão atrasadas. Da mesma forma, pode apresentar um resumo visual de quais tarefas estão abaixo ou acima do orçamento.
- *Filtragem*

  A filtragem permite que o usuário selecione apenas certos dados que satisfaçam alguns critérios específicos. Por exemplo, se o usuário deseja informações apenas sobre as tarefas que precisam de certos recursos, um simples comando determina aos SIGP para que ignorem as tarefas que não utilizam aqueles recursos e exiba apenas as que necessitam daqueles recursos.
- *Relatório em tempo real*

  Todos os relatórios gerados pelos SIGP podem fornecer informações atualizadas em tempo real, supondo que o banco de dados do projeto tenha sido devidamente alimentado.
- *Ordenamento*

  O ordenamento permite que o usuário visualize informações na ordem desejada, tais como taxas de pagamento da mais alta para a mais baixa, nomes de recursos ou de tarefas em ordem alfabética. Muitos SIGP possibilitam vários tipos de ordenamento (por exemplo, por sobrenome ou, então, pelo primeiro nome).

10. **Gestão de recursos**

Os SIGP podem manter uma lista com os nomes dos recursos, a quantidade máxima disponível, taxas padrão e extraordinárias de recursos, métodos de reajuste e descrições textuais. Restrições podem ser atribuídas a cada recurso, tais como o número de horas ou de vezes que estará disponível. Os SIGP vão destacar e ajudar a corrigir sobreatribuições e promover o nivelamento e a regularização do recurso.

- *Acompanhamento de atribuições*

  Usuários também podem atribuir recursos a uma tarefa ou a uma parte dela, definir níveis de prioridade para a atribuição de recursos, atribuir mais de um recurso para a mesma tarefa e manter memorandos ou notas sobre cada recurso.
- *Calendários*

  Todos os recursos podem ter seu próprio calendário individualizado, indicando quando estarão ou não disponíveis.
- *Alocação de recursos e planejamento*

  Um SIGP pode monitorar quaisquer atribuições estabelecidas aos recursos e garantir que não sejam sobreatribuídos. Muitos SIGP também podem executar algum tipo de nivelamento ou regularização de recursos, conforme já foi discutido no Capítulo 6.
- *Utilização de recursos*

  Gráficos sobre a utilização de recursos podem ser criados para fornecer uma visão geral das taxas de utilização de cada recurso. O que pode ser muito útil, uma vez que gestores de projeto tentam fazer o melhor uso possível dos recursos disponíveis.
- *Monitoramento de competências*

  Esse recurso permite a atribuição de recursos com base no nível de competência. Perfis de recursos podem incluir níveis de competências, certificados, níveis de experiência e de treinamento e formação educacional.

11. **Gestão de riscos**
Riscos são eventos ou circunstâncias incertas que podem ter um impacto sobre o projeto. O grau no qual um SIGP auxilia na gestão de riscos varia muito. Várias ferramentas permitem que o usuário defina possíveis riscos, determine a probabilidade que podem ocorrer e preveem o impacto no cronograma e no orçamento se ocorrerem. Esses riscos podem estar diretamente associados às tarefas individuais de um projeto ou ao projeto todo.

12. **Vendas e desenvolvimento de negócios**
Vários SIGP incluem recursos relativos ao desenvolvimento de negócios. Alguns dos recursos são:
    - *Geração automatizada de* clientes potenciais
    Esse recurso recolhe informações automaticamente de formulários de clientes potenciais com base on-line e informa a equipe de vendas para que possam monitorá-las. Quando um projeto for criado, aquela informação pode ser, então, importada para o banco de dados do projeto.
    - *Gestão de clientes*
    Alguns SIGP oferecem uma visão integrada das informações de venda e do cliente. Gestores de projeto, com acesso aprovado, podem visualizar quaisquer anotações, histórico, contatos e comunicações em andamento com o cliente ou cliente em potencial.
    - *Painel de controle de vendas*
    Um painel de controle de vendas fornece um resumo visual das informações relevantes sobre as vendas, como um canal/linha direta das vendas, métricas de venda, cotas e expectativas de venda, exibições de territórios e inúmeros relatórios projetados que podem ser comparados com os relatórios atuais.

13. **Controles de segurança e acesso**
Um recurso extremamente importante dos SIGP é o recurso sobre a segurança e o direito de acesso. Alguns SIGP oferecem acesso por senha ao programa de gestão de projeto, a arquivos de projeto individuais e a dados específicos dentro de um arquivo de projeto (tal como as taxas de pagamento). Visualizações diferentes podem ser obtidas pelo gestor do projeto, pelos membros da equipe e pelo cliente.

Critérios para a seleção de sistemas de informação de gestão de projetos

Apresentamos a seguir uma lista dos fatores a serem considerados antes de adquirir um SIGP. Dependendo de suas necessidades individuais e das de sua organização, certos fatores podem ser mais ou menos importantes para você que para outras pessoas.

1. *Capacidade.* Aqui, a preocupação maior é se o SIGP será capaz de controlar o número de tarefas que pretende executar, o número de recursos que você poderá precisar e o de projetos que espera administrar simultaneamente. Para a maioria das organizações, a capacidade do software não é um problema.
2. *Documentação e instrumentos de ajuda on-line.* A qualidade da documentação e os instrumentos de ajuda on-line variam muito entre os SIGP. Deve-se considerar a legibilidade do manual on-line do usuário, a apresentação lógica de ideias no manual on-line do usuário, o nível de detalhes dos tópicos de ajuda, o número e a qualidade de exemplos oferecidos e o nível da discussão sobre recursos avançados.
3. *Facilidade de uso.* Esse é um fator frequentemente importante na seleção de qualquer tipo de pacote de software. Deve-se levar em consideração o "visual" e a "essência" do SIGP: as estruturas de menu; teclas de atalhos disponíveis; exibição de cores; a quantidade de informações em cada tela; a facilidade com que os dados podem ser inseridos ou alterados; a facilidade com que os relatórios podem ser gerados; a qualidade dos relatórios produzidos; a consistência entre as telas; e a quantidade de aprendizado necessária para adquirir proficiência no SIGP.
4. *Recursos disponíveis.* Aqui, deve-se considerar se o sistema de informação para a SIGPs apresenta os recursos que são necessários para sua organização. Por exemplo, o pacote inclui estruturas de detalhamento do trabalho e ambos os gráficos de Gantt e os diagramas de rede? Quão eficientes são o nivelamento de recursos e os algoritmos de regularização de recursos? O SIGP pode ordenar e filtrar as informações, monitorar o orçamento, produzir calendários personalizados e ajudar com o acompanhamento e controle? O sistema tem capacidade de verificar e ajudar a resolver a sobrealocação de recursos?
5. *Requisitos de instalação.* As considerações aqui são o hardware e o software necessários para operar o SIGP: a memória necessária, a quantidade necessária de espaço no disco rígido, a velocidade de processamento e a energia exigida, o tipo de exibição de gráficos necessário e os requisitos de operação do sistema.
6. *Integração com outros sistemas.* A convergência de inúmeros sistemas eletrônicos está cada vez mais comum no mundo digital de hoje. Se você estiver trabalhando em um ambiente em que dados pertinentes são armazenados em vários locais, como planilhas e bancos de dados, atenção especial deve ser dada às capacidades de integração do SIGP. Alguns SIGP permitem integrações muito básicas com sistemas de informação pouco populares, enquanto outros oferecem integrações sofisticadas com bancos de dados distribuídos e até mesmo bancos de dados orientados a objetos. Além disso, a capacidade do SIGP em exportar informações para os programas de processamento de texto, planilhas, sistemas de gestão de recursos humanos e de gestão de folha de pagamento poderão afetar a sua decisão.

7. *Recursos de internet.* Embora todos os modernos SIGP permitam que a informação sobre o projeto seja diretamente postada e compartilhada por meio da internet, há muita variedade quanto às ferramentas baseadas na internet que eles podem apresentar. Por exemplo, o suporte on-line disponibilizado para os recursos de comunicação, citados na seção anterior, deve ser avaliado.
8. *Capacidades de relatório.* Os SIGP variam quanto ao número e tipos de relatórios que podem oferecer. Alguns auxiliam apenas com planejamento básico, cronograma e relatórios de custo, enquanto outros apresentam extensas ferramentas para a laboração de relatórios sobre tarefas individuais, recursos, custos reais, custos comprometidos, progresso, e assim por diante. Além disso, alguns SIGPs são mais fáceis de personalizar que outros. É muito importante dar prioridade às capacidades de relatório, uma vez que a habilidade de produzir relatórios extensos e eficazes é um recurso que a maioria dos usuários valoriza significativamente.
9. *Segurança.* Alguns SIGP oferecem níveis mais elevados de segurança que outros. Se segurança for um fator importante, então, deve-se dar atenção especial aos métodos de restrição de acesso ao SIGP para cada arquivo do projeto e para os dados armazenados dentro de cada arquivo.
10. *Suporte do fornecedor.* Outros fatores que devem receber atenção especial são: se o fornecedor ou revendedor oferece suporte técnico, o preço desse suporte e a reputação do fornecedor.

Vantagens do uso de sistemas de informação de gestão de projetos

Há inúmeras vantagens na utilização dos SIGP. Algumas delas são:

1. *Capacidade de controlar a complexidade.* É óbvio que os SIGP podem controlar certos aspectos (especialmente os numéricos) de projetos em grande escala com mais facilidade que uma pessoa o faria manualmente. Para projetos que incluam apenas um número pequeno de atividades e durem um período curto, fazê-lo manualmente pode ser mais adequado. Mas, para os projetos que envolvem milhares de atividades e recursos e podem durar alguns anos, um SIGP oferece assistência indispensável por causa do nível de complexidade.
2. *Precisão.* A precisão é significativamente melhorada com a utilização de um SIGP. Para projetos grandes, o desenho manual de diagramas de rede, o cálculo das datas de início e finalização e a utilização do recurso de monitoramento são muito difíceis. Os SIGP possuem algoritmos precisos para o cálculo das informações do projeto e contêm rotinas embutidas que verificam os erros cometidos por usuários.
3. *Acessibilidade do custo.* Excelentes SIGP computadorizados podem ser adquiridos por menos de US$ 200.
4. *Facilidade de uso.* No decorrer dos últimos anos, os SIGP tonaram-se extremamente fáceis de usar. O domínio de sua aplicação pode ser adquirido com apenas um mínimo nível de treinamento.
5. *Manutenção e flexibilidade.* Com sistemas manuais é geralmente difícil manter e modificar as informações do projeto. Com um SIGP, qualquer mudança nos dados será automaticamente refletida em todos os documentos do projeto, como diagramas, tabelas de custo, e gráficos de alocação de recursos.
6. *Manutenção de registros.* Um importante benefício dos SIGP é sua capacidade de manter excelentes registros. Por exemplo, dados podem ser mantidos sobre os cronogramas individuais dos membros da equipe, cada tarefa, custos e recursos usados. Esses dados podem ser usados para produzir relatórios de alta qualidade e ser úteis no planejamento e futuros projetos.
7. *Velocidade.* Uma vez que a inserção de dados foi concluída, quase todos os cálculos imagináveis podem ser feitos com muita rapidez pelo SIGP. Criar ou revisar planos, cronogramas e orçamentos manualmente pode levar horas, dias ou semanas.
8. *Análise de probabilidade.* Um recurso muito útil dos SIGP é a capacidade de desempenhar uma análise de probabilidade ("e se"). A análise de probabilidade, como foi abordada anteriormente, permite ao usuário analisar os efeitos que vários cenários podem ter sobre um projeto. Esses diferentes cenários podem ser executados no SIGP, e seus efeitos podem ser avaliados. O que ajuda o gestor do projeto a se preparar e planejar para certas contingências, além de aferir as consequências.

Preocupações a respeito do uso de sistemas de informação para gestão de projetos

Embora existam inúmeros benefícios da utilização dos SIGP, há também algumas preocupações a considerar, e armadilhas a evitar, quando possível.

1. *Distrações.* Para alguns gestores de projeto, uma SIGP pode representar uma distração. Um gestor pode perder muito tempo navegando ou focando em um SIGP, com todos seus relatórios e recursos, e esquecer a parte mais importante de um projeto: as pessoas.
2. *Falsa sensação de segurança.* O SIGP pode dar uma falsa sensação de segurança aos gestores. Em primeiro lugar, podem acreditar que, pelo seu eficiente SIGP, podem gerenciar e alcançar mais metas do que normalmente é possível. Em segundo, gestores podem pensar que, embora um projeto esteja falhando, o SIGP será capaz de descobrir uma maneira de recuperar seu desempenho.

Em último lugar, se um SIGP não for usado da forma correta, os relatórios podem mostrar que o projeto está indo bem, quando na verdade não está. Só porque o SIGP mostra que tudo vai bem, isso não significa que esse seja o caso.

3. *Excesso de informação.* Os SIGP oferecem um grande número de recursos e uma quantidade enorme de informação. Ocasionalmente, a quantidade absoluta pode ser assustadora. Somente os recursos necessários do SIGP devem ser usados. Gestores de projeto precisam resistir à tentação de utilizar recursos que produzam mais relatórios ou mais dados sem contribuir com a conclusão bem-sucedida do projeto.
4. *Curva de aprendizado.* É preciso um período para dominar o uso do SIGP. A quantidade de tempo necessária varia, dependendo da experiência anterior do indivíduo. Para aqueles que não estejam utilizando computadores e software de negócios, pode haver uma curva de aprendizado significativa. No entanto, a quantidade de treinamento normalmente necessária para dominar o uso de um SIGP tem diminuído nos últimos anos à medida que os SIGP ficaram mais fáceis de usar.
5. *Dependência exagerada de software.* Uma vez que os SIGP ficaram tão fáceis de usar e porque oferecem tantos recursos atraentes, gestores de projeto começaram a depender intensamente deles. Indivíduos com pouco ou nenhum conhecimento dos fundamentos da gestão de projetos costumam utilizar os SIGP sem entender realmente o que estão fazendo. Se os conceitos básicos de gestão não forem completamente compreendidos, o SIGP não fará muita diferença. Dito de forma simples, o SIGP é apenas uma ferramenta para ajudar você a fazer o seu trabalho de forma mais eficaz e eficiente – o SIGP não pode gerenciar um projeto. Você deve gerenciar o projeto, contando principalmente com suas competências e com as competências de sua equipe.

Vendedores de sistemas de informação de gestão de projetos

Inúmeros SIGP estão disponíveis para fornecer apoio ao processo de gestão. Quase todos os fornecedores oferecem versão *demo* on-line de seus produtos gratuitamente e que podem ser "baixados" em seu computador.

Uma busca simples na internet por "sistemas de informação para gestão de projetos", "software para gestão de projeto", ou "diretório do sistema de informação para gestão de projetos" vão exibir links para centenas de fornecedores e consultores. Diversos sites fornecem uma lista dos SIGP mais vendidos, assim como uma revisão de seus recursos. Outros sites comparam os SIGP mais populares e relatam quais os recursos que oferecem e fazem um resumo das vantagens e desvantagens de cada um.

Resumo

Esse apêndice discute vários recursos que são encontrados em sistemas de informação para gestão de projetos. Entre os mais comuns estão orçamento e gestão de custos, comunicações, gestão de documentação, integração e personalização, gestão de portfólio, tutoriais on-line, planejamento do projeto, acompanhamento e controle do projeto, geração de relatório, gestão de recursos, gestão de riscos, vendas e desenvolvimento de negócios e segurança e controles de acesso.

São sugeridos critérios para a seleção de um sistema de informação para gestão de projetos, incluindo sua capacidade, instrumentos de ajuda e documentação on-line, facilidade de uso, recursos disponíveis, integração com outros sistemas, requisitos para instalação, capacidades, recursos de internet, segurança e suporte do fornecedor.

Finalmente, é fornecida uma lista das vantagens e as preocupações sobre a utilização de um sistema de informação para gestão de projetos. Os benefícios incluem precisão, acessibilidade do custo, facilidade de uso, habilidade de lidar com a complexidade, manutenção e flexibilidade, manutenção de recursos, velocidade e análise de probabilidade ("e se"). As preocupações incluem o perigo de distrair-se com o SIGP, uma falsa sensação de segurança, excesso de informações, a curva de aprendizado e a dependência excessiva do SIGP.

Questões

1. Discuta pelo menos dez recursos comuns dos sistemas de informação para gestão de projetos. Em sua opinião, quais deles são mais importantes?
2. Discuta como a internet pode facilitar as comunicações do projeto.
3. Discuta os critérios que devem ser considerados quando adquirimos um sistema de informação para gestão de projetos. Se você tivesse que os classificar em ordem de importância, como o faria?
4. Quais são algumas das vantagens do uso de sistemas de informação para gestão de projetos?
5. Quais são algumas das preocupações sobre o uso de sistemas de informação para gestão de projetos? As vantagens ultrapassam as preocupações? Explique.

Pesquisa na internet

1. Faça uma busca por "sistemas de informação para gestão de projetos". Forneça um resumo de três sistemas diferentes.
2. Faça uma busca por "sistemas de informação para gestão de projetos". Forneça uma lista dos sistemas mais vendidos.

3. Busque na internet por um site que compare dois sistemas de informação para gestão de projeto. Forneça uma impressão da avaliação. Quais você acredita que sejam os três critérios mais importantes, e por quê? Existem outros critérios que você teria utilizado e por quê?
4. Faça o *download* de uma versão de teste de um sistema de informação para gestão de projetos. Que sistema você escolheu e por quê? Quais você acha que são as principais características do sistema que você escolheu?

Referências

Abramov, I.V., Illarionov, I.V., e Matveev, M. G. (2016). The process-oriented approach for designing a project management system. En J. Becker, O. Kozyrev, E. Babkin, V. Taratukhin, e N. Aseeva (Eds.), *Emerging trends in information systems* (pp. 21-29). Switzerland: Springer International Publishing.

Andersson, A. (2016). Communication barriers in an interorganizational ERP project. *International Journal of Managing Projects in Business*, *9*(1), 214-233.

Brumberg, R., Kops, E., Little, E., Gamble, G., Underbake, J., e Havelka, D. (2016). Stalled ERP at random textiles. *Information Systems Education Journal*, *14*(2), 49-57.

Gale, S. F. (2016). The great unknown. *PM Network*, *30*(1), 40-47.

Hammouch, H., Medromi, H., e Sayouti, A. (2016). Designing multi agent system architecture for project performance based on PMBOK standard. In E. Sabir, H. Medromi, e M. Sadik (Eds.), *Advances in ubiquitous networking, lecture notes in electrical engineering* (559-570). Singapore: Springer Singapore.

Ilyas, M. A. B., Hassan, M. K., e Ilyas, M. U. (2013). PMIS. *2013 PMI Global Congress Proceedings, Istanbul, Turkey*. Retrieved from http://www.pmi.org/learning/projectmanagement-information-systems-overviews-5813?id=5813

Issar, G., e Navon, L. R. (2016). *Enterprise resource planning (ERP)*. Switzerland: Springer International Publishing. Kalaimani, J. (2016). *SAP project management pitfalls*. Switzerland: Springer International Publishing. Doi:10.1007/978-1-4842-1389-6.

Mankowitz, S., e Snell, A. D. (2016). Strategic and financial planning for clinical information systems. En J. T. Finnell e B. E. Dixon (Eds.), *Clinical Informatics Study Guide* (415-434). Switzerland: Springer International Publishing.

Ranjan, S., Jha, V. K., e Pal, P. (2016). A strategic and sustainable multi-criteria decision making framework for ERP selection in OEM. *International Journal of Applied Engineering Research*, *11*(3), 1916-1926.

Silvius, C. M., e Silvius, G. (2016). Smart project management: Smartphone apps for project management. In G. Silvius (Ed.), *Strategic Integration of Social Media into Project Management Practice* (pp. 179-192). Hershey, PA: IGI Global.

Terlizzi, M. A., Meirelles, F. d.S., e de Moraes, H. R. O. C. (2016). Barriers to the use of an IT project management methodology in a large financial institution. *International Journal of Project Management*, *34*(3), 467-479.

Apêndice B

Sites sobre gestão de projetos

Este apêndice é uma lista das organizações cujos sites proporcionam acesso a informações e recursos em relação à gestão de projetos.

Agile Alliance

Agile Leadership Network

EQ Toolbox

International Association for Project and Program Management

International Centre for Complex Project Management

International Construction Project Management Association

International Project Management Association

Niwot Ridge Resources, Project Management Resources

ProjectManagement.com

Project Management Benchmarking Network

Project Management Center

Project Management Discussion

Project Management Insight

Project Management Institute

Project Manager Community LinkedIn

Project Smart

Scrum Alliance

Software Program Managers Network

Apêndice C

Associações de gestão de projetos

Este apêndice é uma lista das associações de gestão de projetos em países do mundo todo. Para encontrar os endereços atualizados dos sites das organizações deste apêndice, consulte a página do livro no site da Cengage.

Global	International Project Management Association Project Management Institute
África do Sul	Association for Project Management South Africa
Alemanha	Deutsche Gesellschaft für Projektmanagement e. V.
Argélia	Algerian Project Management Association
Argentina	Asociación de Gestión de Proyectos, Argentina
Armênia	Armenian Project Management Association
Ásia-Pacífico	Asia Pacific Federation of Project Management
Austrália	Australian Institute of Project Management
Áustria	Projekt Management Austria
Azerbaijão	Azerbaijan Project Management Association
Bósnia-Herzegovina	Udru enje za Upravljanje Projektima u Bosni i Hercegovini
Brasil	Associação Brasileira em Gerenciamento de Projetos IPMA Brasil – Associação Internacional de Gestão de Projetos
Bulgária	Bulgarian Project Management Association
Canadá	Project Management Association of Canada
Cazaquistão	Kazakhstan Project Management Association
Chile	Corporación Chilena de Dirección de Proyectos
China	Project Management Research Committee China
Chipre	Cyprus Project Management Society
Cingapura	Society of Project Managers
Colômbia	Asociación Colombiana de Gestión de Proyectos
Costa Rica	Asociación de Dirección de Proyectos de Costa Rica
Croácia	Croatian Association for Project Management
Dinamarca	Danish Project Management Association
Equador	Corporación Ecuatoriana de Dirección de Proyectos
Eslováquia	Project Management Association of Slovakia
Eslovênia	Slovenian Project Management Association
Espanha	Asociación Española de Dirección Integrada de Proyecto Asociación Española de Ingeniería de Proyectos
Estados Unidos	International Project Management Association USA Project Management Institute
Estônia	Estonian Project Managers Association
Europa	European Community Project Managers Association
Finlândia	Project Management Association Finland
França	Association Francophone de Management de Projet Société Francaise pour l'avancement du Management de Projet
Grécia	Network of Project Managers in Greece
Guatemala	Asociación de Project Management de Guatemala
Holanda	Project Management Association Netherlands
Hong Kong	Hong Kong Institute of Project Management
Hungria	Project Management Association Hungary
Islândia	Project Management Association of Iceland
Índia	Project and Technology Management Foundation Project Management Associates

Indonésia	Indonesian Society of Project Management Professionals
Irã	Iran Project Management Association
Irlanda	Institute of Project Management Ireland
Itália	Associazione Nazionale di Impiantistica Industriale
Japão	Project Management Association of Japan
Kosovo	Kosava Project Management
Lativia	Latvian National Project Management Association
Lituânia	Lithuanian Project Management Association
Malásia	Malaysian Asset and Project Management Association
México	Asociación Mexicana de Ingeniería de Proyectos
Nepal	Project Management Association of Nepal
Nigéria	Project Managers Development Association of Nigeria
Noruega	Norwegian Association of Project Management
Países Nórdicos	Network of Nordic Project Management Associations
Panamá	Asociación Panameña de Gestión de Proyectos
Peru	Asociación Peruana de Dirección de Proyectos
Polônia	Project Management Association Poland
Portugal	Associação Portuguesa de Gestão de Projectos
Quênia	Kenya Association of Project Managers
Reino Unido	Association for Project Management Major Projects Association
República Tcheca	Project Management Association Czech Republic
Romênia	Project Management Romania
Rússia	Russian Project Management Association
Sérvia	Serbian Project Management Association
Suécia	Swedish Project Management Association
Suíça	Swiss Project Management Association
Taiwan, China	Taiwan Project Management Association
Turquia	Istanbul Project Management Association Turkish Project Management Association
Ucrânia	Ukrainian Project Management Association
Uruguai	Asociaciones de Gestión de Proyectos del Uruguay

Apêndice D Siglas

CDP — Chamada de propostas
RFP — *Request for proposal*

CVDS — Ciclo de Vida do Desenvolvimento dos Sistemas
SDLC — *Systems Development Life Cycle*

CEF — Custo Estimado Final
EAC — *Estimated cost at Completion*

COC — Custo Orçado Cumulativo
CBC — *Cumulative Budgeted Cost*

COT — Custo Orçado Total
TBC — *Total Budgeted Cost*

COTP — Custo Orçado para Trabalho Programado
BCWS — *Budgeted Cost of Work Scheduled*

COTR — Custo Orçado do Trabalho Realizado
BCWP — *Budgeted Cost of Work Performed*

CPF — Custo Previsto Final
FCAC — *Forecasted Cost At Completion*

CRC — Custo Real Cumulativo
CAC — *Cumulative Actual Cost*

CRTR — Custo Real do Trabalho Realizado
ACWP — *Actual Cost of Work Performed*

DIC — Data de Início Mais Cedo
ES — *Earliest Start time*

DIT — Data de Início Mais Tarde
LS — *Latest Start time*

DTC — Data de Término Mais Cedo
EF — *Earliest Finish time*

TR — Data de Término Real
AF — *Actual Finish time*

DTT — Data de Término Mais Tarde
LF — *Latest Finish time*

EAP — Estrutura Analítica do Projeto
WBS — *Work Breakdown Structure*

FL — Folga Livre
FS — *Free Slack*

FT — Folga Total
TS — *Total Slack*

IDC — Índice de Desempenho do Custo
CPI — *Cost Performance Index*

IDF — Índice de Desempenho a Finalizar
TCPI — *To-Complete Performance Index*

MCC — Método do Caminho Crítico
CPM — *Critical Path Method*

MDP — Método de Diagrama de Precedência
PDM — *Precedence Diagramming Method*

MR — Matriz de Responsabilidade
RAM — *Responsibility Assignment Matrix*

OC — Orçamento na Conclusão
BAC — *Budget At Completion*

OMF — Oferta Melhor e Final
BAFO — *Best And Final Offer*

PERT — *Program Evaluation and Review Technique*

PMBOK® — *Project Management Body of Knowledge*

PMI — *Project Management Institute*

PMO — *Project Management Office*

EGP — Escritório de Gestão de Projetos
SIGP — Sistemas de Informação para Gestão de Projetos
PMIS — *Project Management Information System*

TCQP — "Tão Cedo Quanto Possível"
ASAP — *As Soon As Possible*

TTQP — "Tão Tarde Quanto Possível"
ALAP — *As Late As Possible*

VA — Valor Agregado
EV — *Earned Value*

VAC — Valor Agregado Cumulativo
CEV — *Cumulative Earned Value*

VP — Valor Planejado
PV — *Planned Value*

VC — Variância de Custos
CV — *Cost Variance*

Reforce sua aprendizagem – Respostas

CAPÍTULO UM

1. Quais são os atributos de um projeto?
   - Um objetivo claro.
   - Tarefas interdependentes.
   - Uso de vários recursos.
   - Um período de duração específico.
   - Um esforço único ou realizado uma só vez.
   - Um cliente.
   - Grau de incerteza.
2. Identifique três projetos em que você ficou envolvido durante sua vida.
   As respostas podem variar.
3. Quais são os oito fatores que restringem o êxito de um objetivo de projeto?
   - Escopo
   - Qualidade
   - Programação
   - Orçamento
   - Recursos
   - Riscos
   - Satisfação do cliente
   - Partes interessadas
4. Combine as fases do ciclo de vida do projeto, listadas previamente, com as descrições seguintes:

C Primeira fase	A. Planejamento
A Segunda fase	B. Execução
B Terceira fase	C. Iniciação
D Quarta fase	D. Encerramento

5. Um projeto é autorizado por meio de um documento chamado *termo de abertura do projeto*.
6. O resultado da fase de planejamento é um *plano de base*.
7. Na fase de execução, o plano de projeto é realizado para produzir todas as *entregas* e alcançar o *objetivo do projeto*.
8. Gestão de projetos envolve primeiro *estabelecer o plano* e, então, *executá-lo*.
9. O *objetivo* do projeto deve ser acordado entre o *patrocinador* e a pessoa ou a organização que irá *executar* o projeto.
10. Quais são as chaves para o envolvimento bem-sucedido das partes interessadas?
    - Comunicação regular e aberta.
    - Confiança.
    - Respeito.
    - Ter a mente aberta.
    - Atitude positiva de vitória para ambas as partes.
11. *Conscientização cultural* e sensibilidade não são somente importantes como também *imperativas* para o sucesso da gestão de projetos *globais*.

CAPÍTULO DOIS

1. A fase inicial do ciclo de vida do projeto começa com o reconhecimento de um *problema*, *necessidade* ou *oportunidade*.
2. A seleção do projeto envolve *avaliar* projetos potenciais, e, então, *decidir* quais deles devem ser levados adiante para serem *implementados*.
3. Quais são as quatro etapas no processo de seleção do projeto?
   - Desenvolver um conjunto de critérios de avaliação.
   - Listar hipóteses para cada projeto.
   - Reunir dados e informações para cada projeto.
   - Avaliar cada projeto com relação aos critérios.
4. Um termo de abertura é usado para formalmente *autorizar* um projeto e sintetizar os *parâmetros chaves* e as *condições* para um projeto.
5. Liste pelo menos oito elementos que poderiam ser incluídos no termo de abertura de projeto.
   - Título do projeto
   - Finalidade
   - Descrição
   - Objetivo
   - Critérios para sucesso ou benefícios esperados
   - Financiamento
   - Principais entregas
   - Critérios de aceitação
   - Programação de eventos importantes
   - Hipóteses-chave

- Restrições
- Principais riscos
- Requisitos de aprovação
- Gestor do projeto
- Requisitos de comunicação
- Patrocinador designado
- Assinatura e data de aprovação

6. Qual é a finalidade de uma chamada de propostas? Solicitar propostas de contratadas potenciais para fazer o projeto.

7. Cite alguns elementos que podem ser incluídos em uma chamada de propostas?
   - Objetivo do projeto
   - Caderno de encargos
   - Solicitações do cliente
   - Entregas
   - Critérios de aceitação
   - Itens fornecidos pelo cliente
   - Aprovações solicitadas
   - Tipo de contrato
   - Condições de pagamento
   - Programação requerida
   - Instruções para o conteúdo e formato das propostas do fornecedor
   - Data de entrega das propostas
   - Critérios de avaliação da proposta
   - Fundos disponíveis

8. Deve-se ter cuidado para não fornecer *informações* a apenas alguns dos *fornecedores* que não sejam oferecidas a todos os interessados, pois poderia dar a alguns deles uma *vantagem competitiva injusta*.

CAPÍTULO TRÊS

1. As *relações* estabelecem as bases para o sucesso do financiamento e *oportunidades* de contrato.

2. A construção de relacionamento exige *proatividade* e *engajamento*.

3. Estabelecer e construir *confiança* é essencial para desenvolver *relacionamentos* bem-sucedidos e *eficazes*.

4. A construção de relações eficazes e bem-sucedidas exige *tempo* e *trabalho*.

5. Fornecedores precisam *desenvolver relacionamentos* com clientes potenciais *antes* de os clientes prepararem uma CDP.

6. Qual é o resultado de um esforço de marketing pré-CDP/proposta bem-sucedida? O resultado é o eventual fechamento do contrato com o cliente para executar o projeto.

7. Quais são alguns dos fatores que o interessado deve considerar ao decidir se deve responder a uma CDP?
   - Competição
   - Risco
   - Consistência com a missão do negócio
   - Oportunidade de ampliar e aperfeiçoar capacidades
   - Reputação com o cliente
   - Disponibilidade de financiamento do cliente
   - Disponibilidade de recursos para preparar uma proposta de qualidade
   - Disponibilidade de recursos para executar o projeto

8. Os interessados precisam ser *realistas* quanto à sua capacidade de elaborar propostas e à *probabilidade* de ganhar o contrato.

9. O processo da proposta é um processo *competitivo*. Uma proposta é um documento de *venda*.

10. Em uma proposta, o proponente deve destacar os fatores *únicos* que a diferenciam de propostas de *concorrentes*.

11. Uma proposta deve abordar três tópicos ou conter três seções. Quais?
    - Seção técnica
    - Seção de gestão
    - Seção de custos

12. Qual é o objetivo da seção técnica de uma proposta? O objetivo é convencer o cliente de que o contratado entende a necessidade ou problema e pode fornecer a solução menos arriscada e mais benéfica.

13. Qual é o objetivo da seção de gestão de uma proposta? O objetivo é convencer o cliente de que o contratado pode fazer o trabalho proposto e alcançar os resultados esperados.

14. Qual é o objetivo da seção de custos de uma proposta? O objetivo é convencer o cliente de que o preço do fornecedor para o projeto proposto é realista e razoável.

15. Que elementos cada uma das três seções de uma proposta pode conter?

    Seção técnica
    - Compreensão da necessidade
    - Abordagem ou solução proposta
    - Benefícios para o cliente

    Seção de gestão
    - Descrição de trabalhos
    - Entregas
    - Cronograma do projeto
    - Organização do projeto
    - Experiência relacionada
    - Equipamentos e instalações

    Seção de custos
    - Mão de obra
    - Materiais
    - Equipamento
    - Instalações
    - Subcontratados e consultores

- Viagens
- Documentação
- Despesas gerais ou custos indiretos
- Reajuste de preços
- Reserva
- Lucro

16. Quais são alguns itens que um proponente precisa considerar ao determinar o preço para um projeto proposto?
    - Confiabilidade das estimativas de custo
    - Risco
    - Valor do projeto para o fornecedor
    - Orçamento do cliente
    - Competição
17. O foco da proposta deve estar na *qualidade* do *conteúdo*, em vez de no *número* de páginas.
18. Os contratados devem continuar a ser *proativos*, mesmo após a proposta ser apresentada.
19. A proposta de preço de um licitante em um contrato por preço global deve desenvolver estimativas de custo *precisas* e *completas* e incluir *reservas* suficientes.
20. Escreva a palavra *baixo* ou *alto* em cada caixa, de acordo com o grau de risco para o cliente e contratado associados a cada tipo de contrato.

	Risco para cliente	Risco para fornecedor
Preço fixo	Baixo	Alto
Reembolso de custo	Alto	Baixo

21. Uma medida utilizada para determinar o sucesso dos esforços da proposta é conhecida como *proporção de vitória*.

CAPÍTULO QUATRO

1. O *objetivo* do projeto estabelece *o que* deve ser *realizado*.
2. O objetivo do projeto é geralmente definido em termos de *produto final*, *prazo* e *orçamento*.
3. O escopo do projeto define *o que* deve ser feito.
4. Quais seções o documento do escopo do projeto inclui?
    - Exigências
    - Caderno de encargos
    - Entregas
    - Critérios de aceitação
    - Estrutura analítica do projeto
5. A equipe do projeto deve evitar *aumentar* o escopo.
6. Para evitar problemas de qualidade, é necessário ter um *plano da qualidade*.
7. A chave para o controle da qualidade é monitorar a qualidade do trabalho no *início* e *regularmente*.
8. A estrutura analítica de projeto é uma *decomposição hierárquica* voltada para as *entregas* do *escopo do trabalho* do projeto.
9. A estrutura *analítica* do projeto estabelece a *estrutura* para *como* o trabalho será feito a fim de produzir as *entregas*.
10. O item de trabalho de nível mais baixo de qualquer divisão da EAP é chamado de *pacote de trabalho*.
11. A matriz de responsabilidades *designa quem* é responsável por cumprir cada *item de trabalho* na estrutura analítica do projeto.
12. Uma atividade também é chamada de *tarefa*.
13. Um *diagrama de rede* define a *sequência* de *como* as atividades serão feitas.
14. Um diagrama de rede *organiza* atividades na sequência apropriada e define suas *relações de dependência*.
15. Observe a Figura 4.7:
    a. Quando "Preparar as etiquetas de correio" e "Imprimir questionário" tiverem sido terminadas, qual atividade pode ser iniciada? "Enviar questionário e obter as respostas".
    b. Para iniciar a tarefa "Dados de resposta de entrada", quais atividades devem ser finalizadas imediatamente antes? "Enviar questionário e obter respostas" e "Testar o software".
16. Consulte a Figura 4.7:
    a. Para começar "Testar o software," quais atividades devem ser finalizadas imediatamente antes? "Desenvolver a análise de dados do software" e "Desenvolver os dados de teste do software".
    b. Verdadeiro ou falso: uma vez que a atividade "Imprimir questionário" tiver terminado, "Enviar questionário e obter respostas" pode começar imediatamente. Falso: a tarefa "Preparar etiquetas de correspondências" também deve ser finalizada para que a tarefa "Enviar questionário" seja iniciada.

CAPÍTULO CINCO

1. A estimativa de *recursos* de uma atividade influencia a *duração estimada* para realizar a atividade.
2. Ao estimar os recursos para atividades, é necessário levar em consideração a *disponibilidade* de cada recurso.
3. É necessário estimar *tipos* e *quantidades* de recursos exigidos para cada atividade.
4. Verdadeiro ou falso: a estimativa de duração da atividade deve incluir o tempo necessário para realizar o trabalho, e também qualquer tempo de espera associado. Verdadeiro.
5. A *duração* estimada de uma atividade deve ser baseada na *quantidade* de *recursos* necessários para realizar a atividade.

6. A janela de tempo em que um projeto deve ser concluído é definida pela data de *início estimada* e a data de *conclusão exigida*.

7. Qual a equação usada para calcular a data final mais cedo de uma atividade? DTC = DIC + Duração estimada

8. As datas de início e de término mais cedo para o início e a conclusão de atividades são determinadas pelo cálculo de *avanço* por meio do diagrama de rede.

9. Consulte a Figura 5.4. Qual a data de início mais cedo e a de término mais cedo para "Questionário teste piloto"? DIC = Dia 13; DTC = Dia 33.

10. O que determina a data de início mais cedo de uma atividade?
É determinada pela data mais tarde entre todas as datas mais cedo das atividades cujas realizações conduzam diretamente àquela atividade específica.

11. Qual a equação usada para calcular a data de início mais tarde de uma atividade?
DIT = DTT – Duração estimada

12. As datas de início e de término mais tarde são determinadas com um cálculo de *retrocesso* por meio do diagrama de rede.

13. Consulte a Figura 5.6. Quais são as datas de início e de término mais tarde para "Inserção de dados de resposta"? DTT = Dia 112; DIT = Dia 105.

14. O que determina a data de término mais tarde de uma atividade? É determinada pela data mais cedo entre todas as datas mais tarde para o início de todas as atividades diretamente subsequentes daquela atividade específica.

15. Quando um projeto tem uma folga total positiva, algumas atividades podem ser *atrasadas* sem prejudicar o término do projeto na data de conclusão exigida. Quando um projeto tem uma folga total negativa, algumas atividades precisam ser *aceleradas* para finalização do projeto até a data de conclusão exigida.

16. A folga total de um caminho de *atividades* é comum e *compartilhada* entre *todas* as *atividades* que fazem parte daquele *caminho*.

17. O caminho mais longo de atividades do começo ao final de um projeto é chamado de caminho *crítico*.

18. Consulte a Figura 5.7 e a Tabela 5.3. Das duas atividades incluídas na atividade 11, "Inserir dados de resposta," qual a que tem folga livre? Qual é seu valor? A atividade 10, "Testar o software"; 50 – (–8) = 58 dias.

19. Se o *desempenho* real estiver abaixo do *planejado*, *uma ação corretiva* deve ser tomada *imediatamente*.

20. Quais são os dois tipos de dados ou informações que devem ser coletados durante cada período de relatório?
- Dados sobre o desempenho real
- Informações sobre quaisquer mudanças no escopo, cronograma ou orçamento do projeto.

21. Verdadeiro ou falso: em geral, é melhor ter um período de relatório mais curto durante um projeto. Verdadeiro

22. Gestão de projetos é uma abordagem *proativa* para *controlar* o projeto e poder alcançar o seu *objetivo*.

23. Quais são os três elementos da programação afetados pelos prazos finais reais das atividades concluídas?
- As datas de início mais cedo das atividades restantes
- As datas de término mais cedo das atividades restantes
- A folga total

24. As alterações no projeto podem afetar o *escopo*, *cronograma* e/ou *orçamento*.

25. Ao analisar a programação do projeto, é importante identificar todos os caminhos das atividades que tenham folga *negativa*.

26. Ao analisar um caminho de atividades que tenham uma folga negativa, quais são os dois tipos de atividades que devem ser examinados com atenção?
- Atividades que estão em andamento ou para ser iniciadas no futuro imediato.
- Atividades que têm durações estimadas longas.

27. Liste quatro abordagens para reduzir as durações estimadas das atividades.
- Aplicar mais recursos.
- Designar uma pessoa com mais conhecimento ou mais experiência.
- Reduzir o escopo ou os requisitos.
- Aumentar a produtividade por meio do aperfeiçoamento de métodos ou tecnologia.

28. Calcule a duração estimada de uma atividade que tenha as seguintes estimativas de prazo: $t_o = 8$; $t_m = 12$ e $t_p = 22$.

$$t_e = \frac{8 + 4(12) + 22}{6} = 13$$

29. Calcule a duração esperada (t_e) e a variação (σ^2) da seguinte distribuição de probabilidade beta.

$$t_e = \frac{5 + 4(8) + 23}{6} = 10$$

$$\sigma^2 = \left(\frac{23 - 5}{6}\right)^2 = 9$$

30. Qual a porcentagem da área abaixo dessa curva normal que está sombreada?
34%

31. Se 95% da área abaixo da curva normal a seguir está entre os dois pontos indicados, qual é o desvio padrão? Qual é a variância?

Uma vez que há um total de quatro desvios padrão (+2 e –2) entre 12 e 32,
$4\sigma = 32 - 12 = 20$, e, assim, $1\sigma = 5$.
Variância $= \sigma^2 = (5)^2 = 25$.

CAPÍTULO SEIS

1. No mínimo, os diagramas de rede ilustram as limitações *técnicas* das atividades. No entanto, quando os recursos disponíveis são limitados, o diagrama de rede também pode ser desenhado para refletir limitações de *recursos*.
2. Um plano de *necessidades* de recursos ilustra a *utilização* esperada de *recursos* por período durante o projeto.
3. O nivelamento de recursos tenta estabelecer um cronograma em que a utilização dos recursos é feita de maneira mais nivelada possível *sem* estender o projeto além do *prazo de conclusão necessário*.
4. A programação de recursos limitados desenvolve a programação no prazo *mais curto*, quando a quantidade de recursos disponíveis é fixa. Esse método *estende* o tempo de conclusão do projeto, se necessário, a fim de mantê-lo dentro dos limites de recursos.

CAPÍTULO SETE

1. O custo estimado de uma atividade tem como base os *tipos* e as *quantidades* dos *recursos* requeridos para realizar a atividade.
2. Liste os elementos que podem ser incluídos nos custos estimados para uma atividade.
   - Mão de obra
   - Materiais
   - Equipamento
   - Instalações
   - Subcontratados e consultores
   - Viagens
   - Contingências
3. O custo estimado para uma atividade deve ser *razoável* e *realista*.
4. O primeiro passo no processo de orçamentação do projeto é *agregar* os custos *estimados* para cada *pacote* de trabalho à estrutura analítica de projeto (EAP) e estabelecer um *custo orçado total* para cada pacote de trabalho.
5. Consulte a Tabela 7.1 e a Figura 7.4. Qual é o custo total orçado para cada pacote de trabalho?

   1.1 \$ 13.400
   1.2 \$ 11.100
   2.1 \$ 5.100
   2.2 \$ 10.000
6. Uma vez que o custo orçado total foi estabelecido para cada pacote de trabalho, o segundo passo no processo de orçamentação do projeto é *distribuir* cada COT ao longo do intervalo de *tempo esperado* para seu pacote de trabalho.
7. O *custo orçado total* é a quantidade que foi orçamentada para realizar o *trabalho* que foi programado para ser realizado até aquele momento.
8. Consulte as Figuras 7.4 e 7.6. Quanto o pacote de trabalho "Projeto" e o de "Construção" contribuem, cada um, para o excedente de custo de \$ 4 mil no final da semana 8?

	Quantia	Excedente ou não atingido?
Projeto	\$ 2.000	Não atingido
Construção	\$ 6.000	Excedente

9. O valor agregado cumulativo é calculado ao determinar primeiro a *porcentagem concluída* para cada pacote de trabalho e, em seguida, pela sua multiplicação pelo *custo orçado total* para o pacote de trabalho.
10. Liste os quatro indicadores relacionados ao custo usados para analisar o desempenho de custo do projeto.
    - COT (curso orçado total)
    - COC (custo orçado cumulativo)
    - CRC (custo real cumulativo)
    - VAC (valor agregado cumulativo)
11. Qual é o índice de desempenho de custo para o pacote de trabalho "Projeto" no projeto da máquina de empacotamento no final da semana 5?

$$\text{IDC} = \frac{\$\ 24.000}{\$\ 22.000} = 1{,}091$$

12. Qual é a variância do custo para o pacote de trabalho "Construção" no projeto da máquina de empacotamento no final da semana 8?

    VC = \$ 30.000 – \$ 46.000 = –\$ 16.000
13. Usando o primeiro método de previsão descrito, calcule o custo previsto final para o pacote de trabalho "Construção" no projeto da máquina de empacotamento.

$$\text{FCAC} = \frac{\$\ 60.000}{0{,}65} = \$\ 92.300$$

$$\left(\text{Observação: IDC} = \frac{\$\ 30.000}{\$\ 46.000} = 0{,}65\right)$$

14. Usando o segundo método de previsão descrito, calcule o custo previsto final para o pacote de trabalho "Construção" no projeto da máquina de empacotamento. FCAC = \$ 46.000 + (\$ 60.000 – \$ 30.000) = \$ 76.000
15. Ao analisar o desempenho do custo, é importante identificar todos os pacotes de trabalho que tenham uma variância *negativa* ou um índice de desempenho do custo menor que *1,0*.

16. Ao avaliar os pacotes de trabalho que têm uma variância de custo negativa, deve-se focar em realizar ações corretivas para reduzir os custos das atividades que serão realizadas no *curto* prazo e aquelas que têm um *amplo* custo estimado.

17. A chave para gerenciar o fluxo de caixa é garantir que o dinheiro *entre* mais rápido do que *sai*.

18. Se não estiverem disponíveis fundos suficientes para pagar as despesas, uma contratada pode precisar de um *empréstimo*. Isso é acrescentado ao custo do projeto, porque a contratada deve pagar também as *taxas de juros*.

19. Quais são os tempos e os custos normais e comprimidos para as atividades B, C e D na Figura 7A1.1?

	Tempo normal	Custo normal	Tempo comprimido	Custo comprimido
Atividade B	9 semanas	$ 80.000	6 semanas	$ 110.000
Atividade C	10 semanas	$ 40.000	9 semanas	$ 45.000
Atividade D	8 semanas	$ 30.000	6 semanas	$ 42.000

20. Quais são as taxas de custo por semana para acelerar as atividades B, C e D na Figura 7A1.1?
B: $ 10.000 por semana;
C: $ 5.000 por semana;
D: $ 6.000 por semana.

21. Se todas as atividades na Figura 7A1.1 forem realizadas em seus tempos comprimidos, qual seria o custo total do projeto?
$ 259.000

CAPÍTULO OITO

1. Um risco é um evento incerto que, se *ocorrer*, pode comprometer a realização do *objetivo do projeto*.
2. Para cada risco *identificado*, os potenciais *impactos* devem ser *estimados*.
3. A avaliação de risco envolve a determinação da *probabilidade* de que um risco irá *ocorrer* e o *nível de impacto* que ele terá sobre o *objetivo* do projeto.
4. Um *plano de resposta* ao risco é um conjunto definido de *ações* para prevenir ou *reduzir* a probabilidade da *ocorrência* ou o *impacto* de um risco, ou para ser *implementado* caso o risco ocorra.
5. Uma *matriz para avaliação* de risco é uma ferramenta para a avaliação e *gestão de riscos*.
6. *Reuniões de projeto* representam um bom fórum para revisão *regular*, *atualização* e *abordagem* de riscos.

CAPÍTULO NOVE

1. A quarta e última fase do *ciclo de vida* do projeto é o *encerramento* do projeto.
2. Projetos de sucesso devem terminar com algum tipo de *reconhecimento* e *comemoração*.
3. Quais são os dois tipos de reuniões internas de avaliação pós-projeto que o gestor deve fazer?
   - Uma reunião individual com cada membro da equipe.
   - Uma reunião de grupo com toda a equipe do projeto.
4. O objetivo de identificar e documentar as *lições aprendidas* é capitalizar o *conhecimento* e *experiência* adquiridos no projeto, a fim de *melhorar o desempenho* em projetos *futuros*.
5. A equipe do projeto *não* deve esperar até o *final* do projeto para capturar e *documentar as lições aprendidas*.
6. No encerramento do projeto, cópias da *documentação* do projeto devem ser adequadamente *organizadas* e *arquivadas*.
7. Liste três razões para fazer uma reunião de avaliação pós-projeto com o cliente.
   - Para determinar se o projeto foi capaz de oferecer ao cliente os benefícios esperados.
   - Para avaliar o nível de satisfação do cliente.
   - Para obter *feedback*.
8. Para uma contratada, quais são duas consequências potenciais de ter um projeto encerrado antecipadamente por um cliente que não está satisfeito?
   - A contratada poderá sofrer um prejuízo financeiro.
   - A reputação da contratada será prejudicada.

CAPÍTULO DEZ

1. Quais são os dois benefícios que o gestor do projeto proporciona ao envolver a equipe no desenvolvimento do plano?
   - Um plano mais abrangente.
   - Comprometimento da equipe para realizar o plano.
2. O gestor do projeto assegura os *recursos adequados* para a realização do trabalho e atribui *responsabilidade* e delega *autoridade* a indivíduos específicos quanto às várias tarefas.
3. O gestor do projeto implanta um sistema de informação de gestão de projetos para servir quais duas funções?
   - Acompanhamento do progresso real.
   - Comparar o progresso atual com o planejado.
4. O gestor de projeto tem a responsabilidade principal de fornecer liderança para quais três funções gerenciais?
   - Planejamento
   - Organização
   - Monitoramento e controle
5. A liderança inclui *inspirar* as pessoas designadas ao projeto para trabalhar como uma equipe, implantar o *plano* e alcançar o *objetivo do projeto* com sucesso.

6. A liderança requer *envolvimento* e *delegação* da equipe.
7. Um gestor de projeto competente entende o que *motiva* os membros da equipe e cria um ambiente de apoio no qual os indivíduos trabalham como parte de uma equipe de alto desempenho.
8. As pessoas querem sentir que estão *contribuindo* com o projeto e precisam ser *reconhecidas*.
9. Demonstrar *apreciação* e *elogiar* as pessoas são iniciativas que irão *motivá-las* a serem mais *engajadas* na contribuição para o *sucesso* do projeto.
10. Um gestor de projeto sintoniza a equipe estabelecendo um ambiente de *confiança*, alta *expectativa* e *satisfação*.
11. As pessoas que trabalham nos projetos procuram por *afiliações* e *socialização*; não querem trabalhar *isoladas*.
12. A liderança requer que o gestor esteja muito *motivado* e dê um *exemplo positivo* à equipe do projeto.
13. Um gestor de projeto eficaz acredita que todos os indivíduos são *valiosos* para a organização e podem fazer grandes contribuições por meio da *aprendizagem contínua*.
14. Em vez de criar medo de *falhar*, o gestor reconhece que os erros fazem parte da experiência de *aprendizagem* e *crescimento*.
15. Um bom gestor valoriza e espera o *autodesenvolvimento contínuo*.
16. Liste cinco razões pelas quais é importante para o gestor de projeto usar comunicação frequente.
    - Para manter o projeto em movimento
    - Para identificar potenciais problemas
    - Para solicitar sugestões para melhorar o desempenho do projeto
    - Para se manter informado sobre o nível de satisfação do cliente e os problemas das partes interessadas
    - Para evitar surpresas
17. Um alto nível de comunicação é especialmente importante no começo do projeto para construir um bom *relacionamento de trabalho* com a equipe e para estabelecer *expectativas* claras com o cliente.
18. Quais são as três formas pelas quais um gestor se comunica?
    - Reuniões
    - Conversas informais
    - Relatórios por escrito
19. Bons gerentes de projeto passam mais tempo *ouvindo* que *falando*.
20. Dê três motivos por que o gestor do projeto deve estabelecer comunicação contínua com o cliente.
    - Para mantê-lo informado
    - Para determinar se existe qualquer mudança quanto às expectativas
    - Para se manter informado sobre o nível de satisfação do cliente
21. Por que a comunicação dos gestores do projeto precisa ser frequente, aberta, oportuna, honesta e sem ambiguidade? Tal comunicação estabelece credibilidade, cria segurança e previne rumores.
22. O gestor deve ter uma *conversa* informal com cada membro da equipe e com cada pessoa-chave na organização do *cliente*.
23. O gestor deve usar *questões abertas* e *escutar* atentamente.
24. O gestor precisa ter bom senso de *humor* e precisa estar em forma *fisicamente*.
25. Ao solucionar problemas, o gestor precisa ser capaz de ver o *contexto mais amplo* e como as soluções em potencial podem afetar outras partes do projeto.
26. Negociações eficazes resultam em ganho dos *dois lados*. Isso requer que o gestor do projeto seja *flexível* e esteja disposto a *entrar em acordos*.
27. O gestor precisa se manter *íntegro* e *respeitável* ao outro lado durante todo o processo de *negociação*.
28. Quais habilidades e competências bons gestores têm?
    - Capacidade de liderança
    - Habilidade para desenvolver pessoas
    - Habilidades de comunicação
    - Habilidades interpessoais
    - Habilidade de lidar com o estresse
    - Habilidades de resolução de problemas
    - Habilidades de negociação
    - Capacidade de gestão do tempo
29. a. Identifique uma habilidade que você queira desenvolver.
    b. Identifique três atividades que possa fazer para desenvolver essa habilidade.
    c. Selecione uma das três atividades que listou acima e escolha uma data para que a conclua. As respostas podem variar.
30. A delegação envolve *capacitar* a equipe para atingir o *objetivo do projeto* e cada membro da equipe para atingir os *resultados esperados* para a sua área de responsabilidade.
31. Os gestores de projeto não devem dizer aos indivíduos *como* fazer sua tarefa.
32. Ao designar pessoas para tarefas específicas, o gestor precisa levar em consideração as *capacidades*, o *potencial* e a *carga de trabalho* de cada pessoa.
33. A delegação eficaz requer que o gestor tenha *confiança* em cada membro da equipe.
34. Delegar requer que indivíduos sejam *responsáveis* por alcançar os resultados esperados.

35. Mudanças podem ser iniciadas pelo *cliente* ou pela *equipe* ou podem ser provocadas por *ocorrências inesperadas* durante a realização do projeto.

36. A função do gestor é *gerenciar* e *controlar* mudanças para *minimizar* qualquer impacto negativo na conclusão bem-sucedida do objetivo do projeto.

37. No início do projeto, o gestor precisa estabelecer um *sistema de controle de mudanças* para definir como as mudanças serão *documentadas*, *aprovadas* e *comunicadas*.

38. *Scope creep* é uma causa frequente de *ultrapassagem do orçamento* dos projetos ou de não *terminá-lo em tempo*.

CAPÍTULO ONZE

1. Uma equipe de projeto é um grupo de indivíduos que trabalha de forma *interdependente* para alcançar o *objetivo* do projeto.

2. Trabalho em equipe é o esforço *cooperativo* dos membros de uma equipe para alcançar uma meta *comum*.

3. Os membros da equipe do projeto são selecionados com base não só em suas *especialidades* e *experiências*, mas também em sua *disponibilidade*.

4. As equipes de projeto devem ter o *menor* número possível de pessoas no *decorrer* de todo o projeto.

5. Durante a fase de formação, *pouco* trabalho é realizado em razão do alto nível de *ansiedade* que os indivíduos apresentam.

6. No estágio de formação, indivíduos fazem muitas *perguntas*.

7. Durante o estágio de formação, o gestor deve fornecer *direção* e *estrutura* para a equipe.

8. Durante o estágio de perturbação, *conflitos* surgem e a *tensão* aumenta.

9. Durante o estágio de perturbação, os membros da equipe questionam quanto *controle* e *autoridade* eles têm.

10. Durante o estágio de perturbação, o gestor deve oferecer *orientação* e promover a *resolução de conflitos*.

11. No estágio de ajuste, *conflitos* e *descontentamentos* são reduzidos, a *coesão* começa a se desenvolver e existe um clima de *equipe*.

12. Durante o estágio de ajuste, a *confiança* começa a se desenvolver. Há mais compartilhamento de *informações*, *ideias* e *sentimentos*; a *cooperação* aumenta.

13. No estágio de ajuste, o *desempenho do trabalho* acelera e a *produtividade* aumenta.

14. Durante o estágio de realização, há um elevado grau de *interdependência*; os membros *colaboram* com frequência e estão dispostos a *ajudar* uns aos outros com o trabalho além de suas próprias tarefas.

15. Durante o estágio de realização, o gestor *delega* completamente a responsabilidade e a autoridade, dando poder, portanto, à equipe.

16. Quais são os quatro estágios do desenvolvimento e crescimento de uma equipe?
    - Formação
    - Perturbação
    - Ajuste
    - Realização

17. A reunião *inicial* do projeto deverá ser realizada o mais *cedo* possível durante o estágio de *formação* no desenvolvimento da equipe.

18. Uma equipe eficaz de projeto possui um entendimento claro do *objetivo* do projeto e expectativas claras dos *papéis* e *responsabilidades*.

19. Equipes eficazes de projeto estão orientadas para os *resultados*; cada pessoa tem um forte compromisso com o cumprimento do *objetivo do projeto*. Há um alto nível de *cooperação* e *colaboração*.

20. Equipes eficazes de projeto apresentam um alto nível de *confiança*. Elas também são capazes de resolver conflitos por meio de *feedback* e *confronto* positivo das questões de forma construtiva e oportuna.

21. O gestor do projeto precisa articular o *objetivo* do projeto com frequência. Em reuniões periódicas, deve perguntar sempre se alguém tem alguma *pergunta* sobre o que deve ser feito.

22. O gestor deve se reunir individualmente com cada membro da equipe para explicar por que ele foi *designado* para esse projeto, descrever o *papel* e a *responsabilidade* que se espera dele.

23. O gestor precisa estabelecer *procedimentos* operacionais preliminares no início do projeto, mas estar aberto a sugestões para *eliminá-los* ou *simplificá-los* quando não *contribuírem* mais para o desempenho eficaz e eficiente do projeto.

24. O gestor deve tentar determinar quais as *motivações* de cada indivíduo e, em seguida, criar um *ambiente* de projeto em que esses motivadores estejam presentes.

25. É importante que o gestor faça reuniões frequentes para a *revisão do status* do projeto e que a pauta seja publicada. A *participação* e as perguntas devem ser encorajadas durante tais reuniões.

26. Um gestor de projeto deve solicitar sugestões periódicas dos outros participantes para melhorar suas habilidades de *liderança*.

27. Uma equipe de projeto formada por um *pequeno* número de indivíduos com atribuições de *longo prazo* será mais eficiente que uma equipe de projeto composta de um *grande* número de indivíduos com atribuições de *curto* prazo.

28. Quais são algumas das barreiras à eficácia da equipe?
    - Falta de clareza quanto à visão e ao objetivo.
    - Falta de clareza quanto à definição de papéis e responsabilidades
    - Falta de estrutura do projeto
    - Falta de comprometimento
    - Comunicação improdutiva
    - Fraca liderança
    - Rotatividade dos membros da equipe
    - Comportamento disfuncional
29. Membros eficientes de uma equipe planejam, controlam e sentem-se *responsáveis* por seus esforços individuais. Eles possuem grandes *expectativas* sobre si mesmos.
30. Membros eficientes de uma equipe *participam* e se *comunicam*. Eles não se limitam a identificar problemas, agem como *solucionadores*.
31. Pense sobre projetos nos quais você esteve envolvido. Quais são algumas características dos membros da equipe que os fizeram colaboradores eficientes? As respostas podem variar.
32. A construção da equipe é responsabilidade tanto do *gestor* quanto da *equipe*.
33. A *socialização* entre os membros da equipe ajuda a *construção* da equipe. Os membros precisam se *comunicar* uns com os outros com frequência.
34. A diversidade da equipe é capaz de trazer ideias *únicas* e *perspectivas* aos projetos.
35. Quais são algumas das dimensões de diversidade?
    - Idade ou geração
    - Aparência
    - Etnia ou ascendência
    - Gênero
    - Saúde
    - *Status* empregatício
    - Estado civil e *status* parental
    - Raça
    - Afiliação religiosa
    - Identidade sexual e expressão de gênero
36. Os membros da equipe não devem *estereotipar* ou fazer *suposições* sobre o comportamento ou o *desempenho* de um membro da equipe com base em sua *diversidade*.
37. Duas medidas que podem ser tomadas pela organização para sustentar um clima positivo para a diversidade são desenvolver uma *política* por escrito sobre diversidade e oferecer *treinamento* sobre isso no ambiente de trabalho.
38. Obstáculos para a valorização da diversidade incluem a falta de *consciência* e de *entendimento*.
39. Quais são alguns motivos pelos quais a equipe deve valorizar a diversidade como um ponto forte?
    - Enriquecer a comunicação
    - Incentivar melhores relacionamentos
    - Criar um ambiente de trabalho agradável
    - Melhorar o desempenho da equipe
40. Clientes e fornecedores querem fechar negócios com contratadas de projeto em que possam *confiar*.
41. Duas medidas que uma organização pode tomar para ajudar a prevenir qualquer conduta inadequada é desenvolver uma *política* de comportamento ético por *escrito* e oferecer *treinamento* sobre ética no local de trabalho.
42. A *integridade pessoal* é a fundação da ética no local de trabalho.
43. Quais são as fontes de conflitos em projetos?
    - Escopo do trabalho
    - Aplicação de recursos
    - Programação
    - Custo
    - Prioridades
    - Questões organizacionais
    - Problemas das partes interessadas
    - Diferenças pessoais
44. Resolvidos da forma correta, os conflitos podem ser *benéficos*.
45. Quais são os cinco enfoques para a resolver conflitos?
    - Evitar ou se afastar
    - Competir ou confrontar
    - Acomodar ou facilitar
    - Comprometer
    - Colaborar, enfrentar ou solucionar o problema
46. Quais são os nove passos envolvidos na solução do problema?
    - Desenvolver uma declaração do problema
    - Identificar causas em potencial do problema
    - Reunir dados e verificar as causas mais prováveis do problema
    - Identificar possíveis soluções
    - Avaliar as soluções alternativas
    - Determinar a melhor solução
    - Revisar o plano do projeto
    - Implementar a solução
    - Determinar se o problema foi solucionado
47. No *brainstorming*, a *quantidade* das ideias geradas é mais importante que a *qualidade*.
48. Quais são algumas medidas que você pode tomar para gerenciar o seu tempo de forma mais eficaz?
    - Identificar metas semanais
    - Fazer uma lista de tarefas a cumprir
    - Focar no cumprimento das tarefas na sua lista diária
    - Controlar as interrupções
    - Aprender a dizer "não"

- Fazer uso eficaz do tempo de espera.
- Lidar com os papéis e mensagens eletrônicas somente uma vez ao dia.
- Recompensar a si mesmo.

CAPÍTULO DOZE

1. A *comunicação efetiva* e o *fluxo de informações* oportunos são essenciais para a gestão de projeto *bem-sucedida.*
2. Identifique dois tipos de comunicação verbal pessoal.
   - Comunicação cara a cara
   - Conversas telefônicas
3. A linguagem corporal pode ser usada não apenas pela pessoa que está falando, mas também pelo *ouvinte*, como uma forma de fornecer *feedback* à pessoa que está falando.
4. Na comunicação pessoal, as pessoas precisam ser sensíveis à linguagem corporal que reflete da *diversidade cultural* dos participantes.
5. Os membros da equipe precisam ser *proativos* em iniciar a comunicação oportuna para *obter* e *dar* informações.
6. Identifique dois métodos que podem ser usados para verificar a compreensão durante a comunicação verbal.
   - Pedir a outra pessoa que diga a você o que entendeu sobre o que você disse.
   - Parafrasear o que você pensa que a outra pessoa disse.
7. Quais são os dois tipos de comunicação escrita pessoal?
   - Correspondência interna entre a equipe.
   - Correspondência externa com o cliente.
8. Falha ao *ouvir* pode provocar uma *quebra* na comunicação.
9. Faça uma lista de algumas barreiras comuns para a escuta eficaz.
   - Fingir que está ouvindo.
   - Distrações.
   - Mente fechada e preconceituosa.
   - Impaciência.
   - Tirar conclusões precipitadas.
10. O que se pode fazer para melhorar as habilidades de escuta?
    - Focar na pessoa que está falando.
    - Envolver-se na escuta ativa.
    - Fazer perguntas.
    - Não interromper.
11. Quais os principais propósitos de uma reunião de análise de *status*?
    - Informar.
    - Identificar problemas.
    - Identificar itens de ação.
12. Verdadeiro ou falso: quando os membros da equipe identificam problemas atuais ou em potencial, devem esperar até a reunião de análise de *status* seguinte para colocá-los em discussão.
    Falso. Eles devem iniciar imediatamente uma reunião para solucionar o problema com os membros da equipe adequados.
13. Em muitos projetos, normalmente há duas reuniões de análise crítica de projeto: uma reunião de análise *preliminar* e uma reunião *final.*
14. Para assegurar a sua eficácia, quais são alguns passos que o organizador ou líder deve tomar antes da reunião?
    - Determinar se uma reunião é realmente necessária
    - Determinar o objetivo da reunião
    - Determinar quem precisa participar da reunião
    - Distribuir uma programação bem antes da reunião
    - Preparar recursos visuais ou apostilas
    - Providenciar uma sala de reuniões
15. Verdadeiro ou falso: é sempre uma boa ideia esperar até que todos cheguem antes de começar a reunião, mesmo que passe do horário marcado.
    Falso. Se o líder da reunião espera pelos participantes atrasados, as pessoas vão adotar o hábito de chegar sempre atrasadas porque sabem que a reunião não irá começar no horário marcado.
16. Quais são algumas das etapas importantes para preparar uma apresentação?
    - Determinar o objetivo da apresentação
    - Conhecer a plateia
    - Fazer um esboço da apresentação
    - Usar uma linguagem simples
    - Preparar anotações
    - Preparar recursos visuais ou apostilas
    - Praticar
    - Fazer cópias das apostilas
    - Requisitar equipamento audiovisual
    - Entrar na sala de reuniões e sentir o "clima"
17. O que é mais importante ter em mente quando estiver fazendo uma apresentação?
    - Esperar um pouco de nervosismo
    - Desligar o celular ou outras tecnologias que possam distrair você ou a plateia
    - Conheçer bem as falas de abertura
    - Usar a abordagem 3 Is
    - Falar com público, não por eles
    - Falar claramente e com confiança
    - Usar gestos apropriados
    - Não ler os *slides*
    - Não ficar em frente aos recursos visuais
    - Instigar o interesse desenvolvendo a sua história
    - Não divagar
    - Afirmar por que os pontos-chave são importantes ao público

- Resumir cada ponto antes de passar para o próximo
- Saber bem quais serão as falas de conclusão
- Reservar tempo para perguntas da plateia
- Ser sincero, simples e confiante ao responder as perguntas

18. Os relatórios do projeto devem ser escritos abordando o que é de interesse para o *leitor*, não o que é de interesse da pessoa que os *escreve*.

19. O principal propósito dos relatórios de progresso é relatar o *progresso* no projeto, em vez de as *atividades* que mantêm a equipe do projeto ocupada.

20. Verdadeiro ou falso. Um relatório final de projeto é um acúmulo dos relatórios de progresso preparados durante o projeto.
Falso. Ele é um resumo do projeto.

21. Quais são algumas diretrizes importantes para ter em mente quando preparar um relatório?
    - Fazê-lo conciso
    - Fazê-lo legível e compreensível
    - Elencar primeiro os pontos mais importantes
    - Utilizar gráficos
    - Fazê-lo em formato aberto, convidativo, e organizado

22. No *início* do projeto, é preciso estabelecer um sistema de *controle* de documentos que definirá como as *mudanças* nos documentos serão *documentadas*, *aprovadas* e *comunicadas*.

23. Quando são feitas *mudanças* em documentos, eles devem ser *distribuídos* imediatamente aos *membros da equipe* cujo *trabalho* será *afetado* pelas *mudanças*.

24. Um plano de *comunicação* define a *geração* e *distribuição* dos *documentos* do projeto entre as *partes interessadas*.

25. É importante estabelecer comunicação frequente com as várias partes interessadas do projeto.

26. A teleconferência inclui ferramentas como ligações em *conferência* e *videoconferência*.

CAPÍTULO TREZE

1. A organização funcional enfatiza a importância da contribuição da *especialidade* de cada componente funcional para os produtos da empresa.
2. Uma empresa com uma estrutura funcional poderá periodicamente formar equipes de projeto para trabalhar em projetos *internos* da empresa.
3. Verdadeiro ou falso: na organização funcional, as pessoas continuam a realizar suas tarefas funcionais enquanto servem na equipe de um projeto por meio período. Verdadeiro.
4. Em uma organização de projeto autônoma, todos os recursos são atribuídos para trabalhar em período *integral* em um determinado projeto. O gestor de projeto tem completa autoridade *administrativa* e de *projeto* sobre a equipe.
5. Uma organização de projeto autônoma pode ser *ineficiente* em relação ao custo.
6. Estruturas organizacionais de projeto autônomas são encontradas principalmente em empresas que estão envolvidas em projetos muito *grandes*.
7. A estrutura organizacional matricial fornece foco no projeto e no *cliente* pela estrutura *do projeto autônoma*, mas mantém a especialização da estrutura *funcional*.
8. Na organização matricial, os componentes *funcionais* fornecem um conjunto de *conhecimentos* para apoiar projetos em andamento.
9. A estrutura organizacional matricial resulta na utilização eficaz de *recursos* e minimiza *custos* gerais porque isso permite o *compartilhamento* do tempo dos indivíduos entre vários *projetos*.
10. Em uma organização matricial, cada membro de uma *equipe de projeto* tem uma relação de subordinação dupla: ao gestor temporário e ao *gestor funcional* permanente.
11. Em uma organização matricial, o gestor de projeto define *o que* tem de ser feito, até *quando* e *qual* a quantidade de *dinheiro* para realizar o projeto e satisfazer o cliente.
12. Em uma organização matricial, o gestor funcional é responsável por *como* as tarefas serão realizadas e *quem* fará cada tarefa.
13. A estrutura organizacional matricial permite uma resposta rápida a problemas identificados porque tem tanto um caminho *horizontal* quanto *vertical* para o fluxo de *informações*.
14. O *escritório de gestão de projeto* tem um papel importante na estrutura organizacional matricial. Ele *supervisiona* e *coordena* vários projetos.
15. Quais são algumas vantagens e desvantagens da estrutura organizacional funcional?

    Vantagens:
    - Sem duplicação de atividades
    - Excelência funcional

    Desvantagens:
    - Insularidade
    - Tempo de resposta lento
    - Falta de foco no cliente
16. Quais são algumas vantagens e desvantagens da estrutura organizacional de projeto autônoma?

    Vantagens:
    - Controle sobre recursos
    - Resposta aos clientes

    Desvantagens:
    - Custo ineficiente

- Baixo nível de transferência de conhecimento entre os projetos

17. Quais são algumas vantagens e desvantagens da estrutura organizacional matricial?

Vantagens:

- Utilização eficiente dos recursos
- Especialização funcional disponível para todos os projetos
- Aprendizagem incrementada e transferência de conhecimento
- Responsividade
- Foco no cliente

Desvantagens:

- Duplas relações de subordinação
- Necessidade de equilíbrio de poder

Glossário

A

atividade Um trabalho definido que consome tempo. Também chamada de *tarefa*.

atividade predecessora Atividade que deve ser finalizada antes que uma atividade sucessora dependente possa começar.

atividade sucessora Atividade que pode ser iniciada após as atividades predecessoras imediatas serem finalizadas.

autorização do projeto *Consulte* termo de abertura do projeto.

avaliação de riscos Determinar a probabilidade de que o evento de risco ocorrerá e o grau de impacto que terá sobre o objetivo do projeto.

B

balanceamento de tempo-custo Metodologia para reduzir gradualmente a duração do projeto com o menor aumento associado de custo. Também chamado de *compressão*.

benefícios previstos *Consulte* critérios de sucesso.

brainstorming Técnica em que todos os membros de um grupo contribuem com ideias espontâneas em um ambiente sem censura.

C

caminho Uma sequência contínua das atividades em um diagrama de rede.

caminho crítico Em um diagrama em rede, qualquer caminho das atividades com folga total zero ou negativa. O caminho mais longo (mais demorado). *Veja também* caminho mais crítico.

caminho mais crítico Em um diagrama de rede, o caminho de atividades mais demorado (mais longo), que apresenta o menor valor – seja menos positivo ou mais negativo –, para a folga livre.

caminho não crítico Em um diagrama de rede, qualquer caminho de atividades com folga total positiva.

categoria de risco Agrupamento de possíveis fontes do risco por tópico.

chamada de propostas (CDP) Documento, preparado pelo cliente, que define as exigências do projeto e é usado para solicitar propostas das possíveis contratadas para fazer o projeto.

ciclo de vida do desenvolvimento dos sistemas (CVDS) A ferramenta de planejamento de gestão de projeto que consiste em um conjunto de fases ou etapas a serem concluídas ao longo do desenvolvimento de um sistema de informação.

ciclo de vida do projeto As quatro fases pelas quais um projeto passa: iniciação, planejamento, execução e encerramento.

cliente *Consulte* consumidor.

compressão *Consulte* balanceamento de tempo-custo.

condições de pagamento A base sobre a qual o cliente vai fazer pagamentos ao contratado. Também chamado de *termos de pagamento*.

construção de equipe Desenvolvimento de uma equipe a partir de um grupo de indivíduos para alcançar o objetivo do projeto.

consumidor A entidade que fornece os fundos necessários para realizar um projeto. Pode ser uma pessoa, uma organização ou uma parceria de pessoas ou organizações. Também conhecido como *patrocinador* ou *cliente*.

contratada Indivíduo ou organização para quem um patrocinador ou cliente terceiriza o trabalho do projeto.

contrato Acordo celebrado entre o contratado, que concorda em realizar o projeto e fornecer um produto ou serviço (resultados), e o cliente, que concorda em pagar ao contratado uma certa quantia de dinheiro em troca.

contrato de preço fixo Contrato em que um cliente e uma contratada concordam com um preço que não muda independente de quanto o projeto realmente custe para a contratada. O preço permanece fixo a menos que o cliente e a contratada concordem com mudanças.

contrato por administração Contrato em que um cliente concorda em pagar a uma contratada todos os custos reais incorridos durante um projeto, mais um percentual acordado.

controle da qualidade Monitoramento antecipado da qualidade do trabalho e de forma regular durante toda a realização do projeto, comparando resultados com padrões de qualidade e tomando imediatamente as ações corretivas necessárias.

critérios de aceitação Os critérios quantitativos que o cliente ou o patrocinador utilizam para validar que uma entrega atende às suas exigências ou expectativas e que servem como base para a aceitação da entrega pelo cliente.

critérios de avaliação Os critérios que uma organização usa para avaliar os possíveis projetos e apoiar a escolha de um, ou que um cliente usa para avaliar as propostas de contratadas concorrentes.

critérios de sucesso Resultados ou benefícios quantitativos esperados que resultarão da implementação do projeto. Também chamado de *benefícios previstos*.

cronograma de marcos Uma lista de eventos principais do projeto e suas datas-alvo.

cronograma exigido As datas ou períodos em que o patrocinador ou o cliente quer que o projeto e os principais marcos sejam cumpridos.

custo da atividade estimado *Veja* custo estimado da atividade.

custo de compressão O custo estimado para concluir uma atividade no menor tempo possível (tempo comprimido).

custo estimado da atividade O custo total estimado de uma atividade com base nos tipos e quantidades de recursos exigidos para realizar a atividade. Também denominado *estimativa de custo da atividade* ou *custo da atividade estimado*.

custo estimado final (CEF) *Consulte* custo previsto final (CPF).

custo geral Porcentagem dos custos diretos de um determinado projeto, adicionado a uma proposta para cobrir os custos de fazer negócios, como seguro, depreciação, administração e recursos. Também chamado de *custos indiretos*.

custo normal O custo estimado para concluir uma atividade sob condições normais, de acordo com o plano.

custo de obrigação *Consulte* custos comprometidos.

custo onerado *Consulte* custos comprometidos.

custo orçado cumulativo (COC) A quantidade orçamentada para cumprir o trabalho realizado até um ponto específico no tempo. Também chamado de *valor planejado* (VP) ou *custo orçado do trabalho programado* (COTP). *Consulte também* orçamento faseado em tempo.

custo orçado do trabalho realizado (COTR) *Consulte* valor agregado (VA) e valor agregado cumulativo (VAC).

custo orçado para trabalho programado (COTP) *Consulte* custo orçado cumulativo (COC).

custo orçado total (COT) Quantidade agregada dos custos estimados das atividades específicas para realizar e completar um pacote de trabalho ou projeto. Também chamado de *orçamento na conclusão* (OC).

custo previsto final (CPF) O custo total projetado de todo o trabalho exigido para concluir um projeto com base no custo real despendido, o valor agregado do trabalho realizado e o trabalho restante a ser feito. Também denominado *custo estimado final* (CEF).

custo real cumulativo (CRC) A quantidade de custos realmente gastos e comprometidos para cumprir o trabalho realizado até um ponto específico no tempo. Também chamado de *custo real do trabalho realizado* (CRTR).

custo real do trabalho realizado (CR-TR) *Consulte* custo real e custo real cumulativo (CRC).

custo real A quantidade de custos realmente gastos ou comprometidos para cumprir o trabalho realizado. Também chamado de *custo real do trabalho realizado* (CRTR).

custos comprometidos Fundos que foram obrigados por um item que foi pedido ou adquirido, mas ainda não foi pago, e, portanto, não estão disponíveis para serem gastos em outra parte do projeto, pois serão necessários em algum momento mais tarde para pagar o item. Também chamado de *custo de obrigação* ou *custo onerado*.

custos indiretos *Consulte* custo geral.

D

data de início mais cedo (DIC) A data mais cedo em que uma atividade específica pode começar a ser fundamentada no início estimado do projeto e nas durações estimadas das atividades anteriores.

data de início mais tarde (DIT) A última data em que uma atividade específica deve ser iniciada para que todo o projeto seja concluído no tempo de conclusão exigido; o tempo de conclusão da atividade menos a duração estimada da atividade.

data de término mais cedo (DTC) A data mais cedo em que uma atividade específica pode ser concluída; o início mais cedo da atividade mais a duração estimada da atividade.

data de término mais tarde (DTT) A última data em que uma atividade específica deve ser concluída para que todo o projeto seja concluído no tempo de conclusão exigido.

data de término real (DTR) A data em que uma atividade específica é realmente concluída.

data de vencimento A data especificada em uma chamada de proposta em que um cliente exige que as possíveis contratadas enviem as propostas.

data do marco Data-alvo da ocorrência de um evento principal na programação do projeto.

decisão de oferta/não oferta Avaliação de uma contratada para avançar ou não com o preparo de uma proposta em resposta à chamada de proposta de um cliente.

declaração de trabalho (DT) Um documento que descreve as principais tarefas que o cliente quer que o contratado ou a equipe do projeto realize para concluir o escopo do projeto e concluir as programações estabelecidas.

desvio padrão (σ) Uma medida de dispersão, ou propagação, de uma distribuição a partir de seu valor previsto; a raiz quadrada da variância.

diagrama de rede Ferramenta para organizar e exibir as atividades específicas na sequência apropriada e definir suas relações dependentes.

distribuição da probabilidade beta Distribuição frequentemente usada para calcular a duração prevista e variância para uma atividade com base nas estimativas de tempo otimistas, mais provável e pessimistas.

distribuição da probabilidade normal Distribuição de valores, em forma de sino, que é simétrica em torno de seu valor médio.

diversidade Diferenças entre as pessoas.

documento de escopo do projeto Um documento que inclui as exigências do cliente, declarações de trabalho, programações e critérios de aceitação.

documento de iniciação do projeto *Consulte* termo de abertura do projeto.

duração esperada (t_e) A duração para uma atividade calculada com base nas estimativas otimistas, mais prováveis e pessimistas do tempo, conforme a seguir:

$$t_e = \frac{t_o + 4(t_m) + t_p}{6}$$

Também chamada de *média* ou *duração média*.

duração estimada da atividade O tempo total decorrido estimado que representa quanto tempo uma atividade levará do início ao fim, incluindo o tempo de espera associado. Também denominada *estimativa de duração da atividade*.

duração média *Consulte* duração esperada.

duração probabilística da atividade O uso de três durações estimadas (otimistas, mais prováveis e pessimistas) para calcular uma duração estimada prevista (média) para uma atividade quando há um alto grau de incerteza.

E

elaboração progressiva Uma abordagem para planejar um projeto em maior detalhe à medida que progride e mais informações são conhecidas ou esclarecidas.

entrega Item ou produto tangível produzido pela equipe do projeto de acordo com os requisitos do cliente durante e na conclusão do desempenho do projeto.

equipe do projeto Grupo de indivíduos que trabalham de forma interdependente para alcançar o objetivo do projeto.

equipe virtual Equipe de projeto cujos membros estão geograficamente dispersos e têm um mínimo de contato presencial.

escalonamento Método de mostrar a relação dependente de um conjunto de atividades que é repetido diversas vezes consecutivas e permite que as atividades sejam concluídas no menor tempo possível enquanto se faz melhor uso dos recursos disponíveis.

escopo Todo trabalho que deve ser efetuado com a finalidade de cumprir com as programações do projeto que atendam aos requisitos e critérios de aceitação do cliente e realizem o objetivo do projeto. Também chamado de *escopo do projeto* ou *escopo do trabalho*.

escopo do projeto *Consulte* escopo.

escopo do trabalho *Veja* escopo.

escritório de gestão de projetos (PMO – *project management office*) Componente organizacional que acompanha e coordena múltiplos projetos, oferece recursos e serviços de suporte ao projeto e estabelece os processos e procedimentos do projeto.

estabilização de recursos *Consulte* nivelamento de recursos.

estimativa de custos da atividade *Veja* custo estimado da atividade.

estimativa de duração da atividade *Veja* duração estimada da atividade.

estimativa de recursos para a atividade *Veja* recursos estimados para a atividade.

estimativa de tempo *Consulte* duração estimada da atividade.

estrutura analítica do projeto (EAP) Uma decomposição hierárquica do escopo do trabalho do projeto em pacotes de trabalho a serem executados pela equipe do projeto a fim de produzir as entregas do projeto.

estrutura organizacional do projeto autônoma Estrutura organizacional em que cada projeto opera como sua própria entidade de certo modo independente, com recursos dedicados atribuídos unicamente ao projeto. Também chamada de *estrutura organizacional projetizada*.

estrutura organizacional funcional Estrutura organizacional em que os indivíduos são organizados em grupos que realizam a mesma função ou têm as mesmas experiências ou habilidades.

estrutura organizacional matricial Um híbrido das estruturas organizacionais do projeto funcional e autônoma, em que os recursos dos componentes funcionais apropriados de uma organização são temporariamente atribuídos aos determinados projetos que têm os gestores de projeto proveniente do componente do projeto da organização.

estrutura organizacional projetizada *Consulte* estrutura organizacional do projeto autônoma.

exceção Variação das exigências especificadas pelo cliente, declaradas por uma contratada em uma proposta.

F

fase de encerramento Quarta fase do ciclo de vida do projeto, durante a qual as ações são tomadas para concluir o projeto, incluindo arquivar os documentos e documentar as lições aprendidas.

fase de execução Terceira fase do ciclo de vida do projeto, durante a qual o plano de base é executado para produzir todas as entregas e alcançar o objetivo. Inclui realizar o trabalho, monitorar e controlar o progresso e gerenciar as mudanças para cumprir o escopo do projeto na programação e dentro do orçamento.

fase de iniciação Primeira fase do ciclo de vida do projeto, durante a qual os projetos são identificados, selecionados e autorizados.

financiamento *Consulte* fundos do projeto.

fase de planejamento Segunda fase do ciclo de vida do projeto, durante a qual um plano de base é desenvolvido. Inclui a definição do escopo do projeto, a identificação dos recursos, o desenvolvimento de um cronograma e de um orçamento, e a identificação de riscos.

folga livre (FL) Tempo durante o qual uma atividade específica pode ser adiada sem atrasar a data de início mais cedo de suas atividades imediatamente posteriores. É a diferença relativa entre as quantidades da folga livre para atividades que iniciam a mesma atividade. Sempre é um valor positivo. Também denominada *free float*.

free float *Consulte* folga livre (FL).

fundos do projeto A quantidade de dinheiro que um patrocinador ou cliente autoriza ou compromete para o projeto. Também chamados de *financiamento*.

G

gestão do projeto Indivíduo que lidera a equipe do projeto para atingir o objetivo do projeto.

gestão de projetos Planejar, organizar, coordenar, liderar e controlar recursos para concretizar o objetivo do projeto.

gestão de projetos ágil Uma abordagem para reduzir o tempo de desenvolvimento de um produto e minimizar os riscos através da interação contínua entre o cliente e pequenas equipes auto-organizadas que produzem incrementos nos recursos funcionais do produto em iterações de curta duração e se adaptam rapidamente às mudanças nos requisitos.

gestão de riscos A identificação, avaliação e resposta a riscos do projeto, a fim de minimizar a probabilidade de ocorrência e/ou potencial impacto de eventos adversos sobre a realização do objetivo do projeto.

gráfico de barras Ferramenta de planejamento e agendamento que exibe as atividades do projeto ao longo de uma escala de tempo. Também chamado de *gráfico de Gantt.*

gráfico de Gantt Forma de gráfico de barras. *Consulte* gráfico de barras.

I

identificação do risco Determinar quais riscos podem afetar adversamente o objetivo do projeto e qual o impacto de cada risco, se ocorrer.

índice de desempenho a finalizar (IDF) Taxa de desempenho exigida para o trabalho remanescente de modo a completar o projeto ou o pacote de trabalho dentro de seu custo orçado total.

índice de desempenho do custo (IDC) Medida de eficiência do custo com a qual o projeto está sendo realizada; o valor agregado cumulativo dividido pelo custo real cumulativo.

início estimado do projeto A data em que um projeto é previsto para começar.

item do trabalho Uma parte individual ou um componente de um projeto em uma estrutura analítica do projeto.

L

limitação Uma restrição ou limitação que pode afetar o desempenho do projeto.

lista de atividades Lista consolidada das atividades específicas que precisam ser realizadas para produzir todas as entregas e cumprir o objetivo do projeto.

loop Relação ilógica entre um caminho de atividades que perpetuamente se repete.

M

marco O evento principal em um projeto.

matriz de avaliação de risco Tabela que inclui os possíveis riscos, seu impacto em potencial, sua possibilidade de ocorrência e o planejamento da resposta. Também denominada *registro de risco*.

matriz de responsabilidade (MR) Tabela que designa os indivíduos ou as unidades organizacionais responsáveis por realizar cada item de trabalho em uma unidade de quebra de trabalho (EAP).

método do diagrama de precedência (MDP) Tipo de técnica de planejamento de rede.

método do caminho crítico (MCC) – (CPM, *critical path method*) Tipo de técnica de planejamento de rede.

N

nivelamento de recursos Método para desenvolver um cronograma que tenta minimizar as flutuações nas exigências por recursos sem estender o cronograma do projeto além de seu tempo de conclusão exigido. Também é conhecido como *estabilização de recursos*.

O

objetivo O que deve ser realizado; produto final tangível que a equipe de projeto deve produzir e entregar. Normalmente é definido em termos de produto final ou entrega, agendamento e orçamento. Pode incluir uma afirmação dos benefícios que serão alcançados ao implementar o projeto. Também chamado de *objetivo do projeto*.

objetivo do projeto *Consulte* objetivo.

oferta melhor e final (OMF) Preço final para um projeto, emitido por uma contratada a pedido de um cliente que está considerando propostas de diversas contratadas para o mesmo projeto.

orçamento A quantia que o patrocinador ou cliente concordou em pagar por entregas aceitáveis no projeto.

orçamento faseado em tempo Distribuição do orçamento total pelo período de tempo final para um pacote de trabalho ou projeto além do tempo de intervalo previsto com base em quando as atividades específicas são programadas para serem realizadas.

orçamento na conclusão (OC) *Consulte* custo orçado total (COT).

P

pacote de trabalho Uma parte ou um componente do trabalho do projeto no nível mais baixo de qualquer ramificação de uma estrutura analítica do projeto.

patrocinador *Consulte* cliente.

período do relatório Intervalo de tempo em que o desempenho do projeto real será comparado com o desempenho planejado.

planejamento Determina exatamente o que precisa ser feito, quem irá fazê-lo, quanto tempo vai demorar, quanto irá custar e quais são os riscos.

planejamento da qualidade *Consulte* planejamento da qualidade do projeto.

planejamento da resposta a risco Conjunto definido de ações para prevenir ou reduzir a probabilidade de ocorrência ou o possível impacto de um risco, ou que deverão ser implementadas caso o evento de risco ocorra.

planejamento de demandas de recursos Tabela que ilustra a utilização esperada dos recursos por período durante o intervalo de tempo do projeto.

planejamento da qualidade do projeto Documento que define as especificações, os padrões e os códigos que devem ser atendidos durante o desempenho do trabalho do projeto e os procedimentos para as ferramentas e técnicas de qualidade, para assegurar e controlar a qualidade. Também chamado de *planejamento da qualidade.*

planejamento restrito de recursos Uma abordagem para criar um diagrama de rede e um cronograma em que a sequência e as relações dependentes das atividades têm como base as restrições de recursos que levam em consideração a disponibilidade de uma quantidade limitada de recursos.

plano de base Conjunto de documentos integrados do projeto que mostra como o escopo será realizado dentro do orçamento e na programação; é utilizado como referência para que o desempenho real possa ser comparado.

plano de comunicação do projeto Documento que define a geração e distribuição dos documentos do projeto entre as partes interessadas.

porcentagem completa Estimativa na forma de porcentagem da proporção de trabalho envolvida no desempenho de uma atividade específica ou pacote de trabalho que foi concluído.

prazo mais provável (t_m) A duração da estimativa em que uma atividade pode ser mais frequentemente concluída sob condições normais.

prazo otimista (t_o) A duração estimada em que uma atividade pode ser concluída se tudo correr perfeitamente bem e não houver complicações.

prazo pessimista (t_p) A duração estimada em que uma atividade pode ser mais frequentemente concluída sob condições adversas, como na presença de complicações incomuns ou não previstas.

preço Custos totais estimados agregados de uma contratada mais seu lucro desejado para o projeto.

processo de controle *Veja* processo de controle de projeto.

processo de controle de projeto Coleta regular de dados sobre o desempenho real do projeto, comparando o desempenho real com o desempenho planejado e tomando medidas corretivas imediatamente se o desempenho real estiver atrasado em relação ao desempenho planejado.

program evaluation review technic (PERT) [TCQP] Um tipo de técnica de planejamento de rede.

programação "tão cedo quanto possível" (ASAP, *as soon as possible*) Programação com base no primeiro tempo de início de cada atividade no projeto. – TTQP

programação "tão tarde quanto possível" (ALAP, *as late as possible*) Programação com base no último tempo de início de cada atividade no projeto.

programação Cronograma para um projeto que indica para quando as atividades são planejadas ou precisam ser iniciadas e finalizadas.

projeto Esforço de realizar um objetivo específico por meio de um conjunto único de tarefas inter-relacionadas e a utilização eficaz de recursos.

proporção de vitória A porcentagem do número ou valor do dólar das propostas de uma contratada que resultam em acordos contratuais com os clientes.

proposta Um documento, preparado por uma organização de projeto ou contratada, que inclui abordagem, programação e orçamento propostos para reunião dos requisitos do projeto e cumprimento do escopo do projeto.

R

recursos As pessoas (incluindo as subcontratadas e os consultores), os materiais, os equipamentos e as instalações exigidos para realizar e cumprir com as programações do projeto estabelecidas.

recursos da atividade estimados *Veja* recursos estimados para a atividade.

recursos estimados para a atividade Uma estimativa dos tipos e quantidades de recursos necessários para realizar uma atividade. Também denominado *estimativa de recursos para a atividade* ou *recursos da atividade estimados.*

rede resumida Diagrama de rede que exibe um pequeno número de atividades de nível elevado.

registro de problemas Um documento que enumera problemas, preocupações ou perguntas específicos que as diversas partes interessadas identificam, e também o *status* da resposta ou resolução.

registro de risco *Veja* matriz de avaliação de risco.

registro das partes interessadas Um documento que identifica as partes interessadas, incluindo suas principais informações de contato, seu papel ou tópicos específicos de interesse, expectativas, problemas conhecidos e áreas de influência em potencial.

relação de precedência *Consulte* relação de dependência.

relação de dependência A sequência em que as atividades devem ser finalizadas antes que outras possam ser iniciadas. Também chamada de *relação de precedência.*

requisitos do cliente Especificações funcionais, operacionais e de desempenho ou capacidades definidas pelo cliente que devem ser atendidas.

reserva de gestão *Veja* reserva.

reserva Total de custos que uma contratada pode incluir em uma proposta para cobrir situações inesperadas que podem surgir durante o projeto. Também chamada de *reserva de contingência* ou *reserva de gestão.*

reserva de administração *Consulte* contingência.

reserva de contingência *Veja* reserva.

risco Evento incerto que, se ocorrer, pode comprometer a realização do objetivo do projeto.

S

scope creep Ampliação do escopo do projeto ao fazer mudanças no escopo sem aprovação adequada.

scrum Uma metodologia da gestão ágil de projetos frequentemente utilizada para projetos de desenvolvimento de software.

seleção do projeto Avaliação de potenciais projetos para, então, decidir quais deles devem ser levados adiante para serem implementados.

sistema de controle de configuração *Veja* sistema de controle de documentos.

sistema de controle de documentos O processo e os procedimentos que definem como as mudanças nos documentos do projeto serão documentadas, aprovadas e comunicadas. Também conhecido como *sistema de controle de configuração.*

sistema de controle de mudança O processo e os procedimentos que definem como as mudanças serão documentadas, aprovadas e comunicadas.

sistema de informação (SI) Sistema de computador que aceita dados como entrada, processa os dados e produz informações para os usuários.

sistema de informação para gestão de projetos (SIGP) Sistema computacional que pode ajudar os gerentes e as equipes de projeto a planejar, monitorar e controlar os projetos.

sprint Um período determinado durante o qual uma equipe desenvolve, entrega e demonstra um incremento de trabalho, ou uma parte, do produto final concluído.

subcontratada Indivíduo ou organização para quem um patrocinador, cliente ou contratada terceiriza uma parte específica do escopo do projeto.

sub-rede Parte de um diagrama de rede que representa um pacote de trabalho específico ou algum conjunto e sequência de atividades padrão ou bem estabelecidos.

T

tarefa *Consulte* atividade.

tempo de conclusão necessário do projeto O tempo ou a data em que um projeto deve ser concluído, normalmente estabelecido pelo patrocinador ou cliente.

tempo comprimido Menor duração do tempo estimado em que a atividade pode ser completada.

tempo normal É a duração do tempo estimado que é exigida para realizar a atividade em condições normais, de acordo com o planejamento.

termo de abertura do projeto Documento emitido pelo patrocinador que autoriza o projeto e compromete fundos para o projeto. Também chamado de *autorização do projeto* ou *documento de abertura do projeto.*

termos de pagamento *Consulte* condições de pagamento.

trabalho em equipe Esforço cooperativo entre os membros da equipe para alcançar o objetivo do projeto.

V

valor agregado (VA) O valor do trabalho realmente realizado. Também chamado de *custo orçado do trabalho realizado (COTR).*

valor agregado cumulativo (VAC) O valor do trabalho realmente realizado até um ponto específico no tempo; custo total orçado multiplicado pela porcentagem de trabalho estimado a ser concluído. Também chamado de *custo orçado do trabalho realizado (COTR).*

valor planejado (VP) *Consulte* custo orçado cumulativo (COC).

variância (σ^2) Uma medida da dispersão, ou propagação, de uma distribuição a partir de seu valor esperado.

variância do custo (VC) Indicador do desempenho de custo; o valor agregado cumulativo menos o custo real cumulativo.

Índice remissivo

A

Abertura do orador, fala de, 352
Abordagem de
 acomodação, 325
 afastamento, 324-325
 colaboração, 325
 competição, 325
 comprometimento, 325
 confrontação, 325-326
 nove etapas para a solução de problemas, 326-328
  causas, identificação de, 327
  declaração do problema, desenvolvimento de, 326
  plano de projeto, revisões nas, 327-328
  potenciais causas de problemas, identificação, 326
  reunião de dados, 327
  soluções
   alternativas, avaliação, 327
   determinação, 327
   identificação de, 327
   implementação, 328
 retirada, 324-325
 solução de problemas, 326-328
 suavização, 325
 3 Is pelo orador, 352
Abordagem forçada, 325
Ação exigida por documentos, 357
Ações corretivas, 345
 planejadas, 354
Aceitação de riscos, 250
Acompanhamento de propostas, 67-68
Acrescentar um recurso a uma tarefa, 195
Afiliação política, 317
Afiliação religiosa, 317
Agenda da reunião com o cliente para revisão do projeto, 347
Agenda de reunião para revisão do *status* do projeto, 343
Agenda para reuniões, 343, 346-347
Alocação de recursos, 187
Análise do sistema, 102
Anotações, para apresentações, 351
Aparência, 316
Aplicação de recursos, 323
Apostilas, 346, 352
Apresentações, 350-353
 equipamento audiovisual para, 352
 esboço final para, 351
 esboço para, 351
  final, 351
  pontos principais, 353
 linguagem para, simples, 351
 materiais de folhetos para, cópias de, 35
 oradores de
  abordagem dos 3 Is, 352
  clareza, 351
  confiança, 352
  fala de abertura, 351
  fala de conclusão, 353
  gestos, 352
  nervosismo, 352
  perguntas, respondendo a, 353
  público, 352-353
  slides, leitura, 352
 praticando para, 351
 preparação, 350-352
 propósito de, 351
 público para, 351
 realização de, 353
 recursos visuais para, 351-352
 sala de reunião para, espaço, 352
 sugestões para, 351
 telefones celulares desligados durante, 352
Ascendência, 316
Assinatura e data de aprovação, 37
Associações de Gestão de Projetos, 20
Atividade manualmente programada, 175
Atividades
 custos de, 15
  estimativa, 206, 209, 220
  para projeto de estudo do mercado consumidor, 207
  para projeto de sistema de relatórios com base on-line, 225
 de curto prazo, 146, 220
 definição para atividades específicas, 14, 95-96
 diagrama de rede, criação, 98-100
 durações de, 16, 121-122, 146
 limitações de, 179-180
 lista de, 104, 151
 princípios da rede, 96-98
 probabilísticas, 170-174
 programadas manualmente, 174-175
 recursos para, 13, 120-121
 restrições técnicas de, 179
 sequência de, 13, 96-99
 simultâneas, 97
Atividades de curto prazo, 146, 220
Atividades interdependentes, 4
Atividades sequenciais, 14
 com limitações técnicas, 180
 diagrama de rede, criação, 98-100
 diretrizes para, 98-100
 princípios da rede, 96-98
Atividades simultâneas, 97
Atrasos na programação, 72
Atribuição de itens de ação, 345
Atribuição de tempo de trabalho a tarefas de duração fixa, 197
Atributos, 3-4
Atualização da avaliação de riscos, 343
Atualizações de hardware, 145
Atualizar a programação do projeto, 139-140
Autoavaliação, 286
Autor de documentos, 357
Avaliação
 critérios de, 41
 do pessoal, 260
 pós-projeto, 260-262
Avaliação de propostas por clientes, 68-71
Avaliação de riscos, 249
Avaliação e seleção do projeto, 34
Avaliação pós-projeto, 260, 262, 343
 estudo do cliente, 265
 reunião de equipe, 260

B

Banco Mundial, 82
Benefícios
 de projeto, 3-4
 de propostas, para o cliente, 62
 de relatório
  antecipados, 355
  demonstrativo de, 4
  reais, 355
 de relatórios finais,
  reais *versus* antecipados, 355
 esperados, 35, 38, 68, 84
Benefícios antecipados do relatório, 355
Benefícios esperados do projeto, 35, 68
Benefícios reais do relatório, 355
Brainstorming, 328
 contribuição com ideias, 328
 qualidade de ideias, 328
 quantidade de ideias, 328
 regras para, 328

C

Caderno de Encargos (CE), 86
 elementos de trabalho de, 86-87

Caminho crítico, 130-133
  diagrama de rede para, 134, 159
  gráfico de Gantt com, 171-172
Caminho mais crítico, 133
Caminhos
  críticos, 130-133
  mais críticos, 133
  não críticos, 133
Caminhos não críticos, 136
Capacidade de gestão de tempo, 285
Capacidades de armazenamento, mudanças nas, 151
Capacidades, ampliação das, 57
Casamento, O (estudo de caso), 39, 46, 395-398
Causas de problemas, verificação de, 327
Certified Associate of Project Management (CAPM) (Associado de gestão de projetos certificado (AGPC)), 286
Centro de pesquisas médico sem fins lucrativos, Um (estudo de caso), 393-398
Chamada de Propostas (CDP), 9, 28, 37, 39, 53
  exemplo de, 42-45
  formal, diretrizes para a redação, 40-41
  preparação, 39-42
Ciclo de vida do desenvolvimento de sistemas (CVDS), 102, 108
  etapas para o, 102
Ciclo de vida do projeto, 7,
  fase de encerramento do, 8, 11-12
  fase de iniciação do, 8-9
  fase de planejamento do, 9-10
  fase de realização do, 7, 10-11
  por escrito, pelo cliente, 46
  proposta, envio de, para fornecedores, 46
Clareza do orador, 351
Cliente(s)
  construindo relações com, 53-55
  contrato para, 41
  definição, 4
  envio de proposta pelo, por escrito, 46
  exigências do, 40, 85
  feedback do, 264-266
  fundos de, 57
  orçamento para, 66
  relações com, 264
  riscos do, 247
  satisfação do, 6
  suposições do, 66
  termos de pagamento de, 41
Código de conduta para reuniões de equipe, 348
Código de ética e *conduta profissional*, 321
Colaboração, 311
Coleta de informações, 327
Comentários sobre documentos, 358
Competição, 57, 66
  propostas e, desenvolvimento, 56-57
Comportamento disfuncional, 313
Comportamento ético da equipe de projeto, 320-322
  exemplos de, 320-321
Comprometimento, falta de, 312
Comunicação com as partes interessadas, 358
Comunicação pessoal, 339-341
  comunicação escrita, 341
  comunicação verbal, 339-341
  escuta, eficaz, 342
Comunicação escrita, 341
Comunicação pessoal, 340
Comunicação verbal, 339-341
Comunicação(ões), 262
  dispositivos eletrônicos, 359
  escrita, 341
  honestas, 281
  improdutivas, 311-312
  oportunas, 281
  partes interessadas, das, 358
  pelo gestor de projeto, 280-281
  pessoal, 340
  pessoais, 339
    comunicação escrita, 341
    comunicação verbal, 339-341
    escuta, eficaz, 342
  verbal, 339-341
Comunicações honestas, 281
Comunicações internacionais (estudo de caso), 409-411
Comunicações oportunas, 281
Conceitos de gestão de projetos, 1-21
  associações de gestão de projeto, 20
  atributos do projeto, 3-5
  ciclo de vida do projeto, 7-12
    fase de encerramento do, 7, 11
    fase de iniciação do, 8-9
    fase de planejamento de, 9-10
    fase de realização do, 10-11
  gestão de projetos, benefícios da, 20
  gestão de projeto global, 19-20
  processo de gestão de projeto, 12-17
    plano-base, 16
    processo de gestão de projetos, 13-16
    registro de partes interessadas, 18-19
    restrições do projeto, equilíbrio, 5-7
Conclusão, estimativa de custos na, 219-220
Conclusões, precipitadas, 342
Confiança, 320
  estabelecendo, 54
Confiança do orador, 352
Conflitos, 322-324
  resolvendo, 324-326
  abordagem de acomodação, 325
  abordagem de afastamento, 324
  abordagem de colaboração, 325
  abordagem de competição, 325
  abordagem de comprometimento, 325
  abordagem de confrontação, 325
  abordagem de enfrentamento, 325
  abordagem de evitação, 324
  abordagem de facilitação, 325
  abordagem de solução de problemas, 325
  fontes de, 322-324
    aplicação de recursos, 323
    cronograma, 323
    custo, 323
    diferenças pessoais, 324
    escopo do trabalho, 322
    prioridades, 323
    questões envolvendo stakeholders, 324
    questões organizacionais, 323-324
Consideração de precificação
  desenvolvendo propostas, considerações, 65-66
  para o projeto proposto, 65-66
Considerações internacionais sobre o projeto, 72
Construção da equipe de projeto, 301-303
Construção da equipe, 314-315
Consultas on-line, alterações nas, 145
Consultores, custo estimado de, 64, 206-209
Contratos, 71
  por administração, 71-72
  por preço global, 71
  rescisão de, 71-72
  termos e condições do, 72-73
Conteúdos propostos, 61-62
Contratos com reembolso de custos, 71-72
Contratos por preço global, 71
Controle da qualidade, 89
Controle de custos, 220-221
Controle de programação, 140-144
Controle do projeto, planejamento e, 261
Controle pelo gestor de projeto, 275-276
Conversas, informais, 281-282
Cooperação, 311
Critérios de aceitação, 36, 43, 87-88
Critérios de sucesso, 35
Cronograma/programação, 6, 16, 67-69
  atualização, 145
  atualizado
    para o projeto de estudo do mercado consumidor, 139-143
    para o projeto de sistema de relatório baseado na Web, 146-147
  como fonte de conflitos, 323
  controle, 144-145
  definição, 119
  desenvolvendo a programação, 117-166
    ABC Office Designs, exemplo de, 146-151
    data de conclusão do projeto, 122-123
    data de início de projeto, 122-123
    desempenho real da programação, 141-142
    desenvolvimento de sistemas de informação, 150-155
    durações das atividades, 121-122
    processo de controle do projeto, 135-137
    programação do projeto, 123-139
    recursos da atividade, 120-121
    sistemas de informação para gestão de projeto, 137-138
  mudanças em, 73, 139
    incorporação, 140-141, 151
  para o projeto, 16, 123, 139
  caminho crítico, 130-133
  data de início mais cedo, 124-127
  data de início mais tarde, 127-129
  data de término mais cedo, 124-127
  data de término mais tarde, 127-129
  desenvolver a programação, 123-135
  folga livre, 133-134
  folga total, 129-130
  formato de gráfico de barras, 134
  para o projeto de estudo do mercado consumidor, 126

atualizado, 139
data de início mais cedo, 124-127
data de início mais tarde, 127-129
data de término mais cedo, 124-127
data de término mais tarde, 127-129
revisado, 137
valores da folga total, 134
para o projeto de sistema de relatório na Web, 151
atualizado, 154
previsão para, 343
recursos limitados, 184-187, 193
revisado, para o projeto de estudo do mercado consumidor, 137
status do, 343-345
tendências do, 343
variações em, 344
Cronograma com recursos limitados, 185, 188, 194
Cronograma "tão cedo quanto possível" (*as soon as possible* – ASAP), 183
Cronograma "tão tarde quanto possível" (*as late as possible* – ALAP), 183
Custo normal, 231
Custo orçado cumulativo (COC), 210-213, 217, 228
Custo orçado, custo real comparar, 213-214
Custo orçado total (COT), 208, 210, 216
Custo previsto final (CPF), 228
Custo real cumulativo (CRC), 213, 217
Custo comprimido, 212-231
Custos com documentação, 64
Custos comprometidos, 213
Custos excessivos, 72
Custos indiretos, 64
Custos reais, 213-214, 217, 239
estimativa, 206-208

D

Dados anteriores do início de tarefas, 113
Dados do teste de aceitação final, 355
Data de conclusão exigida, 122
Data de documentos, exigida, 358
Data de duração, 172-173
Data de início mais cedo (DIC), 124-127,
Data de início mais tarde (DIT), 127-129
Data de término mais cedo (DTC), 124-127
Data de término mais tarde (DTT), 127-129
Data de vencimento, 44, 68
Duração estimada, 121
Decisão para desenvolver uma proposta, 56-58
Declaração de problemas, desenvolvimento de, 326
Definição da linha de base do projeto, 114
Definição do problema, 102
Delegação, 287-289
barreiras de, comuns, 289
definição, 287
lista de verificação, 289
níveis de, 290
Delegar responsabilidade, 93-94
Descrição de projetos, 35, 355
Desempenho
dados sobre, real, 139-140
marcos (metas) que se espera alcançar, 355
posição atual do, 354
Desempenho do custo, análise, 216-219
índice de desempenho do custo, 218-219
variância do custo, 219
Desempenho do cronograma, 262
Desempenho do orçamento, 261
Desempenho real da programação, 137-138
Desempenho técnico, 261
Desenvolver uma proposta
decisão, 56
lista de verificação, 59
Desenvolvimento da equipe de projeto, 303-307
abordagem, 304-305
formação, 304
normalização, 305-306
realização, 306
Desenvolvimento de pessoas, habilidade de, 281
Desenvolvimento de sistema de informações
cronograma para, ABC Office Designs, 146-151
custos para, estimativa, 224-225
ABC Office Designs, exemplo de, 224
necessidades de recursos para, 188-191
ABC Office Designs, exemplo de, 189
planejando o, 102
ABC Office Designs, exemplo de, 103-104
ciclo de vida do desenvolvimento de sistemas (CVDS), etapas do, 102
riscos de, 252-254
ABC Office Designs, exemplo de, 253
Desenvolvimento de sistemas, 102
Desenvolvimento do produto, 158
Desenvolvendo a programação, 117-163
programação do projeto, 123-139
data de conclusão exigida do projeto, 122-123
data inicial estimada do projeto, 122-123
desempenho real da programação, efeitos do, 137-138
desenvolvimento de sistemas de informação, 151-155
ABC Office Designs, exemplo de, 146-151
duração das atividades, 121-122
processo de controle do projeto, 135-137
recursos de atividade, 120-121
sistemas de informação de gestão de projetos, 151-156
Destinatários de documentos, 357
Desvio do escopo, 88, 291
Diagrama de rede, 14, 17, 96
criação, 98-100
diretrizes para, 98-100
para o projeto de estudo do mercado consumidor, 98
caminho crítico, 130-133
data de início mais cedo, 124-127
data de início mais tarde, 127-128
data de término mais cedo, 124-127
data de término mais tarde, 127-128
durações estimadas, 124
progresso real, incorporação, 151-152
para o projeto de máquina de empacotamento, 209-211
para o projeto de sistema de relatórios on-line, 102-103
caminho crítico, 159-160
progresso real, incorporação, 146
Diferença relativa, 133
Diferenças pessoais, 324
Diretriz por gestores de projeto, 276
Disponibilidade, 120
da equipe de projeto, 302
Dispositivos de comunicação eletrônica, 359
Distrações, 342
Distribuição de probabilidade, 162
normal, 163-164
Distribuição de probabilidade beta, 162-163
Distribuição de probabilidade normal, 163-164
Diversidade
comportamento inapropriado em relação à, 318
definição, 316
dimensões de, 316-317
afiliação política, 317
afiliação religiosa, 317
aparência, 316
ascendência, 316
estado civil, 317
etnia, 317
gênero, 317
hábitos pessoais, 317
idade ou geração, 316
identidade sexual, 317
interesses pessoais, 317
raça, 317
saúde, 316
status empregatício, 317
status parental, 317
pontos-chave da, 320
valorização de barreiras para, 319
Diversidade da equipe, valorização, 316-320
Divulgação de informações confidenciais, 72
Documento de venda, proposta como, 58
Documento do escopo do projeto
definição, 83
seções do, 85-88
critérios de aceitação, 87-88
elementos de trabalho, 86-87
entregas, 87
estrutura analítica do projeto, 88
exigências do cliente, 83, 85
Documentos
ação exigida, 357
autor de, 357
comentários sobre, 357-358
criador de, 357
data de, exigida, 358
frequência de, 357
receptores de, 357
Documentos de projeto arquivados, 8, 259, 263
Documentos do projeto, 8

arquivados, 8, 259
Duração esperada (t_e), 165
Duração estimada, 121-122, 146-147, 170-171
para o projeto de estudo do mercado consumidor, mostrando, 123-124
Duração real, 173
Durações de atividades probabilísticas, 163
distribuição de probabilidade beta, 162-163
durações da atividade, 163-165
fundamentos da probabilidade, 163-170
probabilidade, calculando a, 167

E

E-commerce para um minimercado (estudo de caso), 386
Editar duração da atividade, 173
EDT de alto nível, 88
Eficiência de equipe? (estudo de caso), 405-406
E-mails, 341
Empresa farmacêutica de porte médio (estudo de caso), 387-388
Encerramento antecipado do projeto, 266
Encerramento antecipado do projeto, 259-269
ações de, 259-264
arquivar documentos do projeto, 263
avaliação, 260-262
lições aprendidas, 263
pagamentos finais, 260
reconhecimento de pessoal, 260
conclusão antecipada do projeto, 266
feedback do cliente, 264-266
Entrada de atividade, 113
Entrada de "Recurso" do custo para a "Tarefa", 235
Entregas, 5, 40, 64, 67, 87
aceitas, 8, 259
lista de, 355
principal produto final do projeto, 84
principais, de projeto, 35
projeto, 7
Entregas aceitas, 7, 259
Entrega do projeto, 7
Entregas, principal produto final do projeto, 84
Entrevista com o gestor de projeto, 286
Envio de propostas, 46
Envolvimento dos stakeholders (partes interessadas), 18-19
do projeto, 17-19
registro de partes interessadas, 18
registro de problemas, 18
Equipamento, custo estimado de, 63-64, 206
Equipamento fornecido pelo cliente, 72
Equipamentos audiovisuais, 352
Equipe do projeto, 299-336
reunindo a, 301-303
comportamento ético de, 320-322
exemplos de, 320-321
conflitos nos projetos, 322-326
fontes de, 322-324
resolvendo, 324-326
definição, 301
desenvolvimento da, 303-306
perturbação, 304-305
ajuste, 305
formação, 303-304
realização, 306
disponibilidade da, 302
eficazes, equipes, 309-319
barreiras para, 310-313
características das, 309-310
construção das, 315-316
diversidade da, valorizando as, 315-320
dos membros das, 313
estágios do, 303-306
gestão de tempo de, 329-330
sugestões para, 328-330
reunião inaugural do projeto, 307-309
solucionando problemas, 326-328
brainstorming, 328
enfoque de nove etapas para, 326-328
Equipes auto-organizadas, 158
Equipes eficazes de projeto, 309-320
barreiras à, 310-313
comportamento disfuncional, 313
comprometimento, falta de, 312
comunicação, improdutiva, 312
estrutura do projeto, falta de, 311
identificação de papéis, falta de clareza, 310
liderança, improdutiva, 312
objetivos, obscuros, 310
responsabilidades, falta de clareza, 310
rotatividade dos membros da equipe (de projeto), 313
visão obscura, 310
características de, 309
colaboração, 309, 311
confiança, 309
cooperação, 309
papéis, expectativas claras dos, 309
objetivo do projeto, entendimento claro do, 309
orientação para resultados, 309
responsabilidades, expectativas claras das, 309
construção da equipe, 315-316
diversidade da equipe, valorização, 316-319
dos membros da equipe, 313
Equipes eficientes, *checklist* para, 310-311
Esboço
para apresentações, 351
final, 351
pontos importantes, 352
para relatórios de progresso, amostra, 354
ações corretivas planejadas, 354
desempenho, posição atual do, 354
marcos (metas) que se espera alcançar, 355
problemas, 354
realizações, 354
Esboço final para apresentações, 351
Escalonamento, 64, 97
Escala de tempo, 134-171
Escopo do trabalho, 322
posicionamento do, 343
previsões para, 343
tendências de, 343
variação no, 345
Escritório de Gestão de Projeto (EGP), 377
Escritórios de comunicações (estudo de caso), 408-409
Escuta
eficaz, 341-342
fingida, 342
seletiva, 342
Escuta eficaz, 342
Escuta seletiva, 342
Especificação de desempenho, 40
Especificações funcionais, definição das, 40
Especificações operacionais, definição das, 40
Estado civil, 317
Estágio de formação, 303-304
Estágio de normatização, 305
Estágio de realização, 306
Estereótipos, 317
Estudos de caso
Casamento, O, 394-398
Centro de pesquisas médico sem fins lucrativos, Um, 393-394, 396-398
Codeword, 402-403
Comunicações internacionais, 409-411
E-commerce para um minimercado, 386
Eficácia da equipe?, 405-406
Empresa farmacêutica de médio porte, 387-388
Escritórios de comunicações, 408-409
ICS, Inc., 403-404
Melhorias de transporte, 388-390
MultiProjects, 411-412
Nova fábrica na China, 391-393
Novo membro da equipe, 406-408
Organização sem fins lucrativos, Uma, 385-386
Organizar para o desenvolvimento de produtos, 412-414
Projeto de expansão da fábrica, 399-400
Projeto de relatório sobre a pesquisa de mercado, 400-402
Projeto estudantil de arrecadação de fundos, 398-399
Sistemas de informação médica, 390-391
Estresse, habilidade de lidar com o, 283
Estrutura analítica do projeto (EAP), 13, 89
com orçamentos de pacote de trabalho, 208-209
criação, 90-93
diretrizes para, 92
para o projeto da máquina de empacotamento, 209-210
para o projeto de estudo do mercado consumidor, 92-93
para o projeto de sistema de relatórios on-line, 101-102
para o projeto do festival, 93
Estrutura do projeto, falta de, 311-312
Estruturas de bancos de dados, alterações nas, 151
Estrutura(s) organizacional(is)
de projeto autônoma de, 372-374, 379
desvantagens das, 378-380
funcionais, 369-372, 378
matriciais, 374-378, 380

projetizadas, 372-374
vantagens das, 378-380
Estruturas organizacional de projeto autônoma, 372-373, 379
Estruturas organizacionais funcionais, 369-372, 378
Estruturas organizacionais matriciais, 374-378, 380
definição, 372
papel do gerente funcional, 377
papel dos gestores de projeto em, 375-376
Estudo do cliente, avaliação pós-projeto, 260-262
Etnia, 317
Exceção, 62
Exibição do gráfico de Gantt/Tabela do cronograma, 172
Experiência do gerente de projeto, prévia, 286

F

Facilitar a reunião, 348
Fala de conclusão do orador, 353
Fase de encerramento, 7, 11-12
Fase de iniciação, 7-9
Fase de planejamento, 7, 8-10
Fase de realização, 7, 10-11
Fazendo apresentações, 352-353
Ferramentas colaborativas de comunicação, 359-360
Fingindo ouvir, 342
Fluxo de caixa, 222
gerir o, 222
relatório, 237
Folga livre (FL), 133-134
Folga total (FT), 129-130
Fontes de conflitos, 322-324
aplicação de recursos, 323
cronograma, 323
custo, 323
diferenças pessoais, 324
escopo do trabalho, 322
prioridades, 323
questões das partes envolvendo stakeholders, 324
questões organizacionais, 323-324
Formato de relatórios, 356
Fornecedores, 39
envio de propostas por, 45-46
propostas dos, 41
objetivo dos, 61-62
reputação de, 56
valor de projeto para, 65-66
Frequência de documentos, 357
Fundamentos da probabilidade, 163-167
Fundos para o projeto, 35, 42

G

Gênero, 316
Geração, 316
Gestão de seção de proposta, 62-63
Gestão ágil de projeto, 151-155
papéis, 152-153
processo, 153-154
Gestão de projetos globais, 19-20
Gestão de reserva, 65, 207
Gestão de tempo (da equipe de projeto), 329-330
sugestões para, 329-330
Gestor de projeto, 37, 273-293
competência de, desenvolvimento, 286-287
comunicações pelo, 281-282
delegação, 287-289
barreiras comuns à, 289
direção pelo, 277
entrevista, 286
experiência de, 286
função nas estruturas organizacionais matriciais, 376
habilidades de, 276-285
desenvolver pessoas, capacidade de, 281
estresse, habilidades para lidar com o, 283-284
habilidades de comunicação, 280-282
habilidades de gestão de tempo, 285
habilidades de liderança, 276-279
habilidades de negociação, 284-285
habilidades de resolução e problemas, 284
habilidades interpessoais, 282-283
mudanças, gestão de, 289-293
responsabilidades de, 275-276
monitoramento e controle, 276
organização, 275
planejamento, 275
Gestor de Preparação da proposta, 60
Gestos do orador, 352
Gráfico de conclusão, 155
Gráfico de barras, 138
Gráfico de Gantt, 63, 134, 172-173
com caminho crítico, 172
Gráficos em relatórios, 355
Grau de incerteza em projetos, 4
Groupware, 360
Guide Project Management Body of Knowledge (*Guia PMBOK®*), x, 28

H

Habilidades de comunicação, 280-282
Habilidades de negociação, 284-285
Habilidades de resolução de problemas, 283-284
Habilidades do gestor de projeto, 276-285
habilidades de liderança, 276-279
habilidades de resolução de problemas, 284
desenvolver pessoas, capacidade de, 280
estresse, habilidades para lidar com o, 283-284
habilidades de comunicação, 281-282
habilidades de gestão do tempo, 285
habilidades de negociação, 284-285
habilidades interpessoais, 282-283
Habilidades interpessoais, 282-283
Hábitos pessoais, 317
Hipóteses, 66
Histórico cronológico de desempenho, 355
Horário marcado, iniciar reuniões no, 348

I

ICS, Inc. (estudo de caso), 403-404
Idade, 316
Identidade sexual, 317
Identificação
de problemas, 262
de riscos, 247- 249
de soluções, 327
Identificação e resolução de problemas, 262
Identificar risco, 247-249
Identificar causas em potencial do problema, 326
Identificação do projeto, 31-32
Impaciência, 342
Implantação do sistema, 103
Implementação de soluções, 328
Índice de desempenho a finalizar (IDF), 220
Índice de desempenho do custo (IDC), 218-219
Informações fornecidas pelo cliente, 72
Informações confidenciais, divulgação de, 72
Informações do projeto, 112
Informações sobre Tarefas Críticas, 172
Inserir dados sobre a duração, 174
Inserir nova atividade "Programação Manual, 174
Instalações, custo estimado de, 63, 206
Project Management Institute (PMI) (Instituto de Gestão de Projetos (IGP)), 20-23
Código de Ética e Código Profissional, 321
Interação com o público, 353
Interesses pessoais, 317
Interface, alterações na, 145
Itens fornecidos pelo cliente, 40-41
Iterações, 158

J

Janela Relatórios Visuais – Criar relatórios, 244

L

Lições aprendidas, 262-263
Linguagem corporal, 340
Linguagem para apresentações, simples, 351
Linha de base em fases, 205
Lista analítica de responsáveis por pacotes de trabalho, 93
Lista de atividades, 95
Lista de distribuição, 358
Lista de itens de ação, 350
Listas, 104, 151, 355
Loop, 97
Lucro, definição, 65

M

Mão de obra, custo estimado da, 63, 206
Materiais, custo estimado de, 64, 206
Matriz de avaliação de riscos, 249-250, 253
Matriz de Responsabilidades (MR), 93
projeto de sistema de relatórios on-line, 103
para o projeto do festival, 93-94
Melhorias de transporte (estudo de caso), 388-390

Melhorias, oportunidades para, 345
Membro da equipe, 287-288
Membros de equipes de projeto, eficientes, 313
Mente fechada, 342
Mentores, 286
Mestre em *scrum*, 153
Método de balanceamento entre tempo e custo, 231-234
Método do caminho crítico (MCC), 96
Método do diagrama de precedência (MDP), 96
Microsoft Project, 110, 117, 170, 195, 234
  "Acompanhamento de Gantt" para exibir Datas de Conclusão Reais no Excel, 238
  Adição de dados da duração, 171
  Adicionar um Recurso a uma Tarefa, 196
  Atribuição do tempo de trabalho a tarefas de duração fixa, 197
  Atualização dos "Custos Reais" para "Custo para o Material", 243
  Definir linha de base para o Projeto, 115
  Diagrama de rede, 96, 114
  Editar a duração da atividade, 173
  Entrada de "Recurso" do custo para a tarefa, 235
  Exibição do Gráfico de Gantt/Tabela da Programacão, 172
  Gráfico de Gantt, 172-176
  Gráfico de Gantt com caminho crítico, 172
  Informações da tarefa, 173
  Informações sobre o Projeto, 112
  Inserir uma nova atividade de programação manual, 175
  Mudança de "Porcentual Completo" para recursos para o material, 243
  Mudança de Custos de Recurso para Material, 242
  Mudança na Data de *status*, 239
  Nivelamento de recursos, 199
  Observações sobre recursos, 196
  Pacote de trabalho e entrada de atividade, 113
  Planilha de uso de recursos, 201
  Planilha de recursos, 195
  Planilha de recursos com taxas de trabalho e de materiais, 235
  Predecessores atualizados, 175
  Propriedades de projeto, 111
  Rastreio do gráfico de Gantt, 176
  Recursos, 114
  Recursos nivelados, 199
  Relatório de exibição de recursos, 200
  Relatório de Exibição do Custo da Tarefa, 240
  "Relatório de Fluxo de Caixa", 237
  "Relatório de Fluxo de Caixa" com Custos Reais, 239
  Relatório de recursos sobrecarregados, 198
  Relatório de tarefas críticas, 172
  Relatório de Visão Geral de Trabalho, 236
  Relatórios Visuais – Criar Relatórios, 244
  Tabela da variação de custos para tarefas, 240
  Tabela de "Valor Agregado" com os "Recursos para o Material, 243
  Tabela de variância, 176
  Tabela de variância de custos para recursos, 240
  "Tabela Valor Agregado", 242
  Tarefa de resumo do projeto, 112
  Tarefas - Introdução de dados predecessores, 113
  Uso da Tarefa, 197
  Valor Agregado Visual ao Longo do Tempo, exibido no Microsoft Excel, Relatório do, 244
  Visualização dos Recursos Sobrecarregados pelo Planejador da Equipe, 198
Missão de negócios, 57
Monitorar riscos, 251-252
Mudança na Data do *status*, 239
Mudanças
  em documentos, rastreamento, 356
  gestão de, 289-293
  tipos de, 291
MultiProjects (estudo de caso), 411-412

N

Necessidades de recursos, 189-191
  para o projeto de estudo do mercado consumidor, 181
  para o projeto de pintura, 183-184
  para o projeto de sistema de comunicação baseado na internet, 190-191
Necessidade de reuniões, 346
Necessidades do cliente
  declaração de, 66
  original, 355
Nervosismo do orador, 352
Nivelamento de recursos, 183-184, 193, 199
Nova fábrica na China (estudo de caso), 391-393
Novo membro da equipe (estudo de caso), 406-408

O

Objetivo(s)
  da proposta de empreiteiros, 63-65
  de relatórios finais, original, 355
  do projeto, 4, 8-9, 35, 40, 84
    benefícios, demonstrativos dos, 4
    claros, 309
    elementos de, 84
    estabelecer, 13, 84
    exemplos de, 84
    visão obscura e, 310
Objetivos claros do projeto, 304
Objetivos, visão obscura de projeto, 310
Observações sobre recursos, 195
Oferta melhor e final (OMF), 70
Oportunidades de melhoria, 345
Oradores
  abordagem dos 3 Is, 352
  clareza, 352
  confiança, 352
  falas de abertura, 352
  falas de conclusão, 353
  gestos, 352
  nervosismo, 352
  público
    falar com, 352
    interação com, 353
  questões, respondendo às, 353
  slides, leitura, 352
Orçamento, 5, 84
  alterações no, 73, 139
  custo orçado cumulativo, 210-212
  custo orçado total, 208-210
  de custos para o projeto de máquina de empacotamento, 213
  de tempo escalonado, 16, 210 [orçamento distribuído no tempo]
  determinação do, 16, 208-214
  orçamento-base distribuído no tempo, 205, 210, 220
  para o cliente, 66
Orçamento-base distribuído no tempo, 205, 210, 220
Orçamento na conclusão (OC), 207
Orçamentos de pacotes de trabalho, 209
Organizar para o desenvolvimento de produtos (estudo de caso), 412-414
Organização, gestor de projeto, 275
Organização sem fins lucrativos, Uma (estudo de caso), 385-386
  Centro de pesquisa médico sem fins lucrativos, Um (estudo de caso), 393-394
Orientação para resultados, 309

P

Pacote de trabalho e entrada de atividade, 113
Pacotes de trabalho, 13, 90
Pagamentos de bônus, 73
Pagamentos de multa, 73
Pagamentos, finais, 260Papel do gerente funcional na estrutura organizacional matricial, 377
Papéis, identificação de
  clareza de, falta de, 310
  responsabilidades, falta de, 310
Parceiros, construindo relações com clientes e, 54-55
Patentes, 72
Patrocinador ou cliente do projeto, 4
Período de relatório, 354
Pessoal, avaliação de, 260
Pintores, 183-187
Planejamento
  com recursos limitados, 179-180
  por gestor de projeto, 275
Planejamento com recursos limitados, 179-181
Plano de comunicação do projeto, 357-358
Planejamento e controle de projetos, 262
Planilha de recursos, 195
  com as taxas de trabalho e de materiais, 235
Plano de comunicação do projeto, 357-359

  elementos de, 357
Plano de necessidades de recursos, 180-183
  para projeto de pintura, 183-188
Plano de linha de base, 7, 9, 114, 260
execução de, 17
Plano de qualidade do projeto, 88-90
Plano de recursos com nivelamento para projeto de pintura, 182
Plano de resposta a riscos, 249-250
Planejamento de projeto, revisar o, 328
Planejar a qualidade, 88-89
PMI Code of Ethics and Professional Conduct (Código de Ética e Conduta Profissional do PMI), 20
PMI Risk Management Professional (PMI-RMP)® (Profissional em Gestão de riscos), 287
PMI Scheduling Professional (PMI-SP)® (Profissional de Planejamento), 287
Pontuação para Avaliação de Propostas, 69
Porcentual completo, 214
Porcentual completo, acumulado para o projeto da máquina de empacotamento, 215
Potenciais problemas de desempenho, 354
PowerPoint, 347
Praticando para apresentações, 351
Prazo mais provável (t_m), 161
Prazo otimista (t_o), 161
Prazo para o projeto, 4
Prazo pessimista (t_p), 161
Pré-CDP/ proposta de marketing, 56
Predecessores imediatos, 104, 151
Preparação
  para apresentações, 351-352
  para desenvolvimento de propostas, 60-61
Previsão
  para cronograma, 343
  para custos, 343
  para escopo do trabalho, 343
Principais entregas, do projeto, 35
Principais riscos do projeto, 36-37
Princípios de rede, 96-98
Prioridades, 323
Probabilidade, cálculo de, 173
Problemas, desempenho
  atuais ou potenciais, 354
  resolução de, progresso em direção a, 354
Processo de planejamento, 12-16
Processo de proposta, concorrentes e, 56
Processo de gestão de projetos, 12-17
  plano-base, 16
    estabelecimento de, 17
    execução de, 17
  processo de planejamento, 13-16
Processo de reuniões, avaliar, 348
Processos de negócio, alterações nos, 145
Produto final, 4
Produto final do projeto, principal, 84
Program Evaluation and Review Technique (PERT) (Avaliação de Programa e Técnica de Revisão (APTR)), 96
Program Management Professional (PgMP)® (Profissional de Gestão de Programa), 287
Programação de eventos importantes, 36
Programação do projeto, 15, 123-139
  caminho crítico, 130-133
  data de início mais cedo, 124-127
  data de término mais cedo, 124-127
  datas de início mais tarde, 127-129
  datas de término mais tarde, 127-129
  desenvolvimento, 123-139
  folga livre, 133-134
  folga total, 129-130
  formato de gráfico de barras, 139
Programas de treinamento, 286
Programas educacionais, 286
Progresso real, diagrama de rede, 145, 159
Project Management Professional (PMP)® (Profissional de Gestão de Projetos), 287
Projeto da máquina de empacotamento, 210
  curva de custos orçados cumulativos, 213
  custo orçado cumulativo e real, 214
  custos reais por período para, 213
  diagrama de rede para, 210
  estrutura analítica do projeto para, 210
  porcentagem cumulativa completa por período para, 215
  valor agregado cumulativo por período para, 215
Projeto estudantil de arrecadação de fundos (estudo de caso), 398-399
Projeto de desenvolvimento de aplicativos de Internet para a ABC Office Designs
  custos, estimativas, 224-225
  necessidades de recursos, 189-191
  planejamento, 102-104
  programação, 144-151
  riscos, 253-255
Projeto de estudo do mercado consumidor, 41
  cronograma para, 126
    atualizado, 151
    data de início mais cedo, 124-127
    data de início mais tarde, 127-129
    data de término mais cedo, 124-127
    data de término mais tarde, 127-129
    revisado, 137
    valores de folga total, 134
  custos estimados para cada atividades para, 207
  diagrama de rede para, 98-100
    caminho crítico, 135
    data de início mais cedo, 124-127
    data de início mais tarde, 127-129
    data de término mais cedo, 124-127
    data de término mais tarde, 127-129
    duração estimada, 123
    progresso real, alterações, 145
  duração estimada, 123
  estrutura analítica do, para, 93, 95
  gráfico de barras para, 135
  lista analítica de responsáveis por pacotes de divisão trabalho para, 93
  nivelamento de recursos para, 183
Projeto de expansão da fábrica (estudo de caso), 399-400
Projeto de pintura, 183-188
Projeto de relatório sobre a pesquisa de mercado (estudo de caso), 400-402
Projeto de sistema de relatório na on-line
  cronograma para, 157
    atualizado, 159
  custos de atividade para, 225
  diagrama de rede para, 104-106
    caminho crítico, 160
    data de início mais cedo, 124-126
    data de início mais tarde, 127-129
    data de término mais cedo, 124-126
    data de término mais tarde, 127-129
    progresso real, incorporação, 161-163
  estrutura analítica do projeto para, 102
  necessidades de recursos para, 190
  matriz de avaliação de risco para, 253
  matriz de responsabilidade para, 105
Projeto de esforço único, 4
Projeto do festival, 90, 93
Projeto do sistema, 102
Projeto(s)
  atributos de, 3-4
  benefícios de, 4, 35
  benefícios esperados do, 35
  conflitos sobre, 322-325
  controle de, 262
  cronograma (programação) para, 6, 16, 62, 123-143
    caminho crítico, 130-133
    data de início mais cedo, 124-127
    data de início mais tarde, 127-129
    data de término mais cedo, 124-127
    data de término mais tarde, 127-129
    desenvolvimento, 123-139
    folga livre, 133-135
    folga total, 129-130
    formado de gráfico de barras, 134
  data de conclusão para, 122-123
  datas de início para, 122-123
  definição, 3
  descrição de, 35
  entregas principais do, 35
  envolvimento das partes interessadas (*stakeholders*), 6
  escopo de, 5, 13, 83
    definição, 83-88
  esforço único, 4
  estrutura de, falta de, 311-312
  finalidade de, 35, 39
  fundos para, 35, 38
  grau de incerteza em, 4
  objetivo(s) de, 4, 9, 11, 35, 40, 84
    benefícios, declaração de, 4
    claros, 309
    elementos de, 84
    estabelecimento, 13, 84
    exemplo, 84
  orçamento para, 5, 16
  organização de, 63
  partes interessadas, 18-19
  patrocinador de, 4
  planejamento, 262
  plano para, revisões do, 327
  prazo para, 4
  principais riscos de, 37
  processo de planejamento para, 13-16
  propriedades de, 112
  qualidade de, 5
  recursos das propostas para, 5, 57

requisitos de comunicação para, 37
restrições de, 37
equilíbrio, 7
resultados de, 3
riscos de, principais, 6, 37
sucesso de, fatores restritivos, 7
título de, 35
único, 4
valor do, para o contratado, 65-66
visão obscura dos, 311
Projeto único, 4
Propostas de projeto simplificada, 66-68
Propriedades de projeto, 112
Proprietário de produto, 152
Público
para apresentações, 351
para oradores
falar com o, 352
interação com o, 353

Q

Quadro de tarefas, 155
Qualidade
de ideias, 328
do projeto, 5
planejar, 88-90
Quantidade
de ideias, 328
de recursos, 121
Questões das partes interessadas, atualização das, 345
como fonte de conflito, 324
Questões do público, responder às, 353
Questões organizacionais, 323-324

R

Raça, 317
Raiz quadrada da variância, 164
Rastreamento de Gantt, 175-176
para exibir Datas de Conclusão Reais no Excel, 238
Realizações, 343, 354
Recomendações para equipes, 262
Reconhecimento de pessoal, 260
Recurso(s), 114
alocação, 1186-87
programação de recursos limitados, 184-188, 194
da contratada, 67
disponibilidade de, 120
limitados, 187
estimados, 120
nivelamento de recursos, 183-185
das atividades, 13, 120-121
restrições de, 180
para o projeto, 5
para pintores, 183
planejamento com recursos limitados, 179-180
plano de necessidades de recursos, 180-183
quantidades de, 120-121
sistemas de informação de gestão de projeto, 191-192
tipos de, 120-121
utilização de, 177-195
desenvolvimento de sistemas de informação, necessidades de recursos para, 180-183
Recursos da proposta, 57
Recursos estimados, 120
Recursos visuais
para apresentações, 351
para reuniões, 347
Rede resumida, 98-99
Redução de riscos, 250
Registro de partes interessadas, 18
Registro de problemas, 19
Registro de riscos, 250
Registro histórico do *sprint*, 155
Registro histórico do *sprint*, 155
Regras para *brainstorming*, 328
Relacionamento com clientes, 262
Relacionamento entre equipes, 262
Relatório de exibição de recursos, 200
Relatório de recursos sobrecarregados, 198
Despesas gerais, 64
Exibição do planejador da equipe, 199
Relatório de tarefas críticas, 172
"Relatório de Visão Geral do Trabalho", 236
"Relatório de Exibição do Custo de Tarefa", 240
Relatório(s), 353-356
compreensível, 355
consistência de, 356
final, 355
benefícios, reais *versus* antecipados, 355
descrição de projeto, 355
entregas, lista de, 355
exigências originais do cliente, 355
necessidades originais do cliente, 355
objetivo, original, 355
formato de, 356
gráficos em, 355
legível, 355
mudanças em, 151
progresso, 353-354
esboço para, amostra, 354
tipos de, 353-357
relatórios de progresso, 353-354
relatórios finais, 355
relatórios úteis, 355-356
Relatórios compreensíveis, 355
Relatórios de progresso, 353-354
ações corretivas, planejadas, 355
desempenho, posição atual de, 354
esboço para, amostra, 354
histórico cronológico do progresso, 355
problemas, 354
realizações, 354
Relatório final, 355
benefícios, reais *versus* antecipados, 355
descrição do projeto, 355
entregas, lista de, 355
necessidades originais do cliente, 355
objetivo, original, 355
requisitos originais do cliente, 355
teste de aceitação final, dados do, 355
Relatórios legíveis, 355
Relatórios úteis, 355-356
"Relatório do Valor Agregado Visual ao Longo do Tempo", exibido no Microsoft Excel, 244
Representante do cliente, 152
Representante do patrocinador, 37
Reputação do interessado, 57
Requisitos
do cliente, originais, 355
relatórios, 37
Requisitos para a aprovação, 37, 39
Rescisão
de contrato, 72
encerramento antecipado, 266
Reserva de contingência, 65
Resolução de problemas, 262, 354
Resolvendo conflitos, 324-325
abordagem de acomodação, 325
abordagem de afastamento, 324
abordagem de colaboração, 325
abordagem de competição, 325
abordagem de comprometimento, 325
abordagem de confrontação, 325
abordagem de enfrentamento, 325
abordagem de evitação, 324
abordagem de facilitação, 325
abordagem de solução de problemas, 325
Competências do gestor de projeto, 286-287
Responsabilidades
clareza, falta de, 310
delegar, 93-94
do gestor de projeto, 275-276
monitoramento e controle, 276
organização, 275-276
planejamento, 275
na estrutura analítica do projeto, 13
visão obscura, 310
Respostas a riscos, plano de, 250
Restrições do projeto, 37
equilíbrio, 7
Restrições técnicas das atividades, 179
Resultados do projeto, 3
Resumo de resultados de reuniões, 348
Reunindo a equipe do projeto, 301-304
Reunião inaugural de projeto, 304, 307-309, 343
programação para, amostra, 307
Reunião de planejamento do *sprint*, 154
Reunião de retrospectiva do *sprint*, 155
Reunião de revisão do *sprint*, 155
Reunião diária para *scrum*, 155
Reunião final para revisão do projeto, 346
Reunião preliminar para análise crítica do projeto, 346
Reuniões, 343-350
análise do design, 345-346
apostilas para, 347
eficazes, 346-350
antes da reunião, 346-347
após a reunião, 349-350
checklist para, 350
durante as reuniões, 348
equipe, código de conduta para, 348
facilitação, 348
inaugural, 346
início do projeto, 304, 307-309, 343
objetivo das, 346, 350
processo da, avaliação, 348
programação para, 344, 347
providenciar da sala de reuniões, 347

recursos visuais para, 347
resolução de problemas, 345
resumo dos resultados de, 348
revisão do *status*, 343-345
telefones celulares desligados durante, 348
tempo para, 346-348
tipos de, 341-350
reuniões de análise crítica do projeto, 345-346
reunião para análise de *status*, 343-345
reuniões para resolução de problemas, 345
tomador de notas para, 348
Reuniões de análise crítica do projeto, 345-346
Reuniões de análise de *status*, 343-345
Reuniões eficazes, 346-350
antes das reuniões, 346-347
após as reuniões, 349-350
checklist para, 350-349
durante as reuniões, 348
Reuniões em equipe, código de conduta para, 348
Reuniões para solução de problemas, 343, 345
Risco de recursos humanos, 248
Riscos de custos, 248
Riscos do programação, 248
Riscos do patrocinador/cliente, 248
Riscos externos, 248
Riscos priorizados, 249
Riscos técnicos, 248
Rotatividade dos membros da equipe de projeto, 313
Rotatividade dos membros da equipe, 313
Rotinas de processamento de software, mudanças nas, 145

S

Sala de reunião
para apresentações, espaço, 352
preparação de reuniões, 346-347
Saúde, 317
Scrum, 151
Seção de custos da proposta, 63-65
Seção técnica da proposta, 61-62
Seleção do projeto
definido, 32
etapas para, 32
Sistema de controle de configuração, 356
Sistema de informações (SI), 102
Sistema de controle de documentos, 356-357
Sistemas de Informação de Gestão de Projeto (SIGP), 104-107, 151-158, 191-192, 226, 415-422
aspectos comuns dos, 107
critérios para a seleção de, 420
preocupações sobre, 421-422
recursos de, 415-420
vantagens do uso de, 421
vendedores de, 422
Sistemas de informação médica (estudo de caso), 390-391
Site Federal Business Opportunities, 45
Slides, leitura, 351-352
Software, mudanças, 151
Solicitando propostas, 45-46
Solução proposta, 61-62
Soluções
alternativas, 327
determinação, 327
identificação de, 327
implementação, 328
Soluções alternativas, 327
Sprint, 152
Standup diário, 161
Status
de custos, 343
do cronograma, 343
do escopo do trabalho, 343-344
Status empregatício, 317
Status parental, 317
Subcontratadas
aprovação de, 72
custo estimado com, 64, 206-209
Sub-redes, 99
Sucesso de propostas, medição, 73
Sucesso do projeto, fatores restritos, 7
Suposições, 36

T

Tabela de rastreio do gráfico de Gantt, 176
Tabela do Valor Agregado, 242
Tabela de variância, 176
Tabela de variância de custos para recursos, 241
Tabela de variação de custos para as tarefas, 241
Tabela do Cronograma, 171
Tarefa de resumo do projeto, 113
Tarefas de trabalho, descrição de, 65
Técnica determinística, 163
Técnica estocástica, 163
Técnica probabilística, 163
Teleconferência, 359
Telefones celulares, 348, 352
Tempo comprimido, 231
Tempo de vida finito, 4
Tempo normal, 231
Tempo para reuniões, 347
Prazos reais finais (PFR), 137-139
Tempo total decorrido, 121
Tendência, 343
Tendências
de cronograma, 343
de custos, 343
de escopo de trabalho, 343
Termo de abertura do projeto, 7, 35, 38-39, 48, 260
elementos de, 35-37
exemplo de, 38-39
Termos de pagamento do cliente, 41, 72
Termos e condições de contratos, 72-73
Teste de aceitação, 355
Teste de sistema, 103
Título do projeto, 35
Tomar notas em reuniões, designar alguém para, 348
Trabalho em equipe, 301, 314

U

Uso da Tarefa, tela, 197
Utilização de nível de recursos, para pintores, 185

V

Valor Agregado Cumulativo (VAC), 215, 217
para o projeto da máquina de empacotamento, por período, 213-215
Valor agregado (VA), 214
Valor do projeto para o contratada, 65-66
Valor do trabalho realizado, determinação, 214-216
Valorização da diversidade
da equipe, 316-320
obstáculos para, 319
pontos principais da, 319
Valor positivo, 164
Variância (σ^2), 163
Variância do custo (VC), 219
Variações
no cronograma, 343-344
no escopo do trabalho, 343-344
nos custos, 343-344
Velocidades de processamento, alterações nas, 145
Virtual Project Teams, 359
Visões obscuras, 310
Voluntariado, 287